L'ÉTAT BOURGUIGNON

collection tempus

BERTRAND SCHNERB

L'ÉTAT BOURGUIGNON
1363-1477

Perrin
www.editions-perrin.fr

© Editions Perrin, 1999 et 2005 pour la présente édition
ISBN : 978-2-262-02360-7

tempus est une collection des éditions Perrin.

AVANT-PROPOS

En intitulant le présent ouvrage « l'État bourguignon », je me suis placé dans une perspective particulière qui nécessite quelques explications. En premier lieu, je n'ai pas voulu donner une série d'études biographiques sur les quatre ducs de Bourgogne de la Maison de Valois, Philippe le Hardi (1363-1404), Jean sans Peur (1404-1419), Philippe le Bon (1419-1467) et Charles « le Téméraire » (1467-1477). D'autres avant moi ont consacré des monographies, dont certaines sont excellentes, à ces quatre personnages illustres ou à l'un ou l'autre d'entre eux [1], quand ce n'était pas à une duchesse de Bourgogne [2]. Qu'il me soit donc permis de renvoyer à l'ensemble de ces travaux le lecteur qui désire s'intéresser plus particulièrement à la vie de ces princes et princesses ou mieux de le diriger vers les cinq ouvrages que R. Vaughan a consacrés aux ducs et à leur État et qui constituent une œuvre remarquable par son ampleur, sa hauteur de vue et son caractère complet [3] ; la lecture de ces livres, qui n'ont curieusement jamais été traduits en langue française, peut être utilement complétée par le travail magistral de W. Prevenier et W. Blockmans consacré à ce qu'il est convenu d'appeler les « Pays-Bas bourguignons [4] ».

1. Pour s'en tenir à la production des soixantes dernières années, on peut citer, sans avoir la prétention d'être exhaustif, P. COLIN, *Les ducs de Bourgogne*, Bruxelles, 1942 ; P. BONENFANT, *Philippe le Bon*, Bruxelles, 1945 ; J. CALMETTE, *Les grands ducs de Bourgogne*, Paris, 1949 ; J. BARTIER, *Charles le Téméraire*, Bruxelles, 1972 ; M. BRION, *Charles le Téméraire*, Paris, 1977 ; K. SCHELLE, *Karl der Kühne*, Stuttgart, 1977 ; W. PARAVICINI, *Karl der Kühne*, Zurich et Francfort, 1976 ; J.-P. LECAT, *Quand flamboyait la Toison d'or*, Paris, 1982 ; A. LE CAM, *Charles le Téméraire*, Ozoir-la-Ferrière, 1992 ; J.-P. SOISSON, *Charles le Téméraire*, Paris, 1997.

2. L. HOMMEL, *Marie de Bourgogne*, Bruxelles, 1945 et *Marguerite d'York*, Paris, 1959 ; Y. CAZAUX, *Marie de Bourgogne*, Paris, 1967 ; G.-H. DUMONT, *Marie de Bourgogne*, Paris, 1982 ; C. WEIGHTMAN, *Margaret of York. Duchess of Burgundy 1446-1503*, New York-Stroud, 1993 ; M. SOMMÉ, *Isabelle de Portugal*, Lille, 1998.

3. R. VAUGHAN, *Philip the Bold. The Formation of the Burgundian State*, Londres, 1962 ; *John the Fearless. The Growth of Burgundian Power*, Londres, 1966 ; *Philip the Good. The Apogee of Burgundy*, Londres, 1970 ; *Charles the Bold. The Last Valois Duke of Burgundy*, Londres, 1972 ; *Valois Burgundy*, Londres, 1975.

4. W. PREVENIER et W. BLOCKMANS, *Les Pays-Bas bourguignons*, Paris, 1986.

N'ayant pas voulu non plus mener un récit chronologique et linéaire de l'action des quatre ducs de Bourgogne, j'ai donc suivi, dans les pages qui vont suivre, un parti essentiellement thématique et sélectif, même si je me suis efforcé de respecter la chronologie.

En second lieu, j'ai d'emblée affirmé, par mon titre, qu'un « État » bourguignon avait bien existé aux XIVe et XVe siècles. Naturellement, pour avancer une telle affirmation, il est nécessaire de préciser le sens des mots. En utilisant l'expression « État bourguignon », j'emploie le premier terme dans son acception moderne, non dans le sens qui était le sien à la fin du Moyen Age et qui était très différent de celui d'aujourd'hui. J'entends, par ailleurs, désigner une construction politique particulière car cet État bourguignon, comme nous le verrons, ne fut ni un État-nation, ni un État souverain, du moins dans la majeure partie de sa courte histoire. Il faut donc, en abordant la présente étude, avoir à l'esprit l'avertissement que Bernard Guenée a fait figurer en tête de son ouvrage essentiel consacré aux « États » des XIVe et XVe siècles :

> « En fait, y a-t-il des États en Occident aux XIVe et XVe siècles ? Des penseurs de notre temps, armés de plusieurs siècles de méditations et d'évolutions politiques, donnent de l'État une définition précise dans laquelle, en particulier, la notion de souveraineté prend une importance extrême. Ils constatent sans peine que les formations politiques de ce temps n'y correspondent pas, et refusent en conséquence d'en faire des États. Ne nous arrêtons pas trop à cette querelle de mots. N'enfermons pas "État" dans une définition trop précise et trop moderne. Et si l'on estime raisonnable d'admettre qu'il y a État dès qu'il y a, sur un territoire, une population obéissant à un gouvernement, dans ce cas, il va de soi qu'il y a eu aux XIVe et XVe siècles en Occident des États dont il convient d'étudier les structures [1]. »

Il est vrai, cependant, que l'État fondé et développé par les ducs de Bourgogne entre le milieu du XIVe et la fin du XVe siècle fut d'un genre particulier puisqu'il s'agissait, non d'un État royal, mais d'un État princier. De ce type de construction on a plusieurs exemples pour la même époque. Certains auteurs, ainsi, ont pu parler d' « État savoyard [2] », d'« État breton [3] », d'« État bourbonnais [4] » et d'« État angevin [5] ».

Ce type d'État se caractérisait par l'existence d'un pouvoir politique

1. B. GUENÉE, *L'Occident aux XIVe et XVe siècles. Les États*, p. 62-63.
2. B. DEMOTZ, « Amédée VIII et le personnel de l'État savoyard », *Amédée VIII-Félix V, premier duc de Savoie et pape (1383-1451)*, dir. B. Andenmatten et A. Paravicini Bagliani, Lausanne, 1992, p. 123-142.
3. J. KERHERVÉ, *L'État breton aux XIVe et XVe siècles*, Paris, 1987.
4. A. LEGUAI, *De la seigneurie à l'État. Le Bourbonnais pendant la guerre de Cent Ans*, Moulins, 1969.
5. *L'État angevin. Pouvoir, culture et société entre XIIIe et XIVe siècle. Actes du colloque de Rome et Naples de novembre 1995*, Rome, 1998.

incarné dans une dynastie princière, par la création d'institutions administratives, judiciaires, financières et militaires propres, par le développement d'une société politique et d'une idéologie spécifique, enfin par l'affirmation d'une diplomatie autonome. Partant de cette constatation, j'ai voulu offrir à mes lecteurs l'image de ce que furent la construction et l'affirmation de l'État bourguignon et de ce qui en fut la charpente institutionnelle. J'en ai retracé la genèse en partant de l'acquisition d'une principauté déjà fortement structurée, le duché de Bourgogne, point de départ de la formation d'un État territorial bipolaire. J'ai voulu montrer comment les princes de la Maison de Bourgogne avec l'aide d'hommes qui se sont voués à leur service, parfois jusqu'à la mort, ont lutté, avec plus ou moins de succès, pour imposer à l'intérieur une certaine centralisation et à l'extérieur la reconnaissance de leur souveraineté. Dans cette optique j'ai privilégié, comme on va le voir, l'histoire des institutions et de la société politique sans trop m'attarder parfois sur l'histoire événementielle.

Une autre question qui mérite d'être évoquée est celle du vieux débat concernant l'attitude des ducs de Bourgogne à l'égard de la France et leur volonté consciente de créer un État indépendant du royaume dont leur Maison était pourtant issue. Ce débat avait opposé deux maîtres de renom, Henri Pirenne et Johann Huizinga. Le premier, fidèle à une tradition historiographique remontant au XVIe siècle, voyait dans les ducs de Bourgogne Valois, et singulièrement en Philippe le Bon, les fondateurs d'une entité politique destinée à devenir un État autonome et souverain. Huizinga, pour sa part, contestait cette vision ; il allait même jusqu'à dénier au duc Philippe toute initiative personnelle dans la construction de l'ensemble territorial bourguignon et à ne voir en lui qu'un prince servi par une conjoncture historique favorable [1]. Le Professeur Paul Bonenfant, à qui les études bourguignonnes doivent tant, a considérablement renouvelé la question en montrant, par une série de travaux qui firent date, que les ducs de Bourgogne, jusqu'au début du principat de Charles le Téméraire, se comportèrent en princes français, cherchant essentiellement à jouer dans le royaume un rôle de premier plan, sans chercher réellement à fonder un État [2]. De l'édifice politique bourguignon il écrivit même :

> « Sans continuité territoriale, tardivement doté d'une capitale dont le rôle s'esquisse à peine, cet État ne possède qu'une administration centrale embryonnaire. Du point de vue juridique, le seul lien qui unisse entre eux les divers pays rassemblés par Philippe, c'est la

1. J. HUIZINGA, « L'État bourguignon, ses rapports avec la France et les origines d'une nationalité néerlandaise », *Le Moyen Age*, t. 40, 1930, p. 171-193 et t. 41, p. 11-35 et 83-96.
2. Une partie des travaux de P. Bonenfant a été réunie dans le recueil *Philippe le Bon*, Paris et Bruxelles, 1996.

communauté de prince. De là seulement résulte une certaine communauté d'institutions[1]. »

Il rejetait cependant l'interprétation de Johann Huizinga, en affirmant que Philippe le Bon fut l'artisan conscient de l'expansion territoriale bourguignonne ; mais pour lui, ce duc, décidé à mener « une politique de prince français, de grand vassal de la couronne de France », ne pouvait en même temps avoir les ambitions d'un bâtisseur d'État indépendant. Ce jugement a été remis en cause par les travaux de R. Vaughan. L'une des idées essentielles qui sous-tendent l'ensemble de l'œuvre de ce savant était que ce n'était pas sous Philippe le Bon mais déjà sous Philippe le Hardi, fondateur de la Maison des ducs de Bourgogne Valois, que se manifestaient des aspirations à l'indépendance appuyées sur la construction d'un édifice institutionnel solidement structuré[2]. Pour leur part W. Prevenier et W. Blockmans n'ont pas estimé inconciliables la volonté de jouer un rôle prépondérant en France et l'ambition de créer un État proprement bourguignon : « L'opportunisme politique permet d'aspirer à la fois à un état propre et de chercher à tirer le plus d'avantages matériels possibles d'une forte position en France[3]. » Cette position de « juste milieu » paraît recevable au regard des faits ; elle n'est ni « gallocentrique » ni « burgondo-médiane », elle est née d'une observation attentive des entreprises politiques des ducs de Bourgogne dans ce qu'il est convenu d'appeler les « Pays-Bas bourguignons ».

Qu'il me soit permis d'émettre une dernière remarque introductive. Un chercheur belge, qui est à l'heure actuelle l'un des meilleurs connaisseurs des institutions de l'État bourguignon, a voulu, dans un ouvrage récent, abandonner le terme « téméraire » pour lui substituer l'adjectif « hardi » dans la désignation du dernier duc de Bourgogne Valois[4]. Il a justifié cette position en soulignant qu'il ne désirait pas retenir un surnom sonnant comme une sentence condamnant *a priori* l'action du duc et jetant sur son entreprise, sa politique et même sa personnalité un discrédit fâcheux et antihistorique. J'ai été, pour ma part, convaincu par ses arguments, mais je n'ai pu m'empêcher de conserver l'appellation « Charles le Téméraire » pour désigner ce duc, en partie afin de ne pas désorienter certains lecteurs habitués à cette dénomination et en partie aussi par goût pour la forte charge affective attachée à ce nom.

1. *Ibid.*, p. 86.
2. R. VAUGHAN, *Philip the Bold. The Formation of the Burgundian State*, Londres, 1979 (2ᵉ éd.).
3. W. PREVENIER et W. BLOCKMANS, *Les Pays-Bas bourguignons*, p. 207.
4. J.-M. CAUCHIES, *Louis XI et Charles le Hardi*, Bruxelles, 1996.

INTRODUCTION

DES BURGONDES AU « *REGNUM BURGUNDIAE* »

A l'origine de la puissance bourguignonne se trouve une principauté, le duché de Bourgogne, elle-même issue d'une entité territoriale plus vaste appelée *Burgundia*[1]. Cette « Bourgogne » primitive[2] tira son nom des Burgondes, peuple venu des rivages méridionaux de la Baltique, qui avait migré au Iᵉʳ siècle av. J.-C. vers la basse vallée de la Vistule avant de se diriger vers l'ouest et de s'installer sur le Rhin, à la frontière orientale de l'Empire romain. Intégrés au système de défense de cet Empire à titre de « fédérés », les Burgondes fondèrent un royaume rhénan qui, au début du Vᵉ siècle apr. J.-C., avait Worms pour capitale. En 436, ils furent vaincus par les Huns et ce qui restait de leur peuple reçut de l'autorité romaine l'autorisation de s'installer en *Sapaudia* — c'est-à-dire en Savoie — autour du lac de Genève. Partant de cette zone, à la faveur du déclin de l'Empire romain d'Occident, ils reconstituèrent un royaume en s'assurant le contrôle des vallées du Rhône et de la Saône.

A l'époque du roi Gondebaud (474-516), le royaume burgonde s'étendit de la Champagne méridionale jusqu'à la Durance. Mais à la génération suivante, les Burgondes se heurtèrent aux Francs qui annexèrent leur royaume au *regnum Francorum* en 534. Cependant, vingt-cinq ans plus tard, lors du partage successoral qui suivit la mort du roi Clotaire Iᵉʳ, l'un des fils de ce dernier, Gontran, reçut en héritage

1. Pour ce qui suit, voir M. CHAUME, *Les origines du duché de Bourgogne*, Dijon, 1925-1937 ; E. PETIT, *Histoire des ducs de Bourgogne de la race capétienne*, Paris, 1885-1905 ; J. RICHARD, *Les ducs de Bourgogne et la formation du duché du XIᵉ au XIVᵉ siècle*, Paris, 1953 ; J. RICHARD (dir.), *Histoire de la Bourgogne*, Toulouse, 1978 ; R. FIÉTIER (dir.), *Histoire de la Franche-Comté*, Toulouse, 1985 ; A. PARAVICINI-BAGLIANI *et al.* (dir.), *Les pays romands au Moyen Age*, Lausanne, 1997.

2. Je préfère ce nom de « Bourgogne » à celui de « Burgondie » utilisé par certains auteurs, car cette francisation du terme latin ne se justifie guère.

le royaume de Bourgogne (*regnum Burgundiae*) qui comprenait non seulement les anciens territoires burgondes, mais, en outre, s'étendait au nord jusqu'à la région de Paris, au sud jusqu'à Arles en Provence et à l'est au-delà des Alpes, jusqu'au Val d'Aoste. Ce royaume de Bourgogne mérovingien subsista jusqu'au VIIIe siècle, puis fut annexé à l'Austrasie par Charles Martel.

A l'époque carolingienne, la Bourgogne cessa d'être un royaume et son nom disparut de la terminologie officielle. Dans les différents partages qui suivirent la mort de Charlemagne (814) l'ancienne Bourgogne fut souvent démembrée. Pourtant, le terme de *Burgundia* réapparut dans la seconde moitié du IXe siècle alors que les anciens territoires qui avaient constitué le royaume des Burgondes étaient écartelés entre deux royaumes nés du partage de Verdun de 843 : la *Francia occidentalis* à l'ouest et le royaume de Lothaire à l'est. En 879, en effet, tandis que l'autorité impériale carolingienne s'affaiblissait, le prince Boson, qui gouvernait le Viennois, se proclama roi de toute la Bourgogne, depuis Autun jusqu'à la Provence. Son royaume dut cependant subir les assauts des souverains carolingiens de l'ouest et de l'est. Les premiers reconquirent le pays situé sur la rive occidentale de la Saône jusqu'à Lyon et les seconds récupérèrent tout le pays situé entre les Alpes et le Jura, qu'on appela ensuite « Bourgogne transjurane », ainsi que la région située à l'ouest du Jura jusqu'à la Saône — la « Bourgogne cisjurane », correspondant à notre actuelle Franche-Comté. Boson et ses successeurs ne conservèrent que le royaume de Provence s'étendant du Lyonnais jusqu'à la Méditerranée.

A la suite de ces événements, un grand seigneur germanique, Rodolphe Ier († 912), membre du lignage aristocratique des Welfen, se fit reconnaître comme roi en Bourgogne transjurane et cisjurane. Vers 931, son successeur Rodolphe II (912-937) parvint à étendre son autorité vers le sud et à réunir le royaume de Bourgogne qu'il avait hérité de son père et le royaume de Provence tenu jusqu'alors par les successeurs de Boson. Cette fusion mettait Rodolphe II en possession de l'ancien *regnum Burgundiae*, à l'exception des territoires situés à l'ouest de la Saône qui étaient restés aux mains du souverain carolingien de *Francia occidentalis*. En 1032, ce royaume de Bourgogne passa par héritage à l'empereur Conrad II. Plus tard, au XIIIe siècle, il fut communément désigné comme le « royaume d'Arles » et le terme « Bourgogne » n'y désigna bientôt plus que la Bourgogne cisjurane.

NAISSANCE DE LA FRANCHE-COMTÉ

Dans cette Bourgogne cisjurane, les rois de Germanie qui gouvernaient le royaume d'Arles n'avaient guère d'autorité sur les comtes et seigneurs locaux. Parmi ceux-ci, les comtes de Mâcon s'assurèrent un pouvoir de plus en plus important. Finalement, en 1127, le comte Renaud III refusa de prêter hommage au roi de Germanie Lothaire III. Le conflit qui suivit tourna à l'avantage du comte de Mâcon qui, libéré de la sujétion royale, devint le « franc comte » tandis que la Bourgogne cisjurane devenait une « franche comté ». Près de vingt ans plus tard, en 1146, l'empereur germanique Frédéric Ier Barberousse épousa la comtesse Béatrice, fille et héritière de Renaud III. A la mort de cette dernière, le comté passa à l'un de ses fils, Othon Ier et lorsque celui-ci mourut à son tour, en 1200, ce fut sa fille Béatrice et son époux Othon II de Méranie († 1234) qui lui succédèrent. Leur fils Othon III recueillit leur héritage et le légua à sa mort, survenue en 1248, à sa fille Alix, épouse de Hugues de Chalon, qui descendait lui-même du comte Renaud III. Jusqu'au milieu du XIIIe siècle, le comté de Bourgogne était resté entre les mains de représentants du lignage de ce dernier, mais les choses allaient changer sous Othon IV, fils d'Alix et d'Hugues de Chalon. Ce prince, très sensible à l'influence française, avait épousé une princesse de sang royal, Mahaut, comtesse d'Artois. Impliqué dans un long conflit contre l'empereur et, en conséquence, à court d'argent, il consentit à la suite de deux traités, l'un de 1291 et l'autre de 1295, à céder son comté au roi de France Philippe IV le Bel. Cet accord fut scellé par un mariage et Jeanne de Bourgogne, fille d'Othon IV et de Mahaut d'Artois, épousa Philippe, comte de Poitiers, l'un des fils de Philippe le Bel et futur roi Philippe V. Leur fille, Jeanne de France, épousa en 1318 un puissant prince français, Eudes IV, duc de Bourgogne. Cette union déboucha pour la première fois, en 1335, sur l'union du comté de Bourgogne avec le duché qui s'était constitué à partir des territoires de Bourgogne situés sur la rive occidentale de la Saône.

APPARITION ET DÉVELOPPEMENT DU DUCHÉ DE BOURGOGNE

Nous avons vu, en effet, qu'après que le prince Boson se fut proclamé roi de Bourgogne en 879, le souverain carolingien de *Francia occidentalis* avait recouvré quelques comtés de la rive gauche de la Saône. Cette région demeura ensuite dans le royaume de France alors que le reste du *regnum Burgundiae* suivit le destin de l'Empire germanique. En 887-888, devant le péril normand, Charles le Gros avait confié dans ce secteur un commandement militaire à Richard, comte d'Autun, qui était le frère de Boson. Ce Richard « le Justicier » réunit sous sa main les comtés d'Autun, de Nevers, d'Auxerre, d'Avallon et de Sens, et fit reconnaître son autorité par les comtes de Troyes, de Brienne, de Chalon et de Beaune.

Mentionné d'abord comme « marquis », puis comme « duc », Richard organisa, à partir des années 890, la défense contre les envahisseurs scandinaves qui, en remontant la Seine, l'Yonne et l'Aube, parvenaient à frapper la Bourgogne. Parallèlement, il fut amené à s'impliquer dans les querelles de succession qui opposèrent, à partir de la mort de Charles le Gros, les Robertiens et les Carolingiens. Cette situation de conflit lui permit d'étendre son pouvoir grâce à des concessions royales qu'il obtint en apportant son soutien d'abord au robertien Eudes en 888, puis au carolingien Charles le Simple en 894. Chaque fois, ses ralliements successifs lui permirent d'accroître ses possessions et de renforcer son autorité.

A la mort du duc Richard († 921), son fils Raoul poursuivit la politique opportuniste de son père et, en 922, il se rallia au robertien Robert Ier que les grands du *regnum Francorum* proclamèrent roi ; or, à la mort de Robert, l'année suivante, ce fut sur Raoul que le choix des grands se porta pour lui succéder ; mais sa mort, en 936, suivie du rétablissement du carolingien Louis IV d'Outre-Mer sur le trône, ouvrit une période difficile pour le duché de Bourgogne qui fut démembré par le « duc des Francs », le robertien Hugues le Grand[1]. Celui-ci se fit reconnaître le titre de duc de Bourgogne par Louis IV, occupa Troyes, Sens, Auxerre, Langres et Dijon tandis qu'Hugues le Noir († 952), frère cadet de Raoul, parvenait à garder le contrôle des comtés de Mâcon et d'Autun et à conserver dans sa fidélité les comtes de Beaune et de Nevers.

Après la mort d'Hugues le Grand, en 956, deux de ses fils, Othon et Henri, les deux frères d'Hugues Capet, accédèrent successivement au duché de Bourgogne, mais à la mort du second, en 1002, l'héritage bourguignon fit l'objet d'une querelle opposant le fils adoptif d'Henri, nommé Othe Guillaume, et Robert II le Pieux, roi de France, fils et successeur d'Hugues Capet. En 1005, Robert l'emporta sur son compétiteur et sa victoire entraîna l'éclatement du premier duché de Bourgogne. En effet, étant parvenu à mettre la main sur l'héritage de son oncle Henri, le roi de France reconstitua un nouveau duché sensible-

1. Père d'Hugues Capet.

ment moins étendu que la grande principauté constituée à la fin du IXe siècle par Richard le Justicier. Désormais privée des comtés de Nevers, Auxerre, Troyes et Sens, la principauté était essentiellement constituée des comtés de Beaune, Avallon et Dijon avec les comtés satellites de Chalon, Auxois et Lassois.

Robert II, en 1016, concéda ce nouveau duché à son fils aîné Henri, futur roi de France Henri Ier qui, après son accession au trône dut, en 1032, rétrocéder ses droits sur la Bourgogne à son frère cadet Robert. C'est ainsi qu'au début du XIe siècle une dynastie ducale issue d'une branche cadette des Capétiens accéda au duché de Bourgogne. Cette dynastie ducale se maintint sans rupture de 1032 à 1361. Cette remarquable continuité permit aux ducs de Bourgogne capétiens d'organiser progressivement leur duché en une puissante principauté. D'une part, ils parvinrent à constituer un pouvoir ducal fort, contrôlant à terme l'essentiel des prérogatives politiques et tenant bien en main leurs vassaux, et d'autre part ils agrandirent leur domaine dont ils tirèrent des revenus non négligeables.

A l'échelle du royaume, les ducs de Bourgogne capétiens soutinrent loyalement leurs cousins les rois de France. En échange, ils se virent reconnaître la dignité de pair de France et même le doyenné des pairs, ce qui les plaçait au sommet de la hiérarchie des vassaux directs du roi. Le duc Hugues III (1162-1192) participa activement à la troisième croisade aux côtés de Philippe Auguste, se vit confier le commandement du contingent de croisés français après le départ du roi en août 1191 et mourut en Terre sainte l'année suivante. Son fils et successeur, le duc Eudes III, suivit la même politique de fidélité au roi de France. Ferme soutien de Philippe Auguste dans sa lutte contre les rois d'Angleterre Richard Ier et Jean sans Terre, il prit part à la bataille de Bouvines en 1214 à la tête d'un fort contingent de chevaliers de Bourgogne. Son fils Hugues IV (1218-1272), contemporain de saint Louis, joua un rôle important durant le règne de ce roi dont la fille, Agnès de France, épousa Robert II, fils d'Hugues IV et duc de 1272 à 1306. Ce prince fut le plus puissant des barons du royaume sous le règne de Philippe le Bel.

Le fils de Robert II, le duc Eudes IV (1315-1349), gendre de Philippe V le Long, joua un rôle essentiel à la cour de France lors de la période cruciale qui vit les Valois succéder aux Capétiens directs et commencer la « guerre de Cent Ans ». Ce prince réunit sous sa main, non seulement le duché et le comté de Bourgogne, mais aussi le comté d'Artois ; en outre son fils Philippe Monseigneur († 1346) épousa Jeanne, comtesse de Boulogne. Ainsi, pour la première fois, un duc de Bourgogne était à la tête d'un ensemble territorial bipolaire réunissant les deux Bourgognes (c'est-à-dire le duché et le comté) et des principautés septentrionales. Cette construction politique était destinée à se renforcer lorsque, en 1360, Philippe de Rouvres, petit-fils d'Eudes IV, épousa Marguerite de Male, fille et héritière du comte de Flandre Louis de Male. Mais l'année suivante, la mort de Philippe de Rouvres conduisit à un démembrement de l'ensemble territorial constitué par Eudes IV. Ce ne fut cependant pas la seule conséquence du décès de ce jeune prince avec qui s'éteignait la branche capétienne de Bourgogne : après lui, sonna l'heure des ducs de la Maison de Valois.

POSSESSIONS DE LA
MAISON DE
BOURGOGNE
États du duc de Bourgogne
Acquisitions de Charles le Téméraire
Fiefs de la branche cadette
0
100 K.
Texel
FRISE
EMPIRE ROMAIN GERMANIQUE
Ems
Amsterdam
HOLLANDE
Utrecht
Dé DE GUELDRE
Cté DE ZUTPHEN
Munster
M. DU NORD
ZÉLANDE
Dé DE GUELDRE
Bruges
Anvers
Rhin
Gand
Escaut
DUCHÉ DE BRABANT
Calais
FLANDRE
Ypres
Malines
Meuse
Juliers
Cologne
LIMBOURG
Boulogne
Guinegatte
Bruxelles
Liége
Aix-la-Ch.
Tournai
ARTOIS
HAINAUT
Namur
Arras
Moselle
Coblence
Eu
PICARDIE
Cambrai
Péronne
Dé DE LUXEMBOURG
Amiens
VERMANDOIS
Mayence
Roye
Montdidier
Luxembourg
Trèves
Mouzon
Oise
Rethel
Worms
Beauvais
Aisne
VALOIS
Thionville
Reims
Verdun
Spire
Seine
Ste Menehould
Metz
FRANCE
Paris
Bar
Marne
CHAMPAGNE
Nancy
Strasbourg
Rhin
Étampes
Toul
Chartres
LORRAINE
Montereau
Troyes
Neufchâteau
Châtenois
Nemours
Yonne
Isles
Bar-s-S.
Épinal
Orléans
Tonnerre
Luxeuil
SUNDGAU
BRISGAU
Auxerre
Langres
Loire
Blois
Cté DE NEVERS
Montbéliard
Bâle
Donzy
Ferrette
Dijon
Doubs
Château-Chinon
Dole
Besançon
ROYME DE
Nevers
DUCHÉ DE BOURGOGNE
CTÉ DE BOURGOGNE
Neuchâtel
Chalon
Saône
Morat
Grandson
Moulins
Charolles
Allier
Gex
Rhône
Mâcon
Genève
Beaujeu
Dé DE SAVOIE

(Carte extraite de L. et A. Mirot, *Géographie historique de la France*, Paris, Picard, 2e éd. 1979.)

La succession de Bourgogne de 1361 (1)

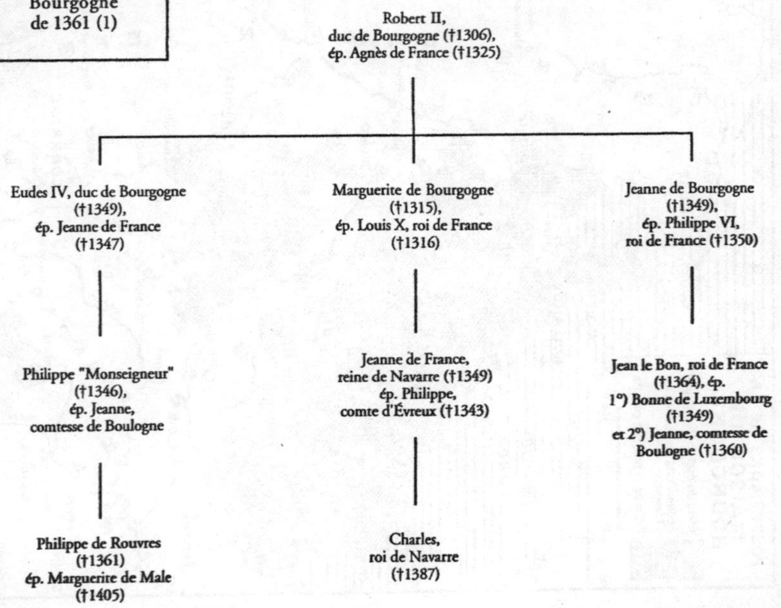
Robert II,
duc de Bourgogne (†1306),
ép. Agnès de France (†1325)
Eudes IV, duc de Bourgogne (†1349),
ép. Jeanne de France (†1347)
Marguerite de Bourgogne (†1315),
ép. Louis X, roi de France (†1316)
Jeanne de Bourgogne (†1349),
ép. Philippe VI, roi de France (†1350)
Philippe "Monseigneur" (†1346),
ép. Jeanne, comtesse de Boulogne
Jeanne de France, reine de Navarre (†1349)
ép. Philippe, comte d'Évreux (†1343)
Jean le Bon, roi de France (†1364), ép.
1°) Bonne de Luxembourg (†1349)
et 2°) Jeanne, comtesse de Boulogne (†1360)
Philippe de Rouvres (†1361)
ép. Marguerite de Male (†1405)
Charles, roi de Navarre (†1387)

La succession de Bourgogne de 1361 (2)

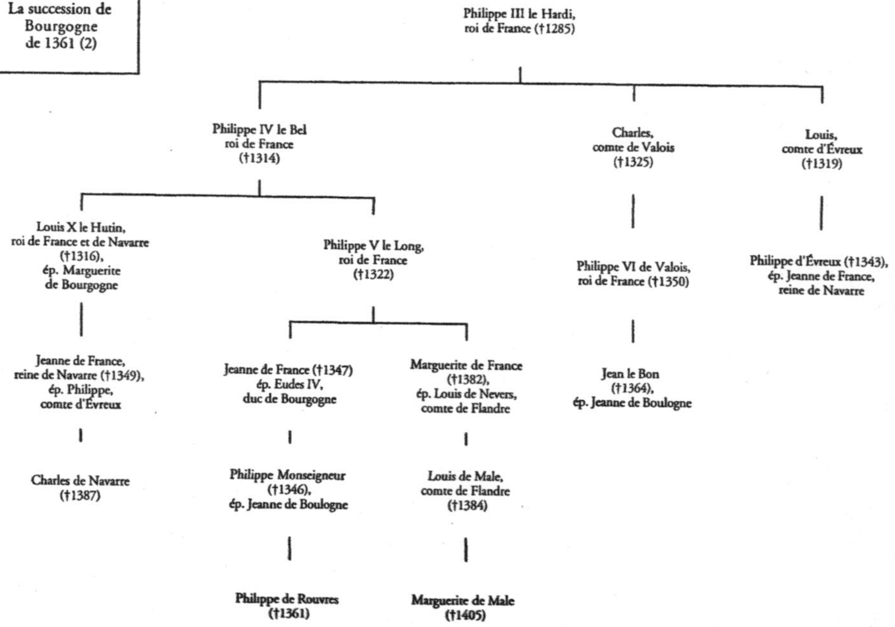
Philippe III le Hardi,
roi de France (†1285)
Philippe IV le Bel
roi de France
(†1314)
Charles,
comte de Valois
(†1325)
Louis,
comte d'Évreux
(†1319)
Louis X le Hutin,
roi de France et de Navarre
(†1316),
ép. Marguerite
de Bourgogne
Philippe V le Long,
roi de France
(†1322)
Philippe VI de Valois,
roi de France (†1350)
Philippe d'Évreux (†1343),
ép. Jeanne de France,
reine de Navarre
Jeanne de France,
reine de Navarre (†1349),
ép. Philippe,
comte d'Évreux
Jeanne de France (†1347)
ép. Eudes IV,
duc de Bourgogne
Marguerite de France
(†1382),
ép. Louis de Nevers,
comte de Flandre
Jean le Bon
(†1364),
ép. Jeanne de Boulogne
Charles de Navarre
(†1387)
Philippe Monseigneur
(†1346),
ép. Jeanne de Boulogne
Louis de Male,
comte de Flandre
(†1384)
Philippe de Rouvres
(†1361)
Marguerite de Male
(†1405)

1

JEAN LE BON ET LA BOURGOGNE (1361-1362)

UN « JOYEUX AVÈNEMENT »

Le 21 novembre 1361, Philippe de Rouvres, dernier duc de Bourgogne de la dynastie capétienne, mourut de la peste au château de Rouvres. Dans son testament dicté dix jours avant sa mort, le jeune prince avait simplement déclaré, en ce qui concernait le sort de ses principautés et seigneuries :

> « [Nous] ordonnons et instituons nos héritiers en nos terres, pays et biens, quels qu'ils seront, ceux et celles qui, par droit ou coutume de pays, le doivent et peuvent être[1]. »

Sa succession fit donc l'objet d'un arrangement entre trois de ses parents les plus proches, sa grand-tante, Marguerite de France, mère du comte de Flandre Louis de Male, son grand-oncle, Jean de Boulogne, comte de Montfort, et son « oncle à la mode de Bretagne » Jean le Bon, roi de France. Au terme de cet accord, Marguerite recueillait les comtés d'Artois et de Bourgogne, Jean comte de Montfort recevait, pour sa part, les comtés de Boulogne et d'Auvergne, tandis que le duché de Bourgogne revenait au roi de France, Jean le Bon. Pour ce dernier, la situation était délicate car il risquait de se heurter à un compétiteur qui avait été tenu à l'écart du règlement de la succession : Charles II, roi de Navarre. Ce prince, descendant des Capétiens, était un adversaire de la Maison de Valois et n'avait pas hésité à s'allier aux Anglais afin d'accroître sa puissance territoriale et son influence politique. Or ce personnage dangereux pour la Couronne pouvait prétendre, à cause de ses liens de famille avec le duc défunt, à la succession de Bourgogne :

1. U. PLANCHER, *Histoire générale et particulière*, II, preuve 304.

il était, en effet, le fils de Jeanne de France, fille de Louis X et de Marguerite de Bourgogne, elle-même fille de Robert II, duc de Bourgogne.

Pour parer à ce risque, le roi de France Jean le Bon pouvait, lui-même, mettre en avant ses droits à la succession de son cousin Philippe de Rouvres. En effet, Jean le Bon était plus proche par le sang du défunt duc que le roi de Navarre : il était le fils de Jeanne de Bourgogne, fille du duc Robert II. Par ailleurs, pour être sûr de prendre en main le duché de Bourgogne, il avait un atout supplémentaire car il avait épousé en secondes noces Jeanne, comtesse de Boulogne, mère de Philippe de Rouvres.

D'emblée, donc, le roi de France se plaça dans la perspective d'une continuité dynastique : il insista sur le fait qu'il prenait le duché entre ses mains, non comme un suzerain saisissant un grand fief tombé en deshérence, mais parce qu'il était le plus proche parent du dernier duc de Bourgogne. Il résuma cette idée par une formule contenue dans des lettres patentes données au Louvre peu de temps après la mort de Philippe de Rouvres, et par lesquelles il annonçait la réunion du duché au domaine de la Couronne :

> « Jean, par la grâce de Dieu roi de France. Nous faisons savoir, par ces présentes, à tous, présents et à venir, que, comme il y a peu de temps, par la mort de notre très cher fils Philippe, duc de Bourgogne, le duché de Bourgogne, avec tous ses droits et appartenances, nous a été dévolu en totalité, non pas à cause du droit de notre couronne mais par le droit du plus proche héritier (*jure proximitatis non ratione corone nostre*) [...], de notre certaine science et autorité royale, nous avons uni, joint et réuni inséparablement le dit duché avec tous ses droits et appartenances à notre couronne de France. Donné en notre château du Louvre près de Paris, l'an du Seigneur 1361, au mois de novembre. [1] »

Ces arguments visaient sans doute à rassurer les Bourguignons en leur affirmant qu'il n'y aurait aucune rupture. Ils étaient aussi destinés à opposer les droits du roi à ceux que Charles, roi de Navarre, pouvait tenter d'invoquer pour revendiquer le duché de Bourgogne.

Jean le Bon se devait de prendre rapidement le contrôle de la principauté avant qu'une opposition nobiliaire ne s'organise, car déjà se manifestait en certains lieux « la male volonté d'aucuns Bourguignons qui s'étaient vantés qu'ils ne souffriraient pas que notre dit seigneur le

1. *Ibid.*, II, preuve 312.

roi succédât au dit duché, et que en ce cas ils ne lui obéiraient pas »[1]. Son entreprise fut cependant facilitée par l'envoi rapide, à Dijon, de conseillers fidèles comme le comte de Tancarville, Guy de Saint-Sépulcre, doyen de Troyes, Nicolas Braque, Jean Chalemart, Jean Blanchet, qui trouvèrent sur place tout un personnel politique et administratif gagné aux intérêts de la Couronne et mis en place par les soins de Jean le Bon, à la faveur du « bail » qu'il avait assumé durant la minorité de Philippe de Rouvres, entre 1350 et 1360.

Dans de telles conditions la prise de possession du duché se déroula sans heurt. Moins d'un mois après la mort de son beau-fils, le roi Jean se disposait à entrer en Bourgogne : le 17 décembre il était à Auxerre et le 19 à Tonnerre. De là il pénétra dans le duché et le 23 décembre 1361 il fit sa « Joyeuse Entrée » à Dijon[2]. La date n'était pas choisie au hasard. Le roi faisait coïncider son entrée et son séjour dans la capitale du duché de Bourgogne avec les fêtes de Noël. Les Dijonnais étaient invités à se réjouir tout autant de la venue du Christ que de celle du roi qui, lui aussi, était l'Oint du Seigneur.

La cérémonie revêtit, par la volonté du roi, un faste et une signification symbolique particuliers. Jean le Bon voulait habilement montrer aux Bourguignons qu'il n'était pas dans ses intentions de porter atteinte à leurs libertés et à leurs privilèges. Le roi inaugura dans ce but un cérémonial nouveau d'entrée dans la capitale du duché. Ce cérémonial, inconnu à l'époque des ducs capétiens, devait être par la suite observé et respecté par les ducs de Bourgogne de la Maison de Valois. L'acte le plus important et le plus significatif de la cérémonie se déroula à l'abbaye de Saint-Bénigne, l'un des hauts lieux de la piété dijonnaise. C'est là que le duc-roi prêta serment de maintenir les privilèges de la ville. Il reçut en échange le serment de loyauté et de fidélité des représentants de la commune[3].

Cinq jours plus tard, le 28 décembre, le roi fit réunir devant lui, à Saint-Bénigne, les États du duché de Bourgogne, c'est-à-dire les représentants des gens d'Église, des nobles et des habitants des villes[4]. Ces États, convoqués en principe pour accorder une aide financière au nouveau duc, présentèrent à ce dernier des suppliques, des requêtes et des mémoires concernant le gouvernement du duché. A leurs demandes, le roi Jean répondit en octroyant une grande charte de privilèges aux Bourguignons.

1. E. PETIT, *Histoire des ducs de Bourgogne de la race capétienne*, IX, p. 269-270.
2. *Ibid.*, IX, p. 270-275.
3. U. PLANCHER, *Histoire générale et particulière*, II, preuve 1.
4. J. BILLIOUD, *Les États de Bourgogne*, p. 371.

LA CHARTE DU 28 DÉCEMBRE 1361

Il n'est probablement pas de meilleur moyen de saisir la politique inaugurée par Jean le Bon en Bourgogne que de lire le texte de cette charte datée du 28 décembre 1361[1]. Ce document, dont le texte intégral nous est parvenu, évoque de façon précise les circonstances de l'avènement des Valois en Bourgogne, la volonté du roi, en tant que nouveau duc, de se gagner la sympathie de ses sujets bourguignons, le nouveau droit et les nouvelles institutions mis en place à cette occasion.

La charte fut élaborée au sein d'un conseil élargi où, pour la circonstance, avaient été invités à siéger aux côtés des représentants du « lignage » du roi et de ses conseillers habituels, les plus « notables » des représentants des États, « tant prélats et nobles comme autres ». Elle n'était pas la première grande charte de privilèges accordée aux habitants du duché car, en 1315, le roi Louis X, ayant dû faire face à une ligue nobiliaire, avait octroyé une « Charte aux Bourguignons » qui était restée, jusqu'en 1361, la référence des libertés bourguignonnes. Désormais ces libertés trouvaient une nouvelle base. Notons d'ailleurs que la charte royale n'était pas un document isolé : au moment de son « Joyeux Avènement » au duché de Bourgogne, le roi Jean avait multiplié les faveurs et les grâces, ce qui était à la fois conforme à une tradition et révélateur de la volonté de se concilier les habitants du duché. La masse de privilèges particuliers accordés à cette occasion est éloquente puisqu'on a pu dénombrer au moins cent-vingt chartes octroyées durant les six semaines de présence du roi en Bourgogne. Elles portent sur des mesures d'une grande diversité, en faveur d'individus ou de communautés ecclésiastiques ou laïques : confirmations de privilèges antérieurs, affranchissements, anoblissements, concessions et autorisations diverses, lettres de rémission et de grâce, octrois de dons et de pensions, exemptions de tailles, amortissements, etc. On le constate, la charte de 1361 s'intégrait donc à tout un ensemble de mesures individuelles ou collectives destinées à capter la sympathie des Bourguignons, mais elle était un acte de portée générale s'appliquant à l'ensemble du duché et de ses habitants[2].

Les privilèges bourguignons contenaient une déclaration par laquelle le roi s'engageait, conformément à la mission traditionnelle du prince, à respecter et faire respecter les anciennes franchises et libertés du duché et de ses habitants, notamment la charte de 1315 :

1. *Ordonnances des rois de France*, III, p. 534-536.
2. E. PETIT, *Histoire des ducs de Bourgogne de la race capétienne*, IX, p. 276-279.

« Nous tiendrons et garderons, et ferons tenir et garder tous les pays et sujets du dit duché en leurs franchises et libertés, raisonnablement tenues et gardées, sans y faire, ni souffrir être fait aucune nouvelleté[1]. »

A une époque où la coutume était l'un des fondements du droit, on comprend la crainte que les « nouvelletés » institutionnelles ou juridiques pouvaient inspirer aux sujets du prince. Ici, c'était moins la création d'une institution nouvelle que l'introduction d'impôts nouveaux que les Bourguignons pouvaient craindre. Jean le Bon avait pu mesurer, dans les années précédentes, alors qu'en tant que mari de Jeanne de Boulogne il exerçait le bail du duché, la force du sentiment antifiscal en Bourgogne. Au printemps 1352, il avait réclamé une imposition de six deniers par livre (2,5 %) sur les transactions et s'était heurté au refus des représentants du clergé, des nobles et de treize villes du duché. Quatre ans plus tard, en 1356, il avait fait une seconde tentative, voulant appliquer en Bourgogne la fiscalité que les États généraux de la langue d'oïl réunis à Paris en décembre 1355 avaient d'ores et déjà consentie : une taxe de huit deniers par livre (3,33 %) sur les transactions et la gabelle du sel. Là encore, les États du duché avaient refusé. Il fallut attendre l'hiver 1357-1358, alors que les troupes anglaises et navarraises menaçaient le pays, pour que les Bourguignons consentissent la levée d'un « fouage », c'est-à-dire un impôt direct levé par « feu » (groupe de personnes vivant autour d'un même foyer) destiné à financer la défense du duché. Mais à l'automne 1358, l'imposition d'une taxe de douze deniers par livre (5 %) provoqua des résistances. En avril 1359, une émeute antifiscale éclata à Dijon et ce rejet de la nouvelle fiscalité explique pourquoi les aides instituées en décembre 1360 pour le paiement de la rançon due aux Anglais par le roi, après sa capture sur le champ de bataille de Poitiers, ne furent pas, tout d'abord, levées en Bourgogne[2]. En décembre 1361, Jean le Bon, désireux de disposer favorablement les esprits, eut l'habileté de se faire rassurant.

Sur un autre sujet épineux, les « prises » et les réquisitions arbitraires effectuées sans contrepartie par les gens de guerre et les fourriers des hôtels princiers, le roi se fit conciliant puisqu'il en interdit la pratique :

« Pour nous, ou pour autres de notre sang ou lignage, ni pour les garnisons [c'est-à-dire pour le ravitaillement] de notre hôtel ou des leurs, ne seront pris ou arrêtés sur nos gens ou autres audit

1. *Ordonnances des rois de France*, III, p. 534-536.
2. H. DUBOIS, « Naissance de la fiscalité dans un État princier », p. 93.

duché, ni sur aucun des habitants d'icelui, blé, vin ou autres biens quelconques, si ce n'est par paiement du juste ou loyal prix duquel l'argent sera prestement payé à ceux de qui ils seront pris[1]. »

Comment oublier, en effet, que la Jacquerie de 1358 avait éclaté à Saint-Leu d'Esserent, près de Paris, lorsqu'une bande de paysans avait massacré des gentilshommes qui prétendaient exercer ce redoutable droit de prise[2] ?

LE GOUVERNEUR ET LE MARÉCHAL

La charte octroyée par Jean le Bon n'avait pas pour seul objet de garantir ou de confirmer certaines libertés dont les Bourguignons jouissaient collectivement ; conformément à la mission du prince, dispensateur de paix et de justice, le roi y prenait aussi un certain nombre de mesures intéressant directement le gouvernement et les institutions du duché. Il consacrait, en particulier, l'existence de certains organes de gouvernement, dans le domaine tant des institutions centrales que des institutions locales et prévoyait d'abord le rôle du gouverneur :

« Il y aura à présent au dit duché un gouverneur souverain ayant de nous pleine puissance pour pourvoir à tous les gens du pays, toutes les fois qu'il en sera besoin, de tous remèdes dont on les devra pourvoir[3]. »

Il est probable qu'au temps des ducs de Bourgogne capétiens existait déjà un gouverneur nommé à titre temporaire lorsque le prince était retenu loin du duché pour une longue durée ; quoi qu'il en soit, ce fut pendant la minorité de Philippe de Rouvres, entre 1350 et 1360, que des gouverneurs furent nommés de façon courante[4], mais ce fut la charte de décembre 1361 qui donna à l'institution du gouvernorat une forme régulière. Les termes contenus dans l'acte étaient, comme on peut le constater, de portée très générale ; ils indiquaient que Jean le Bon, conscient du fait qu'il ne pourrait que rarement être présent en personne au duché, voulait qu'un personnage, investi de larges pouvoirs, l'y représente et y tienne, dans une certaine mesure, la place

1. *Ordonnances des rois de France*, III, p. 534-536.
2. F. AUTRAND, *Charles V*, p. 320.
3. *Ordonnances des rois de France*, III, p. 534-536.
4. Robert, comte de Roucy, (1350-1351), Olivier de Laye, seigneur de Solorion (1351-1356), Jean de Noyers, comte de Joigny (1356). Arch. dép. Côte-d'Or, B 380, B 1394, f° 35 et B 1401, f° 36 v°.

qu'occupait le duc[1]. Dès le mois de janvier 1362, le roi nomma Henri de Bar, seigneur de Pierrefort, gouverneur du duché de Bourgogne[2].

Le roi Jean confirma aussi par sa charte l'existence et les attributions du maréchal de Bourgogne. Ce personnage était le détenteur d'une charge permanente dont la fonction était exclusivement militaire et qui figurait depuis le XIIIe siècle parmi les grands offices bourguignons[3]. Dans sa charte, Jean le Bon prévoyait que, comme par le passé, les gens d'armes levés au duché de Bourgogne pour le servir seraient conduits exclusivement par le maréchal et, par ailleurs, celui-ci serait le seul officier compétent pour recevoir les « montres d'armes » des gens de guerre bourguignons. Rappelons, à ce propos, que les montres d'armes étaient une opération de contrôle des effectifs, de l'état de l'armement et des montures des combattants mandés au service du roi ou d'un prince et conditionnaient leur engagement[4].

LA CHANCELLERIE, LA CHAMBRE DES COMPTES ET LA JUSTICE

La charte de Jean le Bon mentionnait aussi le chancelier. Ce personnage, dont l'office apparut en Bourgogne au temps du duc Eudes III (1192-1218), n'avait pas encore, au milieu du XIVe siècle, l'importance qu'il allait prendre par la suite. Garde du grand sceau ducal, il était surtout le chef de la chancellerie, service des écritures copié, dans ses structures, sur le modèle de la chancellerie des rois de France[5]. Le chancelier de Bourgogne était assisté d'un personnel formé d'audienciers, de clercs, de notaires et de chauffe-cire mentionnés, eux aussi, dans la charte car le roi y réglementait, en faveur de ses sujets, l'exercice du droit du sceau. On sait en effet qu'à la fin du Moyen Age l'apposition du sceau d'une autorité publique sur une charte correspondait toujours au paiement d'un droit par le bénéficiaire de l'acte. Ce droit était perçu par les services de la chancellerie — c'était le rôle des audienciers — ou par l'officier qui était responsable du scellement. Or, le roi de France décida une exemption totale du droit du sceau, d'une part pour tous les actes donnés par son gouverneur de Bourgogne, et d'autre part pour les lettres de collation de bénéfices ecclésiastiques, quand

1. J. RICHARD, « Le gouverneur de Bourgogne au temps des ducs Valois », p. 101.
2. Arch. dép. Côte-d'Or, B 1412, f° 32 v°.
3. Voir B. SCHNERB, *Le maréchal de Bourgogne* (à paraître).
4. Ph. CONTAMINE, *Guerre, État et Société*, p. 86-94.
5. M. BOONE, « Chancelier de Flandre et de Bourgogne », p. 209 ; J. RICHARD, « La chancellerie des ducs de Bourgogne », p. 381-413.

jusqu'alors le scellement de telles lettres donnait lieu au paiement d'un marc d'argent[1]. Pour les autres actes scellés par le sceau ducal, le roi Jean tarifa le droit du sceau de façon à ce qu'on n'imposât pas arbitrairement un tarif aux justiciables. Pour les chartes et les lettres de grâce expédiées par la chancellerie, le tarif serait désormais d'un marc pour le sceau et un marc pour la confection de la lettre. Le marc équivalant environ à soixante gros tournois, soit trois livres tournois, c'était donc au total six livres qu'il fallait payer pour une telle expédition. Sur ce total, soixante gros allaient au notaire de la chancellerie, qui avait grossoyé l'acte, et cinq gros allaient aux chauffe-cire pour leur droit et pour le « lacs », c'est-à-dire le lacet du sceau qu'ils fournissaient. Les cinquante-cinq gros restant étaient partagés entre le chambellan du duc — qui conservait le sceau du secret ou sceau privé du duc — et la Sainte-Chapelle de Dijon, lieu de dévotion des ducs de Bourgogne fondé en 1172 par le duc Hugues III et situé dans l'enceinte du palais ducal[2]. Pour les autres lettres, simplement authentifiées par l'apposition du sceau ducal, le roi aligna le tarif du droit sur celui qui avait cours dans le reste du royaume de France.

Outre la chancellerie, le roi confirma l'existence à Dijon d'un groupe de conseillers désignés comme les « gens ordonnés sur les comptes ». Depuis les années 1330-1340, ces personnages spécialisés dans l'audition des comptes des officiers de l'administration ducale possédaient leur propre sceau et, entre 1350 et 1360, il leur fut attribué un local propre, la Chambre des comptes, située dans le palais ducal[3]. Cette Chambre des comptes et son personnel se voyaient consacrés par un acte solennel.

Un article essentiel de la charte garantissait aux Bourguignons une bonne administration de la justice :

> « La justice des pays du dit duché sera gardée et gouvernée quant à présent par baillis et chancelier, auditeurs et notaires, Jours Généraux et ressorts aux lieux accoutumés, par la manière que l'on a fait au temps passé, sans aucune innovation, et on ne pourra pas appeler [des sentences] des dits Jours Généraux[4]. »

Le fait était essentiel. Dans le cours du texte, le roi Jean ne cessait d'affirmer la nature profonde de sa mission :

1. Le marc était une unité pondérale. Le marc de Troyes ou de Paris représentait 244,75 g.
2. *La Sainte-Chapelle de Dijon*, p. 5-12.
3. J. RICHARD, *Les ducs de Bourgogne et la formation du duché*, p. 441-447 et « Le duché de Bourgogne », p. 233-235.
4. *Ordonnances des rois de France*, III, p. 534-536.

> « Nous ferons tenir et garder aux pays du dit duché, bonne et vraie justice, si hautement et si convenablement que les habitants et sujets d'icelui seront maintenus et gardés en bonne paix et sûreté ».

Pour garantir à ses sujets bourguignons le respect de leurs coutumes et de leurs droits, il commençait donc par affirmer sa volonté de respecter la hiérarchie des institutions judiciaires du duché. A l'échelon local, la juridiction la plus importante était le tribunal du bailliage présidé par le bailli, assisté par un personnel spécialisé formé de juristes. Le bailli lui-même, souvent issu de la noblesse, était un personnage important, assumant des fonctions non seulement judiciaires et administratives, mais aussi financières et militaires dans sa circonscription, le bailliage, apparu en Bourgogne au XIIIe siècle et organisé sur le modèle des bailliages royaux. Depuis 1353, les bailliages du duché était au nombre de cinq : Auxois, la Montagne, Dijon, Chalon, Autun-Montcenis[1].

Au-dessus du tribunal du bailliage se trouvaient ce que la charte de 1361 mentionnait comme les « Grands Jours ». Cette juridiction supérieure était une juridiction d'appel, parfois désignée par le terme de « parlement ». Le duché connaissait un dédoublement de cette institution : des « Grands Jours » se tenaient à Beaune et recevaient les appels provenant de la partie du duché de Bourgogne située à l'ouest de la Saône, mouvant donc du royaume de France, puis, les juges des Grands Jours, pour recevoir les appels provenant des terres dépendant du duché situées outre-Saône, en terre d'Empire, se déplaçaient et allaient siéger à Saint-Laurent-lès-Chalon. Cette île, séparée de Chalon par un bras de la Saône, appartenait non au royaume mais à l'Empire. Avant 1361, il était loisible aux justiciables bourguignons demeurant dans le royaume et qui portaient leurs causes devant les Grands Jours de Beaune de faire appel des décisions de cette juridiction devant le Parlement siégeant à Paris. Mais l'accession de Jean le Bon au duché de Bourgogne, en unissant cette principauté au domaine de la Couronne, donna l'occasion au roi de décider que les Grands Jours, qui désormais rendaient la justice en son nom, jugeraient en dernier ressort : il ne serait plus possible de faire appel de leurs décisions « en France » car ces « Grands Jours » seraient comme une délégation du Parlement de Paris où siégeraient, du reste, des juges parisiens.

Par ailleurs, sur le plan de l'organisation judiciaire, Jean le Bon s'efforça de régler la question des conflits de juridiction qui, depuis le XIIIe siècle, opposaient les tribunaux ducaux aux cours royales. Le duché

1. J. BOUAULT, « Les bailliages du duché de Bourgogne aux XIVe et XVe siècles », p. 7-22.

de Bourgogne était en effet cerné par des bailliages royaux : au nord-ouest le bailliage de Sens, à l'ouest le bailliage de Saint-Pierre-le-Moûtier, au sud le bailliage de Mâcon dont les baillis n'hésitaient pas à intervenir sur les terres ducales. En 1361, unissant, comme nous l'avons dit, la Bourgogne à son domaine, le roi éleva les bailliages ducaux à la dignité de bailliages royaux, privant les baillis de Sens et de Mâcon de leur droit de ressort. Par ailleurs, beaucoup d'empiétements et de contestations provenaient de l'existence de nombreuses enclaves royales dans le duché. Aussi le roi supprima-t-il ces enclaves en les rattachant aux bailliages ducaux, réputés désormais bailliages royaux, dans lesquels elles se situaient. Cette série de mesures réalisait provisoirement l'unité judiciaire des pays constituant le duché de Bourgogne, le seul problème juridictionnel encore pendant étant celui des juridictions épiscopales, car le roi ne pouvait prendre de décisions sans consulter d'abord les évêques concernés — ceux de Langres, Autun et Chalon.

Restait, sur le plan territorial, le délicat problème des « terres d'outre-Saône ». Comme on l'a vu, sur la rive gauche de la Saône, en terre d'Empire, existaient des enclaves relevant du duché. Le statut de ces terres était variable, certaines d'entre elles étaient tenues directement par le duc, « en domaine », d'autres étaient « de son fief », c'est-à-dire tenues par l'un ou l'autre de ses vassaux. Certains de ceux-ci craignaient sans doute que le roi, devenu duc, cherchât à simplifier la gestion de ses terres en aliénant tout ou partie de ces enclaves. Pour calmer les inquiétudes, Jean le Bon confirma purement et simplement une déclaration de l'un de ses prédécesseurs, le duc Robert II (1272-1306), portant que jamais les terres d'outre-Saône ne seraient détachées du duché de Bourgogne. Ainsi le roi conservait des têtes de pont dans l'Empire, au-delà de la Saône, et rassurait aussi ses nouveaux sujets.

2

UNE NOUVELLE DYNASTIE DUCALE

LA PESTE ET LA GUERRE

Au début de l'année 1362, le roi Jean le Bon demeura quelque temps en Bourgogne. Sa présence apporta sans doute un peu de réconfort à une population qui avait été très éprouvée, non seulement par le passage des gens de guerre, anglais ou autres, mais aussi par les épidémies. En 1361, la peste avait durement frappé le duché et Philippe de Rouvres en avait été une victime illustre mais pas unique ; en 1362, l'épidémie durait toujours. Le roi eut donc à cœur d'améliorer, dans la mesure de ses possibilités, les conditions de vie des habitants des villes et du plat pays. Ainsi, au mois de février, il intervint en faveur de la communauté villageoise de Busseau, près d'Aignay-le-Duc. Dans cette malheureuse localité appartenant au domaine ducal et relevant de la châtellenie d'Aisey-sur-Seine, vivaient des hommes et des femmes ayant le statut de serf : ils étaient « taillables haut et bas », c'est-à-dire que l'on pouvait exiger d'eux une taille dont le montant était fixé arbitrairement par le seigneur et qui, à Busseau, était en outre bisannuelle ; ils étaient redevables de corvées et de redevances diverses ; ils étaient mainmortables, c'est-à-dire incapables juridiquement de transmettre leurs biens à leurs héritiers, leur succession revenant entre les mains de leur seigneur. Cette population, au statut très défavorable, avait été éprouvée par la peste : des cinquante à soixante feux (deux cents à trois cents habitants environ) que comptait le village avant la peste, il ne restait qu'une dizaine (soit une quarantaine d'habitants) en février 1362. Pour éviter de voir ce lieu devenir un désert, Jean le Bon, recevant une supplique des villageois, leur concéda, par lettres patentes, une modification substantielle de leur statut, déclarant les affranchir de la mainmorte et ordonnant que désormais ils ne seraient taillés qu'une fois par an et « selon leur faculté du moment »[1].

Mais le temps n'était pas encore à la reconstruction. La sécurité de la Bourgogne était gravement menacée par des bandes de gens de guerre incontrôlées qu'on désignait comme les « Grandes Compagnies ». En mai 1360, le traité de Brétigny avait interrompu les hostilités entre le roi de France et le roi d'Angleterre. C'est alors qu'une masse de gens de guerre « cassés », c'est-à-dire licenciés, conservant leur organisation par compagnies, demeurant sous les ordres de leurs capitaines, se regroupèrent en Champagne et formèrent ces « Grandes Compagnies » qui pendant des années allaient ravager le royaume de France et les pays voisins. En effet ces hommes, désormais sans activité, sans revenus, sans moyens non plus, pour certains, de satisfaire leurs ambitions sociales, continuèrent la guerre, cette fois pour leur propre compte, parce qu'il « fallait bien vivre » comme le confia plus tard à Jean Froissart l'un de leurs capitaines gascons nommé le Bascot de Mauléon[2]. Ces combattants venaient de tous les horizons : on trouvait dans leurs rangs des nobles authentiques, des cadets de famille ou des bâtards de nobles ainsi qu'une foule d'hommes de guerre de « bas état ». Les origines géographiques étaient très variées : des Anglais, des Gascons, des Castillans, des Navarrais, des Allemands, des Écossais et des Bretons[3].

Après avoir parcouru la Champagne, les Compagnies s'étaient attaquées au diocèse de Langres, au comté de Bourgogne et au duché, à l'été 1360. Elles avaient ensuite poursuivi leur route vers la vallée du Rhône, attirées par Avignon, siège de la papauté, par la Provence et le Languedoc. A l'hiver, elles prenaient Pont-Saint-Esprit et inquiétaient sérieusement le pape Innocent VI qui, au début de janvier 1361, tenta, mais en vain, d'organiser une croisade contre elles. Au printemps suivant, la Bourgogne fut de nouveau attaquée et, à l'hiver 1361-1362, alors qu'il séjournait dans le duché, le roi dut ordonner des mesures de mise en défense, enjoignant aux baillis ducaux, non seulement de faire le vide devant les « Routiers », mais aussi de protéger les populations de l'arbitraire des capitaines et gouverneurs de places fortes où elles seraient contraintes de se réfugier[4].

C'est dans ce contexte troublé que le roi Jean, quittant la Bourgogne pour regagner Paris dans les premiers jours de février[5], confia le gouver-

1. Texte cité dans *Histoire de la population française*, I, p. 334. Jean le Bon était présent à Busseau le 2 février 1362. E. PETIT, *Histoire des ducs de Bourgogne de la race capétienne*, IX, p. 286.

2. Voir Jean FROISSART, *Chroniques*, t. XII, éd. L. MIROT, S.H.F., p. 95-99.

3. Ph. CONTAMINE, « Les compagnies d'aventure en France pendant la guerre de Cent Ans », p. 365-396.

4. Arch. dép. Côte-d'Or, B 11 875.

5. E. PETIT, *Histoire des ducs de Bourgogne de la race capétienne*, IX, p. 285-286.

nement du duché à un groupe de personnages sur lesquels il savait pouvoir s'appuyer. Comme nous l'avons vu, conformément aux privilèges qu'il avait accordés le 28 décembre précédent, au mois de janvier 1362 il avait établi gouverneur Henri de Bar, seigneur de Pierrefort. Avec lui, allait œuvrer une équipe formée d'hommes de confiance de Jean le Bon qui l'avaient déjà servi en Bourgogne ou ailleurs : Jean Chalemart, conseiller et maître des requêtes du roi, les secrétaires Jean Blanchet et Guy de Champdivers, le receveur général Dimanche de Vitel, les conseillers Philibert Paillart, Bertaud d'Uncey, Pierre Curet et Gilles de Montagu. Mais l'ensemble du gouvernement bourguignon, gouverneur compris, allait être placé sous l'autorité d'un personnage investi de pouvoirs extraordinaires : Jean de Melun, comte de Tancarville.

LE COMTE DE TANCARVILLE

Le comte était un proche conseiller du roi Jean. Il faisait partie d'un lignage d'Ile-de-France possessionné en Normandie, qui avait fourni de fidèles serviteurs à la royauté. Il était l'aîné de trois frères qui occupaient tous des fonctions importantes : Guillaume de Melun, archevêque de Sens et conseiller du roi, jouait un rôle essentiel dans le gouvernement royal ; Adam de Melun, chambellan de Normandie, était un homme de guerre aux brillants états de service. Quant à Jean, vicomte de Melun et comte de Tancarville, il était déjà un familier de Jean le Bon quand celui-ci n'était encore que duc de Normandie, avant de succéder à son père Philippe VI en 1350. Ce fut d'ailleurs le roi Jean, après son avènement, qui érigea, en 1352, la baronnie de Tancarville en comté, en faveur de son ami. Le comte cumula ensuite des offices de haut vol, étant tout à la fois chambellan de France, connétable héréditaire de Normandie, souverain maître des eaux et forêts de France et peut-être, à un moment, souverain maître de l'hôtel du roi. Il avait d'autre part une solide expérience militaire car il avait figuré dans les armées du roi dès 1337 ; il avait pris part à la bataille de Poitiers en 1356 et y avait été capturé par les Anglais. A son retour de captivité, il se vit confier par le roi d'importantes missions à caractère à la fois politique et militaire.

Le comte de Tancarville joua en effet un rôle considérable dans la tentative de pacification du royaume. Pour lutter contre les Grandes Compagnies, Jean le Bon lui confia, le 24 avril 1361, une lieutenance générale en vertu de laquelle il pouvait exercer tous les pouvoirs du roi dans le duché de Berry, le comté de Nevers, les duchés de Bourbonnais et d'Auvergne, régions particulièrement menacées par les « Routiers ».

Étant donné le secteur géographique qu'il couvrait de son autorité de lieutenant du roi, le comte de Tancarville put rapidement intervenir en Bourgogne au moment de la mort de Philippe de Rouvres et préparer ainsi dans les meilleures conditions l'accession de Jean le Bon au duché.

En effet, dès le 30 novembre 1361, c'est-à-dire dès qu'il apprit la mort du duc Philippe, survenue, rappelons-le, le 21 novembre, le roi ordonna au comte de Tancarville de se rendre en Bourgogne pour prendre possession du duché en son nom. Le comte prit donc les choses en main et le roi put, sans difficulté, faire son entrée dans Dijon le 23 décembre suivant. Dès le 25 janvier 1362, Jean le Bon décida d'élargir la lieutenance qu'il avait confiée à son conseiller, ajoutant au duché de Berry, au comté de Nevers, aux duchés de Bourbonnais et d'Auvergne, le duché de Bourgogne, les comtés de Champagne, de Brie, de Forez, ainsi que la seigneurie de Beaujeu, les bailliages de Sens, de Saint-Pierre-le-Moûtier, de Mâcon et le Lyonnais. Désormais, c'était donc tout l'est du royaume qui était placé sous l'autorité du comte de Tancarville[1].

LA LUTTE CONTRE LES COMPAGNIES

L'une des principales préoccupations du lieutenant du roi, en ce début d'année 1362, était la lutte contre les Compagnies. Pour mener le combat, il s'assura le concours d'un allié précieux : Arnaud de Cervole, dit l'Archiprêtre. Ce capitaine de compagnie, originaire du Périgord, avait la particularité d'être un clerc qui, certes, n'avait pas reçu les ordres majeurs, mais était cependant archiprêtre de Vélines. Servant dans l'armée de Jean le Bon, il avait combattu à Poitiers, puis avait vécu plusieurs années sur le pays, particulièrement en Berry et en Nivernais. Le comte de Tancarville en fit l'un de ses agents en Bourgogne à partir de 1362 et, en cette même année, l'Archiprêtre épousa une riche héritière, Jeanne de Châteauvillain, dame de Thil et de Marigny, s'intégrant, par cette alliance prestigieuse, au plus haut niveau de la noblesse bourguignonne et mettant la main sur un patrimoine considérable. Dès lors, homme riche et influent, il fut l'intermédiaire idéal entre la noblesse de Bourgogne et les Compagnies[2].

Cependant, l'heure était à l'affrontement. Au mois de février 1362, la place de Brignais, située aux portes de Lyon, tomba entre les mains des Routiers. De là il leur était loisible de frapper le Lyonnais, le Forez,

1. R. CAZELLES, *Société politique, noblesse et couronne*, *passim*, notamment p. 402-417.
2. A. CHEREST, *L'Archiprêtre*, *passim*.

le Mâconnais. Devant cette menace, le comte de Tancarville voulut réagir vigoureusement. Il rassembla, à Autun, une armée composée de contingents des deux Bourgognes, du Nivernais et de Champagne, tandis qu'à Lyon Jacques de Bourbon, comte de La Marche, concentrait des troupes recrutées en Auvergne, en Dauphiné et jusqu'en Savoie. Au mois de mars, le comte de Tancarville et le comte de La Marche firent leur jonction à Lyon. Leur armée était renforcée par des compagnies d'aventure recrutées par Arnaud de Cervole. Pendant ce temps, depuis le sud, le maréchal de France, Arnoul d'Audrehem, remontait vers le Lyonnais pour tenter de prendre à revers les Compagnies qui s'y trouvaient. Pour conjurer ce danger, les Routiers décidèrent de prendre leurs adversaires de vitesse et d'affronter sans plus attendre l'armée du comte de La Marche et du comte de Tancarville. Or ces derniers, qui voulaient d'abord dégager les abords de Lyon, avaient mis le siège devant Brignais et c'est sous les murs de la forteresse que, le 6 avril 1362, l'armée royale fut attaquée dans son camp par les Routiers. La surprise fut totale. Le comte de La Marche et son fils Pierre de Bourbon furent tués tandis que le comte de Tancarville, l'Archiprêtre et bien d'autres furent capturés. L'annonce de cette incroyable défaite jeta le trouble en Bourgogne et le gouverneur du duché, Henri de Bar, écrivait par exemple au bailli de la Montagne le 14 avril que « pour le fait de l'aventure de Brignais et pour ce que les ennemis chevauchaient pour s'en venir au duché de Bourgogne, le dit bailli fît retraire tout le plat pays dans les forteresses et abattre fours et moulins et toutes forteresses qui ne se pouvaient garder »[1].

Mais l'ampleur de leur victoire semble avoir étonné les Routiers eux-mêmes. Tous les seigneurs et capitaines capturés s'empressèrent de traiter avec ceux qui les avaient faits prisonniers et de payer leurs rançons. La plupart furent du reste très rapidement remis en liberté. Pourtant, après Brignais, l'attitude des chefs de guerre de l'armée royale à l'égard des Compagnies se modifia. Ils évitèrent désormais de se risquer à livrer bataille et utilisèrent tout un arsenal de moyens pour conjurer le péril, mettant les places fortes en état de défense et, de là, protégeant les régions environnantes, circonscrivant les lieux où régnait l'insécurité, négociant avec les Compagnies, achetant leur départ, leur offrant la possibilité de « se racheter » par la participation à des expéditions lointaines — en Castille, voire en Orient —, traitant séparément avec les chefs des Routiers, faisant entrer certains d'entre eux au service du roi.

Après avoir été libéré contre rançon, le comte de Tancarville semble, après ce sanglant revers, avoir traversé une phase de découragement. Il

1. Arch. dép. Côte-d'Or, B 1412, f° 40.

résigna sa charge de lieutenant général et, le 14 mai 1362, Henri de Bar, qui était déjà gouverneur de Bourgogne, vit ses attributions s'accroître puisqu'il fut établi « sur la garde, gouvernement et défense des pays du duché de Bourgogne et de Lyonnais et pour pourvoir à la défense et sûreté d'iceux, en lieu de monseigneur le comte de Tancarville qui, par avant, était lieutenant du roi notre dit seigneur aux dits pays, qui de ce s'est nouvellement déchargé »[1]. Mais le comte reprit courage et, dès le 27 juin suivant, par lettres patentes données à Choisy-au-Bac, près de Compiègne, le roi Jean le Bon le rétablissait comme son lieutenant « en toutes les parties de la Languedoc, en tous les duché de Bourgogne et comté de Champagne et de Brie, et en tous les bailliages de Sens, de Mâcon et de Saint-Pierre-le-Moûtier, aux duchés de Berry et d'Auvergne et comté de Nevers et baronnie de Donzy, au comté de Forez, en la baronnie de Beaujeu, en Lyonnais »[2]. Il assuma cette lieutenance jusqu'au printemps de 1363.

L'AVÈNEMENT DE PHILIPPE LE HARDI

Le 27 juin 1363, Jean le Bon, qui, revenant d'un voyage à Avignon, séjournait dans le duché, institua son plus jeune fils, Philippe, duc de Touraine depuis 1360, son lieutenant au duché de Bourgogne en remplacement du comte de Tancarville dont l'autorité était loin d'être incontestée, comme le montre l'impossibilité dans laquelle il se trouva, en ce mois de juin, d'obtenir des États du duché l'octroi d'un subside[3].

Cette nomination de Philippe en tant que lieutenant en Bourgogne semble bien avoir été, dans l'esprit de Jean le Bon, une étape avant la donation du duché à son fils cadet ; cependant, cette lieutenance entrait aussi dans la politique de délégation de pouvoir du roi et, à l'hiver 1363-1364, il en élargit le champ géographique puisque son fils se désignait au mois de février comme « Philippe, fils du roi de France et son lieutenant au duché de Bourgogne, au comté de Champagne et de Brie et aux bailliages de Sens, Mâcon et Saint-Pierre-le-Moûtier, duc de Touraine »[4].

Cette nomination correspondait aux méthodes de gouvernement de Jean le Bon qui, dans le même temps, confiait des lieutenances à ses fils, notamment à Louis d'Anjou et à Jean de Berry. R. Cazelles a bien

1. Arch. dép. Côte-d'Or, B 1412, f° 32 v°.
2. Arch. dép. Côte-d'Or, B 380.
3. E. PETIT, *Histoire des ducs de Bourgogne de la race capétienne*, IX, p. 323 ; U. PLANCHER, *Histoire générale et particulière*, III, preuve 3.
4. Arch. dép. Côte-d'Or, B 11 735.

montré comment, tant la création de lieutenances que la constitution d'apanages, entraient dans le cadre d'une politique de délégation de pouvoirs rendue nécessaire par les difficultés de communication dans une période de troubles intenses. Il s'agissait d'organiser ainsi des gouvernements régionaux et d'apporter une réponse politique aux nécessités du temps. Quoi qu'il en soit, les Bourguignons eux-mêmes semblent avoir bien accueilli ce jeune prince dont la popularité naissante lui permit d'obtenir, dès le mois de juillet 1363, la levée d'un fouage octroyée par les États, de même qu'une aide sur la vente des vins[1]. Cette concession était de bon augure.

Jean le Bon poursuivit la mise en œuvre de son projet et par un acte décisif, donné le 6 septembre 1363 à Germigny-sur-Marne, il concéda le duché à son plus jeune fils selon des modalités et dans des conditions très particulières.

PHILIPPE DE FRANCE

Dans l'exposé des motifs qui conduisirent le roi à prendre la décision qui fait l'objet de l'acte, il est frappant de constater que Jean le Bon mit en avant la figure de son plus jeune fils qu'il voulait honorer et récompenser. Le ton de ce passage n'était pas d'un genre convenu, bien que, naturellement, le roi eût la volonté de renforcer la popularité de ce fils dont il voulait faire le premier prince d'une nouvelle dynastie ducale de Bourgogne : en effet, les liens qui unissaient le père et le fils étaient forts ; l'amour filial et, en retour, l'amour paternel sont évoqués de façon très significative et peu courante dans un acte de ce genre.

> « Jean, par la grâce de Dieu roi de France [...], désirant ardemment mettre un terme aux grandes charges et oppressions causées par les intrusions de nos ennemis à nos sujets du duché de Bourgogne, qui nous est nouvellement échu par la succession du dernier duc Philippe, de bonne mémoire, en tant que son plus proche parent, et procurer la paix aux dits sujets, et nous remémorant les services dignes de gratitude et de louange que nous a sans cesse rendus, guidé par un pur amour filial, notre très cher fils Philippe, notre quatrième fils, qui, s'exposant volontairement à la mort, s'est tenu avec nous dans la bataille livrée près de Poitiers, sans peur et impavide, y a été blessé, capturé et détenu avec nous au pouvoir de nos ennemis, tant là qu'après notre délivrance et jusqu'à aujourd'hui, pour lesquels, à bon droit, nous désirons hono-

1. H. DUBOIS, « Naissance de la fiscalité dans un État princier », p. 95.

rer sa personne, et lui concéder une récompense perpétuelle, par amour paternel, et mettant notre espérance et notre foi dans le Seigneur, nous désirons qu'avec l'aide de la Providence nos sujets du duché de Bourgogne soient par lui délivrés de toute oppression[1]. »

Philippe de France était le quatrième et dernier fils de Jean le Bon et de Bonne de Luxembourg. Ses trois frères étaient Charles, duc de Normandie (futur Charles V), Louis Ier, duc d'Anjou, et Jean, duc de Berry. Né le 17 janvier 1342, il avait donc vingt et un ans lorsque son père lui concéda le duché de Bourgogne. A cette occasion, le roi émancipa son fils, le plaçant hors de sa puissance paternelle. Cet acte juridique rendait Philippe apte à diriger les affaires du duché de Bourgogne et constituait la pure application du droit coutumier bourguignon : si un enfant non marié restait avec le père ou la mère, quel que fût son âge, il était mineur, était frappé d'incapacité patrimoniale et, sur lui, l'autorité paternelle avait plein et entier effet. Du vivant des parents, les enfants ne pouvaient, en droit bourguignon, avoir leur liberté que par le mariage, le domicile séparé ou l'émancipation. Ici, le roi de France se référa à un usage coutumier que l'on trouve dans plusieurs actes concernant des princes bourguignons dès l'époque des ducs capétiens. Le fait n'était pas anodin : Jean le Bon voulait ainsi se rattacher le plus possible à la tradition politique bourguignonne.

Le duché de Bourgogne n'était pas la première concession faite à Philippe : tout comme ses frères il avait reçu auparavant un apanage, relativement modeste il est vrai, puisqu'il s'agissait du petit duché de Touraine. Cette concession lui avait été faite en 1360, à son retour de captivité. Mais l'acte de donation du duché de Bourgogne prévoyait que Philippe ne conserverait pas cette seigneurie et qu'en échange du duché de Bourgogne le roi de France reprendrait dans ses mains le duché de Touraine « avec ses appartenances ».

Par ailleurs, ce qui ressort pleinement du texte des lettres royales, c'est que Jean le Bon voulait récompenser un fils qui lui avait témoigné un dévouement sur lequel il insistait en citant explicitement la bataille de Poitiers. Durant cette bataille, livrée le 19 septembre 1356, le roi Jean était entouré de tous ses fils, Charles, Louis, Jean et Philippe. L'imprudence était à peine concevable : les Valois étaient une dynastie contestée ; ils subissaient des revers militaires, or, dans cette bataille de Poitiers, toute la lignée mâle était présente et donc exposée à être capturée ou anéantie. Aussi, à la fin de la bataille, lorsqu'ils sentirent que la

1. U. PLANCHER, *Histoire générale et particulière*, II, preuve 315.

situation devenait critique, Charles, Louis et Jean se retirèrent du champ de bataille. Le roi, quant à lui, préféra rester sur place et organiser le dernier pôle de résistance autour de lui, fidèle à son engagement de chef et fondateur de l'ordre de l'Étoile, dont les membres, tous chevaliers, « avaient juré que jamais ils ne fuiraient »[1]. A ses côtés, dans une scène fameuse, on retrouve Philippe, le plus jeune fils, alors âgé de quatorze ans, fidèle lui aussi au serment des chevaliers de l'Étoile parmi lesquels il avait été reçu en janvier 1352. Philippe, qui gagna là, dit-on, son surnom de « Hardi » fut capturé en même temps que son père dont il partagea ensuite la captivité en Angleterre de 1356 à 1360. C'est, comme nous l'avons dit, à son retour que Philippe reçut le duché de Touraine.

Les services rendus par ce jeune garçon tant dans la bataille de Poitiers que durant la captivité sont explicitement invoqués comme l'une des raisons qui poussèrent le roi Jean à récompenser Philippe en lui concédant le duché de Bourgogne. Il existait en fait d'autres motifs.

UN ACTE TRÈS POLITIQUE

Récompenser Philippe le Hardi et l'élever en dignité était certes l'un des deux motifs invoqués dans l'exposé de l'acte, l'autre motif étant d'assurer la sécurité du duché en mettant à sa tête un prince qui avait fait précocement ses preuves sur le champ de bataille et serait donc capable d'organiser la défense de la principauté. Le duché, en effet, comme nous le savons, était alors sans cesse menacé par les Grandes Compagnies, et Philippe le Hardi y remplissait déjà une mission de défense.

Il n'empêche que la concession du duché à Philippe le Hardi était loin de ne répondre qu'à ces seuls motifs. La réalité semble un peu plus complexe dans la mesure où le roi de France avait, en 1361, pris solennellement dans ses mains le duché de Bourgogne et l'avait rattaché non moins solennellement à son domaine en déclarant ce rattachement irrévocable. Or, il se dédit moins de deux ans plus tard. Pour expliquer un tel retournement, nous sommes réduits à émettre des hypothèses, étant donné que seules les raisons que nous venons de citer sont explicitement invoquées dans le texte. Cependant, il faut noter que dans l'exposé, le roi rappelait comment le duché de Bourgogne était venu dans sa main : « par la succession du dernier duc Philippe, de bonne mémoire, en tant que son plus proche parent ». On reconnaît là l'argu-

1. Jean FROISSART, *Chroniques*, t. IV, éd. S. LUCE, S.H.F., p. 126-127.

ment déjà avancé dans la déclaration de novembre 1361, dans laquelle le roi déclarait prendre le duché dans sa main « par le droit de l'héritier le plus proche et non à cause de [sa] couronne ». Le roi succédant à son cousin et beau-fils, en vertu de la seule coutume de Bourgogne et non pas par le droit de la Couronne, n'était donc que l'héritier des ducs de Bourgogne capétiens. C'était un point important, car dans la tradition capétienne, qui remontait au début du XIe siècle, le duché de Bourgogne était tenu, non par la branche aînée de la famille royale, mais par une branche cadette. Il est probable que le roi Jean voulut se rattacher à cette tradition et ce ne fut pas, du reste, le seul cas où l'on vit le roi Valois se référer, par souci de légitimité, à une tradition capétienne.

Cette mesure avait pu être prise à la demande de certains Bourguignons. C'est ce que laisse penser la formule « à l'humble supplication de nos sujets du dit duché ». Il est possible que certains sujets du roi, peut-être représentants de la noblesse, aient rappelé à Jean le Bon ce qu'avait été la tradition politique au temps des ducs capétiens. Par ailleurs, depuis novembre 1361, le roi, qui était aussi duc, n'avait guère résidé au duché [1] et la présence d'un gouverneur ou d'un lieutenant ne compensait probablement pas la présence physique du prince. Par cet acte du 6 septembre 1363, le roi exprimait donc la volonté de créer une nouvelle dynastie de Bourgogne issue d'une branche cadette de la famille royale.

UN APANAGE ?

Il est courant de lire que le roi Jean concéda le duché de Bourgogne à son fils Philippe « en apanage » [2]. Était-ce le cas ? Le terme « apanage » désignait, à l'origine, dans certaines régions où le droit d'aînesse excluait de la partie essentielle de l'héritage les fils puînés et les filles, les biens donnés à ceux-ci en échange de leur renonciation formelle à la succession paternelle. Cette pratique était liée au droit des fiefs. En 1225, le roi Louis VIII, prévoyant les modalités de sa succession, avait adopté cet usage : l'aîné de ses fils devait recevoir la Couronne, le domaine et le duché de Normandie, tandis que ses fils puînés recevraient, en fief, l'un le comté d'Artois, l'autre le comté de Poitiers, l'autre les comtés

1. Jean le Bon pendant la période au cours de laquelle il fut duc (21 novembre 1361-6 septembre 1363) fit trois séjours en Bourgogne : le premier du 20 décembre 1361 au 3 février 1362, le second du 3 au 22 octobre 1362, le troisième du 8 au 30 juin 1363. E. PETIT, *Histoire des ducs de Bourgogne de la race capétienne*, IX, *passim*.

2. Voir par exemple J. FAUSSEMAGNE, *L'apanage ducal de Bourgogne*, *passim*.

d'Anjou et du Maine. En ce début du XIIIe siècle, la concession de ces apanages prévoyait que, si la lignée du prince apanagé s'interrompait, l'apanage ferait retour au domaine de la Couronne, mais il n'était pas précisé que la succession ne pourrait se faire qu'en ligne masculine : une fille pouvait succéder à son père à la tête d'un apanage et c'est bien ce qui se passa, par exemple, lorsque, à la mort de Robert II, comte d'Artois, en 1302, sa fille Mahaut d'Artois prit possession du comté.

Le statut des apanages changea au cours du XIVe siècle : la Couronne conservait toujours des droits importants sur les apanages, notamment « la souveraineté et le ressort », mais en outre, à partir de 1314, fut introduite une clause de masculinité : l'apanage devait faire retour au domaine royal en cas d'absence d'héritier mâle et cette clause de masculinité devint progressivement inséparable de la définition de l'apanage. C'est conformément à ce statut qu'en 1360 le roi Jean le Bon avait apanagé ses fils Louis, qui devint duc d'Anjou, Jean, qui reçut le duché de Berry, et Philippe, à qui fut concédé le duché de Touraine[1]. Mais en septembre 1363, dans l'acte de concession du duché de Bourgogne, le roi régla la question de la succession en précisant qu'il faisait ce don à perpétuité en faveur de Philippe le Hardi et de « ses héritiers issus de son propre corps et procréés en légitime mariage ». Il n'y avait aucune restriction concernant le sexe de l'héritier car le roi s'était conformé non au droit des apanages mais à la coutume du duché de Bourgogne qui admettait la succession par les femmes[2]. Néanmoins, l'acte portant cession de la principauté prévoyait un retour au domaine royal si la lignée ducale s'éteignait.

Le retour au domaine était prévu puisque, par le règlement successoral de 1361, le duché y avait été rattaché — même si ce rattachement n'avait été que temporaire. Cependant, cette clause de rétrocession — sans doute destinée à parer à une éventuelle revendication du roi de Navarre en cas de décès inopiné de Philippe le Hardi — n'excluait pas formellement la transmission du duché en ligne collatérale. C'est ainsi que, comme nous le verrons, soixante ans plus tard, en 1423, le duc Philippe le Bon, dans le contrat établi en vue du mariage de sa sœur Marguerite de Bourgogne avec Arthur de Bretagne, comte de Richemont, fit figurer une clause selon laquelle, s'il venait à mourir sans héritier, sa sœur recevrait le duché de Bourgogne en partage[3]. Une telle disposition rendait donc pratiquement inopérante la clause de retour au domaine.

1. F. LOT et R. FAWTIER, *Histoire des institutions françaises au Moyen Age*, II, p. 122-127 et F. AUTRAND, *Charles V*, p. 661-668.
2. M. PETITJEAN, M.-L. MARCHAND, J. METMAN (éd.), *Le coutumier bourguignon glosé*, p. 200-201 et 208.
3. U. PLANCHER, *Histoire générale et particulière*, III, p. 311.

Jean le Bon avait donc agi en tant qu'héritier légitime de Philippe de Rouvres et cédait ses droits à son fils Philippe le Hardi, lui-même son légitime héritier. Il se rattachait délibérément à la tradition capétienne : en 1363, le duché de Bourgogne n'était pas une part du domaine détachée pour constituer un apanage, mais un grand fief tenu de la Couronne dont le détenteur était duc et doyen des pairs.

UN GRAND FIEF TENU DE LA COURONNE

Concédant le duché à son fils, le roi de France n'en omettait pas la dignité de pairie. Le duc de Bourgogne était en effet doyen des pairs de France. Il y avait douze pairs qui étaient les plus grands vassaux de la Couronne ; six étaient des pairs ecclésiastiques — l'archevêque de Reims, les évêques de Laon, Langres, Beauvais, Noyon, Châlons-sur-Marne — et six étaient des pairs laïcs : les ducs de Bourgogne, de Normandie et d'Aquitaine, et les comtes de Flandre, de Toulouse et de Champagne. Par ordre hiérarchique, le duc de Bourgogne était le premier des pairs de France. Ainsi le roi, par son acte de donation, conférait à son fils Philippe l'une des plus hautes dignités dans la hiérarchie féodale du royaume, à laquelle étaient attachés des prérogatives et des privilèges honorifiques.

Sur ce duché et cette pairie, le roi se réservait des droits importants. En premier lieu, le duché de Bourgogne étant un fief, le duc devait au roi « la foi et l'hommage », reconnaissant qu'il tenait son duché de lui. Par ailleurs, le roi conservait la « souveraineté et le ressort » sur le duché. Sa justice s'étendait au duché de Bourgogne et les sujets du duc pouvaient porter leur causes devant la justice royale et en particulier faire appel des décisions des juridictions ducales devant la « Cour de Parlement » siégeant à Paris. Ainsi, en « mettant hors et détachant complètement de [son] domaine » le duché de Bourgogne, le roi Jean abolissait l'un des privilèges qu'il avait concédés en décembre 1361, puisque désormais les « Grands Jours » du duché siégeant à Beaune ne seraient plus une cour souveraine mais redeviendraient une juridiction dont les décisions pourraient faire l'objet d'appels « en France ».

Le roi prévoyait encore la conservation des « droits régaliens et autres droits royaux appartenant à [la] couronne » qui s'exerçaient au duché jusqu'à la mort de Philippe de Rouvres. Un de ces « droits régaliens » était la frappe des monnaies. Au XIVe siècle, les ducs capétiens avaient battu monnaie à Dijon, à Auxonne et à Cuisery. L'atelier de Cuisery fut fermé vers 1359-1360 ; puis, en 1361, en succédant à Philippe de Rouvres, Jean le Bon avait ordonné la fermeture de l'atelier d'Auxonne et fait frapper la monnaie royale à Dijon et à Saint-Laurent-lès-Chalon, puis à Chalon même. Ainsi, les ateliers ducaux situés en terre d'Empire avaient été fermés et les autres étaient devenus des ateliers monétaires royaux. En 1363, donc, le duc Philippe le Hardi recevait un duché où la frappe ducale avait cessé au profit de la frappe royale. Dans l'immédiat, il accepta cet état de fait[1].

1. F. DUMAS-DUBOURG, *Le monnayage des ducs de Bourgogne*, p. 52-64.

3

LE GOUVERNEMENT D'UNE PRINCIPAUTÉ (1364-1384)

LE NOUVEAU DUC

Les lettres patentes du 6 septembre 1363 ne furent pas publiées au jour de leur scellement mais furent remises à Philibert Paillart, chancelier de Bourgogne, à qui le roi Jean, le 22 octobre suivant, ordonna de les garder sans en faire état tant qu'il n'en aurait pas reçu l'ordre[1].

Jean le Bon voulait avancer prudemment, craignant sans doute des réactions du roi de Navarre. Mais le 8 avril 1364, le roi, qui était retourné à Londres pour y tenir le rôle d'otage à la place de son fils Louis d'Anjou, fugitif, y mourut. Son fils aîné Charles monta sur le trône et fut sacré à Reims le 17 mai suivant. Son règne commençait sous d'heureux auspices puisque la veille de son sacre, le 16 mai 1364, les troupes du roi de Navarre avaient été battues à Cocherel par Bertrand du Guesclin. L'affaiblissement de la cause navarraise facilita le règlement de la question de Bourgogne. Aussi, conformément à la volonté de son père, Charles V confirma-t-il la donation du duché à son frère Philippe par des lettres patentes données au Louvre le 2 juin 1364. Dans ces lettres royales, était intégralement incorporé le texte des lettres de Jean le Bon du 6 septembre 1363. Le nouveau roi conférait la principauté à Philippe le Hardi selon les mêmes modalités que celles qui avaient été prévues par son prédécesseur, « voulant et concédant que [son] dit frère et ses héritiers issus en droite ligne de son corps et nés de légitime mariage jouissent et usent du duché de Bourgogne et des autres choses à eux données » à l'avenir[2]. En signe d'affection, il ajouta même une faveur spéciale en donnant en outre à Philippe l'hôtel

1. U. PLANCHER, *Histoire générale et particulière*, II, preuve 314.
2. *Ibid.*, II, preuve 315.

de Bourgogne, ancienne résidence ducale située sur la Montagne-Sainte-Geneviève [1].

Ce ne fut qu'après cette confirmation du 2 juin 1364 que Philippe le Hardi abandonna le titre de duc de Touraine pour prendre officiellement celui de duc de Bourgogne. Il adopta également de nouvelles armes : jusqu'alors, en tant que prince des lys apanagé, il portait le blason de France qui se distinguait de celui du roi par l'ajout d'une bordure et qui se lisait « d'azur aux trois fleurs de lys d'or à la bordure componée d'argent et de gueules » ; comme lui, ses frères, eux aussi princes apanagés, portaient des armes du même type : celles de Louis Ier, duc d'Anjou, étaient « d'azur aux trois fleurs de lys d'or à la bordure de gueules », tandis que celles de Jean, duc de Berry, étaient « d'azur aux trois fleurs de lys d'or à la bordure engrêlée de gueules ». Philippe le Hardi choisit en 1364 d'écarteler ses armes de fils de France avec les anciennes armes des ducs de Bourgogne capétiens qui étaient « bandé d'azur et d'or de six pièces à la bordure de gueules ». Ces nouvelles armes se lisaient donc « écartelé aux 1 et 4 d'azur aux trois fleurs de lys d'or à la bordure componée d'argent et de gueules (issu de France) et aux 2 et 3 bandé d'azur et d'or de six pièces à la bordure de gueules (Bourgogne) ». Dans ce langage codé qu'était l'héraldique, le nouveau duc voulait montrer qu'il se posait en héritier et successeur légitime des ducs de la branche capétienne : le duché n'était pas un apanage « mais bien l'héritage d'une patrilignée éteinte relevée par le fils cadet d'un héritier par les femmes » [2].

Lorsqu'il revint ensuite en Bourgogne, au mois de novembre suivant, car les guerres et le service du roi l'avaient retenu en Beauce puis en Normandie et en région parisienne de juin à octobre, Philippe le Hardi célébra son Joyeux Avènement conformément à l'usage de ses prédécesseurs. A Dijon, où il se trouvait en compagnie de son frère Louis d'Anjou le 26 novembre, il prêta serment, en l'église abbatiale de Saint-Bénigne, de respecter les privilèges de la commune [3]. En présence du duc d'Anjou, de l'évêque d'Autun, de l'abbé de Saint-Bénigne et de plusieurs prélats, nobles et autres, le chancelier Philibert Paillart déclara, en s'adressant à un groupe d'échevins dijonnais conduit par le maire Jean Poissenot :

1. Cet hôtel de Bourgogne, légué à Philippe de Bourgogne, comte de Nevers, fut vendu en 1412 à l'archevêque de Reims, Guy de Roye, qui le transforma en collège connu ensuite comme « collège de Reims ». J. FAVIER, *Paris au XVe siècle*, p. 94.

2. Rappelons que Jean le Bon avait recueilli le duché en tant que fils de Jeanne de Bourgogne et donc comme héritier « matrilatéral ». E. BOUSMAR, « La noblesse, une affaire d'homme ? », p. 153.

3. E. PETIT, *Itinéraires de Philippe le Hardi et Jean sans Peur*, p. 10-15.

> « Seigneurs, monseigneur le duc qui est ici a, en cette église, fait voir diligemment par son conseil vos chartes, franchises et libertés. Et en voulant suivre les bons faits de ses devanciers ducs de Bourgogne, il jure ici, devant Dieu et sur les saints Évangiles de Dieu, qu'il tiendra et gardera fermement et fera tenir et garder par ses officiers, les privilèges, libertés, immunités et franchises et leurs confirmations données par messeigneurs les ducs de Bourgogne aux maires, échevins et commune de Dijon, comme elles sont écrites aux lettres des dits privilèges, et il les confirme et en donnera ses lettres. Et à cette condition, vous, maire et échevins et procureur de ladite commune, jurerez semblablement à monseigneur de garder et rendre à votre pouvoir, par vous ou vos sujets, tous les droits qu'il a et doit avoir en la ville et banlieue de Dijon, selon la teneur de vos dits privilèges, et rendre vraie et due obéissance à monseigneur et lui en donner vos lettres sous le sceau de ladite commune[1]. »

Par ces cérémonies et ces engagements réciproques liant le nouveau duc à ses sujets, Philippe le Hardi se plaçait dans une continuité politique et juridique qui se manifestait aux yeux de tous.

LES DROITS DU DUC

Le don royal que Jean le Bon et Charles V avaient fait à Philippe le Hardi était constitué à la fois d'un domaine foncier et d'un faisceau de droits. Le domaine ducal en Bourgogne était vaste et riche. Le duc était le plus puissant seigneur foncier du duché. Il possédait des terres dans le duché et également des enclaves, outre-Saône, dans le comté de Bourgogne. L'acte royal du 6 septembre 1363 précisait de quoi se composait ce domaine : des villes et des bourgs, des châteaux, forteresses et résidences ou « manoirs », des maisons et autres édifices. Le domaine était, d'autre part, constitué de vastes seigneuries foncières groupées autour des châteaux ou des résidences ducales et constituées de terres cultivées et de vignes mises pour une part en régime de faire-valoir direct et pour une part divisées en tenures paysannes. Des prés — et l'on pense à l'élevage du mouton et au commerce de la laine, assez florissants en Bourgogne —, de vastes forêts, qui étaient aussi de belles réserves de chasse, des étangs, des rivières, complétaient l'ensemble. Sur le plan de la gestion et de l'administration, l'encadrement était assuré par les baillis, châtelains et prévôts ducaux.

Les revenus du domaine étaient loin d'être négligeables : une étude

1. U. PLANCHER, *Histoire générale et particulière*, III, preuve 21.

récente a montré que, pour la période 1364-1369, les revenus domaniaux rapportèrent au duc plus de 35 000 livres tournois et constituèrent plus de 43 % de l'ensemble de ses revenus [1]. Il percevait les revenus classiques de la seigneurie foncière : les cens pesant sur les tenures, l'ensemble des redevances foncières qu'en Bourgogne on appelait « coutumes », les revenus tirés de l'exploitation des vignes et les droits sur le vin, qui étaient très rémunérateurs, les produits de l'exploitation des forêts domaniales et des droits d'usage dans ces forêts, les revenus tirés de l'exploitation des étangs et des droits de pêche, etc. A cela s'ajoutaient les revenus tirés des contrats de métayage ou de fermage, là où le duc avait préféré ce type d'exploitation au régime de faire-valoir direct sur sa « réserve ». Par ailleurs, le duc percevait des taxes qui étaient la traduction économique et financière de son pouvoir de ban : des péages, droits d'étal sur les marchés, droits sur les foires — on pense évidemment aux foires de Chalon dont le duc tirait des revenus non négligeables —, etc.

A côté de ce qui constituait les éléments réels du domaine, le duc de Bourgogne détenait un faisceau de droits. En premier lieu, il était seigneur féodal et exerçait des droits féodaux sur les hommes qui étaient ses vassaux directs, dont il recevait l'hommage assorti de la ligesse, et sur les fiefs auxquels étaient attachés un certain nombre de services, notamment d'ordre militaire. Des arrière-fiefs — les fiefs tenus par les vassaux de ses vassaux directs —, le duc exigeait aussi le service militaire. Par ailleurs, des fiefs et arrière-fiefs, le duc percevait également certains revenus : droits de mutation — « lods et ventes » — et droits de succession — « reliefs ». En vertu de son acte de donation, Jean le Bon délia tous les vassaux du duché de l'hommage qu'ils lui avaient prêté en tant que duc de Bourgogne et leur ordonna de transférer leur hommage au nouveau duc, son fils, à qui ils devraient désormais les services féodaux attachés aux fiefs qu'ils tiendraient de lui.

Le duc était aussi seigneur justicier ; il tenait la basse, la moyenne et la haute justices. En tant que seigneur haut-justicier, il était le seul à pouvoir ériger, sur ses terres, un gibet à douze piliers. Les autres seigneurs hauts-justiciers du duché avaient droit selon leur importance à des « fourches » à deux, trois ou quatre piliers, ces dernières désignées comme « fourches entières ». Mais plus généralement, les droits du duc pouvaient se résumer à la notion de « baronnie du duché ». Ce concept, forgé à la fin du XIIIe siècle, désignait le principe selon lequel le duc détenait sur le duché un droit supérieur, distinct des droits féodaux ou banaux. Les droits qui constituaient cette « baronnie » étaient principa-

1. J. RAUZIER, *Finances et gestion d'une principauté*, p. 692 et 699.

lement des « droits supérieurs de justice », le duc estimant que toute justice exercée dans le duché l'était en vertu d'une délégation de ses propres pouvoirs judiciaires ; c'était l'application à l'échelon du duché de Bourgogne d'une théorie juridique et politique qui était celle des conseillers du roi de France. Les conseillers du duc de Bourgogne avaient repris, en faveur de leur maître, une théorie royale. C'est dire que, au milieu du XIVe siècle, la baronnie du duché pouvait être véritablement considérée comme une « souveraineté territoriale » qui plaçait sous l'autorité supérieure du duc tout à la fois les seigneuries laïques et les terres d'Église.

Nous conservons un texte de la fin du XIVe siècle qui énumère les droits exercés par le prince en tant que duc de Bourgogne et doyen des pairs de France [1]. Il n'est pas inutile de le citer pour prendre la mesure de ce que pouvait être l'exercice concret du pouvoir dans le cadre de la principauté, mais aussi ce que pouvait être le programme idéal du « bon gouvernement », car à côté des droits du duc figuraient aussi ses devoirs clairement définis par la coutume.

En premier lieu, le duc était présenté dans ce texte comme un seigneur justicier, tenant son pouvoir de Dieu — sans qu'il soit fait allusion au roi de France.

> « Le duc de Bourgogne est celui qui tient la seigneurie de tout le duché de Bourgogne et les autres honneurs que Dieu lui a donnés. Et pour cela, il lui appartient de garder la paix du pays, de gouverner le peuple par la verge de justice et d'apurer tous les comptes par loyauté ; et pour cela, il doit faire arrêter par ses baillis et mettre en prison les larrons, les voleurs, les pillards, les meurtriers, les ravisseurs de femmes et les autres malfaiteurs ; et ceux qui sont de mauvaise renommée, qu'ils aient ce qu'ils méritent afin que le peuple que le duc a à gouverner puisse être en paix. »

Le duc était aussi uni à ses « hommes », entendons ses vassaux, par les liens du contrat féodal. Il avait, dans son duché, le monopole des poids et mesures, attribut d'une véritable souveraineté territoriale.

> « Toute la seigneurie et la puissance des mesures, des aunes et des poids appartiennent à monseigneur le duc, quels qu'ils soient au duché de Bourgogne. C'est à entendre que nul ne peut instituer ni ordonner, accroître ou diminuer en sa terre ni en sa justice étant au duché de Bourgogne plus grande ou plus petite mesure de blé

1. M. PETITJEAN, M.-L. MARCHAND, J. METMAN (éd.), *Le coutumier bourguignon glosé*, p. 84-87 et 168 ; J. FAUSSEMAGNE, *L'apanage ducal de Bourgogne*, p. 291-295.

> ni de vin, plus grande ni plus petite aune, plus grand ou plus petit poids que ceux qui sont ordonnés d'ancien temps dans les différents lieux du dit duché par les anciens ducs et anciennement constitués et ordonnés par eux et par la coutume [...]. Et la raison de cette coutume est que si quelqu'un faisait en sa terre grande ou petite mesure, aune ou poids, il semblerait que chacun fût souverain en son lieu, ce qui n'est pas le cas ; et cela tromperait le peuple ; mais ce sont des choses qui proprement regardent la souveraineté ; et pour cela nul ne les peut accroître ou diminuer, sinon le prince [...]. »

Sur le terrain du droit des fiefs, la justice du duc avait une compétence exclusive en cas de litige car le prince avait un droit éminent sur toute la terre de son duché. La justice ducale était également seule compétente pour connaître des délits commis sur les grands chemins. Tous les cas impliquant le duc lui-même, ses officiers et serviteurs, les personnes et les biens placés sous sa protection, devaient, de la même façon, être jugés par les juridictions princières ; c'était également le cas des crimes de lèse-majesté dont, en Bourgogne « nul [n'avait] juridiction fors que le prince à cause de sa pairie ».

Enfin le duc détenait, de droit, toutes les ressources du sous-sol.

> « Il appartient à la dignité de monseigneur de Bourgogne et de son droit de noblesse qu'il ait tous trésors découverts en toute la contrée de Bourgogne, quelque part que ce soit audit duché. Et il est à savoir qu'il faut entendre trésor de maintes manières : premièrement est trésor une grande quantité d'or, d'argent ou autre métal qu'on trouve soit en un bois, soit en une rivière ou en terre. C'est aussi un trésor que l'on trouve lorsqu'on creuse un puits pour avoir de l'eau douce et qu'on trouve une source d'eau salée. C'est aussi un trésor lorsqu'en creusant la terre on trouve du minerai de fer ou d'autre métal. Toutes ces choses sont appelées trésors et appartiennent seulement au prince. »

A lire de tels extraits, à prendre la mesure de telles prérogatives, on conçoit combien la théorie des droits du duc avait été, dans le courant du XIVe siècle, fortement influencée par le modèle royal.

LES NÉCESSITÉS DE LA DÉFENSE

Le 2 juin 1364, alors même qu'il confirmait la donation du duché à son frère Philippe, Charles V l'instituait aussi son lieutenant dans les cités et diocèses de Lyon, Langres, Autun, Chalon et dans tout le duché de Bourgogne. Les pouvoirs qu'il lui déléguait étaient d'ordre militaire et financier, puisque le duc aurait sous son autorité tous les gens de guerre ordonnés pour la défense des pays à lui confiés et pourrait faire lever les « aides et subsides » destinés au financement des opérations ; par ailleurs le roi lui donnait le droit d'exercer toutes les prérogatives de l'autorité royale et, en particulier, de donner des lettres de grâce, d'anoblissement et de rémission[1]. Fort de cette délégation royale, Philippe pouvait agir pour organiser la défense d'une région très menacée par les incursions des Compagnies, des Navarrais et de certains seigneurs comtois qui attaquaient du côté de la Saône.

Dans le duché même, la tension était grande car le conflit né de la succession de 1361, bien qu'atténué par la défaite des Navarrais à Cocherel, était encore latent. Par le traité de paix qu'il avait conclu avec le roi le 6 mars 1365, Charles de Navarre s'était engagé à soumettre sa revendication sur le duché de Bourgogne à l'arbitrage du pape[2]. Mais l'annonce même de la conclusion d'un traité entre Charles V et le roi de Navarre avait fait naître des rumeurs inquiétantes en Bourgogne et Philippe le Hardi dut intervenir pour les faire cesser. Par des lettres données le 8 juillet 1365, il déclara :

> « [...] Nous avons entendu dire par plusieurs de nos officiers et autres dignes de foi que certaines personnes de la partie du roi de Navarre, ou autres qui ne sont pas nos bienveillants, ont semé et sèment en plusieurs lieux de notre duché et autre part, pour plus fortifier la partie du dit roi de Navarre et pour détourner les cœurs de nos bons sujets ou autrement, de leur volonté et contre vérité que, par le traité de monseigneur le roi et du dit roi de Navarre, notre duché de Bourgogne, auquel nous avons si bon et si clair droit, comme chacun peut savoir, et l'entendons, à l'aide de Dieu et de nos bons et féaux sujets et amis, garder et maintenir, aussi longtemps que nous vivrons, doit être baillé et délivré audit roi de Navarre, laquelle chose, sauve la grâce des dits rapporteurs, n'est pas vraie et ne figure pas audit traité auquel nous (ni autre de par nous) n'avons été appelé ni entendu. »

Il ordonna donc à ses baillis « que, par cri public ou autrement, ainsi

1. U. PLANCHER, *Histoire générale et particulière*, III, preuve 15.
2. F. AUTRAND, *Charles V*, p. 521.

que mieux vous pourrez, vous signifiiez à tous le contraire des paroles rapportées et que notre intention est de tenir tant comme nous vivrons, et nos héritiers après notre trépas, notre dit duché [de Bourgogne]. Et si le roi de Navarre ou autre voulait réclamer quelque droit en notre dit duché, nous entendons le garder et défendre contre lui avec l'aide de Dieu, du bon droit que nous y avons et de nos dits sujets et amis, et garder nos dits sujets par notre pouvoir en leurs libertés et franchises et de tous griefs et oppressions »[1].

Pour assurer la défense de son duché, Philippe pouvait compter sur la noblesse de Bourgogne qui s'était ralliée à lui alors même qu'il n'était encore que duc de Touraine. Certains des représentants de cette noblesse, investis de hautes responsabilités, l'aidèrent ou le suppléèrent au cours de ses nombreuses absences. Ainsi Jean de Montagu, seigneur de Sombernon, personnage issu d'un lignage apparenté aux ducs de Bourgogne capétiens, fut lieutenant de Philippe au duché en août 1363, capitaine général d'avril à novembre 1364, de nouveau en février 1366, gouverneur du duché en septembre 1367 et en février 1376, puis encore capitaine général en novembre 1379 ; Guy de Frolois, seigneur de Molinot, fut capitaine général en septembre 1363, et de nouveau en avril 1364, conjointement avec le seigneur de Sombernon ; Jacques de Vienne, seigneur de Longwy fut, à l'automne 1364, « lieutenant du roi et de monseigneur le duc de Bourgogne en la province de Lyon » ; Geoffroy de Blaisy, seigneur de Mauvilly, fut gouverneur en août 1366 et Eudes de Grancey en décembre 1369. En outre, en janvier 1364, Philippe le Hardi pourvut l'office de maréchal de Bourgogne, resté vacant depuis 1361, par la nomination de Guy de Pontailler, seigneur de Talmay. Ce personnage, qui allait jouer un rôle essentiel au sein du gouvernement bourguignon jusqu'à sa mort survenue en 1392, fut notamment en 1381 « gouverneur général » du duché de Bourgogne et des terres que le duc tenait au comté[2].

Les temps étaient troublés et les nobles de Bourgogne furent souvent appelés sous les armes, pour accompagner Philippe le Hardi au service « en France », pour tenir garnison dans les forteresses du duché ou pour s'opposer aux gens de Compagnies toujours menaçants. Pour les trois premières années du gouvernement de Philippe, on a ainsi conservé la trace de levées de troupes au duché en août et en septembre 1363, au printemps 1364, en janvier, mars et avril-mai 1365, en janvier et juillet-

1. U. PLANCHER, *Histoire générale et particulière*, III, preuve 25.
2. Arch. dép. Côte-d'Or, B 380. Voir aussi G. DUMAY, « Guy de Pontailler, sire de Talmay », p. 1-222 ; J. RICHARD, « Le gouverneur de Bourgogne », p. 102-103 ; B. SCHNERB, *Aspects de l'organisation militaire*, p. 48-51.

août 1366[1]. En cette période, les ressources militaires de la Bourgogne étant insuffisantes, les autorités ducales durent engager des capitaines d'aventure, comme les Bretons Yon de Lacouët, Jean de Saint-Pol, Jacques de Pénéodic ou Jean de Cornouailles, ou comme les Gascons, Arnaud de Tallebarde, dit Tallebardon, Guyot du Pin, Bernard de Sola, que l'on voit tenir garnison en Bourgogne en 1363-1364. Ces capitaines furent recrutés par l'intermédiaire de l'Archiprêtre Arnaud de Cervole, homme si précieux que le duc de Bourgogne tint son fils Philippe de Cervole sur les fonts baptismaux et devint donc son « compère »[2]. Le duc, en effet, tentait de s'attacher ces personnages difficilement contrôlables par des liens personnels ; certains d'entre eux furent ainsi intégrés à son hôtel : Arnaud de Tallebarde devint l'un de ses écuyers d'écurie en 1364 et Jacques de Pénéodic s'éleva jusqu'au rang de chambellan en 1366[3].

Mais la présence de ces défenseurs pouvait causer parfois aux populations autant de désagréments que les envahisseurs eux-mêmes. Il fallait alors payer leur départ. Révélatrice est, par exemple, la manière dont les autorités ducales se débarrassèrent de Bernard de Sola qui tenait garnison pour le duc, dans la forteresse de Laperrière-sur-Saône : il lui fut versé 1 500 florins d'or, en échange de quoi, le 14 septembre 1364, il accepta d'évacuer la place en s'engageant à s'en aller « hors des limites du dit duché dans les quatre jours, sans prendre, ou souffrir prendre par moi ou mes compagnons et nos serviteurs, forteresses, hommes, femmes, chevaux ni autres bêtes, sauf ce qui sera nécessaire pour notre ravitaillement pendant notre traversée du duché »[4].

Parfois les accords à l'amiable ne suffisant pas, il fallut recourir à la force ; la répression fut alors menée avec vigueur par les baillis ducaux, responsables de la défense à l'échelon local. C'est ainsi que fut réglé le cas d'Arnaud de Tallebarde et de Guyot du Pin. Ces deux personnages étaient au service du duc de Bourgogne en janvier 1364 ; or dès le mois de juillet ils rançonnaient les populations qu'ils étaient chargés de protéger. Au mois de septembre suivant, le gouvernement ducal tenta de se débarrasser de ces encombrants auxiliaires en achetant leur départ. L'Archiprêtre en personne intervint dans ce sens, mais en vain. Guyot du Pin s'attaqua ainsi à des marchands qui se rendaient aux foires de Chalon. Finalement, les troupes ducales leur donnèrent la chasse. Guyot fut capturé par un chevalier bourguignon, Renaud de

1. J. de LA CHAUVELAYS, « Les armées des trois premiers ducs de Bourgogne », p. 34-57.
2. A. CHÉREST, *L'Archiprêtre*, p. 197-198, 202-203, 236-237, 266-269 ; B. SCHNERB, *Aspects de l'organisation militaire*, p. 621-622.
3. Arch. dép. Côte-d'Or, B 369 et B 11 746.
4. Arch. dép. Côte-d'Or, B 11 840.

Montbelot, seigneur de Jancey, livré à la justice ducale et décapité à Chalon au mois d'octobre 1364. Sa tête fut exposée sur la place publique pour rassurer les marchands qui fréquentaient les foires. Mais, au mois de mai 1365, la ville fut attaquée par des gens de Compagnies, menés par le fameux capitaine gascon Seguin de Badefol, et ceux-ci emportèrent le crâne de Guyot comme un trophée[1].

Le désordre dû à la présence des Compagnies ou aux chevauchées anglaises est attesté jusque dans les années 1375-1380, après quoi cette menace s'estompa. Mais l'état d'insécurité qui régnait alors conduisit le gouvernement ducal à améliorer le système de défense de la principauté. C'est ainsi que les fortifications des villes et châteaux furent renforcées ou améliorées, des capitaines furent nommés à titre permanent dans les places fortes, des commissaires ducaux furent périodiquement envoyés en tournées d'inspection pour juger de l'état des défenses urbaines ou castrales. Le contexte de guerre favorisait l'extension des pouvoirs du prince. C'est ainsi que, fort de ses droits féodaux et princiers, le duc accentuait, à la faveur des mesures de mise en défense, son contrôle sur les espaces fortifiés, villes ou châteaux seigneuriaux, et renforçait son autorité sur toute la population. S'accroissait aussi la portée de sa législation car l'ensemble de ces mesures militaires, d'abord décidées ponctuellement, fit bientôt l'objet d'ordonnances d'application générale[2].

La sécurité du duché de Bourgogne reposait aussi sur des hommes dévoués à la cause du prince, mais qui entendaient bien aussi recevoir de leur peine un salaire mérité. L'exemple du maréchal de Bourgogne Guy de Pontailler l'illustre bien.

LES MALHEURS DE GUY DE PONTAILLER

En août 1372, Guy de Pontailler fit présenter au duc Philippe, en compagnie de qui il servait alors le roi contre les Anglais en Guyenne, une requête dans laquelle il énumérait les pertes matérielles et financières qu'il avait subies durant les huit années qui s'étaient écoulées depuis qu'il avait été nommé maréchal de Bourgogne. Il se croyait autorisé à le faire car lorsque le duc lui avait demandé jadis de le servir et « de faire guerre pour lui » il avait affirmé à Guy qu'il ne perdrait rien que le prince ne lui rendît bien[3].

1. Arch. dép. Côte-d'Or, B 1416, f° 61 ; A. CHÉREST, *L'Archiprêtre*, p. 280-285 ; Ph. CONTAMINE, « Les compagnies d'aventure », p. 383 ; H. DUBOIS, *Les foires de Chalon*, p. 239.
2. L. MIROT, « Instructions pour la défense du duché de Bourgogne », p. 308-311.
3. Pour ce qui suit, voir G. DUMAY, « Guy de Pontailler, sire de Talmay », p. 137-140.

La requête contenait une série de doléances car Guy de Pontailler s'y plaignait notamment d'avoir été fort mal payé de ses gages, qui pouvaient s'élever, selon les missions, de deux à six francs par jour. Il n'avait aussi, affirmait-il, reçu que très irrégulièrement une somme de cent francs par mois que le duc avait ordonné lui être versée « pour soutenir l'état de sa personne », c'est-à-dire pour supporter ce que nous appellerions des « frais de représentation ». Le prince, d'autre part, aurait dû lui rembourser les chevaux morts à son service, conformément à l'usage appelé le « restor des chevaux », or le maréchal prétendait avoir perdu au moins quarante-quatre chevaux en huit ans, sans en obtenir jamais le moindre remboursement.

En outre, son service avait occasionné à Guy de Pontailler de grandes charges et de grandes pertes : en 1364, fraîchement nommé maréchal, il avait pris part à une expédition au-delà de la Saône contre le comte de Montbéliard ; pendant la campagne il avait tenu quarante « lances » et dix archers en sa compagnie, entièrement à ses frais. En cette même année, sans cesse sur les routes, il avait fait de grandes dépenses, perdant nombre de chevaux, pour aller à Pontailler, à Saugey, à Laperrière afin d'intimer l'ordre aux gens de Compagnies qui s'y trouvaient de cesser de porter dommage aux sujets et au pays du duc ; il était contraint à ces déplacements incessants car, affirmait-il, « il n'y avait homme qui osât aller par devers eux si je n'y étais » — mention révélatrice de la terreur que ces Routiers faisaient régner dans le pays. Par la suite, il avait dépensé de grandes sommes en prenant part à des opérations militaires sur ordre du duc : en 1368, il avait chevauché sans cesse, tant en Bourgogne « comme en France » pour s'opposer aux Grandes Compagnies qui, après être passées en Espagne et avoir été vaincues à la bataille de Najera, refluaient vers le royaume. Il avait dû aussi beaucoup « travailler » ses chevaux en surveillant « les routes de Clisson et d'autres qui n'étaient pas en grande obéissance ». Ironie de l'histoire, Olivier de Clisson avait été engagé par le roi pour s'opposer à la marche des Compagnies. On devait donc garder les gardiens. En 1369, Guy de Pontailler avait accompagné son maître en Artois pour faire obstacle à une chevauchée anglaise menée par le duc de Lancastre. Enfin en 1371 et 1372, il avait participé, aux côtés du duc de Bourgogne et du duc de Berry, à des expéditions en Bourbonnais et en Auvergne, puis en Guyenne.

Par ailleurs, l'activité militaire du maréchal n'avait pas été aussi lucrative qu'elle aurait pu l'être et, en 1372, il se plaignit d'avoir subi, par obéissance, quelques gros « manques à gagner ». Ainsi, participant à la chasse aux Compagnies, en 1364, il avait contribué à la destruction des « routes » d'un capitaine nommé Guillaume Pot. A cette occasion il avait fait quelques prisonniers dont il espérait tirer de 2 à 3 000 florins de rançon — une fortune. Il n'en fut rien car ses prisonniers, qu'il avait logés en son hôtel de Dijon, furent réclamés, au nom du duc, par le bailli de Dijon Hugues Aubriot qui les fit pendre. Le maréchal, qui ne fut pas indemnisé, vit s'envoler l'espoir d'un beau profit. Une mésaventure identique lui advint plus tard, sans doute vers 1368 ou 1369, après la défaite d'un autre capitaine nommé Jacques Flour. Dans l'affaire, Guy de Pontailler avait capturé plusieurs adversaires, donc Jacques Flour qui était son « droit prisonnier ». A l'en croire, s'il eût voulu, il eût obtenu, là encore, 4 à 5 000 francs de rançon, mais ses captifs étaient des criminels, aussi pour « rendre honneur et obéissance » au « renom » du duc, il les avait livrés au bailli d'Autun qui les fit exécuter, sauf Jacques Flour lui-même que le duc échangea contre un chevalier bourguignon prisonnier des Anglais.

Dans l'exercice de ses fonctions, le maréchal de Bourgogne avait aussi consenti de lourdes avances à son maître : il avait versé 400 francs à l'écuyer Jacquot de Chamblanc qui avait livré sa maison forte au duc et encore 4 500 francs à l'Archiprêtre pour que ce dernier acceptât de rendre le château de La Vesvre, situé dans la région d'Autun, qu'il détenait comme gage d'une créance sur le duc. De toutes ces sommes, Guy de Pontailler n'avait pas été remboursé. En outre, il avait subi de grandes pertes dues aux chevauchées menées par les ennemis du duc sur les terres de son maréchal, notamment celles qui étaient situées outre-Saône : une seigneurie située au comté de Bourgogne et qui lui rapportait 400 florins de rente annuelle fut « arse » (brûlée) et les paysans s'étant enfuis n'osaient pas revenir de peur de subir de nouvelles attaques. Une autre terre de Guy de Pontailler, celle de Montsinjon, avait également été détruite et le maréchal lui-même, au retour d'un « voyage d'Oultre Mer », expédition armée contre les Turcs ou pèlerinage, avait été capturé par des adversaires du duc de Bourgogne qui lui firent subir des dommages évalués par lui à 400 francs.

Tout cela avait sérieusement écorné la fortune du maréchal qui avait été contraint de s'endetter et même de vendre « 150 livrées de terre », c'est-à-dire une terre lui rapportant annuellement 150 livres, pour payer les sommes dues à l'Archiprêtre pour la restitution du château de La Vesvre. Aussi, en conclusion de sa requête Guy de Pontailler suppliait le duc :

> « Si vous plaise, mon très redouté seigneur, me pourvoir sur ce, en manière qu'il ne me faille vendre mon héritage. Car en bonne foi, je suis moult endetté en votre pays pour maintenir l'honneur de votre maréchaussée. »

En réalité, la situation était moins désespérée que la supplique du maréchal le laissait entendre : certes Guy de Pontailler traversait une période difficile, mais les perspectives étaient loin d'être mauvaises : le service du prince, à court terme, occasionnait de gros frais, mais à moyen terme il était fort rémunérateur. Dans l'immédiat, le maréchal reçut un don de 500 francs en récompense des pertes qu'il avait mentionnées. Par la suite, le duc multiplia en sa faveur les dons, les gratifications, les pensions et les indemnisations de toutes sortes. A partir des années 1370, Guy de Pontailler reconstitua puis agrandit notablement son patrimoine. Le duc avait en effet les moyens de récompenser ceux qui le servaient fidèlement.

LES FINANCES DUCALES

Nous avons vu que Philippe le Hardi était un prince riche. Ses revenus domaniaux, en vingt ans, entre 1364 et 1384, s'accrurent, passant d'un peu plus de 35 000 livres en moyenne par an entre 1364 et 1369, à près de 37 000 livres entre 1369 et 1374, puis à plus de 39 000 livres entre 1374 et 1379, pour atteindre plus de 40 300 livres pour la période allant de 1379 à 1384. Cependant, un tel revenu, si imposant fût-il, ne suffisait pas, et de loin, à couvrir toutes les dépenses. Celles-ci s'élevaient annuellement à plus de 80 400 livres entre 1364 et 1369, à plus de 102 200 livres entre 1369 et 1374, à près de 145 000 livres entre 1374 et 1379 et à près de 193 000 livres entre 1379 et 1384 ; dans le total de ces sommes importantes, les seules dépenses liées au train de vie du duc et au fonctionnement de son hôtel représentaient une part qui variait, selon les années, entre plus de 56 et près de 75 %[1].

On le voit, le duc de Bourgogne, pas plus d'ailleurs que le roi de France, ne pouvait « vivre du sien », c'est-à-dire se contenter des seules recettes de son domaine. Il lui fallait donc se procurer, outre ses « revenus ordinaires », des « revenus extraordinaires ». Un des premiers soucis de Philippe le Hardi fut donc d'établir dans son duché un système fiscal propre. Sur ce plan, il récolta le fruit des efforts déployés par Jean le Bon et par le comte de Tancarville pour imposer aux Bourguignons un régime fiscal analogue à celui qui existait dans le reste du royaume. En juin 1362, pour assurer la défense du pays contre les Compagnies qui venaient de remporter la victoire de Brignais, les États du duché de Bourgogne avaient accordé, pour quatre ans, l'imposition du ving-

1. J. RAUZIER, *Finances et gestion d'une principauté*, p. 691-700.

tième, soit une taxe de 12 deniers par livre (5 %) sur toutes les transactions. Par la suite, les États renouvelèrent, la plupart du temps pour un an, la levée de cette imposition jusque dans les années 1381-1382 ; en outre, dès qu'il avait été investi d'une lieutenance au duché, en juillet 1363, Philippe le Hardi avait obtenu, comme nous l'avons vu, que les États lui accordent la levée d'un impôt direct appelé « fouage » et une aide sur les ventes de vin[1]. Un an plus tard, lorsqu'il devint officiellement duc, Philippe passa un accord avec son frère Charles V au terme duquel il acceptait, en son nom et au nom de ses successeurs, de laisser le roi lever aides et subsides au duché. En échange, le roi lui abandonnait, pendant une année, à titre exceptionnel, le produit des aides royales levées en Bourgogne pour le paiement de la rançon du roi Jean[2].

Malgré le caractère expressément temporaire de ce don, le duc continua, dans les années suivantes, à encaisser, à la place du roi et avec le consentement des États, le produit des aides. Toutes les tentatives faites par l'administration royale pour revenir à une situation normale furent vaines et le duché devint alors, selon la formule consacrée, « pays où le duc de Bourgogne prend les aides par la grâce et ordonnance du roi »[3].

A l'imposition du vingtième accordée par les États, Philippe le Hardi ajouta, à partir des années 1370, un huitième sur les vins, soit une forte taxe de 30 deniers par livre (12,5 %) et la gabelle du sel. L'institution de ce dernier impôt, liée à la mise en place de greniers à sel, fut d'abord temporaire, en raison des résistances des sujets du duc, puis définitive à partir de 1383. Le taux de prélèvement était alors de 4 sous par livre (20 %). Cet ensemble complexe de taxes indirectes fut complété, à partir de 1376, par la levée exceptionnelle de fouages consentie par les États[4]. Au total, les revenus tirés de la fiscalité représentèrent en moyenne annuellement plus de 44 600 livres entre 1364 et 1369, plus de 56 200 livres entre 1369 et 1374, plus de 58 300 livres entre 1374 et 1379 et plus de 48 000 livres entre 1379 et 1384.

Enfin, on ne saurait oublier, parmi les recettes extraordinaires, les dons, pensions et gratifications du roi au duc de Bourgogne. Ce type de revenus ne cessa de croître, en même temps que croissait l'influence de Philippe le Hardi au sein du gouvernement royal, passant de 600 livres par an de 1364 à 1369, à plus de 8 000 livres entre 1369 et 1374, puis à plus de 16 000 livres de 1374 à 1379 pour parvenir à plus

1. J. BILLIOUD, *Les États de Bourgogne*, p. 372-378 ; H. DUBOIS, « Naissance de la fiscalité dans un État princier », p. 94-95.
2. U. PLANCHER, *Histoire générale et particulière*, III, preuve 14.
3. B. A. POCQUET DU HAUT-JUSSÉ, « Les dons du roi aux ducs de Bourgogne Philippe le Hardi et Jean sans Peur (1363-1419), p. 274 ; H. DUBOIS, « Naissance de la fiscalité dans un État princier », p. 95.
4. *Ibid.*, p. 96-98.

de 37 000 livres entre 1379 et 1384 — période marquée, il est vrai, par la mort de Charles V en 1380 et par le début du « gouvernement des oncles » au sein duquel le duc de Bourgogne tenait une place importante[1].

Au total, les revenus extraordinaires — impôts et dons du roi —, croissant sans cesse, représentèrent dans l'ensemble des recettes du duc Philippe le Hardi une part qui passa de 56,3 % entre 1364 et 1369, à 76,6 % entre 1379 et 1384. Cependant, malgré cet apport considérable, les finances ducales souffrirent toujours, durant cette période, d'un déficit chronique, non pas en raison d'une baisse des revenus, qui au contraire augmentèrent grâce à une bonne gestion du domaine et à l'apport des ressources extraordinaires, mais en raison de l'accroissement des dépenses et, en tout premier lieu, des dépenses liées au fonctionnement de l'hôtel ducal et d'une administration princière de plus en plus perfectionnée[2].

1. J. RAUZIER, *Finances et gestion d'une principauté*, p. 698-699.
2. *Ibid.*, p. 704-709.

4

L'HÉRITAGE DE FLANDRE

UN MARIAGE FLAMAND

Au moment de son avènement au duché de Bourgogne, Philippe le Hardi était un jeune prince de vingt-deux ans, célibataire. Il tenait une seule principauté qui, certes, constituait un riche et beau fief, mais qui était loin de faire de lui le plus puissant seigneur du royaume. Pour l'avenir, les perspectives étaient cependant favorables, et elles le devinrent d'autant plus lorsqu'en 1369, cinq ans après avoir pris officiellement possession de son duché, Philippe épousa Marguerite de Male, fille unique du comte de Flandre Louis de Male.

Le projet d'un mariage de l'héritière de Flandre avec un duc de Bourgogne n'était pas une nouveauté. En effet Marguerite, née en 1350, avait déjà été mariée, alors qu'elle n'avait que dix ans, à Philippe de Rouvres, dernier duc de la branche capétienne. Dès l'année suivante, à l'âge de onze ans, elle était veuve. La mort de son jeune mari faisait d'elle la plus riche héritière du royaume car, non seulement son père détenait les comtés de Flandre, de Nevers et de Rethel, mais, après la mort du duc de Bourgogne, Marguerite de France, grand-mère de Marguerite de Male, avait recueilli le comté d'Artois et le comté de Bourgogne. Ainsi, la jeune princesse serait un jour à la tête de cinq comtés, parmi lesquels le riche comté de Flandre. Très vite, les négociations en vue de son remariage donnèrent lieu à de grandes manœuvres diplomatiques. Dès février 1362, le roi d'Angleterre Édouard III envoya des ambassadeurs auprès de Louis de Male pour proposer l'union de Marguerite et d'un prince de la Maison d'Angleterre, Edmond Langley, comte de Cambridge. Après de longues tractations, un contrat de mariage fut conclu le 19 octobre 1364. Le roi Édouard avait fait de grandes concessions pour parvenir à un accord, s'engageant à concéder

Calais et le Ponthieu au comte de Cambridge et à payer 175 000 livres tournois au comte de Flandre.

Pour les deux parties, l'alliance anglo-flamande était séduisante en raison des liens économiques qui unissaient étroitement l'Angleterre et la Flandre, mais le contexte du conflit franco-anglais n'en facilitait pas la mise en œuvre. L'éventualité du mariage de Marguerite de Male et du comte de Cambridge avait d'ailleurs alarmé le roi de France Charles V : au moment où, montant sur le trône, il lui fallait consolider son pouvoir, la perspective de l'avènement d'un prince anglais en Flandre était particulièrement menaçante. Il chercha le moyen de contrarier les projets matrimoniaux d'Édouard III. Or Marguerite et Edmond étaient cousins et leur mariage ne pouvait être célébré que moyennant une dispense pontificale puisque, selon le droit canonique, l'empêchement de mariage pour cause de consanguinité s'appliquait jusqu'au quatrième degré de parenté ; aussi Charles V usa-t-il de son influence auprès du pape Urbain V pour que ce dernier refusât d'accorder cette dispense. Ce fut chose faite au début de l'année 1365 et, malgré les sollicitations anglaises, le pape resta intraitable. Ayant obtenu ce premier succès, le roi Charles proposa au comte de Flandre le mariage de sa fille avec Philippe de Bourgogne[1]. Ce dernier, en avril 1367, avait reçu du pape une dispense lui permettant d'épouser n'importe laquelle de ses parentes jusqu'au troisième degré de parenté[2]. Cet acte, manifestation assez remarquable de la partialité du pape, offrait au duc de Bourgogne la possibilité qui avait été refusée au comte de Cambridge[3].

Les négociations précédant le mariage furent âpres et durèrent jusqu'au printemps 1369, mais Louis de Male, qui avait penché pour l'alliance anglaise, se laissa convaincre par sa mère, Marguerite de France — fille du roi Philippe V le Long —, qui inclinait, pour sa part, au mariage français. C'est du moins ce que rapporte Jean Froissart :

> « Le comte de Flandre, qui était sollicité d'autre part par le roi de France pour son frère le duc de Bourgogne, quand il vit que ce mariage ne se passerait pas en Angleterre, et que sa fille demeurait à marier et que lui-même n'avait plus d'autre enfant, accepta, à l'instigation de madame sa mère, la comtesse d'Artois, de donner sa fille au jeune duc de Bourgogne, car c'était un grand mariage et bien digne de lui[4]. »

1. R. VAUGHAN, *Philip the Bold*, p. 4-5.
2. U. PLANCHER, *Histoire générale et particulière*, III, preuve 33.
3. R. VAUGHAN, *Philip the Bold*, p. 4-5.
4. J. FROISSART, *Chroniques*, VII, p. 129.

Charles V avait, quant à lui, fait d'importantes concessions pour emporter l'adhésion de Louis de Male. C'est ainsi que, d'une part, il s'était engagé à verser au comte de Flandre une somme de 200 000 livres et que, d'autre part, par un acte daté de Paris le 25 avril 1369, il lui avait également cédé les trois châtellenies de Lille, Douai et Orchies[1]. Ces trois châtellenies, représentant un revenu estimé à 10 000 livres, qui formaient la Flandre « gallicante », avaient été réunies au domaine royal par Philippe le Bel, en 1304, après sa victoire de Mons-en-Pévèle sur les Flamands, et cette annexion avait été consacrée lors du traité de Pontoise de 1312.

Ces « villes, châteaux, châtellenies de Lille, de Douai et d'Orchies, avec les bailliages, patronages, hommages, seigneuries, noblesses, toutes justices, rentes, revenus, issues, profits, émoluments, droits, exploits et toutes leurs appartenances et appendances » étaient donnés au comte de Flandre et à ses successeurs qui, à l'avenir, les tiendraient « ainsi que [leurs] prédécesseurs comtes et comtesses de Flandre les tenaient » au temps où les rois de France les avaient confisqués. Les « villes, châteaux et châtellenies de Lille, de Douai et d'Orchies » seraient tenus par le comte Louis et ses successeurs en un seul hommage et en pairie avec le reste du comté de Flandre, réservés au roi de France les fiefs, ressorts et souveraineté et les droits royaux. Une clause particulière de l'acte de cession prévoyait cependant que dans le cas où, dans l'avenir, la lignée masculine des comtes de Flandre s'interromprait, le roi de France aurait la faculté de racheter les trois châtellenies moyennant 10 000 livrées de terre, dont 5 000 devraient être situées entre la Somme et le comté de Flandre, et 5 000 près des comtés de Rethel et de Nevers[2].

Cette donation, qui restituait au comte Louis des territoires et des villes que son prédécesseur Robert de Béthune avait perdus dans des conditions humiliantes, n'avait pas été faite par le roi sans arrière-pensées. Avant même de faire sceller les lettres patentes prévoyant le « transport » de Lille, Douai et Orchies au comte de Flandre, il avait en effet exigé de son frère Philippe l'engagement solennel, pris le 12 septembre 1368, de lui restituer les trois châtellenies dès la mort de Louis de Male[3].

Cet engagement garanti par un serment sur les Évangiles resta secret, et par la suite, comme nous le verrons, Philippe le Hardi et ses successeurs trouvèrent préférable de ne pas le respecter. Du reste, de son côté, le comte Louis, le 27 mars 1369, avait exigé de sa fille Marguerite la prestation d'un serment solennel par lequel elle s'engageait à ne jamais

1. R. VAUGHAN, *Philip the Bold*, p. 5-6 ; J. RAUZIER, *Finances et gestion d'une principauté*, p. 668.
2. U. PLANCHER, *Histoire générale et particulière*, III, preuve 39.
3. *Ibid.*, III, preuve 37.

consentir à la rétrocession de Lille, Douai et Orchies à la couronne de France[1].

Quoi qu'il en soit, les importantes concessions faites par le roi de France triomphèrent des hésitations de Louis de Male qui, malgré l'hostilité grandissante des Anglais, consentit au mariage de sa fille unique et de Philippe le Hardi. L'union des époux fut célébrée à Gand, en l'église de Saint-Bavon, le 19 juin 1369. La cérémonie donna lieu à de grandes réjouissances :

> « Et là y eut grandes fêtes et grandes solennités, au jour des noces, avant et après, et il y eut grande foison de seigneurs, barons et chevaliers. Et spécialement, le gentil sire de Coucy y fut[2], qui tenait bien sa place dans une fête, et mieux savait le faire que nul autre, car le roi de France l'y envoya. Ces noces furent bien célébrées par des fêtes et des joutes, et après chacun s'en retourna en son pays[3]. »

Son mariage donna l'occasion à Philippe le Hardi de prendre contact avec les principales villes de Flandre qui constituaient dans le comté une force politique et économique de première importance. Il visita Gand et Bruges, offrit des banquets aux bourgeois et dépensa généreusement, sous forme de riches présents, l'argent qu'il avait emprunté au roi, à ses officiers et à plusieurs marchands et changeurs parisiens. Parmi les bénéficiaires de ses libéralités se trouvaient des représentants de la noblesse du comté, comme les seigneurs de Ghistelle et d'Escornay, des membres de l'hôtel du comte de Flandre, maîtres d'hôtel, chambellans, écuyers d'écurie, des agents de l'administration comtale comme le chancelier ou le receveur général de Flandre[4].

Devenu le gendre de Louis de Male, Philippe le Hardi avait désormais la perspective de devenir un jour, à plus ou moins long terme, comte de Flandre, du chef de sa femme. Aussi, à partir de 1369, visita-t-il pratiquement chaque année le comté : en février-mars 1370, en août et septembre 1371, en mars-avril 1372, en mai-juin 1374. Ensuite, dans les années 1375-1376, ses séjours se firent plus longs notamment parce que Philippe fut chargé par le roi de négocier à Bruges et à Gand avec les ambassadeurs du roi d'Angleterre, venus, sous la conduite du duc de Lancastre, pour tenter de trouver une solution au conflit franco-anglais ; durant ces conférences de paix qui n'aboutirent pas, le duc de Bourgogne put déployer un faste qui impressionna non

1. J. FROISSART, *Chroniques*, VII, p. 56, n. 1.
2. Enguerrand VII, seigneur de Coucy.
3. J. FROISSART, *Chroniques*, VII, p. 130.
4. U. PLANCHER, *Histoire générale et particulière*, III, p. 560-561, note 7.

seulement ses interlocuteurs, mais aussi les bourgeois et habitants des villes où avaient lieu ces rencontres diplomatiques[1].

Ces séjours et ces visites à Lille, à Gand, à Ypres, à Bruges, à Damme et à L'Écluse furent l'occasion pour le duc de Bourgogne de se faire connaître et de commencer à se constituer des fidélités, mais une violente crise politique qui éclata en 1379 allait le contraindre à affronter militairement une partie de ses futurs sujets flamands en révolte contre leur comte.

LE SOULÈVEMENT DES VILLES

La révolte flamande qui dura de 1379 à 1385 s'inscrivit dans une période marquée, à travers toute l'Europe occidentale, par des troubles sociaux : soulèvement des *Ciompi* à Florence en 1378, révolte des "travailleurs" en Angleterre en 1381, le « Tuchinat » en Languedoc entre 1378 et 1383, insurrections urbaines dans la France du Nord avec en particulier la « Harelle » de Rouen et les « Maillotins » à Paris en 1381-1382. La généralisation du phénomène durant ces « années révolutionnaires » engage naturellement à penser qu'une conjoncture économique défavorable, touchant tant le monde des villes que celui des campagnes, fut à l'origine des événements ; cependant, on ne saurait faire abstraction des conditions propres à chaque région et des causes locales pour expliquer cette vague de contestation violente qui toucha ici les gens de métiers — notamment ceux de la draperie à Florence, Gand, Rouen —, là des ruraux — « Tuchins » du Languedoc et « *Labourers* » d'Angleterre. Il est certain, en particulier, que des problèmes politiques spécifiques vinrent aggraver les effets d'une crise économique et de tensions sociales étroitement liées. Dans certains pays ou dans certaines régions, ainsi en Angleterre, dans les villes de la France du Nord ou dans celles du Languedoc, l'accroissement du poids de la fiscalité étatique a joué un rôle déclencheur[2]. En Flandre, d'autres causes, plus spécifiques, provoquèrent la révolte.

Chacun sait que le comté de Flandre, précocement urbanisé, avait été le cadre du développement, en milieu urbain, d'une production textile — de drap de laine notamment — de grande ampleur. Dans les villes où se concentrait une importante population d'artisans et d'ouvriers, existaient de fortes tensions sociales ; par ailleurs, une situation

1. Voir E. PETIT, *Itinéraires de Philippe le Hardi et Jean sans Peur*, *passim* et R. VAUGHAN, *Philip the Bold*, p. 17-19.

2. G. FOURQUIN, *Les soulèvements populaires au Moyen Age*, Paris, 1972 ; ; M. MOLLAT et Ph. WOLFF, *Ongles bleus, Jacques et Ciompi*, Paris, 1970.

de concurrence opposait les grands centres de production et de commercialisation du drap entre eux. Dans ce contexte, l'autorisation donnée, au mois de mai 1379, par le comte Louis de Male à Bruges de percer un canal entre la Reie, qui reliait la ville à la mer, et la Lys, inquiéta Gand dont les intérêts étaient menacés par cette mesure : la ville, située à la confluence de la Lys et de l'Escaut, risquait de voir une partie de son activité commerciale détournée au profit de Bruges. Le mécontentement né de cette décision comtale fit éclater la révolte au sein du monde des métiers. Bateliers et tisserands se choisirent un chef, Jean Yoens, qui avait été le doyen des bateliers, et, arborant le « chaperon blanc », emblème de la révolte depuis l'époque de Jakob van Artevelde, prirent les armes pour empêcher par la force les travaux de percement du canal. La tentative de reprise en main de la situation par le bailli comtal Roger d'Auterive fut un échec et le bailli lui-même fut tué par les insurgés qui, désormais, déclaraient combattre pour le maintien des franchises communales face aux entreprises d'un prince qui, notamment sur le plan judiciaire, menait une politique de tendance incontestablement centralisatrice.

A Gand, les partisans du comte furent traqués et contraints à la fuite, tandis que certains personnages modérés préféraient, eux aussi, quitter la ville. La mise à sac et l'incendie du château comtal de Wondelghem par les Chaperons blancs fut un nouveau défi à l'autorité de Louis de Male.

Le mouvement, parti de Gand, s'étendit bientôt à Grammont et même à Bruges où, malgré la rivalité économique qui opposait Brugeois et Gantois, artisans et ouvriers se rallièrent en nombre à l'insurrection, au nom de la défense des libertés urbaines et d'une certaine solidarité sociale. Bientôt Damme et Courtrai firent à leur tour cause commune avec Gand. Un premier choc entre les troupes du comte et les révoltés eut lieu près d'Ypres, ville qui se joignit aussi au mouvement au mois de septembre 1379. A ce moment, Jean Yoens étant mort brutalement, les Gantois avaient nommé pour les conduire quatre capitaines qui menèrent une expédition contre Audenarde, clé de la circulation sur l'Escaut en amont de Gand.

C'est alors que pour la première fois le duc de Bourgogne Philippe le Hardi intervint directement dans les affaires flamandes. A la demande de Louis de Male et de Marguerite de France, il joua un rôle d'intermédiaire entre le pouvoir comtal et les révoltés. Arrivé à Arras au début de novembre avec une suite où figuraient quelques-uns de ses principaux conseillers, tels Guy de La Trémoille, Jean de Vienne, amiral de France, et Guy de Pontailler, maréchal de Bourgogne, il s'entretint avec le comte, puis se porta sur Tournai d'où il entra en contact avec les révoltés qui assiégeaient Audenarde. Le 18 novembre, des conférences s'ouvrirent à Pont-à-Rosne, à mi-chemin entre Tournai et Audenarde, et débouchèrent, le 30 novembre, sur un traité de paix que Louis de Male confirma par un acte donné à Malines le 1er décembre suivant. Le comte s'y engageait à pardonner tous les « méfaits », à confirmer tous les privilèges, à les rétablir dans l'état où ils étaient lors de sa « Joyeuse Entrée » et à venir résider à Gand. Le chancelier de Flandre serait privé de sa charge. Les baillis et sergents comtaux coupables d'abus seraient destitués. Une commission de vingt-cinq membres — neuf Gantois, huit Brugeois et huit Yprois — serait nommée pour enquêter sur les violations des privilèges urbains. Tous les fugitifs pourraient réintégrer leur domicile[1].

Ce traité négocié par Philippe le Hardi était sévère pour le comte, mais le duc de Bourgogne avait réussi durant les négociations à écarter les revendications les plus dangereuses des révoltés qui, en particulier, avaient tout d'abord réclamé le démantèlement des fortifications d'Audenarde. Cependant, si l'on en croit Jean Froissart, l'opinion de certains était que « c'était une paix à deux visages qui serait rapidement rompue, et que le comte ne l'avait accordée que pour sauver la grande foison de nobles chevaliers et écuyers qui se trouvaient en grand péril dans Audenarde »[2]. Même après la conclusion du traité, les tensions restaient vives en Flandre :

> « Quand le comte de Flandre eut été un espace de temps à Lille et que le duc de Bourgogne s'en fut rentré en France, il s'en vint à Bruges, et y résida, manifestant en privé son grand mécontentement à certains bourgeois de Bruges à qui il reprochait, sans autre forme de punition, de l'avoir trahi et de s'être mis au service de ceux de Gand. Ces bourgeois s'excusèrent et dirent, ce qui était la vérité, que ce n'était pas leur faute mais celle des menus métiers de Bruges qui avaient voulu se joindre aux Gantois quand Jean Yoens était venu devant Bruges. Le comte dissimula son mécontentement du mieux qu'il put mais n'en pensa pas moins[3]. »

Dans les dernières semaines de 1379, une visite de Louis de Male à Gand ne calma pas les esprits, bien au contraire. Aussi Jean Pruneel, l'un des quatre capitaines gantois, qui avait été l'un des négociateurs du traité de Pont-à-Rosne, mit les Chaperons blancs en garde contre les projets de revanche du prince. Pour prévenir un retour des hostilités

1. J. FROISSART, *Chroniques*, IX, p. LXXXVI-LXXXVII et notes.
2. *Ibid.*, IX, p. 204.
3. *Ibid.*, IX, p. 204-205.

qu'il craignait pour l'été suivant, il conseilla une mise en défense de la ville. C'est alors qu'eut lieu un incident qui ralluma un conflit mal éteint. Trois représentants de la noblesse flamande, Olivier d'Auterive, Philippe et le Galois de Masmines, cousins de Roger d'Auterive, bailli comtal assassiné par les Gantois, avaient envoyé leurs lettres de défi à Gand et avaient attaqué des bourgeois de la ville pour « contrevenger » la mort de leur cousin. La riposte gantoise fut d'occuper Audenarde, le 22 février 1380, et de faire abattre une partie des fortifications du côté de Gand. Devant cette violation du traité, le comte Louis « fut durement courroucé », écrit Froissart :

> « Ah ! les maudites gens ! le diable les tient bien ! je n'aurai jamais paix tant que ceux de Gand seront en puissance ! »

L'incident fut pourtant rapidement suivi d'un nouvel accord passé grâce à l'intercession de bourgeois gantois modérés, le comte reprenant possession d'Audenarde dès le 5 mars 1380, tandis qu'Olivier d'Auterive et Philippe de Masmines étaient exilés, de même que Jean Pruneel qui se retira à Ath. Mais cet exil ne sauva pas le capitaine gantois du ressentiment de Louis de Male : le 15 avril, un traité fut passé entre le comte de Flandre, le duc Albert de Bavière, régent du comté de Hainaut, le duc de Bourgogne et Wenceslas, duc de Brabant, prévoyant l'expulsion des fauteurs de désordres. Quelques jours plus tard, des envoyés de Philippe le Hardi et de Louis de Male se rendirent à Ath prendre livraison de Jean Pruneel puis le ramenèrent à Lille où il fut jugé et exécuté. Pendant ce temps, à Ypres, plusieurs membres des métiers tels que foulons ou tisserands, qui avaient ouvert les portes de leur ville aux Gantois, furent traduits devant la justice comtale et exécutés « afin que les autres y prissent exemples ».

Cette vague de répression engagea les Chaperons blancs gantois dans la voie de la guerre à outrance car leurs capitaines avaient compris qu'il ne pourrait plus être question d'un accord avec le pouvoir comtal. Ils lancèrent donc une grande campagne de « décastellement » sur les conseils d'un de leurs capitaines qui leur dit :

> « Si l'on veut me croire, il ne devrait rester aucune maison forte de gentilhomme dans le pays de Gand, car, par ces maisons de gentilshommes qui y sont, nous pourrions être et serons tout détruits, si nous n'y pourvoyons de remède. »

L'opération de destruction des châteaux et maisons fortes du pays de Gand, menée par une troupe de 1 500 hommes, dura une semaine et entraîna aussitôt la « contrevenge » des nobles de Flandre, appuyés par leurs « parents et amis » du Hainaut. La guerre avait commencé.

LA GUERRE DE FLANDRE

Au printemps de 1380, Louis de Male avait la ferme intention de rétablir son autorité dans le comté. Au mois de mai, profitant d'une sédition à Bruges, il était intervenu pour rétablir l'ordre et avait ordonné l'exécution d'un certain nombre de rebelles. La soumission de la ville avait entraîné celle du Franc de Bruges, terroir situé autour de la ville et constitué de petits centres urbains et d'une grande zone rurale. Ce succès important lui permit d'envisager de porter son effort contre Ypres. Le 27 août 1380 ses troupes remportèrent une victoire sur les Gantois venus au secours des Yprois. Ceux-ci ne tardèrent pas à rendre leur ville à leur prince qui fit exécuter plusieurs centaines de rebelles. Courtrai s'étant également soumise, Gand se trouvait isolée, aussi le comte Louis décida-t-il d'en faire le siège au début de l'automne. Mais une telle entreprise était malaisée en raison de l'importance de la ville et de l'étendue de ses défenses. Au début du mois de novembre, l'armée du comte fut contrainte de lever le siège et le 11 de ce mois, un nouveau traité de paix fut conclu entre Louis de Male et les Gantois. Mais ce règlement fut aussi éphémère que le précédent. L'agitation en effet ne cessa pas à Gand où durant l'hiver 1380-1381 les Chaperons blancs se préparèrent à la reprise des hostilités.

Dès le printemps suivant, les deux partis s'armèrent à nouveau. Cette fois, le duc de Bourgogne intervint, non plus en tant que médiateur comme à l'automne 1379, mais comme défenseur de la cause de son beau-père. Il obtint des États de Bourgogne la levée de 60 000 francs pour la guerre contre les Gantois [1].

Les troupes gantoises parcouraient le pays, attaquant la ville de Deinze et brûlant les faubourgs de Courtrai. Une rencontre eut lieu à Nevele, le 13 mai, au cours de laquelle les Gantois furent vaincus et perdirent deux de leurs capitaines, Rasse d'Herzeele et Jean de Launoit. Après ce combat, à la faveur d'une accalmie, une tentative de conciliation du régent de Hainaut échoua. A l'été, voulant profiter de l'affaiblissement de ses adversaires, Louis de Male, après avoir tenté un nouveau siège de la ville, décida d'en faire le blocus. Durant l'automne et l'hiver, le ravitaillement de Gand fut, sinon totalement interrompu, du moins considérablement gêné. Durant cette période, de nouvelles

1. J. BILLIOUD, *Les États de Bourgogne*, p. 377.

ouvertures de paix furent faites, dans lesquelles Philippe le Hardi et Marguerite de Male semblent avoir été impliqués. Mais tout fut vain.

A Gand même, Pieter du Bos proposa aux Chaperons blancs de nommer à leur tête un chef capable de gouverner la ville ; interrogé sur l'identité du candidat idéal, il nomma Philippe van Artevelde dont le nom seul évoquait un temps de révolte ouverte contre le pouvoir comtal : il était en effet le fils de Jakob van Artevelde qui avait été le chef des « Chaperons blancs » entre 1338 et 1345.

Philippe van Artevelde accepta, après quelques hésitations, son élection en tant que capitaine et, au mois de janvier 1382, prit le titre de *rewaert* (régent) de Flandre. Au mois de mai suivant, il mena une violente contre-offensive contre le parti comtal. Son plus grand succès fut, après avoir vaincu l'armée du comte, de prendre Bruges où les partisans du prince furent impitoyablement pourchassés. Louis de Male, qui se trouvait dans la ville, ne dut son salut qu'à une fuite précipitée. Ensuite, les Gantois obtinrent le ralliement d'Ypres, Cassel, Furnes et Courtrai. De nouveau, le comté de Flandre échappait à l'autorité du comte Louis. Ce dernier, réfugié à Lille, se soucia d'organiser la défense des quelques forteresses qui tenaient encore pour lui et notamment d'Audenarde qui allait soutenir un siège durant l'été et l'automne de 1382.

Il n'était pas dans les intentions du duc de Bourgogne d'abandonner son beau-père. Il vint en Artois pour se rendre compte de la situation. A Bapaume il apprit que les rebelles flamands s'étaient attaqués au Tournaisis qui relevait directement de la Couronne. Il écrivit aussitôt une lettre au jeune roi Charles VI et à son frère le duc de Berry, oncle du roi, qui se trouvaient à Compiègne, pour les informer de cette agression qui était un défi à l'autorité royale. Son intention était d'entraîner le gouvernement royal à intervenir directement dans la crise flamande. Il conféra ensuite avec Louis de Male, lui déclarant en substance, selon Froissart :

> « Monseigneur, par la foi que je dois à vous et au roi, je n'entendrai jamais à autre chose que de vous consoler de vos malheurs ou bien nous perdrons tout ; car il n'est pas bon qu'une telle ribaudaille, comme celle qui est en ce moment en Flandre, gouverne un pays : toute chevalerie et noblesse en pourrait perdre honneur et être détruite et, par conséquent, toute la sainte Chrétienté[1]. »

Ces propos, même s'ils ont été reconstitués par le chroniqueur, synthétisent à merveille l'idée qu'un prince comme Philippe le Hardi pou-

1. J. FROISSART, *Chroniques*, X, p. 251.

vait se faire d'une révolte telle que celle de Gand : il s'agissait, pour lui, ni plus ni moins que de la subversion de l'ordre social voulu par Dieu. Intervenir pour rétablir cet ordre était une sainte mission, d'autant qu'en ces années 1379-1380 la question flamande n'était pas seulement d'ordre politique ou social mais aussi d'ordre religieux. En effet, en 1378, le Grand Schisme d'Occident avait divisé la Chrétienté en deux obédiences rivales, celle du pape de Rome Urbain VI, soutenu par l'Angleterre, et celle du pape d'Avignon Clément VII, soutenu par la couronne de France. Dans ce conflit, la Flandre était un terrain d'affrontement car, pris entre son inclination pour les Anglais et ses attaches françaises, Louis de Male avait tardé à se rallier à l'une ou l'autre des deux obédiences. Les révoltés flamands, pour leur part, se déclarèrent pour Urbain VI. Leur attitude ne pouvait qu'exciter contre eux ceux qui, dans le camp « clémentiste », préconisaient la « voie de fait ».

WEST-ROOSEBEKE

Le duc de Bourgogne, après avoir rencontré le comte de Flandre à Bapaume, se rendit à Senlis pour y conférer avec le roi et le gagner à l'idée d'une intervention armée en Flandre. Charles VI était alors âgé de quatorze ans ; monté sur le trône en 1380, à la mort de son père, il était depuis lors sous le « gouvernement » de ses oncles les ducs d'Anjou, de Berry, de Bourgogne et de Bourbon. Philippe le Hardi n'eut pas de mal à convaincre son jeune neveu, impatient de mener sa première expédition militaire. Pour leur part, les ducs de Berry et de Bourbon considéraient sans doute qu'une intervention en Flandre et une répression de la rébellion gantoise seraient un préalable indispensable à une reprise en main de la situation dans les villes du royaume qui, comme Paris, Rouen et Amiens, s'étaient soulevées contre la politique fiscale du gouvernement royal et où l'agitation restait latente.

Le 15 août 1382, à Compiègne, une assemblée de nobles et de gens d'Église fut réunie pour traiter des mesures à prendre. Malgré des avis défavorables, dictés par une vieille hostilité de certains conseillers à l'égard de Louis de Male, le roi avait suivi les conseils du duc de Bourgogne, soucieux de sauver son beau-père et de préserver son héritage flamand, et qui lui avait dit : « Monseigneur, mandez vos gens et allons combattre cette vilenaille[1]. » Dès le 18 août suivant, Charles VI se rendit à l'abbaye de Saint-Denis pour y lever l'oriflamme[2]. Au même

1. *La chronique du bon duc Louis de Bourbon*, p. 167.
2. RELIGIEUX DE SAINT-DENIS, I, p. 176.

moment, sentant le danger, les Gantois, tout en s'efforçant d'apaiser le roi de France, négociaient une alliance avec les Anglais pour obtenir d'eux une aide militaire.

Dans la deuxième quinzaine du mois d'octobre, l'armée royale commença à se concentrer en Artois, autour d'Arras. Dans les tout premiers jours de novembre, le comte Louis de Male se présenta devant le roi Charles VI, à l'abbaye de Saint-Nicolas d'Arrouaise, pour lui prêter hommage « de toutes les terres qu'il devait tenir du roi et du royaume ». Il s'agissait non seulement des comtés de Flandre et de Nevers, mais désormais aussi du comté d'Artois car sa mère, Marguerite de France, comtesse d'Artois et comtesse palatine de Bourgogne, était morte au printemps précédent, léguant ses seigneuries à son fils. C'est peut-être à cette occasion que le comte Louis aurait tenu au roi ce discours pathétique :

> « Mon souverain et très redouté seigneur, monseigneur le roi, la terre, seigneurie et comté de Flandre qui sont miennes, je les tiens de vous de fief et souveraineté, et à cause de ce je suis pair de France, et le doyen des pairs qui est ici, votre oncle, le duc de Bourgogne, a épousé ma fille. Or est ainsi que les gens de mon pays se sont rebellés contre moi et m'ont chassé, non pas par ma faute mais par la leur car ils ne peuvent rien souffrir : ils sont si riches et si pleins qu'ils ne peuvent rien endurer. Et il m'est avis que s'ils avaient grand pouvoir, après m'avoir jeté hors du pays, ils s'efforceraient d'en jeter d'autres dehors et conquérir leurs terres. C'est pourquoi, mon souverain et redouté seigneur, je suis venu à vous et à votre oncle, mon fils, à refuge, et vous devez remédier à cela et me remettre en ma seigneurie, comme doit bon seigneur faire à son loyal vassal [1]. »

Mais les appels à l'aide du comte de Flandre n'étaient pas les seuls arguments qui décidèrent le conseil royal à lancer une expédition contre les Flamands, car les négociations engagées par Philippe van Artevelde avec les Anglais étaient connues et constituaient une raison impérieuse d'intervenir.

L'ost réuni autour d'Arras était fort de 10 000 hommes environ. Le duc de Bourgogne y figurait lui-même avec une troupe comptant à elle seule plus de 2 000 combattants qui recevaient leur solde, non des trésoriers des guerres du roi, mais du receveur général du duc Amiot Arnaut.

Le 12 novembre, l'armée royale quitta la région d'Arras pour entrer

1. *La chronique du bon duc Louis de Bourbon*, p. 167.

en Flandre et par Lens, Seclin et Lille, se dirigea vers le pont de Comines pour y franchir la Lys de vive force, ce qui fut fait le 19 novembre. Deux jours plus tard, la ville d'Ypres faisait sa soumission avec tout le reste du « Westland » de Flandre. Les Français se dirigèrent alors vers Bruges. Pendant ce temps, inquiets de l'évolution de la situation, les Gantois levèrent le siège d'Audenarde pour marcher à la rencontre de l'ost du roi et lui couper la route de Bruges. Au soir du 26 novembre 1382, les deux armées campèrent à proximité l'une de l'autre près de West-Roosebeke. Le lendemain, 27 novembre, une furieuse bataille s'engagea. Les Flamands commandés par Philippe van Artevelde lancèrent une attaque qui ne parvint pas à culbuter la ligne française et fut arrêtée par une contre-attaque sur les flancs. La mêlée fut sauvage et, au dire de Froissart, le fracas des armes était assourdissant :

> « Là, le cliquetis des épées et des haches, des plommées et des maillets de fer sur ces bacinets était si grand et si fort, qu'on n'y entendait rien à cause du bruit ; et on m'a dit que si tous les heaumiers [1] de Paris et de Bruxelles étaient ensemble, faisant leur métier, ils ne feraient pas plus grand bruit que celui que faisaient les combattants en frappant sur ces bacinets [2]. »

Les Flamands, pris en tenaille, furent mis en déroute en une demi-heure. Philippe van Artevelde fut tué dans le combat et les débris de son armée se replièrent en désordre vers Courtrai.

Dès le lendemain de la bataille, les Brugeois se présentèrent devant le roi et son conseil à Thorout. Grâce à l'intercession de Louis de Male, ils furent admis à faire leur soumission au roi, mais durent se racheter moyennant un tribut de 120 000 francs et leur adhésion à l'obédience de Clément VII. L'armée royale se dirigea ensuite vers Courtrai. A proximité de cette ville, quatre-vingts ans plus tôt, en juillet 1302, les troupes de Philippe le Bel commandées par le comte Robert II d'Artois avaient été écrasées par les Flamands. Depuis lors « cinq cents paires d'éperons dorés » pris sur les cadavres des « seigneurs de France » étaient conservées, à la fois comme trophées et comme *ex voto*, en l'église Notre-Dame de Courtrai. Les Français les y récupérèrent pour effacer le souvenir de cette cuisante défaite, tandis que la ville étaient pillée par les gens de guerre et leurs capitaines avant d'être livrée à l'incendie, malgré les prières que le comte de Flandre adressa au roi et l'intervention de Philippe le Hardi. Ce dernier, cependant, ne quitta pas Courtrai

1. Fabricants de casques.
2. J. FROISSART, *Chroniques*, XI, p. 55.

les mains vides, s'appropriant une fameuse horloge, plus tard appelée « Jacquemart », qu'il fit démonter pièce par pièce et expédier à Dijon où, ornée de huit bannières aux armes ducales, elle fut bientôt installée sur la collégiale Notre-Dame[1].

> « Avant que le feu y fût bouté, le duc de Bourgogne fit ôter des halles une horloge qui sonnait les heures, qui était l'une des plus belles qu'on connût deçà la mer, et la fit mettre tout par membre et par pièce sur des chariots, et la cloche aussi ; et cette horloge fut charroyée en la ville de Dijon en Bourgogne et là fut remise et assise, et y sonne les heures vingt-quatre heures entre nuit et jour[2]. »

Malgré la défaite de Roosebeke, la mort de Philippe van Artevelde et l'épouvantable traitement infligé à Courtrai, Gand, sous l'autorité de ses capitaines, notamment de Frans Ackerman, ne semblait pas disposée à se soumettre. Les Français ne pouvaient cependant pas envisager de poursuivre une campagne qui avait été éprouvante car l'automne était pluvieux et l'hiver s'annonçait rigoureux. Le conseil du roi, après s'être interrogé sur l'opportunité d'aller assiéger Gand, décida le retour en France, non sans que des garnisons fussent placées à Ypres, Bruges, Courtrai, Ardembourg et Audenarde. Le roi et son armée arrivèrent à Tournai le 18 décembre, ville où les seigneurs de France passèrent les fêtes de Noël. Au mois de janvier 1383, l'armée licenciée, le roi, les princes et la cour étaient de nouveau à Paris.

La défaite des Flamands permit au gouvernement royal, qui avait, jusqu'alors, différé la répression des révoltes antifiscales nées dans les villes du royaume, de frapper fort : Rouen, où avait éclaté un soulèvement appelé la « Harelle », perdit ses libertés communales et dut payer une amende de 100 000 francs. Paris, où les émeutiers armés de maillets, d'où leur nom de « Maillotins », avaient exercé des violences contre des officiers royaux et contre la communauté juive protégée par le roi, perdit sa prévôté des marchands et fut frappée d'une amende de 200 000 francs. Reims, dont les habitants, révoltés, avaient osé arrêter et emprisonner Jean de Pontailler, frère du maréchal de Bourgogne, alors qu'il était en route pour rejoindre l'armée du roi en marche contre les Flamands, dut payer une amende de 25 000 livres tournois. La totalité en fut donnée par le roi au duc de Bourgogne pour réparer « les offenses et injures » qui lui avaient été faites par les Rémois. Sur cette somme, il donna 1 000 livres à Jean de Pontailler, frère de son maréchal, et 3 000 livres à ce dernier.

1. B. et H. PROST, *Inventaires mobiliers*, II, n° 812 et 829.
2. J. FROISSART, *Chroniques*, XI, p. 70-71.

Le duc de Bourgogne, à son retour à Paris, distribua, en effet, de fortes récompenses aux chevaliers et écuyers qui l'avaient servi dans la « chevauchée de Flandre ». Il voulut particulièrement honorer son chambellan Jean de Mornay qui s'était signalé dans le combat. Aussi, par un acte donné à Paris le 24 janvier, lui constitua-t-il une rente viagère de 1 000 livres tournois « pour considération des grands, notables, loyaux et agréables services » que ce chevalier lui avait rendus en Flandre et en particulier « le jour de la bataille de *Roussebech* où le roi eut victoire contre les Flamands, rebelles et ennemis de lui et de monseigneur le duc » parce que « le jour même de cette bataille mondit seigneur eut volonté de reconnaître lesdits services » afin que ses autres serviteurs et lui fussent plus enclins à le servir « et faire leur devoir ». Au printemps suivant, le duc fit au même Jean de Mornay un don de 1 000 francs « pour une fois » pour le récompenser encore de ses bons services rendus lors de la chevauchée de Flandre « desquels [services] mondit seigneur est bien content et s'en répute être tenu à lui ». Ce don exceptionnel devait aider le chambellan du duc à acheter la seigneurie de Traînel-en-Champagne, située près de Nogent-sur-Seine [1].

De Paris, au mois de mars 1383, Philippe le Hardi, en compagnie de l'amiral de France Jean de Vienne, se rendit à Sainte-Catherine-de-Fierbois, sanctuaire tourangeau, lieu d'un fameux pèlerinage militaire. Il entreprit probablement ce voyage à la suite d'un vœu fait sur le champ de West-Roosebeke [2]. Mais il allait bientôt devoir retourner en Flandre où de nouveaux périls s'annoncèrent.

LA MORT DU COMTE

Alors même que Charles VI et ses oncles étaient rentrés à Paris, à la fin du mois de janvier 1383, les Gantois, malgré une tentative de rapprochement faite par Louis de Male, avaient lancé une attaque contre Ardembourg, ville qu'ils prirent, pillèrent et incendièrent. Par ailleurs, leur alliance avec les Anglais prenait corps. Ceux-ci purent, du reste, prendre argument du Schisme pour intervenir militairement en Flandre. Au mois de décembre 1382, en effet, le pape Urbain VI avait fait prêcher en Angleterre une croisade contre les « schismatiques » qui soutenaient son concurrent Clément VII. Une expédition fut décidée, dont Henri Despenser, évêque de Norwich, devait prendre la tête. C'était une véritable « croisade » (*cruciata*) à laquelle était attachée une indulgence ponti-

1. Arch. dép. Côte-d'Or, B 1460, f° 23 et 115 v°.
2. Arch. dép. Côte-d'Or, B 1460, f° 116.

ficale et qui était financée en partie par la levée d'une décime sur les biens d'Église. Les préparatifs durèrent pendant tout l'hiver et une partie du printemps, puis, au mois de mai 1383, l'évêque de Norwich débarqua à Calais, à la tête d'une armée forte de 3 000 combattants.

La campagne commença par la prise de Gravelines suivie d'un combat sous les murs de Dunkerque au cours duquel les Anglais écrasèrent les milices de la ville. Bourbourg tomba ensuite, de même que Cassel, et tandis que, de Lille, le comte de Flandre prévenait le duc de Bourgogne du péril qui le menaçait, l'évêque de Norwich alla mettre le siège devant Ypres. Ce siège, qui fut vain, dura du 5 juin au 10 août 1383. L'immobilisation de l'armée anglaise donna au duc de Bourgogne le temps de réagir. Une fois de plus, il parvint à convaincre le conseil royal de la nécessité d'une intervention en Flandre. Le 2 août, Charles VI leva de nouveau l'oriflamme à Saint-Denis. Au début du mois de septembre, son armée était réunie près d'Arras et put entrer en campagne. Cassel et Bergues furent prises, puis les Français se dirigèrent vers Bourbourg où les Anglais s'étaient enfermés après avoir levé le siège d'Ypres. Le 12 septembre, la ville fut assiégée. Deux jours plus tard, les Anglais rendaient la place par capitulation et se retiraient sur Calais, non sans avoir brûlé Gravelines au cours de leur retraite.

La croisade de l'évêque de Norwich était donc un échec, mais la guerre contre Gand continuait et, dans la nuit du 17 septembre, Frans Ackerman parvint à prendre par surprise Audenarde qui avait été la principale forteresse du parti comtal depuis le début de la révolte gantoise. Cependant, malgré ce succès, Gand se trouvait de nouveau menacée d'isolement car durant l'automne Français et Anglais entrèrent en négociation pour conclure une trêve. Les rencontres eurent lieu en novembre et décembre à Leulinghen, entre Boulogne-sur-Mer et Calais. La délégation française était conduite par les ducs de Berry et de Bretagne et par le comte de Flandre, tandis que du côté anglais les principaux négociateurs étaient Jean de Gand, duc de Lancastre, et son fils Henri, comte de Derby.

Les discussions furent longues et difficiles car Louis de Male refusait que le traité fût applicable aux Gantois. Finalement, l'accord intervint le 26 janvier 1384. La trêve devait durer jusqu'à la Saint-Michel suivante (29 septembre) et, conformément à la volonté expresse des ambassadeurs anglais, Gand fut admise au bénéfice du traité. N'ayant pas réussi à isoler ses sujets rebelles, le comte de Flandre, épuisé et malade, rentra à Saint-Omer où, le 29 janvier, il dicta son testament. Le lendemain, 30 janvier 1384, il expira. Les comtés d'Artois, de Bourgogne, de Flandre, de Nevers et de Rethel, constituant son héritage, passaient à sa fille Marguerite et à son gendre Philippe le Hardi.

5

GUERRE ET RECONSTRUCTION

LES FUNÉRAILLES DE LOUIS DE MALE

Le corps du comte Louis fut porté en l'église abbatiale de Saint-Bertin de Saint-Omer où, selon un rite coutumier, il fut exposé pendant dix-neuf jours[1]. Ensuite, il fut transporté à Lille pour y être inhumé au cours de funérailles organisées par les soins de Philippe le Hardi. Dans son testament, Louis de Male avait choisi d'être enterré en la collégiale Saint-Pierre de Lille. Le lieu choisi n'était pas indifférent : en élisant pour sépulture cette église qui avait été fondée au XIe siècle par le comte de Flandre Baudouin V, Louis manifestait son attachement à la Flandre gallicante qui lui était restée fidèle à un moment où la Flandre « flamingante » était révoltée contre lui. C'était aussi une manière de montrer une dernière fois qu'il entendait bien que cette partie de la Flandre, à lui remise en 1369 par Charles V, et où son corps allait reposer, resterait à jamais attachée au comté. Louis avait aussi demandé que le corps de son épouse Marguerite de Brabant, morte en 1380 et enterrée à Rethel, fût transféré à Lille pour y être inhumé auprès de lui. Plus tard, en 1405, Marguerite de Male, devenue veuve de Philippe le Hardi, demanda, elle aussi, à être enterrée à Saint-Pierre de Lille, aux côtés de son père et de sa mère, et non auprès de son mari, inhumé à la Chartreuse de Champmol près de Dijon.

La translation de Louis de Male et de Marguerite de Brabant de Saint-Omer et de Rethel à Lille se fit en deux temps. Les corps furent d'abord portés à l'abbaye cistercienne de Loos-lès-Lille, située au sud-ouest de Lille, et déposés en l'église abbatiale où ils restèrent sept jours ; puis, le 26 février 1384, eut lieu le transfert solennel de l'abbaye de Loos jusqu'à l'église Saint-Pierre.

1. Pour ce qui suit, voir J. FROISSART, *Chroniques*, p. 157-164 et C. BEAUNE, « Mourir noblement à la fin du Moyen Âge », p. 125-143.

Les cercueils du comte et de la comtesse furent portés en cortège dans la ville de Lille où ils entrèrent par la porte des Malades ; cette porte qui donnait au sud sur la route de Douai et de Paris était aussi désignée comme la « Porte royaulx », celle des entrées royales. Le convoi funèbre, composé de princes, de chevaliers et d'écuyers, accompagnés de quatre cents porteurs de torches, tous vêtus de noir, traversa toute la ville du sud au nord, puisque l'église Saint-Pierre était située à l'autre bout de la ville. Le cortège était un moment privilégié des cérémonies, celui dont le caractère public était le plus marqué. Les habitants de Lille purent se presser dans les rues pour assister à la dernière entrée de leur prince dans la ville.

Cette translation de Loos à Saint-Pierre eut lieu « à vesprée », c'est-à-dire le soir à l'heure de vêpres — vers dix-huit heures. Les corps furent ensuite déposés dans la collégiale et veillés toute la nuit par des clercs qui prièrent jusqu'au lendemain, 27 février, jour des obsèques et de l'enterrement, dans le chœur de l'église. Ce jour-là, une assistance nombreuse, vêtue de noir, couleur du deuil princier et nobiliaire, assista aux cérémonies. Tous les chevaliers et écuyers présents avaient reçu, aux frais du duc de Bourgogne, une « livrée » de drap noir. Le costume de deuil était constitué d'une robe tombant jusqu'aux pieds et d'un chaperon porté en capuchon dont on pouvait rabattre la « visagière ». Seul le duc et les membres de la famille proche avaient, protocolairement, le droit de porter le « grand deuil », c'est-à-dire un vaste manteau en rotonde, porté par-dessus la robe, et un grand chaperon à longue cornette. Plus le deuil était grand et plus le manteau était long et traînant — celui que Philippe le Hardi porta à l'occasion des obsèques de son beau-père nécessita huit aunes de drap noir, tandis que le manteau et la robe de la duchesse Marguerite furent fourrés de mille deux cents dos d'écureuils appelés « gris ». Le vêtement, par son ampleur, sa couleur et son drapé, traduisait l'intensité du chagrin et du deuil.

L'archevêque de Reims célébra une haute messe. A ses côtés se trouvaient l'évêque de Paris et trois des évêques dont dépendaient, au spirituel, les terres du comte Louis : ceux de Tournai, Cambrai et Arras. L'église, cadre de l'office religieux, avait reçu un décor dont l'élément central était le catafalque, qu'on appelait « traveil » ou « chapelle », sur lequel étaient disposés pas moins de sept cents cierges. Dans le reste du sanctuaire on dénombrait au total mille deux cents cierges. Cette densité du « luminaire » était une caractéristique de la liturgie funèbre. Par ailleurs, ce qui caractérisait le décor de l'église était surtout l'appareil héraldique, concentré en grande partie sur le catafalque supportant les cercueils de Louis de Male et de Marguerite de Brabant, et qui était orné des armes du comte et de la comtesse et surmonté de cinq bannières aux armes de Flandre, d'Artois, de Bourgogne-comté, de Nevers et de Rethel, c'est-à-dire des cinq comtés dont Philippe le Hardi héritait à la mort de son beau-père.

Outre le décor héraldique, les funérailles de Louis de Male furent l'occasion du développement d'une grande « paraliturgie laïque » destinée à glorifier solennellement le défunt. L'usage de cette « exhibition d'honneur » avait commencé à se répandre au cours du XIIIe siècle et consistait en l'ostension et l'offrande des « pièces d'honneur », c'est-à-dire d'éléments de l'équipement chevaleresque symbolisant l'appartenance du défunt à l'aristocratie nobiliaire. L'offrande de ces pièces d'honneur fit l'objet d'un rite particulier prenant place après l'offertoire : elles furent en effet présentées et « offertes » symboliquement par de grands personnages qui les firent tenir ou porter devant eux jusqu'à l'autel. Ce rite suivit un ordre hiérarchique. Vinrent d'abord deux séries d'écus armoriés : quatre écus de guerre — le premier offert par le duc de Bourgogne, le deuxième par Jean d'Artois, comte d'Eu, le troisième par Jean de Bourbon, comte de La Marche, et Philippe de Bar, fils du duc de Bar, le quatrième par Robert, comte de Namur — puis quatre écus de tournoi ; furent amenés ensuite deux séries de grands chevaux, les quatre premiers étaient des « destriers de guerre », armés et couverts de bardes et de housses armoriées, les quatre suivants étaient des destriers de tournoi ; de la même façon furent offertes huit épées, quatre épées de guerre et quatre de tournoi, huit heaumes et huit bannières. Ce dédoublement des offrandes par dissociation du matériel de guerre et du matériel de tournoi, typique des usages funèbres flamands, alourdissait le cérémonial dont la place, au cœur du rite funèbre, était frappante et impressionnante. En outre, dans cette cérémonie, la participation active des princes et des plus hauts seigneurs présents, ainsi que d'une foule de chevaliers et d'écuyers, symbolisait autant la « hautesse » du prince défunt et le prestige de son lignage que le compagnonnage d'armes qui le liait à la noblesse de ses principautés.

Au cours des funérailles du comte, le duc de Bourgogne joua incontestablement le rôle central : il en était l'organisateur et le premier des participants, marchant en tête et seul lors de l'offrande des pièces d'honneur. Personnage principal d'une cérémonie qui était la première manifestation publique où il apparaissait comme comte de Flandre, Philippe le Hardi se posait officiellement en successeur de Louis de Male. Soucieux de manifester la continuité du pouvoir comtal et de montrer sa puissance et sa richesse par la symbolique et le faste, le duc n'oublia pas de faire établir un compte rendu détaillé de la cérémonie et de le faire copier, recopier et largement diffuser. D'autant qu'il ne voulait pas seulement s'y montrer comme le nouveau comte de Flandre, mais aussi comme le fondateur d'un nouvel ordre politique.

Lorsqu'on étudie d'un peu près le détail de la cérémonie funèbre du 27 février 1384, on constate que c'est dans le rôle dévolu à chacun des participants que se manifestèrent le mieux les idées politiques qui présidèrent à son organisation. Tout d'abord, parmi les quatre cents porteurs de torches qui accompagnèrent le corps de Louis de Male figuraient en premier lieu les officiers de l'hôtel comtal. Certes, après l'enterrement, l'hôtel fut « rompu » et les officiers licenciés, mais pour l'heure ils effectuèrent leur dernier service autour de leur maître comme s'il était encore vivant. A leurs côtés, portant également des torches, marchaient des échevins des bonnes villes. Leur présence montrait, dans ce contexte de révolte urbaine, que certaines villes ou que certaines catégories de la société urbaine restaient loyales à leur prince.

La présence des princes et des grands seigneurs parmi lesquels le comte d'Eu et son fils Philippe d'Artois, futur connétable de France, Philippe, fils du duc Robert de Bar, le comte de La Marche, le comte de Namur, n'était pas moins symbolique : tous ces personnages étaient des proches du duc de Bourgogne, membres de son lignage et pour certains, membres de son hôtel ; à leurs côtés se tenait le groupe compact et hiérarchisé des nobles, chevaliers et écuyers de Bourgogne, de Flandre, d'Artois et du Hainaut. Tous furent associés à un cérémonial funèbre organisé de telle manière que fût clairement manifestée l'union, sinon la fusion, de l'ensemble de cette noblesse d'armes qui allait servir et soutenir la politique du duc de Bourgogne : ainsi, au moment de l'enterrement de Louis de Male et de Marguerite de Brabant, sur le bord de la fosse du comte se tenaient six chevaliers dont trois, le seigneur de Ghistelle, Waleran de Raineval et le châtelain de Dixmude, étaient d'Artois et de Flandre, et trois autres, Jean de Vienne, le seigneur de Ray et Anceau de Salins, étaient des Bourguignons ; sur le bord de la fosse de la comtesse se tenaient trois Flamands, Gérard de Ghistelle, le seigneur d'Antoing et le châtelain de Furnes, et trois proches conseillers de Philippe le Hardi, Guy de La Trémoille, seigneur de Sully, le seigneur de Châtillon et le maréchal de Bourgogne.

Dès ce jour, dans le chœur de la collégiale Saint-Pierre de Lille, le duc de Bourgogne avait voulu montrer sur quels piliers allait reposer son pouvoir.

LA PAIX DE TOURNAI

Lors de l'avènement de Philippe le Hardi et de Marguerite de Male au comté de Flandre, le pays jouissait depuis peu de la trêve conclue à Leulinghen. Le nouveau comte et la nouvelle comtesse en profitèrent pour faire leur « Joyeuse Entrée » à Bruges, Ypres, Messines, Dixmude et Damme ainsi qu'à Malines et à Anvers, avant de regagner Lille, siège et base de repli du pouvoir comtal. Au printemps le duc, avant de retourner à Paris auprès du roi Charles VI, établit une aide extraordinaire pour la durée de la guerre contre Gand, prenant la forme d'une taxe mensuelle payée par les villes pour organiser leur défense. La levée de cet impôt fut décidée le 10 mai 1384 et obtint l'assentiment des sujets flamands de Philippe. Ce dernier, il est vrai, avait conditionné l'octroi de son pardon général pour tous les actes de rébellion à l'obtention de cette aide. Par ailleurs, le duc de Bourgogne prit des mesures d'ordre militaire pour assurer la sécurité du comté. Il nomma son maréchal, Guy de Pontailler, et Jean, seigneur de Ghistelle, « gouverneurs du pays de Flandre [1] », choisissant de confier conjointement cette charge au détenteur du principal office militaire de Bourgogne et à un représentant d'un grand lignage de Flandre, qui avait été l'un des proches conseillers de Louis de Male. Cette collégialité était à la fois une application du régime d'union personnelle sous lequel Philippe le Hardi entendait désormais gouverner l'ensemble de ses principautés, et aussi une formule permettant d'éviter de placer d'emblée aux plus hautes responsabilités militaires en Flandre un étranger au comté. Ceci fait, il maintint des garnisons à Ardembourg, Audenarde, Courtrai, Damme, Termonde, fit établir des inventaires de ce qui se trouvait dans les châteaux domaniaux, ordonna des travaux de renforcement du château de Lille et lança un programme de construction d'un château à L'Écluse.

Gand, malgré le changement politique intervenu, ne semblait pas décidée à se soumettre. Au printemps de 1384, des combats sporadiques avaient eu lieu entre nobles flamands et Gantois, mais au mois d'août suivant, la trêve de Leulinghen ayant été prolongée jusqu'au 1er mai 1385, Gand en bénéficia à nouveau. A l'automne, la ville reçut en outre l'appoint d'un contingent anglais fort de cent hommes d'armes et trois cents archers. Le soutien actif de l'Angleterre et l'influence de Frans Ackerman poussèrent les Gantois a reprendre brutalement les hostilités dès la fin de la trêve de Leulinghen. À la fin du mois de mai, Ardembourg faillit être prise par un assaut nocturne. Au mois de juillet,

1. Arch. dép. Nord, B 4073, f° 72-73 v°.

Frans Ackerman remporta un succès signalé en surprenant de nuit la ville de Damme, ville stratégiquement placée entre Bruges et L'Écluse.

Cette violente offensive gantoise contraignit les Français à intervenir une troisième fois en Flandre. La prise de Damme avait fait échouer une tentative de débarquement en Angleterre et les troupes qui auraient dû être embarquées à L'Écluse furent utilisées pour assiéger la ville prise par les Gantois. A la fin du mois de juillet, Charles VI et Philippe le Hardi entrèrent à leur tour en campagne. A la fin de l'été, Gand était de nouveau sur la défensive. La grande ville était isolée, ses voies de ravitaillement bloquées, sa population menacée par la famine. A partir du début du mois de décembre, le roi de France et le duc de Bourgogne firent des offres de paix. Les négociations s'ouvrirent à Tournai le 7 décembre. Philippe le Hardi, accompagné de son chancelier Jean Canard, reçut les ambassadeurs gantois. Le 18 décembre suivant un traité fut scellé, mettant un terme à cette guerre qui durait depuis 1379.

Les clauses de la paix de Tournai, âprement discutées, montraient assez clairement la volonté d'apaisement de Philippe le Hardi et de Marguerite de Male. Le texte s'ouvrait sur une déclaration du duc et de la duchesse par laquelle ils pardonnaient aux « échevins, doyens, conseil et communauté » de la ville de Gand tous leurs méfaits et offenses et confirmaient tous leurs privilèges, en échange de leur soumission et de leur engagement à être « bons, loyaux et vrais sujets » du roi de France, et de Philippe et de Marguerite en tant que comte et comtesse de Flandre. Par ailleurs, les Gantois avaient présenté à leurs seigneur et dame une requête visant au retour à la normale. Tous les articles en furent acceptés, moyennant le respect des droits du prince. Puis, allant au-delà de ce que les Gantois leur demandaient, Philippe le Hardi et Marguerite de Male rappelèrent tous ceux qui avaient été bannis, non seulement de Gand, mais aussi de Bruges, d'Ypres, du Franc de Bruges ou d'ailleurs pour s'être alliés avec les Gantois, à condition que les bannis, à leur retour, jurassent de respecter le traité. Les biens de tous ceux qui rentreraient en obéissance leur seraient restitués.

De nombreuses clauses garantissaient l'application du traité qui fit en outre l'objet d'un serment prêté par les représentants gantois qui reconnurent officiellement Philippe et Marguerite comme leurs « droituriers et naturels seigneur et dame[1] ».

Le pardon général et la confirmation des privilèges et franchises de Gand marquaient une réconciliation entre le prince et ses sujets. Cet acte était tellement nécessaire que Philippe le Hardi, dans son désir d'apaisement, ne chercha pas à imposer aux Gantois l'adhésion à l'obé-

1. *Ordonnances de Philippe le Hardi*, I, n° 71.

dience de Clément VII. Ainsi commençait un nouveau chapitre de l'histoire des relations entre le pouvoir comtal et Gand ; une période s'ouvrait au cours de laquelle l'affrontement entre les forces centralisatrices et les tendances particularistes allait connaître une longue accalmie [1].

UNE NÉCESSAIRE RECONSTRUCTION

La guerre, qui avait duré de 1379 à 1385, laissait un pays désolé. Jean Froissart a brossé un tableau saisissant des conséquences économiques et sociales de ce conflit long et acharné.

> « Cette guerre de Flandre, que ceux de Gand avaient menée contre leur seigneur le comte Louis et le duc de Bourgogne, avait duré près de sept ans, et tant de maléfices en étaient venus et descendus que ce serait merveille à recorder. Proprement, les Turcs, les Païens et les Sarrasins s'en désolaient, car marchandises par mer en étaient toutes refroidies et toutes perdues. Toutes les côtes de la mer, de soleil levant jusqu'à soleil couchant, et tout le septentrion s'en ressentaient, car il est vrai que de dix-sept royaumes chrétiens, les avoirs et les marchandises arrivent à L'Écluse en Flandre, et toutes ont leur délivrance ou à Damme ou à Bruges. Or regardez donc, à considérer raison, quand les pays lointains s'en désolaient si les pays proches ne la devaient bien sentir, cette guerre ! Et ainsi n'y pouvait nul trouver moyen, et je crois que quand la paix fut premièrement avisée, que ce fut par la grâce de Dieu et inspiration divine, et que Dieu ouvrit ses oreilles aux prières des bonnes gens et eut pitié de son peuple, car moult de menu peuple était en grande pauvreté en Flandre, dans les bonnes villes et au plat pays, par le fait de la guerre [2]. »

Les villes, en effet, n'avaient pas été épargnées. Bruges avait été prise par les Gantois au printemps 1382 et Courtrai avait été mise à sac et en partie incendiée par les Français après Roosebeke, Ypres avait été assiégée par l'armée de l'évêque de Norwich en 1383, Audenarde, assiégée pendant des mois, avait changé deux fois de mains, Damme, prise par Frans Ackerman en juillet 1385, avait ensuite subi un siège mené par les Français.

Au moment où la paix était enfin conclue, les traces du conflit étaient encore bien visibles. Aussi, le duc s'engagea immédiatement

1. M. BOONE, *Gent en de Bourgondische hertogen*, p. 201-210.
2. J. FROISSART, *Chroniques*, XI, p. 283-284.

dans une entreprise de reconstruction. Ainsi à Alost dont les habitants, en octobre 1386, avaient adressé une supplique au duc de Bourgogne : à l'occasion « des rebellions et commotions », la ville avait toujours tenu le parti de feu le comte de Flandre Louis de Male et du duc de Bourgogne « à l'encontre des rebelles » ; elle avait été « arse [*brûlée*], gâtée, pillée et détruite » et « les gens morts ou absentés ». Or, bien que les « commotions » fussent alors finies et le pays de Flandre fût « en bonne tranquillité », néanmoins, le repeuplement restait lent et difficile, les gens craignant de venir résider à Alost, « pour cause de la mainmorte » que le duc avait en la ville et aussi « parce que le cours de la rivière par laquelle on avait coutume d'y amener vivres, denrées et marchandises [avait] été coupé à Termonde » depuis le début de la rébellion. Pour ces raisons, la ville était « en voie de demeurer ainsi dévastée et désolée, sans être repeuplée, réparée et remise en état[1] ».

Pour aider au repeuplement et à la reconstruction de la ville, le duc accorda donc aux habitants d'Alost l'affranchissement de la mainmorte pendant six années et ordonna la réouverture du cours de la Dendre au trafic commercial. Deux ans plus tard, au mois de novembre 1388, pour financer la reconstruction, il octroya aux habitants de la même ville le droit de lever pour deux ans des « assises », c'est-à-dire des taxes, sur la vente du vin et des autres boissons, en déclarant désirer qu'Alost « puisse être relevée et [...] que les bonnes gens puissent y venir, demeurer et habiter[2] ».

Les effets d'une telle politique ne se firent souvent sentir qu'à long terme. Certaines villes ne se relevèrent qu'avec difficulté. C'est ainsi qu'en 1403, près de vingt ans après la fin de la guerre, le duc de Bourgogne autorisa la ville de Bergues à raccourcir son enceinte en prenant en considération le fait que « pour le grand tour et circuite de notre dite ville, qui par le fait des commotions qui dernièrement ont été en notre pays de Flandre, fut toute arse et détruite, est si petitement repeuplée et réhabitée de gens qu'ils ne la pourraient, en l'état et grandeur qu'elle est, garder ni défendre, si en notre dit pays de Flandre naissait une guerre[3] ».

Mais si les villes de Flandre avaient subi des dommages du fait de la révolte gantoise, combien plus grands avaient été les dégâts causés aux campagnes. Certains secteurs, durant le conflit, avaient été systématiquement ravagés par les belligérants et, en mars 1389, le duc pouvait encore constater :

1. *Ordonnances de Philippe le Hardi*, I, n° 125.
2. *Ibid.*, I, n° 200.
3. *Ibid.*, II, n° 655.

« Par les commotions et rébellions qui ont été en notre pays de Flandre, plusieurs villages et manoirs ont été brûlés et détruits en tout ou en partie, et les habitants des lieux morts et chassés hors du pays, ou tellement dommagés que plusieurs d'entre eux sont venus à grande pauvreté et misère, les héritages qu'ils tenaient en plusieurs lieux devenus déserts ou petitement labourés [1]. »

Cette crise des campagnes risquait de rejaillir sur les villes ; en effet, la disparition ou la fuite d'une partie de la population rurale, la sous-exploitation des terres qui en avait résulté, débouchaient sur une chute de la production agricole qui menaçait le ravitaillement urbain ; d'autre part, les campagnes constituaient une part importante du marché intérieur, ce que les artisans et les marchands des villes ne pouvaient négliger. Les détenteurs du pouvoir dans le comté de Flandre, tant le prince lui-même que la bourgeoisie marchande qui dominait le pouvoir urbain, avaient donc intérêt à se pencher sur le problème de la reconstruction des campagnes. Le duc de Bourgogne et ses conseillers, agissant dans le cadre d'une politique de remise en ordre du pays, ne pouvaient pas manquer de s'intéresser à ce problème. A la préoccupation, constante à partir de 1384, de réorganiser l'exploitation du domaine comtal, s'ajoutait le souci d'intégrer l'action du prince dans le cadre d'un programme de bon gouvernement ; or la ruine des campagnes, de même que l'appauvrissement des villes, étaient, selon le duc lui-même, « au grand dommage et préjudice de nous et de la chose publique et de nos bons sujets ».

En poursuivant sa politique de reconstruction, le gouvernement ducal reçut l'appui des représentants de ses sujets flamands et notamment des Quatre Membres de Flandre (*De Vier Leden van Vlaanderen*). Ce collège représentatif était composé des députés des trois principales villes de Flandre, Gand, Bruges et Ypres, et d'un quatrième « Membre », le Franc de Bruges, circonscription constituée d'un terroir rural et de petites villes de la région de Bruges. Ainsi, au printemps 1389, décidé à « pourvoir à la nécessité des pauvres habitants du pays », Philippe le Hardi fit assembler en sa présence « plusieurs prélats, gens d'Église, nobles et les députés des bonnes villes de Gand, de Bruges, d'Ypres et du terroir du Franc de Bruges » pour avoir leur avis. A l'issue de cette consultation, il fut décidé, pour contribuer à « repeupler et relabourer » le pays, de faire procéder à une enquête destinée à évaluer l'étendue des dommages causés aux campagnes par la guerre, puis d'ordonner la diminution ou la suppression des charges pesant sur le monde rural [2].

1. *Ibid.*, I, n° 209.
2. *Ibid.*

Nous savons comment les choses se déroulèrent sur le territoire de la châtellenie de Bruges et du Franc grâce au mandement adressé au nom du duc aux six commissaires chargés de procéder à l'enquête. Ces six personnages étaient des agents de l'administration princière : le bailli de Bruges, Guillaume Slyp, l'écoutète, officier subordonné au bailli, le contrôleur des comptes des offices de Flandre, Pierre Heyns, personnage chargé du contrôle des comptes des baillis et des *rennenghes*, c'est-à-dire des comptes domaniaux, le concierge de l'hôtel ducal de Bruges, Alard Gherbout, le receveur de « l'épier », receveur domanial, et un nommé Hugues de La Haye dont les fonctions ne sont pas autrement connues. Ces six officiers domaniaux, qui avaient tous en commun de bien connaître le secteur, reçurent pour mission de visiter eux-mêmes, ou de faire visiter par des commis, les campagnes de la châtellenie et du Franc de Bruges. Cette visite devait donner lieu à une estimation de la situation de la région, tant par enquête directe que par audition de témoins. Une évaluation des terres mises en culture et des terres laissées en friche devait être faite et une liste devait être établie mentionnant les terres et leurs possesseurs ainsi que les résultats de l'estimation. Le tout devait être envoyé à Lille aux maîtres des comptes qui centraliseraient de cette façon les résultats des enquêtes de toutes les châtellenies du comté.

Outre leurs attributions d'enquêteurs, les commissaires ducaux avaient tout pouvoir pour supprimer et réduire les arrérages des cens, rentes et fermes dus par les paysans-exploitants aux maîtres du sol. Leur compétence, ce qui était assez remarquable, s'étendait non seulement au domaine comtal mais aussi aux terres qui n'appartenaient pas au prince : fort d'une décision prise avec l'assentiment des représentants des nobles, des gens d'Église et des Quatre Membres de Flandre, le duc de Bourgogne avait en effet donné à ses commissaires le pouvoir de contraindre les autres maîtres du sol, seigneurs laïcs, seigneurs ecclésiastiques ou bourgeois des villes détenteurs de rentes constituées, à prendre, eux aussi, des mesures de grâce en faveur des exploitants. Par ailleurs, dans le cadre de son seul domaine, Philippe le Hardi ordonnait une réduction des rentes, passant par une révision des baux à rentes ; de nouveaux contrats furent donc conclus soit avec les anciens tenanciers-exploitants, soit avec de nouveaux preneurs, en cas de disparition ou de départ des anciens. Les nouveaux baux étaient cependant provisoires et ne pouvaient être conclus pour une période supérieure à douze ans ; après ce délai, jugé suffisant pour permettre une remise en exploitation des terres, une nouvelle révision des baux, à la hausse cette fois, devait intervenir. En fait, on sait qu'il y eut de nombreuses prorogations et pour la région de Bruges, en particulier, la réduction des rentes fut prolongée de dix ans en septembre 1402.

Un autre aspect de la politique de reconstruction menée à l'échelle de l'ensemble du comté de Flandre se caractérisa par une série de mesures destinées à stimuler le grand commerce. Dans une démarche qui mêlait étroitement les préoccupations d'ordre économique et d'ordre diplomatique, Philippe le Hardi confirma les privilèges des communautés de marchands étrangers installées en Flandre : une telle mesure fut prise en faveur des marchands originaires du royaume de Castille en mai 1384, de ceux de Saint-Jean-d'Angély et de La Rochelle en décembre 1385, de ceux d'Écosse en juin 1387. En janvier de cette même année, le duc avait accordé, cette fois à la demande expresse des députés des Quatre Membres de Flandre, la liberté de commerce et de navigation en Flandre à tous les marchands, quels qu'ils soient, les Anglais et leurs partisans exceptés ; cette mesure générale était explicitement prise « pour remettre sus et en bon état » le pays « qui longuement a été en grande désolation ». Le même jour, les marchands portugais, pourtant alliés des Anglais, bénéficièrent d'une liberté de commerce similaire valable pendant une année, puis, au mois de juillet 1387, ils obtinrent une liberté qui n'était pas limitée dans le temps et était assortie de la garantie d'être avertis, trois mois à l'avance, en cas de retrait de leur sauf-conduit. Au même moment, le duc accordait une autorisation semblable aux marchands d'Irlande et à ceux du port anglais de Berwick-upon-Tweed. A ce moment, il est vrai, les royaumes de France et d'Angleterre étaient entrés dans un processus de rapprochement[1].

Une vaste entreprise de reconstruction était en œuvre dans un comté de Flandre qui avait particulièrement souffert des troubles du temps. Or, cette entreprise, menée à l'initiative du prince avec l'appui et le conseil des Quatre Membres, n'était qu'un des aspects de la politique du duc de Bourgogne qui, désormais à la tête d'un grand ensemble territorial, s'était lancé dans un ambitieux programme de réformes institutionnelles.

1. *Ibid.*, I, n°s 28, 85, 134, 135, 154, 158, 159, 160.

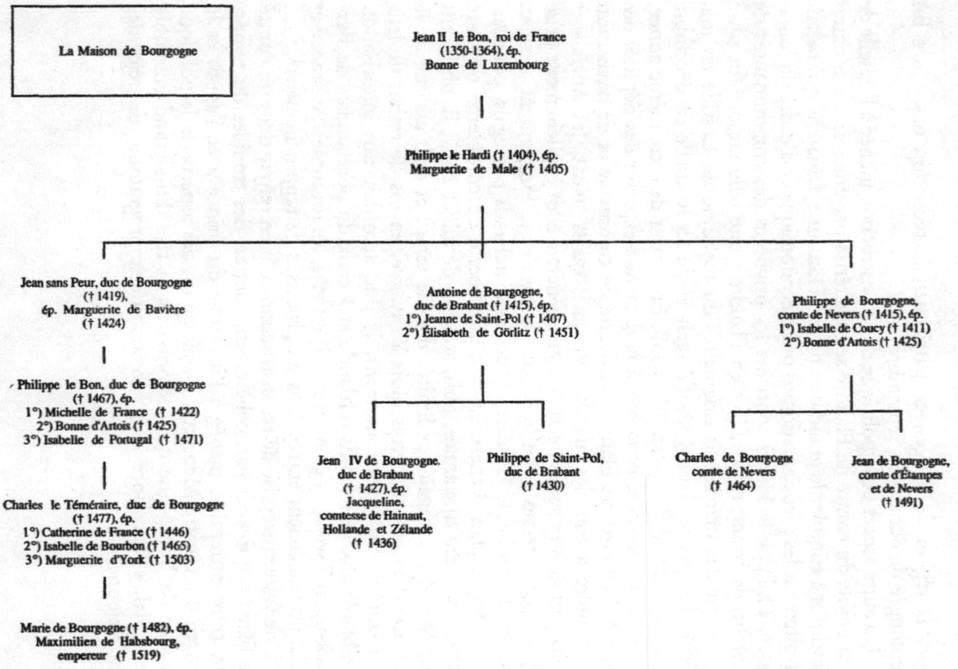
La Maison de Bourgogne
Jean II le Bon, roi de France (1350-1364), ép. Bonne de Luxembourg
Philippe le Hardi († 1404), ép. Marguerite de Male († 1405)
Jean sans Peur, duc de Bourgogne († 1419), ép. Marguerite de Bavière († 1424)
Antoine de Bourgogne, duc de Brabant († 1415), ép. 1°) Jeanne de Saint-Pol († 1407) 2°) Élisabeth de Görlitz († 1451)
Philippe de Bourgogne, comte de Nevers († 1415), ép. 1°) Isabelle de Coucy († 1411) 2°) Bonne d'Artois († 1425)
Philippe le Bon, duc de Bourgogne († 1467), ép. 1°) Michelle de France († 1422) 2°) Bonne d'Artois († 1425) 3°) Isabelle de Portugal († 1471)
Jean IV de Bourgogne, duc de Brabant († 1427), ép. Jacqueline, comtesse de Hainaut, Hollande et Zélande († 1436)
Philippe de Saint-Pol, duc de Brabant († 1430)
Charles de Bourgogne comte de Nevers († 1464)
Jean de Bourgogne, comte d'Étampes et de Nevers († 1491)
Charles le Téméraire, duc de Bourgogne († 1477), ép. 1°) Catherine de France († 1446) 2°) Isabelle de Bourbon († 1465) 3°) Marguerite d'York († 1503)
Marie de Bourgogne († 1482), ép. Maximilien de Habsbourg, empereur († 1519)

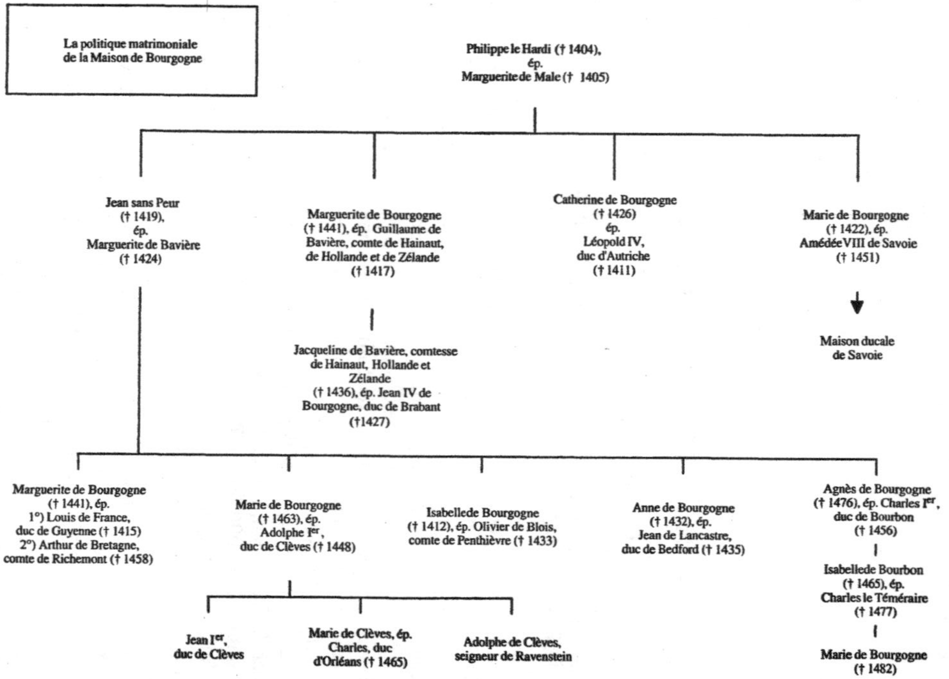
La politique matrimoniale
de la Maison de Bourgogne
Philippe le Hardi († 1404),
ép.
Marguerite de Male († 1405)
Jean sans Peur
(† 1419),
ép.
Marguerite de Bavière
(† 1424)
Marguerite de Bourgogne
(† 1441), ép. Guillaume de
Bavière, comte de Hainaut,
de Hollande et de Zélande
(† 1417)
Catherine de Bourgogne
(† 1426)
ép.
Léopold IV,
duc d'Autriche
(† 1411)
Marie de Bourgogne
(† 1422), ép.
Amédée VIII de Savoie
(† 1451)
Maison ducale
de Savoie
Jacqueline de Bavière, comtesse
de Hainaut, Hollande et
Zélande
(† 1436), ép. Jean IV de
Bourgogne, duc de Brabant
(†1427)
Marguerite de Bourgogne
(† 1441), ép.
1°) Louis de France,
duc de Guyenne († 1415)
2°) Arthur de Bretagne,
comte de Richemont († 1458)
Marie de Bourgogne
(† 1463), ép.
Adolphe Ier,
duc de Clèves († 1448)
Isabellede Bourgogne
(† 1412), ép. Olivier de Blois,
comte de Penthièvre († 1433)
Anne de Bourgogne
(† 1432), ép.
Jean de Lancastre,
duc de Bedford († 1435)
Agnès de Bourgogne
(† 1476), ép. Charles Ier,
duc de Bourbon
(† 1456)
Isabellede Bourbon
(† 1465), ép.
Charles le Téméraire
(† 1477)
Marie de Bourgogne
(† 1482)
Jean Ier,
duc de Clèves
Marie de Clèves, ép.
Charles, duc
d'Orléans († 1465)
Adolphe de Clèves,
seigneur de Ravenstein

6

UNE NOUVELLE PUISSANCE POLITIQUE

EXPANSION TERRITORIALE ET POLITIQUE MATRIMONIALE

La mort de Louis de Male faisait entrer le duc de Bourgogne, du chef de sa femme, en possession de terres et seigneuries qui avaient constitué l'héritage du comte de Flandre. Cet ensemble territorial comprenait le comté de Flandre et la seigneurie de Malines, le comté de Nevers et la baronnie de Donzy, le comté de Rethel, le comté de Bourgogne et la seigneurie de Salins et le comté d'Artois, ainsi que quelques terres situées entre la frontière septentrionale du duché de Bourgogne et Troyes : les « Terres de Champagne » — Jaucourt, L'Isle-Aumont, Chaource et Villemaur. Cet ensemble fut accru, en mai 1390, par l'achat à Jean, comte d'Armagnac, et à son frère Bernard, pour une somme de 60 000 francs d'or, du comté de Charolais. Dès mars 1384, Philippe et Marguerite faisaient don du comté de Nevers et de la baronnie de Donzy à leur fils aîné Jean — le futur duc Jean sans Peur — qui, né en 1371, atteignait sa treizième année[1].

Par ailleurs, Philippe le Hardi profita de l'influence qu'il exerçait au sein du gouvernement royal pour obtenir du roi son neveu certaines concessions prolongeant celles que Charles V lui avaient accordées : c'est ainsi qu'en janvier 1387 le duc, après de délicates négociations, parvint à un accord avec le gouvernement royal concernant les châtellenies de Lille, Douai et Orchies qu'il obtint de conserver pour lui et ses héritiers en ligne masculine ; le roi de France ne pourrait faire jouer sa faculté de rachat avant la deuxième génération issue de la lignée de Philippe le Hardi et de Marguerite de Male[2].

1. U. PLANCHER, *Histoire générale et particulière*, III, preuve 77.
2. *Ordonnances de Philippe le Hardi*, II, n° 712.

Tout en consolidant ses positions après avoir recueilli la succession de son beau-père, Philippe le Hardi se lança dans une active politique matrimoniale qui fut, pour lui, une préoccupation jusqu'à la fin de son principat. De son union avec Marguerite de Male, le duc eut dix enfants dont sept atteignirent l'âge adulte : Jean, l'aîné, né en 1371, Marguerite, née en 1374, Catherine, née en 1378, Bonne, née en 1379, Antoine, né en 1384, Marie, née en 1386 et Philippe, né en 1389. Une postérité aussi nombreuse permettait d'envisager de conclure des alliances profitables.

Dès 1377-1378, un premier projet de mariage fut négocié entre Léopold III, duc d'Autriche, comte de Ferrette et landgrave de Haute-Alsace, et le duc de Bourgogne ; ces deux princes, dont les seigneuries étaient voisines, s'entendirent pour marier Léopold, fils du premier, à Marguerite de Bourgogne, aînée des filles du second. Mais cette union resta à l'état de projet et, en janvier 1385, après son avènement au comté de Flandre, le duc de Bourgogne se dégagea de son engagement envers le duc d'Autriche pour négocier une alliance avec Albert de Bavière, régent des comtés de Hainaut, Hollande et Zélande. L'initiative venait de Jeanne, duchesse de Brabant, qui, veuve depuis peu et inquiète de la menace que faisaient peser sur son duché les appétits du duc de Gueldre, allié des Anglais, voulait renforcer l'influence du duc de Bourgogne dans la région. Le nouveau projet, préconisé par la duchesse de Brabant, consistait à marier Guillaume de Bavière, fils du duc Albert, à Marguerite de Bourgogne. Cette union devait permettre d'éviter le mariage de Guillaume avec Philippa, fille du duc de Lancastre, et d'écarter la perspective d'un rapprochement anglo-hainuyer. Au cours des négociations, Albert de Bavière exigea un double mariage : il acceptait que son fils aîné épousât une princesse bourguignonne, à la condition que le fils aîné du duc de Bourgogne, le comte de Nevers Jean, épousât, pour sa part, une princesse hainuyère, en l'occurrence sa fille Marguerite de Bavière. Cette exigence contrariait les projets de Philippe le Hardi qui, certes, souhaitait conclure une alliance avec la Maison de Bavière mais espérait aussi marier son fils aîné à Catherine de France, sœur de Charles VI, afin de resserrer les liens unissant la Maison de Bourgogne à la branche royale des Valois.

Finalement, l'accord se fit et, au mois d'avril 1385, furent célébrés, à Cambrai, le mariage de Jean, comte de Nevers, avec Marguerite de Bavière, et celui de Guillaume de Bavière avec Marguerite de Bourgogne, à la grande satisfaction de la duchesse de Brabant qui, écrit Froissart, « moult desirait que ces mariages se fissent, pour tenir en bon amour et en unité Flandre, Brabant et Hainaut ensemble[1] ». Les fêtes

1. J. FROISSART, *Chroniques*, XI, p. 189.

qui marquèrent ces noces et auxquelles assistèrent, aux côtés de Philippe le Hardi, Marguerite de Male, Albert de Bavière et Jeanne de Brabant, le roi Charles VI et le duc de Bourbon, furent splendides : « Il n'y avait pas eu à Cambrai, depuis cinq cents ans, si hautes solennités comme il y eut en ces jours-là[1]. »

Dans le même temps, Philippe le Hardi, avec l'aide de la duchesse de Brabant et du comte de Hainaut, négocia le mariage de son neveu Charles VI avec une représentante de la Maison de Bavière, Élisabeth de Wittelsbach — notre « Isabeau » de Bavière —, fille d'Étienne II, duc de Bavière. L'affaire fut rondement menée : projeté au printemps de 1385, le mariage du roi de France et d'Isabeau fut célébré au mois de juillet, à Amiens[2]. L'alliance bavaroise renforcée par cette union royale, le duc de Bourgogne voyait sa propre position consolidée, non seulement au Pays-Bas, mais aussi à la cour de France, puisque c'était lui qui avait « offert » la reine de France au trône, comme devait le dire plus tard joliment Christine de Pizan.

Après la conclusion de l'alliance hainuyère, Philippe le Hardi renoua le fil de l'alliance autrichienne. Ayant dégagé Marguerite de Bourgogne du projet de mariage avec le fils de Léopold III, le duc avait proposé de substituer à Marguerite sa sœur Catherine de Bourgogne. Le projet avait été accepté par le duc d'Autriche mais ce dernier avait été tué par les Confédérés suisses lors de la bataille de Sempach en juillet 1386. Philippe le Hardi n'en reprit pas moins les négociations avec Albert de Habsbourg, frère de Léopold III. Dès le mois de septembre 1387, un traité de mariage fut conclu au terme duquel Léopold IV de Habsbourg, neveu d'Albert, âgé de seize ans, épousa Catherine de Bourgogne, alors âgée de neuf ans. Ce mariage ne fut consommé qu'en 1392 à Dijon et il fallut encore attendre l'année suivante pour que Catherine quittât la cour de Bourgogne pour aller habiter avec son époux. Cette première union de la Maison de Habsbourg et de la Maison de Bourgogne marquait le point de départ d'une politique de pénétration bourguignonne dans un pays que des conseillers du duc devaient plus tard décrire en termes élogieux masquant mal les appétits territoriaux de leur maître :

> « C'est un très grand et très riche pays que le comté de Ferrette et le pays d'Alsace. Il touche au comté de Bourgogne. Il s'y trouve plusieurs grandes villes et de beaux châteaux presque imprenables. Belfort est un très beau château ; il est, avec Rosemont, l'une des entrées du comté de Ferrette[3]. »

1. *Ibid.*, XI, p. 194-195.
2. F. AUTRAND, *Charles VI*, p. 137-158.
3. L. STOUFF, *Catherine de Bourgogne*, p. 10.

Une autre orientation de la politique matrimoniale de Philippe le Hardi fut le resserrement des liens unissant la Maison de Bourgogne à la Maison de Savoie. Les ducs de Bourgogne capétiens s'étaient déjà alliés au comte de Savoie et c'est ainsi qu'en 1307 Blanche de Bourgogne, fille du duc Robert II, avait épousé Édouard, comte de Savoie. Reprenant à son compte cette traditionnelle politique d'alliance, le duc Philippe, dès 1386, avait conclu un traité de mariage en vue de l'union de sa fille Marie, qui venait de naître, avec le fils du comte Amédée VII, le futur Amédée VIII, alors âgé de trois ans. Ce mariage, préparé de longue date, fut célébré en 1401.

Moins heureux fut le premier projet matrimonial de Philippe le Hardi destiné à resserrer les liens unissant sa Maison aux autres Maisons princières de France. Sa fille Bonne de Bourgogne d'abord promise, par un traité passé en 1382, à Jean, fils du duc Louis II de Bourbon, puis pressentie pour épouser Louis II d'Anjou en 1388, fut finalement fiancée en 1394 à Jean de Bourbon, mais mourut quatre ans plus tard sans que le mariage ait été célébré. Mais en cette même année 1394, le comte de Nevers et Marguerite de Bavière, fils et belle-fille du duc de Bourgogne ayant une fille, Marguerite de Bourgogne, Philippe conclut un traité prévoyant le mariage de cette petite princesse avec Charles, dauphin de France, fils aîné de Charles VI et d'Isabeau de Bavière. La mort de ce dauphin en 1401 ne découragea pas Philippe qui parvint, deux ans plus tard, à négocier le mariage de Marguerite avec Louis de France, devenu dauphin après la mort de son frère aîné Charles, et en même temps l'union de son petit-fils Philippe de Bourgogne (futur Philippe le Bon) avec Michelle de France, l'une des filles de Charles VI.

Une dernière alliance de poids négociée par Philippe le Hardi fut celle de son fils Antoine avec Jeanne de Luxembourg, fille de Waleran de Luxembourg, comte de Ligny et de Saint-Pol. Ce dernier, issu d'une branche cadette de la famille de Luxembourg qui avait donné des rois de Bohême et des empereurs germaniques, était de loin le plus puissant seigneur de Picardie. Son épouse, Mahaut de Rœux, était la sœur du roi Richard II d'Angleterre. Le traité de mariage fut conclu au mois de février 1393 ; au terme de cet accord, il fut prévu que le mariage d'Atoine et Jeanne, qui étaient encore des enfants, serait « fait accompli et consommé au plus tôt que bonnement [pourrait] être fait et que lesdits Antoine et Jeanne [seraient] en âge suffisant pour consommer le dit mariage[1] ». Waleran de Luxembourg constituait en dot à sa fille toutes les terres et seigneuries qu'il tenait en Flandre et, en contrepartie, le duc et la duchesse de Bourgogne donnaient à leur fils le comté de

1. U. PLANCHER, *Histoire générale et particulière*, III, preuve 156.

Rethel dont ils gardèrent le bail jusqu'au mariage. Cette union fut célébrée, avec faste, en avril 1402 à Arras[1]. Quatre ans plus tôt, en 1398, le beau-père d'Antoine avait été retenu comme conseiller du duc de Bourgogne avec une pension annuelle de 8 000 francs. Les liens étroits ainsi noués permirent le développement de l'influence bourguignonne en Picardie.

LA QUESTION DE BRABANT

Antoine de Bourgogne, comte de Rethel, joua un rôle essentiel dans l'affaire de la succession des duchés de Brabant et de Limbourg[2]. Ces deux principautés étaient unies sous la main de la duchesse Jeanne, dont le mari, le duc Wenceslas de Luxembourg, était mort en 1383. Après son avènement au comté de Flandre, Philippe le Hardi fut amené à s'intéresser de près à la succession brabançonne. Le Brabant était une principauté bien appétissante pour un personnage qui visait à étendre ses possessions territoriales : d'une part, sa prospérité économique reposait notamment sur une production de drap de haute qualité ; cette activité, qui concurrençait la draperie flamande, était localisée dans certaines villes comme Louvain, Lierre et Bruxelles ; d'autre part, le duché constituait un pays de frontière et une zone de contact essentielle au cœur des Pays-Bas.

Veuve depuis 1383, Jeanne de Brabant n'avait pas d'héritier né de son mariage avec Wenceslas de Luxembourg, mais sa succession pouvait être briguée par trois candidats : sa sœur cadette Marie de Brabant, le neveu de son défunt mari, l'empereur germanique Wenceslas IV de Luxembourg, et enfin sa nièce Marguerite de Male, femme de Philippe le Hardi. La duchesse Jeanne semblait favorable à la cause de Marguerite et de Philippe[3]. L'alliance du duc de Bourgogne et de la duchesse de Brabant était du reste très étroite. En juillet 1384, ils décidèrent d'un monnayage commun pour la Flandre et le Brabant[4]. En 1387 et 1389, Jeanne engagea à Philippe le duché de Limbourg et les « terres d'Outre-Meuse », puis, en 1396, elle lui céda le duché de Limbourg en toute propriété. Pour sa part, Philippe vint à plusieurs reprises à l'aide des Brabançons en guerre contre Guillaume de Juliers, duc de Gueldre : il envoya des troupes en Brabant en 1387, et parvint, l'année

1. M.-Th. CARON, « Une fête dans la ville en 1402 », p. 173-183.
2. Pour ce qui suit, voir H. LAURENT et F. QUICKE, *Les origines de l'État bourguignon*, Bruxelles, 1939.
3. S. MUND, « Les relations d'Antoine de Bourgogne, duc de Brabant, avec l'Empire », p. 21-23.
4. *Ordonnances de Philippe le Hardi*, I, n° 45.

suivante à convaincre le roi Charles VI de mener une grande opération militaire, appelée « voyage d'Allemagne », contre le duc de Gueldre, allié de l'Angleterre. Certes, cette expédition coûteuse n'eut guère de résultats pour le roi de France et le persuada même de la nécessité de s'affranchir de la tutelle du « gouvernement des oncles », mais c'était une démonstration de force qui intimida le duc de Gueldre et le contraignit à suspendre provisoirement sa politique agressive à l'égard du Brabant.

La duchesse Jeanne était largement l'obligée du duc de Bourgogne qui faisait état à son égard d'une créance de 15 000 écus. Aussi, par un acte du 28 septembre 1390, elle lui transporta la nue-propriété du duché en conservant l'usufruit à titre viager[1].

Cette mesure resta secrète pour deux raisons : d'une part, la duchesse Jeanne pouvait craindre une réaction d'hostilité des deux autres candidats à sa succession, Marie de Brabant et l'empereur Wenceslas IV ; d'autre part, la perspective de l'accession d'un prince de la Maison de France au duché pouvait susciter l'opposition des États de Brabant dont le poids politique était essentiel dans le système de gouvernement de la principauté. Mais deux événements intervinrent qui permirent à Jeanne de dévoiler ses projets : en 1399, Marie de Brabant mourut et l'année suivante l'empereur Wenceslas IV fut déposé et entra en conflit avec son rival, le roi des Romains Robert de Bavière, qui chercha l'appui du duc de Bourgogne. Aussi, le 29 septembre 1401, Jeanne reconnut-elle officiellement sa nièce Marguerite de Male comme l'héritière de son duché[2], reprenant à son compte les dispositions successorales présentées ce même jour par le duc de Bourgogne devant les États de Brabant, qui prévoyaient que la succession des duchés de Brabant et de Limbourg et de la seigneurie d'Anvers irait à son second fils Antoine de Bourgogne, alors sur le point d'épouser Jeanne, fille de Waleran de Luxembourg, comte de Saint-Pol. Ce choix était dicté par la volonté de présenter aux Brabançons un prince qui pourrait leur être agréable : Antoine n'était pas l'aîné ; pour lui le duché de Brabant ne serait pas une possession parmi d'autres, mais la plus importante de ses principautés et celle où il résiderait de préférence[3].

Les États de Brabant acceptèrent alors de reconnaître Antoine comme héritier de Jeanne. Cependant, pour parvenir à un tel résultat, Philippe le Hardi avait dû promettre de rétrocéder aux Brabançons non seulement le duché de Limbourg qu'il tenait dans ses mains depuis

1. *Ordonnances de Philippe le Hardi*, I, n° 257.
2. S. MUND, « Les relations d'Antoine de Bourgogne, duc de Brabant, avec l'Empire », p. 21-23.
3. *Ordonnances de Philippe le Hardi*, II, n° 601.

1387, mais encore Anvers que le comte de Flandre Louis de Male leur avait arrachée en 1357.

Au début de 1404, la duchesse Jeanne, accablée par l'âge, fit venir le duc de Bourgogne auprès d'elle à Bruxelles pour lui confier le gouvernement de son duché, mais Philippe tomba malade durant les négociations et mourut le 27 avril 1404[1]. Dès le 5 juin suivant, la vieille duchesse Jeanne nomma son petit-neveu Antoine de Bourgogne gouverneur (*ruward*) du duché de Brabant et celui-ci devint duc le 18 décembre 1406, à la mort de sa grand-tante.

1. R VAUGHAN, *Philip the Bold*, p. 101.

7

LES INSTITUTIONS D'UN ÉTAT PRINCIER

RÉFORMES ET CONTINUITÉ

Après son accession au comté de Flandre, Philippe le Hardi conserva, tout comme dans le duché de Bourgogne, les grandes institutions administratives mises en place par ses prédécesseurs. L'institution baillivale, en particulier, était solidement organisée en un réseau local dense. Le souverain bailli de Flandre, dont l'office était une création de Louis de Male remontant à l'année 1372 seulement, était investi d'attributions administratives, judiciaires et militaires. Plus tard, le juriste Philippe Wielant († 1520) écrivit que sa fonction principale était de « purger le pays des mauvaises gens [1] ». Durant la guerre contre Gand, déjà, la fonction avait été efficacement exercée par Jean de Jeumont qui avait fait lourdement peser son autorité sur les ennemis de son maître :

> « Et pour ce temps [1385] était messire Jean de Jeumont souverain bailli de Flandre, et avait été institué en cet office bien deux ans auparavant, lequel était fort craint et redouté par toute la Flandre pour les grandes prouesses et apertises qu'il faisait ; et quand il pouvait attraper des Gantois, il n'en prenait nulle rançon mais les faisait mettre à mort ou crever les yeux ou couper les poings, les oreilles ou les pieds et puis les laissait aller en cet état pour donner exemple aux autres ; et il était si renommé par toute la Flandre pour tenir justice sans point de pitié et corriger cruellement les Gantois qu'on ne parlait d'autrui en Flandre que de lui [2]. »

Déchargé de son office en 1386, Jean de Jeumont fut remplacé par

1. J.-M. CAUCHIES, « Le droit et les institutions dans les anciens Pays-Bas sous Philippe le Bon », p. 60-61.
2. J. FROISSART, *Chroniques*, XI, p. 202.

Jean de Visch, seigneur de Capelle, qui exerça la fonction de souverain bailli de 1386 à 1390[1].

Les baillis comtaux existaient depuis la fin du XIIe siècle. Ils se trouvaient à la tête d'une circonscription territoriale correspondant soit à une châtellenie entière, soit à une fraction de châtellenie. Dans le comté, à la fin du XIVe siècle, ces circonscriptions étaient au nombre de dix-sept[2]. Dans ce cadre, les attributions des baillis concernaient la défense des droits et des prérogatives du comte, le maintien de l'ordre, la mise en défense du pays, l'exécution des sentences des tribunaux urbains ou territoriaux, la perception des produits de justice et de certains revenus domaniaux et féodaux. Ils étaient aidés dans leur tâche par des officiers subalternes, écoutètes, prévôts, ammans ; les sergents étaient pour leur part de purs agents d'exécution qui portaient les assignations judiciaires, exécutaient les sentences, procédaient aux saisies et aux prises de corps. Dans le comté d'Artois qui comptait douze bailliages en 1384[3], la fonction de bailli comtal ne différait pas de celle du bailli royal et outre leurs attributions financières et militaires, ces officiers étaient aussi des juges dont les assises firent l'objet d'une ordonnance en 1386[4].

Conservant les structures de l'administration locale héritées du temps de ses prédécesseurs comtes de Flandre, Philippe le Hardi ne s'en lança pas moins dans un vaste programme de réformes qui modela pour longtemps l'édifice institutionnel de l'État princier qu'il était en train de constituer. La première institution qui connut une transformation radicale fut la chancellerie. Comme nous l'avons vu, le duché de Bourgogne, depuis la fin du XIIe siècle, avait une chancellerie dont le fonctionnement et l'organisation étaient largement imités du modèle de la chancellerie royale de France. A la tête de ce service se trouvait le chancelier de Bourgogne. Parallèlement, dans le comté de Flandre existait, depuis la fin du XIe siècle, un chancelier qui se trouvait à la tête de l'administration comtale et qui était toujours le prévôt de Saint-Donatien de Bruges ; à partir du XIVe siècle, cependant, si le prévôt de Saint-Donat continua de porter le titre de chancelier de Flandre, la réalité des fonctions de cette charge passa à un personnage choisi parmi les juristes du conseil comtal et portant dès lors le titre de « chancelier du comte[5] ». Or, à partir de 1385, par la volonté de Philippe le Hardi,

1. R. VAUGHAN, *Philip the Bold*, p. 211.

2. Alost, Audenarde, Bailleul, Bergues, Bourbourg, Bruges, Cassel, Courtrai, Douai, Gand, Furnes, Lille, Pays de Waes, Quatre-Métiers, Termonde, Vieux-Bourg, Ypres.

3. Aire, Arras, Avesnes et Aubigny, Bapaume, Béthune, Beuvry, Éperlecques, Hesdin, Lens, Saint-Omer, Tournehem.

4. R. VAUGHAN, *Philip the Bold*, p. 132-133.

5. M. BOONE, « Chancelier de Flandre et de Bourgogne », p. 209-210.

s'opéra une fusion des deux charges de chancelier de Bourgogne et de chancelier du comte de Flandre par la création d'un office de « chancelier de monseigneur le duc de Bourgogne » dont le titulaire, qui était garde des sceaux, devint le chef en titre de l'administration dans l'ensemble des principautés de son maître. Parallèlement, le titre de « chancelier de Bourgogne » disparut et on ne trouva plus à Dijon qu'un « gouverneur de la chancellerie ». Cette réforme fut l'une des premières mesures de centralisation prises par Philippe le Hardi.

Le premier personnage qui fut investi de la charge de chancelier du duc fut Jean Canard. Ce personnage était un clerc qui avait reçu une formation universitaire à Paris ; juriste, il était docteur en droit canon et en droit civil. Les débuts de sa carrière professionnelle furent essentiellement parisiens : mentionné comme avocat au Parlement en 1370, il devint avocat du roi en 1380. Dans l'intervalle, il avait accumulé de hautes charges ecclésiastiques, étant mentionné comme chanoine et vidame de Reims à partir de 1378 et comme chanoine de Notre-Dame de Paris depuis 1379. Apprécié par le roi Charles V, dont il fut l'un des exécuteurs testamentaires, il devint conseiller du roi Charles VI. Le duc de Bourgogne le nomma son chancelier par lettres patentes du 28 mars 1385 ; Jean Canard conserva cette charge jusqu'à la mort de son maître en 1404. Parallèlement il continua sa carrière ecclésiastique qui fut couronnée, en novembre 1392, par son accession au siège épiscopal d'Arras. Il fit son testament en février 1405, nommant parmi ses exécuteurs testamentaires, outre le duc Jean sans Peur en personne, maître Jean de Thoisy, alors archidiacre d'Ostrevant, qui devait devenir à son tour, en 1419, « chancelier de monseigneur le duc de Bourgogne ». Jean Canard mourut deux ans après avoir testé. Sur sa tombe, dans le chœur de la cathédrale d'Arras, on pouvait lire :

> « Ici gît monseigneur Jean Canard, évêque d'Arras, conseiller de monseigneur le duc de Bourgogne, comte d'Artois et de Bourgogne, qui mourut l'an du Seigneur 1407, le septième jour d'octobre[1]. »

La deuxième grande réforme menée sous l'égide de Philippe le Hardi concerna l'organisation judiciaire et financière de l'ensemble de ses principautés. Elle n'intervint qu'une fois la paix rétablie en Flandre et prit la forme de deux grands trains de mesures, l'un visant à mettre en place une Chambre du conseil et une Chambre des comptes, à Lille, l'autre, en parallèle, réorganisant les institutions correspondantes qui siégeaient à Dijon.

1. *Testaments enregistrés au Parlement de Paris*, n° 16 ; F. AUTRAND, *Naissance d'un grand corps de l'État*, p. 60, 96, 119.

LE CONSEIL ET LA CHAMBRE DES COMPTES DE LILLE

Par lettres patentes données à Paris le 15 février 1386, le duc annonça qu'il avait ordonné que « certaines personnes notables », gens de conseil et gens des comptes, fissent désormais « continuelle résidence » en la ville de Lille pour « entendre diligemment et expédier les faits et besognes » qui surviendraient[1]. Ces conseillers reçurent, le même jour, des instructions détaillées destinées à fixer leurs compétences et à préciser l'étendue de leurs pouvoirs. Le duc réorganisait et transformait de façon substantielle les institutions qui existaient déjà au comté de Flandre. Dans cette principauté, avant l'avènement de la Maison de Bourgogne, le conseil comtal avait déjà des attributions judiciaires et l'une de ses émanations revêtait la forme d'une commission de conseillers, auditeurs et « maîtres des comptes » chargés de contrôler la comptabilité des officiers comtaux. En outre, il existait une « Cour des hauts-renneurs » ou « Chambre des renenghes » compétente pour contrôler l'ensemble de la comptabilité des receveurs domaniaux (les « renneurs »). Mais ces institutions antérieures à 1386, d'une part étaient itinérantes, suivant le prince dans ses déplacements, et d'autre part n'avaient ni composition ni organisation fixes.

Désormais, à partir de février 1386, c'est à Lille que siégèrent les conseillers et gens des comptes. Le duc Philippe avait de toute évidence choisit cette ville pour des raisons linguistiques, politiques et géographiques : Lille était en effet située dans la Flandre francophone ; ancienne ville royale, elle ne s'était pas soulevée contre le pouvoir comtal lors des troubles des années 1379-1385 ; elle était peu vulnérable sur le plan militaire ; enfin, fait non négligeable à une époque où le duc de Bourgogne participait activement au gouvernement du royaume de France, elle était « à distance raisonnable de Paris », tout en étant bien placée au cœur de l'ensemble Flandre-Artois[2].

La nouvelle organisation voulue par le duc de Bourgogne se présentait, en 1386, sous l'aspect d'un groupe de conseillers qui, certes, pouvaient siéger ensemble, mais au sein desquels on distinguait clairement les « conseillers ordonnés principalement pour le fait de la justice » et les « conseillers ordonnés pour le fait des comptes ». D'emblée, donc, s'affirmait l'existence de deux organes spécialisés, l'un à vocation judiciaire, l'autre à vocation financière. Ces deux sections pouvaient, selon les besoins, siéger soit séparément, soit conjointement, en séance plénière, soit encore en formation élargie, les conseillers lillois appelant à

1. *Ordonnances de Philippe le Hardi*, I, n° 102.
2. D. CLAUZEL, « Lille, 1454 », p. 41-52.

siéger avec eux tous les conseillers ducaux alors présents en Flandre et même toute personne dont la présence leur semblerait nécessaire aux délibérations. Plus tard, dans les premières années du XVe siècle, la réforme institutionnelle de 1386 déboucha sur la nette distinction entre deux chambres : d'une part la Chambre des comptes siégeant à Lille, d'autre part le Conseil de Flandre, institution judiciaire de langue flamande qui alla siéger à Audenarde en 1405, puis à Gand deux ans plus tard[1].

Lors de la réforme introduite par Philippe le Hardi, le personnel comptait deux conseillers sur le fait de la justice — ils furent cinq dès 1400 — et trois conseillers sur le fait des comptes — ils furent quatre en 1395. Ces conseillers étaient aidés de clercs et disposèrent bientôt des services d'un greffier. Par ailleurs, dès février 1386, le duc de Bourgogne nomma l'un des deux conseillers sur le fait de la justice, Pierre de Le Zippe, « premier conseiller », c'est-à-dire président de la Chambre du conseil et des comptes. Ce Flamand, ancien conseiller de Louis de Male, resta en charge jusqu'en 1405 et, de 1390 à 1400, cumula ses fonctions avec celle de gouverneur de Lille, Douai et Orchies. L'autre conseiller sur le fait de la justice était Colard de La Clite, seigneur de Comines, qui resta en fonction jusqu'en 1401. Ce représentant de la noblesse de Flandre était lui aussi un ancien conseiller de Louis de Male et avait été gouverneur de Lille de 1378 à 1380[2]. Les trois maîtres des comptes nommés en 1386 étaient Jean de Pacy, Thomas Le Beke et Henri Lippin, ce dernier ancien receveur général de Flandre pour le comte Louis. On le constate, Philippe le Bon avait choisi de nommer des conseillers flamands — mis à part Jean de Pacy et Thomas Le Beke qui venaient de Paris — dont plusieurs avaient déjà servi son beau-père. Mais ces hommes étaient tous des francophones qui utilisèrent la langue française dans la procédure judiciaire et financière, ce qui provoqua, comme nous le verrons, les doléances des sujets « thiois », c'est-à-dire néerlandophones, du prince.

Primitivement, la compétence territoriale des nouvelles institutions fixées à Lille devait s'étendre à tout le comté de Flandre et à deux seigneuries enclavées dans le duché de Brabant que Philippe le Hardi et Marguerite de Male avaient recueillies à la mort de Marguerite de Brabant et de Louis de Male : la seigneurie d'Anvers et la seigneurie de Malines. Par la suite, cette compétence territoriale fut aussi étendue au comté d'Artois. Dans ces pays, les gens du conseil et des comptes représentaient le duc lorsqu'il n'y résidait pas. Aussi devaient-ils rester

1. R. VAUGHAN, *Philip the Bold*, p. 129-130 ; E. AERTS, « Chambre des comptes de Flandre », p. 606 ; M. JEAN, « Aux marges du royaume : la Chambre des comptes de Lille », p. 28-29.
2. R. VAUGHAN, *Philip the Bold*, p. 127, 130-131.

en liaison étroite avec lui et avec son « Grand Conseil » qui le suivait dans ses déplacements. Les instructions que le prince leur adressa en février 1386 précisaient du reste :

> « De toutes choses notables qui surviendraient au pays, lesdits conseillers aviseront monseigneur et son conseil étant devers lui, et leur feront savoir avec leur avis, pour y mettre telle provision qu'il appartiendra[1]. »

Tout cela nécessitait la mise en place d'un réseau d'informations, l'existence d'équipes de chevaucheurs, de messagers, la tenue d'une abondante correspondance entre le duc de Bourgogne et ses conseillers. Une telle organisation était d'autant plus indispensable que la Chambre du conseil et des comptes de Lille était un organe de justice supérieur jugeant au nom du prince.

LA JUSTICE ET LA PAIX

Le conseil jouait, en particulier, le rôle de cour devant laquelle les justiciables pouvaient faire appel des décisions des agents comtaux et des sentences rendues par les « Lois » — c'est-à-dire les échevinages — des villes qui avaient, en Flandre, d'amples attributions judiciaires. Le conseil de Lille avait recueilli en effet les attributions d'une institution flamande, l'*Audientie*, juridiction comtale supérieure qui existait depuis la première moitié du XIVe siècle, siégeait de préférence à Gand ou au château de Male et subsista jusqu'en 1409.

Les conseillers sur le fait de la justice eurent, dès l'origine, une fonction de contrôle de l'ensemble de l'administration princière, étant, selon les instructions de février 1386, « chargés de savoir l'état et gouvernement des baillis, écoutètes (officiers subalternes placés sous l'autorité des baillis), receveurs, sergents et autres officiers du pays ». Plus précisément, les conseillers lillois étaient compétents pour recevoir les plaintes formulées contre les officiers comtaux, pour « faire information », c'est-à-dire ouvrir une enquête, sur leurs agissements et engager une procédure contre eux. Les agents comtaux, en effet, devaient répondre devant la Chambre du conseil de leurs agissements et de leur gestion et si l'un d'eux était convaincu d'abus ou de forfaiture, les « conseillers sur le fait de la justice » avait toute autorité pour le suspendre ; leur décision était cependant provisoire, le duc se réservant de

1. *Ordonnances de Philippe le Hardi*, I, n° 102.

prendre une décision définitive — c'est pourquoi le conseil devait tenir le prince informé de ce type de procédure.

Avec la justice, l'autre fonction essentielle des représentants du prince était le maintien de l'ordre. Ces deux fonctions étaient d'ailleurs indissociables et la locution « gouverner en bonne justice et police » devint, dans le vocabulaire politique employé par les princes de la Maison de Bourgogne, plus qu'une simple expression convenue, un véritable slogan programmatique à l'usage des sujets du prince. Ce « slogan » était destiné à leur faire comprendre quels étaient les buts du bon gouvernement : la paix publique, la préservation des droits du souverain, le service du bien commun [1]. Or, dès 1386, le maintien de l'ordre et de la paix prirent un triple aspect : protection du faible contre le fort, lutte contre les guerres et la vengeance privées, protection des populations contre les excès des gens de guerre.

Dans les instructions adressées à ses conseillers lillois, Philippe le Hardi déclarait :

> « Item, qu'en défaut des baillis du dit pays, s'il y a nobles hommes ou personnes puissantes qui oppriment les églises, les femmes veuves, les pupilles, les pauvres laboureurs ou autres personnes misérables, lesdits conseillers feront appeler devant eux ces puissants personnages et pourvoiront aux opprimés de tel remède qu'il appartiendra [2]. »

Les victimes citées — églises, veuves, orphelins, pauvres laboureurs, personnes misérables — constituaient la catégorie des *inermes* — littéralement des « gens désarmés » — placées depuis longtemps, en Flandre, sous la protection du comte. Le duc de Bourgogne s'intégrait donc ici dans une tradition politique. Par ailleurs la protection des faibles contre des oppresseurs, seigneurs fonciers ou rentiers du sol, renvoyait à une vision tellement convenue des relations sociales et économiques et du rôle du prince, que l'on peut se demander si les instructions adressées aux conseillers de Lille, outre leur nature incontestable de document administratif, ne revêtaient pas aussi un caractère de pièce de propagande. Une telle interrogation pose le problème de la diffusion sinon du texte lui-même, du moins des grandes lignes de sa teneur.

A côté de l'oppression exercée sur les populations par les puissants, le recours à la vengeance privée était un autre fléau contre lequel les conseillers siégeant à Lille devaient lutter. La vengance privée — la *faida* — héritée des traditions germaniques resta très longtemps vivante dans les Pays-

1. P. VAN PETEGHEM, « La justice et la police aux anciens Pays-Bas », p. 5-16.
2. *Ordonnances de Philippe le Hardi*, I, n° 102.

Bas où la solidarité familiale et lignagère était forte. La pratique de ce que les textes désignent comme la « contrevenge » ne concernait pas seulement les nobles, mais bien l'ensemble de la société. Certaines coutumes locales ou régionales admettaient la vengeance comme voie de droit : ainsi la coutume de Lille prévoyait toujours au XIVe siècle que l'on pouvait se venger dans les vingt-quatre heures des blessures reçues au cours d'une rixe sur les personnes qui y avaient pris part[1]. Malgré l'existence de tels usages coutumiers, le duc de Bourgogne entendait lutter contre le recours à la « contrevenge » qui par le jeu de la solidarité lignagère pouvait dégénérer en véritable guerre privée. Pour lui, une telle attitude était un trouble de l'ordre public ; les conseillers de Lille avaient pour mission d'apaiser les conflits et d'imposer leur règlement pacifique :

> « Item, s'il advenait que certains nobles ou autres du pays procédassent par voie de fait et de défiances les uns contre les autres, lesdits conseillers les feront appeler par devant eux, leur défendront, sous la menace de grosses peines, de par monseigneur, toute voie de fait, et se chargeront de les apaiser par voie raisonnable, en indemnisant la partie blessée comme il appartiendra[2]. »

Un autre problème touchant à l'ordre public qui se posait au duc de Bourgogne était plus circonstanciel : en 1386, le comté de Flandre subissait les désagréments d'une importante présence militaire. Ce phénomène tenait, d'une part, au fait que, la révolte gantoise venant de s'achever, les villes et les châteaux domaniaux étaient occupés par des garnisons permanentes, d'autre part, à ce que depuis 1385, le roi de France et le duc de Bourgogne avaient voulu faire de la Flandre la base de départ pour des opérations navales contre les Anglais ; de L'Écluse devait s'embarquer une armée destinée à envahir l'Angleterre ; des gens de guerre affluaient de Picardie, de Bourgogne, de Normandie, d'Ile-de-France, de Bretagne. La présence de ces troupes était cause de troubles. Les populations subissaient des excès qui allaient de la simple réquisition arbitraire au viol et à l'homicide. C'est pourquoi les « conseillers ordonnés sur le fait de la justice » avaient compétence pour faire cesser les « oppressions » dont les habitants du pays étaient victimes. De façon réaliste, il était prévu que les gens du conseil de Lille auraient recours, pour se faire obéir, à l'autorité persuasive du souverain bailli de Flandre, des baillis comtaux et même de Jean, seigneur de Ghistelle, gouverneur de Flandre nommé par le duc de Bourgogne, et de Jean, seigneur de Sempy, capitaine général de Flandre nommé par le roi :

1. Ch. PETIT-DUTAILLIS, *Documents nouveaux sur les mœurs populaires et le droit de vengeance*, *passim*, notamment p. 39-141.
2. *Ordonnances de Philippe le Hardi*, I, n° 102.

« Item, s'il y avait gens d'armes sur le pays, capitaines d'arbalétriers ou autres faisant graves dommages aux sujets de monseigneur, lesdits conseillers manderont le souverain bailli de Flandre et par lui feront cesser de telles oppressions, et par les autres baillis et officiers du pays, tels que bon leur semblera, et s'il est besoin, auront recours au sire de Ghistelle et au sire de Sempy[1]. »

LE CONTRÔLE DU DOMAINE ET DES FINANCES

Le domaine comtal de Flandre revêtait une importance économique considérable et rapportait au prince des revenus non négligeables, tirés soit directement de l'exploitation des biens fonciers qui le constituaient, soit des droits, rentes, cens et autres redevances et taxes encaissés par le comte. Or la guerre de Gand avait porté un rude coup à cet ensemble. Il était donc nécessaire de réorganiser le domaine, de le remettre en exploitation et de reprendre en main les officiers chargés d'en percevoir les revenus. Superviser cette réorganisation fut l'une des tâches des « conseillers ordonnés sur le fait des comptes » :

« Item, feront diligence de commander aux receveurs particuliers du pays qu'ils mettent peine de remettre sus le domaine de monseigneur qui est moult diminué pour les guerres, de recueillir des arrérages qui dus en sont ce qu'on pourra recueillir, sans procéder trop rigoureusement contre les pauvres sujets[2]. »

Par la suite, la Chambre des comptes de Lille eut dans ses attributions essentielles, et dans le cadre de son ressort territorial, la gestion et la conservation du domaine du prince[3]. Cette mission avait pour corollaire le contrôle de la comptabilité de tous les officiers qui maniaient les deniers du prince. En 1386, l'établissement d'un tel contrôle semblait d'autant plus urgent que, dans certains cas, ce travail n'avait pas été fait depuis la mort de Louis de Male :

« Item, que lesdites gens des comptes commenceront leur fait en faisant compter plusieurs baillis et receveurs particuliers qui n'ont pas compté du temps passé, et aussi le souverain bailli qui naguère était en charge, et aussi les maîtres des monnaies qui ont à compter de deux ans et plus.

Item, ils procéderont à l'audition des comptes d'Henri Lippin,

1. *Ibid.*
2. *Ibid.*
3. E. AERTS, « Chambre des comptes de Flandre », p. 610-611.

naguère receveur général de Flandre, qui est leur compagnon, du temps qu'il a à compter.

Item, feront compter plusieurs personnes qui ont reçu grande foison de deniers des aides qui ont eu cours au pays pour le fait de la guerre, tant par tailles qu'autrement[1]. »

Pour éviter une trop grande rigueur et faciliter la remise en ordre, le prince, dans ses instructions, autorisa ses conseillers à permettre aux agents de finances dont les comptes comportaient des irrégularités, de composer, c'est-à-dire de rembourser par le paiement d'une somme forfaitaire ne devant pas excéder 1 000 francs à verser dans les caisses du receveur général de Flandre.

Cette recette générale de Flandre, que nous avons mentionnée à plusieurs reprises, n'était pas une nouveauté. Louis de Male disposait déjà, au-dessus des recettes locales, d'une recette générale qui, depuis 1382, recevait une partie des revenus de Flandre, d'Artois, de Malines et d'Anvers. Philippe le Hardi conserva cette institution dont il confia la charge à Jean de Screyhem ; il créa du reste, à partir de 1386, un équivalent dans ses possessions méridionales : la recette générale des duché et comté de Bourgogne, confiée à Oudot Douay. Par ailleurs, au début de 1387, le duc créa un nouvel organe de finances, la recette générale de toutes les finances dont le responsable, Pierre du Celier, maniait des deniers provenant de l'ensemble des seigneuries de son maître. L'apparition de ce receveur général, qui suivait le prince dans ses déplacements, coïncidait non seulement avec la réorganisation des institutions judiciaires et financières flamandes mais aussi avec une réforme des organes symétriques qui siégeaient à Dijon.

LA RÉFORME DES INSTITUTIONS DIJONNAISES

L'administration de la justice en Bourgogne au temps du premier duc Valois avait largement hérité de l'organisation préexistante. Dans le comté comme dans le duché continuèrent de fonctionner, au-dessus des justices seigneuriales, prévôtales ou urbaines, les tribunaux de bailliage devant lesquels les justiciables pouvaient porter leurs causes en appel[2]. Il existait aussi des juridictions spéciales comme celle du maître des foires de Chalon ou comme « l'audience du gruyer [officier des

1. *Ordonnances de Philippe le Hardi*, I, n° 102.

2. Il y avait deux bailliages au comté de Bourgogne, bailliage d'Aval et bailliage d'Amont, et cinq bailliages au duché : Autun, Auxois (ch.-l. Semur-en-Auxois), Chalon, Dijon, La Montagne (ch.-l. Châtillon-sur-Seine) à quoi s'ajoutait le bailliage de Charolais.

eaux et forêts] de Bourgogne ». Les Grands Jours de Beaune et de Saint-Laurent-lès-Chalon, que nous avons déjà rencontrés, siégeaient toujours comme cour d'appel pour le duché, le comté de Charolais et les « terres d'Outre-Saône » et, en outre, depuis que le duc Philippe le Hardi avait recueilli le comté de Bourgogne, il disposait d'un Parlement qui siégeait à Dole, et recevait, en tant que cour souveraine, les appels émanant des sujets comtois du duc. Mais les Grands Jours de Beaune et le Parlement de Dole n'étaient pas les seules cours d'appel car les justiciables pouvaient aussi porter leurs appels devant un « auditoire des causes d'appeaux » et aussi devant un conseil siégeant à Dijon qui était une juridiction comparable, dans ses attributions et son fonctionnement, au conseil de Lille créé en 1386. Tout comme en Flandre, les gens du conseil et les gens des comptes siégeaient ensemble et constituaient une cour de justice de première instance et d'appel.

Pour renforcer la symétrie des institutions, Philippe le Hardi, en cette même année 1386, réorganisa la Chambre des comptes de Dijon, institution qui existait déjà au milieu du XIVe siècle. La volonté du premier duc Valois fut en effet de calquer l'organisation et la procédure de la Chambre sur le modèle de la Chambre des comptes du roi qui siégeait à Paris. Pour que l'institution dijonnaise fût plus sûrement conforme à son modèle, le duc invita deux officiers de la Chambre des comptes de Paris, Jean Creté, conseiller du roi, et maître Oudart de Trigny, clerc des comptes, à venir réformer celle de Dijon ; sur leur avis, il promulgua une grande ordonnance de réforme, le 11 juillet 1386[1].

La compétence territoriale de la Chambre des comptes de Dijon s'étendait désormais au duché et au comté de Bourgogne, au comté de Nevers et à la baronnie de Donzy, dont le duc s'était attribué la garde, aux terres de Champagne et à la terre de Faucogney que le duc avait acquise. Les gens des comptes y avaient pour mission de superviser la gestion et la conservation du domaine ducal et de vérifier les comptes des officiers de finances. En outre, signe incontestable du rôle essentiel joué par Dijon en tant que capitale administrative, c'est devant les gens des comptes dijonnais que le receveur général de toutes les finances et le maître de la chambre aux deniers, agent comptable ayant en charge les finances de l'hôtel du prince, devaient faire vérifier leurs comptes[2]. Cette situation ne changea qu'en 1420, date à laquelle les comptes des institutions financières « centrales » furent contrôlés par la Chambre des comptes de Lille.

1. P. RIANDEY, *L'organisation financière de la Bourgogne sous Philippe le Hardi*, p. 170-171.
2. *Ibid.*, p. 175-187.

LA PRATIQUE GOUVERNEMENTALE

Assisté de son chancelier à qui il délégua largement ses pouvoirs, le duc de Bourgogne gouvernait entouré de son « Grand Conseil ». Cet organe, qui jouait un rôle essentiel dans la procédure de prise de décision, suivait le duc dans ses déplacements et n'avait pas de composition fixe : le prince pouvait y appeler qui il voulait et ceux qu'il appelait portaient dès lors le titre de « conseillers de monseigneur le duc ». Par ailleurs, le prince, souvent absent de ses principautés, continua, comme par le passé, de déléguer ses pouvoirs à des gouverneurs ou capitaines généraux. Ainsi, en août 1387, Philippe le Hardi nomma son neveu Guillaume de Namur, seigneur de Béthune, fils aîné de Guillaume Ier, comte de Namur, gouverneur du comté de Flandre, de Malines et d'Anvers, lui adjoignant un conseil permanent composé notamment de plusieurs représentants de la haute noblesse du pays : Jean, seigneur de Ghistelle, Jean, seigneur de Gruthuuse, Louis le Haze, bâtard de Flandre, et son frère Jean sans Terre, tous deux fils illégitimes du comte Louis de Male. Les pouvoirs donnés à Guillaume de Namur étaient d'ordre militaire, administratif, financier et judiciaire [1].

Ce personnage resta en fonction jusqu'à l'été 1389 [2]. Trois ans plus tard, en juillet 1392, Philippe le Hardi, qui devait accompagner Charles VI dans le fatal « voyage de Bretagne » au cours duquel le roi allait avoir une première crise de démence, institua Jean, seigneur de Ghistelle, capitaine général du pays de Flandre et des villes de Malines et Anvers « durant ce présent voyage [3] ». Ce seigneur, qui avait déjà assumé des fonctions de gouverneur de Flandre entre 1384 et 1386, fut de nouveau capitaine général en 1394-1395 [4]. Le duc nomma aussi à titre permanent des gouverneurs dans certaines de ses principautés comme le comté de Rethel, placé sous l'autorité de Josse de Halluin, puis d'Henri de Vouziers, seigneur de Sorcy [5], et le comté de Nevers dont le gouverneur fut Philippe de Jaucourt de 1384 à 1391 puis Guillaume de Champlemy qui resta en charge jusqu'en 1403 [6].

La nomination d'un gouverneur pouvait être rendue inutile dans le cas où, en l'absence du duc, un membre de la famille ducale était présent dans le pays et pouvait le représenter. Marguerite de Male, qui résida au duché de Bourgogne dans les années 1370, y agit fréquem-

1. *Ordonnances de Philippe le Hardi*, I, n° 164.
2. R. VAUGHAN, *Philip the Bold*, p. 126.
3. Arch. dép. Nord, B 1597, f° 47.
4. Arch. dép. Nord, B 4079, f° 35.
5. R. VAUGHAN, *Philip the Bold*, p. 127 et 211.
6. Arch. dép. Côte-d'Or, B 380.

ment en tant que lieutenant de son époux[1]. De même, en octobre 1386, alors que Philippe le Hardi pensait devoir participer à l'invasion de l'Angleterre, il confia à la duchesse Marguerite et à Jean, comte de Nevers, leur fils, la charge de « lieutenants généraux et gouverneurs » dans l'ensemble de ses pays. Cette délégation de pouvoir fut accompagnée de la remise d'instructions précises qu'il convient de citer :

> « C'est l'instruction ordonnée par monseigneur de Bourgogne pour être baillée à madame la duchesse et à monseigneur de Nevers, ses lieutenants pour le gouvernement de ses pays.
>
> Primo, quant à leurs titres, madame sait bien comment elle en a usé [lorsqu'elle a eu le gouvernement de la Bourgogne].
>
> Item, que ledit monseigneur le comte se nommera ainsi dans les lettres qui seront passées par lui comme lieutenant : "Jean de Bourgogne, fils aîné et lieutenant de monseigneur le duc de Bourgogne, comte de Flandre, d'Artois et de Bourgogne, comte de Nevers."
>
> Item, dans les lettres qui toucheront le comté de Nevers et la baronnie de Donzy, il ne s'appellera point lieutenant.
>
> Item, dans les besognes notables madite dame et ledit monseigneur le comte, chacun en droit soi, useront du conseil que mondit seigneur leur laisse et leur a ordonné en ses pays.
>
> Item, que les lettres qui toucheront les besognes grandes et notables seront signées : "Par madame ou Par monseigneur le comte, [en conseil] auquel étaient untel et untel."
>
> Item, qu'ils n'aliéneront aucune chose des domaines de monseigneur ni de madame ni ne les chargeront ni ne les obligeront de rentes, de pensions ni d'autres charges à temps, à vie, à héritage ni à volonté.
>
> Item, qu'ils n'amortiront rien[2].
>
> Item, que s'ils anoblissent quelqu'un, ce sera contre paiement d'une somme modérée.
>
> Item, que les collations et présentations de bénéfices seront réservées à monseigneur.
>
> Item, que les exploits de la justice, comme les amendes, les forfaitures et biens vacants et aussi les profits des fiefs comme rachats ou reliefs[3], quints deniers ou ventes[4], gardes[5] et autres émoluments seront convertis en réparations des châteaux et maisons de mondit seigneur, de ses halles, fours, étangs et autres ouvrages nécessaires, sauve la modération qui s'ensuit.

1. R. VAUGHAN, *Philip the Bold*, p. 151-152.
2. L'amortissement est le transfert, par donation ou vente, d'un bien à l'Église.
3. Le relief est une taxe de succession pesant sur les fiefs.
4. Quint denier et vente sont des taxes de mutation pesant sur les fiefs.
5. La garde est une taxe perçue sur les fiefs tenus au nom d'un mineur.

Item, que des amendes adjugées madite dame et mondit seigneur de Nevers, par la délibération du conseil, pourront quitter ou donner tout ou partie là où il sera bien employé et selon ce que les cas le requerront.

Item, qu'ils garderont le plus entièrement qu'ils pourront les forêts de mondit seigneur, ses eaux et autres domaines.

Item, que toutes les finances qui pourront être levées dans les pays de monseigneur, tant des revenus du domaine, payés les fiefs et aumônes, comme des aides qui à présent y ont cours ou auront au temps à venir, seront envoyés à mondit seigneur [en Angleterre], réservés les paiements de gens d'armes, s'il est nécessaire, l'état de madite dame et de mondit seigneur de Nevers, les gages des officiers et les autres affaires ci-dessus exprimées.

Item, que madite dame et mondit seigneur de Nevers, par l'avis du conseil pourront donner où il sera bien employé, des deniers de monseigneur, soit en deniers comptants, en vaisselle, en joyaux ou en autres choses et que bon leur semblera, et toutefois le moins qu'ils pourront si ce ne sont dons nécessaires [...] [1]. »

Ce texte, qui présente synthétiquement ce que pouvaient être les affaires courantes de l'État, montre aussi quelle faible marge de liberté le duc de Bourgogne laissait à ses lieutenants, fussent-ils son épouse et son fils aîné.

LA PUISSANCE FINANCIÈRE

Tant que Philippe le Hardi ne détint que le duché de Bourgogne, ses revenus atteignirent des chiffres qui, sans être négligeables, étaient loin de faire de lui le plus riche prince de France. Nous avons déjà vu qu'entre 1379 et 1384 entraient en moyenne dans ses caisses, chaque année, entre 130 et 140 000 livres tournois. Le niveau de ses revenus connut une hausse très significative lorsqu'il recueillit l'héritage flamand. En 1395, les recettes encaissées par le receveur général de toutes les finances s'élevaient à 271 900 livres tournois, en 1396 elles atteignirent 441 900 livres, en 1400 elles redescendirent à 405 300 livres, mais montèrent à 695 700 livres en 1402-1403 [2]. En moyenne, entre 1395 et 1403, ces recettes — qui ne recouvraient pas l'ensemble des revenus ducaux — s'élevèrent donc à 453 700 livres. Dans ce total, durant la même période, la part des ressources tirées des deux Bourgognes et du comté de Charolais varia entre 8 et 15 % et représenta en moyenne

1. *Ordonnances de Philippe le Hardi*, I, n°s 126 et 127.
2. Voir M. NORDBERG, *Les ducs et la royauté*, p. 27, 29, 31,34-36.

annuelle 11,9 %. La structure de ces revenus « bourguignons » ne différait pas de ce qu'elle était durant la période 1364-1384. On y distinguait toujours les revenus domaniaux, intégrant des prélèvements importants sur l'activité économique, notamment, dans le duché, sur les foires de Chalon qui rapportaient en moyenne annuellement au duc environ 1 100 livres tournois, et, dans la seigneurie de Salins, les revenus de la Grande Saunerie dont le duc possédait une part importante.

Les chiffres des ressources tirées des deux Bourgognes montrent clairement que ce n'était pas de ces régions que le duc, après 1384, tira l'essentiel de ses revenus[1]. Ses possessions les plus prospères et les plus riches étaient en effet celles du Nord : comté d'Artois et surtout comté de Flandre. De là, le duc tira, entre 1395 et 1403, de 35 à 48 % de ses recettes. En moyenne, annuellement, la Flandre et l'Artois représentèrent 43 % de ses revenus, soit plus de 195 000 livres tournois dans les comptes de la seule recette générale de toutes les finances. La structure de ces ressources était, dans les principautés septentrionales, comparable à ce qu'elle était dans les deux Bourgognes, mais le rendement en était largement supérieur : les revenus domaniaux étaient tirés d'un ensemble complexe et très considérable de biens fonciers appartenant au prince « en domaine ». Ce domaine comtal, notamment en Flandre, était encadré et géré par une administration domaniale très élaborée et, à la faveur de la reconstruction engagée par le prince dès la fin du conflit gantois, les revenus s'accrurent notablement. Par ailleurs, à ces ressources tirées de l'agriculture s'ajoutaient les importantes recettes tirées des prélèvements effectués sur l'activité économique. Le duc de Bourgogne percevait des taxes sur les foires et marchés, et notamment sur les grandes foires de Bruges, Lille, Ypres, Thorout et Messines ; il encaissait aussi les produits importants de certains tonlieux, notamment ceux d'Anvers, de Malines, de Damme, de Termonde, de Rupelmonde, de Nieuport, etc., ce qui lui rapportait annuellement en moyenne 25 000 livres parisis de Flandre. En Artois, de gros profits étaient également tirés du grand péage de Bapaume par lequel passait l'essentiel du flux commercial entre France et Flandre. A côté de ces revenus tirés de l'exploitation de l'activité économique, des ressources importantes provenaient de l'exercice de la justice : en Artois, elles représentèrent annuellement entre 2 000 et 2 500 livres parisis ; en Flandre, les baillis versaient en moyenne annuellement 33 000 livres parisis au receveur général de Flandre au titre des produits de justice. A cela s'ajoutait la taxation des fiefs : notamment les reliefs et autres

1. Pour ce qui suit, voir A. VAN NIEUWENHUYSEN, *Les finances du duc de Bourgogne Philippe le Hardi*, *passim*.

taxes de mutation comme le « dixième denier » (10 % du produit de la vente) qui s'appliquait en Flandre, ou, en Artois, le « droit de quint », c'est-à-dire le cinquième denier (soit un prélèvement de 20 %). Enfin, le prince percevait un certain nombre d'impôts sur les villes et leur plat pays, notamment le Transport de Flandre et une part variable sur les « assises », c'est-à-dire sur les taxes que les autorités urbaines levaient, avec l'autorisation du comte, sur l'activité commerciale.

Ces revenus ordinaires, que nous venons d'évoquer rapidement, s'ils représentaient des sommes non négligeables, ne suffisaient pas à satisfaire les exigences du duc de Bourgogne. Pour faire face à des dépenses de plus en plus lourdes, ce prince était dans l'obligation de recourir à des revenus extraordinaires. En premier lieu, il dut très fréquemment, selon des modalités variées, emprunter ou recourir au crédit. Cette source de revenus ne cessa de s'accroître, représentant 1 à 1,5 % des recettes totales en 1395-1396, atteignant 4,5 % en 1400 et 7 % en 1402-1403, pour culminer à 15 % du total en 1403-1404 — forte proportion qui s'explique en partie parce que, à la mort de Philippe le Hardi au printemps 1404, une grande campagne d'emprunt fut lancée pour financer les funérailles du duc, pour rembourser certaines de ses dettes et pour faire face aux frais de lancement du principat de Jean sans Peur. En moyenne, pour la période 1395-1403, les emprunts et le recours au crédit représentèrent 3,5 % du revenu annuel du duc, soit environ 15 900 livres tournois par an.

Au chapitre des emprunts, il faut distinguer plusieurs types d'opérations. En premier lieu, il faut citer les emprunts consentis par les officiers et agents de finances du duc : il était en effet courant que le prince demandât à ses agents de lui consentir des avances sur leurs propres deniers dont il leur serait loisible de se rembourser sur la recette de leur office. Il s'agissait parfois d'avances consenties isolément par des officiers chargés de recettes ou par des receveurs, mais parfois le duc s'adressait à l'ensemble d'un groupe d'officiers. Ainsi, durant l'exercice 1395-1396, tous les grènetiers des greniers à sel du duché de Bourgogne furent sollicités de cette façon. L'année suivante, le duc fit appel à tous les châtelains de cette même principauté. En 1399, tous les receveurs de bailliages, les grènetiers et les châtelains durent consentir des avances à leur maître. En Flandre, les baillis furent sollicités en 1394-1395, en 1396-1397 et en 1402. Le duc s'adressait aussi à ses proches ou aux hauts officiers de sa cour : ainsi Philippe le Hardi emprunta 3 000 francs à son chancelier Jean Canard en 1389 et 6 000 francs à la duchesse Marguerite de Male l'année suivante.

Des emprunts forcés étaient également contractés soit auprès de riches particuliers soit auprès des villes. A l'époque de Philippe le Hardi, les emprunts à des individus n'étaient contractés qu'en pays bourguignon, tandis qu'en Flandre et en Artois le duc s'adressait collectivement aux villes. Les exigences du prince, lourdes et répétées, pouvaient peser de façon importante sur les finances urbaines : ainsi la ville de Saint-Omer, au comté d'Artois, dut avancer au duc 4 000 francs en mars 1396 — à l'occasion de la croisade de Hongrie —, 6 000 francs en février 1398 — pour la rançon du comte de Nevers —, 1 000 francs en 1401 et 8 000 francs en 1403, soit au total 19 000 francs en huit ans, à quoi s'ajoutèrent encore 1 000 francs déboursés en janvier 1405 à la demande de Marguerite de Male. Ces emprunts étaient remboursables sur le produit des assises ou étaient défalqués du montant des prochaines aides consenties au duc.

Le duc s'adressait aussi à des marchands et banquiers établis à Bruges, à Arras et à Paris. Tous étaient des hommes avec qui il était en relation d'affaires : fournisseurs de son hôtel, ils étaient aussi ses bailleurs de fonds lorsque les nécessités politiques se faisaient sentir. Le duc résumait lui-même cette double fonction lorsque, ordonnant à ses receveurs de payer certaines sommes à un groupe de marchands, il précisait qu'il s'agissait d'un remboursement :

> « [...] Tant pour prêt qu'ils nous ont fait en notre grand besoin et nécessité comme pour la vente et délivrance de vaisselle d'or et d'argent, joyaux et draps de soie qu'ils nous ont baillés et délivrés. »

Philippe le Hardi eut pour principaux bailleurs de fonds Henri Orlant, Guillaume Sanguin et Michel de Laillier, marchands et changeurs parisiens, François de Passant et Jacques Sac, tous deux marchands génois établis à Paris, Jean Sacquespée, changeur établi à Arras. Mais aucun de ces personnages ne joua un rôle comparable à celui de Dino Rapondi. Celui que ses contemporains français appelaient « Dine Raponde » était issu d'une vieille et riche famille marchande de la ville de Lucques. Depuis 1345 au moins, les Rapondi dirigeaient une société commerciale centrée à Bruges et ayant des comptoirs ou succursales à Anvers, Avignon, Montpellier, Venise et Paris. Né vers 1335-1340, Dino Rapondi prit la tête de cette société vers 1370 et, avec son frère Giacomo, la développa de façon importante. Le comptoir de Paris, notamment, connut un tel développement qu'il égala bientôt en importance celui de Bruges. En 1374, Dino Rapondi était qualifié pour la première fois de « bourgeois de Paris ». Dès cette époque il commença à figurer parmi les principaux fournisseurs de la cour de France ; mais il lia surtout son destin à la cour de Bourgogne dont il s'imposa vite comme l'un des principaux fournisseurs de produits de luxe avant d'y devenir un personnage essentiel procurant au duc Philippe les moyens financiers qui lui permirent de mener à bien la plupart de ses grandes entreprises politiques. Il dépassa de loin les autres créanciers habituels du prince par l'ampleur des opérations qu'il effectua. Grâce à son implantation à la fois parisienne et brugeoise, il était admirablement placé pour apporter son soutien à Philippe le Hardi et aux siens. Il apparaissait partout, agissant à tous les échelons hiérarchiques de l'administration ducale. Il prêtait de l'argent au duc, s'offrait comme garant lorsque celui-ci effectuait de gros achats ou de grandes opérations financières, venait en aide aux plus grands officiers ducaux et aux plus grands seigneurs de la cour de Bourgogne. En contrepartie, le duc le remboursait en lui abandonnant tel ou tel des revenus qu'il percevait en Flandre. Parallèlement à l'accroissement de son rôle financier, son rôle politique ne fit que grandir : il fut retenu comme conseiller et maître d'hôtel du duc et, en 1394, il devint receveur particulier pour les travaux de construction du grand château que Philippe le Hardi faisait édifier à L'Écluse. Il finança en grande partie d'autres grands chantiers chers au cœur du duc de Bourgogne : ainsi la Chartreuse de Champmol et la Sainte-Chapelle du palais ducal de Dijon — où une statue le représentait à genoux, les mains jointes, une grosse bourse à la ceinture. En 1397, grâce à son réseau de correspondants qui de Bruges et Paris s'étendait par Venise jusqu'en Orient, Dino se chargea de négocier avec le sultan Bajazet la délivrance contre une rançon de 200 000 ducats du comte de Nevers capturé à Nicopolis. Cette action fut son titre de gloire essentiel et figura même dans son épitaphe en l'église Saint-Donatien de Bruges :

> « Ici gît Dino des Rapondis, né à Lucques en Italie, conseiller des ducs de Bourgogne et comtes de Flandre Philippe et Jean, qui racheta le duc Jean des Turcs et mourut à Bruges le 1er février 1415. »

Au sein des revenus extraordinaires du duc de Bourgogne, les dons octroyés par le roi représentèrent, durant tout le principat de Philippe le Hardi, pas moins de 20 % des recettes globales de ce prince. En moyenne, dans la période 1396-1404, il recevait 176 500 livres tournois par an du trésor royal. Ces dons, qui contribuèrent de façon importante au développement de la puissance bourguignonne, mais ne représentaient pas la source principale des revenus du duc, étaient constitués de plusieurs pensions qui, s'additionnant au cours du règne de Charles VI, atteignirent, en janvier 1401, un total de 83 000 francs par an servis en cinq pensions : soit 36 000 francs par an depuis 1392,

17 000 francs par an depuis 1394, 12 000 francs par an depuis 1396, au titre d'une pension destinée à Jean, comte de Nevers, 12 000 francs par an depuis 1397 pour aider à la garde du château de L'Écluse et 6 000 francs par an depuis 1401 au titre d'une pension destinée à Antoine, comte de Rethel. Finalement, au mois d'octobre 1402, ces cinq pensions furent supprimées et remplacées par une pension unique de 100 000 francs par an. A ces subventions régulières venaient s'ajouter des dons extraordinaires motivés par telle ou telle circonstance particulière ou simplement octroyés pour récompenser les « bons services » rendus au roi par le duc de Bourgogne. La fréquence et l'importance de ces dons extraordinaires variaient en fonction de la situation politique : le flux en était important lorsque le duc contrôlait le gouvernement royal et diminuait lorsqu'il en était écarté : ainsi, la période 1382-1388, marquée par le « gouvernement des oncles », fut une période de hautes eaux ; en revanche, entre 1388 et 1394, années du règne personnel de Charles VI, le flux décrut de façon drastique. Mais à partir de 1395 et jusqu'en 1404, le retour de Philippe le Hardi sur le devant de la scène politique correspondit à un accroissement considérable des dons extraordinaires.

L'impôt, sous forme d'aides ordinaires et extraordinaires, constitua une autre source importante de revenus. Nous savons que, dans le royaume de France, la levée des aides était, en principe, une prérogative royale, mais le duc de Bourgogne la capta partout à son profit. En Bourgogne, depuis l'accord intervenu en 1364, et malgré les résistances du gouvernement royal, Philippe le Hardi accapara le profit des aides qu'il levait avec l'assentiment des États. En Flandre, l'impôt était levé après octroi par les Quatre Membres ou par les États sans que l'assentiment du roi soit nécessaire ni même sollicité. Dans ses autres fiefs mouvants de la couronne de France, en revanche, le duc devait demander l'accord du roi pour la levée des aides. C'était le cas, par exemple, au comté d'Artois, où l'assemblée des trois États devait, comme ailleurs, accepter l'impôt. Dans les revenus globaux de Philippe le Hardi entre 1395 et 1404, les aides représentèrent une part qui crut de 9,5 à 13 %, et un revenu annuel moyen de 48 100 livres tournois.

Outre les moyens que nous venons d'évoquer, le duc de Bourgogne put recourir, le cas échéant, pour faire entrer de l'argent dans ses caisses, à des techniques diverses. Tel fut le cas des émissions de rentes qui apparurent en 1397. Cette année-là, le duc Philippe, qui désirait racheter la seigneurie de Kerpen, recourut pour la première fois à la constitution de rentes viagères par l'intermédiaire des villes de Lille, Douai et Saint-Omer. Dans ce type d'opération, les rentes à vie étaient vendues à l'initiative du duc, les villes concernées acceptant de créer un certain nombre de rentes et de verser au duc le produit de la vente. Les villes elles-mêmes, en principe, ne jouaient que le rôle d'intermédiaires et de garants, le duc leur fournissant en contrepartie, généralement sur la part des « assises » qui lui revenait, les fonds nécessaires au paiement des rentiers ; c'était également le duc qui remboursait le capital sur ses deniers en cas de rachat des rentes émises.

Ainsi, le duc de Bourgogne, à partir de 1384, avec des revenus annuels variant entre 400 et 700 000 livres tournois, était de loin le plus riche des princes des lys. Sa puissance financière reposait moins qu'on ne l'a dit sur les ponctions opérées au détriment du trésor royal, même si le contrôle du gouvernement royal lui assurait un flux continu représentant un cinquième de ses revenus. Il tirait en effet le plus clair de ses ressources de ses principautés septentrionales et principalement du comté de Flandre : ces principautés lui fournissaient des recettes ordinaires considérables et des rentrées fiscales importantes ; elles étaient en outre, grâce à des villes actives et peuplées, l'un des lieux privilégiés du recours à l'emprunt.

8

NICOPOLIS : LA « MORTELLE DÉCONFITURE »

L'IDÉAL DE CROISADE

A la fin du Moyen Age l'exaltation de l'idée de croisade était, en Occident, une réalité bien vivante[1]. Elle tenait une large place dans la culture de cour et dans le fonds culturel de la noblesse. Cet idéal s'appuyait, chez l'homme noble, sur des préoccupations d'ordre religieux — servir Dieu par les armes contre « les ennemis de la foi chrétienne » —, sur la volonté de rehausser son prestige personnel par des exploits guerriers, sur un goût incontestable pour l'exotisme, le dépaysement et le désir de « voir le monde ». Du point de vue intellectuel, l'idéal de croisade se nourrissait de toute une littérature de voyage qui fleurit au XIVe siècle, ainsi les *Voyages* de Jean de Mandeville, écrits vers 1356 et dont plus de 250 manuscrits sont encore conservés aujourd'hui, indice de la grande diffusion de l'œuvre[2].

L'idéal de croisade était particulièrement à l'honneur dans les cours royales et princières. Même au plus fort des crises et des troubles qui secouèrent l'Occident, la croisade continua à être présentée comme objectif essentiel des rois et des princes : rappelons qu'en 1363, alors que le royaume de France était dans une situation politique et économique très préoccupante, Jean le Bon prit la croix et fut imité par nombre de ses proches, notamment, semble-t-il, par son fils Philippe, futur duc de Bourgogne[3]. Or, avec le développement de l'État bourguignon, la cour de Bourgogne devint précisément l'un des foyers de diffusion de l'idée de croisade. Le duc Philippe le Hardi encouragea la

1. A. S. ATIYA, *The Crusade of Nicopolis*, et *The Crusade in the later Middle Ages*, *passim* ; R. VAUGHAN, *Philip the Bold*, p. 59-78 ; W. PARAVICINI, *Die Preussenreisen des europäischen Adels*, 1989 et 1995 ; N. HOUSLEY, *The Later Crusades*, Oxford, 1992.
2. C. DELUZ, *Le livre de Jehan de Mandeville*, *passim*.
3. F. AUTRAND, *Charles V*, p. 437.

noblesse de ses principautés à prendre part à des expéditions militaires qui entretenaient l'esprit de lutte contre les ennemis de la Chrétienté. En effet, l'activité militaire des croisés occidentaux à la fin du Moyen Age se déployait sur au moins quatre théâtres d'opérations : la Prusse, l'Espagne, l'Afrique du Nord et la Méditerranée orientale.

Le XIVe siècle vit l'apogée de l'État fondé au XIIIe siècle par l'ordre teutonique en Prusse[1]. Cette période fut marquée par le phénomène particulier de la « reise de Prusse », c'est-à-dire du voyage (en allemand *die Reise*) que des nobles occidentaux venus de tout l'Occident effectuaient pour combattre aux côtés des Teutoniques — qu'on appelait les « seigneurs de Prusse » — contre les peuples baltes, essentiellement les Lituaniens, encore païens. Chaque année à partir des années 1330-1340, on voyait ainsi des nobles venus de France, d'Angleterre, de l'espace germanique, d'Aragon, de Castille, etc., participer aux « reises » contre les « mécreants », parfois assimilés de façon significative aux « Sarrasins ». A partir des années 1370-1380, le duc de Bourgogne favorisa la participation des nobles de sa cour au voyage de Prusse. L'encouragement donné par le duc se caractérisait de deux manières : d'une part par le « congé et licence » donné par le prince au noble de quitter le pays en armes pour aller servir sous un autre étendard que le sien, d'autre part, par une aide financière que le duc pouvait octroyer au voyageur pour l'aider à entreprendre son périple ou à en supporter les frais à son retour. Ainsi en témoigne, par exemple, un mandement de Philippe le Hardi en faveur du seigneur de Sempy :

> « Philippe, fils de roi de France, duc de Bourgogne, comte de Flandre, d'Artois et de Bourgogne palatin, sire de Salins, comte de Rethel et seigneur de Malines. A notre aimé et féal trésorier Josset de Hal, salut et dilection. Savoir vous faisons que, pour considération des bons et agréables services que nous a faits et fait chaque jour en maintes manières notre aimé et féal chevalier et chambellan, le sire de Sempy, et pour l'aider à supporter les grands frais et missions qu'il a soutenus au voyage de Prusse, où il fut l'année passée, dont il est encore endetté, nous lui avons donné et donnons, de grâce spéciale, par ces présentes, la somme de cinq cents francs. Si vous mandons de lui payer, bailler et délivrer ladite somme ou de lui faire payer par l'un de nos receveurs ou châtelains [...]. Donné à Paris, le 24 février 1393[2]. »

Cette politique d'aide financière fut surtout très active dans les

1. Pour ce qui suit, voir W. PARAVICINI, *Die Preussenreisen des europäischen Adels, passim.*
2. Arch. dép. Côte-d'Or, B 11 932.

années qui précédèrent immédiatement la croisade de Hongrie de 1396 et tomba en sommeil après cette date.

Pour le duc de Bourgogne Philippe le Hardi, la participation de Bourguignons au « voyage de Prusse » était le moyen d'atteindre un triple objectif : la présence de nobles de ses principautés sur un front de la Chrétienté contribuait à accroître le prestige de la Maison de Bourgogne ; la participation bourguignonne aux entreprises militaires des « seigneurs de Prusse » permettait de resserrer les liens qui unissaient l'État bourguignon à l'État teutonique, notamment, au cours des années 1390-1396, dans le cadre de la préparation de la croisade, car le duc voyait dans l'ordre allemand un allié potentiel ; le troisième objectif était de favoriser la formation militaire des jeunes nobles. En entreprenant le « voyage de Prusse », en effet, le noble bourguignon, comme ses semblables originaires du reste de l'Europe occidentale, désirait agir « à la louange de Dieu et pour acquérir l'honneur des armes ». Il était donc animé d'un double sentiment : religieux d'abord, car ce voyage était assimilé à une croisade, chevaleresque ensuite, car combattre aux côtés des Teutoniques était un fait d'armes qui conférait à celui qui l'entreprenait une réputation de vaillance qu'il se plaisait à rappeler. C'est ainsi que l'épitaphe de Jean, seigneur de Roubaix, conseiller et chambellan de Jean sans Peur puis de Philippe le Bon, mentionnait sa participation à deux voyages de Prusse.

Dans la Péninsule ibérique, les victoires chrétiennes du XIIIe siècle n'avaient pas conduit à l'élimination complète de la présence musulmane. Le royaume de Grenade survécut jusqu'en 1492 et sur ses frontières la lutte se poursuivit longtemps sous forme d'actions militaires de faible envergure. Ce fut aussi un champ d'affrontement où les nobles occidentaux pouvaient satisfaire leur envie de combattre les « ennemis de la foi chrétienne ». En Afrique du Nord, le « voyage de Barbarie » était également une entreprise assimilée à la croisade car elle mettait aux prises les combattants chrétiens et les musulmans du Maghreb. Quelques années avant Nicopolis, en mai 1390, eut lieu, d'ailleurs, une opération d'envergure contre le port d'al-Mahdiya, repaire de pirates situé sur la côte de l'actuelle Tunisie. Cette expédition, montée à la demande des Génois et partie précisément du port de Gênes, fut conduite par Louis II, duc de Bourbon, en personne et réunit des chevaliers et écuyers venus de France, de Normandie, de Bourgogne, de Flandre, du Hainaut, etc.

En Méditerranée orientale, enfin, au XIVe siècle, le terme de « voyage d'outre-mer », que l'on trouve cité dans beaucoup de documents, désignait diverses entreprises qui tenaient soit du pèlerinage soit de l'expédition armée. On sait que nombre de représentants de la noblesse d'Occident allaient en pèlerinage au Saint-Sépulcre de Jérusalem et à Sainte-Catherine-du-Mont-Sinaï où des inscriptions rappellent encore le souvenir de leur passage. Mais il ne faut pas omettre le fait que le pèlerinage et l'entreprise militaire allaient souvent de pair. L'ordre des Hospitaliers, replié à Rhodes, et le royaume de Chypre tenu par la dynastie des Lusignan, recevaient l'aide de combattants venus d'Europe et menaient avec eux des raids contre les côtes de la Syrie ou de l'Égypte. En outre, l'empire byzantin ou ce qu'il en restait, devant la menace mortelle que représentaient les Turcs ottomans, ne négligeait pas l'aide que pouvaient lui apporter des croisés occidentaux. C'est ainsi qu'en 1365-1366 Amédée VI, comte de Savoie — le « comte vert » —, avait conduit une expédition dans les détroits contre les Turcs. Ces derniers, en effet, depuis plus de vingt ans, menaient une politique de plus en plus agressive à l'égard des chrétiens d'Orient.

A partir du XIVe siècle, les Turcs ottomans constituèrent l'élément dynamique de l'Islam. Leur puissance était née après la décomposition de l'empire seldjoukide établi en Asie mineure au cours du XIIe siècle. Cet empire, à la fin du XIIIe siècle, était fragmenté en petits émirats autonomes dont l'action concertée conduisit, vers 1340, à la liquidation de la présence byzantine en Asie mineure. C'est alors que commença à s'affirmer, au sein de ce groupe de principautés, celle qui, ayant à sa tête l'émir Uthman, mort vers 1326, donna naissance à l'Empire ottoman — du nom du fondateur. Tenants d'un Islam sunnite très ardent, Uthman et ses successeurs menèrent une lutte acharnée contre les chrétiens. L'élan de ce combat fut fédérateur et permit, dès les dernières années du XIIIe siècle, de regrouper sous l'autorité d'Uthman plusieurs émirats. En 1317, le commandement passa à Orkhân, fils et successeur d'Uthman, qui poursuivit l'offensive commencée par son père contre les possessions byzantines. Sous son impulsion, les Ottomans prirent Brousse (1326), Nicée (1330), Nicomédie (1337). Dans les années 1340, ils passèrent sur la rive européenne des Dardanelles et s'implantèrent solidement en Thrace. En 1362, lorsque mourut Orkhân, son émirat était devenu une puissance menaçante pour Byzance. Le successeur d'Orkhân, Murad Ier (1362-1389), poursuivit l'entreprise de ses prédécesseurs et renforça la présence turque en Europe. Il prit Andrinople (1363), occupa la Macédoine et la Bulgarie, se heurta aux Serbes et leur infligea en 1389 la défaite écrasante de Kosovo où il fut lui-même tué.

Le fils de Murad Ier fut le sultan Bayézid Ier (ou Bajazet), surnommé « la Foudre ». Il régna de 1389 à 1402, date de sa défaite devant Tamerlan à Ankara. Ce sultan poursuivit l'œuvre d'unification de ses prédécesseurs, annexant pratiquement tous les émirats turcs d'Anatolie occidentale et centrale. Il continua aussi l'offensive contre Constantinople et fit même le siège de la ville en 1391. Parallèlement, entre 1393 et 1395, les progrès turcs menaçaient depuis la Bulgarie la Serbie et la Valachie et les rapprochaient dangereusement des frontières de la Hongrie[1]. C'est devant cette menace que le roi de Hongrie, Sigismond de Luxembourg appela à son aide les rois et princes d'Occident. Devenu roi en 1387, Sigismond avait vite compris que s'opposer au péril turc était l'une de ses tâches les plus urgentes. Après s'être opposé à eux avec un certain succès en 1390 et en 1392, il se chercha des alliés, convaincu que les seules forces de son royaume ne suffiraient pas à les arrêter ; sa stratégie était défensive, mais son appel à l'aide, en suscitant une véritable croisade, fit naître un élan offensif qu'il n'allait pas pouvoir contrôler[2].

LE « VOYAGE DE HONGRIE »

La réponse positive à la demande d'aide de Sigismond ne fut pas le fait du hasard, mais le produit de la conjonction d'une nécessité politique et militaire et d'un fort développement de l'idéologie de croisade. Philippe de Mézières, conseiller de Charles V puis de Charles VI, fut l'un des meilleurs interprètes de cette tendance et son célèbre *Songe du Vieil Pèlerin*, écrit pour le roi en 1389, contenait un grand projet de croisade[3]. En outre, dans les années 1390, les conditions politiques semblaient plus favorables que par le passé à l'organisation d'une vaste expédition militaire à l'échelle de la Chrétienté. Le conflit franco-anglais, après un demi-siècle, semblait entrer dans une phase d'apaisement. Un régime de trêves et de négociations s'était instauré depuis 1390 et des liens s'étaient établis entre Charles VI, roi de France, et Richard II, roi d'Angleterre. Sur le plan religieux, après plus de dix ans de schisme, des voix s'élevaient pour la restauration de l'union. Il pouvait sembler que la croisade rendrait à la Chrétienté son unité perdue en 1378[4].

A l'origine, le projet d'expédition prévoyait que la croisade serait une entreprise royale : Charles VI et Richard II devaient en prendre la tête en personne. Mais la folie de Charles VI, dont les premiers signes

1. R. MANTRAN, *Histoire de la Turquie, passim* ; P. WITTEK, *The Rise of the Ottoman Empire, passim.*
2. M. KINTZINGER, « Sigismond, roi de Hongrie et la croisade », p. 23-33.
3. P. CONTAMINE, « La *Consolation de la desconfiture de Hongrie* de Philippe de Mézières (1396) », p. 35-47.
4. F. AUTRAND, « La paix impossible : les négociations franco-anglaises à la fin du XIVe siècle », p. 11-22.

apparurent en août 1392, rendit cette formule difficilement réalisable. On songea alors à confier le commandement de l'armée des croisés à un prince français et à un prince anglais : Philippe le Hardi, duc de Bourgogne, et Jean de Gand, duc de Lancastre. Finalement, en 1395, de façon plus réaliste, il fut décidé que l'expédition serait menée par Jean, comte de Nevers, fils aîné et héritier du duc de Bourgogne, futur duc Jean sans Peur. De toute évidence, Philippe le Hardi, en proposant lui-même que son fils prît la tête de l'armée des croisés, voulut que le prestige de l'entreprise retombât surtout sur la Maison de Bourgogne. Le duc avait ainsi « sa » croisade, comme le comte de Savoie et le duc de Bourbon avaient eu la leur. Du reste son calcul fut juste et, malgré la défaite qui survint, le prestige du duc et des siens sortit grandi de l'aventure[1].

L'expédition fut déclenchée à la suite d'une ambassade hongroise menée en août 1395 par Jean de Kanisza, archevêque de Gran. Les préparatifs eurent lieu de l'été 1395 au printemps 1396. Conformément aux désirs de Philippe le Hardi, l'expédition fut essentiellement une affaire « franco-bourguignonne », même si des nobles anglais se joignirent à l'armée. Le comte de Nevers en fut le chef en titre. Il était entouré d'une foule de grands seigneurs représentant les plus grands noms de la cour de France : Henri et Philippe de Bar, fils de Robert, duc de Bar, Philippe d'Artois, comte d'Eu, qui avait épousé la fille du duc Jean de Berry, oncle du roi, et était en outre connétable de France, Enguerrand VII, sire de Coucy et comte de Soissons. A ces personnages, ajoutons les noms de quelques grands officiers de la Couronne ou de la cour de Bourgogne : Jean de Vienne, amiral de France, Jean le Meingre, dit Boucicaut, maréchal de France, et Guillaume de La Trémoille, maréchal de Bourgogne. Naturellement l'armée comptait, outre cet encadrement hautement aristocratique, des chevaliers, écuyers, hommes d'armes et hommes de trait. D'autre part un grand nombre de non-combattants suivait la troupe : chapelains, clercs, valets, pages et autres. Au total, le roi de France avait autorisé 1 000 chevaliers et écuyers à prendre part à la croisade. Dans ce total, le seul hôtel du comte de Nevers représentait 250 combattants.

L'armée des croisés français et bourguignons quitta Dijon au mois d'avril 1396. Par Montbéliard et l'Alsace, elle gagna la Bavière et la vallée du Danube. Le 24 juin le gros de la troupe était à Vienne. Au mois de juillet la Hongrie était atteinte et les croisés franco-bourguignons arrivèrent à Buda où ils furent rejoints par un contingent anglais, par un contingent polonais et par un détachement de chevaliers de

1. J. MAGEE, « Le temps de la croisade bourguignonne », p. 49-58.

Rhodes conduit par le grand-maître Philibert de Naillac. L'ensemble était naturellement renforcé par les troupes hongroises de Sigismond.

Le plan de campagne de Sigismond consistait à suivre la vallée du Danube jusqu'aux confins de la Bulgarie, à s'emparer de la ville forte de Nicopolis sur la rive droite du fleuve, clé de la Valachie, pour en faire une base à partir de laquelle il serait possible de mener une offensive vers le Sud destinée à chasser les Ottomans de leurs positions européennes. Le 12 septembre 1396, les croisés parvinrent sous les murs de Nicopolis. Ils en firent le siège. Mais le 24 au soir leur arriva la nouvelle de l'approche d'une armée de secours commandée par le sultan Bayézid en personne. La bataille s'engagea le 25 septembre 1396. Malgré les conseils de prudence prodigués par les Hongrois habitués à la tactique des Turcs, les croisés occidentaux attaquèrent avec vigueur l'adversaire. La ligne principale de l'armée de Bayézid fut très malmenée, mais le sultan, par une manœuvre sur les ailes, réussit à envelopper l'ennemi qui fut pris à revers et submergé. La défaite des contingents occidentaux fut suivie d'une fuite éperdue de ceux qui avaient échappé à l'encerclement.

La défaite fut totale. Sigismond de Luxembourg n'eut que le temps de se jeter dans une barge sur le Danube, ce qui lui permit d'échapper de justesse à la capture. Nombre de combattants chrétiens furent tués dans la bataille. Les captifs furent pour une large part massacrés devant le sultan le lendemain du combat. Bayézid vengeait ainsi le massacre d'un millier de prisonniers turcs perpétré par les croisés devant Nicopolis le 24 septembre. Cependant le sultan, habilement conseillé par le seigneur de Heilly, un chevalier de Picardie capturé dans la bataille mais qui connaissait les Turcs pour avoir servi comme mercenaire dans les armées de Murad Ier, fit échapper au massacre les prisonniers les plus prestigieux qui pouvaient être mis à rançon. C'est ainsi que le comte de Nevers et plusieurs autres de sa suite, dont le maréchal Boucicaut, échappèrent à la mort.

LES RÉPERCUSSIONS DE LA DÉFAITE

La nouvelle de la défaite de Nicopolis ne toucha pas immédiatement la France. L'arrivée des premiers rescapés ne se produisit qu'au début du mois de décembre 1396. C'est alors que les sinistres rumeurs de la « mortelle déconfiture » commencèrent à se répandre à la cour de France. Les premiers malheureux qui apportèrent la nouvelle de la défaite furent traités en imposteurs et emprisonnés. Mais le doute commença à faire place à l'inquiétude. Le roi de France, les ducs de Bourgogne, d'Orléans, de Bar envoyèrent des messagers à Venise et en

Hongrie pour avoir confirmation des rumeurs qui circulaient. C'est à la fin du mois de décembre que les choses se précisèrent, lorsque le seigneur de Heilly vint en personne présenter au roi les faits tels qu'ils s'étaient déroulés. La première réaction officielle fut d'ordre religieux. Dès le 22 décembre 1396, Charles VI et son oncle, le duc de Berry, menèrent une procession jusqu'à Sainte-Catherine-du-Val-des-Écoliers pour implorer la sainte dont l'intercession était réputée si efficace pour les combattants dans le péril et pour le salut des prisonniers. Le 11 janvier 1397, un grand service funèbre fut organisé à Notre-Dame pour le repos de l'âme des combattants chrétiens morts à Nicopolis. Les cloches de toutes les églises de Paris sonnaient le glas. Ces manifestations de deuil royal eurent un impact considérable sur les esprits. Dans le royaume de France la défaite de Nicopolis fut durement ressentie.

Ensuite, de grandes manœuvres diplomatiques commencèrent en vue du rachat des captifs.

> « Le duc de Bourgogne, le plus tôt qu'il put, envoya des messagers auprès de Bajazet, avec de très riches et beaux présents, et le roi de France fit de même ainsi que les autres seigneurs, en le priant de mettre à rançon les prisonniers, tôt et rapidement, et de ne pas leur faire de mal ; mais comme le chemin était long, les messagers furent longs à arriver, “et il y a grand ennui pour celui qui attend”[1]. »

Philippe le Hardi, grâce à son conseiller et bailleur de fonds, Dino Rapondi, parvint à racheter son fils au sultan moyennant une rançon de 200 000 ducats — 700 kilogrammes d'or —, somme à laquelle s'ajoutèrent les frais d'ambassade, les cadeaux faits au sultan, les dépenses pour le rapatriement des captifs. Pour mobiliser une telle quantité de numéraire, le duc utilisa tous les moyens, recourant à l'impôt et aux emprunts et sollicitant des dons du roi. Les premiers versements étant intervenus rapidement, le comte de Nevers fut libéré et rentra en France dès 1398.

Dans l'ensemble des pays bourguignons, le duc et ses conseillers avaient exigé la levée d'un impôt spécial en invoquant l'aide coutumière que les vassaux et les sujets d'un seigneur devaient lui apporter pour le paiement de sa rançon. Cette demande suscita des débats avec les États, cependant, en 1398, le duché de Bourgogne accorda 50 000 livres tournois, le comté de Bourgogne 30 000 livres, le comté de Charolais 5 000 livres, les terres de Champagne 2 000 livres, le comté de Flandre 100 000 nobles, les châtellenies de Lille, Douai et Orchies

1. *Le livre des fais du bon messire Jehan le Maingre, dit Bouciquaut*, p. 120.

12 000 livres, le comté d'Artois 20 000 livres, le comté de Rethel 5 000 florins d'or, le comté de Nevers et la baronnie de Donzy, 10 000 livres, la cité de Besançon 3 000 livres. Le clergé de Flandre accorda en outre, exceptionnellement, un don de 7 193 nobles[1]. Cette levée générale qui toucha toutes les principautés du duc de Bourgogne symbolisa brusquement, dans un contexte dramatique, l'unité de gouvernement d'un ensemble territorial disparate.

L'épouvantable défaite de Nicopolis ne déboucha pas sur une remise en question de l'idéal de croisade. Certes, l'échec de l'entreprise conduisit à la recherche d'explications. Mais de façon tout à fait caractéristique, les auteurs qui ont tiré une conclusion moralisante de la catastrophe, comme le Religieux de Saint-Denis dans sa *Chronique* ou Philippe de Mézières dans son *Épître lamentable et consolatoire*, ont surtout mis l'accent sur les péchés des croisés ; leur inconduite les avait rendus indignes de la victoire. Dieu les avait châtiés.

> « Grand Dieu, "tes jugements sont un abîme", suivant les paroles du prophète. Tu es le seul, ô Seigneur, qui peux tout, et il n'est personne qui puisse résister à ta volonté. Tu as appesanti ta main sur ton peuple, en prenant Bajazet pour instrument de ta vengeance, et tu lui as permis d'exterminer les chrétiens. Puisse ce châtiment tourner à leur gloire éternelle ! Je sais que tu peux seul donner une issue favorable aux entreprises commencées sous de fâcheux auspices[2]. »

Cependant, il faut souligner qu'exista aussi un courant littéraire visant à exalter l'entreprise. De ce point de vue on a un bon exemple avec le *Livre des faits du maréchal Boucicaut*, œuvre de commande composée pour l'un des héros survivants de Nicopolis. Pour l'auteur, ceux qui avaient combattu et souffert dans le « voyage de Hongrie » méritaient le respect porté aux combattants de la foi, serviteurs de Dieu. Évoquant les services funèbres organisés pour eux, il n'hésite pas à voir en eux des martyrs et des saints :

> « Mais peut bien être que mieux eussions besoin qu'ils priassent pour nous, comme ceux qui sont, s'il plaît à Dieu, saints en paradis[3]. »

Cette opinion semble avoir été plus largement répandue que la vision

1. B.-A. POCQUET DU HAUT-JUSSÉ, « Le retour de Nicopolis et la rançon de Jean sans Peur », p. 296-302 ; R. VAUGHAN, *Philip the Bold*, p. 74-75 ; A. VAN NIEUWENHUYSEN, *Les finances du duc de Bourgogne*, *passim* et p. 320 et 324.
2. RELIGIEUX DE SAINT-DENIS, *Chronique*, II, p. 510-513.
3. *Le livre des fais du bon messire Jehan Le Maingre, dit Bouciquaut*, p. 120.

moralisante des faits. Lorsqu'en 1398 Jean sans Peur et ses compagnons revinrent de captivité, ils reçurent partout un accueil enthousiaste. Leur participation à la croisade fit d'eux de véritables héros. La cour de Bourgogne, qui avait consenti les plus lourds sacrifices en hommes et en argent dans cette aventure, en vit son prestige rehaussé. Elle fut par la suite, et notamment, comme nous le verrons, dans les années 1420-1460, l'un des principaux foyers d'exaltation de l'idéal de croisade et de lutte contre la menace turque, les ducs de Bourgogne ajoutant aux thèmes traditionnels du « saint voyage » celui, plus spécifique, de la vengeance que les chrétiens devaient nécessairement tirer de la sanglante défaite de Nicopolis.

9

LA CHARTREUSE DE CHAMPMOL

En 1377, le duc de Bourgogne Philippe le Hardi manifesta l'intention de fonder un couvent de l'ordre des Chartreux près de Dijon. Cette fondation sortit bientôt de terre : dès 1383, la première pierre de la Chartreuse de Champmol fut posée, une communauté de Chartreux s'intalla aussitôt sur le site et en 1388 l'église conventuelle fut consacrée. Cette fondation était importante à plus d'un titre ; d'une part elle avait une signification religieuse car elle était un signe très tangible de la piété et de la dévotion du premier duc de Bourgogne de la branche Valois ; d'autre part, elle revêtait une signification politique car elle était à la fois l'expression des ambitions dynastiques de Philippe le Hardi et une manifestation de son mécénat. C'est pourquoi l'histoire de la Chartreuse de Champmol est intimement liée à celle de la constitution de l'État bourguignon[1].

UNE FONDATION PRINCIÈRE

C'est dès le 18 septembre 1377 que le duc Philippe le Hardi, dans l'intention de fonder un couvent de Chartreux aux portes de Dijon, acquit pour 800 francs d'or un domaine qui appartenait à Hugues Aubriot, ancien bailli de Dijon alors prévôt de Paris, et à sa sœur Marie, au lieu-dit « La Motte de Champmol » situé « à deux traits d'arc de la ville de Dijon » vers l'ouest. La fondation de la Chartreuse fut rendue officielle par un acte solennel donné le 15 mars 1385 et suivi d'une bulle de confirmation donnée par le pape Clément VII. L'année suivante, dans son testament donné à Arras le 13 septembre 1386, Philippe le Hardi déclara qu'il choisissait l'église du couvent des Chartreux pour sa sépulture.

1. C. MONGET, *La chartreuse de Dijon*, *passim*.

« Item, j'élis ma sépulture en l'église du couvent des chartreux lès Dijon, au lieu dit Champmol, par moi commencé à fonder, lequel, à l'aide de Dieu, j'entends parfaire [...] et veux et ordonne qu'en quelque lieu que j'aille de vie à trépas, mon corps soit porté et enterré en ladite église ; et au cas que j'aille de vie à trépas avant que ladite église soit dédiée ou bénie ou en tel état que mon corps ne puisse être enterré en lieu saint, j'ordonne que mon corps soit mis en garde en l'église de ma chapelle de Dijon, et que, dès que ladite église des chartreux sera dédiée ou bénie, mon corps soit translaté en ladite église pour y reposer perpétuellement[1]. »

Dans ces actes successifs, apparaissait très clairement la portée spirituelle de la fondation, mais c'est dans la charte de fondation du 15 mars 1385 que le duc de Bourgogne exprima le mieux les motifs religieux qui l'avaient poussé à fonder une Chartreuse à Champmol[2]. En premier lieu, cette fondation était une action de grâce. Philippe le Hardi déclarait en effet prendre en considération les « grâces et bénéfices » dont Dieu l'avait comblé « par sa miséricorde », alors qu'il en était indigne ; le prince reconnaissait tenir de Dieu son rang et son pouvoir et lui devoir sa fortune terrestre, selon la parole de saint Paul : « Il n'est pas de pouvoir qui ne vienne de Dieu[3] ». Il déclarait également prendre en considération le fait que Dieu l'avait préservé de « grands périls et adversités » depuis longtemps, et notamment depuis son enfance — s'agissait-il du rappel de quelque maladie infantile ? des périls courus en guerre et notamment à Poitiers ? sans doute les deux. Reconnaissant envers Dieu, le duc de Bourgogne voulait donc le « glorifier et remercier en ses œuvres ». Or, pour remercier Dieu et pour assurer le salut de son âme, il ne pouvait mieux faire que de fonder un lieu où serait célébré le service divin et d'où s'élèveraient, continuellement, des prières vers Dieu :

« Ayant considération qu'entre les autres œuvres à Dieu acceptables, sont en espécial fructueux et profitables au salut des âmes le sacrifice et dévote oraison de religieuses et dévotes personnes. »

Ces « religieuses et dévotes personnes », étaient les moines de l'ordre des Chartreux. Dans la charte de fondation de la Chartreuse de Champmol, Philippe le Hardi exprimait son attachement et sa dévotion à l'ordre des Chartreux : les moines de cet ordre étaient, selon les mots mêmes utilisés par le prince, de ceux qui « pour amour de Dieu ont

1. U. PLANCHER, *Histoire générale et particulière*, III, preuve 105.
2. *Ibid.*, III, preuve 79.
3. Rom. XIII, 1

élu volontaire pauvreté, déguerpi et délaissé tous honneurs, richesses et autres vanités et délices mondaines, et renoncé à leur propre et franche volonté pour suivre la volonté de Dieu, et singulièrement entendre à le servir ». Parmi tous les adeptes du renoncement et de l'ascèse, les Chartreux, dans l'opinion du duc, étaient particulièrement méritants : « entre lesquels, nous réputons les frères de l'ordre de la Chartreuse continuellement travailler et s'exercer en vie contemplative, qui de jour et de nuit ne cessent de prier Dieu ».

Philippe le Hardi révérait particulièrement cet ordre ancien fondé par saint Bruno à la fin du XIe siècle. Cette dévotion était peut-être liée à celle que Philippe, né un 17 janvier, jour de la fête de saint Antoine, porta toujours à ce saint ermite, père du monachisme, qu'il considérait comme son patron ; le mode de vie des Chartreux, en effet, se rapprochait de l'idéal érémitique. Quoi qu'il en soit, le duc manifesta toujours sa sollicitude aux Chartreux : en 1375, il contribua, par un don, à la reconstruction de la Grande Chartreuse qui avait été détruite par un incendie[1] ; en octobre 1381, puis derechef en mai 1382, il prit sous sa protection les Chartreux du couvent Sainte-Catherine d'Anvers, persécutés « sous ombre de ce qu'ils ne se [voulaient] déterminer pour un qui se dit pape Urbain[2] ». Il réitéra cette mesure en mars 1386[3]. En janvier 1390, il plaça de la même façon sous sa sauvegarde la Chartreuse de Gand[4]. Il fit aussi bénéficier de ses dons les Chartreux de Paris, de Beaune, de Lugny, de Clamecy[5]. Il avait une telle dévotion pour l'ordre qu'au moment de sa mort il demanda que son corps fût revêtu de l'habit des Chartreux avant d'être mis en bière et les comptes des dépenses de ses funérailles attestent que sa volonté fut exécutée.

Ce n'était pas le prestige de l'ordre qui attirait la dévotion du duc, mais son austérité, sa pauvreté et la rigueur de sa Règle. Les Chartreux étaient alors, de loin, l'ordre religieux dont les membres pratiquaient la vie la plus ascétique et la plus austère. C'était aussi un ordre qui, du fait de la pureté et de la rigueur de son observance, à la différence de bien d'autres, n'avait jamais connu de crise depuis sa fondation. C'était un ordre estimé et respecté dans toute la Chrétienté, en une période d'incontestable tension spirituelle. Il s'attira du reste les bienfaits des grands personnages et la fondation de Philippe le Hardi ne fut pas un acte isolé : en 1323 Robert VII, comte de Boulogne et d'Auvergne,

1. M. CHEYNS-CONDÉ, « Expression de la piété des duchesses de Bourgogne », p. 47 ; J.-Ph. LECAT, « La Chartreuse de Champmol dans la vie politique de Philippe le Hardi », p. 9.
2. *Ordonnances de Philippe le Hardi*, I, n°s 1 et 2 et 108.
3. *Ibid.*, I, n° 108.
4. *Ibid.*, I, n° 236.
5. U. PLANCHER, *Histoire générale et particulière*, III, preuve 105.

fonda la Chartreuse de Notre-Dame-des-Prés, près de Montreuil-sur-Mer, en 1356 le pape Innocent VI fonda la célèbre Chartreuse de Villeneuve-lès-Avignon et en 1396 Jean Galéas Visconti, seigneur de Milan, fonda la non moins célèbre Chartreuse de Pavie.

Pauvreté, austérité, ascétisme étaient aussi une garantie pour le fondateur puisque, plus ceux qui priaient étaient pauvres, plus leurs prières étaient agréables à Dieu ; or la vocation principale de la Chartreuse de Champmol, c'était d'être une maison de prières et aussi une fondation funéraire. En effet, fondant un lieu où des moines devaient élever nuit et jour des prières efficaces vers Dieu, le duc s'assurait une médiation pour le salut de son âme et de l'âme de tous les membres de son lignage. C'était l'intention première qu'il exprima en mars 1385. En septembre 1386, dans son testament, comme nous l'avons vu, il précisa sa pensée en choisissant l'église conventuelle des Chartreux de Champmol pour y reposer après sa mort. Ce choix marquait évidemment la dévotion du duc, mais c'était aussi, et déjà, un choix qui revêtait une autre signification qui, celle-là, était plus politique.

Lorsque Philippe le Hardi exprima sa volonté d'être enterré à Champmol, il venait de réorganiser profondément les institutions de ses possessions territoriales. Lille et Dijon faisaient alors figure de capitales administratives de ses principautés. Dans cet ensemble territorial, le rôle de Dijon était important : les institutions centrales, Chambres du conseil et des comptes, y siégeaient. Le duc y résidait parfois et faisait alors rebâtir le vieux palais ducal. Aussi, en choisissant de reposer à Champmol, Philippe le Hardi indiquait bien que Dijon était la véritable capitale de ses États. En outre, il créait, ce faisant, un nouveau lieu de sépulture pour les ducs de Bourgogne et les leurs, car les ducs de Bourgogne de la dynastie capétienne se faisaient enterrer à Cîteaux. Philippe le Hardi affirma ainsi, par une rupture mais aussi en rapprochant son lieu de sépulture de Dijon, à la fois la spécificité de la nouvelle dynastie bourguignonne et aussi son enracinement au cœur du duché de Bourgogne. En 1391, Philippe et Marguerite de Male firent inhumer dans l'église des Chartreux leur fils Charles, né et mort à Dijon au début du mois de décembre. Cet enfant fut le premier prince de la Maison de Bourgogne à reposer en ce lieu.

D'emblée, en effet, le duc assigna à Champmol une vocation dynastique. Il affirmait se placer dans une perspective de tradition et de continuité : en 1385, dans la charte de fondation de la Chartreuse, il déclarait suivre les « traces et bonnes œuvres » de ses prédecesseurs, fondateurs de nombreux sanctuaires. Par ailleurs, il associa aux intentions de prières des moines le salut de son âme, de celles de son épouse, de ses enfants et de tous les membres de son lignage, sans omettre son beau-père Louis de Male et la mère de ce dernier, Marguerite de France :

> « Désirant au salut des âmes, en félicité perdurable, par distribution de nos biens corruptibles, transitoires et vains, tant pour notre très cher seigneur et père le comte de Flandre, notre très chère aimée dame et mère la comtesse d'Artois, que Dieu absolve, et pour nous comme pour notre très chère et très aimée compagne la duchesse et tous nos antécesseurs catholiques et successeurs [...]. »

En outre, le choix du lieu de sépulture du fondateur de la nouvelle dynastie bourguignonne montrait que Philippe voulait faire de ce lieu la nécropole de sa lignée : à partir de 1386, Champmol eut vocation à devenir pour les ducs de Bourgogne ce que l'abbatiale de Saint-Denis était alors pour les rois de France. Ce faisant, il n'agissait pas différemment des autres princes et même des seigneurs de moindre rang, qui tous s'efforçaient d'avoir un lieu de sépulture propre à leur lignée. Dans le cas bourguignon, cependant, la référence à Saint-Denis était forte : est-ce un hasard si dans le cérémonial observé lors de l'entrée de Jean sans Peur à Dijon, en juin 1404, le duc passa à Champmol la nuit qui précédait sa « joyeuse entrée » dans la capitale de son duché, tout comme les rois de France couchaient à Saint-Denis la veille de leur première entrée dans Paris[1] ? Champmol et Saint-Denis étaient sans doute liés dans la vision politique des ducs. Philippe le Hardi, pour sa part, ne pouvait oublier qu'il était « fils de roi de France », lui qui faisait figurer ce titre au début de sa titulature : à sa mort, si l'on en croit le chroniqueur Enguerrand de Monstrelet, il fit enterrer son cœur à Saint-Denis, « emprès les royaux[2] ». Le duc faisait en effet constamment référence à la Maison de France dont il était issu.

En fondant Champmol, Philippe le Hardi fit acte d'homme de pouvoir ; dans la charte de fondation du couvent, il mêlait intimement les préoccupations politiques et religieuses. Selon lui, les prières des Chartreux étaient nécessaires aux princes puisqu'ils priaient Dieu nuit et jour « pour le salut des âmes, pour la prospérité et état du bien public et de ceux qui en ont le gouvernement sous Dieu, par qui les rois règnent et toute la Monarchie du monde est gouvernée et qui a seigneurie impériale et singulière sur toutes créatures en terre, en ciel et en mer ». Cette vision paulinienne et augustinienne du pouvoir politique se doublait de multiples références au pouvoir royal et aux lieux de dévotion des rois de France : outre Saint-Denis, des sanctuaires royaux

1. E. PETIT, *Itinéraires de Philippe le Hardi et Jean sans Peur*, p. 342.
2. E. de MONSTRELET, *Chronique*, I, p. 89.

comme la Sainte-Chapelle du Palais à Paris, fondée par saint Louis, et, peut-être plus encore, la Sainte-Chapelle du château de Vincennes, fondée par Charles V, constituèrent, sinon des modèles, du moins des sources d'inspiration. En effet, la Chartreuse de Champmol fut placée sous le vocable de la Sainte Trinité et Notre-Dame, tout comme la Sainte-Chapelle de Vincennes[1]. Philippe le Hardi se rattachait donc ici clairement aux lieux et aux formes de piété de la Maison de France.

LA RÉALISATION MATÉRIELLE

Dès 1377, année de l'achat de la Motte de Champmol à la famille Aubriot, les matériaux furent accumulés sur place, mais ce ne fut qu'en août 1383 que Marguerite de Male posa la première pierre du sanctuaire. Le chantier fut dirigé par un maître maçon bourguignon, Jacques de Neuilly-l'Évêque qui avait remplacé en 1387 un maître venu de Paris nommé Drouet de Dammartin. Celui-ci avait travaillé au Louvre pour Charles V et à l'hôtel de Nesle pour Jean de Berry. Ces maîtres successifs dirigèrent une équipe d'ouvriers bourguignons, comtois, champenois, parisiens[2]. A quelques reprises, le chantier fut visité par Raymond du Temple, « maître des œuvres » du roi Charles V et architecte du Louvre.

Les matières premières pour la construction furent choisies en fonction de leur qualité : on fit venir des ardoises de Mézières, du bois d'œuvre des forêts de Mantuan et d'Argilly, des pierres des carrières d'Is-sur-Tille, d'Asnières et de Tonnerre. Du marbre noir de Dinant fut aussi utilisé pour la réalisation du tombeau du duc Philippe le Hardi. Un intense trafic de charrois alimentait ce chantier. Le duc ayant promis de prendre à ses « propres coûts, missions et dépens » la construction, l'équipement et l'ornementation de la Chartreuse, il n'épargna rien pour que sa fondation devînt un pur chef-d'œuvre. Pour son seul principat, l'ensemble des travaux de construction coûta près de 160 000 francs d'or, ce qui représenta un des postes de dépenses les plus élevés pour les finances ducales, après les frais occasionnés par la croisade de Nicopolis[3]. Pour le paiement des travaux, un agent de finances spécial fut nommé : Amiot Arnaut, ancien receveur général des finances, maître des comptes à Dijon, qui assuma cette fonction de 1383 à 1412.

1. U. HEINRICHS-SCHREIBER, « La sculpture de la Sainte-Chapelle de Vincennes », p. 97-114.
2. E. HUSSON, « Les métiers du bâtiment à Dijon sous le "mécénat" de Philippe le Hardi », p. 134-137.
3. A. VAN NIEUWENHUYSEN, *Les finances du duc de Bourgogne Philippe le Hardi*, p. 433-436.

Philippe le Hardi appela sur le chantier une équipe de sculpteurs et de peintres qui se consacrèrent pendant des années, avec des équipes d'ouvriers, à l'ornementation et à la décoration des bâtiments. Les sculpteurs travaillèrent tous aux œuvres sculpturales majeures de la Chartreuse : le portail monumental de l'église conventuelle, le calvaire du grand cloître, le tombeau de Philippe le Hardi. Jean de Marville, « imagier » et valet de chambre du duc de Bourgogne depuis 1372, fut le premier à diriger les travaux de sculpture de la Chartreuse. Il était probablement originaire de Flandre gallicante. Il mourut en 1389. Ce fut sous sa direction que Claus Sluter commença à travailler pour le duc de Bourgogne. Originaire de Haarlem en Hollande, Sluter avait été sculpteur à Bruxelles avant de venir, en 1385, s'installer à Dijon. Travaillant dans l'équipe de Jean de Marville, il prit la succession de ce dernier comme imagier du duc en 1389 et mourut en 1406. Son neveu, Claus de Werve, qui travailla d'abord sous sa direction, lui succéda à partir de 1404.

Les peintres réalisèrent, outre le décor de l'église et des chapelles, plusieurs retables. Jean de Beaumetz était originaire d'Artois ; il fut peintre et valet de chambre de Philippe le Hardi de 1376 jusqu'à sa mort survenue en 1397. Jean Malouel, peut-être originaire de Gueldre, travailla avec Jean de Beaumetz et prit sa succession avec les titres de peintre et de valet de chambre du duc qu'il porta de 1397 à 1415. Melchior Broederlam, Flamand d'origine, fut peintre et valet de chambre du duc de 1385 à 1404. Jacques de Baerze, Flamand lui aussi, originaire de Termonde, fut présent sur le chantier de la Chartreuse dans les années 1390-1400.

Naturellement, les noms que nous venons de citer sont ceux de maîtres artisans, travaillant comme de véritables entrepreneurs, disposant de capitaux et de moyens de production, entourés d'équipes d'ouvriers, « valets », « compagnons » et apprentis et non de façon isolée à la manière des artistes au sens moderne du terme[1].

Les travaux de construction et d'ornementation ne représentèrent pas le seul poste de dépense lié à la création de la Chartreuse. Dans l'acte de fondation, le duc Philippe le Hardi prévoyait un certain nombre de donations pour l'entretien de la communauté monastique. En premier lieu, bien sûr, il donnait aux moines la « maison de Champmol, comme elle se comporte, avec toutes les terres, les prés, les vignes et maisons » qui lui appartenaient. Il octroya aux Chartreux un libre usage dans certaines forêts ducales pour y prélever du bois de chauffage,

1. J.-P. SOSSON, « Structures associatives et réalités socio-économiques », p. 111-121 ; « L'impact économique du mécénat ducal », p. 305-309.

leur donna le droit de prendre chaque année quarante charges de sel à Salins, sans payer de taxes, leur constitua une rente annuelle et perpétuelle de 1 500 livres tournois. Ces dispositions leur permirent d'organiser au mieux la vie communautaire.

UN COUVENT DE CHARTREUX

Le duc de Bourgogne voulait que le couvent comptât un prieur, vingt-quatre moines et cinq frères lais ou convers. Ce faisant, il fondait donc une double Chartreuse puisque, en principe, l'effectif des moines était, selon la règle, de douze, chiffre qui renvoyait au modèle apostolique. D'emblée donc, le prince voulut que Champmol revêtît un caractère exceptionnel. En revanche, sur le plan de l'organisation de l'espace monastique, la Chartreuse de Champmol était en conformité avec la règle. L'ensemble du monastère était inscrit dans une enceinte symbolisant la fuite du monde. A l'origine les Chartreuses étaient implantées loin des grands centres de peuplement, dans des « déserts ». Avec le succès de l'ordre et la protection des puissants, des Chartreuses s'installèrent non loin des villes. Le « désert » se réduisit alors à l'espace clos de murs au milieu duquel s'élèvaient les bâtiments conventuels. Dans l'ensemble formé par ces bâtiments, on pouvait distinguer deux sous-ensembles : à l'est se trouvait un complexe comprenant l'église et les édifices collectifs — salle capitulaire, réfectoire, cuisine — disposés autour d'un petit cloître ; à l'ouest, se trouvait le grand cloître autour duquel étaient édifiées les « celles », c'est-à-dire les maisonnettes individuelles des moines. Au centre de ce grand cloître qui, conformément aux usages cartusiens, était le cimetière de la communauté, s'élevait le calvaire du fameux « Puits de Moïse ». Cette œuvre se composait d'un grand Christ en croix surmontant un piédestal orné des prophètes Moïse, David, Jérémie, Zacharie, Daniel et Isaïe, chacun déroulant un phylactère portant inscrite une prophétie annonçant la Passion du Christ. Les six prophètes, ainsi que les six anges qui montraient une douloureuse tristesse, participaient à la scène de la Crucifixion. Ainsi l'Ancien et le Nouveau Testament se trouvaient réunis par l'iconographie : tout comme les prophètes formaient le soubassement du Calvaire, l'Ancien Testament se présentait comme le socle du Nouveau Testament. L'ensemble du monument était donc puissamment symbolique d'autant que ce Calvaire s'élevait au centre du cimetière claustral et qu'il surmontait un puits : le symbolisme de l'eau se mêlait à celui de la mort dans le thème de la Fontaine de vie, de la Résurrection et de la Rédemption.

Dans le monastère, l'église conventuelle jouait évidemment un rôle majeur. Elle se présentait comme une église à nef unique sans transept ; sur son flanc nord s'élevait la chapelle ducale qui était munie d'une porte et d'un escalier hors œuvre donnant vers la porte de la Chartreuse. Le duc de Bourgogne pouvait donc arriver directement de l'extérieur et entrer dans sa chapelle pour assister à l'office monastique sans passer par le portail de l'église. Cette chapelle ducale était à deux étages. De son oratoire, le prince, par un pertuis ménagé dans le mur, avait une vue sur le maître-autel situé au milieu du chœur du sanctuaire. Le décor intérieur était très riche : des lambris y étaient peints et abondamment ornés, notamment de motifs héraldiques et emblématiques. La chapelle ducale n'était pas la seule de l'église : deux chapelles étaient également bâties au chevet, tandis que sur le flanc nord du sanctuaire se trouvaient encore deux autres chapelles, l'une placée sous le vocable de saint Pierre et l'autre placée sous le vocable de sainte Agnès. Il semble que la chapelle Saint-Pierre ait été fondée par Jean, duc de Berry, frère de Philippe le Hardi.

A l'ouest, du côté du grand cloître, s'élevait un portail monumental orné de statues : au trumeau se trouvait une Vierge à l'Enfant, à droite Marguerite de Male, agenouillée et en prière, était présentée par sainte Catherine, à gauche Philippe le Hardi, dans la même attitude que son épouse était, lui, présenté par saint Jean-Baptiste. La nef était séparée en deux : à l'ouest, le plus loin du chœur, se trouvait la partie de l'église réservée aux frères convers, à l'est la nef réservée aux moines et où étaient disposées leurs stalles. Le centre de cette nef fut occupé par les tombeaux des ducs de Bourgogne. Le décor de l'église était d'une très grande richesse, comme le duc l'avait voulu. Ainsi se manifestait sa piété dans l'union paradoxale de l'austérité des Chartreux et du faste de la Maison de Bourgogne.

10

LA MORT DE PHILIPPE LE HARDI

LES PROJETS DE PARTAGE

A l'automne de 1401, Philippe le Hardi et Marguerite de Male, respectivement âgés de cinquante-neuf et de cinquante et un ans, considérant qu'ils approchaient de la fin de leur vie et que, selon la formule courante dans les testaments du temps, « il n'est chose plus certaine que la mort ni si incertaine que l'heure d'icelle », décidèrent de régler, de leur vivant, le partage de l'ensemble territorial vaste et composite qu'ils avaient réuni sous leur main. Aussi, le 27 novembre 1401, un document solennel, sous forme de lettres patentes, fut rédigé pour fixer les décisions prises.

Ce n'était pas la première fois que la question d'un partage des principautés bourguignonnes était à l'ordre du jour. En septembre 1386, déjà, dans le testament qu'il scella à Arras alors qu'il pensait être sur le point de s'embarquer pour l'Angleterre, Philippe le Hardi avait pris des dispositions pour régler sa succession ; il n'avait alors que deux fils, Jean, comte de Nevers, et Antoine, ce dernier, n'ayant ni terre ni titre, n'était encore que le jeune « Antoine Monseigneur ». Dans le projet de partage, l'héritage territorial devait aller à l'aîné, à l'exception des comtés de Nevers, d'Artois et de Rethel destinés au cadet[1].

Cinq ans plus tard, Marguerite de Male, par un acte donné devant deux notaires du roi au Châtelet de Paris, en date du 23 juin 1391, donna pouvoir à son époux, dans le cas où elle mourrait avant lui, de tenir et de gouverner à titre viager toutes ses principautés. Cette mesure était justifiée par des considérations qui montraient principalement la haute estime dans laquelle la duchesse tenait l'action politique de son mari et prouvaient, accessoirement, à quel point Jean, comte de Nevers,

1. U. PLANCHER, *Histoire générale et particulière*, III, preuve 105.

pourtant âgé de vingt ans, avait été tenu par ses parents à l'écart de l'exercice du pouvoir : Marguerite, en effet, y reconnaissait « qu'elle savait certainement que par les grands sens, prudence et discrétion[1], et par la puissance et vaillance de son seigneur et mari, monseigneur le duc de Bourgogne, comte de Flandre, d'Artois et de Bourgogne palatin, sire de Salins, comte de Rethel et seigneur de Malines, les pays dessus dits, appartenant à ladite dame et à son héritage, et spécialement les comté et pays de Flandre et les villes de Malines et d'Anvers, étaient tenus en paix, en tranquillité, bonne obéissance et bon gouvernement, et que les commotions, guerres et rébellions qui longuement avaient été au dit pays de Flandre avaient été apaisées et mises à bonne fin et le pays remis en l'obéissance du roi et de son seigneur et père le comte de Flandre[2] [...] et après son décès en l'obéissance de son dit seigneur et mari et d'elle ». Elle affirmait en outre que si elle allait de vie à trépas avant son mari, les seigneuries qui lui appartenaient par droit d'héritage, et aussi les pays et duché de Brabant et le duché de Limbourg et autres, qui devaient lui revenir, seraient mieux et plus sûrement gouvernés par le duc son mari que par quiconque, étant donné que ses enfants étaient tous jeunes et mineurs, excepté le comte de Nevers, mais celui-ci, « âgé de vingt ans ou environ », n'avait pas encore, selon le jugement de ses parents, la « connaissance ni l'expérience de gouverner les pays dessus dits, en particulier le comté de Flandre et les pays qui sont situés hors du royaume, dont le gouvernement requiert plus grande discrétion et prudence que bien d'autres[3]. »

A la date de ce document, Jean et Antoine de Bourgogne n'étaient plus les seuls fils de Philippe et de Marguerite car un troisième fils, Philippe, était né en 1389. Cependant, à l'âge de deux ans, alors que ses parents ne savaient même pas s'il survivrait, il était encore quantité négligeable. Par la suite, lorsqu'il passa le cap des quatre ans, le duc et la duchesse en tinrent compte et remanièrent en conséquence leur projet de partage. Le contrat de mariage d'Antoine de Bourgogne et de Jeanne de Luxembourg, en 1393, reflétait déjà ce changement[4] qui fut consacré par les lettres du 27 novembre 1401[5].

La part de l'aîné, le futur duc Jean sans Peur, était de loin la plus importante et était constituée de l'essentiel de ce que son père avait tenu sous sa main : « Le duché et le comté de Bourgogne, avec la seigneurie de Salins et leurs appartenances, et le comté de Flandre, avec

1. Discernement.
2. Louis de Male, père de Marguerite.
3. *Ordonnances de Philippe le Hardi*, I, n° 274.
4. U. PLANCHER, *Histoire générale et particulière*, III, preuve 156.
5. *Ordonnances de Philippe le Hardi*, II, n° 610.

les terres d'Alost, de Termonde et de Malines et leurs appartenances, et le comté d'Artois et ses appartenances » ; le duché devait lui revenir après le décès de son père, les comtés et autres terres après le décès de sa mère. En échange, il devait abandonner le comté de Nevers et la baronnie de Donzy.

Selon des modalités que nous avons déjà évoquées, Antoine de Bourgogne devait devenir duc de Brabant et de Limbourg et seigneur d'Anvers après la mort de sa grand-tante la duchesse Jeanne.

Le plus jeune fils, Philippe, devait recevoir, outre le comté de Nevers, la baronnie de Donzy, le comté de Rethel et les terres de Champagne qui lui venaient de ses parents, le comté d'Étampes qu'en 1388 son oncle Jean, duc de Berry, avait promis de céder au duc de Bourgogne. Cette cession, qui n'avait pas encore été réalisée en 1401, fut révoquée en 1407.

Cet ultime règlement de la succession de Philippe le Hardi et de Marguerite de Male fut complété par un acte d'émancipation de Jean, Antoine et Philippe de Bourgogne au mois de février 1402 [1]. Les termes en furent appliqués à la lettre.

LA MORT D'UN PRINCE DES FLEURS DE LYS

Au printemps 1404, Philippe le Hardi vint à Bruxelles pour y recevoir le gouvernement du duché de Brabant. A peine arrivé, il tomba gravement malade ; désirant rentrer en Flandre pour ne pas rester à la charge de son hôtesse il prit la route le 26 avril, sa litière précédée de terrassiers chargés d'aplanir les chaussées pour lui éviter d'être trop incommodé par les cahots du chemin. Mais le duc n'alla pas plus loin que Hal où il mourut le 27 avril [2].

Le duc de Bourgogne semble avoir été la victime la plus fameuse d'une épidémie de grippe infectieuse, développée à la faveur d'un climat désastreux. Le Religieux de Saint-Denis écrit : « Parmi les nobles seigneurs qui succombèrent, on remarqua surtout le duc de Bourgogne [3]. » Pour sa part Christine de Pizan, dans son *Livre des faits et bonnes mœurs du sage roi Charles le Cinquième*, ouvrage commandité par Philippe le Hardi lui-même, parla elle aussi de cette épidémie dans le style propre à la fille de Thomas de Pizan, qui, rappelons-le, était « physicien » et astrologue :

1. U. PLANCHER, *Histoire générale et particulière*, III, preuve 200.
2. E. PETIT, *Itinéraires*, p. 338.
3. RELIGIEUX DE SAINT DENIS, III, p. 145.

« Et c'est dommage et méchef, procurés par Fortune, maîtresse de tous inconvénients et méchefs qui, au mois de mars, en la fin de l'an 1403, lorsque les constellations saturnelles et froides rendaient l'air, en toutes contrées, infect par moîteur froide continuée en longue pluie plus impétueuse que par nature la saison ne doit — par quoi furent causées aux corps humains rumatiques infirmités avec fièvres fimères et entreposées, causales de mort —, qui conduisirent vers les contrées nébuleuses où il y a air bruineux et couvert pour la moiteur des paluds, marécages et terres ramollies de ce pays qui est situé vers les marches de Flandre, celui dont nous pleurons la mort qui fut nommé, en son titre, Philippe, fils de roi de France, duc de Bourgogne [...] lequel, à grand préjudice du bien propre de la Couronne de France et grief et perte de la publique utilité commune, est trépassé nouvellement à Hal en Hainaut, le 27ᵉ jour d'avril en l'an présent 1404 [1]. »

La mort de Philippe le Hardi a suscité, dans la littérature du temps, des échos nombreux. Le duc mourut dans son lit, entouré de ses fils et certains récits qui furent faits de ses derniers moments, en idéalisant la scène, offrirent l'exemple le plus parfait que pouvait donner un prince sur son lit de mort. Christine de Pizan la première montra Philippe, calme et noble, faisant à ses fils ses dernières recommandations et organisant sa propre succession [2].

La mort du prince, en effet, avait valeur d'exemple. Il en alla de celle de Philippe le Hardi comme de celle de Charles V, que Christine de Pizan décrivit aussi comme une « bonne mort [3] ». C'était non seulement la fin de l'homme d'État conscient de ses devoirs, mais aussi la mort sereine du chrétien. Son caractère exemplaire ne doit pas nous surprendre : un ouvrage comme le *Livre des faits du sage roi Charles V* était une œuvre destinée à l'éducation des princes.

Si l'on suit toujours Christine de Pizan, le duc de Bourgogne livra à ses trois fils rassemblés autour de lui une sorte de testament politique, les engageant solennellement à rester loyaux envers le roi. Enguerrand de Monstrelet, qui écrivit sa chronique plus de quarante ans après les faits, donne cependant de l'événement une version qui n'est pas éloignée de celle de Christine de Pizan, dont l'œuvre lui a peut-être été une source d'inspiration :

« Auquel lieu de Hal [le duc de Bourgogne] fut déchargé et mis assez près de l'église de Notre-Dame, en un hôtel où lors était

1. Christine de PIZAN, *Le livre des faits*, p. 109-110.
2. *Ibid.*, p. 131-135.
3. *Ibid.*, p. 312-317.

l'enseigne du Cerf. Auquel lieu, se sentant fort aggravé de sa maladie, manda devant lui ses trois fils, c'est à savoir Jean, comte de Nevers, Antoine et Philippe, auxquels il pria très fermement et commanda étroitement que, toutes leurs vies durant fussent bons, vrais, loyaux obéissants au roi Charles de France, à sa noble génération, à sa Couronne et à tout son royaume, et ce leur fit promettre sur tant qu'ils l'aimaient. Lesquelles promesses dessus dites furent par les trois princes dessus dits humblement accordées à leur dit seigneur et père. Et là avec, fut par ledit duc ordonné à chacun d'eux les seigneuries qu'il voulait qu'ils tinssent après son trépas et la manière et intention qu'ils en avaient à user [1]. »

Notons que l'engagement solennel de loyauté que le duc exigea de ses fils concernait non seulement la personne du roi, mais aussi la lignée royale, la Couronne, c'est-à-dire la fonction royale et les droits qui y étaient attachés et, enfin, le royaume, entité géopolitique. Il ne s'agissait pas seulement d'un simple prolongement de la fidélité personnelle due au roi découlant d'une simple conception féodale des relations entre la Maison de France et la Maison de Bourgogne, mais d'un engagement politique plus large. Réelle ou inventée, cette dernière recommandation politique de Philippe le Hardi était en tout cas celle d'un prince français et cette vision était conforme à ce que nous savons des préoccupations principales de ce duc de Bourgogne. Par la suite, Jean sans Peur, lui aussi, se soucia des affaires de la Couronne ; quant à ses deux frères, Antoine et Philippe, ils poussèrent si loin la loyauté envers le roi de France qu'ils périrent tous deux à Azincourt le 25 octobre 1415.

LES FUNÉRAILLES DU DUC

Après la mort du duc, son corps fut embaumé et mis dans un cercueil de plomb. Ses entrailles et son cœur, prélevés avant la mise en bière, eurent des traitements différents : les viscères furent enterrées en l'église de Hal tandis que le cœur, comme nous l'avons dit, fut peut-être porté à Saint-Denis. Le corps lui-même fut revêtu d'une robe de Chartreux, achetée huit écus à l'un des frères du couvent proche d'Hérinnes-lès-Enghien [2].

Le cercueil fut chargé sur un chariot entièrement tendu de drap noir, orné d'une grande croix vermeille, décoré de bannières aux armes du

1. Enguerrand de MONSTRELET, *Chronique*, I, p. 88.
2. Arch. dép. Côte-d'Or, B 1538, f° 240 v° ; M. CHEYNS-CONDÉ, « Expression de la piété des duchesses de Bourgogne », p. 47.

prince défunt et attelé de six chevaux caparaçonnés de noir[1]. Le transport du corps de Hal à la Chartreuse de Dijon, par un itinéraire long de 550 kilomètres, donna lieu à l'organisation d'un cortège funèbre impressionnant. La dépouille de Philippe le Hardi, au début du voyage, était accompagnée des trois fils du duc, Jean, Antoine et Philippe — ce dernier âgé de quatorze ans —, de son gendre Guillaume de Bavière, comte d'Ostrevant, et du jeune Arthur de Bretagne, comte de Richemont — qui n'avait que dix ans —, tous les cinq portant le grand deuil. Le chariot était encadré par soixante porteurs de torches vêtus de robes noires ornées d'écussons aux armes du duc. A Hal, plus de cent cinquante personnes avaient reçu une livrée de drap noir : outre les princes, il s'agissait d'officiers d'administration comme Jacques de Lichtervelde, souverain bailli de Flandre, et Pierre de Le Zippe, gouverneur de Lille, de conseillers comme le chevalier flamand Guillaume de Halluin, de gens de finances comme le receveur général Jean Chousat, le maître de la chambre aux deniers Robert de Bailleux, et les gens des hôtels du duc, du comte de Nevers et du comte de Rethel, des plus prestigieux jusqu'aux plus humbles : maîtres d'hôtel, chambellans, écuyers d'écurie, échansons, valets de chambre, huissiers d'armes, chevaucheurs de l'écurie, pages, palefreniers, valets de pied, fourriers, charretiers, valets de garde-robe. Quelques personnages comme le contrôleur des dépenses de l'hôtel du duc, son garde des joyaux, son apothicaire, son physicien, son tailleur de robes furent également gratifiés d'une telle livrée. Seize membres de la chapelle, eux aussi vêtus de noir, furent ordonnés pour « être continuellement et aller avec le corps de mondit seigneur à Dijon ». Avec eux chevauchaient le confesseur du comte de Nevers, le dominicain frère Martin Porée, et l'aumônier ; ils étaient chargés d'organiser, tout au long de l'itinéraire, à chaque étape, des services religieux et des distributions d'aumônes pour l'âme du prince.

Le 30 avril 1404, le convoi s'ébranla. Le 1er mai il était à Grammont, au comté de Flandre, à Audenarde le 2, à Courtrai le 3, à Lille le 4 et à Douai le 5. Là, les participants restèrent une semaine. Au moment où le cortège allait quitter le comté de Flandre, le comte de Nevers licencia cent deux serviteurs subalternes de l'hôtel de son père et lui-même, accompagné de son frère Antoine, quitta Douai pour se rendre d'abord à Arras, auprès de sa mère Marguerite de Male, puis à Paris, auprès du roi de France.

Le 13 mai, le cortège funèbre reprit sa route et, par le Cambrésis et la Champagne, gagna le duché de Bourgogne. Le 28 mai, il s'arrêta à

1. Pour ce qui suit, voir Arch. dép. Côte-d'Or, B 1538, f° 234-243 v°.

Saint-Seine-l'Abbaye en attendant l'arrivée du fils aîné du duc. Jean s'était rendu à Paris pour y prêter hommage au roi pour le duché de Bourgogne, la pairie et la doyenné des pairs de France[1].

Dès lors, lui qui n'était jusque-là que comte de Nevers, devenait duc de Bourgogne et pouvait faire son entrée dans la principauté. Il rejoignit le cortège à Saint-Seine le 15 juin. Le lendemain, Philippe le Hardi, conformément à sa volonté, fut solennellement enterré en l'église des Chartreux de Champmol et le surlendemain, Jean sans Peur, en tant que nouveau duc de Bourgogne, fit sa « Joyeuse Entrée » à Dijon.

1. U. PLANCHER, *Histoire générale et particulière*, III, preuve 236.

11

LA RIVALITÉ DES PRINCES

LES DÉBUTS DE JEAN SANS PEUR

La mort de Philippe le Hardi, homme d'expérience dont l'autorité était respectée, apportait bien du changement à la cour de France. Christine de Pizan dans une complainte de circonstance exprima non seulement la grande tristesse que lui causait la disparition de son protecteur mais aussi la perte que le royaume venait de subir :

« Plourez, Françoys, tout d'un commun vouloir,
Grans et petis, plourez ceste grant perte ;
Plourez, bon roy, bien vous devez douloir[1]*,*
Plourer devez vostre grevance apperte[2] *;*
Plourez la mort de cil qui par desserte
Amer deviez[3] *et par droit de lignaige,*
Vostre loyal noble oncle le très saige
Des Bourgongnons prince et duc excellent ;
Car je vous dy, qu'en mainte grant besongne
Encor dirés trestuit à cuer dollent :
Affaire eussions du bon duc de Bourgongne[4].

Plourez, Berry, et plourez tuit sy hoir[5]*,*
Car cause avez : mort la vous a ouverte :
Duc d'Orliens, moult vous en doit chaloir[6]*,*

1. Vous devez bien vous lamenter.
2. Votre évident dommage.
3. Pleurez la mort de celui qu'à juste titre vous deviez aimer.
4. Nous aurions eu besoin du bon duc de Bourgogne.
5. Tous ses héritiers.
6. Cela doit vous toucher beaucoup.

Car par son scens mainte faulte est couverte ;
Duc des Bretons, plourez, car je suys certe[1]
Qu'affaires arés de luy en vo jeune aage ;
Plourez, Flamens, son noble seignourage ;
Tout noble sanc, allez vous adoullant[2] *;*
Plourez ses gens, car joie vous eslongne[3]*,*
Dont vous dirés souvent en vous doullant :
Affaire eussions du bon duc de Bourgongne.

Plourez, royne, et ayez le cuer noir
Pour cil par qui feustes au trosne offerte[4] *;*
Plourez, dames, sans en joye manoir ;
France, plourez, d'un pillier es deserte ;
Dont tu reçoys eschec a descouverte,
Gar toy du mat quant mort par son oultrage
Tel chevalier t'a toulu, c'est dommaige[5] *;*
Plourez, pueppl commun sans estre lent,
Car moult perdez et chascun le tesmoingne
Dont vous dirés souvent mate et relent :
Affaire eussions du bon duc de Bourgoingne.

Prince royaulx, priez par bon tallent
Pour le bon duc ; car sans moult grant parlongne,
En voz conssaulx de duc arés tallent[6]*,*
Affaire eussions du bon duc de Bourgongne[7]*.*

A l'évidence, les regrets exprimés par Christine de Pizan trouvaient un écho dans l'opinion. La mort de Philippe le Hardi coïncidait avec la reprise des hostilités contre l'Angleterre et, en corollaire, avec un alourdissement de la fiscalité. C'est dans ce contexte que le nouveau duc de Bourgogne allait commencer à se faire connaître.

A la mort de son père, en 1404, le nouveau duc Jean sans Peur ne jouissait pas d'une mauvaise image à la cour de France. Agé de trente-trois ans, n'ayant guère pu, du vivant de son père, exercer des responsa-

1. Je suis certaine.
2. En vous désolant.
3. La joie s'éloigne de vous.
4. Allusion au mariage de Charles VI et d'Isabeau de Bavière négocié par Philippe le Hardi.
5. Dans ce passage Christine emploie l'allégorie du jeu d'échecs : au cours de la partie, la France vient de perdre une pièce essentielle que la Mort, son adversaire, lui a prise (lui a « toulu ») : elle doit craindre le mat.
6. Dans un bref délai, en vos conseils les avis du duc vont vous manquer.
7. Christine de PIZAN, *Œuvres poétiques*, I, p. 255-257.

bilités politiques de premier plan, il restait dans l'esprit de beaucoup le héros de Nicopolis qui avait combattu les ennemis de la foi et souffert en captivité. Christine de Pizan, dans son *Livre des faits du sage roi Charles V*, donne de ce prince un portrait flatteur : « C'est un prince d'une grande bonté et d'une véritable droiture d'esprit : il est juste, sage, charitable et doux, et sa conduite est sans reproche[1]. »

Ce prince « sans reproche » succédait à Philippe le Hardi dans une situation difficile. Depuis les années 1390, au sein du gouvernement royal une rivalité de plus en plus marquée avait opposé Philippe le Hardi à son neveu, Louis d'Orléans, frère unique du roi Charles VI. L'aggravation de l'état mental de ce dernier, dont les premiers signes de folie s'étaient manifestés en 1392, ne fit que rendre la tension plus vive. L'influence du duc d'Orléans au conseil grandissait et sa politique d'expansion territoriale inquiétait le duc de Bourgogne. A la fin des années 1390 et au début des années 1400 une crise s'était annoncée : Louis, dont l'emprise sur le gouvernement royal était de plus en plus marquée, orientait la politique française dans un sens que le duc de Bourgogne désapprouvait. A l'hiver 1401-1402 un affrontement avait été évité mais la tension restait forte. Et un peu plus de deux ans plus tard, la mort de Philippe faisait disparaître le principal adversaire du duc d'Orléans. Les « absences » du roi lui permettaient de dominer le grand conseil et de placer ses hommes aux postes clés de l'administration royale.

Très vite, Jean sans Peur manifesta sa volonté de reprendre la politique de son père, sans bénéficier cependant du prestige et de la forte position dont celui-ci avait joui à la Cour. En 1404-1405, le nouveau duc de Bourgogne n'avait guère d'influence au conseil royal ; or ce fait avait des répercussions inquiétantes sur sa situation financière : rappelons qu'en moyenne, à la fin de son principat, entre 1396 et 1404, Philippe le Hardi percevait annuellement 176 500 livres tournois du gouvernement royal et que, pendant tout son principat, les dons du roi avaient représenté le cinquième de ses revenus[2]. A sa mort, son fils ne perçut plus rien de cette « manne » ; la situation fut surtout difficile pour lui entre avril 1404 et mars 1405, date de son avènement aux comtés de Flandre, d'Artois et de Bourgogne, car durant ce laps de temps ses revenus se limitèrent à ce que lui rapportait le seul duché de Bourgogne. Et même après cette date, l'état de ses finances restait préoccupant alors que la reprise de la guerre avec l'Angleterre, voulue par le gouvernement royal, l'obligeait à prendre des mesures d'ordre

1. Christine de PIZAN, *Le livre des faits*, Livre II, chap. XIII.
2. A. VAN NIEUWENHUYSEN, *Les finances du duc de Bourgogne Philippe le Hardi*, p. 378 et 382.

militaire tandis que le commerce flamand subissait les conséquences de cette situation[1].

Pour marquer son opposition au gouvernement du duc d'Orléans, Jean sans Peur n'avait guère de moyen d'action, sinon mener, comme son père l'avait fait, une politique antifiscale qui ne manqua pas de le rendre populaire auprès d'une partie de la population. Au printemps de 1405, après la mort de Marguerite de Male, sa mère, il profita de son « Joyeux Avènement » en Flandre pour s'opposer à la levée dans ses seigneuries des impôts ordonnés pour financer la guerre contre l'Angleterre. En même temps, il lui fallait entreprendre une action vigoureuse pour saper l'influence du duc d'Orléans. Ce dernier, pour sa part, cherchait, pensait-on, à ruiner l'édifice politique érigé par Philippe le Hardi. Il désirait, en particulier, faire annuler les mariages des enfants de France et de Bourgogne que le duc avait négociés à la fin de sa vie : en 1403, rappelons-le, il avait été convenu que Marguerite de Bourgogne, fille de Jean sans Peur, épouserait le dauphin Louis, duc de Guyenne, et qu'une sœur de ce dernier, Michelle de France, épouserait Philippe de Bourgogne, fils unique de Jean sans Peur[2].

L'intention de Jean sans Peur était alors, déjà, de s'imposer par la force. Pour engager la lutte contre son adversaire, il disposait d'un réseau d'alliances, fruit de la politique de son père. Outre ses frères Antoine et Philippe, disposés à le soutenir, Jean sans Peur pouvait compter sur ses beaux-frères : Amédée VIII de Savoie, Guillaume de Bavière, comte de Hainaut, Hollande et Zélande depuis la mort du duc Albert en 1404, et son frère Jean de Bavière, Élu de Liège. Par ailleurs, il avait pour alliés certains princes allemands, tel Adolphe, comte de Clèves, à qui Jean sans Peur s'engagea, en 1405, à donner pour épouse sa deuxième fille Marie de Bourgogne, avec une dot de 60 000 écus[3].

En juillet 1405, la perspective d'un affrontement imminent engagea Jean sans Peur à resserrer les liens qui l'unissaient à son frère Antoine et à son beau-frère Guillaume. L'alliance conclue au Quesnoy-le-Comte et scellée par un serment consacrait la communauté d'intérêts des trois princes qui réunissaient sous leur autorité un ensemble territorial imposant[4]. Quelques semaines après avoir passé cet accord, Jean sans Peur faisait des préparatifs pour marcher sur Paris.

1. J. PAVIOT, *La politique navale*, p. 52-57.
2. Enguerrand de MONSTRELET, *Chronique*, I, p. 98.
3. U. PLANCHER, *Histoire générale et particulière*, III, preuve 251 et R. VAUGHAN, *John the Fearless*, p. 248.
4. U. PLANCHER, *Histoire générale et particulière*, III, preuve 247.

UN PRINCE RÉFORMATEUR

Accompagné d'une force armée imposante, qui ne cessa de s'accroître dans les semaines suivantes, le duc arriva à Paris le 19 août. A son approche le duc d'Orléans et la reine de France s'étaient repliés vers Melun, mais ne purent l'empêcher de s'assurer le contrôle de la personne du roi et du dauphin Louis de Guyenne, son jeune gendre[1]. Il se logea en l'hôtel d'Artois, une résidence qui lui venait de l'héritage maternel et qu'il transforma pour l'occasion en forteresse car en ce lieu « [le duc] fit faire par les rues de grandes fortifications de palissades et de barrières, afin que la partie adverse ne lui porte pas dommage[2] ».

Décidé à s'imposer par la force, il tenta aussi de convaincre du bien-fondé de son action tout ce que le royaume comptait de milieux influents : le conseil, la Cour, les grandes institutions royales, les nobles, les gens d'Église, l'Université de Paris, les bourgeois et les métiers les plus puissants des bonnes villes. Après avoir fait adresser des lettres justifiant sa prise d'armes, il présenta, le 23 août, en son nom et au nom de ses deux frères, un manifeste politique. S'adressant au roi Charles VI, le duc Jean y affirmait que le fondement de son action était la recommandation que son père Philippe le Hardi avait faite sur son lit de mort à lui et à ses frères :

> « Et si sommes envers vous tenus par le commandement de feu notre très redouté seigneur et père, que Dieu absolve, et qui environ la fin de sa vie nous ordonna de promettre que devers vous et votre royaume toute féauté nous garderions[3]. »

Ce manifeste se développait en quatre points qui contenaient une sévère critique du « mauvais gouvernement » du duc d'Orléans et, *a contrario*, le programme idéal du bon gouvernement. En premier lieu, il fallait restaurer l'autorité et le prestige personnel d'un roi entouré de mauvais conseillers profitant de sa maladie et coupant le souverain de ceux qui voudraient l'approcher[4].

La bonne administration de la justice était, selon une vision traditionnelle, l'un des principaux piliers du bon gouvernement. Jean sans Peur ne manqua pas de le rappeler, ce qui lui permit de dénoncer le « noyautage » des institutions royales par les partisans du duc d'Orléans. Il dénonça aussi la mauvaise gestion du domaine et sous-entendait que

1. F. AUTRAND, *Charles VI*, p. 403-405.
2. Enguerrand de MONSTRELET, *Chronique*, I, p. 113.
3. *Ibid.*, I, p. 115.
4. *Ibid.*, I, p. 115-118.

sa réorganisation, en augmentant ses revenus, permettrait au roi de « vivre du sien » et de ne plus recourir aux impôts qui écrasaient le peuple. Enfin, les trois États du royaume souffraient des effets du mauvais gouvernement. Le roi, avec l'aide de ses fidèles serviteurs, devait rétablir l'ordre politique et social voulu par Dieu, faute de quoi il risquait d'être exposé à la colère divine. Quant au produit des impôts levés pour la guerre, il devait être affecté aux seules opérations militaires si l'on voulait éviter une révolte générale.

Le manifeste de Jean sans Peur laissait apparaître une vision traditionnelle du jeu politique où le roi, le conseil, l'appareil administratif et judiciaire et les trois États du royaume devaient tenir leur rôle dans un ordre immuable. L'expression de cette conception des choses suscita la sympathie d'une partie de l'opinion, favorable à une réforme visant à maîtriser l'inquiétant développement de l'État.

L'ASSASSINAT DU DUC D'ORLÉANS

La prise d'armes de 1405 ne déboucha pas sur un affrontement armé. Le roi Charles VI parvint, à la mi-octobre, à réconcilier le duc de Bourgogne et le duc d'Orléans[1]. Les deux princes se montrèrent publiquement comme deux bons amis, mais, comme l'écrit Enguerrand de Monstrelet : « Celui qui connaît les pensées des cœurs sait au surplus ce qui en était[2]. »

Pour sceller cette réconciliation, le conseil du roi décida que les deux ducs mèneraient une grande offensive contre les Anglais. Ceux-ci, depuis la guerre de reconquête menée au temps de Charles V, détenaient encore le Bordelais et le Calaisis. Il fut donc prévu que, tandis que Louis d'Orléans s'attaquerait à Bordeaux, le duc de Bourgogne, en tant que lieutenant du roi, capitaine général de Picardie et Westflandre, mènerait l'action en vue d'assiéger et de reprendre Calais. Malgré un commencement d'exécution impressionnant, marqué par d'imposants rassemblements de troupes, ce projet avorta. La cause principale de cet échec fut l'attitude de Jean sans Peur. Celui-ci, en effet, s'il était prêt à faire une démonstration de force devant Calais, ne voulait pas aller plus loin. La cause de cette attitude est à rechercher dans le développement des relations diplomatiques anglo-flamandes : depuis la reprise des hostilités entre le royaume de France et le royaume d'Angleterre, les Quatre Membres de Flandre s'efforçaient de négocier avec les Anglais un

1. F. AUTRAND, *Charles VI*, p. 407.
2. Enguerrand de MONSTRELET, I, p. 125.

accord propre à garantir la sécurité des relations commerciales en mer du Nord et dans la Manche. Des pourparlers en vue de la conclusion d'une trêve commerciale étaient en cours entre Flamands et Anglais, lorsque à l'automne 1406 le duc de Bourgogne réunit une forte armée autour de Saint-Omer en vue d'attaquer Calais. Or, le duc était soucieux de protéger les intérêts de ses sujets de Flandre. Le rassemblement de son armée pouvait être un moyen efficace de faire pression sur les ambassadeurs d'Angleterre, en revanche une attaque contre Calais aurait conduit à une rupture des négociations. Aussi, au mois de novembre, Jean sans Peur décommanda l'opération et peu de temps après un traité fut conclu entre les ambassadeurs d'Angleterre et les représentants des Quatre Membres de Flandre[1].

Cependant, officiellement, face à une opinion très hostile aux Anglais, le duc de Bourgogne s'affirmait favorable à l'action militaire. Dans son manifeste d'août 1405, il s'était déclaré sans équivoque pour la continuation de la guerre : « Néanmoins, très noble sire, la guerre que vous avez entreprise, nous ne disons pas qu'il faut l'interrompre, car ce serait une très grande faute que l'on pourrait imputer à votre conseil. » C'est pourquoi Jean sans Peur fit retomber la responsabilité de l'arrêt de l'opération contre Calais sur le duc d'Orléans. La rumeur courut que ce dernier avait délibérément fait échouer l'entreprise. Cette accusation fut reprise plus tard par la propagande bourguignonne pour noircir l'image du rival du duc de Bourgogne. Voici comment un chroniqueur bourguignon anonyme rapporta les faits :

> « En cette même année [1406], le duc de Bourgogne fit une grande et noble assemblée de gens d'armes aux environs de Saint-Omer, et fit charpenter grande foison d'engins et d'équipements de guerre pour assiéger la ville de Calais ; et furent tous ordonnés et bannières déployées pour aller mettre ledit siège, et des processions avaient été faites dans les bonnes villes de Picardie et de Flandre[2]. Mais par mandement très spécial du roi de France il convint laisser ladite entreprise. Et la commune renommée fut que le duc d'Orléans avait été la cause de ladite défense. Dont le duc de Bourgogne fut très triste, et recommença la guerre et la haine plus grande que jamais[3]. »

A la fin de 1406, la tension était donc encore grande malgré les réconciliations de façade. Le duc d'Orléans, pour sa part, n'était pas

1. B. SCHNERB, « Un projet d'expédition contre Calais », p. 179-192.
2. Pour demander à Dieu la victoire.
3. *Chronique des Cordeliers*, citée dans Enguerrand de MONSTRELET, I, p. 138, n. 1.

résolu à partager le pouvoir avec son rival de Bourgogne. En 1406-1407, profitant de la folie du roi, il s'assura de nouveau le contrôle quasi exclusif du conseil royal.

Ayant perdu le peu d'influence qu'il avait conquis après son coup de force de 1405, Jean sans Peur prit la décision de se débarrasser définitivement de son rival. Un guet-apens fut organisé et, le 23 novembre 1407, un groupe de tueurs mené par un noble impécunieux nommé Raoul d'Anquetonville assassina Louis d'Orléans rue Vieille-du-Temple, alors que ce prince se rendait de l'hôtel de la reine, situé à la porte Barbette, à l'hôtel de Saint-Pol auprès du roi son frère.

En décidant de faire tuer le duc d'Orléans, Jean sans Peur n'innovait pas. Nous connaissons, pour la fin du Moyen Age, quelques grandes affaires d'assassinats politiques. En France, en 1354, le roi de Navarre avait fait assassiner le connétable de France, Charles d'Espagne [1], et en 1392, Pierre de Craon, encouragé par le duc de Bretagne, avait tenté d'assassiner un autre connétable, Olivier IV de Clisson [2]. Par ailleurs, la violence politique était fort répandue dans ces « Pays-Bas » que Jean sans Peur connaissait bien et où certains représentants de la noblesse, et certains princes même, n'hésitaient pas à frapper ceux qui leur faisaient obstacle : ainsi Albert de Bavière, beau-père de Jean sans Peur, avait fait assassiner Siger d'Enghien, un grand seigneur hainuyer, en 1364 ; Renaud de Schoonvorst, conseiller de la duchesse de Brabant, s'était débarrassé de son rival Jean de Gronsveld, en 1386 ; enfin, sur ordre de Sweder d'Abcoude, seigneur de Gaesbeek, Everard de t'Serclaes, alors le plus prestigieux et le plus renommé des échevins de Bruxelles, avait été victime d'une agression mortelle en 1388 [3]. L'assassinat de Louis d'Orléans n'était pas un acte sans précédent, mais ce qui le rendait exceptionnel, c'était la qualité de la victime qui était l'unique « frère germain du roi ».

Rapidement, l'enquête du prévôt de Paris Guillaume de Tignonville établit les liens entre le duc de Bourgogne et les assassins ; ceux-ci, en effet, après l'attentat s'étaient réfugiés à l'hôtel d'Artois. Jean sans Peur qui, portant le grand deuil, avait assisté aux funérailles de sa victime fut pris de vitesse et, devant les progrès de l'enquête, dut se dévoiler avant le moment qu'il avait choisi. Il le fit d'abord sur le mode de l'humble aveu d'un criminel : deux jours après l'événement il dut reconnaître, devant son oncle le duc de Berry et son cousin le duc d'Anjou, que c'était lui qui avait ordonné le meurtre et qu'il l'avait fait

1. F. AUTRAND, *Charles V*, p. 124-128.
2. J. B. HENNEMAN, *Olivier de Clisson*, p. 141-154.
3. S. BOFFA, « Le différend entre Sweder d'Abcoude et la ville de Bruxelles », p. 87-88.

à l'instigation du diable[1]. Ce faisant, le duc utilisait le même argument que celui qu'avançaient certains délinquants lorsqu'ils demandaient une lettre de rémission royale[2]. Après cet aveu hâtif, Jean sans Peur prit la fuite et gagna d'abord l'Artois, puis la Flandre. A Lille, où il se trouvait entre le 3 et le 12 décembre, il reçut le soutien de ses deux frères et des Quatre Membres de Flandre[3]. Quelques jours plus tard, le duc se rendit à Gand. Là, il assembla un petit groupe d'universitaires parisiens, parmi lesquels le théologien Jean Petit, à qui il demanda d'élaborer un document propre à justifier son action. Cette première justification fut lue par un conseiller ducal, maître Simon de Saulx, abbé de Moutiers-Saint-Jean, devant une assemblée réunissant des princes, notamment l'Élu de Liège Jean de Bavière et Guillaume, comte de Hainaut, des conseillers du duc de Bourgogne et des nobles de son entourage ainsi que les représentants des trois États de Flandre. Ce premier document fut suivi d'un autre, plus développé, que maître Jean Petit se chargea de rédiger.

Durant l'hiver 1407-1408, alors qu'à Paris Valentine Visconti, duchesse d'Orléans, veuve du duc assassiné, demandait au roi justice en son nom et au nom de ses enfants, des négociations eurent lieu à Amiens entre Jean sans Peur et les ducs de Berry et d'Anjou. Ces pourparlers débouchèrent sur un accord et le duc de Bourgogne fut autorisé à rentrer à Paris pour se justifier devant le roi. Le retour de Jean sans Peur dans la capitale au mois de mars 1408 fut un triomphe. Il y fut acclamé par une population qui n'avait guère de sympathie pour la cause de la Maison d'Orléans.

En position de force, le duc fit lire, lors d'une grande assemblée tenue le 8 mars 1408, à l'hôtel Saint-Pol, en présence des personnages les plus importants de la Cour et de l'État, une longue argumentation préparée et présentée par maître Jean Petit. Ce dernier, utilisant un syllogisme, montra que le meurtre de Louis d'Orléans n'était pas un parricide, mais un tyrannicide. Selon lui, le duc d'Orléans était un traître : « La convoitise est la racine de tous les maux » ; cette phrase de saint Paul que le théologien prit comme point de départ de son raisonnement introduisait l'idée que Louis d'Orléans avait l'ambition de saisir la couronne pour lui et pour son lignage. Dans ce but, par trahison, il avait essayé d'attenter à la vie du roi et du dauphin Louis de Guyenne, et avait compromis la santé mentale de Charles VI par divers maléfices et envoûtements. A la faveur de la folie du roi, qu'il

1. F. AUTRAND, *Charles VI*, p. 352-355.
2. 8,8 % des bénéficiaires de lettres de rémission affirmaient avoir agi par tentation du diable. Cl. GAUVARD, *"De grace especial"*, p. 430 et 438-441.
3. R. VAUGHAN, *John the Fearless*, p. 67-68.

avait lui-même provoquée, Louis d'Orléans avait usurpé le pouvoir en attendant de monter indûment sur le trône. Contre ce traître, le duc de Bourgogne en tant que prince du sang, cousin germain du roi, principal vassal, grand baron, deux fois pair et doyen des pairs, avait le devoir pressant d'intervenir et de tuer le traître.

Les arguments de maître Jean Petit et la force politique et militaire de son maître firent plier la cour de France. Dès le 9 mars 1408, le roi Charles VI donna à son cousin le duc de Bourgogne des lettres abolissant le crime dont il s'était rendu coupable[1].

Au printemps de 1408, il semblait que la victoire du duc de Bourgogne fût complète. Les parents et fidèles du duc d'Orléans assassiné étaient dans le désarroi et ceux qui avaient été scandalisés par la justification du meurtre et par l'apologie du tyrannicide restaient muets. Mais à l'été suivant, Jean sans Peur dut quitter Paris pour porter secours à son beau-frère Jean de Bavière, Élu de Liège, mis en péril par une révolte de ses sujets. Son départ rendit espoir à ses adversaires. La duchesse d'Orléans revint devant le roi pour demander justice et l'un de ses conseillers, Thomas du Bourg, abbé de Cerisy, lut publiquement, le 11 septembre 1408, en présence du duc de Guyenne et d'une assemblée prestigieuse, une réponse au discours de Jean Petit.

L'INTERVENTION À LIÈGE

Dans un moment difficile, alors que sa position politique à Paris était loin d'être encore solide, Jean sans Peur avait quitté la capitale pour intervenir dans la principauté de Liège. Cette intervention était rendue nécessaire car la situation de l'Élu Jean de Bavière, beau-frère du duc de Bourgogne, était critique. Depuis septembre 1406, il devait faire face à un soulèvement de ses sujets liégeois, révoltés contre son autoritarisme. Chassé de Liège, il y fut remplacé par le jeune Thierry de Perwez, archidiacre de Hesbaye, que l'Élu et ses partisans appelèrent « l'intrus ». Ce dernier fut épaulé par son père, Henri de Horn, seigneur de Perwez, à qui les Liégeois confièrent la charge de « mambour » (gouverneur) de la principauté. Ces événements furent suivis d'une violente guerre. Jean de Bavière, assiégé par ses adversaires dans Maastricht, une première fois en novembre 1407, puis une seconde fois en mai 1408, appela à l'aide son frère Guillaume, comte de Hainaut, et son beau-frère Jean sans Peur.

Le duc de Bourgogne commença ses préparatifs militaires à l'été

1. U. PLANCHER, *Histoire générale et particulière*, III, preuve 256.

1408. Dès le mois d'août, des chevauchées furent lancées contre le pays de Liège pour contraindre les assiégeants de Maastricht à lever le siège. Au mois de septembre son armée jointe à celle du comte de Hainaut se mit en campagne. Le 23 septembre, une bataille rangée eut lieu près du village d'Othée, non loin de Tongres. Les Liégeois y furent écrasés. Après cette victoire d'Othée, la répression fut féroce. Les libertés des villes de la principauté de Liège furent anéanties par la « Sentence » de Lille du 24 octobre 1408. Les échevinages furent placés sous l'étroit contrôle du prince, les confréries et métiers furent supprimés et leurs bannières confisquées, l'autonomie des villes ruinée et le pays frappé d'une amende de 220 000 écus d'or. En intervenant victorieusement contre les Liégeois, le duc de Bourgogne avait remporté un quadruple succès : il avait resserré l'alliance avec ses beaux-frères de la Maison de Bavière ; il avait pour la première fois prouvé que la principauté épiscopale se trouvait dans la zone d'influence de la Maison de Bourgogne ; il avait montré aux villes de ses propres principautés, notamment de Flandre, qu'il valait mieux coopérer avec le pouvoir princier plutôt que se révolter contre lui ; il s'était, par sa victoire militaire, assuré une position de force au moment de retourner en France pour y saisir le pouvoir. Sa renommée et son prestige, après son écrasante victoire, avaient d'ailleurs dépassé les limites du royaume et, si nous suivons Enguerrand de Monstrelet, ce furent des ambassadeurs anglais, de retour de Paris, qui attribuèrent au duc de Bourgogne le surnom qui allait passer à la postérité :

> « Et adonc, les ambassadeurs de Henri de Lancastre, roi d'Angleterre, qui étaient venus à Paris auprès du roi de France pour conclure des trêves d'un an, ce qu'ils obtinrent, s'en retournèrent du dit lieu de Paris, par Amiens, à Boulogne-sur-Mer et de là à Calais. Et en chemin, ils eurent derechef des nouvelles de la victoire que ledit duc de Bourgogne avait eue à Liège, comme il est dessus dit, dont ils s'émerveillèrent, et le nommèrent "Jean sans Peur[1]". »

LE DUC DE BOURGOGNE AU POUVOIR

Les tenants du parti d'Orléans avaient mis leur espoir dans une défaite du duc de Bourgogne devant les Liégeois. Ils furent déçus lorsqu'il s'avéra que Jean sans Peur avait remporté une complète victoire sur ses adversaires et avait réglé le sort des vaincus en affermissant du même coup son prestige et son pouvoir dans la région. Son retour à

1. Enguerrand de MONSTRELET, *Chronique*, I, p. 389.

Paris, où il fit son entrée le 28 novembre[1], s'annonçait triomphal. A son approche, la Cour s'était repliée sur Tours. L'hiver se passa en négociations et finalement, au mois de mars 1409, une paix fut conclue, sous l'égide du roi, entre le duc de Bourgogne et les tout jeunes enfants d'Orléans, Charles, Philippe et Jean, ces derniers pardonnant officiellement le meurtre de leur père. Cette paix de Chartres, première d'une série de « paix fourrées », permit à Jean sans Peur de prendre le contrôle du gouvernement royal.

Le retour du roi et de la Cour à Paris fut l'occasion de démonstrations de joie. Les Parisiens y manifestèrent tout autant leur attachement au souverain que leur soulagement de voir écartée la menace d'une guerre entre les princes. Mais la concorde n'allait pas régner longtemps. Le duc de Bourgogne entendait faire appliquer son programme de réformes et sa prise du pouvoir fut marquée par une brutale épuration dont la principale victime fut le grand maître de l'hôtel du roi, Jean de Montaigu. Dans ce contexte, les joyaux que Jean sans Peur distribua à ses partisans le 1er janvier 1410, à l'occasion de la distribution traditionnelle des étrennes, revêtaient une forme lourdement symbolique :

> « [Et le jour] de la Circoncision, au matin, le duc de Bourgogne, qui à lui seul avait plus de princes, de chevaliers et de gentilshommes autour de lui que tous les autres, donna ce dit jour largement ; et donna plus de joyaux à lui tout seul que tous les autres princes étant ce jour à Paris, joyaux que l'on a coutume d'offrir en ce jour. Et il les donna à tous ses chevaliers et aux nobles de son hôtel. Et ces dons de joyaux, selon l'estimation de la commune voix et renommée montaient bien à la somme de 14 000 florins d'or. Et ces dons avaient une certaine signification car ils étaient en forme de règle qu'on appelle un niveau de maçon, tant d'or comme d'argent doré, et à chaque bout du niveau pendait à une chaînette d'or ou dorée la semblance d'un plomb [de fil-à-plomb] en or. Et cela signifiait, comme on pouvait le croire et penser, que ce qui avait été fait par voie tortueuse et indirecte serait aplani et mis à sa règle et le ferait mettre et mettrait en droite ligne[2]. »

Ce programme fit des mécontents. L'un des principaux d'entre eux fut le vieux Jean, duc de Berry, oncle de Jean sans Peur ; il avait tenté, au début de la crise, de jouer les médiateurs entre les ducs rivaux, mais, voyant son influence politique décroître, il s'était décidé à organiser la riposte. C'est dans une ville de son duché de Berry, à Gien, que se

1. E. PETIT, *Itinéraire*, p. 368.
2. Enguerrand de MONSTRELET, *Chronique*, II, p. 57-58.

réunirent en avril 1410 les princes hostiles au duc de Bourgogne : Charles, duc d'Orléans, alors âgé de seize ans, Jean V, duc de Bretagne, Jean de Bourbon, comte de Clermont, fils aîné de Louis II, duc de Bourbon, Jean, comte d'Alençon et Bernard, comte d'Armagnac, gendre du duc de Berry. Un traité d'alliance fut scellé le 15 avril, marquant la naissance d'un parti antibourguignon, et, pour renforcer les liens entre les conjurés, le mariage de Charles d'Orléans avec Bonne d'Armagnac fut décidé.

La constitution de cette « ligue de Gien » fut suivie d'une prise d'armes à l'été 1410. Mais une nouvelle paix fut conclue à Bicêtre en novembre sans que l'affrontement ait eu lieu. Ce ne fut que l'année suivante que la guerre civile entra vraiment dans sa phase active.

12

LE DUC DE BOURGOGNE ET LA GUERRE CIVILE

ARMAGNACS ET BOURGUIGNONS

Par la paix de Bicêtre de novembre 1410 le roi avait tenté d'éviter une renaissance de la rivalité des Maisons princières. Les clauses du traité faisaient obligation aux princes de résider sur leurs terres et prévoyaient que les hommes pensionnés par eux ne pourraient siéger au conseil. Cependant, Jean sans Peur ne desserra pas son emprise sur le gouvernement royal. Devant cette violation évidente de la paix, ses adversaires commencèrent à faire des préparatifs militaires durant l'hiver. Aussi, dès le 18 février 1411, des lettres patentes du roi interdisant les rassemblements de gens de guerre furent publiées. Au printemps, pourtant, tout était prêt pour le début des hostilités. Le 14 juillet, les princes du parti d'Orléans se réunirent à Jargeau et, le jour même, Charles d'Orléans et ses frères publièrent un manifeste sous forme de lettre adressée au roi dans laquelle ils énuméraient les griefs de la Maison d'Orléans et réclamaient justice.

> « Il est vrai, notre très redouté et souverain seigneur, qu'un nommé Jean, qui se dit duc de Bourgogne, par une très grande haine couverte, qu'il avait longuement gardée en son cœur, et par une fausse et mauvaise envie, ambition et convoitise de dominer, seigneurier et avoir autorité et gouvernement en votre royaume, comme il l'a bien clairement démontré et démontre notoirement chaque jour, en l'an 1407, le 23e jour de novembre, fit tuer et meurtrir traîtreusement votre dit frère, notre très redouté seigneur et père, en votre bonne ville de Paris, de nuit, par aguet lointain de fait prémédité et propos délibéré, par faux, mauvais et traîtres meurtriers payés et ordonnés pour ce faire, sans lui avoir montré par avant aucun signe de malveillance, comme c'est chose toute notoire à vous et à tout le monde, avérée et confessée publiquement

par ledit traître meurtrier, ce qui est le plus faux et déloyal traître, cruel et inhumain meurtre qu'on puisse dire et penser. Et pensons qu'il ne se trouve point écrit que jamais, à quelque occasion que ce pût être, tel ni si mauvais ait été fait ni imaginé par quelque personne ni à l'encontre de quelque personne que cela ait été [1]. »

Le 18 juillet, Charles d'Orléans et ses frères envoyèrent leurs lettres de défi à Jean sans Peur. C'était une transgression caractérisée des ordres du roi. Le duc de Bourgogne obtint donc du gouvernement royal, dominé par ses partisans, des lettres patentes levant pour lui seul, au nom du roi, l'interdiction de s'armer faite aux princes le 18 février précédent. Ces lettres étaient datées du 12 août 1411. Dès le lendemain, Jean sans Peur répondit au défi des princes d'Orléans par une lettre aussi injurieuse que les leurs.

Les opérations militaires, durant l'année 1411, se localisèrent en Picardie et autour de Paris. Les adversaires de Jean sans Peur ne parvinrent pas à triompher de leur adversaire. Leur tentative de blocus de Paris, en particulier, durant l'été et l'automne, se solda par un échec, le duc parvenant à dégager la capitale. Durant l'hiver les gens de guerre bourguignons firent campagne, au nom du roi, en Valois, en Gâtinais, en Beauce et bientôt en Poitou et même en Berry. Au printemps de 1412, les princes du parti d'Orléans cherchèrent le salut dans une alliance avec les Anglais. Leurs ouvertures diplomatiques furent connues du gouvernement royal. Cette révélation permit au duc de Bourgogne de convaincre le roi de se mettre à la tête d'une armée et d'entrer en campagne pour punir les rebelles. L'objectif de l'expédition serait Bourges, principale ville des seigneuries du duc de Berry.

Le siège de Bourges commença le 11 juin 1412 et dura plus d'un mois. Mais la ville, où se trouvaient retranchés le duc de Berry, et plusieurs princes et seigneurs du parti d'Orléans, offrit une résistance opiniâtre. Qui plus est l'armée assiégeante subit bientôt les effets d'une épidémie de dysenterie qui emporta plusieurs personnages de haut rang, notamment Pierre de Navarre, comte de Mortain, l'un des alliés de Jean sans Peur. Finalement, des négociations s'ouvrirent sous les murs de Bourges entre le roi et le duc de Bourgogne d'une part et les princes orléanais d'autre part. Le 18 juillet, Charles VI et Jean sans Peur levèrent le siège pour se rendre à Auxerre où les conférences de paix devaient se poursuivre.

En préalable à l'accord entre les princes, dès le 18 août, un contrat fut passé entre Jean sans Peur et Jean, duc de Bourbon, prévoyant

1. P. CHAMPION, *Vie de Charles d'Orléans*, p. 85.

qu'Agnès, fille du duc de Bourgogne, alors âgée de cinq ans, épouserait, lorsqu'elle atteindrait l'âge de douze ans, Charles, fils aîné du duc de Bourbon. En vertu de ce contrat, Jean sans Peur dotait sa fille d'une somme de 100 000 francs. Cet acte, passé « par le conseil, commandement, avis et délibération » du roi, du duc de Guyenne et du duc de Berry, eut, entre autres, pour témoins le duc d'Anjou et roi de Sicile, le duc de Berry, les comtes de La Marche, de Nevers et d'Eu, l'archevêque de Bourges, l'évêque de Chartres et Jean de Saulx, chancelier du duc de Bourgogne[1].

Quatre jours après la conclusion de ce contrat de mariage, le 22 août, un traité de paix — le troisième depuis 1409 — fut scellé et, en présence du duc de Guyenne et du duc d'Anjou, les ducs de Berry, d'Orléans, de Bourbon et de Bourgogne et les autres princes du sang de France prêtèrent serment d'en respecter les termes. Cette prestation de serment eut lieu devant des représentants du Parlement, de la Chambre des comptes, de l'Université, en présence du prévôt de Paris, du prévôt des marchands, d'une délégation de bourgeois parisiens et de représentants des villes de Rouen, Caen, Amiens, Tournai, Laon, Reims, Langres, Tours, etc. Puis, de grandes réjouissances eurent lieu pour manifester publiquement la réconciliation des princes :

> « Après le serment et toutes les solennités, les seigneurs dessus dits allèrent dîner ensemble, en grande concorde, au logis du duc de Guyenne, lieutenant du roi son père. Et ce dîner fut très abondant de tous biens et, après le dîner, ils allèrent jouer à divers jeux les uns aux autres. Et après tous ces ébattements et quand la nuit fut venue, chacun d'eux se retira en son logis. Et le lendemain et les jours suivants il se réunirent plusieurs fois, continuant de faire grande chère et être en grande concorde les uns avec les autres, comme on pouvait apercevoir par le semblant qu'ils montraient. Et en particulier le duc d'Orléans et le duc de Bourgogne chevauchèrent ensemble avec les autres seigneurs, tous deux sur un même cheval, et montrèrent apparence de toute fraternité et amour que frères et parents peuvent montrer l'un à l'autre. Néanmoins, certains envieux et mauvaises langues ne s'en taisaient pas derrière leur dos mais en disaient leur goulée[2]. »

Mais, malgré les « mauvaises langues », le spectacle plaisait à la population qui ne demandait qu'à croire aux promesses de paix :

1. U. PLANCHER, *Histoire générale et particulière*, III, preuve 286.
2. Enguerrand de MONSTRELET, *Chronique*, II, p. 294.

« Et quant au peuple, dont il y avait grande multitude, et autres bonnes gens, il ne faut point demander s'ils avaient grande joie, car ils lançaient souvent à hauts cris : *"Gloria in excelsis Deo"*, comme s'ils voulaient dire : louée soit la gloire des cieux. Car il leur semblait proprement que c'était un miracle de Dieu, attendu la division qui avait été si grande entre de si grands seigneurs et qui était toute apaisée[1]. »

Mais de graves problèmes subsistaient, au premier rang desquels était la menace anglaise. Depuis le début de la guerre civile, en effet, les deux partis avaient fait appel aux Anglais. Au départ il s'était surtout agi de recruter des gens de guerre. Les seigneurs gascons qui s'étaient ralliés au duc d'Orléans pouvaient trouver des mercenaires anglais à Bordeaux tandis que le duc de Bourgogne en recrutait à Calais. Par la suite, chacun des deux partis fut tenté par une alliance. Au mois de juillet 1411, des envoyés de Jean sans Peur avaient pris contact avec le roi Henri IV et avec le prince de Galles, futur Henri V. A ce dernier, qui ne semblait pas hostile à une alliance anglo-bourguignonne, les ambassadeurs du duc Jean proposèrent un mariage avec une fille de ce dernier, Anne de Bourgogne[2]. Ce rapprochement permit au duc, cette année-là, de faire campagne contre ses adversaires avec l'aide de contingents anglais conduits notamment par Thomas, comte d'Arundel, l'un des principaux conseillers du prince de Galles. Mais l'année suivante, les alliances se renversèrent : dans les premiers mois de 1412, les princes du parti d'Orléans négocièrent, comme nous l'avons vu, un traité avec Henri IV qui fut finalement conclu le 18 mai.

Ces ouvertures diplomatiques eurent, paradoxalement, pour principal résultat de permettre aux Anglais d'intervenir militairement en France. Au mois d'août 1412, une armée commandée par l'un des fils du roi Henri IV, Thomas, duc de Clarence, débarqua près de Cherbourg. Cette troupe mena une chevauchée dévastatrice de la Normandie à la Guyenne en passant par le Maine et le Vendômois. Pendant ce temps, les comtes de Kent et de Warwick, depuis Calais, s'attaquèrent au comté de Boulogne.

La guerre anglaise semblait prendre le relais de la guerre civile. Le gouvernement royal décida d'organiser la défense. Afin de préparer la levée d'une aide pour la guerre, les États généraux de Langue d'oïl furent convoqués à Paris pour le mois de janvier 1413. Leur réunion dans la capitale provoqua une forte tension politique. Dès le mois de février, des hommes proches du duc de Bourgogne, comme le frère

1. *Ibid.*, II, p. 294-295.
2. C. ALLMAND, *Henry V*, p. 48.

carme Eustache de Pavilly, profitèrent de l'occasion pour exiger l'application d'un programme de réforme du gouvernement. Aux mois d'avril et mai des émeutes éclatèrent dans Paris. Cette agitation était le fait d'une faction « cabochienne » qui regroupait des universitaires réformateurs, des conseillers du duc de Bourgogne et certains membres des corps de métiers, au premier rang desquels se trouvaient les riches et puissants bouchers parisiens et leurs hommes de main, tel le fameux Simon Caboche, qui donna son nom au mouvement. Les violences et les manœuvres d'intimidation se succédèrent. Certains personnages, réputés hostiles à la réforme de l'État comme Édouard, duc de Bar, et Louis de Bavière, frère de la reine, furent emprisonnés. Le duc de Guyenne, qui gouvernait au nom de son père, n'osa pas résister. Les « Cabochiens » dominaient Paris et obtinrent la mise en œuvre du programme qu'ils exigeaient : dès le 10 mai 1413, une commission fut nommée pour épurer l'administration royale de ses éléments corrompus. Le 26 mai une grande ordonnance de réforme — l'ordonnance « cabochienne » — fut publiée. Le 1er juillet, l'ancien prévôt de Paris, Pierre des Essarts, personnage louvoyant, fut condamné à mort et exécuté. Mais bientôt les excès et les violences des Cabochiens lassèrent une partie des bourgeois de Paris et suscitèrent une réaction qui allait être fatale au mouvement.

Il est incontestable qu'à son origine la révolte cabochienne avait été encouragée, sinon suscitée, par Jean sans Peur. Les insurgés étaient ses alliés, ses obligés, voire ses conseillers. Les thèmes réformateurs de 1413 étaient les mêmes que ceux que le duc Jean avait exprimés de façon récurrente depuis 1405. Le duc de Bourgogne avait certainement vu dans le mouvement un moyen de reprendre en ses seules mains un pouvoir que, depuis la paix d'Auxerre, il était contraint de partager avec certains de ses anciens adversaires. Mais, à partir du mois de juin 1413, les Cabochiens devinrent incontrôlables : eux qui au début de la révolte portaient comme signe distinctif le chaperon vert, couleur du duc de Bourgogne, adoptèrent alors le chaperon blanc par référence aux révoltes gantoises. Jean sans Peur fut débordé ; cependant, lorsque la réaction anticabochienne s'affirma, il ne put dissocier sa cause de celle des insurgés.

Le retour à l'ordre se fit non seulement au profit du duc de Guyenne, mais aussi à celui des adversaires du duc de Bourgogne : le duc de Berry et les princes du parti d'Orléans avec lesquels le gouvernement royal conclut le traité de Pontoise le 1er août. Ce traité préluda à la déroute des Cabochiens dont les principaux quittèrent précipitamment Paris. Le 18 août, les ducs d'Orléans et de Bourbon, le comte d'Alençon et les autres princes orléanais firent leur entrée dans la capitale. Cinq jours plus tard, ne s'y sentant plus en sécurité, Jean sans Peur s'enfuit de la ville à son tour, abandonnant le pouvoir à ses ennemis.

UN PRINCE REBELLE

Le duc de Bourgogne ne pouvait se résoudre à cet échec politique. Pour l'heure cependant, sa situation était des plus mauvaises. Ses partisans étaient bannis, l'ordonnance de réforme abolie et lui-même regardé comme indésirable à Paris. L'un des coups les plus rudes qu'il subit alors fut l'abandon brutal du projet d'alliance entre lui et Louis II, roi de Sicile et duc d'Anjou : en octobre 1407, en effet, il avait été convenu entre les deux princes que Catherine de Bourgogne, l'une des filles de Jean sans Peur, épouserait Louis d'Anjou, comte de Guise, fils aîné de Louis II. En 1401, la princesse bourguignonne, alors âgée de onze ans, était allée vivre à la cour de son futur beau-père, mais à l'été 1413 les événements parisiens déterminèrent un revirement du duc d'Anjou et celui-ci réserva à Jean sans Peur un cuisant affront :

> « Le 20e jour du mois de novembre [1413], le roi de Sicile fit ramener en la cité de Beauvais Catherine, fille du duc Jean de Bourgogne, laquelle devait épouser Louis, fils aîné dudit roi de Sicile, ainsi qu'auparavant avait été traité du consentement des deux parties [...]. Mais, comme dit est, le roi de Sicile la lui renvoya, accompagnée par le seigneur de Longny, maréchal de France, et d'autres jusqu'au nombre de cent vingt chevaliers, écuyers, dames, demoiselles et autres officiers dudit roi Louis. Et elle fut reçue, au nom de son père, par les seigneurs de Dours, de Brimeu et de Humbercourt et par Witart de Bours, chevaliers, et autres écuyers, dames, demoiselles et officiers dudit duc de Bourgogne, par lui envoyés là pour cette cause. Et, par eux, elle fut ramenée en grande tristesse jusqu'à Amiens, et de là à Lille auprès du duc son père. Et celui-ci fut grandement troublé, et pour cette cause conçut une grande haine à l'encontre du roi de Sicile, qui dura toute leur vie. Et depuis ladite Catherine de Bourgogne, qui, selon sa jeunesse, était très gracieuse fille, sans avoir été mariée, mourut [1] en la ville de Gand [2]. »

Alors même que le duc de Bourgogne subissait cet affront, une attaque fut lancée par ses adversaires contre le traité que maître Jean Petit avait rédigé pour justifier, au nom du bien-fondé du tyrannicide,

1. Catherine de Bourgogne mourut en 1414.
2. Enguerrand de MONSTRELET, *Chronique*, II, p. 414.

le meurtre de Louis d'Orléans. Le 14 janvier 1414, sous l'égide de l'évêque de Paris, une assemblée de théologiens condamna comme hérétiques plusieurs propositions de Jean Petit. Mais à cette date, Jean sans Peur était déjà décidé à tenter de reconquérir le pouvoir par la force.

Le duc prit prétexte d'un appel que le dauphin Louis de Guyenne lui aurait lancé pour rassembler une armée et marcher sur Paris. Au début de février il fit une démonstration de force devant la capitale, mais la ville était solidement tenue, au nom du roi et du duc de Guyenne, par les princes du parti d'Orléans et la tentative bourguignonne fut un échec. Les conséquences en furent lourdes car le duc avait pris les armes malgré la paix jurée à Pontoise au mois d'août précédent et malgré la défense expresse qui lui en avait été faite au nom du roi. Il était désormais rebelle et les princes orléanais purent convaincre le roi et le dauphin d'organiser contre lui une expédition comparable à celle que le duc de Bourgogne avait menée contre eux au printemps 1412.

En avril 1414, Charles VI et le dauphin Louis, accompagnés par les princes et seigneurs tenant le parti d'Orléans, se mirent en campagne, après avoir levé solennellement l'oriflamme à Saint-Denis. Après avoir réduit les garnisons placées par le duc de Bourgogne à Compiègne (7 mai) et Soissons (21 mai), ils marchèrent sur Laon et Péronne et s'attaquèrent à l'Artois, en commençant par assiéger la ville de Bapaume qui capitula. De là, ils vinrent mettre le siège devant Arras. Le chroniqueur Perceval de Cagny, serviteur de la Maison d'Alençon, décrit le siège en ces termes :

> « En l'an 1414, le 20e jour du mois de juillet [1], le roi mit le siège devant la ville et cité d'Arras et le tint jusqu'au 5 septembre suivant ; en sa compagnie monseigneur de Guyenne, messeigneurs les ducs d'Orléans, d'Alençon, de Bourbon et de Bar, les comtes de Vertus, d'Armagnac et de Richemont, monseigneur d'Albret, connétable de France, et plusieurs autres grands seigneurs, barons, bannerets et autres. Ce fut grande pitié et dommage irréparable de la destruction des faubourgs et des très notables églises et belles maisons qui furent détruites et par tous les environs dans le pays [2]. »

La capitale du comté d'Artois était puissamment fortifiée et défendue et offrit une résistance déterminée. Comme l'armée de Jean sans Peur devant Bourges, celle des princes subit les effets meurtriers d'une épidémie de dysenterie. L'idée d'une solution négociée s'imposa bientôt.

1. Plus probablement entre le 28 et le 30 juillet.
2. Perceval de CAGNY, *Chroniques*, p. 90-91.

Depuis le début de la campagne, Jean sans Peur avait fait plusieurs ouvertures de paix, par l'intermédiaire de son frère Antoine, duc de Brabant, de sa sœur Marguerite, comtesse de Hainaut, femme de Guillaume de Bavière, et des députés des Quatre Membres de Flandre. Jusqu'alors ses ambassadeurs n'avaient rien obtenu, mais lorsqu'ils se présentèrent au camp du roi le 30 août 1414, leurs propositions furent écoutées et bien reçues. Dès le 4 septembre, la paix fut proclamée — c'était la cinquième depuis la « paix fourrée » de Chartres. Le duc de Guyenne dut cependant faire preuve d'autorité pour obtenir le serment de tous, car certains princes et seigneurs du parti d'Orléans étaient hostiles à un accord avec l'assassin du duc Louis. Leur rancœur se lit encore dans la manière dont Perceval de Cagny rapporte l'événement.

> « Et plusieurs personnes ont imaginé que si ledit duc de Bourgogne n'eût eu de grands amis en l'ost du roi et ailleurs, ladite ville [d'Arras] eût été prise et lui-même poursuivi jusque dans son pays de Flandre où il s'était retrait. Et le roi et nos dits seigneurs étaient alors en très grand désir et volonté de le chasser et mener jusqu'à déconfiture, exécution capitale et confiscation de toutes et chacune de ses seigneuries[1]. »

Jean sans Peur était parvenu à éviter le pire, mais sa position politique restait défavorable. Toujours écarté du gouvernement royal, il était encore menacé de voir lancer une grande campagne contre le traité sur le tyrannicide de Jean Petit. Les adversaires des thèses de ce dernier étaient du reste décidés à porter l'affaire devant le concile, qui allait se réunir à Constance en octobre pour régler le Schisme, et en obtenir une condamnation solennelle. Le duc de Bourgogne se lança alors dans une intense activité diplomatique. Dès le printemps 1415 il envoya à Constance deux de ses principaux conseillers en matière religieuse, l'évêque d'Arras Martin Porée, et le maître en théologie Pierre Cauchon, pour tenter d'y défendre la thèse de l'orthodoxie des propositions de Jean Petit. Par ailleurs, Jean était toujours décidé à reconquérir le pouvoir. Dans ce but, il n'hésita pas à se rapprocher des Anglais.

En 1413, la mort d'Henri IV avait amené sur le trône d'Angleterre un nouveau roi — Henri V — qui, lorsqu'il était encore prince de Galles, tout en affirmant poursuivre des buts politiques propres à inquiéter les princes français, n'en avait pas moins toujours manifesté une sympathie ouverte au duc de Bourgogne. En 1411, il avait été intéressé par la perspective d'un mariage avec une fille de Jean sans

1. *Ibid.*, p. 91-92.

Peur. Cette question fut reprise au printemps 1414, lorsque le duc envoya une ambassade auprès d'Henri V. Cette fois, Jean proposait au roi la main de sa fille Catherine, devenue libre à la suite de la rupture provoquée par Louis d'Anjou. Lors de ces rencontres, qui eurent lieu à Leicester, la question d'une alliance militaire fut abordée et elle fut reprise au mois d'août suivant lors de négociations anglo-bourguignonnes qui eurent lieu à Ypres, en présence du duc lui-même[1]. Mais au cours de ces négociations, Jean sans Peur veillait à ne pas être entraîné plus loin qu'il ne le désirait : son ambition était la reconquête du pouvoir par tous les moyens, mais il ne voulait en aucun cas transiger sur la question de sa loyauté à Charles VI. Prince Valois, il ne pouvait sans courir des risques extrêmes favoriser les prétentions du roi d'Angleterre à monter sur le trône de France. Par ailleurs, lui qui, par une active propagande, en appelait sans cesse à la population du royaume, ne pouvait s'allier ouvertement avec ceux qu'on appelait alors « les anciens ennemis du roi et du royaume ».

LA TENTATION ANGLAISE

Durant l'année 1414, Henri V ne négociait pas seulement avec le duc de Bourgogne. Il était également en pourparlers avec le gouvernement royal dominé alors par le duc de Guyenne, le duc de Berry, le duc d'Orléans et le duc de Bourbon. Face à ses interlocuteurs, le roi d'Angleterre éleva des prétentions que ceux-ci ne pouvaient accepter : il demandait des cessions territoriales considérables — la Normandie, la Touraine, le Maine, l'Anjou et un duché d'Aquitaine élargi —, exigeait que les Français acquittent enfin les arrérages de la rançon du roi Jean le Bon, restés impayés depuis 1360 — et demandait la main d'une princesse de France, Catherine, fille de Charles VI. Le dialogue fut donc rompu et au printemps de 1415, Henri V rassembla une flotte et une armée pour passer la Manche.

Les Anglais débarquèrent au Chef-de-Caux le 12 août 1415 et commencèrent par faire le siège du port d'Harfleur. Après la capitulation de la ville, le 22 septembre, l'armée anglaise était en piteux état en raison de la durée du siège et d'une épidémie de dysenterie ; le roi d'Angleterre décida de laisser une garnison à Harfleur et de tenter de gagner Calais pour, de là, retraverser la Manche. Les Anglais commencèrent donc leur marche vers le Nord à travers le Pays-de-Caux, en direction du Ponthieu. Dans l'intervalle, les Français avaient rassemblé

1. C. ALLMAND, *Henry V*, p. 68-70.

Les résultats les plus spectaculaires furent perceptibles dans le Nord et autour de Paris : dès le mois de juin, Montdidier s'ouvrait aux Bourguignons. Au mois de juillet, Nogent-sur-Seine et Troyes se ralliaient à leur tour, imitées au mois d'août par Reims, Amiens, Doullens. Le 26 août, c'était Beauvais qui ouvrait ses portes. Durant le mois de septembre, le duc investit Paris, obtenant le ralliement de Beaumont-sur-Oise (5 septembre), de Senlis (7-8 septembre), de Provins, Vernon, Mantes et Poissy. Dans la première quinzaine d'octobre, Montlhéry et Chartres étaient entre ses mains. Le Paris du comte d'Armagnac était complètement encerclé par les garnisons bourguignonnes.

Ailleurs, les succès ne furent pas moins spectaculaires puisque Mâcon fut occupé par les Bourguignons à la fin du mois de septembre 1417. Mais dans l'esprit de Jean sans Peur, l'occupation de Mâcon n'était qu'une étape avant de saisir Lyon, la deuxième ville du royaume, toujours réfractaire à l'influence bourguignonne. Mais toutes les tentatives pour prendre Lyon furent des échecs. Quoi qu'il en soit, la facilité avec laquelle le duc de Bourgogne put obtenir le ralliement des villes s'explique largement par l'efficacité de sa propagande qui opposait toujours, en un contraste saisissant, les thèmes du « bon gouvernement » et du « mauvais gouvernement ». Ce fait apparaît clairement, par exemple, dans un manifeste daté de Montlhéry le 8 octobre 1417 [1].

Ce document résumait les grands thèmes de la politique de Jean sans Peur durant la guerre civile. On y trouvait évoqué tout d'abord l'argument antifiscal. En avril 1417, le duc de Bourgogne avait promis d'abolir ou de réduire les impôts royaux. Or, il ne s'agissait pas de vaines promesses. Les villes qui se rallièrent à lui furent récompensées par une mesure générale d'abolition des impôts, notamment des aides pour la guerre. Seule subsista la gabelle du sel. Cette abolition constitua une mesure spectaculaire car prise en pleine guerre, alors que les besoins d'argent étaient grands. Pour remplir ses caisses, le duc perçut, outre le produit de la gabelle du sel, les revenus des ateliers monétaires royaux et les produits de dons extraordinaires que lui octroyèrent les villes.

L'argument antifiscal avait été, dès le début de la rivalité entre la Maison d'Orléans et la Maison de Bourgogne, l'un des thèmes porteurs de la propagande bourguignonne : Philippe le Hardi avait violemment attaqué la politique fiscale de Louis d'Orléans et Jean sans Peur, dès 1405, avait critiqué les mesures d'alourdissement des impôts. Il ne s'agissait nullement d'un débat purement démagogique. Deux conceptions de la fiscalité royale s'opposaient : pour les gouvernants « orléanais » ou « armagnacs », les aides devaient devenir un système ordinaire

1. Enguerrand de MONSTRELET, *Chronique*, III, p. 220-223.

de financement de l'action gouvernementale et fournir la part la plus importante des revenus royaux. Pour le parti bourguignon, les aides sous leur forme la plus courante, c'est-à-dire les taxes sur l'activité économique, présentaient l'inconvénient majeur de peser sur le commerce et donc de pénaliser l'économie du pays. Les prélèvements sur la frappe des monnaies semblaient préférables car pesaient moins sur la « commune marchandise ». Il est évident que la conception bourguignonne avait de grandes chances d'obtenir l'adhésion des bourgeois des villes dont l'activité principale était le commerce.

Un des autres thèmes du programme politique du parti bourguignon était la nécessité d'associer les États à la pratique gouvernementale. Le duc de Bourgogne, depuis le début de la querelle, n'avait jamais cessé d'affirmer que les États généraux devaient être un des éléments du gouvernement. Or en octobre 1417, Jean sans Peur manifesta la volonté de convoquer auprès de lui des représentants des bonnes villes pour débattre des problèmes politiques du moment.

Par opposition à ces thèmes très populaires, Jean sans Peur présentait ses adversaires armagnacs comme les tenants du « mauvais gouvernement ». En premier lieu, il affirmait que le pouvoir était usurpé par des gens de « bas état ». Il était anormal et presque monstrueux que le pouvoir fût entre les mains d'un simple seigneur gascon, le comte d'Armagnac, alors qu'en « l'absence » du roi le gouvernement eût dû être confié à un prince du sang. Mais, en 1417, le seul prince dont le parti armagnac pouvait se réclamer était le dauphin Charles. Ce Charles — futur Charles VII — était le dernier fils de Charles VI ; devenu dauphin à la mort de son frère Jean, duc de Touraine, c'était un garçon de quatorze ans, majeur certes, mais inexpérimenté. Dans de telles circonstances, la place naturelle de Jean sans Peur, prince du sang et doyen des pairs de France, était à la tête du gouvernement royal ; or il en était exclu et cette exclusion était la conséquence d'une usurpation.

Par ailleurs en 1417, Jean sans Peur pouvait présenter le comte d'Armagnac comme un fauteur de schisme et, par contraste, se poser lui-même en champion de l'unité de l'Église à qui les cardinaux romains apportaient ouvertement leur soutien. Cette année voyait en effet s'achever le Schisme. Depuis 1378 et la double élection pontificale d'Urbain VI et de Clément VII, la division de la Chrétienté entre deux obédiences, celle de Rome et celle d'Avignon, n'avait pu être réduite. En 1389, à la mort d'Urbain VI, les cardinaux romains lui avaient donné un successeur en élisant Boniface IX[1]. Cette mesure avait péren-

1. Boniface IX fut pape de 1389 à 1404 ; il eut pour successeurs Innocent VII (1404-1406) et Grégoire XII (1406-1415).

nisé le Schisme. Cinq ans plus tard, en 1394, à la mort de Clément VII, malgré les pressions diverses, et notamment celles de la cour de France, les cardinaux avignonnais avaient élu un nouveau pape, l'Aragonais Pedro de Luna — Benoît XIII. Celui-ci était vite entré en conflit avec la cour de France qui cherchait à le contraindre à démissionner ; mais il trouva un allié en la personne du duc d'Orléans qui avait des vues sur l'Italie et voulait, en digne héritier de la politique de Charles V, voir sur le trône de saint Pierre un pape dépendant du gouvernement royal.

En 1409 un concile avait été réuni à Pise pour régler le problème ; un nouveau pape fut alors élu : Alexandre V d'abord, puis, après sa mort, Jean XXIII, mais ni le pape avignonnais Benoît XIII, ni le pape romain Grégoire XII, n'acceptèrent de démissionner. Il y eut désormais trois papes. La solution vint finalement du concile de Constance réuni en 1414. Avec le soutien du roi des Romains, Sigismond de Luxembourg, les pères du concile décidèrent de déposer les papes Jean XXIII, Benoît XIII et Grégoire XII en préalable à une nouvelle élection pontificale. Les pères du concile de Constance avaient obtenu de Jean XXIII et de Grégoire XII qu'ils se démettent. En revanche, Benoît XIII résista. Il se réfugia en Catalogne, dans la forteresse de Peñiscola, mais son obédience se réduisit à quelques provinces où, pour des raisons politiques, on le reconnut encore comme pape légitime. Parmi ces provinces, dans le Sud-Ouest de la France, figurait le comté d'Armagnac dont le seigneur, toujours dans la ligne politique de la Maison d'Orléans, restait fidèle à Benoît XIII.

En octobre 1417, les cardinaux s'apprêtaient à élire un nouveau pape ; dans ce contexte difficile, ils cherchaient aide et soutien auprès des princes chrétiens. Or, Jean sans Peur bénéficiait d'un préjugé favorable puisque, depuis 1394, la Maison de Bourgogne avait toujours œuvré dans le sens de la résolution du Schisme, d'abord en soutenant la politique de soustraction d'obédience, ensuite en préconisant la solution conciliaire. Le duc avait d'ailleurs remporté un succès diplomatique non négligeable lors du concile de Constance en obtenant une déclaration selon laquelle, après la déposition de Benoît XIII, les pères du concile avaient exprimé leur méfiance à l'égard du comte d'Armagnac, soupçonné de favoriser le pape et d'être donc, lui aussi, « schismatique » — malgré les dénégations des prélats favorables à la cause armagnaque, tel Jean Gerson. C'est pourquoi, les cardinaux décidèrent que l'ambassade qu'ils allaient envoyer en France avant d'entrer en conclave se rendrait, non auprès du roi qui était « empêché » par sa maladie, du dauphin Charles, qui était trop jeune, ou du comte d'Armagnac, favorable à Benoît XIII, mais auprès duc de Bourgogne.

L'ambassadeur du Sacré Collège fit un rapport écrit de sa mission et ce document fut largement diffusé par les soins de la chancellerie du duc de Bourgogne. Dès lors, le duc Jean sans Peur faisait figure de champion de l'unité de la Chrétienté à un moment essentiel de l'histoire de l'Église, puisque le conclave se réunit pour élire Martin V[1]. Il apparaissait bien comme seul prince digne de gouverner le royaume et était reconnu comme tel, sinon par le pape, du moins par les cardinaux chargés de l'élire.

LE MEURTRE DE MONTEREAU

Jean sans Peur, fort du ralliement des villes et du soutien du concile et des cardinaux, pouvait espérer reconquérir le pouvoir de vive force. Il est vrai qu'au mois d'octobre il avait obtenu un succès majeur en bénéficiant du ralliement d'Isabeau de Bavière. Celle-ci, qui depuis 1407 lui avait été généralement hostile, était entrée en conflit avec le gouvernement armagnac. Déclarée indésirable à Paris elle avait été exilée à Tours. Le duc l'invita à se joindre à lui. Leur réconciliation lui offrait un gage de légitimité non négligeable. Cependant Paris, où se trouvaient le roi Charles VI et le dauphin Charles, tardait à tomber. Les événements, pourtant, se précipitaient. Depuis l'été 1417, les Anglais avaient entrepris de conquérir la Normandie et nul, depuis le désastre d'Azincourt, n'osait s'opposer à leur avance.

Crucial fut alors le printemps de 1418. Dans la nuit du 28 au 29 mai, un groupe de Parisiens ouvrit les portes de Paris aux gens de guerre bourguignons de la garnison de Pontoise. La prise de la ville fut suivie de massacres dont les victimes les plus fameuses furent le chancelier de France Henri de Marle et le comte d'Armagnac lui-même. Mais, tandis que le roi Charles VI repassait sous le contrôle des gens du duc de Bourgogne, le dauphin leur échappait : en effet, le prévôt de Paris, Tanguy du Châtel, et une poignée de conseillers « armagnacs » étaient parvenus à quitter la ville en entraînant avec eux le dauphin Charles. Ce dernier devint donc le chef en titre du parti armagnac que l'on commença à désigner comme le parti « dauphinois ».

Le duc de Bourgogne, pour sa part, redevint maître du gouvernement royal. Gouvernant avec Isabeau de Bavière, il tenait désormais la personne du roi et contrôlait le conseil et les grands corps de l'État. Mais la situation politique et militaire s'aggravait. La progression des Anglais en Normandie devenait préoccupante. A l'hiver 1418-1419, ils

1. Élu le 11 novembre 1417, jour de la Saint-Martin.

assiégèrent Rouen qui, faute d'être secourue, capitula le 2 janvier 1419. A partir de la prise de la grande cité normande, Henri V fit progresser ses troupes dans la vallée de la Seine vers Paris. Devant le péril anglais, Jean sans Peur s'orienta vers l'ouverture de négociations avec le dauphin Charles. Au mois de mai, des ambassadeurs des deux partis se rencontrèrent à Paris et conclurent des trêves de trois mois.

Mais parallèlement, le duc de Bourgogne négociait aussi avec le roi d'Angleterre. Cette attitude louvoyante s'expliquait par le fait qu'il craignait de voir le dauphin s'allier aux Anglais contre lui — le dauphin Charles avait, en effet, entamé des pourparlers avec Henri V au mois de novembre 1418. Pour conjurer la menace d'une alliance anglo-armagnaque, le duc de Bourgogne proposa à Henri V d'amples cessions territoriales et le mariage de ce dernier avec Catherine de France. Des négociations s'ouvrirent dans ce sens, à la fin mai et au début de juin 1419, à Meulan et à Pontoise où Henri V rencontra Charles VI, Isabeau de Bavière et Jean sans Peur. Mais ces négociations ne débouchèrent sur aucun accord car le dauphin Charles, qui sentit le danger, proposa une réconciliation au duc de Bourgogne.

Depuis l'été 1418, plusieurs hauts personnages étaient intervenus pour tenter de réconcilier les deux partis en lutte : Jean V, duc de Bretagne, Yolande d'Aragon, veuve de Louis II d'Anjou (mort en 1417) et belle-mère du dauphin Charles, le pape Martin V qui avait dépêché des légats en France. Des négociations avaient eu lieu déjà, mais aucun accord n'avait pu être trouvé. En juillet 1419 cependant, les efforts des « artisans de paix » semblèrent devoir être couronnés de succès : le 8 juillet, Jean sans Peur et le dauphin Charles se rencontrèrent près de Paris, à Pouilly-le-Fort, localité située entre Melun et Corbeil. Malgré l'insuccès de cette première rencontre, une seconde entrevue eut lieu, le 11 juillet et, cette fois, le dauphin et le duc parvinrent à un accord. Ils se promirent mutuellement oubli des offenses, amitié et aide réciproque contre les Anglais. La paix fut conclue, puis le dauphin et le duc se rencontrèrent de nouveau, à Corbeil, les 13 et 15 juillet, prévoyant une prochaine conférence pour le 26 août suivant, à Montereau-où-fault-Yonne.

La paix de Pouilly fut accueillie avec enthousiasme dans la population. A Paris, on organisa de grandes fêtes pour célébrer la fin de la guerre civile. De leur côté les gens de guerre bourguignons et dauphinois commençaient à fraterniser et à organiser des actions communes contre les Anglais. Cependant, Henri V poursuivait sa conquête. Après l'échec des rencontres de Meulan et de Pontoise, il avait continué son avance vers Paris : ses troupes parvinrent à prendre Pontoise par surprise le 31 juillet. La menace sur Paris se précisait. Jean sans Peur décida alors de faire déménager la cour pour la mettre à l'abri. Charles VI, Isabeau de Bavière et Catherine de France quittèrent Paris, d'abord pour Lagny, puis pour Troyes. Parallèlement, le duc de Bourgogne demanda au dauphin Charles de venir à Troyes pour y rejoindre son père et sa mère. Mais le dauphin et ses conseillers armagnacs comprirent que se rendre à Troyes signifierait pour Charles perdre sa liberté de manœuvre et tomber sous le contrôle exclusif du duc de Bourgogne. Le dauphin déclina donc l'invitation mais maintint le rendez-vous de Montereau. Cette fois ce fut au tour de Jean sans Peur d'être méfiant. Il aurait préféré annuler cette rencontre qui, pensait-il, n'avait plus de raison d'être puisque la paix était faite.

Cependant, devant l'insistance du dauphin qui lui envoya plusieurs ambassades, le duc de Bourgogne se décida finalement à quitter Troyes pour aller à Montereau. L'entrevue de Montereau eut lieu le 10 septembre 1419. Le duc de Bourgogne fut tué sur le pont, en présence du dauphin. Dès le lendemain, ce dernier faisait largement diffuser une version de l'événement visant à rejeter toute la responsabilité sur le duc de Bourgogne, celui-ci serait mort « victime de sa folie » au cours d'une rixe qu'il aurait lui-même provoquée en tentant de s'emparer de la personne du dauphin. En réalité, le duc de Bourgogne était tombé dans un guet-apens, victime d'un meurtre prémédité. La version tendancieuse diffusée par les Dauphinois dès le 11 septembre 1419 fut aussitôt contestée par les Bourguignons et très vite Marguerite de Bavière, veuve de Jean sans Peur, diffusa à son tour des lettres affirmant que son mari avait été « occis par trahison sur le pont de Montereau ».

Tout laisse à penser que le dauphin Charles, s'il n'a pas été l'inspirateur du fait lui-même, en était informé et l'a laissé commettre. Ses conseillers Tanguy du Châtel, Jean Louvet, Guillaume, vicomte de Narbonne, l'ont convaincu de les laisser agir. Certains conseillers, tel Robert Le Maçon, semblent avoir été opposés au crime, mais sans parvenir à dissuader Charles. Le motif principal était la vengeance : Tanguy du Châtel avait servi Louis d'Orléans, le vicomte de Narbonne était le neveu du connétable d'Armagnac. Jean sans Peur tomba donc victime d'une sorte de vendetta. Mais il ne faut pas oublier que les conseillers armagnacs du dauphin avaient tout à perdre d'un rapprochement de leur maître et du duc de Bourgogne. Ils agirent sans doute aussi pour écarter cette éventualité.

L'assassinat de Jean sans Peur ne pouvait que creuser davantage le fossé entre Dauphinois et Bourguignons. Le dauphin et ses conseillers tentèrent de garder le contact avec le camp adverse. Dans sa lettre aux bonnes villes du 11 septembre, Charles affirma vouloir respecter les clauses du traité de Pouilly. Il s'efforça d'affirmer que c'était le duc

Jean et non lui qui avait agi comme un infracteur de paix. Dans le même esprit, dès le 15 septembre 1419, il écrivit au nouveau duc de Bourgogne, Philippe le Bon, pour lui exposer sa version des faits et l'engager à persévérer dans la voie de la paix. Toutes ces démarches furent des échecs. Les conséquences politiques du meurtre de Montereau furent catastrophiques pour le camp dauphinois. La fragile paix de Pouilly fut rompue et les Bourguignons jugèrent préférable une alliance avec les Anglais à une poursuite des négociations avec ceux qui avaient « commis un détestable meurtre en la personne de feu monseigneur le duc Jean ».

13

L'ALLIANCE ANGLAISE

LE TRAITÉ DE TROYES

La nouvelle de l'assassinat de Jean sans Peur arriva rapidement jusqu'aux grands centres politiques de la France bourguignonne. A Paris, où le conseil du roi était présidé par Philippe, comte de Saint-Pol, neveu de Jean sans Peur, à Troyes, où s'étaient réfugiés Charles VI, Isabeau de Bavière et leur fille Catherine de France, à Dijon, où résidait Marguerite de Bavière, à Gand où se trouvait le comte de Charolais, Philippe le Bon, le choc fut brutalement ressenti. La situation rendait inévitable une réorientation de la politique bourguignonne. Après le meurtre de Montereau, il paraissait difficile, sinon impossible, de poursuivre dans la voie ouverte par la paix de Pouilly. Malgré les exhortations du dauphin Charles, Philippe le Bon, désormais nouveau duc de Bourgogne, devait sérieusement envisager une alliance anglaise. Son père en avait caressé le projet à Calais en octobre 1416, puis de nouveau à Meulan en juin 1419, mais ne s'était jamais résolu à la conclure.

Le roi d'Angleterre, pour sa part, avait très vite pris contact avec le conseil du roi siégeant à Paris pour exposer ses propositions de paix. Dans les derniers jours de septembre, des discussions eurent lieu entre le comte de Saint-Pol et les conseillers parisiens de Charles VI, d'une part, et les ambassadeurs anglais, menés par le comte de Warwick, d'autre part. Les envoyés du roi d'Angleterre présentèrent les exigences de leur maître qui réclamait pour lui la main de Catherine de France et la couronne de France. Les Français, pour leur part, n'entendaient pas transiger sur la question du sort personnel de Charles VI. Le duc de Bourgogne et ses partisans, durant toute la guerre civile, n'avaient pas cessé de proclamer qu'ils agissaient par loyauté envers le roi de France ; ils ne pouvaient pas, soudainement, trahir leur souverain :

> « Nul prud'homme ne voudrait consentir à ce que le roi, notre souverain seigneur, qui tant est aimé de ses sujets et qui tant longuement a tenu et possédé cette seigneurie, en fût débouté [1]. »

Face à cette position de principe, les ambassadeurs anglais présentèrent un projet d'accord qui pouvait sembler un compromis : le roi Henri prendrait « pour compagne et épouse madame Catherine de France, sans quelconque charge de ses parents, amis ou sujets du royaume ». Il honorerait « comme père et mère » le roi Charles VI et la reine Isabeau et consentirait à ce que le roi de France « tienne, sa vie durant, la couronne et la dignité royale de France », à condition qu'après son décès la couronne et la dignité royale de France reviennent au roi d'Angleterre et à ses héritiers. Par ailleurs, les Anglais offraient une alliance particulière au duc de Bourgogne : le roi Henri voulait « avoir bonne amour et alliance avec monseigneur de Bourgogne son cousin » ; il voulait « s'employer à la vengeance de la mort de feu monseigneur le duc de Bourgogne son père, selon ce que l'énormité du cas le requiert » ; il désirait enfin sceller cette alliance par le mariage de l'un de ses frères avec l'une des sœurs du duc de Bourgogne ; il lui promettait enfin des cessions territoriales [2].

Ces propositions anglaises constituèrent une base pour les négociations qui, engagées dès le 20 septembre 1419, se poursuivirent durant plus de trois mois. Pour les conseillers du duc de Bourgogne, l'alliance avec Henri V était un « moindre mal » comme l'avait exprimé l'un d'eux dans un mémoire adressé à son maître au mois d'octobre :

> « De deux maux il faut choisir le moins pire, et si par voie de force d'armes le roi d'Angleterre vient à la couronne, comme il a volonté et intention sur sa vie, les nobles, le clergé et le peuple du royaume, les cités, bonnes villes, forteresses en seront détruits, dépeuplés, occis, brûlés, désertés, etc., seront privés de leurs héritages, possessions et successions et ramenés en servitude perpétuelle, ce qui est le plus grand de tous les maux. Et on peut l'éviter par le consentement [*aux conditions posées par Henri V*], dont il s'ensuit que la voie amiable par tel consentement est à choisir et à accepter par monseigneur pour le bien du roi et du royaume [3]. »

Il était à craindre aussi que si le duc tardait à faire alliance avec les Anglais, ceux-ci ne décidassent de se rapprocher du dauphin Charles [4].

1. P. BONENFANT, *Du meurtre de Montereau au traité de Troyes*, p. 193.
2. *Ibid.*, p. 195.
3. *Ibid.*, p. 218.
4. *Ibid.*

Finalement, le 24 décembre, des trêves générales entre France et Angleterre furent conclues à Rouen. Elles devaient durer jusqu'au 1er mars suivant et être un prélude au traité de paix ; leur conclusion marqua le point de départ d'une coopération militaire entre les Anglais et les Bourguignons contre les partisans du dauphin.

Le 17 janvier 1420, des lettres patentes données à Troyes au nom du roi Charles VI consacraient le principe de l'exhérédation du dauphin ; ce dernier, à cause du meurtre de Montereau, était désigné comme « parricide, criminel de lèse-majesté, destructeur et ennemi de la chose publique, transgresseur de la loi de Moïse et de la foi de l'Évangile ». Le roi déclarait rejeter tout amour paternel envers son fils, désigné désormais comme le « soi-disant dauphin de Viennois » ; il acceptait le mariage de sa fille Catherine avec le roi Henri V en espérant que de cette union naîtrait une bonne paix pour le royaume de France.

A la fin de l'hiver, Philippe le Bon leva une armée avec laquelle il se disposa à se rendre à Troyes, auprès de Charles VI et d'Isabeau de Bavière. Il quitta Arras dans les premiers jours de février et, avant de rejoindre la cour de France, il dirigea ses troupes vers Crépy-en-Laonnais, place occupée par les partisans du dauphin. La ville fut assiégée et prise. Le nouveau duc de Bourgogne ayant remporté une victoire pouvait maintenant se présenter devant le roi et la reine. Il fit son entrée à Troyes le 23 mars. Quelques jours plus tard, il prêta un quadruple hommage au roi : en tant que duc de Bourgogne, doyen des pairs de France, comte de Flandre et comte d'Artois.

Le 20 mai, ce fut au tour d'Henri V d'entrer à Troyes et dès le lendemain, 21 mai 1420, le traité de Troyes fut conclu. Il prévoyait le mariage d'Henri V et de Catherine de France. Conformément aux propositions faites par le roi d'Angleterre, le roi de France ne constituait aucune dot à sa fille — la succession de France se suffisait à elle-même ; en revanche, Henri était tenu de constituer un douaire à sa femme. Charles VI devait conserver sa couronne sa vie durant mais, après lui, la dignité royale de France devrait passer à Henri V et à ses héritiers. En attendant la mort de Charles VI, Henri V aurait la régence mais, à ce titre, il se devrait de gouverner le royaume de France en s'entourant de conseillers français. Au sein du conseil de régence, le duc de Bourgogne Philippe le Bon devrait avoir la deuxième place après Henri V :

> « Item, il est accordé que notre dit fils le roi Henri, avec le conseil de notre très cher fils Philippe, duc de Bourgogne, et des autres nobles de notre royaume qui conviendront [...] pourvoira au gouvernement de notre personne sûrement, convenablement et honnê-

> tement, selon l'exigence de notre état et dignité royale, par telle manière que ce sera à l'honneur de Dieu et de nous, et aussi du royaume de France et de nos sujets [...] [1] »

Durant le temps de sa régence, c'est-à-dire tant que Charles VI serait en vie, le roi d'Angleterre conserverait en toute souveraineté le duché de Normandie et les autres « terres de conquête » saisies par les Anglais depuis 1415 mais, à son avènement en France, il devrait réunir l'ensemble au domaine royal. Calais et le duché de Guyenne, cependant, n'étaient pas concernés par le traité.

En tant que régent, et plus tard en tant que roi, Henri V aurait le devoir de respecter et de faire respecter la souveraineté et les droits royaux ainsi que les privilèges des individus et des communautés ; il s'engageait à observer la procédure habituelle pour la levée des impôts. Garant du bon gouvernement du royaume, le roi Henri se devrait aussi de faire administrer la justice par un personnel français dont les membres seraient choisis pour leur compétence professionnelle.

Par le traité, Henri V s'engageait aussi à pacifier le royaume et, en particulier, à liquider le parti du « soi-disant dauphin ». Aucune paix séparée ne pouvait être conclue avec ce dernier.

> « Item, que notre dit fils fera à son pouvoir et le plus tôt que faire se pourra profitablement, à mettre en notre obéissance toutes et chacune villes, cités, châteaux, lieux, pays et personnes de notre royaume désobéissants à nous et rebelles, tenant le parti vulgairement appelé du Dauphin et d'Armagnac [...].
>
> « Item, considérés les horribles crimes et délits perpétrés audit royaume de France par Charles, soi-disant dauphin de Viennois, il est accordé que nous, notre dit fils le roi Henri et aussi notre très cher fils de Bourgogne, ne traiteront aucunement de paix ni de concorde avec ledit Charles [...] sinon du consentement et conseil de tous et chacun de nous et des trois États des deux royaumes dessus dits [...]. »

Le but du traité était en effet d'assurer à perpétuité la paix entre le royaume de France et le royaume d'Angleterre. La condition essentielle du maintien de cette paix serait qu'à l'avenir les deux pays fussent toujours gouvernés par un unique souverain. Une clause particulière prévoyait la pérennité de cette union personnelle. Ainsi devait naître et se perpétuer une double monarchie de France et d'Angleterre. Le respect du traité devait être garanti par un serment général que tous les

1. E. Cosneau, *Les grands traités de la guerre de Cent Ans*, p. 100-115.

sujets du roi de France seraient tenus de prêter. Le duc de Bourgogne et les siens jurèrent également de respecter les termes du traité. Désormais, les Bourguignons, alliés des Anglais, devaient servir la cause de la double monarchie de France et d'Angleterre, mais le cadre juridique, mis en place à Troyes, devait garantir, en principe, la place du duc Philippe le Bon et de ses partisans au sein du gouvernement royal.

UNE ALLIANCE MILITAIRE

Dès la conclusion du traité de Troyes, l'alliance anglo-bourguignonne fut une réalité dans le domaine militaire. Au printemps de 1420, l'armée de Philippe le Bon s'unit à celle du roi d'Angleterre pour assiéger Sens, Montereau et Melun. Cette dernière place, défendue par Arnaud-Guilhem de Barbazan, fut assiégée en juillet et capitula en novembre. A l'été 1421, le duc de Bourgogne mena une campagne dans le Ponthieu, dont certaines places étaient occupées par les Dauphinois, et assiégea Saint-Riquier. L'approche d'une armée ennemie destinée à porter secours à la place donna l'occasion à Philippe le Bon de participer à sa première bataille rangée à Mons-en-Vimeu, le 30 août 1421, et à recevoir la chevalerie, avant la bataille, des mains de Jean de Luxembourg, seigneur de Beaurevoir.

Le combat, malgré une panique qui s'empara de certains gens de guerre bourguignons, fut un succès pour le duc Philippe. Ses ennemis furent vaincus et plusieurs de leurs capitaines, parmi lesquels Poton de Xaintrailles, Raoul de Gaucourt et Louis de Gamaches, furent capturés. Cette victoire sur les Dauphinois assura pendant un temps une sécurité relative à la frontière de Somme.

A Paris, certains virent dans le succès des armes bourguignonnes un authentique miracle car on racontait que le duc Philippe avait levé le siège de Saint-Riquier, non pour aller à la rencontre de ses adversaires, mais pour se rendre en pèlerinage à Notre-Dame de Boulogne.

> « En ce temps le duc de Bourgogne était devant Saint-Riquier en Ponthieu, et là tenait le siège, et comme il voulut aller à Boulogne-sur-Mer en pèlerinage, les Armagnacs le surent et pensèrent pouvoir le surprendre, mais la Vierge Marie y fit un miracle, car une partie de ses gens l'abandonnèrent et s'enfuirent, comme s'ils étaient complices des Armagnacs, mais malgré eux, par la grâce de Dieu et de sa glorieuse mère, les Armagnacs furent tous déconfits[1]. »

1. *Journal d'un bourgeois de Paris*, p. 157-158.

Cependant, l'activité militaire du duc de Bourgogne masquait mal son relatif effacement du gouvernement royal. Entre le traité de Troyes et la mort du roi Henri V, il ne fit que deux séjours à Paris, l'un du 1er décembre 1420 au 9 janvier 1421, l'autre du 5 janvier au 5 février 1422[1]. Il n'y revint ensuite que le 1er septembre suivant. La veille, 31 août, le roi d'Angleterre était mort à Vincennes. Par une remarquable ironie de l'histoire, il précédait dans la tombe Charles VI qui ne mourut que le 21 octobre.

Henri V disparaissait en laissant un enfant né de son union avec Catherine de France. Cet enfant — Henri VI — n'avait que six mois à la mort de son père. Une régence devait donc être organisée. Sur son lit de mort, le roi d'Angleterre semble avoir prévu que l'autorité, en France, fût confiée au duc de Bourgogne et, en cas de refus de ce dernier, à Jean de Lancastre, duc de Bedford, son frère qui l'avait assisté dans ses derniers moments. Or, Philippe le Bon, présent à Paris au moment où se posa la question d'une régence, ne semble pas l'avoir revendiquée. Il eût pu le faire pourtant, alors que, durant son séjour, le roi Charles VI tomba si gravement malade que le problème de sa succession ne put manquer d'être évoqué. Or, le duc de Bourgogne quitta Paris le 10 octobre, onze jours seulement avant la mort du roi de France. Son départ inopportun a été parfois interprété comme un refus de la régence. Mais la question de savoir si Philippe le Bon se mit délibérément en retrait ou fut écarté par le duc de Bedford reste posée. En l'absence de tout document explicite, les historiens en sont aujourd'hui réduits aux hypothèses. Quoi qu'il en soit, en 1422, le duc de Bedford devint régent du royaume de France au nom d'Henri VI, roi de France et d'Angleterre[2].

En tout état de cause, s'il y eut manœuvre du frère d'Henri V, celle-ci ne refroidit en aucune manière les relations anglo-bourguignonnes ; en tant que régent, en effet, le duc de Bedford axa toute sa politique sur le maintien d'une étroite et solide alliance avec le duc de Bourgogne. Dès 1422, il entendit resserrer cette alliance en épousant l'une des sœurs de Philippe le Bon, conformément au projet qu'Henri V avait présenté aux ambassadeurs français en septembre 1419. Ainsi, un contrat de mariage fut scellé à Vernon le 12 décembre 1422 en prévision de l'union du duc de Bedford et d'Anne de Bourgogne. Par ce contrat, Philippe le Bon s'engageait à payer à son futur beau-frère, à titre de dot, une somme de 50 000 écus d'or. Dans le cas où Philippe

1. H. VANDER LINDEN, *Itinéraires de Philippe le Bon*, p. 12-13 et 21-22.
2. C. A. J. ARMSTRONG, « La double monarchie France-Angleterre et la Maison de Bourgogne », p. 343-345 ; C. ALLMAND, *Henry V*, p. 171-173 ; G. L. THOMPSON, *Paris and its people under English rule*, p. 13-15.

le Bon mourrait sans descendance, il déclarait léguer à sa sœur Anne « pour son partage » le comté d'Artois ; en revanche, dans le cas où le duc laisserait des héritiers, garçons ou filles, ces derniers hériteraient du comté d'Artois ainsi que du reste des possessions de leur père mais devraient alors verser 100 000 écus d'or au duc de Bedford et à Anne de Bourgogne, à titre de compensation. Pour sa part, le duc de Bedford devait constituer pour sa femme un douaire représentant un revenu annuel de 10 000 écus d'or[1].

Au moment où cette affaire se traitait, un autre contrat était négocié en vue du mariage de Marguerite de Bourgogne, veuve, depuis 1415, du dauphin Louis de Guyenne, et d'Arthur de Bretagne, comte de Richemont. Ce prince était le frère du duc de Bretagne Jean V ; dans sa jeunesse, il avait fréquenté la cour de Bourgogne et avait même figuré, à l'âge de dix ans, dans le cortège funèbre de Philippe le Hardi, en 1404. Mais six ans plus tard, tout comme son frère, il s'était rallié au parti d'Orléans et avait combattu dans le camp « armagnac » pendant la guerre civile. En 1415, il avait été fait prisonnier par les Anglais à Azincourt et sa capture allait entraîner une nouvelle volte-face : en 1420, il acheta sa libération au prix d'un ralliement au parti anglo-bourguignon. Le mariage de Richemont avec une sœur de Philippe le Bon devait sceller ce ralliement puisqu'il allait faire de lui le beau-frère à la fois du duc de Bourgogne et du duc de Bedford, au moment où le duc Jean V lui-même avait une fois de plus changé de camp et avait prêté serment de respecter les clauses du traité de Troyes.

Le contrat de mariage que Philippe le Bon scella de son sceau en avril 1423 prévoyait que si le duc mourait sans héritier, Marguerite de Bourgogne, « duchesse de Guyenne », recueillerait en héritage le duché de Bourgogne[2]. Mais dans le cas où le duc Philippe aurait des héritiers, il s'obligeait à payer au comte de Richemont et à son épouse une somme de 100 000 francs[3].

Le mariage de Bedford avec Anne de Bourgogne et la conclusion du contrat de mariage de Richemont avec Marguerite eurent lieu à Amiens en avril 1423[4]. À cette occasion, les trois ducs de Bedford, de Bretagne et de Bourgogne se rencontrèrent dans un grand déploiement de faste.

Au milieu des fêtes, un traité d'alliance fut scellé et signé par Bedford, Jean V et Philippe le Bon le 17 avril 1423. Les trois ducs déclaraient agir en « considération des amitiés et proximité de lignage »

1. U. PLANCHER, *Histoire générale et particulière*, III, preuve 314.
2. Notons au passage combien cette clause est inconciliable avec l'affirmation, si souvent répétée, selon laquelle le duché de Bourgogne aurait été un apanage de France.
3. U. PLANCHER, *Histoire générale et particulière*, III, preuve 311.
4. Richemont épousa Marguerite de Bourgogne à Dijon le 10 octobre 1423.

qui étaient entre eux et « pour le bien du roi notre sire et de ses royaumes de France et d'Angleterre, [et] de nos terres, pays et sujets ». Ils s'y engageaient par serment et « en parole de prince » à être et demeurer, leur vie durant, « en vraie fraternité, bon amour et union », à s'aimer « comme frères, parents et bons amis » et à se venir en aide, le cas échéant en armes, avec une suite de 500 combattants, à leurs propres frais. Le but final de leur alliance était le rétablissement de la paix et le bien public :

> « Item, que de toute notre puissance et par les meilleures voies et manières que nous saurons aviser, nous nous emploierons pour le relèvement du pauvre peuple de ce royaume, qui tant a à souffrir et tant souffre de pauvreté, à débouter les guerres hors de ce royaume et le mettre en paix et tranquillité, afin qu'en ce dit royaume Dieu soit servi et honoré et que marchandise et labour y puissent avoir cours [1]. »

Heureuse sur le plan diplomatique, la politique de Bedford le fut aussi sur le plan militaire. A l'été 1423, les troupes du « soi-disant dauphin de Viennois » qui, depuis la mort de son père, était devenu le roi Charles VII, attaquèrent la Bourgogne. Une armée franco-écossaise commandée par Jean Stuart, comte de Darnley, vint assiéger Cravant. Cette ville, située sur l'Yonne, revêtait une importance stratégique et économique incontestable. C'était là, en particulier, que le vin de Bourgogne était chargé pour être transporté par voie fluviale jusqu'à Paris. Les Bourguignons décidèrent de dégager la place assiégée. A la fin du mois de juillet, le seigneur de Toulongeon, maréchal de Bourgogne, réunit des troupes à Auxerre. Il y fut rejoint par trois capitaines anglais, le comte de Salisbury, le comte de Suffolk et le seigneur de Willoughby. Le 31 juillet, les Anglo-Bourguignons attaquèrent les troupes qui assiégeaient Cravant et les mirent en déroute. Un an après cette victoire, le duc de Bedford remporta un nouveau succès sur les troupes de Charles VII à Verneuil le 17 août 1424. Cependant, à cette date, l'alliance anglo-bourguignonne s'affaiblissait.

1. Enguerrand de MONSTRELET, *Chronique*, IV, p. 147-149.

14

LE RETOURNEMENT

L'ALLIANCE FISSURÉE

Malgré le meurtre de Montereau, les contacts diplomatiques entre Charles VII et Philippe le Bon n'avaient jamais été totalement rompus. Le duc de Bourgogne, en évitant d'assumer la régence à la mort d'Henri V et de Charles VI, s'était, volontairement ou non, gardé d'un geste susceptible de rendre difficile, sinon impossible, un rapprochement futur avec son adversaire. Quoi qu'il en soit, depuis le début de l'année 1423, le duc Amédée VIII de Savoie, oncle de Philippe le Bon, se proposait de jouer le rôle de médiateur entre les partis en lutte. Il en avait reçu mission du pape Martin V qui désirait parvenir à une paix finale entre la France et l'Angleterre. Ses efforts conduisirent à la conclusion de trêves entre les Français et les Bourguignons en septembre 1424. Cette suspension d'armes était d'autant plus souhaitable pour le duc de Bourgogne que ce dernier, depuis le printemps 1424, intervenait dans les affaires des comtés de Hainaut, Hollande et Zélande, et s'y heurtait aux ambitions concurrentes de Humphrey, duc de Gloucester, frère du duc de Bedford. Cette rivalité soudaine avait eu pour conséquence d'aigrir les relations anglo-bourguignonnes.

Le rapprochement de Charles VII et de Philippe le Bon s'accentua après le mariage de ce dernier, le 30 novembre 1424, avec sa tante Bonne d'Artois, veuve de Philippe de Bourgogne, comte de Nevers. La nouvelle duchesse de Bourgogne était la demi-sœur de Charles de Bourbon [1]. Ce lien familial permit de concrétiser l'alliance entre la Maison de Bourgogne et la Maison de Bourbon qui avait été projetée en 1412, au moment de la paix d'Auxerre. Rappelons qu'à ce moment, en

1. Marie de Berry avait épousé en premières noces Philippe d'Artois, comte d'Eu, dont elle avait eu Bonne d'Artois, et en secondes noces Jean Ier, duc de Bourbon, dont elle avait eu Charles.

effet, pour sceller la réconciliation entre les princes, un contrat de mariage avait été passé en vue de l'union de Charles de Bourbon et d'Agnès de Bourgogne, fille de Jean sans Peur. Depuis, ce prince et cette princesse étaient restés fiancés, mais la situation politique n'avait pas permis la célébration du mariage. Aussi, l'apaisement que suscitèrent les négociations et les trêves de l'automne 1424 fut-il propice à la célébration du mariage décidé douze ans plus tôt. Pour la Maison de Bourbon, cette alliance était d'autant plus souhaitable que la situation du Bourbonnais était difficile : le duc Jean Ier de Bourbon avait été capturé à Azincourt et, depuis 1415, était détenu en Angleterre. Ses possessions étaient gouvernées par Marie de Berry, sa femme — qui était aussi la mère de Bonne d'Artois. Dès le mois d'octobre 1424, du château de Tutbury où il était captif, le duc de Bourbon avait donné son accord pour le mariage de son fils aîné avec la sœur du duc de Bourgogne, et avait donné procuration à sa femme et à son fils pour en négocier le nouveau contrat :

> « [...] De tout notre cœur [nous] voulons et désirons la perfection et l'accomplissement du dit mariage qui nous semble tant utile et profitable à la paix et tranquillité des pays, seigneuries et sujets de notre très cher et très aimé cousin Philippe, duc de Bourgogne [...] et des nôtres, et spécialement de ceux de Bourgogne et de Charolais et de Bourbonnais, Beaujolais et Château-Chinon, qui sont voisins, joignants et contigus, et de longtemps ont eu grandes amitié et communication ensemble en fait de marchandise et autrement, et encore par le moyen du dit mariage, au plaisir de Dieu, auront plus au temps à venir [...] [1]. »

Au mois de février 1425, un nouveau contrat fut scellé à Autun, en présence d'ambassadeurs français ; il y était prévu qu'Agnès épouserait Charles de Bourbon. Philippe le Bon s'y engageait à donner à sa sœur, en dot, 50 000 livres tournois, et à lui léguer le comté de Bourgogne s'il venait à mourir sans laisser d'héritier [2].

La politique de réconciliation franco-bourguignonne était non seulement encouragée par le duc de Savoie et Bonne d'Artois, mais aussi par le comte de Richemont. Celui-ci, bien qu'officiellement rallié à la double monarchie après sa libération en 1420, avait une fois de plus changé de camp. De même que son frère le duc Jean V, il s'était rapproché de Charles VII. Ce dernier, en mars 1425, avait fait de Richemont un connétable de France ; ainsi auprès du roi se trouvait

1. U. PLANCHER, *Histoire générale et particulière*, III, preuve 312.
2. *Ibid.*

désormais un personnage qui pouvait jouer un rôle d'intermédiaire entre la Maison de France et la Maison de Bourgogne. Sa disgrâce, en 1428, et son remplacement dans la faveur du roi par Georges, seigneur de La Trémoille, ne changea guère l'orientation de la politique royale. Ce personnage était le frère de Jean de La Trémoille, seigneur de Jonvelle, lui-même conseiller du duc de Bourgogne.

De son côté, cependant, Philippe le Bon, malgré les efforts déployés par son oncle le duc de Savoie, n'avait pas l'intention de s'engager dans une voie qui le mènerait à une rupture de l'alliance anglaise. Les trêves avec le roi de France, qui furent prorogées jusqu'en 1429, lui étaient utiles : à partir de 1425, en effet, il s'était lancé dans une politique d'intervention militaire en Hainaut d'abord, puis en Zélande et en Hollande, et avait besoin d'avoir les mains libres du côté de la France. Mais dans le même temps, il avait eu besoin du duc de Bedford, son beau-frère, pour contrer les entreprises hostiles du duc de Gloucester. Sur l'échiquier diplomatique, Philippe le Bon avait donc tout intérêt à jouer, de façon empirique, son jeu personnel, sans s'engager de façon déterminante dans la voie de la paix avec Charles VII[1].

LES BOULEVERSEMENTS DES ANNÉES 1430

En 1429, le duc de Bourgogne, qui bénéficiait du régime de trêves négocié avec les Français, fut contraint par les événements à s'engager de nouveau dans la guerre. Depuis l'automne 1428, les Anglais, après plusieurs années d'accalmie, avaient repris les hostilités contre Charles VII. Décidés à frapper au cœur de son obédience, ils avaient mis le siège devant Orléans. Après un siège pénible durant l'hiver 1428-1429, ils avaient été forcés de décamper au mois de mai. Les troupes françaises, galvanisées par Jeanne d'Arc, les avaient chassés de l'Orléanais. A l'été suivant, le roi Charles VII avait mené une grande chevauchée à travers la Champagne jusqu'à Reims. Là, le 17 juillet 1429, il avait été sacré roi de France.

Cette soudaine offensive française avait compromis l'assise territoriale de la puissance anglo-bourguignonne. Plusieurs villes qui s'étaient ralliées à Jean sans Peur en 1417 s'étaient ouvertes aux Français, ainsi, en Champagne, Troyes — la ville du traité —, Châlons-sur-Marne, Reims, et en Valois et Beauvaisis, Senlis, Creil, Beauvais et Compiègne. Sur le plan politique, la situation des Anglo-Bourguignons était égale-

1. G. du FRESNE de BEAUCOURT, *Histoire de Charles VII*, II, p. 405-410 ; R. VAUGHAN, *Philip the Good*, p. 20-21.

ment mauvaise : le prestige de la double monarchie était gravement atteint et, tandis que la Normandie s'agitait et que certaines de ses places s'ouvraient aux Français, les tenants du parti anglo-bourguignon s'interrogeaient pour savoir quelle réponse apporter au sacre de Charles VII et comment reconquérir le terrain perdu.

Cependant, malgré leurs succès du printemps et de l'été 1429, les Français n'était pas dans une situation fermement assise : malgré les prophéties de Jeanne d'Arc, ils échouèrent dans leur tentative pour prendre Paris le 8 septembre 1429. Après cet échec, le roi Charles VII avait préféré retourner vers la vallée de la Loire : il se replia sur Gien, d'où il reprit les négociations avec les Bourguignons. Il conclut avec eux des trêves valables jusqu'à la fête de Pâques, c'est-à-dire jusqu'au 16 avril 1430. Cependant, l'offensive française avait été ressentie comme une menace par les Bourguignons, dont les positions, en Champagne et en Picardie, étaient sérieusement mises à mal. Aussi Philippe le Bon resserra-t-il son alliance avec Bedford. Le 13 octobre 1429, ce dernier confia au duc de Bourgogne, au nom d'Henri VI, la lieutenance du royaume de France. Aux mois de février et mars 1430, les Bourguignons se mirent en campagne. Leur but était de reconquérir les villes et places du Beauvaisis et du Valois que les Français avaient prises à l'été précédent. Il s'agissait de rouvrir la route qui menait de Picardie à Paris. Au début d'avril, le duc de Bourgogne avait déjà le projet d'assiéger Compiègne. C'est alors que le 23 avril 1430, jour de la Saint-Georges, Henri VI, roi de France et d'Angleterre, débarqua à Calais. Il était accompagné de sept ducs et comtes et d'une armée de 7 000 combattants payés pour six mois.

Henri « de Windsor » était alors âgé de neuf ans et traversait la mer pour la première fois. Après avoir été sacré roi d'Angleterre à Westminster le 5 novembre 1429, il venait en France pour y recevoir son sacre en réponse à celui de son compétiteur français. C'est à l'occasion de son voyage que des conseillers du duc de Bourgogne lui présentèrent un plan de guerre destiné à rétablir la situation politique et militaire en France[1]. Le point le plus important de ce plan était le siège de Compiègne. Il fut mené par une forte armée bourguignonne placée sous les ordres de Jean de Luxembourg, comte de Ligny. Ce siège, qui dura de la mi-mai à la fin d'octobre 1430, fut un coûteux échec pour le duc de Bourgogne. La seule satisfaction qu'il en tira fut la capture de Jeanne d'Arc le 23 mai.

A l'image de l'échec de Compiègne, plusieurs événements de l'année 1430 furent, pour Philippe le Bon, des déceptions ou des sources

1. P. CHAMPION, *Guillaume de Flavy, capitaine de Compiègne*, p. 155-160.

d'inquiétude. Une révolte éclata à Cassel, en Flandre ; le prince-évêque de Liège, Jean de Heinsberg, attaqua le comté de Namur que le duc de Bourgogne avait réuni à ses principautés l'année précédente ; enfin, Louis de Chalon, prince d'Orange, l'un des plus puissants seigneurs de Franche-Comté, échoua dans sa tentative de conquête du Dauphiné et fut sévèrement battu par les troupes de Charles VII à Anthon. Certes, l'année suivante les Bourguignons rétablirent l'équilibre en remportant sur René d'Anjou, duc de Bar et de Lorraine, la victoire de Bulgnéville, au cours de laquelle René fut capturé. Cependant, dans l'Empire, le roi Charles VII encourageait les adversaires du duc de Bourgogne concluant avec Frédéric de Tirol, duc d'Autriche, et avec l'empereur Sigismond de Luxembourg, des alliances ouvertement dirigées contre Philippe le Bon. Aussi, dès 1432, après plus de deux années de guerre coûteuses, le duc de Bourgogne s'engagea dans une voie qui allait le mener à faire la paix avec le roi de France.

LE TRAITÉ D'ARRAS

Depuis de longues années, des forces de paix agissaient, sur le terrain diplomatique, pour mettre un terme au conflit franco-anglais ou au moins à la guerre entre la Maison de France et la Maison de Bourgogne. Jusqu'alors leurs efforts avaient été vains, mais à partir du début des années 1430, leur action se développa dans un contexte plus favorable. Le pape Martin V étant mort en 1431, son successeur Eugène IV, élu la même année, reprit sa politique pacificatrice, personnifiée en France par le légat Nicolas Albergati, cardinal de Sainte-Croix. En même temps, un concile général réuni à Bâle pour traiter des affaires de l'Église mena sa propre action diplomatique pour parvenir à la paix entre les princes. Les efforts du pape et du concile étaient épaulés par ceux du duc Amédée VIII de Savoie qui, depuis le début des années 1420 jouait, comme nous l'avons vu, un rôle de médiateur entre les partis.

En novembre 1432, des conférences de paix eurent lieu à Auxerre réunissant pour la première fois les Bourguignons, les Français et les Anglais. Les négociations furent un échec car Français et Anglais refusaient de transiger sur la question du titre royal : pour les Anglais le seul roi de France était Henri VI de Lancastre alors que pour les Français il n'y avait pas d'autre roi que Charles VII. Les hostilités reprirent donc, entrecoupées de trêves mal respectées, jusqu'en janvier 1435. En ce mois, de nouvelles conférences de paix se tinrent à Nevers. Le duc de Bourgogne s'y trouva, en compagnie de ses deux beaux-frères, Charles, duc de Bourbon, et Arthur de Bretagne, comte de Richemont, ce dernier étant parvenu à restaurer son influence politique à la cour de France. Cette conférence déboucha sur un protocole d'accord en vue d'une paix entre la Maison de France et la Maison de Bourgogne. Le texte de cet accord, daté de février 1435, prévoyait la tenue d'une nouvelle conférence de paix à laquelle devaient prendre part les Anglais, les Bourguignons et les Français. Ces derniers s'engageaient à faire aux ambassadeurs d'Henri VI des « offres raisonnables » dont le roi d'Angleterre devrait « être content ». Dans le cas où il ne se contenterait pas de ces offres, l'attitude que devrait adopter le duc de Bourgogne était prévue dans des termes vagues.

> « Au cas que du côté du roi et de la partie d'Angleterre l'on ne voudrait entendre à paix ni accepter les offres raisonnables qui seront faites, comme dit est, mondit seigneur de Bourgogne, à défaut de ce que dit est, fera de sa partie, pour l'apaisement de ce royaume tout ce que, sauf son honneur, il pourra et devra faire, autant qu'il en apercevra que besoin en sera assez [1]. »

En juillet 1435, s'ouvrit enfin à Arras une conférence qui dura jusqu'au 21 septembre, date de la conclusion du traité de paix. Le roi de France, qui cherchait à détacher le duc de Bourgogne de la cause anglaise, était parvenu à se concilier certains conseillers de Philippe le Bon en les achetant. Un document du 6 juillet 1435 nous apprend ainsi que le chancelier du duc de Bourgogne, Nicolas Rolin, avait reçu du roi 10 000 saluts d'or, Antoine, seigneur de Croy, également 10 000 saluts d'or, Pierre de Bauffremont, seigneur de Charny, Philippe, seigneur de Ternant, Jean de Hornes, seigneur de Bancignies, chacun 8 000 saluts ; en outre 10 000 saluts avaient été partagés entre Jean de Croy, frère d'Antoine, Jacques, seigneur de Crèvecœur, Jean de Brimeu, seigneur de Humbercourt, et Guy Guilbaut [2].

Le 6 septembre, les négociateurs anglais qui avaient, en vain, tenté d'éviter que le duc de Bourgogne ne rompît l'alliance conclue à Troyes en 1420, avaient quitté la conférence pour marquer leur refus de céder sur la question de la couronne royale. Cette rupture des négociations permit aux conseillers du duc de Bourgogne qui étaient favorables à la paix avec la France de présenter les arguments propres à justifier la rupture du serment prêté par Philippe le Bon à Troyes. Le chancelier Rolin avait ainsi préparé un réquisitoire contre la politique anglaise

1. U. PLANCHER, *Histoire générale et particulière*, IV, preuve 117.
2. R. VAUGHAN, *Philip the Good*, p. 100.

menée depuis 1420 et accumulé les arguments propres à justifier la violation du serment prêté par Philippe le Bon à Troyes.

> « Car de droit et de raison naturelle le serment de ne pas faire paix est chose illicite et contre les bonnes mœurs et, donc, il est de nulle valeur ; [...] le traité de Troyes fut fait dans l'intention de mettre paix en tout le royaume ; or maintenant, il est vrai que [...] par la faute des Anglais il y a plus grande guerre au royaume qu'il n'y avait quand le traité entre les deux rois fut fait, et tout est par la faute des Anglais, car à cause de leur dur gouvernement, plusieurs des notables villes que monseigneur mit en leurs mains se sont rendues sans coup férir aux adversaires, par quoi la ville de Paris, qui est la principale ville du royaume, est plus qu'aux trois quarts ruinée [...][1]. »

Le cardinal Albergati, légat du pape, et Hugues de Lusignan, cardinal de Chypre, légat du concile de Bâle, purent déclarer pour leur part les Anglais adversaires de la paix générale. Philippe le Bon fut donc solennellement délié, par l'autorité pontificale, du serment qu'il avait prêté à Troyes en 1420 et put ainsi conclure une paix séparée avec Charles VII.

Le traité fut scellé le 21 septembre[2]. Il comportait un certain nombre de clauses prévoyant une réparation matérielle et morale du meurtre de Montereau : le roi Charles VII devait officiellement désapprouver l'attentat en déclarant — ou faisant déclarer par ses procureurs — au duc de Bourgogne « que la mort de feu monseigneur le duc Jean, son père, que Dieu absolve, fut iniquement et mauvaisement faite par ceux qui perpétrèrent ledit cas et par mauvais conseil, et qu'il lui en a toujours déplu et lui déplaît encore ». Le roi abandonnait ceux qui avaient assassiné Jean sans Peur, s'engageant à les punir ou à les faire bannir en confisquant leurs biens. En outre, à ses frais, il devait fonder une chapellenie en l'église collégiale de Montereau où à perpétuité serait célébrée une messe quotidienne de Requiem pour l'âme du duc assassiné. Un couvent de Chartreux devait également être fondé aux frais du roi à proximité de la ville. Sur le pont, lieu de l'assassinat, Charles VII devait faire ériger « une belle croix » bien édifiée et bien sculptée et entretenue à perpétuité. Une autre fondation devait être faite à la Chartreuse de Champmol où une messe de Requiem serait également célébrée tous les jours. En compensation de la perte des joyaux et autres

1. F. SCHNEIDER, *Der europäische Friedenskongress von Arras*, p. 202.
2. On en trouvera le texte dans : Enguerrand de MONSTRELET, *Chronique*, V, p. 151-182 et E. COSNEAU (éd.), *Les grands traités de la Guerre de Cent Ans*, p. 116-151.

biens saisis par les Armagnacs après la mort du duc, le roi s'engageait à payer 50 000 écus d'or ; de même il devait indemniser tous ceux qui avaient accompagné le duc à Montereau et, lors de l'attentat, avaient été capturés, rançonnés et dépouillés de leurs biens.

La guerre civile était officiellement terminée et plusieurs articles du traité prévoyaient un retour à la normale et une abolition générale, sauf naturellement pour les assassins de Jean sans Peur.

Le traité contenait aussi des clauses territoriales prévoyant la cession au duc des comtés de Mâcon et d'Auxerre, de la seigneurie de Bar-sur-Seine, des châtellenies de Roye, Péronne et Montdidier et du comté de Boulogne. En outre, le roi engageait au duc les « villes de la Somme », Saint-Quentin, Corbie, Amiens, Abbeville, avec tout le comté de Ponthieu, Doullens, Saint-Riquier, Crèvecœur, Arleux, Mortagne, conservant cependant une faculté de rachat moyennant versement de la somme de 400 000 écus. Cet engagement était un mort-gage puisque le traité prévoyait :

> « Et cependant, seront à mondit seigneur de Bourgogne les fruits de toutes lesdites cités, villes, forteresses et seigneuries, tant des domaines comme des aides et autrement, sans en rien déduire ni rabattre du principal. »

Le duc de Bourgogne se faisait en effet céder le produit de tous les impôts, directs ou indirects, levés dans les principautés, seigneuries et villes que le roi lui livrait : « Gabelle du sel, quatrième des vins vendus au détail, impositions de toutes denrées, tailles, fouages et autres aides et subventions quelconques. »

Une clause particulière réglait aussi la question de la garde de l'abbaye de Luxeuil, vieux contentieux qui avait opposé les rois de France et les comtes de Bourgogne. De ce vénérable monastère dépendait un assez vaste territoire enclavé entre le comté de Bourgogne et le duché de Lorraine. Sa position stratégique sur le grand axe nord-sud qui de Franche-Comté menait vers Épinal, Nancy et Luxembourg, intéressait Philippe le Bon. C'est pourquoi il obtint de Charles VII une renonciation non négligeable.

En outre, le traité d'Arras prévoyait un aménagement particulier des relations personnelles entre Philippe le Bon et le roi de France :

> « Item, que mondit seigneur de Bourgogne ne sera tenu de faire foi ni hommage ni services au roi, des terres et seigneuries qu'il tient à présent au royaume de France ni de celles qui lui pourraient échoir ci-après par succession audit royaume. Mais il sera et demeu-

> rera exempt de sa personne en tous cas de sujétion, hommage, ressort, souveraineté et autres durant sa vie. Mais après son décès, mondit seigneur de Bourgogne fera à son fils et successeur en la couronne de France les hommages, fidélités et services accoutumés. Et aussi, si mondit seigneur de Bourgogne allait de vie à trépas avant le roi, ses héritiers et ayants cause feront au roi lesdits hommages, fidélités et services comme il appartiendra. »

Dans le domaine de la guerre, Charles VII acceptait que, tant que durerait « l'exemption personnelle » dont bénéficiait Philippe le Bon, ses fidèles et vassaux qui tenaient des seigneuries dans le royaume, de même que les « familiers et serviteurs » de son hôtel, ne fussent pas tenus de s'armer au mandement du roi. En revanche, ce dernier s'engageait à porter secours au duc de Bourgogne s'il était attaqué par les Anglais. Quant aux gens de guerre bourguignons, ils porteraient désormais toujours comme signe distinctif la croix de Saint-André qui cessait de devenir un simple insigne de parti pour devenir l'emblème d'un État princier.

Sur le plan de la diplomatie, Charles VII acceptait de ne conclure aucun accord ni faire aucune paix avec les Anglais sans le consentement du duc de Bourgogne et de « son héritier principal » après lui et s'engageait à renoncer à toute alliance conclue avec l'Empereur et « avec quelconque autre prince ou seigneur quel qu'il soit » dirigée contre le duc de Bourgogne.

Moyennant ces conditions que certains Français trouvèrent rudes et même humiliantes pour Charles VII, la paix était faite et un poète bourguignon anonyme pouvait chanter :

Dieu donne bonne vie au roi Charlon
Et veuille garder le noble lion !
Réjouissez-vous tous, loyaux François,
Et remerciez le haut roi des rois
Qui a apaisé la division
De la fleur de lys et du Bourguignon[1].

LES SUITES DU TRAITÉ

Après avoir conclu le traité d'Arras, Philippe le Bon tenta de jouer le rôle de médiateur entre le roi de France et le gouvernement anglais. Il envoya donc aussitôt une ambassade à Londres, dont le moins qu'on

1. G. DOUTREPONT, *La littérature française à la cour des ducs de Bourgogne*, p. 380.

puisse dire est qu'elle fut bien mal reçue[1]. La conclusion du traité d'Arras conduisit à une rupture entre le roi d'Angleterre et le duc de Bourgogne. Cette situation déboucha bientôt sur la guerre. A l'été 1436, Philippe le Bon rassembla une armée sur terre et sur mer pour tenter d'assiéger et de prendre Calais. Mais ce siège, commencé le 9 juillet, fut précipitamment levé le 28. De toute évidence, l'opération, que le duc avait voulue de très vaste envergure, fut coûteuse mais échoua en raison de la combinaison d'une série de facteurs : difficultés financières, lenteur des mouvements de concentration de l'armée, mauvaise coordination entre « l'armée de la mer » et les troupes opérant sur la terre ferme, conditions climatiques très défavorables[2]. Cependant le duc, pour ne pas perdre la face, fit porter la responsabilité de ce fiasco sur les contingents des villes de Flandre qui, pris de panique et en état de quasi-révolte contre leur prince, avaient abandonné son ost en compromettant toute l'entreprise. Même si cette version des faits est très partiale, elle fut retenue par les chroniqueurs picards qui alliaient à leur admiration pour la Maison de Bourgogne une haine tenace des Flamands[3].

Quoi qu'il en soit, cette fâcheuse démonstration devant Calais fut suivie d'une violente contre-offensive anglaise qui se développa en août et septembre 1436.

> « Le duc de Gloucester, qui avait bonne connaissance de la déroute et qui déjà avait fait grand mandement dans toute l'Angleterre, se mit en deux armées pour les assaillir par terre et par mer et envoya une partie de ses gens bouter les feux à Cadzand afin de les occuper par-delà ; puis il fit entrer son autre armée en Flandre, à pied et à cheval, à grande puissance de gens d'armes et de trait et fit fourrager, incendier et détruire tout le pays par où ils passaient et ils firent bien deux mille prisonniers qui furent menés à Calais. Ils vinrent loger près de Gravelines, à Rouge-Tour, à Yclebecque, à Poperinge et à Bailleul. De là ils vinrent brûler Le Doulieu puis retournèrent loger à Hazebrouck. Puis, ils rentrèrent à Calais où ils ramenèrent de grands biens, charroi, bœufs, vaches, moutons, les prisonniers dessus dits et une fortune infinie[4]. »

Deux années de guerre suivirent la tentative sur Calais[5], qui provo-

1. Enguerrand de MONSTRELET, *Chronique*, V, p. 190-194.
2. M.-R. THIELEMANS, *Bourgogne et Angleterre*, p. 65-107 ; R. VAUGHAN, *Philip the Good*, p. 74-84 ; M. SOMMÉ, « L'armée bourguignonne au siège de Calais de 1436 », p. 197-219 ; J. PAVIOT, *La politique navale des ducs de Bourgogne*, p. 69-86.
3. *Le livre des trahisons de France*, p. 210-212.
4. *Ibid.*, p. 212.
5. J. PAVIOT, *La politique navale des ducs de Bourgogne*, p. 83-85.

qua en outre une sévère révolte en Flandre. Mais au début de 1439, de nouvelles négociations s'ouvrirent à Gravelines en vue de rétablir les relations politiques et économiques entre les pays bourguignons et l'Angleterre. En outre, Philippe le Bon, voulant reprendre son rôle de médiateur entre Charles VII et Henri VI, tenta aussi de négocier un accord de paix entre les deux rois. Si cette paix ne fut pas conclue à Gravelines, en revanche, un « entrecours de marchandise » fut accordé entre la Flandre et l'Angleterre en septembre 1439 à Calais : désormais les marchands des deux nations jouiraient d'un sauf-conduit ; la liberté de commerce serait rétablie, sauf pour les armes et pour le drap anglais contre lequel le duc de Bourgogne menait une politique protectionniste ; les pèlerins anglais pourraient librement traverser la Flandre ; les pêcheurs anglais pourraient, en cas de tempête, trouver refuge dans les ports flamands et réciproquement. A la suite de ce traité, une trêve fut conclue entre Henri VI et Philippe le Bon en avril 1443[1]. Le duc était ainsi parvenu à s'extraire du conflit franco-anglais.

Parallèlement, il ne renonçait pas à jouer un rôle dans la politique française. Conjointement avec son épouse la duchesse Isabelle de Portugal, Philippe négocia avec les Anglais la libération du duc Charles d'Orléans. Fait prisonnier à Azincourt, il était resté vingt-cinq ans captif. Sa rançon s'élevait à 240 000 écus, dont un quart devait être versé en préalable à tout élargissement du prisonnier. Le duc et la duchesse de Bourgogne parvinrent à réunir la somme et obtinrent la remise en liberté du duc Charles qui intervint en novembre 1440. Certes, la libération du fils de Louis d'Orléans par l'intercession du fils de Jean sans Peur était un signe remarquable de la réconciliation qui avait suivi la guerre civile. Mais c'était aussi une opération politique permettant au duc de Bourgogne de se ménager une alliance avec le représentant d'une des toutes premières Maisons princières du royaume à un moment où ses relations avec Charles VII se détérioraient. Pour attacher le duc d'Orléans à sa cause, Philippe le Bon lui avait proposé de lui donner en mariage sa nièce Marie de Clèves[2]. L'accord fut conclu et les noces célébrées peu de temps après l'arrivée de Charles sur le sol français, à Saint-Omer, le 29 novembre 1440. Le lendemain, jour de la Saint-André, se tint en cette même ville un chapitre de l'ordre de la Toison d'or, ordre que Philippe le Bon avait fondé dix ans auparavant. A cette occasion, il en offrit le collier au duc d'Orléans, qui, en retour, lui présenta le collier de son propre ordre de chevalerie, l'ordre du Porc-Épic[3].

1. M.-R. THIELEMANS, *Bourgogne et Angleterre*, p. 111 et suiv. ; M. SOMMÉ, *Isabelle de Portugal*, p. 395-402 ; D. NICHOLAS, *Medieval Flanders*, p. 329.
2. Fille d'Adolphe Ier, duc de Clèves, et de Marie de Bourgogne.
3. Enguerrand de MONSTRELET, *Chronique*, V, p. 442-444.

Lors de ce même chapitre de Saint-Omer, les chevaliers de la Toison d'or élirent aussi Jean V, duc de Bretagne, Jean II, duc d'Alençon et Mathieu de Foix, comte de Comminges. Cette promotion de princes et grands seigneurs français montrait qu'à l'orée des années 1440 le duc de Bourgogne se cherchait des alliés dans le royaume afin de renforcer sa position face au roi Charles VII. En effet, cinq années après le traité d'Arras, une partie des clauses du traité était restée lettre morte ; en outre, des gens de guerre se réclamant du roi pillaient et ravageaient périodiquement les pays bourguignons. Ce dernier problème était suffisamment grave pour qu'une conférence franco-bourguignonne ait lieu sur ce sujet à Laon au printemps 1441. Charles VII et son fils le dauphin Louis avaient reçu une ambassade conduite par la duchesse Isabelle de Portugal, mais les pourparlers avaient été vains. L'année suivante, en janvier 1442, dans une atmosphère de sourde révolte princière, le duc de Bourgogne participa aux conférences de Nevers où le roi s'était fait représenter. Là encore, les négociations ne menèrent à aucun accord[1].

Les relations franco-bourguignonnes étaient tendues. A la cour de France, le parti angevin était hostile à Philippe le Bon, et René d'Anjou, en particulier, espérait peut-être, avec l'aide de son beau-frère Charles VII, liquider par les armes les suites fâcheuses de sa défaite de Bulgnéville. C'est du moins ce que laisse entendre le chroniqueur Mathieu d'Escouchy :

> « Et comme il était alors assez commune renommée, ledit roi de Sicile et autres seigneurs de sa partie désiraient assez qu'on recommençât derechef la guerre contre le duc de Bourgogne[2]. »

Dans les années 1444-1445, le pouvoir du roi de France s'était affermi[3]. Les trêves conclues à Tours avec les Anglais en 1444 et le mariage d'Henri VI d'Angleterre avec Marguerite d'Anjou, fille du roi René, laissaient momentanément à Charles VII les mains libres pour consolider sa position. Ses troupes intervinrent en Alsace, en faveur de Frédéric III de Habsbourg, en guerre contre les confédérés suisses, et en Lorraine pour aider René d'Anjou contre la ville de Metz. Or, ces interventions françaises se situaient dans des régions qui constituaient l'une des zones d'influence de l'État bourguignon. En outre, les gens de guerre français avaient profité de cette occasion pour commettre des

1. M. SOMMÉ, *Isabelle de Portugal*, p. 402-404.
2. Mathieu d'ESCOUCHY, *Chronique*, I, p. 44-45.
3. Pour ce qui suit, voir R. VAUGHAN, *Philip the Bold*, p. 115-116 ; M. SOMMÉ, *Isabelle de Portugal*, p. 404-408.

dégâts importants dans les pays du duc. Enfin, Charles VII avait profité du répit que lui avaient accordé les trêves de Tours pour réorganiser son armée en constituant des compagnies d'ordonnance permanentes. La combinaison de tous ces éléments créait une situation préoccupante pour le gouvernement bourguignon. Aussi, Philippe le Bon désira-t-il la reprise des négociations avec Charles VII. Ce dernier, contrairement aux apparences, n'était pas hostile à un apaisement dans ses relations avec le duc de Bourgogne. Son objectif essentiel restant alors la guerre contre l'Angleterre et la reconquête du royaume, il ne voulait pas d'une reprise des hostilités avec la Bourgogne qui aurait pu conduire à un nouveau rapprochement anglo-bourguignon.

Des conférences furent donc organisées à Reims, puis Châlons-sur-Marne, au printemps et à l'été 1445, en vue de régler les questions litigieuses qui s'étaient accumulées depuis le traité d'Arras. Tout comme à Laon, la délégation bourguignonne aux conférences de Châlons fut menée par la duchesse Isabelle de Portugal, qui jouait alors un rôle central dans les relations tripartites entre la France, l'Angleterre et l'État bourguignon. Une liste de griefs avait été établie par la chancellerie du duc de Bourgogne dont voici les principaux points : certaines places du duché de Luxembourg avaient été occupées par les troupes royales ; des dommages avaient été causés au comté de Bourgogne par les gens de guerre du roi étant en garnison sur les frontières ; le roi n'avait pas fait justice des coupables du meurtre de Montereau, malgré les clauses du traité d'Arras ; de même, il n'avait pas exécuté les clauses de ce traité concernant les fondations pieuses prévues en réparation de la mort de Jean sans Peur ; il devait 35 000 écus à Philippe le Bon, ce qui était sans doute un reliquat de la somme de 50 000 écus qu'il s'était engagé à payer pour indemniser le duc des pertes subies à Montereau ; les officiers royaux commettaient de multiples empiétements dans le comté de Mâcon, et le sénéchal de Lyon continuait à s'intituler « bailli de Mâcon », ce qui contrevenait aussi au traité ; des empiétements se produisaient également au détriment des droits du duc dans le duché et le comté de Bourgogne, dans la seigneurie de Bar-sur-Seine et dans le comté d'Auxerre ; des interventions d'officiers royaux avaient perturbé le monnayage ducal à Dijon, Mâcon, Auxerre, Saint-Quentin et Amiens ; le roi avait nommé un bailli d'Amiens, alors que la nomination devait en revenir au duc de Bourgogne ; des lettres royales avaient désigné Philippe le Bon comme « soi-disant seigneur de Lille, Douai et Orchies[1] ».

1. U. PLANCHER, *Histoire générale et particulière*, IV, preuve 139 et R. VAUGHAN, *Philip the Good*, p. 116.

A ces griefs s'ajoutaient d'autres questions importantes qui firent l'objet d'une série d'accords entre les Français et les Bourguignons : le règlement de la rançon due par René d'Anjou après sa capture à Bulgnéville en 1431 ; l'évacuation du château de Montbéliard, possession de la Maison de Wurtemberg, que le dauphin Louis avait fait occuper par ses troupes lors de la campagne qu'il avait menée en 1444 en Alsace ; l'exemption du ressort du Parlement de Paris pour les tribunaux des villes de Flandre ; la ratification du traité d'Arras par les princes français qui n'avaient pas encore prêté serment : le dauphin Louis, Jean d'Anjou, duc de Calabre, Charles d'Anjou, comte du Maine, Gaston IV, comte de Foix.

Malgré cette série d'accords, pour Philippe le Bon les négociations de Châlons n'apportèrent guère de résultats concrets ; elles montrèrent surtout que le traité d'Arras, s'il avait bien mis fin aux hostilités entre Français et Bourguignons, était loin d'avoir restauré l'union entre le duc de Bourgogne et le roi de France. Ce dernier n'avait guère en propos d'exécuter les clauses les plus humiliantes et les plus contraignantes d'autant que dans son royaume des voix s'élevaient pour critiquer un accord que certains jugeaient lui être préjudiciable. Ainsi le rapporte, dans le cadre d'une enquête effectuée en 1458 et où il intervient comme témoin, un chanoine d'Angers nommé Raoul Le Boursier :

> « Et pour ce que cet accord semblait à plusieurs trop à l'avantage de mondit seigneur de Bourgogne et au préjudice et à la charge du roi, se trouva après ce témoin, en plusieurs lieux et en diverses compagnies de gens disant qu'il était inique et damnable et très déshonorant pour le roi et il n'était pas vraisemblable que le roi donnât son aval à ceux qui avaient en son nom passé ce traité car par ce moyen, le roi était rançonné par l'un de ses vassaux et sujets[1]. »

Dans les années qui suivirent les conférences de Châlons et jusqu'à la mort de Charles VII, survenue en 1461, des incidents ne cessèrent de survenir entre France et Bourgogne. En 1448, le gouvernement royal protesta officiellement contre l'emploi, dans la titulature de Philippe le Bon, de la formule « par la grâce de Dieu ». Cette locution, introduite depuis l'accession du duc au duché de Brabant, était, selon les conseillers du roi, la marque d'une « méconnaissance de fiefs », le duc de Bourgogne semblant affirmer qu'il tenait le duché de Bourgogne, et d'autres seigneuries, non du roi de France mais directement de Dieu.

1. A.-B. SPITZBARTH, *Les relations diplomatiques franco-bourguignonnes de 1445 à 1461*, p. 73.

Le fait était d'autant plus fâcheux au regard du roi et des siens que, depuis le traité d'Arras, le duc Philippe jouissait d'une « exemption personnelle » de l'hommage et du service. Cette protestation parut tardive aux Bourguignons puisque, d'une part, elle intervenait dix-huit ans après la « Joyeuse Entrée » de Philippe le Bon à Bruxelles, et que, d'autre part, lors des négociations et de la conclusion du traité d'Arras de 1435, le roi et ses ambassadeurs n'avaient pas critiqué cet usage. Il semblait bien qu'en 1448 les Français ne souhaitaient plus jouer le jeu de la conciliation [1].

Entre 1451 et 1459, plusieurs ambassades françaises furent envoyées auprès de Philippe le Bon pour lui adresser des remontrances et lui exposer les griefs nourris par le roi à son égard. Les ambassadeurs de Charles VII rappelèrent à Philippe qu'il avait à l'égard du roi des obligations en tant que parent, pair de France et, surtout, vassal. En décembre 1459, l'évêque de Coutances Richard Olivier affirma par exemple en présence de Philippe le Bon :

> « [Le roi] est votre chef et vous parent de son corps ; il est votre souverain et vous son sujet ; il doit commander et vous devez obéir ; car comme il l'a été assez dit, il faut nécessairement qu'il y ait ordre en toute chose, majorité et minorité, autorité et sujétion, commandement et obéissance [2]. »

Le duc était tenu de se soumettre et d'obéir, ce qui revenait à considérer comme de nulle valeur l'exemption d'hommage et de service prévue par le traité d'Arras. Or, à cette offensive dirigée contre les termes du traité de 1435, s'ajoutaient les développements d'une politique d'intervention du roi de France dans la sphère d'influence du duc de Bourgogne : Charles VII prétendit s'immiscer dans la querelle qui opposa Philippe le Bon à ses sujets gantois en 1452-1453. En 1457, il tenta de contester au duc ses droits sur le duché de Luxembourg. Ces manifestations de l'hostilité des Français à l'égard des Bourguignons s'accompagnèrent de démonstrations de force et de manœuvres d'intimidation. Dans ces années, pourtant, Philippe le Bon jouait la carte de l'apaisement : en mai 1453, les Turcs avaient pris Constantinople et, au mois de février suivant, il avait fait vœu de prendre la croix lors du célèbre « banquet du Faisan ». En prononçant son vœu il avait exprimé le désir de prendre part au « saint voyage » en compagnie du roi de France ou au moins sous sa bannière ; en outre, pour montrer sa bonne volonté, il avait décidé d'un mariage français pour Charles, comte de

1. *Ibid.*, p. 84-88.
2. *Ibid.*, p. 93.

Charolais, son seul fils, qui avait alors vingt et un ans. Ce dernier, en 1438, à l'âge de six ans, avait été marié à une fille de Charles VII, Catherine de France, mais la jeune princesse était morte en 1446 ; un remariage s'imposait donc. Si l'on en croit Georges Chastelain, la duchesse Isabelle de Portugal penchait pour un mariage anglais, mais Philippe le Bon préféra, dans le contexte de son projet de croisade, choisir de resserrer les liens avec la cour de France. Son choix se porta sur sa nièce Isabelle de Bourbon, fille de sa sœur Agnès de Bourgogne et de Charles, duc de Bourbon. Le mariage fut célébré le 30 octobre 1454, à la satisfaction de Charles VII qui avait un moment craint une alliance anglo-bourguignonne[1].

Cependant, ce moment de détente ne dura pas et, dans l'histoire des relations de Philippe le Bon et de Charles VII, l'année 1456 fut marquée par un regain d'hostilité : cette année-là, en effet, le dauphin Louis, en révolte ouverte contre son père, vint chercher refuge à la cour de Bourgogne[2]. Cet événement, qui aviva l'hostilité du roi à l'égard du duc, fut jugé par certains des proches conseillers de Philippe le Bon comme une occasion d'établir, avec le futur roi de France, les relations cordiales qui n'avaient jamais existé entre Charles et Philippe. En misant sur la gratitude du dauphin, les Bourguignons pouvaient espérer voir, dans l'avenir, leur duc jouer de nouveau un rôle politique de premier plan au sein du gouvernement royal. Par ailleurs, dans la situation tendue qui existait entre la France et la Bourgogne, il ne déplaisait pas au duc de jouer les intercesseurs entre le roi de France et son fils aîné. C'est dans ce sens qu'il faut lire les propos attribués par Georges Chastelain à Antoine, seigneur de Croy, conseillant au duc Philippe, étonné par « l'étrangeté du cas », de tirer parti de l'arrivée du dauphin à la cour de Bourgogne :

> « Par mon serment, j'en suis bien aise, c'est tout bien qui nous vient : le père ne se voulut jamais fier à nous, au moins le fils s'y fiera cette fois. Monseigneur, vous lui ferez bonne chère, vous le pouvez bien et vous le devez. Et nous en ferons tous autant : il est celui à qui un jour vous, ou monseigneur votre fils, devrez faire hommage et foi et que nous tous, s'il plaît à Dieu, nous servirons, avec vous, de bon cœur et par bon amour. Peut-être que Dieu vous l'a envoyé pour le remettre en la bonne grâce de son père et pour être son médiateur. Cette affaire-là a été flottante sans être jamais

1. C.A.J. ARMSTRONG, « La politique matrimoniale des ducs de Bourgogne », p. 5-58 et 89-139 ; R. VAUGHAN, *Philip the Good*, p. 342-343 ; J.-M. CAUCHIES, « Le duc, la politique et les Pays-Bas dans les États bourguignons en 1454 », p. 35.

2. Sur cet épisode, voir P.-R. GAUSSIN, *Louis XI*, p. 39-43.

> réglée, mais j'ai bon espoir que tout pourra trouver une bonne fin, maintenant que vous vous y emploierez volontiers[1]. »

Mais les espoirs de réconciliation furent vains et Louis resta en exil jusqu'à la mort de son père, en 1461. Son avènement n'allait pas, loin de là, marquer une amélioration des relations franco-bourguignonnes.

1. Georges CHASTELLAIN, *Œuvres*, III, p. 195.

15

L'EXPANSION TERRITORIALE

Tout en menant une politique d'intervention dans le royaume de France, et parfois à la faveur de cette politique, les ducs de Bourgogne Jean sans Peur et Philippe le Bon ont non seulement consolidé l'ensemble de principautés qu'avait constitué Philippe le Hardi, mais l'ont encore considérablement étendu. L'expansionnisme fut en effet l'un des traits marquants de l'action de ces princes à travers tout le XVe siècle.

L'ACTION DE JEAN SANS PEUR

Par comparaison avec le principat de Philippe le Hardi, au cours duquel l'ensemble territorial bourguignon est né, on a souvent eu tendance à considérer que, durant le principat de Jean sans Peur, le mouvement d'expansion avait marqué le pas. En réalité, si les progrès furent à son époque moins spectaculaires qu'au temps de son prédécesseur, le duc Jean s'assura des positions qui furent, par la suite, affermies par Philippe le Bon, voire par Charles le Téméraire. Ainsi, nous avons déjà eu l'occasion de souligner que l'intervention armée à Liège, en septembre 1408, représenta la première occasion saisie par un duc de Bourgogne pour étendre son influence directe à la principauté de Liège. L'enjeu liégeois revêtait d'ailleurs une telle importance aux yeux de Jean sans Peur que ce dernier n'hésita pas à compromettre la consolidation de sa position politique à Paris pour porter secours à son beau-frère Jean de Bavière.

Dans le royaume de France, la guerre civile, bien loin d'enrayer le processus d'acquisitions territoriales, le favorisa au contraire. Sans parler des points stratégiques dont le duc de Bourgogne s'assura temporairement le contrôle, notamment en Champagne, il faut souligner que ce fut à l'initiative de ce prince que certaines provinces furent durablement occupées par les Bourguignons et que cette occupation fut, dans la plupart des cas, le prélude à une acquisition. Tel fut le cas d'Auxerre et de l'Auxerrois, chaudement disputés entre Armagnacs et Bourguignons, mais bientôt virtuellement annexés par ces derniers. Il en alla de même pour Mâcon et le Mâconnais, occupés par un coup de force en 1417.

A la même époque, Jean sans Peur s'emparait du comté de Boulogne. Cette petite principauté était tenue en fief du comte d'Artois, c'est-à-dire, depuis 1384, du duc de Bourgogne lui-même. En 1389, la comtesse Jeanne de Boulogne avait épousé Jean, duc de Berry, et ce dernier était donc comte de Boulogne du chef de sa femme. Mais, à partir de 1410, à la faveur de la guerre civile, Jean sans Peur avait mené dans le Boulonnais une politique d'intervention de plus en plus marquée et cette politique avait été favorisée par un ralliement de la noblesse boulonnaise à la cause de la Maison de Bourgogne[1]. Le duc n'attendait qu'une occasion pour annexer le comté. Cette occasion se présenta en 1416, lorsque le duc de Berry mourut et que Jeanne de Boulogne, sa veuve, épousa en secondes noces Georges de La Trémoille, adversaire du duc de Bourgogne après en avoir été l'un des conseillers. Jean sans Peur agit promptement : résolu à ne pas laisser l'un de ses ennemis saisir le Boulonnais, il en décida la confiscation sous prétexte que le nouveau comte — et pour cause — ne lui avait pas prêté hommage. Dans les dernières semaines de 1416, le comté de Boulogne fut donc annexé aux principautés bourguignonnes[2]. Jean sans Peur s'assura aussi la possession d'une partie de la Picardie en avançant, là encore, des arguments juridiques. En effet, après le mariage de son fils Philippe, comte de Charolais, avec Michelle de France, fille de Charles VI, la plus grande partie de la dot de celle-ci — 100 000 écus sur les 120 000 promis — n'avait pas été payée. Aussi, le duc, après s'être saisi des châtellenies de Roye, Péronne et Montdidier, fit reconnaître par le gouvernement royal, en août 1418, que le comte de Charolais les tenait comme garantie du paiement de cette dot[3].

Le duc profita des circonstances pour se saisir également du comté de Tonnerre dont la possession renforçait les positions bourguignonnes au nord du duché. En 1406-1407, Louis de Chalon, comte de Tonnerre, s'étant rendu coupable d'un rapt sur la personne d'une suivante de la duchesse de Bourgogne, Jean sans Peur réunit le comté à ses

1. B. SCHNERB, *Enguerrand de Bournonville et les siens*, *passim*.
2. P. HÉLIOT et A. BENOIT, « Georges de La Trémoille et la mainmise des ducs de Bourgogne sur le Boulonnais », p. 29-45 et P. HÉLIOT, « Nouvelles observations sur La Trémoille, Jean sans Peur et le Boulonnais », p. 182-186.
3. U. PLANCHER, *Histoire générale et particulière*, IV, preuve 7.

possessions. Cette mesure fut temporaire et, en 1410, le duc rendit son bien à Louis de Chalon. Mais, ce dernier s'étant rallié au parti d'Orléans, Jean sans Peur obtint des lettres royales, datées de janvier 1411, portant confiscation du comté de Tonnerre et lui en attribuant la garde et le gouvernement — le comté de Tonnerre, en effet, étant tenu en fief du comté d'Auxerre qui alors était au roi, la décision de le confisquer ne pouvait venir que de ce dernier. Un an plus tard, en janvier 1412, Jean sans Peur transmit le comté au comte de Charolais, son fils. Finalement en juillet 1419, Jean sans Peur obtint des lettres patentes, données au nom de Charles VI, par lesquelles le roi lui faisait don du comté de Tonnerre et de toutes les terres que tenait Louis de Chalon, en héritage perpétuel et « en augmentation et accroissement du fief du duché de Bourgogne ». Cependant, plusieurs années après la mort de son père, Philippe le Bon restitua le comté de Tonnerre aux héritiers de Louis de Chalon[1].

La cité de Besançon fut un autre objectif de la politique expansionniste du duc. Cette ville impériale était une enclave dans le comté de Bourgogne ; deux pouvoirs concurrents s'y affrontaient, celui de l'archevêque et celui de la commune. Philippe le Hardi avait entretenu de bons rapports avec les habitants — les « citiens » — qui lui avaient confié la garde de la ville. En août 1405, entré en possession du comté de Bourgogne, Jean sans Peur avait repris la politique de son père. L'année suivante, un conflit violent opposant l'archevêque Thibaud de Rougemont aux « citiens » de Besançon, ceux-ci se laissèrent persuader de remettre la seigneurie de leur cité à Jean sans Peur. En échange, ce dernier s'engageait à faire de Besançon la capitale administrative et judiciaire de la Franche-Comté. Sur cette base, un traité fut scellé en octobre 1407[2] qui fut confirmé au mois de février suivant par le roi des Romains Wenceslas IV de Luxembourg[3]. Ce dernier, en lutte contre Robert de Bavière, se cherchait des alliés et n'avait donc rien à refuser au duc de Bourgogne.

Le 19 juillet 1408, Jean sans Peur, par des lettres patentes données à Gand, institua à Besançon un Parlement, en y transférant celui de Dole, et y créa une Chambre du conseil, une Chambre des comptes et une cour de chancellerie[4]. En vertu de cet acte, Besançon devenait, pour le duc de Bourgogne, un centre de gouvernement aussi important que Dijon. Cependant cette opération, motivée par la volonté d'obtenir

1. R. VAUGHAN, *John the Fearless*, p. 177-181 et 237 ; U. PLANCHER, *Histoire générale et particulière*, III, preuve 269 et IV, preuve 1.
2. R. VAUGHAN, *John the Fearless*, p. 13.
3. U. PLANCHER, *Histoire générale et particulière*, III, preuve 266.
4. E. CHAMPEAUX, *Ordonnances francs-comtoises sur l'administration de la justice*, n° 16.

un ralliement unanime des « citiens » de Besançon, avait été menée au prix d'un démembrement des institutions dijonnaises. En avril 1409, devant l'hostilité de ses conseillers bourguignons, Jean sans Peur abandonna l'expérience commencée. Il passa un accord avec l'archevêque Thibaud de Rougemont et, finalement, partagea avec lui la seigneurie de la cité. Une seconde tentative pour traiter avec les habitants de Besançon et obtenir la seigneurie de la cité fut faite par le duc en 1412-1413 mais s'acheva comme la première par un accord avec l'archevêque[1]. Plus tard, en 1451, sous le principat de Philippe le Bon, à la faveur des dissensions constantes entre la ville et l'archevêque, le duc obtint par la force le droit de placer un capitaine et un officier de justice dans la ville et de partager avec les autorités municipales les produits de justice et les revenus de certains impôts[2].

A côté du demi-succès que constitua son entreprise sur Besançon, Jean sans Peur connut un échec dans le règlement de la succession de son frère Antoine de Bourgogne, duc de Brabant, tué à Azincourt en 1415. A sa mort, Antoine laissait deux fils nés de son mariage avec Jeanne de Saint-Pol : l'aîné, Jean, qui était âgé de douze ans, devait hériter du duché de Brabant, tandis que le cadet, Philippe, devait recevoir le comté de Saint-Pol. Si le duc de Bourgogne obtint sans difficulté le « bail » du jeune Philippe, dont l'héritage était enclavé entre le comté de Boulogne et l'Artois, il en alla tout autrement dans le cas de l'aîné. Dès le mois de novembre 1415 les trois États de Brabant s'étaient réunis pour marquer leur opposition à toute ingérence extérieure et pour constituer un conseil de régence destiné à gouverner le duché au nom de Jean. De janvier à mai 1416, le duc de Bourgogne multiplia les contacts diplomatiques avec les États afin d'obtenir le bail de son neveu. Il vint même négocier en personne en février et en mai à Bruxelles, mais ses efforts furent vains. Au mois de juin, devant l'opposition de certains députés des États, et notamment de ceux des villes, le duc leur adressa un ultimatum que porta le roi d'armes d'Artois, l'un des plus importants officiers d'armes de la cour de Bourgogne. Le duc Jean les y sommait « très instamment cette fois pour toutes et la dernière » de reconnaître son droit, comme l'avaient fait les gens d'Église et les nobles, et de le laisser l'exercer pleinement et entièrement[3].

Malgré le ton énergique qu'il employa, Jean sans Peur ne parvint pas à faire fléchir les Brabançons. Il est difficile de savoir si ceux-ci craignaient vraiment que le duc de Bourgogne, à la faveur du bail de son neveu, ne tentât d'incorporer le duché de Brabant à ses possessions

1. R. VAUGHAN, *John the Fearless*, p. 184-187.
2. R. VAUGHAN, *Philip the Good*, p. 303-304.
3. U. PLANCHER, *Histoire générale et particulière*, III, preuve 301.

— il aurait fallu pour réaliser une telle opération que les deux fils de son frère disparaissent. En revanche, il est significatif que l'opposition principale soit venue des villes : Jean sans Peur, depuis son intervention au pays de Liège et la terrible « sentence » de Lille d'octobre 1408, avait clairement montré que, même s'il traitait avec ménagement les villes de Flandre, il pouvait se révéler un féroce adversaire des libertés urbaines.

LES GAINS TERRITORIAUX EN FRANCE SOUS PHILIPPE LE BON

Le fils de Jean sans Peur reprit très vite la politique d'expansion de son grand-père et de son père. Dans les années 1420, il usa de l'influence qu'il pouvait exercer sur le gouvernement royal pour consolider ou étendre ses positions. C'est ainsi qu'au printemps 1420, en marge des négociations du traité de Troyes, il s'efforça d'obtenir de Charles VI confirmation des diverses acquisitions territoriales réalisées par ses prédécesseurs. En premier lieu, il obtint, le 6 mai 1420, des lettres royales confirmant le « transport » des châtellenies de Roye, Péronne et Montdidier qu'il devait tenir, conjointement avec sa femme, Michelle de France, tant que la totalité de la dot de cette dernière ne serait pas payée ; par ces lettres, le roi déclarait renoncer à la collation des bénéfices et des hommages féodaux dans ces trois seigneuries tant que le duc et son épouse les tiendraient[1]. Le même jour, il obtint d'autres lettres par lesquelles le roi renonçait également au droit de rachat des châtellenies de Lille, Douai et Orchies qui avait été prévu dans les actes de cession de 1369 et de 1387. Cette concession royale était remarquablement généreuse puisqu'elle était faite en faveur du duc et de « ses héritiers mâles ou femelles descendant et venant de son corps », alors que la cession proprement dite avait été initialement faite en faveur de la seule lignée masculine. La mesure était tellement généreuse qu'il est possible que ces lettres royales aient été des « lettres subreptices » obtenues par le duc grâce à des complicités au sein de la chancellerie royale, mais sans l'accord du roi ou de son conseil. En tout état de cause le document fut gardé secret pendant quatre ans avant d'être retranscrit dans les registres du trésor des chartes de Flandre à Lille[2].

Au temps de la régence du duc de Bedford, Philippe le Bon obtint d'autres concessions. En avril 1423, au moment de la conférence d'Amiens et du mariage de Bedford avec Anne de Bourgogne, Philippe

1. U. PLANCHER, *Histoire générale et particulière*, IV, preuve 7 ; P. BONENFANT, *Du meurtre de Montereau au traité de Troyes*, p. 165.
2. *Ibid.*, p. 165-168 et 242-244.

négocia avec son beau-frère la confirmation de la cession de Roye, Péronne et Montdidier et demanda qu'au cas où ces trois châtellenies devraient faire retour à la couronne, il reçût en compensation les villes d'Amiens, Montreuil, Doullens et Beauquesne. L'année suivante, arguant de ce que le gouvernement royal était son débiteur pour certaines sommes dont il ne précisa pas le montant, il obtint la cession des comtés de Mâcon et d'Auxerre et de la châtellenie de Bar-sur-Seine, par lettres patentes données au nom d'Henri VI, « par la grâce de Dieu roi de France et d'Angleterre », le 21 juin 1424. La même année, le roi lui concéda aussi Abbeville et le comté de Ponthieu et Saint-Valéry-sur-Somme. Enfin, en mars 1430, le duc de Bourgogne reçut encore le comté de Champagne, mais cette donation était toute théorique et ne prit jamais effet puisqu'à cette date la Champagne était aux mains des partisans de Charles VII [1].

C'est dans la perspective de cette série d'acquisitions qu'il faut replacer les clauses territoriales du traité d'Arras de 1435. En faisant la paix avec le roi de France, Philippe le Bon réussit à conserver toutes les principautés et seigneuries annexées ou occupées par les Bourguignons depuis le principat de Jean sans Peur ; cependant, ces différentes cessions de territoires furent faites selon des modalités variées : la cité et le comté de Mâcon ainsi que le bailliage de Saint-Gengoux, la cité et le comté d'Auxerre, la châtellenie de Bar-sur-Seine furent cédés au duc de Bourgogne « pour lui et ses héritiers légitimes procréés de son corps, et les héritiers de ses héritiers, mâles ou femelles, descendant en droite lignée, à toujours et en héritage perpétuel » ; les villes et châtellenies de Roye, Péronne et Montdidier ne devaient, quant à elles, être transmises qu'en ligne masculine, de même que le comté de Boulogne ; les villes de la Somme (Saint-Quentin, Corbie, Amiens, Abbeville, avec tout le comté de Ponthieu, Doullens, Saint-Riquier, Crèvecœur, Arleux, Mortagne) furent, comme nous l'avons vu, cédées en mort-gage pour une valeur de 400 000 écus. Tous les territoires cédés, mis à part le comté de Boulogne, avaient appartenu au domaine royal. Il fallut donc nécessairement aménager leur nouveau statut. Dans ces seigneuries, le duc de Bourgogne devait recueillir tous les revenus des droits royaux, régale, confiscations, amendes, exploits de justice et même profit des monnaies ; les baillis royaux ainsi que tous les officiers, « tant châtelains, prévôts, sergents, comme receveurs et autres », continueraient d'être commis par le roi, mais « à la nomination du duc de Bourgogne ». Cependant, sur l'ensemble, le roi de France avait conservé « le ressort et la souveraineté de sa cour de Parlement [2]. »

1. R. VAUGHAN, *Philip the Good*, p. 18.
2. Enguerrand de MONSTRELET, *Chronique*, V, p. 151-182 et E. COSNEAU (éd.), *Les grands traités de la Guerre de Cent Ans*, p. 116-151.

LE CAS DE TOURNAI

La cité de Tournai et le Tournaisis avaient une situation particulière. Situés sur l'Escaut, entre la Flandre et le Hainaut, ils constituaient une enclave tenue directement par le roi entre ces deux grands fiefs. Dès que Philippe le Hardi avait commencé à s'intéresser de près aux questions flamandes, il avait utilisé Tournai comme une base à la fois militaire et diplomatique. Rappelons que c'est dans cette ville qu'avait été scellé, en décembre 1385, le traité de paix entre le duc de Bourgogne et Marguerite de Male, d'une part, et les Gantois d'autre part. Philippe qui fit pas moins de dix-sept séjours dans la ville entre 1369 et 1404 la considérait presque comme faisant partie de ses possessions, lui demandant, par exemple, 4 000 livres en 1402 — en vain, il est vrai. Jean sans Peur avait adopté la même attitude demandant, en 1406, 4 000 écus, cent arbalétriers et douze canons pour le siège de Calais qu'il comptait entreprendre. Là encore la demande du duc fut sans effet.

Durant la guerre civile, l'attitude des Tournaisiens varia en fonction des aléas de la politique parisienne, mais à partir de 1413, le duc de Bourgogne ayant perdu le pouvoir, la population de Tournai, surtout dans ses couches les plus populaires, fut de plus en plus hostile au parti bourguignon, alors que le patriciat qui dominait la vie communale lui restait, pour sa part, plutôt favorable. Parallèlement, le duc Jean sans Peur faisait planer la menace d'une occupation du Tournaisis, tout en proposant à la cité un traité de commerce avantageux.

La mort de Jean sans Peur et le traité de Troyes rendirent la position des Tournaisiens plus difficile que par le passé. Conservant des contacts avec le dauphin Charles, ils parvinrent, par négociation, à être exemptés de prêter serment au traité de Troyes. Puis en 1421, ils passèrent un traité de commerce avec Philippe le Bon et payèrent au duc 4 000 écus en échange de sa bienveillance. Mais deux ans plus tard, par un acte du 8 septembre 1423, alors qu'une sédition avait éclaté à Tournai, le duc de Bedford, au nom d'Henri VI, cédait la cité au duc de Bourgogne, réservée la souveraineté du roi. Pour que cette donation devînt effective, il eût fallu que Philippe le Bon organisât une opération militaire pour saisir la ville, or, il ne sembla jamais nourrir d'intentions agressives à l'égard des Tournaisiens ; au contraire, à partir de 1423, il monnaya sa bienveillance et sa neutralité par le moyen d'un traité renouvelé chaque année. Il est vrai que sur le plan financier ses exigences ne cessèrent de s'accroître : le traité fut conclu moyennant le versement de 2 000 écus en 1424, de 7 000 écus en 1426, de 15 000 écus en 1427. En 1428, il fut prorogé pour six ans contre le versement de 73 500 écus. En 1434, une prorogation semblable intervint pour six autres années, moyennent 65 000 saluts d'or. Cet arrangement dura jusqu'en 1440. Lors du traité d'Arras de 1435, les négociateurs bourguignons ne cherchèrent pas à faire confirmer par le roi de France le don qu'Henri VI avait fait en septembre 1423. Le fait se comprenait puisque la possession de Tournai par le duc de Bourgogne n'avait jamais été que nominale [1]. Plus tard, jusqu'à la fin du principat de Philippe le Bon et durant celui de Charles le Téméraire, un accord intervint entre les Tournaisiens et le prince et, en échange du versement d'une somme 10 000 francs par an, la ville échappa aux interventions du pouvoir ducal [2].

Si Tournai et le Tournaisis ne furent jamais intégrés dans l'ensemble territorial bourguignon, en revanche, les ducs parvinrent toujours, grâce à leurs bonnes relations avec le Saint-Siège, à assurer l'important siège épiscopal de Tournai à l'un de leurs proches conseillers : Philippe le Hardi obtint l'évêché de Tournai pour Louis de La Trémoille en 1388, Jean sans Peur le fit attribuer à Jean de Thoisy en 1410 et ce dernier, chancelier de Philippe le Bon de 1420 à 1422, conserva son siège jusqu'à sa mort survenue en 1433. Par la suite, malgré une tentative faite par le roi de France pour promouvoir l'un de ses fidèles, Jean d'Harcourt, Philippe le Bon parvint à imposer le chef de son conseil, Jean Chevrot à qui succéda, en 1461, un autre conseiller ducal et chef du conseil, Guillaume Fillastre. Celui-ci occupa le siège de Tournai jusqu'à sa mort survenue en 1473 puis fut remplacé par Ferry de Clugny, lui aussi chef du conseil du duc de Bourgogne [3].

L'INTERVENTION EN LORRAINE

Le duché de Lorraine avait très tôt intéressé les ducs de Bourgogne de la Maison de Valois [4]. Cette principauté occupait une position stratégique car elle s'étendait du nord du comté de Bourgogne au sud du duché de Luxembourg et constituait une zone frontière aux confins occidentaux de l'Empire. Fortement soumis à l'influence française, les ducs de Lorraine à la fin du XIVᵉ et au début du XVᵉ siècle furent mêlés de très près aux événements politiques de France. C'est ainsi que le duc Charles II de Lorraine, au pouvoir depuis 1390, après avoir été pen-

1. R. VAUGHAN, *Philip the Good*, p. 18-19 ; J. PAVIOT, « Tournai dans l'histoire bourguignonne », p. 71-77.
2. R. VAUGHAN, *Charles the Bold*, p. 39.
3. R. VAUGHAN, *Philip the Good*, p. 218-220.
4. Pour ce qui suit, sauf indication contraire, voir B. SCHNERB, *Bulgnéville*, *passim*.

sionné par Louis, duc d'Orléans, se rallia au parti du duc de Bourgogne en 1406. Dès lors, il fut un fidèle allié de Jean sans Peur qui, en 1418, lui fit même octroyer l'épée de connétable de France. Pour le duc de Bourgogne, l'alliance lorraine était d'autant plus appréciable qu'elle venait contrebalancer l'hostilité que lui manifestaient les princes de la famille ducale de Bar qui tenaient une principauté voisine de la Lorraine, située à cheval sur la frontière du royaume et de l'Empire.

Après la mort de Jean sans Peur, Charles II de Lorraine se rallia à la double monarchie de France et d'Angleterre et jura de respecter les clauses du traité de Troyes, mais progressivement il se retrancha dans une attitude de neutralité. Sa nouvelle politique s'expliquait par le rapprochement qu'il avait opéré avec la Maison d'Anjou dont les princes étaient parmi les plus fermes soutiens de la cause du dauphin Charles, futur Charles VII, lui-même époux d'une princesse angevine. En 1419, René d'Anjou, jeune beau-frère du dauphin — il était âgé de dix ans —, avait été désigné comme héritier du duché de Bar par son grand-oncle, Louis, cardinal et duc de Bar ; or, dès l'année suivante il avait épousé Isabelle de Lorraine, fille aînée et héritière du duc Charles II. Ce mariage devait donc déboucher sur une union personnelle entre les duchés de Bar et de Lorraine, que la noblesse des deux principautés appelait de ses vœux.

L'accession d'un prince de la Maison d'Anjou aux duchés de Bar et de Lorraine constituait une menace pour les Bourguignons. Les liaisons internes de l'ensemble territorial réuni sous la main des ducs de Bourgogne étaient notamment assurées par l'utilisation d'itinéraires routiers qui, entre Rethel et les deux Bourgognes, longeaient la vallée de la Meuse. En cas d'hostilité avec les Barrois et les Lorrains, ces itinéraires risquaient à tout moment d'être coupés. Par ailleurs, les Lorrains pouvaient, depuis la région d'Épinal, frapper directement le comté de Bourgogne.

Le péril se concrétisa en 1429. A cette date, René d'Anjou, âgé de dix-neuf ans, s'engagea aux côtés de son beau-frère Charles VII contre les Anglo-Bourguignons. L'année suivante, à la mort du cardinal de Bar, son grand-oncle, il devint duc de Bar et, dès janvier 1431, après le décès de son beau-père, le duc Charles II, il accéda au duché de Lorraine. Cependant son avènement ne se fit pas sans provoquer un conflit. Antoine de Lorraine, comte de Vaudémont, fils d'un frère cadet du duc Charles II, revendiqua le duché. La guerre éclata aussitôt et le comte de Vaudémont appela à son aide le duc de Bourgogne dont il était l'allié.

Philippe le Bon décida d'intervenir en envoyant une petite armée, sous les ordres d'Antoine de Toulongeon, maréchal de Bourgogne, soutenir le comte de Vaudémont contre René d'Anjou. Le 2 juillet 1431, une bataille sanglante eut lieu près de Bulgnéville, aux confins de la Lorraine et du Barrois. L'armée de René fut battue et lui-même fut capturé sur le champ de bataille. Un poète anonyme du camp lorrain célébra l'événement :

L'an mille quatre cent trente et un
Deux jours après le mois de juin
Entre Saussure et Bauffremont
Antoine, comte de Vaudémont
Avec le maréchal de Bourgogne,
Gagnèrent la dure besogne
Où le bon duc René fut pris
Avec plusieurs de ses amis.
Plusieurs furent morts sur la place ;
Je prie Dieu leur faire grâce.
Mais chacun devrait bien maudire
Ceux qui lâchement s'enfuirent ;
Car pour eux endurons grande peine
En Barrois et en Lorraine,
Dont le noble duc était sire.
Or, prions Dieu, notre sire,
Qu'aux prisonniers soit délivrance,
Et aux trépassés allégeance,
Et aux échappés bon courage
De récupérer ce dommage[1].

Le duc de Bourgogne était bien décidé à tirer le meilleur parti de la capture de René d'Anjou. Il garda ce dernier longtemps en détention. En 1435, lors de la conclusion du traité d'Arras, il résista aux instances de Charles VII qui désirait que le cas de son beau-frère fît l'objet d'une clause du traité. Les premières exigences bourguignonnes étaient exorbitantes : Philippe le Bon exigeait le paiement d'une rançon de 2 000 000 de ducats, la cession du duché de Bar et le mariage de Marguerite d'Anjou, fille de René et d'Isabelle de Lorraine, avec Charles de Bourgogne, comte de Charolais, qui, en 1435, n'était âgé que de deux ans.

René d'Anjou résista encore pendant un an et demi puis, le 28 janvier 1437, il conclut avec le duc de Bourgogne le traité de Lille. Par ce traité, il s'engageait à payer une rançon de 400 000 écus et à céder les

1. M. DIGOT, *Histoire de Lorraine*, III, p. 27.

seigneuries de Cassel et de Bois-de-Nieppe, possessions des ducs de Bar enclavées dans le comté de Flandre et convoitées depuis longtemps par les ducs de Bourgogne. Parallèlement à ce règlement de la question, dès 1433, il avait été prévu que le fils du comte de Vaudémont, Ferry, épouserait Yolande d'Anjou, fille cadette de René et d'Isabelle de Lorraine.

L'intervention militaire qui avait conduit à ce règlement n'avait pas débouché sur une conquête du Barrois et de la Lorraine par les Bourguignons, mais avait montré que le duc Philippe le Bon considérait cette région comme faisant partie de sa zone d'influence. De ce point de vue, la campagne de Bulgnéville était assez comparable, dans son principe, à celle d'Othée.

L'EXPANSION DANS LES PAYS-BAS

Dès le principat de Philippe le Hardi, la politique ducale avait, comme nous l'avons vu, établi dans les Pays-Bas un réseau d'alliances propre à garantir la stabilité dans la région. Après le double mariage de Cambrai de 1385, la Maison de Bavière, qui tenait les comtés de Hainaut, Hollande et Zélande, était unie par les liens du sang à la Maison de Bourgogne. De même, l'accession d'Antoine de Bourgogne aux duchés de Brabant et de Limbourg avait associé étroitement ces deux principautés aux destinées de l'ensemble territorial bourguignon. Sous Jean sans Peur, le duc de Bourgogne, le comte de Hainaut et le duc de Brabant, liés dès juillet 1405 par un traité d'amitié, avaient toujours étroitement coopéré. Mais ce fut sous Philippe le Bon que l'ensemble de la région allait être, en une vingtaine d'années, placé sous un régime d'union personnelle et former ce qu'il est aujourd'hui convenu d'appeler les « Pays-Bas bourguignons ». Ce processus ne fut pas le fruit d'une politique planifiée mais d'un pragmatisme entreprenant. Chronologiquement, la première opération de Philippe le Bon visant à étendre les possessions bourguignonnes dans ce secteur fut l'acquisition du comté de Namur. En novembre 1420, le comte Jean III de Namur, qui avait de pressants besoins d'argent et n'avait pas d'héritier, proposa à son cousin le duc de Bourgogne de lui céder sa principauté, moyennant 132 000 écus d'or, dont 25 000 devaient être payés immédiatement et le reste en trois annuités. Le prix était élevé mais Philippe le Bon ne voulut pas manquer une telle occasion et décida même, selon un procédé courant, d'engager des joyaux et de la vaisselle précieuse pour réunir la somme nécessaire [1].

1. U. PLANCHER, *Histoire générale et particulière*, IV, preuve 11.

La cession du comté était faite à la condition que Jean III de Namur pourrait continuer à tenir son comté en usufruit sa vie durant. Aussi, Philippe le Bon n'entra-t-il en possession de Namur qu'en 1429, après la mort de son cousin[1]. Sur place, il laissa subsister les institutions politiques, maintenant le pays sous l'autorité du souverain bailli de Namur.

La deuxième entreprise expansionniste de Philippe dans les Pays-Bas présenta plus de difficulté que l'achat du comté de Namur. En 1417, Guillaume de Bavière, comte de Hainaut, Hollande et Zélande, mourut. Beau-frère de Jean sans Peur, dont il avait épousé la sœur Marguerite, il était l'oncle de Philippe le Bon. Son héritage devait revenir à sa fille unique Jacqueline de Bavière. Celle-ci était âgée de seize ans lors du décès de son père. Son oncle Jean sans Peur entra alors en scène. Au moment même où il tentait de prendre en main le gouvernement du Brabant, il vit dans les événements une occasion d'intervenir aussi dans les affaires des trois comtés qui constituaient l'héritage de sa nièce. Il s'entremit dans les négociations d'un projet de mariage entre cette dernière et le jeune Jean IV, duc de Brabant — fils d'Antoine de Bourgogne.

Mais avant même que le mariage prévu fût célébré — il ne le fut qu'à Pâques 1418 —, Jacqueline de Bavière se vit contester la succession paternelle par son oncle Jean de Bavière. Ce dernier, Élu de Liège qui avait mené une terrible guerre pour se maintenir dans sa principauté, n'hésita pas à abdiquer pour revendiquer les comtés de Hainaut, Hollande et Zélande qu'avait tenus son frère. Il le pouvait puisque n'ayant jamais reçu la consécration épiscopale ni même l'ordination sacerdotale, il lui était loisible d'agir comme un pur prince laïc, ce qu'au fond il n'avait jamais cessé d'être. Sa revendication sur l'héritage hainuyer, qui était soutenue par le roi des Romains Sigismond de Luxembourg, déclencha une guerre. Le duc de Bourgogne, trop absorbé dans les affaires de France, délégua son fils Philippe, comte de Charolais, qui joua le rôle de médiateur entre les parties et tenta de leur faire accepter un compromis à Woudrichem le 13 février 1419. Au terme de l'arbitrage de Philippe, Jean de Bavière, qui avait occupé une partie de la Hollande, notamment Dordrecht et Rotterdam, était autorisé à la conserver. Il devait cependant renoncer temporairement à ses prétentions sur les comtés de Hainaut, Hollande et Zélande à la triple condition que Jacqueline partage avec lui le pouvoir pendant cinq années, le reconnaisse comme son héritier et lui fasse verser par le duc de Brabant une indemnité de 100 000 nobles.

1. R. VAUGHAN, *Philip the Good*, p. 29-31.

Les clauses du compromis de Woudrichem étaient si favorables à Jean de Bavière que Jacqueline les rejeta et que le conflit demeura latent. Or, en 1420, la situation de Jacqueline de Bavière se dégrada car le duc de Brabant, son mari, avec lequel elle avait des relations de plus en plus difficiles, menait une politique qui desservait ses intérêts : ainsi en avril 1420, il conclut avec Jean de Bavière le traité de Sint-Maartensdijk, par lequel il lui engageait les comtés de Hollande et de Zélande. L'année suivante, Jacqueline quitta son époux et se réfugia en Angleterre. Elle trouva un protecteur en la personne de Humphrey, duc de Gloucester, qui l'épousa en 1422. Pour faire approuver et confirmer ce second mariage, Jacqueline de Bavière s'adressa au pape Benoît XIII, réfugié à Peñiscola, et celui-ci, y voyant une occasion de montrer son autorité, lui donna satisfaction. A partir du printemps 1423, le duc de Gloucester prit le titre de comte de Hainaut, Hollande et Zélande[1].

Philippe le Bon s'inquiéta de la nouvelle situation. Il y voyait le risque d'une intervention anglaise dans les Pays-Bas, région qu'incontestablement alors il convoitait. A titre de sûreté, il obtint que Jean de Bavière, par une déclaration solennelle du 6 avril 1424, le désignât comme son unique héritier.

> « [...] Nous reconnaissons et déclarons par ces présentes que notre très cher et très aimé neveu Philippe, duc de Bourgogne, comte de Flandre, d'Artois et de Bourgogne, est notre vrai et plus prochain héritier et nul autre, et qu'à lui seul, pour le tout, au cas que, lui vivant, nous irions de vie à trépas sans avoir ni laisser aucun enfant [légitime] devraient et devront venir, succéder et appartenir tous nos dits pays, terres, seigneuries que dès maintenant avons et autres quelconques si plus en avions à l'avenir[2]. »

C'est alors que le conflit éclata. Le duc de Gloucester et Jacqueline de Bavière, après avoir fait des préparatifs pendant l'été, débarquèrent à Calais avec une armée en octobre 1424 et, en traversant le comté d'Artois sans en avoir obtenu la permission du duc de Bourgogne, entrèrent en Hainaut. Jean IV, duc de Brabant, ne parvint pas à les empêcher de s'assurer le contrôle d'une bonne partie du comté, mais Philippe le Bon décida de riposter militairement. En janvier 1425 Jean de Bavière mourut dans des conditions suspectes. Le duc de Bourgogne héritait de sa forte position en Hollande et Zélande ; il bénéficia aussi de l'influence dont jouissait dans ces deux comtés l'un de ses conseillers,

1. *Ibid.*, p. 33-34.
2. U. PLANCHER, *Histoire générale et particulière*, IV, preuve 22.

le chevalier flamand Roland d'Uutkerke. Ce dernier s'y était constitué un réseau d'alliés et d'informateurs et réagit dès l'annonce de la mort de Jean de Bavière : en l'absence du duc il prit l'initiative d'envoyer des lettres « à plusieurs gentilshommes et aux bonnes gens et habitants des bonnes villes et du plat pays de Hollande et de Zélande, afin qu'ils demeurassent en l'état et sans faire aucun hommage ni recevoir aucun seigneur ou dame aux dits pays jusqu'à la venue de monseigneur [le duc de Bourgogne] en ces pays, et en particulier pour les terres et seigneuries qui lui devaient appartenir et lui étaient revenues par le trépas du dit monseigneur Jean de Bavière » ; il intervint ensuite en personne pour convaincre les Hollandais et les Zélandais de se rallier au parti du duc Philippe[1].

Au printemps, une armée de Bourguignons et de Brabançons entra en Hainaut pour en chasser les Anglais. Après un échange de lettres entre Philippe le Bon et le duc de Gloucester, le duc de Bourgogne en vint à proposer à son adversaire un combat singulier pour vider leur querelle « pour l'honneur et révérence de Dieu et pour éviter effusion de sang chrétien et la destruction du peuple » et « vu que la guerre entre chrétiens doit déplaire à tous princes catholiques[2] ». Mais ce duel, dont la date fut fixée au 23 avril 1425, jour de la Saint-Georges, n'eut pas lieu ; le duc de Gloucester, en effet, abandonna subitement le Hainaut et rentra en Angleterre en compagnie d'une dame de la suite de Jacqueline de Bavière, Éléonore Cobham, qu'il épousa un peu plus tard.

Jacqueline se retrouva seule à Mons, assiégée par ses adversaires. A l'été de 1425, Philippe le Bon s'assura de sa personne et l'assigna à résidence à Gand en attendant que l'autorité pontificale ait statué sur la question de ses deux mariages. Parallèlement, bien décidé à profiter de la situation, il négocia avec le duc de Brabant un partage du gouvernement du comté de Hainaut et un transfert du comté de Hollande dans sa main pour douze années. Mais le duc comptait sans l'énergie de sa cousine Jacqueline qui, déguisée en homme, s'évada de Gand et parvint en Hollande où elle gagna Gouda. Elle était bien décidée à s'opposer à la tentative de Philippe le Bon pour s'emparer de son comté. Cet événement fut le point de départ d'une guerre qui allait durer jusqu'en 1428.

En Hollande, Jacqueline pouvait compter sur le soutien d'une bonne partie de la noblesse et de certaines villes de l'est du pays comme Gouda, Schoonhoven et Oudewater, tandis que le duc de Bourgogne

1. M. BOONE, « Une famille au service de l'État bourguignon naissant », p. 240-243.
2. Lettre du duc de Bourgogne du 13 mars 1424. Enguerrand de MONSTRELET, *Chronique*, IV, p. 219.

s'appuyait sur les grandes villes marchandes comme Amsterdam, Haarlem et Rotterdam. Ce fut donc une véritable guerre civile qui éclata alors entre deux partis dont un chroniqueur bourguignon anonyme donne les noms tout en fournissant une version très orientée des événements :

> « "En cette même année [1425] naquirent de grandes dissensions au pays de Hollande, et ce fut à cause de Jacqueline, la fille du duc Guillaume, comte de Hainaut [...], qui avait été d'abord fiancée au duc de Touraine[1], fils du roi Charles de France, et depuis avait épousé Jean, duc de Brabant, après le trépas du dit duc de Touraine ; mais elle ne supporta pas ce duc de Brabant, et ainsi par dispense pontificale et du vivant de son mari, elle se maria au duc de Gloucester, frère du roi d'Angleterre défunt, ce qui avait provoqué une grande guerre au pays de Hainaut, [...], pour quoi ceux de Hollande ne furent point contents d'obéir à cette dame à cause de son fol gouvernement, mais [...] certaines villes, comme Dordrecht, Rotterdam, Schiedam, La Haye, Delft, Leiden, Haarlem et Amsterdam mandèrent le duc Philippe de Bourgogne et luy firent hommage à condition qu'il leur promît de les protéger contre ladite dame et son dit mari le duc de Gloucester et tous ses alliés. La dite dame, en cette année, était dans la ville de Gouda, et ceux de son parti se nommaient les "*Hoeks*" [*hameçons]* et ceux du parti du duc Philippe se nommaient les "*Cabillauds*" et ces deux mots venaient de deux partis qui anciennement avaient coutume de mener guerre l'un contre l'autre, comme en Lombardie où ils ont les "*Guelfes*" et les "*Gibelins*"[2]. »

A l'été 1425, le duc de Bourgogne, qui avait conclu des trêves avec Charles VII et pouvait donc se désengager des affaires de France, fit passer des troupes en Hollande. Au cours de l'automne et de l'hiver qui suivirent, des combats eurent lieu entre partisans de Jacqueline et partisans de Philippe. A la fin de décembre, le duc de Bourgogne fut informé, par le duc de Bedford lui-même, que le duc de Gloucester, qui n'avait pas renoncé à aider Jacqueline de Bavière, lui envoyait une armée de secours sous le commandement de lord Fitzwalter. Cette armée anglaise débarqua à Brouwershaven en Zélande mais fut anéantie par les Bourguignons, commandés par Philippe le Bon en personne, le 13 janvier 1426.

Cette victoire, qui fut suivie de la soumission de tout le comté de

1. Jean de France, duc de Touraine et dauphin, fils de Charles VI et d'Isabeau de Bavière, mort en 1417.
2. *Le livre des trahisons de France*, p. 179.

Zélande au duc de Bourgogne, ne mit cependant pas un terme à la guerre. Philippe le Bon, rentré dans ses principautés en février 1426, dut repartir pour la Hollande et y faire campagne à l'été suivant. Il dirigea le dégagement de Haarlem, assiégée par les partisans de Jacqueline, tandis qu'une partie de ses troupes occupait la ville de Hoorn et le nord du pays. Quittant le comté de Hollande en octobre, Philippe y laissa trois gouverneurs, le Brabançon Jacques de Gaesbeek, le Flamand Roland d'Uutkerke et le Français Jean de Villiers, seigneur de L'Isle-Adam, avec de fortes garnisons. Mais il dut revenir en décembre et faire campagne jusqu'au mois de mai 1427, assiégeant notamment le port de Zevenbergen, base navale des partisans de Jacqueline, entre janvier et avril.

Ce fut en ce même mois d'avril 1427 que mourut Jean IV, duc de Brabant. Sa disparition libérait Jacqueline de Bavière de ce mari gênant. Elle lança une offensive diplomatique pour tenter de ranimer les ambitions du duc de Gloucester. Ce dernier semble avoir projeté d'intervenir une troisième fois dans cette affaire, mais le duc de Bedford, qui craignait que le conflit ne débouchât sur une rupture de l'alliance anglo-bourguignonne, l'en dissuada. Philippe le Bon put ainsi quitter la Hollande et se rendre en Hainaut, y convoquer les États et s'y faire reconnaître comme gouverneur en attendant mieux. Cependant, les capitaines qu'il avait laissés en Hollande eurent encore à combattre durant tout le printemps et l'été de 1427. En septembre, l'un des plus farouches partisans de Jacqueline de Bavière, Willem van Brederode, fut vaincu par Roland d'Uutkerke lors d'un combat naval près de l'île de Wieringen. Mais ce succès ne mit pas un terme à la résistance de la comtesse. Elle trouva même un allié en la personne de l'évêque d'Utrecht, Rudolf von Diepholz. Le duc de Bourgogne revint alors en Hollande pour diriger lui-même les opérations contre Jacqueline et l'évêque d'Utrecht. Il organisa en particulier le blocus de la forteresse d'Amersfoort et ne quitta le comté qu'en février 1428, alors que l'hiver interrompait ses entreprises militaires.

C'est alors que Jacqueline de Bavière s'engagea dans la voie de la négociation. Elle avait subi un grave échec en perdant le soutien du duc de Gloucester ; elle en subit un autre, peut-être plus grave encore, lorsque le pape Martin V rendit une sentence le 9 janvier 1428, par laquelle il déclarait comme seule union canoniquement valide le mariage que la comtesse avait contracté avec Jean IV de Brabant. Aussi, lorsqu'au printemps les Bourguignons vinrent mettre le siège devant Gouda, décida-t-elle de traiter. Le 3 juillet 1428, fut scellé le traité de Delft qui mettait un terme à la longue guerre de Hollande. Par ce traité de paix, Philippe le Bon reconnaissait Jacqueline comme comtesse de

Hainaut, Hollande et Zélande, mais celle-ci en contrepartie faisait du duc de Bourgogne son héritier pour l'ensemble de ses possessions dont elle le nommait, en attendant, gardien et gouverneur. Un conseil de régence devait être institué comptant neuf membres, dont six seraient nommés par Philippe et trois par Jacqueline. Les revenus des trois principautés devaient être partagés entre le duc de Bourgogne et la comtesse. Enfin il était prévu que si cette dernière contractait un nouveau mariage sans le consentement de sa mère, Marguerite de Bourgogne, de Philippe le Bon et des trois États de ses principautés, elle perdrait ses possessions au profit du duc de Bourgogne.

Le traité de Delft fut modifié en janvier 1429 par un accord passé à Valenciennes en vertu duquel Jacqueline de Bavière abandonna toute prétention à l'administration de ses principautés et renonça à sa part des revenus en échange d'une rente de 24 000 écus. Mais la question ne fut véritablement réglée que quatre ans plus tard : à l'été 1432, Jacqueline de Bavière avait épousé secrètement Frank II van Borselen, représentant d'une des plus puissantes lignées de la noblesse de Zélande et l'une des figures marquantes du parti des « Cabillauds ». Ce mariage, célébré sans le consentement de l'héritier officiel de Jacqueline, constituait une violation du traité de Delft. Philippe le Bon apprit la nouvelle en novembre 1432, alors qu'il était à La Haye. Il fit immédiatement arrêter Frank van Borselen. Pour obtenir sa libération et une autorisation de mariage, Jacqueline de Bavière fut contrainte, le 12 avril 1433, par un nouveau traité scellé à La Haye, d'abandonner définitivement tous ses titres et toutes ses possessions au duc de Bourgogne[1]. Officiellement cette cession forcée fut faite, cependant, au nom du « bien de la chose publique[2] ».

Alors que se réglait enfin la question de Hainaut, Hollande et Zélande, Philippe le Bon obtenait un autre succès dans le règlement de la succession de Brabant. Comme nous l'avons vu, en avril 1427, Jean IV, duc de Brabant, était mort. Il n'avait pas eu d'enfants de son mariage avec Jacqueline de Bavière mais il laissait un frère, Philippe, comte de Saint-Pol. Celui-ci, qui avait assumé la charge de gouverneur de Brabant pour son frère en 1421, fut reconnu comme héritier de Jean IV par les États de Brabant, et lui succéda sans difficulté.

Le duché avait été gouverné depuis 1404 par des princes de la Maison de Bourgogne. Antoine, frère de Jean sans Peur, s'était d'ailleurs efforcé d'introduire dans la principauté un ensemble d'institutions comparables à celles que son père Philippe le Hardi avait établies en

1. R. VAUGHAN, *Philip the Good*, p. 31-50 ; P. DE WIN, « Frank II van Borselen », p. 97-99.
2. U. PLANCHER, *Histoire générale et particulière*, IV, preuve 108.

Flandre et en Bourgogne : il avait en effet créé en Brabant une Chambre du conseil, une Chambre des comptes, une recette générale, une Chambre aux deniers qui ressemblaient fort à ce que le duc de Bourgogne avait lui-même organisé dans ses principautés[1]. Certes, les réformes institutionnelles d'Antoine de Bourgogne avaient été éphémères et, après sa mort, la minorité de Jean IV, puis son principat troublé avaient quelque peu affaibli le pouvoir ducal, cependant, le duché, malgré son puissant particularisme, était déjà marqué de l'empreinte bourguignonne.

Philippe de Saint-Pol n'avait pas d'enfants, aussi, par un acte du 3 septembre 1427, il reconnut son cousin Philippe le Bon comme son héritier. Or, moins de trois ans plus tard, le 4 août 1430, le nouveau duc de Brabant mourut subitement. Le duc de Bourgogne, qui alors était retenu au siège de Compiègne, devait compter avec un certain nombre de compétiteurs prêts à lui contester la succession brabançonne. Au premier rang de ses rivaux figurait sa tante Marguerite de Bourgogne, veuve de Guillaume de Bavière, comte de Hainaut, qui s'estimait plus proche héritière que Philippe. Deux princes allemands étaient également sur les rangs : Otto, comte palatin de Mosbach, et Frédéric IV, duc d'Autriche. Enfin, l'empereur lui-même, Sigismond de Luxembourg, n'avait pas l'intention de laisser le Brabant tomber entre les mains d'un prince français. Cependant, fort de l'acte de reconnaissance donné par Philippe de Saint-Pol, Philippe le Bon négocia avec les États de Brabant qui l'acceptèrent comme prince. Le 5 octobre 1430, à Louvain, eut lieu la cérémonie d'inauguration du nouveau duc de Brabant et, trois jours plus tard, Philippe le Bon fit sa « Joyeuse Entrée » à Bruxelles[2].

Le duc de Bourgogne put dès lors ajouter à sa titulature déjà longue les titres de duc de Brabant, de Lothier et de Limbourg et de marquis du Saint Empire ; il put même aussi s'intituler duc « par la grâce de Dieu », ce qui ne manqua pas, par la suite, comme nous l'avons vu, de susciter le mécontentement et les protestations du roi de France.

LA CONQUÊTE DU LUXEMBOURG

Depuis longtemps, le vaste duché de Luxembourg, qui touchait au nord à la principauté épiscopale de Liège et au sud au Barrois et à la Lor-

1. S. MUND, « Antoine de Bourgogne, un prince de transition entre le Moyen Age et les Temps modernes », p. 26-59.
2. P. BONENFANT, « Bruxelles et la Maison de Bourgogne », p. 21-32 ; R. VAUGHAN, *Philip the Good*, p. 51-52.

La succession de Luxembourg

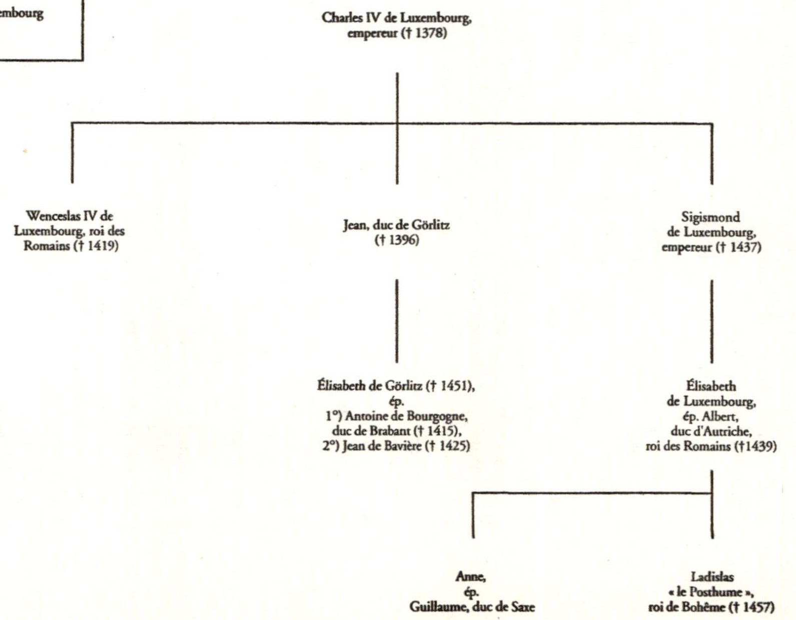
Charles IV de Luxembourg,
empereur († 1378)
Wenceslas IV de Luxembourg, roi des Romains († 1419)
Jean, duc de Görlitz († 1396)
Sigismond de Luxembourg, empereur († 1437)
Élisabeth de Görlitz († 1451), ép. 1°) Antoine de Bourgogne, duc de Brabant († 1415), 2°) Jean de Bavière († 1425)
Élisabeth de Luxembourg, ép. Albert, duc d'Autriche, roi des Romains (†1439)
Anne, ép. Guillaume, duc de Saxe
Ladislas « le Posthume », roi de Bohême († 1457)

raine, avait suscité l'intérêt, sinon la convoitise, des princes de la Maison de Bourgogne. A la fin du XIVe siècle, cette principauté, terre d'origine d'une lignée de rois de Bohême et d'empereurs germaniques, était tenue par le roi des Romains, Wenceslas de Luxembourg. Mais en 1388 ce dernier, pour des raisons financières, avait engagé le duché à son cousin Josse, margrave de Moravie. Dans le même temps, la principauté était revendiquée par Waleran de Luxembourg, comte de Saint-Pol, issu d'une branche cadette de la famille. Ce personnage intervint militairement à trois reprises au duché en 1383, en 1392 et en 1395. Mais, en 1393, comme nous le savons, il avait conclu avec Philippe le Hardi un contrat de mariage, en vue de l'union du fils de ce dernier, Antoine de Bourgogne, avec sa fille Jeanne de Saint-Pol. Ce mariage, célébré en 1402, offrait à Antoine une possible revendication sur le duché de Luxembourg. Dans l'intervalle, en mars 1401, Josse de Moravie avait cédé l'administration de la principauté à Philippe le Hardi, tout en conservant ses droits d'engagiste. Cette opération présentait un intérêt politique incontestable pour le duc de Bourgogne car elle lui permettait d'étendre son influence dans une région proche du Brabant, au moment où se négociait le règlement sucessoral de cette principauté en faveur de son fils Antoine. Mais les projets de Philippe le Hardi avaient été brutalement contrariés lorsqu'au mois d'août 1402 Josse de Moravie avait cédé l'administration et l'engagère du duché de Luxembourg à Louis, duc d'Orléans, qui se posait alors clairement en rival de Philippe le Hardi. Cette brutale volte-face du margrave de Moravie fit échapper le Luxembourg à cette première tentative de mainmise bourguignonne [1].

L'assassinat de Louis d'Orléans par les hommes de Jean sans Peur en 1407 rendit possible une nouvelle tentative d'acquisition du Luxembourg par un prince de la Maison de Bourgogne. Antoine de Bourgogne, duc de Brabant, qui avait épousé Jeanne de Saint-Pol en 1402, s'en trouva veuf dès août 1407. Aussi, deux ans plus tard, le 16 juillet 1409, il épousait à Bruxelles Élisabeth de Görlitz, nièce du roi des Romains Wenceslas de Luxembourg. Ce dernier, qui cherchait le soutien de la Maison de Bourgogne contre son rival Robert de Bavière, céda officiellement, à titre viager et en mort-gage, le duché de Luxembourg à Élisabeth [2] : cette dernière pourrait, sa vie durant, porter le titre de duchesse, gouverner le duché et en encaisser les revenus, tandis que son mari agirait en tant que « mambour » et gardien. Cependant, Wenceslas conservait la seigneurie éminente de la principauté ainsi qu'une faculté de rachat de 120 000 florins. Cet arrangement

1. M. NORDBERG, *Les ducs et la royauté*, p. 171-172 ; R. VAUGHAN, *Philip the Bold*, p. 90 et 102-104.
2. R. VAUGHAN, *John the Fearless*, p. 249 et 251-252.

favorable à la Maison de Bourgogne mécontenta Sigismond de Luxembourg. Ce frère cadet de Wenceslas et oncle d'Élisabeth de Görlitz, élu roi des Romains en 1411, revendiquait le duché de Luxembourg et ne reconnut pas l'accord passé par son frère aîné avec Antoine de Bourgogne. Une hostilité latente opposa les deux princes jusqu'en 1415, date de la mort d'Antoine qui, comme nous le savons, périt sur le champ de bataille d'Azincourt.

Veuve, Élisabeth de Görlitz se remaria à Jean de Bavière, ancien Élu de Liège, puis, lorsque ce dernier mourut, en 1425, elle détint seule le duché de Luxembourg. Le roi Sigismond, dans l'impossibilité de payer 120 000 florins à sa nièce pour récupérer la principauté, la laissa donc paisiblement jouir de ses droits[1]. Mais Philippe le Bon, après le décès de son oncle Jean de Bavière, résolut de tenter de saisir le duché de Luxembourg. En 1427, à la mort de Jean IV, duc de Brabant, il obtint du frère et successeur de ce dernier, Philippe de Saint-Pol, la cession de ses droits éventuels sur le Luxembourg. Fort de cette cession, il conclut avec sa tante Élisabeth de Görlitz le traité de Dordrecht par lequel, moyennant un revenu annuel de 3 000 écus, la duchesse de Luxembourg lui confiait l'administration de sa principauté. Mais cet accord fut rejeté par les États de Luxembourg. Sans se décourager, le duc de Bourgogne conclut, à Malines en 1435, un deuxième traité avec Élisabeth de Görlitz. Celle-ci, ayant de grands besoins d'argent, lui promit, moyennant le versement de 80 000 florins et une rente annuelle de 4 000 écus, de lui céder tous ses droits sur le Luxembourg. L'empereur Sigismond s'alarmait de ces tractations. Dès le mois de décembre 1434, il avait déclaré la guerre à Philippe le Bon et tentait depuis lors de susciter, en Luxembourg même, une opposition à la tentative d'annexion bourguignonne. Les événements s'accéléraient donc lorsque Sigismond mourut en 1437.

A son décès, l'empereur laissait une fille, Élisabeth de Luxembourg, qui avait épousé Albert de Habsbourg, duc d'Autriche. Ce dernier succéda à Sigismond en tant que roi des Romains en 1438 et tenta aussitôt de racheter le duché de Luxembourg à Élisabeth de Görlitz. Mais sa mort, survenue dès octobre 1439, interrompit ses efforts. Sa veuve, Élisabeth de Luxembourg, était enceinte. Dans l'impossibilité de poursuivre, faute de moyens financiers, la politique de son époux, elle céda ses droits sur le duché de Luxembourg à son gendre Guillaume, duc de Saxe, mari de sa fille aînée Anne. Cependant, Élisabeth avait fait cette cession à la condition que le duc de Saxe s'efface dans le cas où l'enfant que portait sa belle-mère serait un garçon. Or, en 1440, la

1. Pour ce qui suit, sauf indication contraire, voir R. VAUGHAN, *Philip the Good*, p. 274-285.

situation se compliqua car si Élisabeth de Luxembourg donna bien naissance à un fils, Ladislas « le Posthume » qui, par droit hérité de son grand-père, pouvait être présenté comme duc héréditaire de Luxembourg, Guillaume, duc de Saxe, pour sa part, ne renonça pas au droit qu'il avait acquis lors de son mariage. Dans cette confusion, l'archevêque de Trèves, Jakob von Sierck, se proposa comme arbitre, mais son arbitrage était hautement intéressé car il espérait accroître son temporel au détriment du duché de Luxembourg.

C'est alors que Philippe le Bon, par le traité de Hesdin du 4 octobre 1441, obtint un troisième arrangement, cette fois définitif, avec sa tante Élisabeth de Görlitz. Par ce traité, la duchesse de Luxembourg, moyennant une rente annuelle de 7 000 florins, cédait à son neveu tous ses droits sur le duché et l'instituait son « mambour ». Mais le duc de Bourgogne ne put, dans l'immédiat, prendre possession du duché où Ernst, comte de Gleichen, tenait une forte position en faveur du duc de Saxe. Philippe espérait parvenir à une solution pacifique en négociant avec le nouveau roi des Romains, Frédéric III de Habsbourg. Mais ses tentatives furent vaines et tandis qu'au duché de Luxembourg les partisans du duc de Saxe et les partisans d'Élisabeth de Görlitz commençaient à s'affronter, Frédéric III, en 1442, prit parti pour Guillaume de Saxe. Le duc de Bourgogne décida alors d'intervenir militairement pour faire triompher ses droits. A l'été de 1443, alors que des contingents venus de Picardie marchaient vers le Luxembourg, le duc lui-même, qui se trouvait à Dijon, se mit à la tête d'une brillante armée que le tout jeune Olivier de La Marche, alors page du duc, put admirer malgré les intempéries.

> « Le duc monta à cheval environ à quatre heures de l'après-midi [1], et il pleuvait merveilleusement, et c'était dommage que le jour ne fût beau et clair, car les pompes furent grandes et les seigneurs richement en point, et principalement le duc qui, de son temps, fut un prince honnête et joli et curieux d'habits et de parures, et dont le port et la manière lui allaient si bien et tant agréablement que nul plus que lui ne fut trouvé nulle part. Il avait dix-huit chevaux d'une même parure, harnachés de velours noir tissé et ouvré à sa devise [2] qui fut le fusil garni de sa pierre jetant feu ; et par-dessus le velours, il y avait de gros clous d'or élevés et émaillés de fusils et faits à grands frais. Ses pages étaient richement en point, et portaient divers harnois de tête garnis et enjolivés de perles, de diamants et de balais, à merveille richement, et une seule de ces

1. Le 24 août 1443.
2. Emblème.

salades[1] était estimée valoir 100 000 écus d'or. Le duc, de sa personne était armé gentement de son corps et richement aux gardes, tant de ses bras comme de son harnois de jambes, et ces gardes, de même que le chanfrein de son cheval, étaient tout pleins et enrichis de grosses pierreries qui valaient un merveilleux avoir. Et de ce je parle comme celui qui était alors page du duc. Jean Monseigneur de Clèves[2], et son mignon Jacques de Lalaing, furent fort en point d'écuyers, de chevaux, de pages, d'orfèvrerie et de sonnailles. Aussi furent le seigneur de Beaujeu, fils du duc de Bourbon, qui alors était bien jeune, monseigneur Adolphe de Clèves[3], qui commençait à se façonner et à prendre cœur, le comte de Nevers, et de même le bâtard de Bourgogne[4], qui avait attiré à lui plusieurs jeunes gens de l'hôtel du duc, pour lui tenir compagnie en sa première armée, comme Jean du Bois, un très bel écuyer de Picardie, Antoine de Saint-Simon, très honnête personnage [...]. Bref, le départ de Dijon fut pompeux à merveille et la journée laide et pleine de pluie, et furent toutes ces belles parures très abîmées[5]. »

La campagne de Luxembourg fut courte. Dès le mois d'octobre, les Bourguignons tenaient tout le duché, à l'exception des deux villes principales, Thionville et Luxembourg. Mais cette dernière place fut prise à l'escalade dans la nuit du 20 au 21 novembre 1443. Le comte de Gleichen, âme du parti saxon, qui se trouvait dans la forteresse, fut contraint de s'enfuir tandis que les Bourguignons s'emparaient de la ville.

L'exploit militaire que représenta cette conquête donna l'occasion au poète Michaut Taillevent, valet de chambre du duc de Bourgogne, de composer une spirituelle pièce en vers célébrant l'événement comme plus glorieux que la prise de Troie :

[...] On parle de Troie la grande,
Mais en faisant maintes saillies
Le siège fut dix ans devant
Combien qu'elle fut assaillie ;
Encore fut-elle essillie[6]
Par fraude et par déception
En cuidant ce qui n'était mie[7]
Mais c'était feinte fiction.

1. Sorte de casque.
2. Neveu de Philippe le Bon, fils d'Adolphe Ier, duc de Clèves et de Marie de Bourgogne.
3. Adolphe de Clèves, frère cadet de Jean de Clèves.
4. Corneille, bâtard de Bourgogne, aîné des fils illégitimes du duc Philippe le Bon.
5. Olivier de LA MARCHE, *Mémoires*, II, p. 11-12.
6. Dévastée.
7. Les Troyens crurent vrai ce qui ne l'était pas.

Car ceux du siège un artifice
Firent d'un grand cheval de fût
Pour faire à Palas sacrifice ;
Et aussi cuidant que vrai fut
Que la paix entre eux être dut,
Ceux de Troie entrer les souffrirent
Et afin que leur joie crût
Tous à pacifier s'offrirent.

Ainsi sur forme pacifique,
Par le cheval qui fut reçu
Et par cette œuvre sophistique
Furent ceux de Troie déçus ;
Et ainsi que j'ai dit dessus,
La ville arse, prise et détruite
Par trahison et par abus
Et toutes les gens mis en fuite.

Mais ainsi ne fut mie non[1]
De Luxembourg, je vous affie[2],
Mais pour accroître le haut nom
D'armes et de chevalerie
Fut prise sans cabuserie[3]
Faisant le métier et l'office
D'armes avecques l'industrie
A ce convenable et propice.

Ah, que ceux qui au mur montèrent
Par l'échelle, la matinée,
Accrurent fort et augmentèrent
Leur prouesse en cette journée !
Car ils firent voie et entrée
Aux autres pour entrer dedans.
Gloire aux bons soit doncques donnée
Quand ils furent si vaillants gens[4].

La prise de Luxembourg fut suivie d'un traité favorable au duc Philippe. Les Saxons s'obligeaient à évacuer Thionville, dernière place

1. Mais il n'en alla pas ainsi.
2. Je vous l'affirme.
3. Sans tromperie.
4. R. DESCHAUX, *Un poète bourguignon au XVe siècle*, p. 182-183.

qu'ils tenaient au duché, tandis que le duc et la duchesse de Saxe s'engageaient à renoncer à leurs prétentions sur la principauté, moyennant 120 000 florins de Hongrie. Toutefois les clauses de ce traité ne furent observées par aucune des deux parties : le duc de Bourgogne ne paya pas la somme promise et Guillaume de Saxe continua à porter le titre de duc de Luxembourg. De son côté le roi des Romains Frédéric III avait refusé de ratifier l'accord, et Ladislas le Posthume, fils d'Albert de Habsbourg et d'Élisabeth de Luxembourg, se disait toujours duc de Luxembourg. Cependant le duc de Bourgogne avait pris le duché dans sa main, en tant que « mambour et gardien », et n'entendait plus le lâcher. En 1444, il en nomma gouverneur son fils illégitime Corneille, bâtard de Bourgogne, qui s'était illustré durant la conquête, et plaça des garnisons dans les forteresses luxembourgeoises. Hormis deux alertes sans suites, en 1445 et en 1447, le duché connut une période de calme qui dura jusqu'en 1451. Mais en cette année, la mort d'Élisabeth de Görlitz fit renaître les tensions car Guillaume, duc de Saxe, manifesta une nouvelle fois l'ambition de revendiquer le Luxembourg.

Le duc vint donc en personne, accompagné de son chancelier Nicolas Rolin, pour s'y faire reconnaître par les États non plus comme mambour et gardien, mais cette fois comme seigneur engagiste. Il reçut les serments des représentants du duché et confirma son fils bâtard Corneille dans ses fonctions de gouverneur.

Tout en obtenant cette reconnaissance, qui lui fut acquise le 25 octobre 1451, Philippe le Bon s'efforçait de négocier un accord avec Guillaume de Saxe. Un projet de mariage fut donc élaboré devant unir Charles, comte de Charolais, fils unique et unique héritier du duc de Bourgogne, et Anne, fille de Frédéric de Saxe, frère aîné du duc Guillaume, cette union devant être assortie d'une cession aux futurs époux de tous les droits que les parties pouvaient invoquer sur le duché de Luxembourg. Mais ce projet n'obtint l'agrément ni de Frédéric III, ni de Ladislas le Posthume, dont le roi des Romains était le tuteur. Ladislas, âgé de douze ans seulement en 1452, était désormais roi de Bohême et de Hongrie, et prêt à revendiquer ses droits sur le duché de Luxembourg. Au mois de décembre 1452, il demanda aux États de Luxembourg de reconnaître ses droits de duc héréditaire et dès l'année suivante ses partisans menèrent une action armée pour lui assurer la possession du duché. Le moment était bien choisi car le duc de Bourgogne devait alors faire face à une violente révolte de Gand. Cependant, la principauté était fermement tenue en main par le gouverneur bourguignon Antoine, seigneur de Croy, et les hostilités qui opposèrent les partisans de Ladislas aux troupes du duc de Bourgogne tournèrent à l'avantage de ces dernières. Au mois de septembre 1453, une trêve fut conclue entre Ladislas et Philippe le Bon par l'entremise de l'archevêque de Trèves.

Dans les premiers mois de 1454, de grandes manœuvres diplomatiques eurent lieu à l'initiative de Philippe le Bon. Une ambassade menée par Guillaume Fillastre, évêque de Toul et conseiller ducal, exposa les droits de Philippe à la diète d'Empire réunie à Mayence, tandis qu'une autre ambassade se rendait à Prague auprès de Ladislas. La volonté d'apaisement du duc de Bourgogne était réelle : certes, il n'entendait pas renoncer à ses droits sur le Luxembourg, mais il voulait régler un problème essentiel à l'heure où, après la prise de Constantinople par les Turcs, il préparait une croisade. Aussi proposa-t-il au roi de Bohême de se joindre à lui pour résister à l'avance turque. Néanmoins, la question luxembourgeoise occupa encore beaucoup le duc et ses conseillers dans les années qui suivirent. De mai 1454 à octobre 1455, elle fut évoquée au cours de cinq diètes d'Empire, à Mayence, à Ratisbonne, à Francfort, à Wiener-Neustadt et à Spire[1]. Toutefois, après 1454, grâce aux trêves conclues avec le roi de Bohême, les Bourguignons purent tenir le duché de Luxembourg paisiblement durant plusieurs années.

Une nouvelle et dernière crise éclata en 1457, à la mort de Ladislas de Bohême. Ce dernier avait projeté d'épouser Madeleine de France, fille de Charles VII. Le roi de France, à l'annonce du trépas de Ladislas, décida de placer le duché de Luxembourg dans sa main. Cette opération était un acte délibérément hostile à l'égard de Philippe le Bon qui venait d'accueillir à sa Cour le dauphin Louis — futur Louis XI — alors en conflit avec son père. Charles VII envoya des troupes pour occuper le Luxembourg et voulut aussi, en 1459, racheter, moyennant 50 000 écus, les droits de Guillaume de Saxe sur le duché. Mais cette tentative française fut interrompue par la mort du roi en 1461 et son fils Louis XI, en novembre 1462, renonça à toute revendication sur la principauté tant disputée. Cette renonciation était, selon Olivier de La Marche, une marque de la reconnaissance de Louis qui, de 1456 à son avènement, avait vécu en exil à la cour de Bourgogne en raison du conflit qui l'opposait à son père Charles VII et, durant ces cinq années, avait été à la charge de Philippe le Bon.

> « Et pour récompense de toutes les grandes dépenses que le roi de France, lorsqu'il était dauphin, avait occasionnées à la Maison de Bourgogne, il lui donna, transporta et acquitta 20 000 écus que le roi Charles, son père, avait payés pour avoir les droits sur le

1. J.-M. CAUCHIES, « Le duc, la politique et les Pays-Bas dans les États bourguignons en 1454 », p. 36-38.

duché de Luxembourg et, pour cette somme, demeura le duché de Luxembourg en héritage paisible au duc de Bourgogne, pour lui, ses héritiers et sa postérité[1]. »

Vingt ans après le traité de Hesdin, Philippe le Bon pouvait enfin considérer la question luxembourgeoise comme réglée.

L'INFLUENCE BOURGUIGNONNE

Dans les années 1450, l'ensemble territorial bourguignon était imposant. Il se constituait de deux blocs de principautés : l'un, au nord, s'étendait de la Somme à la Frise et de la mer du Nord au Luxembourg ; l'autre, au sud, comprenait les deux Bourgognes avec leurs annexes, le Charolais, l'Auxerrois et le Mâconnais. Entre les deux, s'étendaient la Lorraine et le Barrois qui, depuis Bulgnéville, pouvaient être considérés comme faisant partie de la sphère d'influence bourguignonne. Pour y renforcer son emprise, le duc Philippe le Bon s'intéressa de près aux sièges épiscopaux lorrains. Il put y faire promouvoir son conseiller Guillaume Fillastre qui fut successivement évêque de Verdun et de Toul, avant d'accéder au siège épiscopal de Tournai. Après lui, le siège de Toul fut occupé par Antoine de Neufchâtel, fils du maréchal de Bourgogne Thibaud de Neufchâtel. Ce dernier, qui tenait la grande forteresse de Châtel-sur-Moselle, entre Charmes et Épinal, était l'âme du parti bourguignon en Lorraine ; la puissance de sa Maison et la position stratégique de ses possessions et seigneuries situées en Lorraine et en Franche-Comté en faisaient un personnage clé dans les relations entre les ducs de Bourgogne et les ducs de Lorraine[2].

Ces relations prirent de plus en plus d'importance car la Lorraine joua un rôle croissant dans les « liaisons internes » de l'État bourguignon au fur et à mesure de l'accroissement de l'ensemble territorial réuni sous la main des princes de la Maison de Bourgogne. On a pu montrer très clairement que, des années 1410 aux années 1440, les itinéraires régulièrement empruntés par les ducs pour aller de leurs « pays de par-deçà » à leurs « pays de par-delà », lorsqu'ils ne faisaient pas un crochet par Paris, passaient par le comté de Rethel — possession de la branche Bourgogne-Nevers — et la Champagne. Cependant, à partir des années 1430-1440, une évolution est perceptible : l'acquisition du comté de Namur, du Hainaut, du Brabant, du Limbourg et surtout du duché de Luxembourg déporta vers l'Est les itinéraires

1. Olivier de LA MARCHE, *Mémoires*, III, p. 5.
2. J. DEBRY, *Châtel-sur-Moselle*, *passim*

empruntés ; le phénomène se marqua d'autant plus qu'à partir des années 1440-1450 la restauration de l'autorité de Charles VII et l'accroissement parallèle de la tension entre la cour de France et la cour de Bourgogne rendirent moins aisée la circulation à travers la Champagne, sinon des simples messagers et chevaucheurs bourguignons, du moins des grands convois et des troupes. Aussi cette période vit-elle le grand itinéraire qui menait de Luxembourg à Luxeuil à travers la Lorraine, par Metz, Amance, Nancy, Charmes et Épinal, être de plus en plus souvent emprunté par les Bourguignons. Cette route devint plus tard réellement vitale pour les ducs de Bourgogne et, lorsqu'en mai 1472 Charles le Téméraire passa un traité avec le duc Nicolas de Lorraine, ce dernier garantit au duc de Bourgogne et à ses gens le libre passage dans son duché et les autorisa à y être reçus dans toutes ses villes et places fortes [1].

Du côté des « pays de par-deçà », c'est-à-dire des principautés septentrionales, l'action de Philippe le Hardi, de Jean sans Peur et de Philippe le Bon avait permis de placer l'ensemble des Pays-Bas sous l'autorité d'un seul prince. Même les grandes principautés ecclésiastiques de la région ressentaient les effets de la politique d'expansion bourguignonne. La vaste principauté de Liège, qui s'étendait le long de la Meuse à la frontière du Brabant, du Namurois et du Hainaut, en avait subi les terribles conséquences lors de l'intervention de Jean sans Peur en 1408. Après la démission de Jean de Bavière survenue en 1418, le duc de Bourgogne s'efforça d'entretenir des relations étroites, sinon avec les Liégeois eux-mêmes, du moins avec leur nouveau prince-évêque. Dans le contexte de guerre franco-bourguignonne, Philippe le Bon conclut avec Jean de Heinsberg, élu par les chanoines de Saint-Lambert de Liège en 1419, un traité d'alliance scellé le 3 juin 1421 [2].

Nous savons que, malgré cette alliance, du reste toute personnelle, entre Philippe le Bon et Jean de Heinsberg, celui-ci fut entraîné par ses sujets, en 1430, dans une guerre contre le comté de Namur appartenant au duc de Bourgogne. Cet épisode fut de courte durée et, après un arbitrage de l'archevêque de Cologne et du comte de Meurs, un traité de paix fut conclu en décembre 1431, en vertu duquel les Liégeois furent contraints de verser 100 000 nobles d'Angleterre au duc de Bourgogne à titre d'indemnité [3]. Par la suite, et durant plus de vingt ans, les relations de Jean de Heinsberg et de Philippe le Bon furent loin d'être mauvaises, même si le prince-évêque de Liège mena une politique relativement autonome à l'égard du duc de Bourgogne et

1. J. RICHARD, « La Lorraine et les liaisons internes de l'État bourguignon », p. 113-122.
2. P. HARSIN, « Liège entre France et Bourgogne au XVe siècle », p. 243-244.
3. *Ibid.*, p. 211-214.

conserva des liens politiques et diplomatiques avec la cour de France. Cependant, à partir des années 1454-1455, le duc de Bourgogne fit pression sur le prince-évêque pour le contraindre à démissionner. L'attitude de Philippe le Bon était dictée par la volonté de placer son neveu Louis de Bourbon, fils cadet de Charles, duc de Bourbon, et d'Agnès de Bourgogne, sur le siège épiscopal de Liège. Une telle manœuvre entrait dans le cadre de la politique bourguignonne qui visait à placer des membres de la famille ducale à la tête des principautés ecclésiastiques de la région : ainsi, en 1439, le duc avait obtenu du pape Eugène IV le siège épiscopal de Cambrai pour son frère bâtard Jean de Bourgogne, fils illégitime de Jean sans Peur[1]. Malgré la mauvaise volonté de Jean de Heinsberg et la résistance du chapitre de Saint-Lambert, Philippe le Bon arriva à ses fins et, le pape Calixte III ayant donné son accord, le prince-évêque résigna sa charge et fut remplacé par Louis de Bourbon, alors âgé de dix-huit ans[2].

La vaste principauté épiscopale d'Utrecht fut, elle aussi, l'objet des interventions répétées du duc de Bourgogne. Philippe le Bon parvint à la lier fermement à la Maison de Bourgogne en obtenant du pape Calixte III, en septembre 1455, le transfert de son fils bâtard, David de Bourgogne, qui était évêque de Thérouanne, au siège d'Utrecht. Cette opération ne se fit pas sans difficulté et le duc de Bourgogne dut recourir à la force pour imposer son candidat mais, après un an d'efforts, David fut définitivement installé sur son nouveau siège épiscopal[3].

Au milieu du XVe siècle, les sièges épiscopaux de Liège, Utrecht et Cambrai étaient pourvus de titulaires qui, tous, étaient de proches parents du duc de Bourgogne. A la même époque le siège de Tournai, comme nous l'avons vu, était occupé par l'un des principaux conseillers de ce prince. Il ne s'agissait pas seulement pour ce dernier, en plaçant ainsi ses parents et ses fidèles, d'étendre son influence politique à des villes épiscopales, des territoires, voire des principautés. L'enjeu incluait aussi le contrôle de vastes diocèses qui englobaient une bonne partie des pays bourguignons. Ce moyen d'expansion indirecte de la puissance bourguignonne ne datait pas du principat de Philippe le Bon. Depuis Philippe le Hardi, en effet, grâce aux bonnes relations qu'ils entretenaient avec le Saint-Siège et avec certains chapitres de chanoines, les ducs étaient parvenus à faire attribuer à nombre de leurs conseillers clercs des évêchés bien situés dans l'ensemble territorial qu'ils avaient constitué : ainsi le siège d'Arras fut occupé entre 1392 et 1407 par le

1. R. VAUGHAN, *Philip the Good*, p. 213.
2. P. HARSIN, « Liège entre France et Bourgogne au XVe siècle », p. 214-218.
3. R. VAUGHAN, *Philip the Good*, p. 224-231.

chancelier Jean Canard — qui succédait du reste à un autre conseiller ducal, Jean Potier —, puis entre 1407 et 1426 par le dominicain Martin Porée qui avait été confesseur du duc avant d'accéder à la dignité épiscopale. Après Martin Porée, l'évêché d'Arras fut attribué à Quentin Ménart, secrétaire et conseiller ducal, puis, en 1439, à Forteguerre de Plaisance, premier chapelain du duc et son conseiller. En 1453, Philippe le Bon imposa aux chanoines arrageois son aumônier et conseiller Jean Jouffroy, abbé de Luxeuil. Un autre grand siège épiscopal d'Artois, Thérouanne, fut occupé par des fidèles de la Maison de Bourgogne, ainsi Louis de Luxembourg, évêque jusqu'en 1436, était le frère de Pierre, comte de Brienne, et de Jean, comte de Ligny, proches de Jean sans Peur et de Philippe le Bon et tous deux chevaliers de la Toison d'or en 1430. A Amiens, après le traité d'Arras, Philippe le Bon put faire désigner son conseiller Jean Lavantage, qui devint évêque en 1437.

Dans les principautés méridionales, la politique des ducs de Bourgogne fut la même que dans les « pays de par-deçà » : sur le siège épiscopal de Chalon, par exemple, se succédèrent, à partir du principat de Jean sans Peur, des conseillers ducaux comme Hugues d'Orges de 1417 à 1431, Jean Rolin, fils du chancelier, de 1431 à 1436, Jean Germain, chancelier de la Toison d'or, de 1436 à 1461 et Jean Poupet, de 1461 à 1480. Le dominicain Laurent Pignon, confesseur du duc, d'abord évêque de Bethléem, devint ensuite évêque d'Auxerre en 1432 et conserva son siège jusqu'à sa mort, en 1449 [1]. Philippe le Bon parvint aussi, en 1439, à faire transférer d'Arras au siège archiépiscopal de Besançon son conseiller Quentin Ménart. Après la mort de ce dernier, survenue en 1462, son successeur fut Charles de Neufchâtel, frère de Thibaud, maréchal de Bourgogne [2].

Ainsi, au milieu du XVe siècle, la Maison de Bourgogne, sur le plan territorial, avait acquis une puissance considérable. Le pouvoir du duc s'exerçait soit directement, par la mise en œuvre de droits princiers et seigneuriaux, soit indirectement, par un jeu d'influences, comme c'était le cas grâce à l'accession de fidèles du duc sur les sièges épiscopaux des régions concernées par l'expansion bourguignonne. Cependant, ce jeu d'influences ne signifiait pas une sujétion de la puissance épiscopale et nombre de conflits de juridiction opposant les officiers du duc de Bourgogne à ceux de Jean de Bourgogne évêque de Cambrai, et à ceux de David de Bourgogne évêque d'Utrecht étaient là pour le montrer [3].

1. A. J. VANDERJAGT, *Laurens Pignon, OP : Confessor of Philip the Good*, p. 21-34.
2. R. VAUGHAN, *Philip the Good*, p. 230-232.
3. *Ibid.*, p. 232-233.

L'ensemble territorial bourguignon était caractérisé par l'hétérogénéité de ses structures et le caractère décentralisé, pour ne pas dire particulariste, de ses institutions. Aussi, l'une des fortes tendances de l'histoire institutionnelle de l'État bourguignon fut celle de l'action centralisatrice.

16

LE GOUVERNEMENT DE L'ÉTAT BOURGUIGNON

LE DUC ET LES SIENS

Le gouvernement de l'État bourguignon, dès l'origine, fut essentiellement personnel. Le prince y concentrait le pouvoir entre ses mains et toutes les institutions centrales étaient organisées autour de sa personne[1]. Cependant, comme nous l'avons déjà vu, l'ensemble territorial réuni sous l'autorité du duc de Bourgogne ne pouvait être gouverné que par un système de délégation de pouvoir. Dès l'époque de Philippe le Hardi, le duc avait, à plusieurs reprises, délégué ses pouvoirs à des membres de sa famille, notamment à la duchesse Marguerite de Male, son épouse. Ce système perdura et les successeurs du premier duc Valois l'imitèrent sur ce point, encouragés parfois par la demande de leurs sujets. En effet, ceux-ci, tant dans les « pays de Bourgogne » que dans les Pays-Bas, manifestèrent toujours le désir de se voir gouverner par leur prince en personne, ou au moins par l'un de ses très proches parents, plutôt que par un lieutenant ou un gouverneur. C'est ainsi que, lorsqu'en 1405, après la mort de sa mère Marguerite de Male, le duc Jean sans Peur prit possession du comté de Flandre, les députés des Quatre Membres de Flandre lui adressèrent une supplique dans laquelle ils le priaient instamment de résider en personne dans son comté ; dans le cas où le duc serait contraint de s'absenter, les Flamands lui demandaient d'établir à sa place la duchesse de Bourgogne, dotée des pleins pouvoirs et assistée de conseillers connaissant les affaires flamandes afin que dans l'avenir ne se reproduisent pas les « dommages et griefs » nés dans le passé de l'absence du prince. Cinq ans plus tard, en 1410, les représentants des Quatre Membres supplièrent le duc de faire résider dans le comté, en son absence, son fils le comte de

1. R. VAUGHAN, *Valois Burgundy*, p. 95.

Charolais[1]. Le duc accéda à la requête de ses sujets flamands et fixa la résidence de son fils Philippe — le futur Philippe le Bon — à Gand. Le comte de Charolais était alors âgé de quatorze ans, ce qui le rendait apte à prendre des décisions politiques. C'était un garçon bien éduqué, que son père avait voulu préparer à gouverner la Flandre : Philippe, encore enfant, avait eu pour gouverneur le Flamand Baudouin de Le Nieppe, et avait reçu les leçons de deux maîtres d'école, Pierre Taquelin et Jean de Rasseghem qui étaient chargés, notamment, d'apprendre au jeune prince à « lire, écrire et parler le flamand » — même si, sur ce plan, le résultat resta loin de la perfection, ce projet éducatif mérite d'être souligné[2].

Jean sans Peur, lorsqu'il n'était encore que comte de Nevers, n'avait reçu aucune marque de confiance de son père. Ce dernier qui, alors que Jean était âgé de vingt ans, le considérait encore comme trop inexpérimenté, ne lui avait jamais donné de véritables responsabilités politiques. Agissant de façon radicalement différente, Jean sans Peur considéra très tôt son fils comme un prince adulte. En 1414, lorsque Philippe eut atteint dix-huit ans, il lui constitua son hôtel, alors que lui-même avait dû attendre l'âge de vingt-sept ans pour avoir le sien[3]. Bien plus, au mois d'octobre de la même année, tandis qu'il s'apprêtait à quitter ses principautés du Nord pour se rendre en Luxembourg puis en Bourgogne, il établit le comte de Charolais son lieutenant et gouverneur général des comtés de Flandre et Artois[4].

Dans le cadre de la lieutenance qu'il assumait au nom de son père, le comte de Charolais s'appuyait sur un groupe permanent de conseillers. Ces derniers, conformément aux souhaits des députés des Quatre Membres, étaient des hommes rompus aux affaires de Flandre : Guillaume de Halluin, seigneur d'Uutkerke, Jacques de Lichtervelde, seigneur de Koolscamp, Daniel Alarts, Henri Goedhals et Simon de Fourmelles (Van Formelis). Tous ces personnages étaient du reste des membres de la Chambre du conseil de Flandre. Cette institution, qui avait été organisée et installée à Lille par Philippe le Hardi en 1386, avait connu sous le principat de Jean sans Peur de substantielles modifications : clairement séparée de la Chambre des comptes qui demeura à Lille, elle fut transférée à Audenarde en août 1405 puis à Gand en mai 1407. Elle allait jouer un rôle essentiel dans le gouvernement et l'administration de la justice au comté de Flandre[5].

1. L. GILLIODTS-VAN SEVEREN, *Inventaire des archives de la ville de Bruges*, III, p. 509-510 et IV, p. 59.
2. R. VAUGHAN, *John the Fearless*, p. 155.
3. H. KRUSE, *Hof, Amt und Gagen*, p. 264-265.
4. Arch. dép. Nord, B 1601, f° 85 r°.
5. R. VAUGHAN, *John the Fearless*, p.155-156.

Tandis qu'il donnait à son fils des responsabilités très larges en Flandre et en Artois, le duc Jean sans Peur confiait à son épouse Marguerite de Bavière le soin de gouverner les pays de Bourgogne lorsqu'il n'y résidait pas. Les délégations de pouvoir à la duchesse pouvaient être de portée très générale et celle-ci pouvait s'intituler : « Marguerite, duchesse de Bourgogne, comtesse de Flandre, d'Artois et de Bourgogne palatine, dame de Salins et de Malines, ayant en l'absence de monseigneur le gouvernement des pays et lieux dessus dits. » A ce titre, elle assumait des fonctions politiques et administratives très larges[1]. Parfois, le duc confiait même à son épouse des tâches militaires, comme de superviser la mise en défense des deux Bourgognes en temps de péril.

Tout comme le comte de Charolais, dans les principautés du Nord, Marguerite de Bavière gouvernait les deux Bourgognes avec l'aide de conseillers efficaces. Elle était entourée de quelques représentants de la haute noblesse de la région, plus particulièrement chargés des questions militaires : Jean de Chalon, prince d'Orange, Jean de Vergy, maréchal de Bourgogne, Guillaume de Vienne, seigneur de Saint-Georges, et Jacques de Courtiambles, seigneur de Commarin, pour ne citer que les principaux. En outre, la duchesse s'appuyait sur d'autres conseillers, légistes et gens de finances : le chancelier, Jean de Saulx, seigneur de Courtivron, l'homme de finances Jean Chousat, les maîtres de la Chambre des comptes, notamment Guillaume Courtot et Dreu Maréchal. En Bourgogne, tout comme en Flandre et en Artois, les gens du conseil et des comptes jouaient un rôle politique, administratif et judiciaire majeur.

Sous Philippe le Bon, les délégations de pouvoir aux membres de la famille ducale continuèrent d'être un procédé de gouvernement courant. C'est ainsi qu'en décembre 1421 le duc confia le gouvernement de la Flandre à sa femme Michelle de France. Par ailleurs, une thèse récente a montré la part jouée dans l'exercice du pouvoir par la duchesse Isabelle de Portugal, que le duc Philippe avait épousée en 1430 : en 1432, elle gouverna les principautés bourguignonnes du Nord, assistée de quelques-uns des principaux conseillers ducaux : l'évêque de Tournai Jean de Thoisy, Antoine, seigneur de Croy, Jean, seigneur de Roubaix. De même, en 1434, le duc confia à son épouse le gouvernement des deux Bourgognes, dans une période troublée et marquée par divers événements militaires[2]. La duchesse Isabelle reçut de même par deux fois, de novembre 1441 à mars 1442 puis de septembre à octobre 1443, une large délégation de pouvoir pour assumer

1. *Ibid.*, p. 173-192.
2. M. SOMMÉ, *Isabelle de Portugal*, p. 377-385.

le gouvernement des Pays-Bas en l'absence de son mari. Signe de la confiance que celui-ci nourrissait à l'égard de la duchesse, aucune restriction ne venait réduire les pouvoirs que cette dernière exerçait : contrairement, par exemple, à Philippe, comte de Charolais, en octobre 1414, Isabelle pouvait procéder à des aliénations du domaine, octroyer des droits seigneuriaux, accorder rémission à des individus coupables de crimes capitaux, concéder des privilèges ou conférer des bénéfices. Cependant, dans l'exercice du gouvernement, Isabelle de Portugal était naturellement assistée d'un conseil où siégeaient notamment Jean Chevrot, évêque de Tournai, Guillaume Fillastre, évêque de Verdun, Antoine, seigneur de Croy, Jean, seigneur de Roubaix, Hugues de Lannoy, seigneur de Santes et Pierre Bladelin, receveur général des finances[1]. Par ailleurs, la duchesse eut, outre les gouvernances qu'elle assuma, une action non négligeable dans le domaine diplomatique et financier jusqu'à son retrait de la « vie mondaine » dans les années 1450[2].

Tout comme le duc Philippe lui-même avait reçu des responsabilités alors qu'il n'était que comte de Charolais, son fils Charles, le futur duc Charles le Téméraire, exerça une gouvernance en 1454, tandis que son père effectuait un « voyage d'Allemagne » qui le mena notamment à la diète d'Empire qui se tenait à Ratisbonne. Durant ce temps, Charles, qui portait le titre de « gouverneur et lieutenant général » dans les pays de « par-deçà », c'est-à-dire dans les Pays-Bas, fut entouré par plusieurs conseillers de son père, notamment le futur chancelier Pierre de Goux. Il fut de nouveau chargé d'une lieutenance générale, le 25 avril 1465, date à partir de laquelle il assuma essentiellement une fonction de commandement militaire, avant de succéder à Philippe le Bon à la mort de celui-ci, le 15 juin 1467[3]. Deux jours plus tard, en tant que nouveau duc, il annonçait la nouvelle à ses principaux conseillers des deux Bourgognes en même temps qu'il les confirmait tous dans leurs fonctions. On ne pouvait mieux exprimer la continuité du pouvoir ducal.

> « De par le duc de Bourgogne, de Brabant, de Limbourg et de Luxembourg, comte de Flandre, d'Artois, de Bourgogne, de Hainaut, de Hollande, de Zélande et de Namur.
>
> « Très chers et bien aimés. Il a plu à notre benoît Créateur de faire son commandement de feu notre très cher seigneur et père,

1. *Ibid.*, p. 419-422.
2. *Ibid.*, *passim*, notamment p. 377-435.
3. P. BONENFANT et J. STENGERS, « Le rôle de Charles le Téméraire dans le gouvernement de l'État bourguignon en 1465-1467 », p. 7-29 et 118-133 ; R. VAUGHAN, *Philip the Good*, p. 342, 359-360 et 375-398 ; W. BLOCKMANS, « "Crisme de leze magesté". Les idées politiques de Charles le Téméraire », p. 71-81.

que Dieu absolve, qui, lundi passé 15e jour de ce présent mois, entre neuf et dix heures du soir, en cette ville de Bruges, rendit son esprit et trépassa de ce monde dans l'autre, ce qui nous a été une chose très douloureuse et amère et si dure à supporter que plus ne pourrait. Nous signifions cette chose présentement à toutes les bonnes villes de nos pays et seigneuries que notre dit feu seigneur et père nous a laissés et, entre autres en nos pays de Bourgogne, qu'il a toujours eus en singulières amour et recommandation, et leur requérons qu'ils fassent et fassent faire dévotes prières et oraisons pour le salut de son âme, et qu'ils nous soient bons et loyaux sujets et nous leur serons bon prince et seigneur, ce que aussi vous signifions, en vous requérant que, de votre part, vous veuillez en ce vous acquitter et, d'autre part, bien qu'à cause du trépas de notre dit feu seigneur et père tous offices soient vacants, toutefois, pour le bien de la justice de nos pays de par-delà[1] et de nos sujets de ces pays, nous vous requérons et mandons que vous continuiez et persévériez au fait de l'administration de ladite justice et à l'exercice de vos offices, jusqu'à ce que par nous y soit autrement pourvu et ordonné, et le faites semblablement faire aux autres officiers qui ont administration de justice, bien que présentement nous l'écrivions aussi à nos baillis des dits pays par les lettres que nous vous envoyons avec ces présentes et que nous voulons que vous leur fassiez sans délai porter et présenter.

« Très chers et bien aimés, le Saint-Esprit vous ait en sa benoîte garde. Écrit en notre ville de Bruges, le 17e jour de juin 1467[2]. »

LE CHANCELIER ET LE CONSEIL DUCAL

Sous les principats de Jean sans Peur et de Philippe le Bon, la structure générale de l'État bourguignon fut tributaire à la fois de l'héritage du temps de Philippe le Hardi et des transformations nées de l'expansion territoriale.

Le chancelier du duc, chef du service de la chancellerie, était à la tête de l'administration et de la justice. Nous avons déjà vu que cette fonction centrale avait été créée par le premier duc Valois en 1385. Le titulaire de la fonction concentra très vite en ses mains des pouvoirs considérables. Dès 1388, le duc avait laissé à son chancelier l'initiative de faire expédier, en son nom, des actes administratifs et financiers et avait ordonné à ses agents de les exécuter comme si elles émanaient de lui.

1. C'est-à-dire les duché et comté de Bourgogne, le Charolais, le Mâconnais, l'Auxerrois.
2. Arch. dép. Côte-d'Or, B 16, f° 160 v°.

Véritable pivot du gouvernement bourguignon, le « chancelier de monseigneur » travaillait en étroite collaboration avec son maître ; recevant ses ordres et ses directives, il ne se substituait pas à sa volonté. Cependant, il est vrai qu'il bénéficiait de larges délégations de pouvoirs en l'absence du prince. En effet, la situation géopolitique de l'État bourguignon eut pour conséquence que le duc et le chancelier furent amenés à résider souvent l'un dans les principautés septentrionales et l'autre dans les deux Bourgognes. Ce fut particulièrement le cas sous Philippe le Bon qui délégua largement son pouvoir à son chancelier Nicolas Rolin — en charge de 1422 à 1462. Ce dernier, pendant de longues périodes, fut chargé du gouvernement du duché et du comté de Bourgogne. Dans ses attributions, il était amené non seulement à superviser l'administration, la justice et les finances, mais encore à organiser les actions de guerre, en compagnie du capitaine général ou du maréchal de Bourgogne ; il avait en outre toute autorité pour intervenir en matière diplomatique, rédigeant des instructions pour les ambassadeurs lorsqu'il ne menait pas lui-même les négociations.

En tant que garde des sceaux du duc, le chancelier contrôlait en principe tous les actes de l'administration princière dont il ordonnait le scellement. Cependant, dans la pratique, le fait que le chancelier fût souvent éloigné du duc fit évoluer les choses. De plus en plus souvent, dans le courant du XVe siècle, le duc, en l'absence de son chancelier, fit sceller beaucoup d'actes, qui auraient dû être authentifiés par le grand sceau, de son « sceau du secret » ou de son « signet », qu'il avait toujours sous la main. Dès lors, le chancelier perdit une partie du contrôle qu'il devait en principe exercer sur les actes administratifs.

Il n'empêche que les pouvoirs du chancelier, qui était « chef de la justice » et présidait le conseil ducal, étaient considérables. L'importance majeure de la fonction au temps de Nicolas Rolin a été souvent décrite. Le chroniqueur Georges Chastelain l'a résumée en quelques lignes :

> « Ce chancelier avait l'habitude de tout gouverner tout seul, et manier et porter tout, en matière de guerre, de paix ou en matière de finances. De tout et en tout le duc s'en remettait à lui et se reposait sur lui comme principal, et il n'y avait ni office ni bénéfice, en ville ou aux champs, en tous ses pays, ni don ni emprunt qui tout par lui ne se fît et conduisît et ne dépendît de lui comme de celui qui regardait à tout [1]. »

Ces phrases trouvent un écho dans la formule lapidaire contenue

1. Georges CHASTELLAIN, *Œuvres*, III, p. 330.

dans une lettre écrite de Flandre par le maire de Dijon à ses collègues échevins après une difficile négociation avec le chancelier Rolin : « Il est celui qui fait et conduit tout et par les mains duquel tout passe plus que jamais[1]. »

Nous avons déjà eu l'occasion de souligner que la création de la fonction de « chancelier de monseigneur » était un des signes de la volonté centralisatrice de Philippe le Hardi. Cependant, la structure composite de l'ensemble territorial bourguignon contraignait le prince à tenir compte des particularismes institutionnels. C'est ainsi que Philippe le Bon, lorsqu'il prit possession du duché de Brabant en 1430, dut prêter serment de respecter les privilèges de ses sujets brabançons et notamment d'utiliser, pour le scellement des actes concernant la principauté, non pas son grand sceau habituel, mais un sceau particulier. Ce sceau était en la garde d'un chancelier de Brabant dont la fonction avait été mise en place par Antoine de Bourgogne. Conformément aux engagements pris lors de sa « Joyeuse Entrée », le duc devait respecter des critères de choix très précis pour nommer son chancelier de Brabant : ce dernier devait être originaire du duché, connaître la langue néerlandaise et être obligatoirement choisi parmi les membres du conseil de Brabant. Il était, dans la principauté, le chef d'une chancellerie particulière et était placé à la tête de l'administration et de la justice[2].

Un autre organe essentiel du gouvernement bourguignon était le conseil. Cette institution était, dans son principe, à la fois ancienne et informelle. Liée à la conception féodale du pouvoir qui exigeait des fidèles et vassaux du prince une obligation d'aide et de conseil (*auxilium et consilium*), elle était la réunion de ceux dont le prince sollicitait l'avis pour la gestion des affaires de l'État. Ces personnages, qui portaient le titre de « conseillers de monseigneur le duc », étaient choisis au sein de son entourage, de sa cour, de son hôtel. A l'origine le conseil n'avait ni dénomination précise, ni composition fixe, même si le chancelier y siégeait toujours lorsqu'il était présent à la Cour au moment de la réunion, de même qu'en principe les grands officiers — ainsi le maréchal de Bourgogne — et les prélats. Les attributions de ce conseil aulique étaient très larges et pouvaient embrasser toutes les questions politiques, militaires, financières et judiciaires ; le conseil pouvait du reste siéger en cour de justice.

1. M. BOONE, « Chancelier de Flandre et de Bourgogne », p. 209-225 ; P. COCKSHAW, *Le personnel de la chancellerie de Bourgogne-Flandre*, p. 1-53 ; J.-M. CAUCHIES, « Le droit et les institutions dans les anciens Pays-Bas sous Philippe le Bon », p. 42-44.

2. R. VAUGHAN, *Philip the Good*, p. 191-192 ; J.-M. CAUCHIES, « Le droit et les institutions dans les anciens Pays-Bas sous Philippe le Bon », p. 44.

Un processus de réglementation commença à s'affirmer au début du principat de Philippe le Bon. A partir de 1419, le duc nomma un « chef de notre conseil ». Choisi parmi les conseillers ecclésiastiques, ce personnage, qui percevait une pension annuelle de 1 000 francs, présidait les réunions du conseil en cas d'absence du chancelier — qui, lui, percevait une pension de 2 000 francs par an. En 1426, dans une ordonnance de l'hôtel, le duc institua dix conseillers-chambellans. Ces personnages, qui étaient désignés pour siéger ès qualités au conseil, étaient des représentants de la noblesse de cour comme les Croy, les Lannoy, les Lalaing, les Brimeu ainsi que les Luxembourg qui formèrent un groupe influent autour du duc Philippe. A côté de ces conseillers nobles, se développa de façon importante le groupe des conseillers formés au droit, avec notamment les conseillers-maîtres des requêtes.

En février 1433, dans une ordonnance réglant l'organisation de l'hôtel, des normes furent fixées concernant la composition, les réunions et le travail du conseil. Désormais le prince, « pour l'aider à conduire [ses] grandes affaires », aurait un « conseil ordinaire », qui se tiendrait deux fois par jour, où devraient siéger de droit le comte de Fribourg, le seigneur de Croy, le seigneur de Charny, le seigneur de Ternant, Roland d'Uutkerke, Hugues de Lannoy, le seigneur de Crèvecœur, Philibert Andrenet, Jean de Hornes, le prévôt de Saint-Omer[1], Guy Guilbaut, Jean de Brimeu et Jean Chevrot, alors « archidiacre de Vexin en l'église de Rouen » et qui serait le « chef du conseil ». Deux maîtres des requêtes seraient chargés d'examiner les suppliques adressées au duc et d'en faire rapport au conseil. Par ailleurs, un conseil devrait être tenu deux jours par semaine en la présence du duc, « ou bien chaque fois qu'il lui plaira », au cours duquel le chef du conseil ferait un bref rapport au prince sur « ce qui aura été recueilli et avisé », afin que « tout soit décidé et déterminé par mondit seigneur à son bon plaisir ». Toutes les questions débattues et réglées en conseil devraient être consignées par écrit et enregistrées : l'un des deux secrétaires, désigné par le duc, aurait en charge de faire « un beau registre des besognes et matières » débattues tant en la présence du prince que dans le cadre du « conseil ordinaire » ; ce registre des mémoriaux du conseil permettrait de « savoir et entretenir ce qui [serait] ordonné et aussi des causes, remises et journées assignées, les places, les lieux et les jours, afin qu'il n'y ait point de faute ni d'interruption [dans les] affaires et que l'on sache véritablement ce que l'on aura à faire et conduire[2] ».

En août 1446, par une autre ordonnance, le duc réglementa plus

1. Quentin Ménart, secrétaire et conseiller du duc, futur archevêque de Besançon.
2. W. PARAVICINI, « Die Hofordnungen Herzog Philipps des Guten von Burgund », p. 218-219.

strictement le fonctionnement de son « étroit conseil ». Il y fixa notamment un quorum, et y affirma : « Dorénavant nous ne ferons et n'ordonnerons aucune chose qui n'aurait pas été discutée et débattue d'abord par notre conseil et sur quoi nous n'aurions pas eu son avis. »

Une nouvelle ordonnance intervint au début du principat de Charles le Téméraire, en 1469. Le duc y rappelait le principe selon lequel le conseil devait se réunir deux fois par jour, sauf le dimanche et les jours de fêtes. Avant la séance du matin, les conseillers ducaux devaient assister à la messe. Après le conseil, le chancelier ou le chef du conseil devait se présenter au duc en son oratoire pour lui faire un rapport. La composition du conseil fut également fixée : pouvaient siéger les huit conseillers-chambellans avec à leur tête le premier chambellan — c'était alors Antoine, bâtard de Bourgogne, demi-frère du duc —, les cinq maîtres d'hôtel, les maîtres des requêtes, le maréchal de Bourgogne, les conseillers ecclésiastiques et plusieurs officiers notamment le gouverneur (« *stadhouder* ») de Hollande, le gouverneur de Luxembourg et le souverain bailli de Flandre. Naturellement, le duc pouvait en outre appeler au conseil tous ceux qu'il lui plairait d'y inviter selon les besoins de la cause.

Décrivant les institutions bourguignonnes en 1474, Olivier de La Marche offre du conseil aulique un tableau un peu différent de celui qui est fourni par l'ordonnance de 1469 et ajoute une mention concernant les services liés à l'institution.

> « Et pour le conseil, tant de ses grandes affaires que pour la justice, le duc a un chancelier en chef, un évêque, chef du dit conseil en son absence, quatre chevaliers notables, huit maîtres des requêtes, quinze secrétaires, huissiers, fourriers et autres officiers à ce servant. Et quand le duc n'est pas en guerre, la chambre du conseil se tient près de celle du duc. Et le duc se trouve souvent à ce dit conseil, et principalement à déduire et déterminer de grandes sentences et de grandes affaires, et il prend la peine d'ouïr toutes les opinions. Et nul ne peut entrer en ce conseil sans y être mandé par le duc ou son chancelier, sinon ceux qui y sont ordonnés et les chevaliers de la Toison d'or et les maîtres d'hôtel. Et je me dispense de parler de l'autorité du chancelier parce que l'on sait bien partout qu'un chancelier préside, et même en la présence du prince c'est lui qui demande à chacun son opinion. Il a le grand sceau en ses mains et est le premier homme nommé et le premier officier et devant tous en toutes choses [1]. »

1. Olivier de LA MARCHE, *Mémoires*, IV, p. 3-4.

LES LÉGISTES AU SERVICE DE L'ÉTAT

Les ducs de Bourgogne de la Maison de Valois bénéficièrent, dans leur entreprise de construction étatique, du service d'un personnel politique et administratif sur lequel reposa l'essentiel de l'action gouvernementale. Nous avons déjà eu l'occasion, à plusieurs reprises, d'entrevoir le rôle joué par les représentants de la noblesse des pays bourguignons au service du pouvoir ducal : ils étaient conseillers, diplomates, hommes de guerre, baillis, etc. Cependant, à côté de cette noblesse, se constitua un groupe de serviteurs de l'État recrutés, non en fonction de leur origine sociale, mais en raison de leurs compétences professionnelles, en particulier dans le domaine du droit et des finances.

Les gens de finances, d'une manière générale, avaient une formation professionnelle essentiellement fondée sur la pratique : certains d'entre eux étaient issus du monde des marchands et des manieurs d'argent en général : tel fut le cas de Josset de Hal ou de Joceran Frépier au temps de Philippe le Hardi et de Jean sans Peur, tel fut aussi le cas de Pierre Bladelin au temps de Philippe le Bon ; d'autres avaient commencé une carrière de clerc, c'est-à-dire de simple homme de plume, avant de gravir les échelons de l'administration des finances, comme Guy Guilbaut, Jean de Visen, Guillaume Poupet, qui remplirent tous trois la fonction de receveur général des finances. Les maîtres de la Chambre des comptes étaient aussi souvent des hommes d'expérience rompus à la pratique des finances ducales : ainsi, à Dijon, devinrent maîtres des comptes des hommes comme Jean de Vélery, qui avait été maître de la chambre aux deniers de Jean sans Peur, Jean de Noident, qui avait occupé les fonctions de receveur général de toutes les finances et de gouverneur général des finances, Guillaume Chenilly, ancien receveur général des deux Bourgognes, Étienne de Sens, qui avait été maître général des monnaies. À Lille, furent maîtres des comptes Guy Guilbaut, Nicolas Le Prévost et Jean de Pressy, qui avaient tous trois assumé la charge de receveur général de toutes les finances, Thibaud Barradot et Hippolyte de Berthoz, anciens maîtres de la chambre aux deniers, Gauthier Poulain qui avait été receveur général de Flandre, etc. Mais parfois aussi, les maîtres étaient des personnages qui avaient fait une carrière administrative en gravissant successivement tous les échelons de la hiérarchie : ainsi Mongin Contaut cité comme clerc de la Chambre du conseil de Dijon en 1453, secrétaire du duc en 1455, auditeur de la Chambre des comptes en 1456, puis maître aux honneurs en 1467 avant de devenir maître des comptes en 1471 [1]

1. J. BARTIER, *Légistes et gens de finances*, p. 56-65 ; L. STOUFF, *La description de plusieurs forteresses et seigneuries de Charles le Téméraire*, p. 5-6.

Au contraire des gens de finances, qui étaient d'abord des hommes de la pratique, les « légistes » étaient des juristes qui avaient reçu une formation en droit savant — droit canon et/ou droit civil — avant d'avoir une activité de praticiens [1]. C'est pourquoi au sein du groupe hiérarchisé des agents de l'administration ducale, ces juristes exerçaient des fonctions supérieures ; c'est ainsi que la charge de chancelier fut toujours occupée par des hommes formés au droit. Il nous a déjà été donné de rencontrer Jean Canard, chancelier de Philippe le Hardi. Ce personnage, qui fit une brillante carrière ecclésiastique couronnée par son accession au siège épiscopal d'Arras en 1392, était docteur en droit canon et en droit civil et avait été avocat au Parlement de Paris avant de devenir conseiller du roi, puis chancelier du duc de Bourgogne. Son successeur fut Jean de Saulx, seigneur de Courtivron, nommé chancelier le 9 avril 1405 par Jean sans Peur, au moment où le duc recueillit l'héritage de sa mère Marguerite de Male. Contrairement à son prédécesseur, Jean de Saulx était un laïc appartenant à la noblesse du duché de Bourgogne, mais avait cependant en commun avec lui d'être un juriste de formation et d'avoir des liens étroits avec le Parlement de Paris où il avait siégé comme conseiller de 1384 à 1404. Le duc Philippe le Hardi l'avait retenu comme conseiller dès 1396 et Jean sans Peur en fit un chevalier peu de temps après l'avoir nommé chancelier. Homme actif, Jean de Saulx, comme Jean Canard, joua un rôle éminent dans le système de gouvernement bourguignon : en 1411, par exemple, il résida à Gand auprès de Philippe, comte de Charolais, à qui son père avait confié le gouvernement de ses principautés septentrionales. En 1417, c'est lui qui organisa l'occupation de Mâcon par les Bourguignons. Il resta en fonction jusqu'à la mort de Jean sans Peur ; lui-même mourut au mois d'octobre 1420 [2]. En décembre 1419, le duc Philippe le Bon remplaça Jean de Saulx par Jean de Thoisy. Ce personnage, lui aussi juriste, était lié à Jean Canard et avait même figuré parmi ses exécuteurs testamentaires. Issu d'une famille de Bourgogne, de noblesse récente, il avait fait une belle carrière ecclésiastique, devenant, en septembre 1410, évêque de Tournai. Il joua un rôle important lors des négociations et de la conclusion du traité de Troyes, mais résigna son office dès novembre 1422 ; cependant, jusqu'à sa mort, survenue en juin 1433, il resta un conseiller du duc [3]. Son successeur, Nicolas Rolin, allait conserver la fonction de chancelier durant près de

1. F. RAPP, « Universités et principautés : les États bourguignons », p. 115-131.

2. R. VAUGHAN, *John the Fearless*, p. 134-136 et 181-183 ; M. BOONE, « Chancelier de Flandre et de Bourgogne », p. 211.

3. *Ibid.*, p. 211 ; P. CHAMPION et P. de THOISY, *Bourgogne, France, Angleterre au traité de Troyes*, *passim* ; R. VAUGHAN, *Philip the Good*, p. 165-166, 190 et 219.

quarante années et, comme nous avons déjà pu l'entrevoir, en accroître la puissance déjà considérable.

Rolin était issu d'une famille de la bourgeoisie d'Autun ; il reçut une formation universitaire et fut, semble-t-il, gradué dans les deux droits, étant cité, au début de sa carrière, comme « licencié en lois », c'est-à-dire en droit civil, et « bachelier en décret », c'est-à-dire en droit canon. Un panégyriste anonyme, auteur d'une louange du chancelier composée vers 1450, c'est-à-dire à un moment où ce dernier était au sommet de sa puissance, souligna l'importance de cette formation :

> « Sous haut et puissant prince Philippe, duc de Bourgogne, qui, à la semblance de Jason, porte et donne ordinairement à porter à ses chevaliers la Toison d'or, convint la divine prudence qui toutes choses à bonne fin ordonne. Un homme né sous une bonne planète appelé Nicolas Rolin, natif de la noble cité d'Autun, auquel à son temps Fortune fut très favorable, car en sa jeunesse, étudiant à Paris, il but si abondamment à la fontaine des sciences que des arts emporta les clefs. Et non seulement fut parfait dans les arts libéraux [1], mais aussi parvint à la connaissance des droits civil et canon, tellement que prudemment il savait accorder le droit civil avec le droit ecclésiastique, les usages et les coutumes des pays, et en cas difficiles savait éclaircir toutes ambiguïtés et, comme sage et prudent, apaiser maintes noises et détourner plusieurs grands inconvénients [...] [2]. »

Dès 1401, Nicolas Rolin était avocat et plaidait devant les Grands Jours de Beaune ; on le retrouve ensuite avocat au Parlement de Paris. En 1408, il devint « avocat de monseigneur le duc de Bourgogne » avec une pension annuelle de 20 écus. Quatre ans plus tard, le duc le retint comme son conseiller. En 1419, après la mort de Jean sans Peur, à la demande de Marguerite de Bavière et de Philippe le Bon, Rolin, en tant qu'avocat du prince assassiné, prépara un document réunissant les griefs et les arguments de la famille de son maître contre le dauphin et ses complices ; il en donna une lecture publique en décembre 1420 lors d'une assemblée à l'hôtel Saint-Pol, en présence du roi Charles VI, d'Henri V et de Philippe de Bourgogne. Devenu maître des requêtes du duc, il fut institué chancelier en remplacement de Jean de Thoisy en 1422. Entre la date de sa nomination et 1435, il joua un rôle actif dans les négociations entre la cour de Bourgogne et la cour de France. L'une des premières missions diplomatiques qu'il assuma en tant que

1. Les sept arts libéraux (Grammaire, Rhétorique, Dialectique, Musique, Astronomie, Arithmétique, Géométrie) qui, dans le cadre universitaire, faisaient l'objet d'un enseignement à la Faculté des Arts.
2. Cité dans H.-F. PRIDAT, *Nicolas Rolin*, p. 187.

chancelier fut, du reste, de représenter son maître lors des conférences de Bourg-en-Bresse organisées par le duc Amédée VIII de Savoie, en décembre 1422 et janvier 1423, et au cours desquelles des représentants du roi de France furent informés des conditions de paix posées par le duc de Bourgogne. Neuf ans plus tard, en 1432, Rolin mena les négociations de Semur-en-Auxois et d'Auxerre ; en janvier 1435 il était aux côtés de Philippe le Bon lors des conférences de Nevers et en septembre suivant il joua un rôle essentiel dans la conclusion du traité d'Arras.

De 1422 à 1457, date de sa disgrâce, Nicolas Rolin assuma à diverses reprises le gouvernement des deux Bourgognes. Dans l'exercice de ses fonctions de gouverneur, le chancelier dut plusieurs fois prendre des mesures d'ordre militaire, en liaison avec le capitaine général ou le maréchal de Bourgogne : c'est ainsi qu'en 1429, à l'occasion de la chevauchée de Charles VII vers Reims, il dut assurer la défense du duché car on y craignait des incursions françaises. De même, en 1432-1433, après l'échec des conférences de Semur et d'Auxerre, il dirigea de nouveau la mise en défense du duché contre les courses des Armagnacs dans une situation aggravée par la mort subite du maréchal de Bourgogne Antoine de Toulongeon, survenue en septembre 1432. Après le traité d'Arras, la période de « l'Écorcherie » fut marquée par de nouveaux périls pour les deux Bourgognes. Entre 1435 et 1444, les gens de guerre du roi, que l'on appelait les « Écorcheurs » car ils ne laissaient rien aux populations qu'ils pillaient, s'attaquèrent à plusieurs reprises à la Bourgogne ; ils y commirent des dommages dont la sinistre nomenclature est connue grâce aux enquêtes ordonnées par les autorités ducales en 1439 et 1444. Durant cette période, la peur des gens de guerre était telle dans le pays que les villes du duché de Bourgogne refusaient d'ouvrir leurs portes aux troupes ducales. En février 1439, le chancelier résidant à Beaune, voulant contraindre la ville à recevoir dans ses murs une compagnie conduite par le seigneur de Ternant, se heurta à l'opposition du maire et des échevins de la ville ; il fut même personnellement menacé par une foule hostile réunie devant sa résidence et qui lui lançait : « Vous nous voulez bailler garnison. Par la mort Dieu, nous n'en aurons pas ! » Une fois le calme revenu, le chancelier suspendit l'échevinage et condamna la ville à une amende de 1 000 livres. La dernière grande alerte fut, en 1444, le passage des troupes conduites par le dauphin Louis en route vers Montbéliard, l'Alsace et Bâle.

Par la suite, le rôle de Nicolas Rolin dans le gouvernement bourguignon ne cessa de croître : entre 1445 et 1455, il se tint aux côtés du duc dans l'exercice du gouvernement des principautés septentrionales, en particulier durant la difficile période de la guerre contre Gand en 1452-

1453. Pourtant, à partir de 1455, la carrière du chancelier entra dans son déclin. Cette année-là, il s'attira l'hostilité d'une partie de la noblesse de Bourgogne en faisant arrêter, juger et exécuter au château de Gray un grand seigneur comtois, Jean de Grandson, seigneur de Pesmes, accusé d'être un fauteur de troubles. Par ailleurs, Nicolas Rolin se heurta aussi à la puissante famille de Croy qui jouissait d'une influence considérable auprès du duc, notamment en la personne de deux de ses représentants, Antoine, seigneur de Croy et de Renty, qui cumulait les fonctions de premier chambellan du duc, de gouverneur du comté de Namur et de gouverneur du duché de Luxembourg, et Jean de Croy, seigneur de Chimay, grand bailli de Hainaut. Entre eux et le chancelier se développa une lutte d'influence au sein du conseil ducal. Mais les Croy trouvèrent une occasion de provoquer la chute d'un personnage en qui ils voyaient un rival. En 1457, Philippe le Bon décida d'organiser l'hôtel de son fils le comte de Charolais — jusqu'alors l'hôtel de ce dernier n'était pas distinct de celui de sa mère la duchesse Isabelle de Portugal. C'est alors qu'une querelle éclata entre le père et le fils. Le comte de Charolais, en effet, souhaitait que son chambellan fût Antoine Rolin, fils du chancelier, qu'il préférait à Philippe de Croy, fils de Jean de Croy, seigneur de Chimay. Sur intervention de ce dernier, le duc Philippe le Bon exigea de son fils qu'il nommât Philippe de Croy. Le conflit qui suivit entraîna une brouille entre le duc et le comte de Charolais à la suite de laquelle Antoine Rolin fut écarté de l'entourage ducal. La position même de Nicolas Rolin fut considérablement ébranlée et le coup de grâce lui fut donné lorsqu'une commission d'enquête menée par trois de ses adversaires, Antoine, seigneur de Croy, Thibaud de Neufchâtel, maréchal de Bourgogne, et Guillaume Fillastre, évêque de Toul, fut nommée pour « réformer » l'administration ducale. L'action de cette commission donna lieu à la découverte de nombreuses malversations et plusieurs agents ducaux furent frappés d'amendes et parfois même démis de leurs fonctions. Cette action mina la position du chancelier ; son principal collaborateur, l'évêque Jean Chevrot, chef du conseil, fut contraint de démissionner et fut remplacé par Guillaume Fillastre. Rolin lui-même fut disgracié. Il ne put rentrer en grâce jusqu'à sa mort, au début de 1462, mais conserva néanmoins la garde du grand sceau [1].

Après la disparition de Rolin, la charge de chancelier resta vacante pendant trois ans, sans doute parce que l'homme avait concentré trop de puissance entre ses mains. Pendant cette vacance, la fonction fut

1. J. BARTIER, « Une crise de l'État bourguignon : la réformation de 1457 », p. 501-511 ; H.-F. PRIDAT, *Nicolas Rolin, passim* ; R. BERGER, *Nicolas Rolin, passim.*

exercée par le chef du conseil, qui était alors Guillaume Fillastre, évêque de Tournai [1]. Mais en octobre 1465, un nouveau chancelier, Pierre de Goux, fut appointé. Originaire du duché de Bourgogne, il était, tout comme Rolin, formé aux deux droits, puisqu'en 1434 il était cité comme « licencié en lois » et « bachelier en décret ». Dès ce temps il était conseiller du duc et devint avocat fiscal au bailliage de Chalon en 1435. Maître des requêtes en 1442, il avait pris part aux sessions du Parlement de Dole en 1439 et 1444 et aux Grands Jours de Beaune en 1448. Protégé de Nicolas Rolin, il s'était vu investi de missions diplomatiques au cours des années 1447-1449, dans le cadre des difficiles négociations franco-bourguignonnes ayant pour objet l'application du traité d'Arras. Dès lors il fréquenta de plus en plus l'entourage ducal. En 1454-1455, il fut l'un des conseillers de Charles, comte de Charolais, lorsque ce dernier gouverna les pays bourguignons tandis que son père effectuait son « voyage d'Allemagne ». Habile homme de Cour, Pierre de Goux parvint à ne pas être entraîné dans la disgrâce du chancelier Rolin, son protecteur. Devenu bailli de Dole en 1461 et bailli de Chalon en 1464, il continua à être chargé de missions diplomatiques. Lorsqu'il fut nommé chancelier, en 1465, il jouissait à la fois de la faveur du duc Philippe le Bon et de la confiance du comte de Charolais. Aussi, lorsque ce dernier devint duc, en juin 1467, il confirma Pierre de Goux dans ses fonctions qu'il exerçait encore lorsqu'il mourut en avril 1471 [2].

Son successeur fut Guillaume Hugonet. Il était originaire du Mâconnais et, comme ses prédécesseurs immédiats, issu d'une famille non noble, et comme eux gradué dans les deux droits, puisqu'on le trouve cité comme « licencié en lois et en décret ». En 1455, il devint conseiller du duc de Bourgogne, suivant en cela la voie tracée par son frère Étienne Hugonet, docteur en droit canon et en droit civil, chanoine, puis évêque de Mâcon, qui siégea aux Grands Jours de Beaune en 1443 et 1448 et fut conseiller de Philippe le Bon et de Charles le Téméraire. Après avoir ensuite servi successivement, comme juriste, le roi Charles VII et le duc Jean II de Bourbon, Guillaume Hugonet entra, en 1465, au service de Charles le Téméraire, alors comte de Charolais, dont il devint conseiller et maître des requêtes. Dès cette époque il reçut de son maître des missions de confiance. Après l'avènement de Charles, en 1467, Hugonet progressa très rapidement dans la hiérarchie administrative de l'État bourguignon, devenant chef du grand conseil en 1470 et finalement chancelier, en mai 1471, après la mort de Pierre

1. M. BOONE, « Chancelier de Flandre et de Bourgogne », p. 211.
2. J. BARTIER, *Légistes et gens de finances*, p. 341-356.

de Goux. Resté en charge après la mort de Charles le Téméraire en janvier 1477, il fut chancelier de Marie de Bourgogne mais fut, avec Guy de Brimeu, seigneur de Humbercourt, l'une des principales victimes de la réaction particulariste qui secoua alors les Pays-Bas bourguignons : accusé de haute trahison par les Gantois révoltés contre le pouvoir central, il fut exécuté en même temps que le seigneur de Humbercourt, le 3 avril 1477 [1].

Les chanceliers des ducs de Bourgogne Valois étaient unis par un certain nombre de points communs : tous recrutés dans les principautés méridionales de l'ensemble territorial bourguignon — le duché de Bourgogne ou le comté de Mâcon —, ils avaient tous reçus une formation universitaire poussée, étant tous gradués dans les deux droits. Plusieurs d'entre eux avaient des liens avec le Parlement de Paris, comme Jean Canard, Jean de Saulx, Nicolas Rolin. A part deux prélats, Canard et Thoisy, tous les autres étaient des laïcs. Sur le plan social, ils étaient issus soit de la petite noblesse comme Jean de Saulx et Jean de Thoisy, soit d'un milieu de bourgeois et de robins, comme Nicolas Rolin, Pierre de Goux, Guillaume Hugonet. Pour ces derniers, du reste, le service du prince constitua un moyen d'ascension sociale puisque Nicolas Rolin se réputa noble dès 1422 et semble avoir accédé à la chevalerie deux ans plus tard, Pierre de Goux fut fait chevalier sur le champ de bataille de Gavre en 1453, et Guillaume Hugonet se désigna lui-même comme « noble homme » dès 1467 avant d'être fait chevalier en 1471, lors de son accession à la fonction de chancelier.

Les légistes peuplèrent l'administration de l'État bourguignon au plus haut niveau : ainsi Jean Chevrot, évêque de Tournai et chef du conseil ducal, était licencié en droit canon et avait enseigné cette discipline à l'université de Paris [2]. Jean Jouard, président de la Chambre du conseil de Dijon et des Parlements de Beaune et de Dole, sous Philippe le Bon et Charles le Téméraire, était aussi un homme formé au droit [3]. Les conseillers légistes étaient également toujours présents dans les missions diplomatiques [4] et se retrouvaient aussi, naturellement, au sein des grandes juridictions créées par les ducs Valois, en tant que présidents, conseillers, procureurs, avocats ; c'est ainsi qu'après 1430 près de 80 % des conseillers du Conseil de Brabant étaient des gradués en droit [5]. Certains personnages jouèrent un rôle prépondérant dans ces institu-

1. W. PARAVICINI, « Zur Biographie von Guillaume Hugonet, Kanzler Herzog Karls des Kühen », p. 443-481.
2. J. BARTIER, *Légistes et gens de finances*, p. 310-311.
3. *Ibid.*, *passim.*
4. C. DE BORCHGRAVE, « Diplomates et diplomatie sous le duc de Bourgogne Jean sans Peur », p. 41-42.
5. M. BOONE, « Les juristes et la construction de l'État bourguignon », p. 116.

tions : c'est le cas de Simon de Fourmelles (Van Formelis), né avant 1374 à Gand, issu d'une famille de la bourgeoisie aisée de cette ville, docteur en droit civil et en droit canon, qui fit d'abord carrière dans l'administration urbaine avant d'entrer au service de la Maison de Bourgogne en 1404. En 1409, Jean sans Peur le nomma président du Conseil de Flandre, cour de justice qu'il avait installée à Gand, et Simon de Fourmelles occupa cette charge presque sans interruption jusqu'en 1440 ; il mourut en 1447. Ce juriste, qui occupa ainsi un poste essentiel au sein de l'édifice institutionnel bourguignon, fut aussi l'un des proches conseillers de Philippe comte de Charolais lorsque ce dernier assuma la charge de lieutenant général de son père en Flandre et en Artois [1].

A une échelle plus modeste, on trouve aussi des juristes au niveau des institutions bailliagères : ainsi dans le duché de Bourgogne, si les baillis étaient la plupart du temps des représentants de la noblesse d'armes, chacun d'entre eux tenait auprès de lui un personnage portant le titre de « lieutenant général » qui était toujours licencié, voire docteur en droit civil, et qui le suppléait dans la plupart de ses tâches administratives et judiciaires [2]. Parfois la fonction de bailli était elle-même exercée par un juriste : ainsi Guy Armenier, qui fut bailli d'Aval au comté de Bourgogne sous Jean sans Peur et Philippe le Bon, était gradué en droit civil.

L'action de ces juristes qui, comme le laissait entendre le panégyriste anonyme de Nicolas Rolin, étaient certes formés au droit savant, tant droit romain que droit canon, mais aussi familiers des « usages et coutumes des pays », semble avoir été capitale pour imposer aux particularismes locaux une conception « centralisatrice » du pouvoir. Ils ont été des artisans majeurs de la construction de l'État bourguignon en travaillant au renforcement de l'autorité princière et en assurant le fonctionnement d'un système administratif et judiciaire puissamment structuré et hiérarchisé [3]. Sur le plan de l'idéologie du pouvoir, ils surent aussi puiser dans leur culture livresque pour nourrir la propagande ducale à l'usage des élites : en 1473, par exemple, devant les États généraux des « pays de par-deçà » le chancelier Guillaume Hugonet prononça un discours dans lequel il célébra la monarchie chrétienne en s'appuyant sur des arguments du droit romain hérité de Justinien, de la théologie de saint Thomas d'Aquin et des Saintes Écritures. Il démontra à son auditoire la supériorité de la forme de gouvernement monarchique sur

1. *Ibid.*, p. 117-118.
2. J. BARTIER, *Légistes et gens de finances*, p. 66.
3. W. BLOCKMANS, « "Crisme de leze magesté". Les idées politiques de Charles le Téméraire », p. 71-81 ; M. BOONE, « Les juristes et la construction de l'État bourguignon », p. 105-120.

les communes et le système aristocratique. Faisant des emprunts à saint Paul et à Aristote, il utilisa l'image classique du « corps mystique » et de la complémentarité de la tête et des membres pour exalter la communauté d'intérêts des différents éléments constitutifs du corps politique et pour montrer que la tête, c'est-à-dire le prince, déterminait la bonne utilisation des autres membres du corps [1].

Pour les princes de la Maison de Bourgogne, disposer d'un tel personnel fut, à tout point de vue, vital. Comme nous l'avons entrevu dans les pages qui précèdent, tant que les ducs jouèrent un rôle de premier plan à la cour de France, il leur fut possible de recruter commodément des hommes formés dans les universités du royaume — Paris et Orléans notamment — ou ailleurs — en particulier à Pavie et à Bologne, l'un des très grands centres de l'enseignement du droit. Mais les troubles de la période 1410-1420 rendirent les communications difficiles entre les pays bourguignons et les grandes villes universitaires [2] ; par ailleurs, le développement de l'État princier nécessitait parallèlement la création de structures de formation mieux contrôlées par le prince. C'est dans ce contexte qu'en 1421 le duc de Bourgogne décida de fonder une université dans ses propres principautés afin d'y disposer d'un centre d'enseignement où seraient formés les futurs cadres de l'administration ducale. Un tel acte n'était pas isolé et d'autres princes avait agi de la même façon dans les décennies précédentes : ainsi le dauphin Humbert II fondant l'université de Grenoble en 1339, le roi d'Aragon fondant l'université de Perpignan en 1350, le duc d'Anjou et comte de Provence fondant l'université d'Aix en 1409.

Pour créer une université, qui, rappelons-le, était une institution ecclésiastique, le duc devait obtenir l'accord du pape. Des ambassadeurs bourguignons furent donc envoyés auprès de Martin V qui donna son accord et fit parvenir au duc, à la fin de l'année 1422, une bulle prévoyant la fondation d'une université comportant les facultés d'Arts, de Médecine, de Droit et de Théologie. Lorsqu'il eut communication de cette bulle Philippe le Bon, qui se trouvait à Amiens, transmit à son chancelier Nicolas Rolin l'ordre de procéder à l'organisation matérielle de l'université. Rolin réunit alors le conseil ducal à Salins et commença par choisir un lieu d'implantation pour la nouvelle université. Celle-ci ne devait pas être située dans le royaume afin de ne pas mécontenter les maîtres de l'université de Paris qui, dans leur majorité, avaient apporté leur soutien à la politique bourguignonne et qu'il convenait donc de ménager. Le site devait donc être dans le comté de Bourgogne,

1. W. PREVENIER et W. BLOCKMANS, *Les Pays-Bas bourguignons*, p. 217.
2. F. RAPP, « Universités et principautés : les États bourguignons », p. 119.

en terre d'Empire. On hésita entre Gray et Dole mais finalement cette dernière ville fut choisie. Dole, en effet, en tant que chef-lieu de bailliage, siège du Parlement et de différentes institutions financières, faisait figure de capitale administrative de la Franche-Comté ; l'implantation de la nouvelle université dans ses murs répondait donc bien au désir du duc de Bourgogne de disposer d'un centre de formation des futurs agents de son administration et de ses futurs officiers de justice. La ville, en outre, avait proposé d'affecter les produits d'une taxe de circulation perçue à ses portes — le « rouage » — au fonctionnement de l'université et de mettre à la disposition des maîtres et des étudiants une grande chapelle. Pour le reste, le chancelier Rolin convoqua les États du comté de Bourgogne à Salins en avril 1423, et leur demanda d'octroyer un subside exceptionnel pour financer la fondation. Les députés des gens d'Église et des villes accordèrent la levée d'une somme de 9 693 livres étalée sur cinq années mais dont le tiers devait être payé dans l'année [1].

Le duc de Bourgogne, son chancelier et son conseil se soucièrent du recrutement et du paiement des maîtres et des gradués qui devaient enseigner à Dole. Ce personnel enseignant fut assez rapidement à pied d'œuvre. Les sources nous ont d'ailleurs conservé les noms des premiers maîtres de l'université ainsi que l'échelle de leurs gages : Gilles du Tartre, abbé de Ferrières-en-Gâtinais, qui enseigna le droit canon à la faculté de décret, percevait des gages annuels de 200 livres tournois, Jean Colin d'Avallon, docteur en médecine, et André Bernard, maître en théologie, enseignèrent pour des gages équivalents. Les gages des maîtres ès arts s'échelonnaient entre 25 et 60 livres. L'afflux des étudiants à Dole se fit au détriment des universités de Paris, Orléans et Avignon. Des critiques s'élevèrent contre cette fondation que le duc de Bourgogne défendit avec vigueur, envoyant l'un de ses conseillers, Jean de Fruyn, pour en plaider la cause devant le concile de Sienne réuni en 1423-1424.

Deux ans après la fondation de l'université de Dole, en 1425, Jean IV, duc de Brabant, cousin de Philippe le Bon, fonda l'université de Louvain, en étroite collaboration avec les autorités de la ville — à la différence de l'université de Dole, née de la seule volonté princière, celle de Louvain était une fondation à la fois princière et urbaine. Cette université bénéficia, après l'accession de Philippe le Bon au duché de Brabant, de l'aide et de la protection de proches conseillers du duc, tels Jean Chevrot, évêque de Tournai et chef du conseil [2], et Antoine Haneron, qui fut professeur à Louvain et précepteur de Charles le Téméraire [3]. Les universités de Louvain et de Dole constituèrent deux

1. U. PLANCHER, *Histoire générale et particulière*, IV, preuve 24.
2. J. BARTIER, *Légistes et gens de finances*, p. 316 n. 4.
3. *Ibid.*, p. 282 ; R. VAUGHAN, *Philip the Good*, p. 178.

centres de formation pour les légistes des pays bourguignons, l'un dans les « pays de par-deçà », l'autre dans les « pays de par-delà ». Ainsi se renforça la « bipolarité » de l'État bourguignon.

LES GRANDES INSTITUTIONS JUDICIAIRES

A partir des années 1430, la fonction judiciaire du conseil qui, rappelons-le, pouvait siéger en cour de justice, fut progressivement réservée à une institution particulière née au sein du conseil aulique mais qui bientôt s'en distingua et prit le nom de « Grand Conseil de Justice » — en flamand *Groote Raad van Justitie*. Les compétences, les prérogatives et la composition de ce Grand Conseil furent peu à peu fixées, sans cependant qu'un texte normatif intervienne avant le principat de Charles le Téméraire. Vers 1445, la coupure entre le conseil aulique et le Grand Conseil fut à peu près nettement consommée. A partir de ce moment, cette institution fut clairement une cour de justice centrale ayant pour la première fois une compétence territoriale qui s'étendait à l'ensemble des possessions du duc de Bourgogne. Ses juges, qui étaient tous des conseillers du duc et prononçaient des sentences par délégation du prince, connaissaient, en première instance, *ratione personae*, des affaires concernant les proches du duc et ceux qui étaient placés sous sa sauvegarde et, *ratione materiae*, les causes touchant la défense des droits ducaux et les litiges nés de l'application ou de l'interprétation des actes princiers. Par ailleurs ils recevaient les appels portés contre les sentences des Chambres du conseil régionales et des justices seigneuriales ou urbaines. Cette cour qui, tout comme le conseil aulique dont elle était issue, n'avait pas, à l'origine, de siège fixe, fut installée à Malines par Charles le Téméraire en juin 1473.

C'est à partir de ce Grand Conseil que Charles le Téméraire créa le Parlement de Malines par l'ordonnance dite « de Thionville » du mois de décembre 1473. Cette cour fut dotée d'une organisaton imposante, imitée du modèle du Parlement de Paris, avec un premier et un second présidents, quatre chevaliers d'honneur, vingt conseillers — douze laïcs et huit clercs —, six maîtres des requêtes, trois greffiers, douze huissiers, une chancellerie particulière comptant quatre secrétaires ; en outre un procureur, un substitut et deux avocats y défendaient les intérêts du duc. Tout comme le Grand Conseil, le Parlement pouvait juger soit en première instance soit en tant que cour d'appel[1].

1. J. VAN ROMPAEY, *De Grote raad van de hertogen van Boergondië*, *passim* ; A. WIJFELS, « Grand Conseil des Pays-Bas à Malines », p. 448-462 ; J.-M. CAUCHIES, « Le droit et les institutions dans les anciens Pays-Bas sous Philippe le Bon », p. 47.

Le Parlement de Malines organisé en 1473 par Charles le Téméraire avait une compétence territoriale limitée aux « pays de par-deçà », c'est-à-dire aux seuls Pays-Bas. Rappelons, en effet, qu'existait toujours en Bourgogne une cour supérieure de justice — les « Grands Jours » ou « Parlement » — qui faisait office de juridiction d'appel et qui siégeait, selon l'origine des causes à juger, soit à Beaune, soit à Saint-Laurent-lès-Chalon, soit à Dole. Cette organisation ancienne fut conservée. Au début du principat de Philippe le Bon, la tenue des Grands Jours était irrégulière mais les députés des États de Bourgogne, qui manifestaient un grand attachement à ces institutions, demandèrent au duc d'en rendre les sessions régulières. Philippe le Bon décida alors, par une ordonnance du 12 juin 1431, que les Parlements de Beaune et Dole tiendraient chacun une session annuelle. Certes, cette ordonnance fut annulée l'année suivante, mais à partir de ce moment les sessions furent plus fréquentes. Par ailleurs, depuis 1400, la présidence des Parlements des deux Bourgognes était assumée par la même personne qui était, du reste, aussi président de la Chambre du conseil de Dijon. Ce trait montrait qu'en réalité les Parlements de Beaune et de Dole ne représentaient qu'une session élargie du conseil de Dijon. Une réforme importante de ces Parlements intervint en janvier 1474, lorsque le duc Charles le Téméraire décida de leur donner une organisation fixe pour en faire clairement une institution symétrique du Parlement de Malines qu'il avait créé le mois précédent : désormais le personnel se composa d'un président, de deux chevaliers d'honneur, de douze conseillers, d'un procureur général et de deux avocats du duc.

Dans le domaine de la justice rappelons qu'il existait, à l'échelle des principautés, des « conseils » ou « Chambres du conseil » dotés chacun d'un président, de conseillers, de clercs-greffiers, d'un procureur général et d'avocats du prince. En 1386, comme nous l'avons vu, Philippe le Hardi avait créé à Dijon et à Lille deux Chambres du conseil qui étaient déjà des cours de justice. L'institution lilloise, transférée, par Jean sans Peur, à Audenarde en 1405 puis à Gand en 1407, était devenue une cour qui occupait une place essentielle dans la hiérarchie des juridictions du comté de Flandre. Durant le principat de Philippe le Bon, ce conseil de Flandre avait connu quelques vicissitudes puisqu'il fut transféré à Courtrai en 1439-1440, à Termonde en 1447-1451, puis à Ypres entre 1451 et 1463, avant de revenir à Gand.

Dans le duché de Brabant existait également une Chambre du conseil — en thiois « *Raetcamer* ». D'abord création sans lendemain due à l'initiative du duc Antoine de Bourgogne en 1406, cette institution avait vraiment vu le jour en 1420, sous le principat du fils d'Antoine, le duc Jean IV. Elle fut dès lors présidée par le chancelier de

Brabant et compta onze conseillers ; sa compétence s'étendait au Brabant et au Limbourg. En 1430, Philippe le Bon, devenant duc de Brabant, conserva cette cour, fixant son siège à Bruxelles. Deux ans plus tard, en 1432, Philippe le Bon créa à La Haye une autre Chambre du conseil, un peu plus tard appelée « conseil de Hollande » — « *Hof van Holland* » —, compétente pour les comtés de Hollande et de Zélande et présidée par le gouverneur de Hollande. Dans le duché de Luxembourg, il existait déjà une Chambre du conseil, siégeant à Luxembourg, lorsque le duc de Bourgogne en fit la conquête ; elle subit peu de transformations. Dans le comté de Namur, le duc dès 1429 développa un conseil dont les attributions judiciaires s'accrurent dans le cours du XVe siècle. En Hainaut, un conseil fut également organisé mais il resta lié à la cour de Mons qui était une juridiction féodale. Dans nombre de principautés des Pays-Bas existaient en effet des cours féodales, compétentes pour connaître des litiges concernant les fiefs : c'était le cas également en Brabant et à Namur.

Chacune des principautés qui constituaient l'État bourguignon était dotée d'une organisation administrative et judiciaire reposant sur un personnel d'officiers de justice. En Bourgogne, la structure bailliagère existante ne subit que peu de changements : les cinq bailliages d'Autun, Auxois, Chalon, Dijon et La Montagne et le bailliage de Charolais subsistèrent. Par ailleurs, conséquence du traité d'Arras, les bailliages royaux de Mâcon et d'Auxerre étaient désormais aux mains du duc de Bourgogne. Dans le comté, Philippe le Bon, en juillet 1422, modifia quelque peu l'organisation territoriale en créant, en plus du bailliage d'Aval et du bailliage d'Amont, un troisième bailliage, celui de Dole, en démembrant le bailliage d'Aval jugé trop vaste[1].

En Flandre, le duc de Bourgogne conserva l'ancienne organisation. Le souverain bailli de Flandre et les baillis restèrent en place. Les châtellenies de « Flandre gallicante » de Lille, Douai et Orchies étaient, chacune, dotées d'un bailli et ces trois officiers étaient eux-mêmes placés sous l'autorité du gouverneur du souverain bailliage de Lille. Dans le duché de Brabant, le principal officier du duc était le sénéchal de Brabant, appelé également « drossard ». Il était le supérieur hiérarchique des officiers de justice. Cette charge essentielle fut assumée de 1436 à 1475 par Jean IV de Nassau. Dans le comté de Hainaut, le duc était représenté par un grand bailli qui était à la tête de l'administration et de la justice. Dans les comtés de Hollande et Zélande, ce rôle était tenu par le gouverneur (« *stadhouder* »).

1. E. CHAMPEAUX, *Ordonnances franc-comtoises*, p. 125-128.

JUSTICE ET SOUVERAINETÉ

Dans le cadre de l'État bourguignon, l'exercice de la justice posait la question essentielle de la souveraineté. L'expansion territoriale, notamment en terre d'Empire, avait permis aux princes de la Maison de Bourgogne de prendre en leurs mains des principautés où ils exerçaient pratiquement un pouvoir souverain, ainsi dans le duché de Brabant ou dans le comté de Bourgogne. Il n'en allait pas de même dans les pays situés dans le royaume de France. Là, le roi avait toujours conservé « la souveraineté et le ressort ». Ce droit du roi était inscrit en toutes lettres dans l'acte de donation du duché de Bourgogne de septembre 1363, et Charles VII, lors du traité d'Arras, avait su le conserver lorsqu'il avait cédé toute la Picardie, l'Auxerrois et le Mâconnais à Philippe le Bon. Progressivement, cette question allait devenir un enjeu politique de première importance.

Tant que le duc de Bourgogne avait eu l'ambition de jouer un rôle majeur au sein du gouvernement royal, cette question de la souveraineté de la justice ne se posa pas. Dans la pratique, les sujets du duc qui ressortissaient au royaume de France avaient toujours la possibilité, en cas de procès, de porter leurs causes en appel devant le Parlement du roi siégeant à Paris. Ces « appels en France » constituaient un recours possible pour les justiciables, par exemple, après une décision du Parlement de Beaune, de la Chambre du conseil de Dijon, du Conseil de Flandre ou de la cour de la gouvernance de Lille. Certes, l'appel en France était coûteux et la procédure était longue, mais la haute compétence des juges parisiens et la qualité de leur travail n'étaient pas de minces arguments pour décider tel plaideur mécontent à interjeter appel devant la cour du roi. Le duc de Bourgogne lui-même entretenait à Paris ses propres avocats et procureurs chargés de le représenter devant le Parlement. Cependant, après la rupture de l'alliance anglo-bourguignonne et le traité d'Arras, l'attitude du duc à l'égard de la cour parisienne évolua. Ce phénomène était le signe que le lien juridique qui unissait l'État bourguignon et le royaume de France était de plus en plus difficile à concilier avec la politique centralisatrice du duc de Bourgogne.

C'est dans ce contexte qu'il convient de replacer la demande formulée par les ambassadeurs de Philippe le Bon, lors des conférences franco-bourguignonnes de Châlons-sur-Marne en 1445, visant à obtenir une exemption du ressort du Parlement pour les juridictions échevinales des Quatre Membres de Flandre. Cette demande était faite au motif que ces juridictions avaient coutume de rendre des sentences dont on ne pouvait faire appel. Le roi de France accorda une exemption temporaire, valable neuf années, par un acte du 4 juillet 1445. Le duc de Bourgogne avait agi en accord avec les autorités urbaines flamandes, qui voyaient dans cette mesure la satisfaction d'une de leurs revendications particularistes. Cependant, le régime d'exemption temporaire bénéficia surtout aux juridictions princières car, si les justiciables flamands ne pouvaient plus porter leurs appels devant le Parlement de Paris, ils continuèrent à le faire devant le Conseil de Flandre. Cette mesure favorisa donc la politique de centralisation menée par le duc et marquait en même temps une étape dans le processus d'affirmation de la souveraineté de l'État bourguignon [1].

La deuxième étape fut plus radicale. Elle se situa après la mort de Philippe le Bon, lorsqu'en octobre 1468, lors de l'entrevue de Péronne, Louis XI se trouva de façon inattendue à la merci du duc Charles le Téméraire. Ce dernier profita de la situation pour imposer à son adversaire un traité par lequel le roi reconnut officiellement la possibilité offerte aux sujets du duc d'interjeter appel devant le Grand Conseil et admit parallèlement que les tribunaux des Quatre Membres de Flandre ne ressortiraient plus à l'avenir au Parlement de Paris.

Mais immédiatement après avoir juré de respecter cet accord, Louis XI, rentré à Paris, le dénonça et s'empressa d'en proclamer la nullité. Or, méfiant et habile, Charles le Téméraire avait fait intégrer au traité de Péronne une clause prévoyant qu'au cas où le roi provoquerait la rupture de la paix jurée, le duc de Bourgogne et ses héritiers et successeurs seraient perpétuellement déliés de la fidélité et de l'hommage dus au roi et à ses héritiers. Aussi, prenant argument de la violation du traité de Péronne par Louis XI, Charles s'estima affranchi de la souveraineté du roi de France et interdit en conséquence à l'ensemble de ses sujets de porter leurs appels en France. Cette interdiction, pour la Bourgogne, fit l'objet d'un acte daté du 12 novembre 1471, élaboré dans un contexte de guerre ouverte [2].

Deux ans plus tard, en décembre 1473, comme nous l'avons vu, le duc de Bourgogne créa le Parlement de Malines, cour souveraine dont le ressort s'étendait à l'ensemble des Pays-Bas bourguignons. Olivier de La Marche, qui résuma l'histoire éphémère de cette institution, à l'intention de l'archiduc Philippe le Beau, petit-fils de Charles le Téméraire, montra clairement les vastes implications politiques de cette fondation.

1. S. DAUCHY, « Le Parlement de Paris, juge contraignant ou arbitre conciliant ? », p. 143-152.
2. Arch. dép. Côte-d'Or, B 16, f° 227 r°-v° et E. CHAMPEAUX, *Les ordonnances des ducs de Bourgogne sur l'administration de la justice du duché*, p. 194-196.

« Et en ce temps le duc Charles mit sus un Parlement qui résidait à Malines auquel ressortissaient tous ses pays deçà la Champagne. Et de ce Parlement n'avait ailleurs ni appel ni ressort. Et il pourrait m'être demandé comment il pouvait y contraindre ses sujets qui auparavant ressortissaient à la France, comme ceux d'Artois, de Flandre, de Boulonnais et des terres engagées [1], qui sont des seigneuries tenues de France de toute ancienneté. A cela je réponds que, par appointement fait et par paix jurée entre le roi de France et lui, fut accordé par le roi que, au cas où il romprait la paix de Péronne, ou y contreviendrait, il tiendrait quitte le duc de toute fidélité et hommage qui lui pouvaient appartenir pour lui et pour ses héritiers rois de France au profit du duc et de ses héritiers [...]. Or cette paix fut rompue par le roi de France, ainsi que le maintenait le duc, votre grand-père. Par quoi il se disait souverain en ces dites seigneuries et en jouit comme souverain jusqu'à sa mort. Mais, après son trépas, les pays se mutinèrent contre madame votre mère, leur princesse, et voulurent récupérer leurs vieux privilèges et en avoir de nouveau à leur plaisir, par quoi ledit Parlement fut rompu et aboli [2]. »

L'ORGANISATION FINANCIÈRE

Nous avons déjà eu l'occasion de présenter, dans les pages qui précèdent, la mise en place, sous le principat de Philippe le Hardi, d'une organisation financière caractérisée par l'existence de plusieurs caisses centrales et régionales. La recette générale de toutes les finances était l'un des organes principaux, mais non le seul, de cet édifice institutionnel. Son nom était du reste trompeur : le « receveur général » encaissait, certes, des deniers, mais effectuait aussi des dépenses. Malgré l'adjectif « général » et la locution « de toutes les finances », cette caisse ne concentrait pas, loin de là, toutes les finances ducales. En fait cette appellation servait à distinguer ce receveur, qui faisait entrer dans ses caisses des deniers venus de toutes les principautés du duc, des receveurs régionaux, comme le receveur général de Flandre et Artois, ou le receveur général des duché et comté de Bourgogne, par exemple.

Pour avoir une idée de ce qu'étaient les responsabilités d'un receveur général de toutes les finances, il est possible de se référer, à titre d'exemple, au premier compte du receveur Guy Guilbaut pour l'exercice financier couvrant la période allant du 3 octobre 1419 au 3 octobre 1420, c'est-à-dire en la première année du principat de Philippe le Bon.

1. Les « villes de la Somme » et le comté de Ponthieu.
2. Olivier de LA MARCHE, *Mémoires*, I, p. 132-133.

Son compte, comme tous les autres, était séparé en deux grandes parties, les recettes et les dépenses. En recette, Guy Guilbaut fait état de sommes provenant des duché et comté de Bourgogne et versées par Jean Fraignot, receveur général de ces deux principautés, par le trésorier de Salins, le receveur d'Autun, le receveur du bailliage de la Montagne, le trésorier de Dole, le receveur de Charolais. Du comté de Flandre sont entrés en ses caisses des deniers versés par le receveur général de Flandre et d'Artois, par le receveur de Cassel, par le receveur de Lille, et par le receveur de Douai. Aux comtés d'Artois et de Boulonnais, ont alimenté, par plusieurs versements la caisse du receveur général de toutes les finances, le receveur d'Arras, le receveur d'Hesdin, le receveur de Bapaume, le receveur de Lens, le receveur de Saint-Omer, le receveur d'Aire, le receveur de Tournehem, le trésorier de Boulonnais. Guy Guilbaut a également reçu de l'argent des receveurs particuliers d'une aide levée à la demande du duc en Flandre et dans les châtellenies de Lille, Douai et Orchies, ainsi qu'au comté d'Artois. Enfin, à l'ensemble de ces ressources « ordinaires », s'ajoutaient des recettes « extraordinaires », en l'occurrence des emprunts contractés notamment auprès des villes de Saint-Omer, Aire, Hesdin, Thérouanne, Béthune, et auprès de certains bourgeois de Lille[1].

Au chapitre des dépenses du compte de Guy Guilbaut apparaissent de grandes rubriques dont voici les principales : « Deniers baillés à plusieurs personnes qui en doivent compter » ; « Deniers baillés à monseigneur tant pour mettre en ses coffres que pour en faire son plaisir et volonté » ; « Pensions et gages à vie et à volonté » ; « Ambassades, voyages et grosses messageries » ; « Deniers payés en l'acquit de monseigneur » ; « Dons et récompenses » ; « Épicerie, apothicairerie et chirurgie » ; « Achat de chevaux » ; « Achat et façon de joyaux, vaisselle d'or et d'argent et autre orfèvrerie » ; « Achat de draps d'or et de soie, draps de laine, fourrures et façon de robes » ; « Tapisserie, broderie, etc. » ; « Charreterie, voitures et menues messageries » ; « Deniers payés pour aumônes, offrandes et pour faire dire messes » ; « Dépense commune » ; « Artillerie, canons, poudres et plusieurs autres choses touchant la guerre[2]. »

Le receveur général de toutes les finances occupa sans conteste une place essentielle dans l'organisation financière de l'État bourguignon jusqu'au début du principat de Charles le Téméraire mais, en février 1468, le receveur général perdit sa qualité d'officier comptable supérieur au profit de l'argentier. Ce dernier portait un titre qui rappelait

1. *Comptes généraux de l'État bourguignon*, I/1, p. 216-260.
2. *Ibid.*, p. 260-488.

une ancienne fonction que Philippe le Hardi avait créée en 1386, puis supprimée plusieurs années plus tard. Durant cette première période, l'argentier, tout comme à la cour des rois de France, avait en charge les objets précieux du prince et soldait certaines de ses dépenses particulières. Au temps de Charles le Téméraire, le contenu de la fonction fut très différent de ce qu'il était sous le principat de Philippe le Hardi, puisque désormais l'argentier devint le principal officier comptable de l'État bourguignon et, à ce titre, responsable des dépenses extraordinaires du duc.

Une autre institution financière centrale, l'Épargne, apparut sous Philippe le Bon. D'abord gérée par le garde des joyaux, elle constitua ensuite, vers 1445, une caisse autonome, gérée par un receveur ou garde de l'Épargne, et fut peut-être imitée d'une institution similaire qui avait existé en France, durant le règne de Charles VI, entre 1388 et 1420. L'Épargne avait le caractère d'une trésorerie privée servant avant toute autre chose à suffire aux besoins immédiats et imprévus du duc et, selon les mots mêmes de Philippe le Bon, « à conduire et à servir nos particulières et privées affaires, desquelles voulons l'administration et connaissance être et demeurer devers nous ». Fonctionnant sans le carcan des contrôles administratifs, l'Épargne avait une grande souplesse. Charles le Téméraire, en 1468, supprima l'autonomie de l'Épargne et en rendit la gestion au garde des joyaux[1]. Aussi Olivier de La Marche, en 1474, pouvait-il décrire les attributions de ce dernier comme suit :

> « Le duc a un garde des joyaux et son aide ; et ce garde des joyaux est fort proche du prince, car il a en ses mains un million d'or vaillant ; et il sert à garder les deniers de l'Épargne du prince, tous ses joyaux d'or et de pierreries, dont le duc est riche, et a les plus beaux que l'on sache. Il a en sa main toute la vaisselle d'or et d'argent, tous les habillements et ornements de sa chapelle ; et je crois qu'il a en vaisselle d'argent, tant blanche que dorée, cinquante mille marcs en ses mains[2]. »

Depuis 1372, à côté du receveur général, se tenait le trésorier, parfois appelé aussi gouverneur général des finances, qui remplissait un rôle de gestionnaire et de contrôleur central. Son office fut supprimé en 1446 et remplacé, l'année suivante, par une commission financière constituée de trois « commis sur le fait des finances », conseillers du prince voués

1. P. KAUCH, « Le Trésor de l'Épargne, création de Philippe le Bon »., p. 703-719 ; E. AERTS et H. DE SCHEPPER, « Trésor secret (Épargne ou *Heymelicken Tresoir*) », p. 564-574 ; J. PAVIOT, « Jacques de Brégilles, garde-joyaux des ducs de Bourgogne Philippe le Bon et Charles le Téméraire », p. 313-320.

2. Olivier de LA MARCHE, *Mémoires*, IV, p. 18.

au contrôle de l'administration des finances. En 1457, le duc Philippe le Bon créa une nouvelle commission, de six membres cette fois, dont les compétences s'étendaient à « toutes matières touchant les finances[1] ». Cette institution, appelée sous Charles le Téméraire « Chambre des finances », fut décrite par Olivier de La Marche en 1474, comme faisant partie intégrante de l'hôtel du duc[2].

Comme nous le savons, il existait dès l'origine de l'État bourguignon deux grandes institutions chargées du contrôle des comptes. L'une siégeait à Lille, l'autre à Dijon. Ces deux Chambres des comptes avaient été réorganisées en 1386 et, depuis, leurs structures et leur mode de fonctionnement n'avaient pas cessé de se perfectionner. La Chambre des comptes de Lille, nettement séparée de la Chambre du conseil entre 1405 et 1409, avait pris une importance de plus en plus marquée en raison du fait qu'assez tôt le centre de gravité de l'État princier s'était déplacé vers les principautés du Nord. À partir de Philippe le Bon, les comptes des organes de finances centraux furent vérifiés non plus à Dijon, mais à Lille. En outre, les agents comptables de Flandre, d'Artois, de Malines, de Namur — à partir de 1429 —, du Hainaut — après 1438 —, du Boulonnais, des villes de la Somme et autres « terres engagées » — à partir de 1435 — durent également faire contrôler leurs comptes à la Chambre des comptes de Lille ; cependant, la Chambre des comptes de Dijon, dont le ressort territorial s'étendait aux deux Bourgognes, au Charolais, puis, après le traité d'Arras, aux comtés d'Auxerre et de Mâcon, restait une institution majeure dans l'organisation financière de l'État et dans le gouvernement des deux Bourgognes.

Avec l'expansion territoriale, la bipolarité que nous venons de décrire ne dura pas. En effet, en 1430, lorsque le duc Philippe le Bon devint duc de Brabant, il hérita d'un ensemble institutionnel qui comprenait une Chambre des comptes que son oncle Antoine de Bourgogne avait créée et fixée à Bruxelles en 1404. La compétence territoriale de cette Chambre des comptes de Bruxelles s'étendit au Brabant, au Limbourg et aux terres d'Outre-Meuse, et, à partir de 1463, au duché de Luxembourg.

En 1446, Philippe le Bon créa une Chambre des comptes de Hollande dont il fixa le siège à La Haye. Sa compétence territoriale s'étendait aux comtés de Hollande et de Zélande et à la seigneurie de Frise. Cependant, l'existence de cette institution fut éphémère car en 1463, poussé sans doute par un souci de rationalisation et de centralisation, le duc Philippe supprima la Chambre des comptes de La Haye et

1. H. COPPENS et E. AERTS, « Recette générale des finances (Trésor royal) », p. 534-545 ; E. AERTS et H. DE SCHEPPER, « Argentier », p. 558-563.
2. Olivier de LA MARCHE, *Mémoires*, IV, p. 9-11.

rattacha son ressort territorial à celui de la Chambre des comptes de Bruxelles.

Dix ans après la suppression de la Chambre des comptes de La Haye, le mouvement de centralisation et de rationalisation reprit avec plus de force. En effet, en décembre 1473, le duc Charles le Téméraire, alors même qu'il organisait le Parlement de Malines, décida de supprimer les Chambres des comptes de Lille et de Bruxelles et de les remplacer par une Chambre des comptes centrale dont le siège serait à Malines, ville qui décidément était destinée à devenir la capitale administrative des Pays-Bas bourguignons[1].

La création de cette Chambre des comptes unique pour les Pays-Bas bourguignons faisait réapparaître la situation de bipolarité qui existait avant 1430. Mais l'expérience fut de courte durée puisqu'en mars 1477 Marie de Bourgogne dut, sous la pression de ses sujets révoltés, supprimer la Chambre des comptes de Malines en même temps que le Parlement et réinstituer les Chambres des comptes de Lille et de Bruxelles.

Les finances ducales furent alimentées, comme par le passé, par de multiples sources, mais la place tenue dans les revenus du prince par les impôts payés par ses sujets ne cessa de croître. Selon un système que nous avons déjà évoqué, la levée des aides devait être partout consentie par les États et, dans la pratique, le consentement n'était pas obtenu sans négociation. Malgré la lourdeur de ce système, on constate qu'à partir des années 1430 les aides furent levées à une fréquence de plus en plus grande et bientôt dans l'ensemble des principautés bourguignonnes presque chaque année[2]. Cependant, contrairement à ce qui advint dans le royaume de France sous Charles VII et Louis XI, les ducs de Bourgogne ne parvinrent pas à établir un impôt permanent. Charles le Téméraire s'engagea pourtant dans cette voie en s'efforçant d'obtenir des levées pour plusieurs années et pour l'ensemble de ses principautés : en mai 1470, il demanda à ses « pays de par-deçà », en négociant séparément avec chacun d'entre eux, 120 000 couronnes pour trois ans. Puis, en mars 1473, il rassembla à Bruxelles les États de l'ensemble des Pays-Bas et en obtint une aide de 500 000 écus par an pendant six ans. En octobre suivant, les États des deux Bourgognes, de Charolais, de Mâconnais et d'Auxerrois octroyèrent une aide de 100 000 livres par an pendant six ans[3] — soit au total plus de 3 400 000 écus. Parallèlement, comme leurs devanciers, les ducs Philippe le Bon et Charles le Téméraire utilisèrent largement le crédit. C'est ainsi que le second sut utiliser les services des Médicis. Entretenant des relations étroites avec

1. *Inventaire des archives de la Belgique. Inventaire des archives des Chambres des comptes*, I, p. 109-110.
2. R. VAUGHAN, *Philip the Bold*, p. 261-263.
3. J. BILLIOUD, *Les États de Bourgogne*, p. 407.

Tommaso Portinari qui dirigeait la succursale brugeoise de la banque florentine et dont il fit l'un de ses conseillers, il put obtenir de lui des prêts substantiels et largement supérieurs aux possibilités de crédit qu'il avait négociées en 1471 avec Pierre et Laurent de Médicis [1].

LES MOYENS DE LA CENTRALISATION

L'une des particularités les plus évidentes de l'ensemble géopolitique réuni sous la main des ducs de Bourgogne était son hétérogénéité. Ce trait, maintes fois souligné, se traduisait, comme nous avons pu le remarquer à diverses reprises, par un puissant particularisme. Sur le plan du droit, et notamment du droit privé, ce particularisme se caractérisait par le foisonnement des coutumes locales et régionales et, dans les Pays-Bas bourguignons, on a pu en dénombrer entre six cents et sept cents. Le respect de ces coutumes était garanti par le prince lui-même : chaque duc de Bourgogne, lors de son « Joyeux Avènement », dans chacun de ses pays, voire dans chacune de ses villes, ne devait-il pas prêter serment de respecter les coutumes, franchises et privilèges ? Dans le duché de Brabant, ce serment donnait lieu à la rédaction d'une charte de Joyeuse Entrée accompagnant l'accession au pouvoir du nouveau duc [2]. Une telle situation ne favorisait ni la centralisation, ni l'uniformisation du droit.

En 1454, soucieux d'une meilleure administration de la justice, le roi de France Charles VII ordonna, par la fameuse ordonnance de Montils-lès-Tours, la rédaction de toutes les coutumes de son royaume. Le duc de Bourgogne Philippe le Bon, pour sa part, ne pouvait envisager de prendre une mesure similaire pour l'ensemble de ses pays, cependant, cinq ans plus tard, en 1459, il fit rédiger les coutumes du duché de Bourgogne. Dans le cadre de cette principauté, en effet, les conditions étaient favorables puisque depuis deux siècles environ il existait des coutumes observées à l'échelle de la province tout entière et qu'on y pouvait réellement parler de « coutumes de Bourgogne ». Il était en revanche impensable de lancer une telle entreprise dans les Pays-Bas bourguignons où les coutumes s'appliquaient dans le cadre d'une châtellenie, d'un bailliage, d'une seigneurie, d'une ville, quand ce n'était pas d'un simple village. Tout au plus Philippe le Bon put-il ordonner, en juin 1431, dans un contexte de troubles, la rédaction de la coutume de la ville de Cassel [3].

1. R. VAUGHAN, *Charles the Bold*, p. 258-260 et 409.
2. J.-M. CAUCHIES, « Le droit et les institutions dans les anciens Pays-Bas sous Philippe le Bon », p. 34-35.
3. *Ibid.*, p. 34-36.

La législation fut à coup sûr un moyen plus efficace de centralisation et d'unité. Par des textes de portée générale ou particulière, qu'il est possible de désigner par le terme d' « ordonnances », les ducs de Bourgogne, dans l'ensemble de leurs principautés, sont intervenus dans différents domaines comme la fiscalité, la frappe et la circulation des monnaies, la défense et les fortifications urbaines, l'ordre public en général, l'administration et la justice, ainsi que certaines questions économiques — prêt à intérêt, circulation des grains, gestion des forêts, etc [1].

Pour les questions les plus techniques, tout un travail préparatoire confié à une équipe de spécialistes était nécessaire avant la promulgation ; c'est le cas, par exemple, de la grande ordonnance de Philippe le Bon pour l'administration du Hainaut de mai 1429, texte dont la rédaction fut précédée de l'élaboration d'un long mémoire par trois des principaux officiers de l'administration hainuyère : le conseiller Guillaume de Sars, Jean Rasoir, seigneur d'Odomez, maître des monnaies, et son homonyme Jean Rasoir, receveur général de Hainaut ; ce mémoire fut ensuite soumis au duc et à son conseil qui l'utilisèrent pour établir l'ordonnance dans sa forme définitive [2]. Dans d'autres cas, l'élaboration de la législation était le reflet d'un dialogue du duc avec ses sujets. Le prince, par des mesures prescrites par ordonnance, pouvait répondre à une ou plusieurs demandes précises d'une institution représentative, les Quatre Membres de Flandre, les États de Hainaut, les États de Bourgogne [3].

Sur le plan de la portée géographique, une évolution capitale s'est affirmée dans la pratique législative des ducs de Bourgogne. A l'origine, ceux-ci avaient hérité, en la matière, des usages observés par les princes qui les avaient précédés. Les ordonnances qu'ils promulguaient s'appliquaient soit dans une seule circonscription territoriale, soit à l'échelle d'une principauté. A partir de 1384, les ducs édictèrent, dans les domaines militaire, administratif et judiciaire, des mesures applicables à l'ensemble des « pays de Bourgogne », c'est-à-dire des duché et comté de Bourgogne. Puis, à partir des années 1430, lorsque Philippe le Bon réunit sous sa main une bonne partie des Pays-Bas, il commença à promulguer des ordonnances dont le champ d'application s'étendait à l'ensemble de ses principautés.

1. J. -M. CAUCHIES, « Les sources du droit dans les Pays-Bas bourguignons », p. 35-48 ; *Id.*, « La législation dans les Pays-Bas bourguignons : état de la question et perspectives de recherches », p. 375-386.

2. J.-M. CAUCHIES, « Genèse et vie d'une loi : l'ordonnance de mai 1429 pour l'administration du Hainaut », p. 1-47.

3. A titre d'exemple, voir B. SCHNERB, « Une ordonnance militaire inédite de Charles le Téméraire », p. 1-14.

Un des domaines où l'entreprise de centralisation et d'unification fut particulièrement spectaculaire fut celui de la frappe des monnaies. A l'origine, en effet, les monnaies émises au nom du duc de Bourgogne variaient en type, en poids, en cours, d'une principauté à l'autre. Par une ordonnance donnée le 12 octobre 1433, Philippe le Bon prescrivit la frappe d'un monnayage d'or et d'argent commun au Brabant, à la Flandre, à la Hollande et au Hainaut — d'où le nom de *vierlander* (quatre pays) donné à l'une des espèces créées à cette occasion. Cette uniformisation de la frappe ne toucha pas que ces quatre principautés mais concerna aussi, au moment de la promulgation de l'ordonnance monétaire, l'Artois, Namur et Malines, liés à la Flandre, la Zélande et la Frise, liées à la Hollande, le Limbourg, lié au Brabant. Par la suite, le nouveau système monétaire bourguignon concerna aussi le Luxembourg, conquis en 1443, et le duché de Gueldre, acquis en 1473. Dans les villes de la Somme où circulait toujours la monnaie royale, les monnaies bourguignonnes s'imposèrent aussi, en particulier à Amiens. En revanche, l'uniformisation ne toucha pas la Bourgogne où circulaient des monnaies spécifiques frappées dans divers ateliers, notamment à Auxonne[1].

La question de la frappe des monnaies fut l'un des grands domaines concernés par la centralisation législative, mais il ne fut naturellement pas le seul, ainsi les questions concernant les relations économiques, notamment le commerce du drap importé d'Angleterre, firent aussi l'objet, dans les années 1430, de mesures applicables à l'ensemble des Pays-Bas bourguignons.

Sur le plan pratique, les mesures de portée générale édictées par les ducs de Bourgogne faisaient, à l'origine, l'objet de textes spécifiques pour chaque principauté, bien que similaires par leur contenu, sauf en Bourgogne où, comme nous l'avons vu, les ordonnances étaient applicables à l'ensemble des principautés et territoires du sud — après 1435, duché et comté de Bourgogne, Charolais, Mâconnais, Auxerrois, etc. C'est ainsi, par exemple, qu'une mesure d'ensemble concernant les Pays-Bas pouvait faire l'objet d'un texte particulier adressé aux officiers du prince en Brabant, Flandre, Hainaut, Limbourg, Luxembourg, Namurois. Mais à partir de la fin des années 1460 et du début des années 1470, les ducs commencèrent à promulguer, pour l'application de mesures de portée générale, des textes uniques pour l'ensemble de leurs territoires. C'est sous cette forme que les grandes ordonnances de

1. P. SPUFFORD, *Monetary Problems and Policies in the Burgundian Netherlands*, p. 3 ; P. DESPORTES, « Monnaie et souveraineté. Les monnaies à Amiens durant la période de domination bourguignone (1435-1475), p. 201-216 ; F. DUMAS-DUBOURG, *Le monnayage des ducs de Bourgogne*, p. 196-223.

réforme des institutions judiciaires, financières et militaires de Charles le Téméraire furent publiées[1].

Dans les différentes principautés bourguignonnes, les institutions représentatives subirent elles aussi les effets de la politique centralisatrice des ducs de la Maison de Valois. Nous savons que dans toutes leurs principautés ceux-ci devaient compter avec des assemblées d'États ou d'autres formes de représentation. Dans le duché de Bourgogne, le rôle des États, à partir de l'avènement des Valois, fut essentiellement de consentir à la levée de l'impôt. Il arriva cependant qu'ils fussent consultés spécialement sur des questions de défense — envisagées surtout, il est vrai, sous l'angle du financement de la guerre. Par ailleurs nous avons des exemples de réunions des seuls députés de la noblesse, appelés à conseiller les gouvernants sur des mesures strictement militaires, ainsi en 1426 et en 1471[2]. Le comté de Bourgogne connaissait un système semblable à celui du duché mais à aucun moment les ducs n'eurent la volonté de réunir en même temps et en un même lieu les députés des États des deux Bourgognes. Tout au plus, Philippe le Bon décida-t-il de joindre aux députés des États du duché des représentants du comté de Charolais et des « terres d'Outre-Saône » ainsi que des terres royales acquises lors du traité d'Arras de 1435 : comté de Mâcon, comté d'Auxerre, seigneurie de Bar-sur-Seine[3]. Son action fut plus radicalement centralisatrice dans les Pays-Bas. Dans cette partie de l'ensemble territorial bourguignon, chaque principauté avait son propre système de représentation. Le comté d'Artois, par exemple, avait ses propres États, assez comparables dans leur fonctionnement et leurs attributions à ceux du duché de Bourgogne[4]. En Flandre, Philippe le Hardi, à son avènement, trouva en place l'institution des Quatre Membres de Flandre, dont les réunions pouvaient être spontanées ; mais il introduisit progressivement, à partir de 1384, l'institution des États réunissant les gens d'Église, les nobles et les représentants des Quatre Membres, ces « États du pays » (*Staten van de lande*) étant à l'origine convoqués pour traiter de questions plus politiques et administratives que fiscales[5]. Dans le duché de Brabant, il nous a été donné d'insister déjà sur l'important rôle politique joué par les États qui surent efficacement s'opposer aux tentatives de Jean sans Peur après la mort de son frère Antoine, et qui exigèrent de Philippe le Bon, en 1430,

1. J.-M. CAUCHIES, « Ducs de Bourgogne et tribunaux liégeois : contribution à l'étude de la technique législative (1465-1470) », p. 135-143.
2. J. RICHARD, « Les États de Bourgogne », p. 313-314.
3. *Ibid.*, p. 306-309.
4. C. HIRSCHAUER, *Les États d'Artois, 1340-1640, passim.*
5. W. PREVENIER, *De leden en de staten van Vlaanderen, passim.*

qu'il garantît le respect de l'autonomie brabançonne ; ces États réunissaient les députés des gens d'Église, des nobles et des quatre principales villes du duché : Louvain, Bruxelles, Anvers et Bois-le-Duc[1]. Tout en respectant l'existence de ce système des États « provinciaux », en le développant même en Hollande et en Zélande, et en l'introduisant dans des principautés où il n'existait pas, ainsi dans le comté de Namur et au duché de Luxembourg, le duc de Bourgogne Philippe le Bon entreprit de mettre en place une institution représentative commune à l'ensemble des Pays-Bas bourguignons. C'est pour la première fois en janvier 1464 que le duc, qui préparait une croisade contre les Turcs, réunit à Bruges des députés du comté de Flandre, de la gouvernance de Lille-Douai-Orchies, du comté d'Artois, du comté de Boulogne, du duché de Brabant, du comté de Hainaut, du comté de Hollande, du comté de Zélande, du comté de Namur et de la seigneurie de Malines. Il s'agissait de régler, en présence de l'ensemble de ces députés la question du gouvernement des principautés du duc en son absence. Philippe donnait ainsi naissance aux « États généraux des pays de par-deçà » qui jouèrent un rôle important dans le développement du dialogue entre gouvernants et gouvernés. Philippe le Bon, qui affirmait par là « suivre sa bonne et louable coutume qui était de communiquer les graves affaires de lui et de ses pays à ses sujets », réunit quatre fois ces États généraux entre 1464 et 1467 ; Charles le Téméraire, pour sa part, les convoqua huit fois entre 1467 et 1477. Ces assemblées, où dominaient en nombre les représentants des villes, eurent à débattre non seulement de questions fiscales et monétaires, mais aussi de grandes affaires politiques.

A la mort de Charles le Téméraire, en 1477, l'importance du rôle des États généraux s'affirma de façon éclatante face au pouvoir ducal incarné par Marie de Bourgogne. Cette dernière dut octroyer le Grand Privilège qui permettait notamment aux États généraux de se réunir librement, sans qu'une convocation ducale fût nécessaire, où et quand ils le voudraient et aussi souvent qu'ils le jugeraient bon[2].

1. W. PREVENIER et W. BLOCKMANS, *Les Pays-Bas bourguignons*, p. 203-205 ; J.-M. CAUCHIES, Le droit et les institutions dans les anciens Pays-Bas sous Philippe le Bon », p. 65-66.

2. R. WELLENS, *Les États généraux des Pays-Bas des origines à la fin du règne de Philippe le Beau (1464-1506), passim.*

17

LES ARMÉES DES DUCS DE BOURGOGNE

L'apparition d'un « État bourguignon » ne se manifesta pas seulement par le développement d'institutions judiciaires, financières et administratives, par l'essor d'une société politique et l'élaboration d'une idéologie, mais aussi par l'existence d'une force armée et d'une société militaire dévouées au prince et à la « chose publique ».

LE COMMANDEMENT ET L'ENCADREMENT

A la base de la puissance bourguignonne, on trouve une noblesse d'armes qui fournissait au duc les cadres de ses armées. Le commandement en chef était exercé, le cas échéant, par le duc lui-même, y compris sur le champ de bataille : ainsi Jean sans Peur à Othée en 1408, Philippe le Bon à Mons-en-Vimeu en 1421, à Gavre, en 1453, et Charles le Téméraire, qui paya tant de sa personne qu'il finit par mourir au combat à Nancy le 5 janvier 1477. Les chefs et capitaines des armées ducales étaient désignés par le prince et, au sein de ce groupe, le maréchal de Bourgogne était le détenteur d'un des rares offices militaires permanents[1]. Ce maréchal de Bourgogne, toujours choisi au sein de la haute noblesse des deux Bourgognes, était nommé et révoqué librement par le duc, ce qui le distinguait des autres maréchaux des principautés bourguignonnes, maréchal de Brabant, maréchal de Hainaut, maréchal de Flandre, maréchal de Luxembourg, dont la dignité était héréditaire et la charge purement honorifique. Il était chef de l'armée lorsque le prince était absent et commandant de l'avant-garde lorsqu'il était présent. Sur le plan administratif, il était en principe responsable du contrôle des effectifs et de l'état des troupes lors des

1. Pour ce qui suit, voir B. SCHNERB, *Le maréchal de Bourgogne*, *passim*.

« montres d'armes » et des revues. Fait important, la compétence et l'autorité du maréchal de Bourgogne n'étaient pas limitées aux troupes levées dans les deux Bourgognes, mais s'étendaient à l'ensemble des gens de guerre servant le duc.

L'échelon supérieur de l'encadrement des armées ducales était majoritairement aristocratique. Quelques exemples tirés de sources comptables le montrent clairement : ainsi, en août 1417, durant la guerre civile, l'armée que Jean sans Peur conduisit vers Paris était commandée par trente-deux capitaines dont vingt étaient des chevaliers bannerets et deux des écuyers bannerets — appartenant donc au niveau supérieur de la hiérarchie nobiliaire —, cinq étaient des chevaliers bacheliers et cinq de simples écuyers[1]. De la même façon, les troupes réunies par le duc pour le siège de Compiègne en avril-mai 1430 étaient sous les ordres de dix-sept capitaines dont neuf chevaliers bannerets, un écuyer banneret, quatre chevaliers bacheliers, trois écuyers simples[2].

Les sources littéraires, tout comme les sources comptables, donnent, elles aussi, l'impression d'un encadrement militaire recruté essentiellement au sein de la haute noblesse : le chroniqueur Georges Chastelain, citant les principaux capitaines de l'armée de Philippe le Bon faisant campagne contre les Gantois en 1452, mentionne ainsi successivement des membres de la famille ducale, tels Jean de Bourgogne, comte d'Étampes, Adolphe de Clèves, seigneur de Ravenstein, et Corneille, bâtard de Bourgogne, des représentants des plus grands lignages des principautés septentrionales, tels Louis de Luxembourg, comte de Saint-Pol, et son frère Jacques de Luxembourg, seigneur de Fiennes, Antoine, seigneur de Croy, Jean de Croy, Jacques de Lalaing, Jean, seigneur de Lannoy, Jean de Hornes, seigneur de Bancignies, Jean, seigneur de Créquy, des nobles de Bourgogne, tels Antoine et Guillaume de Vaudrey. Aux côtés de ces personnages de haut rang, seul François de Surienne, dit l'Aragonais, un capitaine d'aventure, était un homme de « bas état », promu pour ses seules qualités professionnelles[3].

Avec ses capitaines, le prince entretenait des relations souvent établies sur une base contractuelle. Révélatrices en cela sont les conditions posées, dans un mémoire présenté en octobre 1426 au conseil ducal, par Jean de Villiers, seigneur de l'Isle-Adam, avant d'accepter, dans un contexte de guerre ouverte, la charge de gouverneur de Hollande : un effectif de 2 000 combattants, toute l'artillerie disponible, l'assurance

1. J. de LA CHAUVELAYS, « Les armées des trois premiers ducs de Bourgogne de la Maison de Valois », p. 244-249.
2. Arch. dép. Nord, B 1942, f° 25 et suiv.
3. Georges CHASTELLAIN, *Œuvres*, II, p. 233 et suiv. ; A. BOSSUAT, *Perrinet Gressart et François de Surienne*, *passim*.

d'un paiement régulier des soldes « de mois en mois », la garantie écrite qu'en cas de difficultés une armée de secours lui serait aussitôt dépêchée[1]. Naturellement, l'aspect contractuel impliquait aussi des liens personnels étroits renforcés par l'intégration des chefs de guerre à l'hôtel ducal — le seigneur de l'Isle-Adam était chambellan du duc — et à partir de 1430, pour les plus prestigieux d'entre eux, à l'ordre de la Toison d'or.

LA COMPOSITION ET LE RECRUTEMENT

Sur le plan de la composition et du recrutement des armées ducales, la base du système resta le jeu des obligations féodales et du service militaire des nobles. Dans toutes les principautés qu'ils réunirent sous leur main, les ducs de Bourgogne Valois trouvèrent en place un type d'organisation impliquant un service d'armes dû par les détenteurs de fiefs et même d'arrière-fiefs. En règle générale, et suivant les usages du droit féodal, le service des fieffés étaient un service gratuit, d'une durée variant souvent d'un mois à quarante jours, s'il était effectué dans le cadre de la principauté d'origine. En dehors de ce cas, d'ailleurs en fait rarement attesté, le service d'armes était dûment soldé, selon un système de gages journaliers. C'est dire qu'en réalité les vassaux et arrière-vassaux du duc qui servaient dans ses armées étaient payés.

La permanence du recours au système féodal comme base de recrutement de l'armée se lit dans la documentation. Lorsqu'il levait son « ost », le duc faisait convoquer, par lettres individuelles pour les plus importants, et par cri public pour les autres, ses « vassaux et arrière-vassaux » et « tous ceux qui tiennent de lui en fief et arrière-fief ». Sont visés au premier chef les membres de la noblesse d'armes, « chevaliers et écuyers qui doivent amener gens », mais aussi, signe de l'évolution de la société militaire aux XIVe et XVe siècles, « tous ceux qui ont coutume de porter les armes ».

La semonce des nobles procurait aux ducs de Bourgogne des combattants dévoués, prêts à le servir aussi souvent qu'il l'exigeait. Un personnage comme l'écuyer Jean Ryolet, petit noble du duché de Bourgogne qui, en 1455, à l'âge de quarante-quatre ans environ, énumérait ses états de service à l'occasion d'un procès, précisait qu'il avait servi le duc en armes pour la première fois, alors qu'il avait dix-huit ans, « en une certaine armée qui fut faite contre la Pucelle », en 1429, puis sur les frontières de Bourgogne, en 1430 et 1431. Au cours de ces deux

1. B. SCHNERB, « La préparation des opérations militaires », p. 189-196.

années, en outre, il avait combattu en Dauphiné et participé à la bataille d'Anthon contre les gens de Charles VII, puis en Lorraine où il avait pris part à la bataille de Bulgnéville contre René d'Anjou. Il avait de nouveau servi contre les Français en Bourgogne de 1433 à 1435, puis avait figuré dans les armées levées entre 1436 et 1445 contre les bandes de gens de guerre incontrôlées qui ravageaient le pays, qu'on appelait les « Écorcheurs ». Il avait pris part à la conquête du duché de Luxembourg en 1443 et s'était illustré lors de la prise de la ville de Luxembourg, en faisant partie du petit groupe de combattants qui, de nuit, avait emporté la place à l'escalade. En 1455, cet écuyer se déclarait encore prêt à participer à l'expédition contre les Turcs que le duc désirait entreprendre[1].

Naturellement, les nobles sujets du duc, fieffés ou non, n'étaient pas les seuls combattants formant les armées ducales ; des volontaires y figuraient aussi, engagés en vertu d'un contrat. Ce contrat pouvait être tacite, mais donnait éventuellement lieu à l'établissement d'un acte écrit — cet usage est attesté en Bourgogne dès la fin du XIIIe siècle. On conserve, par exemple, le texte du contrat qu'en juin 1431 le chancelier Nicolas Rolin passa avec François de La Palu, seigneur de Varambon ; ce personnage, sujet du duc de Savoie, n'était lié au duc de Bourgogne par aucun lien de type féodal. Dans le contrat en question étaient précisés les effectifs que le seigneur de Varambon devait avoir en sa compagnie, le montant du paiement qu'il devait recevoir, la durée de son service, les théâtres d'opérations et même la nature des actions de guerre auxquelles il devait participer avec sa compagnie[2].

Tout comme les volontaires, souvent originaires (à l'instar du seigneur de Varambon) des principautés alliées, les mercenaires, recrutés pour leurs qualités professionnelles, étaient engagés par contrat. C'est par exemple le cas des Italiens. L'engagement de gens de guerre originaires d'outre-monts par les ducs de Bourgogne est attesté dès le milieu du XIVe siècle. Tout comme le roi de France, les ducs recrutèrent des arbalétriers génois pour servir contre les Anglais. Malgré leur « contre-performance » de Crécy, ces combattants conservèrent en effet une bonne réputation et continuèrent à être employés jusque dans les premières décennies du XVe siècle. On trouve aussi, à partir des années 1350-1360, des combattants italiens servant à cheval ou à pied et appelés « brigands » — un terme qui passa dans le langage courant et qui laisse deviner quel pouvait être le comportement habituel de ces gens de guerre. A partir du début du XVe siècle, on voit des capitaines

1. J. RICHARD, « Les états de service d'un noble bourguignon », p. 113-124.
2. B. SCHNERB, *Bulgnéville*, p. 136-137.

« lombards », originaires du Milanais, servir également avec des compagnies d'hommes d'armes et d'hommes de trait, archers et arbalétriers[1]. Aux côtés des Italiens, on trouvait des Savoyards, et périodiquement aussi des Anglais.

Quelle part ces troupes mercenaires représentaient-elles dans les armées ducales et, plus largement, quel était le recrutement géographique de ces armées ? Nous pouvons en avoir une idée précise pour les années 1405-1417, qui couvrent à peu près la totalité du principat de Jean sans Peur : pour cette période, les troupes levées en Picardie et Artois représentaient 39,1 % du total, les troupes levées dans les deux Bourgognes, 29,2 %, les troupes levées dans le comté de Flandre, 6,4 %, soit au total 74,7 % pour les troupes levées dans les principautés bourguignonnes. Les troupes étrangères, recrutées en Bretagne, Savoie, Lorraine, Italie et autres, représentaient 25,3 %, soit un peu plus d'un quart du total[2].

Parallèlement aux capitaines mercenaires engagés par contrat avec leurs compagnies, certains étrangers étaient recrutés individuellement en raison d'une qualification professionnelle particulière. Ainsi en allat-il, sans doute, de Scaque de Milan, dit Lombardon, qui en 1420 fut récompensé par le duc Philippe le Bon pour avoir fait « plusieurs ouvrages et fortifications » pour porter dommage aux ennemis du duc assiégés dans la ville de Melun. De même, pour Johannes de Gagen, homme de guerre allemand, appelé aussi Johannes l'Échelleur, spécialiste de « l'échellement » des places fortes, retenu au service du duc en juillet 1442 à la pension de 120 francs par an. C'est ce personnage qui mena l'opération contre Luxembourg en 1443[3].

Que savons-nous de la composition de ces armées ? Des années 1360 aux années 1460, les documents comptables font apparaître une hiérarchie socio-militaire traditionnelle, qui correspondait aussi à une hiérarchie des gages qui resta en vigueur jusqu'aux grandes réformes de Charles le Téméraire : le chevalier banneret percevait quatre payes, soit le plus souvent 60 francs par mois, le chevalier bachelier deux payes — 30 francs par mois —, l'homme d'armes une paye — 15 francs par mois —, l'homme de trait, archer ou arbalétrier, une demi-paye — 7 francs 10 sous par mois. En ce qui concerne la hiérarchie socio-militaire que nous avons mentionnée, il convient de souligner que si les représentants de la haute noblesse et de l'élite chevaleresque tenaient

1. B. SCHNERB, « Un capitaine italien au service de Jean sans Peur », p. 5-38.

2. J. de LA CHAUVELAYS, « Les armées des trois premiers ducs de Bourgogne de la Maison de Valois », p. 124-249.

3. B. SCHNERB, « Un capitaine italien au service de Jean sans Peur », p. 23 ; J. de LA CHAUVELAYS, « Les armées des trois premiers ducs de Bourgogne de la Maison de Valois », p. 297-298.

une place importante à l'échelon du commandement, leur part ne cessait de décroître dans l'ensemble de la société militaire bourguignonne. Quelques chiffres illustrent ce phénomène : rapporté à l'effectif des hommes d'armes servant dans les armées bourguignonnes, le groupe des chevaliers bannerets et bacheliers représentait environ 19 % en 1372. Dix ans plus tard, en 1382, il ne représentait plus que 13 %. Ce pourcentage tomba à 7,2 % en 1405, et ne dépassa plus guère les 3 à 5 % après 1417[1]. Ces chiffres traduisaient deux réalités qui n'étaient pas propres aux principautés bourguignonnes mais s'observaient aussi en France et en Angleterre : d'une part un désintérêt d'une large partie des nobles pour l'adoubement et d'autre part un recrutement social des armées de plus en plus hétérogène.

Parallèlement, la part des gens de trait, archers et arbalétriers, dans la composition des troupes alla croissant. En 1382, lors de la bataille de Roosebeke, les troupes du duc Philippe le Hardi comptaient 12 % d'archers. Cette proportion augmenta considérablement sous le principat de Jean sans Peur, passant de plus de 27 % en 1405 à plus de 40 % en 1417. Le phénomène ne fit que s'accentuer sous Philippe le Bon et, entre 1430 et 1436, les gens de trait représentaient environ 70 % de l'ensemble des gens de guerre dans les armées ducales, soit plus de trois combattants de ce type pour un homme d'armes. Cette caractéristique reflétait l'influence anglaise qui, depuis le début du XVe siècle, s'exerçait sur l'organisation militaire bourguignonne : à partir de 1420, en particulier, l'existence d'une alliance militaire anglo-bourguignonne et une certaine confraternité d'armes semble avoir accéléré l'évolution jusqu'à faire atteindre parfois aux effectifs d'hommes de trait bourguignons une proportion comparable à ce qu'elle était dans les armées anglaises.

Les contingents urbains ne furent intégrés massivement aux armées ducales qu'à quelques occasions. Jean sans Peur utilisa les services des milices flamandes en France en 1411 et Philippe le Bon l'imita lors de sa malheureuse tentative pour assiéger Calais en 1436-37. Par ailleurs, les contingents des villes hollandaises et zélandaises prêtèrent leur concours aux entreprises militaires du duc à diverses reprises, notamment lors des guerres de 1426-1428. S'ils ne recouraient pas fréquemment à des levées générales, les ducs de Bourgogne ne négligeaient pas, cependant, de solliciter des villes le service de contingents de combattants peu nombreux mais bien armés et bien équipés et la fourniture de pièces d'artillerie à poudre ou même d'engins à trébuchet. Ainsi, dans un document prévisionnel de 1422, il est précisé que, pour les

1. J. de LA CHAUVELAYS, « Les armées des trois premiers ducs de Bourgogne de la Maison de Valois », *passim*.

guerres du duc, la ville de Malines devait fournir 10 arbalétriers et « un engin nommé coullart, jetant un projectile pesant 300 livres, un maître pour le gouverner et deux charpentiers[1] ».

L'utilisation de ces engins ne saurait occulter la place croissante tenue dans les arsenaux ducaux par l'artillerie à poudre. Dans ce domaine, une double évolution s'est dessinée. En premier lieu, dans le parc d'artillerie bourguignon, le nombre de bouches à feu s'est accru de façon importante. En 1366, Philippe le Hardi fit acheter 2 canons et 4 livres de poudre pour l'ensemble des forteresses de son duché de Bourgogne. Entre 1376 et 1378, il fit fabriquer 10 canons et bombardes à Chalon-sur-Saône. Puis, en 1384, dans l'héritage de son beau-père Louis de Male, il trouva une artillerie importante stockée dans les châteaux de Flandre et d'Artois : 83 canons et plus de 360 livres de poudre pour le seul comté d'Artois, d'après les inventaires établis à ce moment. En 1406, Jean sans Peur, préparant une expédition contre Calais, put faire concentrer à Saint-Omer 120 canons et 10 000 livres de poudre. Trente ans plus tard, en 1436, pour s'attaquer à Calais, lui aussi, Philippe le Bon réunit au moins 575 canons de toutes tailles pour l'armée de terre et plus de 80 pièces pour « l'armée de la mer ». Dix ans plus tard, Philibert de Vaudrey, maître de l'artillerie ducale, récapitulant les pièces d'artillerie acquises d'octobre 1442 à avril 1446, énumérait : 320 pièces, soit 9 bombardes, 23 veuglaires, 175 crapeaudeaux et 113 couleuvrines. Cette énumération révélait l'autre tendance de l'évolution : la diversification des types de pièces[2].

Jean sans Peur, et Philippe le Bon après lui, dotèrent leur parc d'artillerie de bombardes colossales : en 1409, la « bombarde d'Auxonne » pesait 8 tonnes. Quarante ans plus tard, les célèbres *Mons Meg* et *Dulle Griet* pesaient respectivement 7,5 et 16,5 tonnes. Ces monstres exigeaient des moyens de transport exceptionnels : ainsi les bombardes *Bergère*, *Prusse* et *Bourgogne* « charroyées » jusqu'à Calais en 1436 nécessitèrent pour la première un chariot attelé de 18 chevaux, pour la seconde un chariot avec 30 chevaux, et pour la troisième deux chariots, l'un portant la volée tiré par 48 chevaux, et l'autre la chambre tiré par 36 chevaux. A côté de ces canons énormes, les bombardelles, veuglaires et crapeaudeaux, apparues dans les années 1420-1430, étaient des pièces dont le poids variait de 5 tonnes à moins d'une tonne et demie. Quant aux couleuvrines, qui étaient généralement des canons de campagne sur affût mobile, elles pouvaient être employées, pour les spéci-

1. B. DE LANNOY, *Hugues de Lannoy*, p. 207-208.

2. J. GARNIER, *L'artillerie des ducs de Bourgogne*, *passim* ; B. SCHNERB, « Un projet d'expédition contre Calais », p. 179-192 ; M. SOMMÉ, « L'armée bourguignonne au siège de Calais de 1436 », p. 197-219.

mens les plus petits, comme artillerie à main. Les armées bourguignonnes comptèrent du reste dans leurs rangs des compagnies de couleuvriniers à partir des années 1460.

Le développement quantitatif d'une artillerie à poudre de plus en plus élaborée a déterminé la constitution d'un personnel dont le nombre n'a cessé de s'accroître. Les ducs ont recruté des spécialistes, souvent étrangers à leurs principautés : ainsi, sous Philippe le Hardi les canonniers Roland et Jacques de Majorque, Colart Joseph de Dinant, Jean de Sombreffe ; ils n'ont pas hésité à payer un haut prix pour les attacher à leur service : ainsi en est-il de l'Allemand Hans de Lukenbach, mentionné comme « canonnier » et « bombardier », à qui, en 1454, Philippe le Bon fit assigner une pension de 200 francs par an pour son office.

A la tête de l'artillerie se trouvait un « garde et maître de l'artillerie ». Le premier titulaire de cet office fut Germain de Givry, en fonction de 1414 à 1431 ; mentionné en début de carrière comme fourrier du comte de Charolais, puis huissier d'armes du duc, il se para bientôt du titre d'écuyer et se réputa donc noble. Après lui, un écuyer comtois, Jean de Rochefort, assuma la fonction de maître de l'artillerie de 1431 à 1442. Ensuite, signe incontestable du prestige grandissant de la fonction, le duc confia cette charge à son conseiller et chambellan, l'écuyer Philibert de Vaudrey (1442-1455), avec une pension de 100 francs par an. Après lui la charge échut à un chevalier, et homme de guerre professionnel, François de Surienne (1455-1465). Vinrent ensuite Waleran de Soissons, seigneur de Moreuil, chevalier, conseiller et chambellan du duc, en charge en 1465-1466, Jacques d'Orsans, lui aussi chevalier, conseiller et chambellan du duc (1467-1472), puis Gauvain de Bailleul (1473-1476).

LES RÉFORMES AU TEMPS DE CHARLES LE TÉMÉRAIRE

Jusqu'à l'orée des années 1460 l'organisation militaire bourguignonne ne subit pas de grandes réformes. Ce fait s'explique sans doute parce que l'instrument était efficace et permit pratiquement toujours au prince d'atteindre ses objectifs politiques. Certes, le système avait ses limites : le service des fiefs avait un rendement aléatoire et sa mise en œuvre était lourde ; l'engagement de capitaines par contrat n'était que temporaire et, d'une manière générale, l'armée ne constituait pas une force permanente : à l'exception des archers de corps du duc et de quelques garnisons de places fortes, les gens de guerre étaient engagés et cassés, c'est-à-dire licenciés, au gré des circonstances.

Charles le Téméraire, lorsqu'il prit en ses mains les rênes du pouvoir, en 1465, alors qu'il n'était encore que comte de Charolais, utilisa cet instrument militaire pour affronter, dans la guerre du Bien Public, un ennemi redoutable : le roi de France Louis XI qui disposait d'une armée permanente. En effet, depuis les réformes militaires de Charles VII, en 1445, la meilleure partie de l'armée royale était constituée de compagnies d'ordonnance sous les armes en temps de paix comme en temps de guerre. Malgré cette différence de structure, l'affrontement des Bourguignons et des Français à Montlhéry, en juillet 1465, ne tourna pas à l'avantage marqué des compagnies d'ordonnance du roi de France. Un chroniqueur bourguignon anonyme, auteur du *Livre des trahisons de France*, n'hésita pas à affirmer que, malgré le résultat plutôt confus de la bataille, la rencontre pouvait être considérée comme une victoire bourguignonne :

> « Il n'est point su ni trouvé que depuis grand temps telle chose soit advenue, qu'un jeune prince, qui peu ou rien n'avait vu, se soit si vertueusement et chevalereusement maintenu, car premièrement il eut la constance et la sûreté d'attendre. Qui ? Le plus noble et le plus puissant roi de tous les rois chrétiens. Comment ? Fourni et accompagné de toute la gendarmerie du royaume de France, et non pas peu instruits de la guerre, mais gens aguerris et expérimentés tout le temps de leur vie, non en pays étranger, mais au milieu de son noble royaume, c'est à savoir en Parisis, accompagné de toutes ses ordonnances, qui étaient en somme 2 200 lances, sans le reste de sa chevalerie. Non pas seulement attendre, mais assaillir et, qui plus fort est, vaincre et chasser du champ, lui qui n'avait que vassaux empruntés à son seigneur et père, en petit nombre, non comparables aux autres[1]. »

Quoi qu'il en soit, Charles de Bourgogne n'entendait pas conserver les structures militaires telles qu'il les avaient héritées de ses prédécesseurs. Deux raisons, sans doute, le poussaient à envisager de grandes réformes : en premier lieu, dans sa lutte contre le roi de France, entre 1465 et 1470, il avait compris que l'un des atouts de son adversaire était de disposer d'une armée permanente ; en 1470, n'affirmait-il pas : « Le roi de France qui est si muable et si inconstant que nul ne sait ce qu'il a en propos et comment bonnement l'on se gardera de lui, *car il a toujours ses gens d'armes prêts* » ; en second lieu, la réforme de l'institution militaire était aussi destinée à s'intégrer dans le cadre d'une vaste réforme de l'État, et il me paraît dangereusement réducteur d'isoler les

1. *Le livre des trahisons de France*, p. 244.

grandes ordonnances militaires des années 1470 des réformes financières, judiciaires et administratives qui leur sont exactement contemporaines.

Quelles furent donc les réformes lancées par Charles le Téméraire dans le domaine militaire ? Pour simplifier, disons qu'elles concernèrent, d'une part, le service des fiefs et, d'autre part, la mise sur pied progressive d'une armée permanente. Dès le début de son principat, le duc Charles voulut contraindre tous ceux qui lui devaient, à un titre quelconque, le service d'armes, à s'en acquitter. En 1468, le duc ordonnait à son maréchal de mobiliser dans les deux Bourgognes pour le servir en sa guerre de Liège, « tous ceux, nobles ou bourgeois, qui tiennent fief, arrière-fief, franc alleu ou qui veulent vivre noblement ». L'année suivante, par un mandement donné le 13 octobre à La Haye, il ordonna aux baillis de ses pays de Bourgogne de l'informer de l'état des féaux et vassaux qui pouvaient servir personnellement et de ceux qui, par minorité, faiblesse, vieillesse, accident ou maladie ne pouvaient le faire. Cela donna lieu à un véritable compte rendu sur l'état physique des fieffés de Bourgogne qui furent rangés en cinq catégories : 1°) les hommes « forts et vites » ou « forts et adroits », 2°) les hommes de « bonne stature », de « bonne façon » ou de « bonne corpulence », 3°) les hommes de « moyenne stature », 4°) les hommes de « petite corpulence », 5°) les hommes « débiles » et « âgés [1] ».

Vint ensuite une législation de portée générale, qui visait à assurer de façon uniforme, sur la base des revenus des fiefs, l'équipement et la fourniture de combattants par les fieffés et les arrière-fieffés de l'ensemble des principautés bourguignonnes. On conserve deux ordonnances ducales touchant cette question, l'une de décembre 1470, l'autre de janvier 1475. Le premier de ces deux textes prévoyait le système suivant : pour un fief d'un revenu annuel net de 360 livres de 40 gros de Flandre, le duc exigeait la fourniture d'un homme d'armes à trois chevaux et de six archers à pied ou six arbalétriers, ou six piquenaires — l'homme d'armes à trois chevaux était accompagné d'un « coutillier » et d'un page (le coutillier était un combattant monté moins lourdement armé que l'homme d'armes) ; pour un fief d'un revenu net annuel de 240 livres, un homme d'armes à trois chevaux sans archers ; pour un fief d'un revenu de 20 livres, un archer à pied, un arbalétrier ou un piquenaire. Les autres fiefs devaient être combinés par groupes de deux, trois, quatre ou cinq pour atteindre l'une des valeurs de référence citées. L'autre ordonnance, dont nous possédons une version pour le duché

1. J. de LA CHAUVELAYS, « Mémoire sur la composition des armées de Charles le Téméraire », p. 150-151.

de Brabant et une pour le comté de Namur, prévoyait un système comparable[1]. L'objectif de cette législation était non seulement de normaliser le service des fiefs, mais aussi d'améliorer la capacité et la rapidité de mobilisation des troupes. Du reste, ces ordonnances concernant le service des fiefs accompagnaient une législation visant à mettre en place, parallèlement à l'armée féodale, une armée permanente[2].

La première étape vers l'armée permanente fut l'institution de ce que nos sources appellent les « gages ménagers ». Il s'agissait de gages d'un montant inférieur aux gages de guerre, versés aux combattants qui devaient se tenir prêts, en leur domicile (en leur « ménage »), à répondre sans délai à la convocation du prince. Ce système des gages ménagers était mis en place dans le cas de l'imminence d'un conflit. Il apparut dans les années 1460. Par la suite, dans le cours des années 1470, le duc Charles s'engagea dans une entreprise nouvelle de réforme de l'instrument militaire : il promulgua trois ordonnances, la première donnée à Abbeville au mois de juillet 1471, la seconde donnée à Bohain-en-Vermandois, en novembre 1472, la troisième donnée à l'abbaye de Saint-Maximin de Trèves en octobre 1473, trois grands textes auxquels il conviendrait encore d'ajouter l'ordonnance donnée près de Lausanne au mois de mai 1476, c'est-à-dire chronologiquement entre les deux grandes défaites de Grandson — 2 mars — et de Morat — 22 juin — et qui fut comme une ultime tentative de réforme de l'armée. L'esprit de cette législation, qui donna naissance à une armée permanente constituée de compagnies d'ordonnance, est résumé, par exemple, dans le préambule de l'ordonnance de 1473 :

> « Pour ce que très haut, très excellent et très puissant prince, notre très redouté et souverain seigneur, monseigneur le duc de Bourgogne et de Brabant, etc., ayant regard et singulier zèle et désir de la tuicion, garde, défense et accroissement de ses duchés, comtés, principautés, pays, seigneuries et sujets, par divine bonté et succession naturelle de ses très nobles progéniteurs, soumis à son régime, gouvernement et seigneurie, à l'encontre des ennemis et envieux de sa très noble Maison de Bourgogne qui, tant par puissance d'armes que par excogite malice, se sont efforcés de déprimer la haute prééminence, union et intégrité d'icelle sa très noble Maison et des dites principautés, pays et seigneuries, a, depuis certain temps en ça, mis sus, ordonné et établi les compagnies de ses ordonnances d'hommes d'armes et gens de trait, tant à pied qu'à cheval, lesquelles, à

1. A.G.R. (Bruxelles), CC 541, f° 7-16.

2. Pour ce qui suit, voir C. BRUSTEN, « Les compagnies d'ordonnance dans l'armée bourguignonne », p. 112-169 et « La fin des compagnies d'ordonnance de Charles le Téméraire », p. 363-375 ; Ph. CONTAMINE, *Guerre, État et Société à la fin du Moyen Age*, *passim* ; R. Vaughan, *Charles the Bold*, p. 197-229.

l'exemple de toutes autres sociétés humaines, ne peuvent être permanentes, en obéissance, union et vertueuse opération sans loi, tant pour leur instruction du devoir de leurs états et vocations, que pour la promotion de leurs loyaux et vertueux faits, punition et correction de leurs vices et défauts, icelui notre très redouté et souverain seigneur, par bonne, grande et mûre délibération a fait et établi les lois, statuts et ordonnances qui s'ensuivent [...] [1]. »

Sur le modèle français, les « compagnies d'ordonnance » de l'armée bourguignonne comptaient 100 « lances » chacune. La lance était une unité comptable représentant un groupe de combattants. La « lance garnie » se composait de 9 combattants : 1 homme d'armes, 1 page ou valet d'armes, 1 coutillier, 3 archers ou arbalétriers à cheval, 1 piquenaire à pied, 1 arbalétrier à pied, 1 couleuvrinier à pied. A l'origine, en 1471, le duc de Bourgogne avait créé 12 compagnies. Ce chiffre passa ensuite à 20 puis à 22 en 1474 ; ces compagnies étaient numérotées, ce qui dénote un souci de précision, de clarté et de rationalisation. En 1474, il y avait donc 2 200 lances de l'ordonnance, soit, à 9 combattants pour une lance, un total de 19 800 combattants ; les hommes d'armes et leurs auxiliaires représentant un tiers du total, les hommes de trait montés un tiers, les fantassins un tiers — le développement de la place de l'infanterie était naturellement l'un des faits importants liés à la réforme. En vertu des ordonnances de 1471 et 1472, une compagnie était divisée, selon le modèle français, en 10 dizaines ayant à leur tête, chacune, un dizainier. L'ordonnance de Saint-Maximin-de-Trèves de l'automne 1473 compléta et améliora cette organisation ; dès lors la compagnie fut subdivisée en escadres et en chambres, une compagnie de 100 lances comptait en principe 4 escadres de 25 lances, chaque escadre étant elle-même subdivisée en 5 chambres de 5 lances. A chacune de ces subdivisions correspondait un échelon des structures hiérarchiques : en premier lieu venait le « conducteur » dont le nom dérivait très probablement du terme italien « condottiere » ; en second lieu venaient les chefs d'escadre ; enfin les chefs de chambre. L'existence de cette structure hiérarchique très perfectionnée montrait un souci d'efficacité et une volonté de renforcer la cohésion de l'ensemble.

Les conducteurs étaient nommés pour un an. Le duc les choisissait en fonction de leurs qualités militaires — ils devaient être « gens experts, idoines et suffisants » — et de leur loyauté envers la Maison de Bourgogne. Leur nomination se faisait par lettres patentes et donnait lieu à une cérémonie au cours de laquelle ils prêtaient serment et étaient

1. Bibl. nat. de France, nouv. acq. fr. 6219.

investis par le duc ou son représentant qui leur remettait un bâton de commandement et le texte de l'ordonnance militaire en vigueur.

L'armée permanente du duc Charles avait un encadrement encore fortement aristocratique. Cependant, à côté des « conducteurs » issus de la noblesse des principautés bourguignonnes, on trouvait aussi des capitaines mercenaires, notamment, de plus en plus nombreux à partir de 1472, des Italiens comme Troylo de Rossano, Pierre et Antoine de Lignana, Jacques Galeotto, et Cola di Monforte, comte de Campobasso. Ces capitaines, quoique désignés comme étant des « conducteurs de gens de guerre de l'ordonnance de monseigneur », avaient en réalité un statut particulier : retenus par contrat, ils n'étaient pas soumis à la règle du renouvellement annuel et leur service était régi, non par les ordonnances ducales, mais par les seules stipulations du contrat qui les liait au duc de Bourgogne[1].

Dans le domaine des structures militaires, les trois premiers ducs de Bourgogne, Philippe le Hardi, Jean sans Peur et Philippe le Bon, ne se sont pas révélés de grands réformateurs. De façon pragmatique, ils ont utilisé des structures héritées, notamment le système féodal, ils ont fait jouer certains types d'obligations militaires, recouru au volontariat, au mercenariat, mais n'ont pas cherché à modifier substantiellement l'instrument militaire dont ils disposaient ; ils n'ont pas tenté, en particulier, d'organiser une armée permanente. Très différente, en revanche, fut l'action du duc Charles. Ce dernier, en effet, à partir du moment où il eut en main le pouvoir d'un chef de guerre au sein de l'État bourguignon, c'est-à-dire à partir de 1465, lorsqu'il devint lieutenant général de son père, engagea l'institution militaire dans la voie d'une réforme importante dont le but ultime était, sans renoncer aux anciennes structures utilisées par ses prédécesseurs, de mettre sur pied une armée dotée d'un fort noyau permanent.

Par ailleurs, sur le plan de l'histoire de la guerre, on pourra noter un paradoxe assez saisissant : pour l'État bourguignon, le temps des succès coïncida avec un certain conservatisme dans le domaine des institutions militaires, alors que la grande entreprise réformatrice menée par le duc Charles fut suivie par de grands revers et des échecs décisifs. Mais en fait, ce paradoxe n'est qu'apparent car les réformes institutionnelles étaient le reflet d'une ambition politique qui conduisit le prince dans de vastes entreprises. Celles-ci provoquèrent à brève échéance l'usure rapide et finalement la destruction de son instrument militaire.

1. G. SOLDI-RONDININI, « Condottieri italiens au service de Charles le Hardi », p. 55-62 ; B. SCHNERB, « Troylo da Rossano » (à paraître).

18

LA COUR DE BOURGOGNE

LES RÉSIDENCES PRINCIÈRES

La cour de Bourgogne était itinérante. Ses déplacements nécessitaient la mise en œuvre d'un charroi impressionnant. En avril 1435, par exemple, lorsque le duc Philippe le Bon et la duchesse Isabelle se rendirent de Dijon à Arras, puis d'Arras à Lille, voyage qui dura presque un mois et coûta près de 5 000 francs, il fallut utiliser soixante-douze chariots, attelés de quatre, cinq, voire six chevaux, dont cinq chariots pour le transport des joyaux du duc, quatre pour les tapisseries, un pour les « épices », un pour les ornements de la chapelle, un pour les instruments et équipements des trompettes et ménestrels, deux pour l'artillerie, cinq pour la cuisine, trois pour la paneterie, trois pour l'échansonnerie, un pour le grand pavillon du duc, quinze pour les bagages de la duchesse, deux pour ceux du comte de Charolais, alors âgé d'un an et demi [1].

L'itinérance ne durait cependant pas toujours. Certains lieux et certaines villes étaient, plus que de simples étapes, de véritables séjours, voire des lieux de villégiature pour le prince et les siens qui y disposaient d'une résidence ; dans un environnement rural, ce pouvait être un château, ainsi à Hesdin en Artois, à Rouvres ou à Talant en Bourgogne. En milieu urbain, on parlait d'un « hôtel » qui était en fait un véritable palais, comme le palais ducal de Dijon que Philippe le Hardi fit agrandir et aménager. La géographie des résidences des ducs de Bourgogne coïncide avec le cadre géographique de leur action politique [2] : Philippe le Hardi et Jean sans Peur, très impliqués dans la politique française, résidèrent souvent à Paris, dans des demeures qu'ils firent embellir et

1. R. VAUGHAN, *Philip the Good*, p. 142.
2. W. PARAVICINI, « Die Residenzen der Herzöge von Burgund, 1363-1477 », p. 207-264.

aménager. Le premier duc Valois, en 1363-1364, recueillit dans l'héritage des ducs capétiens l'hôtel de Conflans, situé à proximité de Paris, à la confluence de la Marne et de la Seine ; dans la ville même, il reçut de Charles V l'hôtel de Bourgogne, situé sur la Montagne-Sainte-Geneviève. Il ne l'utilisa guère qu'une vingtaine d'années ; après sa mort cette résidence passa à son fils cadet, Philippe, comte de Nevers, mais ce dernier la vendit en 1412 à l'archevêque de Reims qui la transforma en collège[1]. En 1369, lors de son mariage avec Marguerite de Male, il entra aussi en possession de l'hôtel d'Artois. Cet ancien hôtel des comtes et comtesses d'Artois, situé à proximité des halles, devait devenir la principale résidence parisienne du duc Jean sans Peur. Ce dernier y fit faire d'importants travaux, notamment entre 1409 et 1411, période au cours de laquelle il y dépensa près de 10 000 livres tournois. Il fit alors ériger une grande tour, dont les restes imposants sont encore visibles aujourd'hui. Cette « tour Jean sans Peur », ornée des armes du duc de Bourgogne, qui se dressait orgueilleusement en plein cœur de Paris, devait être comme un défi face aux adversaires du parti bourguignon : rappelons que dans la nuit du 23 novembre 1407, après le meurtre de Louis d'Orléans, les assassins s'étaient réfugiés dans l'hôtel d'Artois. Après la fuite du duc de Bourgogne, la duchesse d'Orléans et ses enfants avaient réclamé, parmi les peines symboliques dont ils voulaient que la justice royale frappât Jean sans Peur, la destruction de ses résidences parisiennes. Revenu à Paris et y prenant le pouvoir, le duc avait voulu que son hôtel d'Artois fût agrandi et embelli. La « tour Jean sans Peur », attenante au vaste hôtel d'Artois, était donc, dans la pierre, une justification du meurtre du duc d'Orléans tout comme l'apologie du tyrannicide de maître Jean Petit avait été une justification sur le parchemin[2].

Philippe le Bon, sans négliger le palais de Dijon, où il fit construire la tour de la Terrasse et la « salle des gardes[3] », et utilisant aussi l'hôtel d'Artois lorsqu'il séjournait à Paris, concentra surtout son attention sur les demeures palatiales des villes du Nord où il résidait la plupart du temps. Si l'on se réfère en effet aux itinéraires de ce duc établis par H. Vander Linden et qui concernent 11 582 jours, soit 86 % de la durée du principat, en relevant les jours où la présence de Philippe est clairement attestée dans les différentes villes de ses principautés, on constate que celles où ses séjours furent les plus fréquents furent, par ordre d'importance, Bruxelles — où il résida pas moins de 3 819

1. J. FAVIER, *Paris au XVe siècle*, p. 94.
2. P. PLAGNIEUX, « La tour "Jean sans Peur", une épave de la résidence parisienne des ducs de Bourgogne », p. 11-20.
3. P. GRAS, *Palais des ducs et palais des États de Bourgogne*, p. 10.

jours –, Lille, Bruges, Dijon et Gand[1]. Dans chacune de ces villes, le duc de Bourgogne disposait d'au moins une résidence princière.

A Bruxelles, le Coudenberg, demeure fortifiée des ducs de Brabant, fit, dès la « Joyeuse Entrée » de Philippe en 1430, l'objet de travaux de réaménagement. Par la suite, entre 1431 et 1436, une complète reconstruction de l'édifice fut effectuée sous la direction de l'architecte Gilles Joes. Le palais, agrémenté d'un grand parc, fut encore doté d'une grande salle, longue de quarante-cinq mètres et large de dix-sept, dont le chantier, qui dura dix ans, de 1451 à 1460, fut dirigé par Guillaume de Voghel et largement financé par la ville[2].

A Lille, le duc disposait primitivement de l'hôtel de la Salle, résidence comtale située à côté de la collégiale Saint-Pierre. Au début de la période bourguignonne, cet hôtel avait une double fonction : il était à la fois lieu de résidence du duc et siège de la Chambre des comptes. L'édifice avait été embelli par Louis de Male, mais il présentait l'inconvénient de n'être pas assez grand. Aussi, en 1413, Jean sans Peur ordonna le transfert de la Chambre des comptes à l'hôtel de la Poterne, résidence achetée par Louis de Male en 1380. En même temps, le duc fit agrandir l'hôtel de la Salle. En 1451, un incendie endommagea le bâtiment, mais les dégâts ne devaient pas être importants puisque ce fut en ce lieu qu'en 1454 Philippe le Bon fit organiser le célèbre « banquet du Faisan » au cours duquel il allait faire vœu de croisade, imité par les représentants de la haute noblesse de ses principautés. Par ailleurs, vers 1450, le duc acheta un terrain sur lequel il fit construire une nouvelle résidence — le palais Rihour —, dont le chantier dura dix ans, de 1452 à 1462[3].

A Bruges, le palais comtal, appelé *Prinsenhof* — la « Cour du prince » –, fit l'objet de campagnes de reconstruction et d'agrandissement à partir de 1446 tandis que le duc faisait l'acquisition dans la ville d'une autre résidence, l'hôtel Vert[4].

A Gand le duc disposait, outre le château comtal, d'au moins deux résidences, l'hôtel de la *Posteerne* et la « Cour de le Walle », qui, toutes deux, avaient été utilisées par Louis de Male. La *Posteerne,* dotée d'une salle d'apparat appelée « la vieille salle de Flandre », d'une chapelle, de logis, d'écuries, de cuisines et d'une « maison des chiens de monseigneur », servit de lieu d'hébergement au chancelier Jean de Thoisy, puis de résidence à la duchesse Michelle de France, qui y mourut le 8 juillet 1422 ; ce palais fut aussi le lieu de détention de Jacqueline de Bavière,

1. J. KREPS, « Bruxelles, résidence de Philippe le Bon », p. 157-158.
2. P. SEYNAVE, « Le palais du Coudenberg », p. 239-243.
3. *Histoire de Lille*, p. 223-225.
4. R. VAUGHAN, *Philip the Good*, p. 136-137.

comtesse de Hainaut, Hollande et Zélande, en 1425. Peu utilisée par le duc lui-même, la *Posteerne* fut louée à Guy de Brimeu, seigneur de Humbercourt, en 1469. Ce fut surtout la « Cour de le Walle » (en flamand *Ten Walle*), appelée aussi, comme à Bruges, *Prinsenhof*, qui joua le rôle de résidence ducale. C'est en ce lieu qu'habita Philippe le Bon, encore comte de Charolais, lorsqu'à la demande des Quatre Membres Jean sans Peur le fit résider en Flandre. Sous Charles le Téméraire, *Ten Walle* fut le lieu où Marguerite d'York et Marie de Bourgogne habitèrent le plus souvent. Cette demeure princière, symbole majeur du pouvoir ducal dans une ville facilement révoltée, fut entretenue avec soin. Entre 1423 et 1427, de grands travaux d'agrandissement, d'embellissement et de décoration — notamment héraldique — y furent réalisés et coûtèrent 11 400 livres parisis. Une deuxième campagne de travaux fut menée de 1441 à 1446. D'après les comptes des receveurs particuliers qui soldèrent les dépenses liées à ces campagnes, *Ten Walle* comportait, outre des bâtiments d'habitation, des étuves, une chambre des joyaux, une chapelle, une aumônerie, une boulangerie, une épicerie, une fruiterie, une échansonnerie, des écuries et étables, une maison de fauconniers, un jardin, un vivier et même une ménagerie avec des lions — animal héraldique des comtes de Flandre[1].

A l'image de la « Cour de le Walle », les résidences des ducs de Bourgogne devaient être des édifices complexes et de grandes dimensions, aptes à abriter la cour, les services de l'hôtel et la suite du prince et des siens — soit en permanence deux à trois cents personnes au temps de Philippe le Hardi et environ sept cents à huit cents au temps de Philippe le Bon. Tous, certes, n'étaient pas hébergés au palais, et l'arrivée de la cour dans une ville devait être une bénédiction pour les aubergistes. Cependant, plusieurs grands seigneurs, officiers et serviteurs de l'État disposaient de leur propre hôtel dans certaines villes de résidence, ainsi, par exemple, l'hôtel de Roubaix situé à Lille, rue Basse, qui appartenait à Jean, seigneur de Roubaix, conseiller et chambellan de Jean sans Peur et de Philippe le Bon[2], l'hôtel lillois de Hugues de Lannoy, près de la collégiale Saint-Pierre[3], le *Hof van Praet*, qui fut sans doute l'hôtel de Roland d'Uutkerke à Bruges[4], l'hôtel de Gruuthuse, appartenant à Louis de Bruges, seigneur de Gruuthuse, dans cette même ville[5], le *Hof van Ryhove*, grande demeure patricienne située en plein cœur de Gand, achetée en 1435 par le receveur général de Flandre

1. M. BOONE et Th. DE HEMPTINNE, « Espace urbain et ambitions princières », p. 279-304.
2. *Histoire de Lille*, p. 224.
3. B. DE LANNOY, *Hugues de Lannoy, le bon seigneur de Santes*, p. 281-295.
4. M. BOONE, « Une famille au service de l'État bourguignon naissant », p. 247.
5. M. MARTENS (dir.), *Lodewijk van Gruuthuse*, *passim*.

et d'Artois Gautier Poulain [1], l'hôtel de Saillant, résidence du chancelier Guillaume Hugonet à Dijon [2], ou encore, toujours à Dijon, l'hôtel du maréchal de Bourgogne, Thibaud IX de Neufchâtel, récemment identifié en plein cœur de la ville, à quelques pas du palais ducal [3].

L'ENTOURAGE : NOBLESSE ANCIENNE, NOUVELLE NOBLESSE ET PARVENUS

La cour de Bourgogne, fortement structurée, était aussi socialement hiérarchisée [4]. Auprès du duc se tenait une haute noblesse dont les représentants les plus prestigieux étaient les membres de la famille ducale ; au temps de Philippe le Bon, au premier rang venaient l'épouse du duc, Isabelle de Portugal, son fils le comte de Charolais, son cousin Jean de Bourgogne, comte d'Étampes, son beau-frère le duc de Clèves, Adolphe Ier, qui mourut en 1448, et les fils de celui-ci, Jean Ier, duc de Clèves, et Adolphe de Clèves, seigneur de Ravenstein. On trouvait aussi les parents de la duchesse, notamment ses neveux et nièces Jean, Jacques et Béatrice de Coïmbre, réfugiés auprès de leur tante, qui s'unirent étroitement au reste de la famille — Béatrice de Coïmbre épousa le seigneur de Ravenstein en 1453 [5].

A ce groupe des parents proches étaient agrégés les enfants illégitimes du duc de Bourgogne. On connaît quatre bâtards de Jean sans Peur, notamment Jean de Bourgogne, qui fut évêque de Cambrai, et Guy ou Guyot de Bourgogne, qui mena une vie aventureuse et participa à une expédition à Chypre contre les Mamelouks, en 1425-1426. Philippe le Bon, pour sa part, eut vingt-six bâtards connus, dont Corneille, bâtard de Bourgogne, qui fut gouverneur du Luxembourg, Antoine, bâtard de Bourgogne, l'un des principaux chefs de guerre de son demi-frère le duc Charles le Téméraire, Baudouin, qui lui aussi embrassa la carrière des armes et se révéla un personnage turbulent [6], David, évêque de Thérouanne, puis d'Utrecht, Raphaël, abbé de Saint-Bavon de Gand, Jean, prévôt de Saint-Donatien de Bruges, Anne qui épousa Adrien Van Borselen en 1457, puis Adolphe de Clèves, seigneur de Ravenstein

1. M. BOONE et Th. DE HEMPTINNE, « Espace urbain et ambitions princières », p. 295.
2. W. PARAVICINI, « Zur Biographie von Guillaume Hugonet, Kanzler Herzogs Karls des Kühnen », p. 460.
3. J. DEBRY, « A la lumière des archives, redécouverte de l'hôtel des seigneurs de Neufchâtel à Dijon », I, p. 8-9 et II, p. 6-8.
4. W. PARAVICINI, « Structure et fonctionnement de la cour bourguignonne au XVe siècle », p. 67-74 et « The court of the dukes of Burgundy. A model for Europe ? », p. 69-102.
5. M. SOMMÉ, « Le Portugais dans l'entourage de la duchesse de Bourgogne Isabelle de Portugal », p. 321-342.
6. J.-M. CAUCHIES, « Baudouin de Bourgogne », p. 257-281.

en 1470, et Marie, qui épousa Pierre de Bauffremont, seigneur de Charny, en 1447.

Après ce premier cercle qui était celui des parents, venait le second cercle où gravitaient les membres de la noblesse de Cour. Sous Philippe le Bon, comme nous avons déjà pu l'entrevoir, outre les Luxembourg, les représentants de quelques lignages de la noblesse de Picardie, de Flandre, d'Artois et du Hainaut comme les Croy, les Lannoy, les Lalaing, les Brimeu, tous unis par des liens familiaux, jouèrent un rôle éminent auprès du duc. Siégeant au conseil ducal, ils assumaient en outre de hautes fonctions administratives, militaires et diplomatiques : le premier d'entre eux, Antoine, seigneur de Croy, fils d'un des hommes de confiance de Jean sans Peur, lui-même conseiller et premier chambellan du duc Philippe le Bon, accumula les charges importantes et les responsabilités politiques. Son frère cadet Jean, seigneur de Chimay, conseiller et chambellan du duc, eut une carrière parallèle à la sienne. Hugues de Lannoy, seigneur de Santes, qui avait été le conseiller de Jean sans Peur avant d'être celui de Philippe le Bon, fut gouverneur de Hollande de 1433 à 1440 ; son frère Ghillebert de Lannoy, seigneur de Willerval, grand voyageur, fut lui aussi conseiller et chambellan des ducs Jean et Philippe ; nommé capitaine de L'Écluse en 1416, il occupa ce poste de haute responsabilité pendant trente ans. Baudouin de Lannoy, seigneur de Molembaix, frère de Hugues et de Ghillebert, fut gouverneur du souverain bailliage de Lille, Douai et Orchies à partir de 1424. La famille picarde de Brimeu forma aussi un groupe important de conseillers ducaux : Jean II de Brimeu, seigneur de Humbercourt, fils d'un conseiller de Jean sans Peur, d'abord officier de l'hôtel de ce duc, devint conseiller, chambellan et maître d'hôtel de Philippe le Bon dans les années 1430. Son fils Guy de Brimeu, seigneur de Humbercourt, fut ensuite l'un des principaux conseillers de Charles le Téméraire, dans l'hôtel duquel il avait très tôt figuré, quand le futur duc n'était encore que comte de Charolais [1].

Les représentants de la haute noblesse des deux Bourgognes tenaient aussi une place importante au sein de la Cour et des cadres de l'État bourguignon ; citons ainsi Pierre de Bauffremont, seigneur de Charny, qui fut gouverneur de Bourgogne en 1432, épousa en 1447 Marie de Bourgogne, fille bâtarde du duc Philippe, et fut fait comte de Charny en 1456 [2]. Thibaud IX, seigneur de Neufchâtel, issu d'une puissante famille possessionnée à la fois en Bourgogne et en Lorraine, fut, pour sa part, maréchal de Bourgogne de 1443 à 1469 [3].

1. W. PARAVICINI, *Guy de Brimeu, passim.*
2. M.-Th. CARON, *La noblesse dans le duché de Bourgogne*, p. 315 et suiv.
3. *Les chevaliers de la Toison d'or*, p. 127-130.

Certains nobles flamands furent également promus aux plus hautes fonctions. Tel fut le cas de Roland d'Uutkerke ; issu d'une famille de moyenne noblesse, il se fit remarquer par le duc Jean sans Peur qui en fit son conseiller et chambellan et l'employa dans des fonctions militaires et diplomatiques. Après la mort du duc Jean, Philippe le Bon le retint à son service. Homme précieux dont les attaches flamandes constituaient un atout dans la politique d'intégration du comté de Flandre au sein de l'État bourguignon, Roland d'Uutkerke fut particulièrement actif en tant que conseiller ducal dans les relations du prince avec les Quatre Membres de Flandre. Par ailleurs, chef de guerre avisé et bon connaisseur des questions néerlandaises, il joua un rôle de premier plan dans l'entreprise de conquête des comtés de Hollande et de Zélande entre 1426 et 1428. Après avoir été gouverneur de Hollande dans les moments les plus difficiles de la guerre contre les partisans de Jacqueline de Bavière, il fut membre du Conseil de Hollande entre 1428 et 1430. En cette année, récompense insigne, il fit partie de la première promotion des chevaliers de l'ordre de la Toison d'or, fondé par le duc de Bourgogne. Cependant, sa carrière fut brutalement brisée en 1441 dans le scandale provoqué par la condamnation de son fils unique, Jean d'Uutkerke, convaincu du crime de sodomie[1].

La cour de Bourgogne n'était pas constituée des seuls membres de l'aristocratie nobiliaire. Outre les prélats qui, tels Jean de Thoisy, Jean Chevrot, Jean Jouffroy, Jean Germain, Guillaume Fillastre, formaient une partie du conseil du duc, une élite issue du milieu des légistes et gens de finances s'y affirmait aussi, formant un groupe dont la cohésion était forte et dont les membres, unis souvent entre eux par des liens familiaux, visaient à l'anoblissement et à l'agrégation, par le moyen de liens matrimoniaux, à l'ancienne noblesse. Au sein de ce groupe l'ascension sociale du chancelier Nicolas Rolin est exemplaire. Comme nous l'avons vu, ce fils d'un bourgeois d'Autun avait commencé sa carrière professionnelle comme avocat au Parlement. Son deuxième mariage avec Marie des Landes, fille d'une famille de riches marchands et bourgeois de Paris, était révélateur des ambitions que Rolin nourrissait alors : il s'agissait pour lui d'entrer par cette union matrimoniale dans les sphères supérieures de la bourgeoisie parisienne. Mais, devenu en 1408 conseiller du duc de Bourgogne, il fut attiré vers une autre sphère, plus prestigieuse, celle du pouvoir et de l'entourage d'un prince. Jean sans Peur lui prodigua vite des marques d'attention, parrainant par exemple son troisième fils qui fut prénommé Jean. Aussi, après la mort de Marie des Landes, survenue en 1410, Nicolas Rolin put envisager un troisième

1. M. BOONE, « Une famille au service de l'État bourguignon naissant », p. 233-255.

mariage, dans l'optique d'une stratégie matrimoniale qui avait assez nettement évolué. C'est ainsi qu'en 1412 il épousa en troisièmes noces Guigone de Salins, représentante de la noblesse comtoise : fille d'Étienne de Salins et de Louise de Rye, sœur de Guy de Salins, maître d'hôtel du duc de Bourgogne, elle descendait par sa mère de la prestigieuse famille de Vienne. La fréquentation de la cour ducale favorisait l'osmose entre le milieu des conseillers légistes et des gens de finances, d'une part, et le monde de la noblesse d'autre part.

Après son troisième mariage, Rolin commença à « vivre noblement », achetant des seigneuries, se réputant noble et se parant même, à partir de 1424, du titre de chevalier. Sa fortune foncière s'accrut de façon remarquable : dans le duché de Bourgogne il acquit plus de trente seigneuries autour de Dijon, Chalon et Autun ; dans ces villes, il était propriétaire de maisons et se fit construire de belles résidences. Dans le comté de Bourgogne, il tenait des terres autour de Poligny, Salins et Dole ; près de cette dernière ville se situait en particulier la seigneurie d'Authumes dont Rolin portait habituellement le titre. Dans les principautés du Nord, le chancelier avait acquis des seigneuries dans le comté de Hainaut, en Artois et dans l'Amiénois. Homme « moult dur en toutes choses », pour reprendre le jugement de l'un de ses contemporains, il était âpre au gain, accumulant les faveurs, les dons et les avantages. A l'apogée de sa carrière ses revenus annuels s'élevaient à environ 25 000 livres tournois dont 4 000 livres de pension annuelle servie par le duc.

Ses enfants furent tous considérés comme nobles et firent des carrières conformes à leur état social : Guillaume Rolin, seigneur de Beauchamp, fut bailli d'Autun ; Antoine Rolin, seigneur d'Aymeries, fut chambellan du duc de Bourgogne, grand bailli et capitaine général du comté de Hainaut ; Jean Rolin, filleul de Jean sans Peur, fut docteur en droit canon et en droit civil et entra au service de l'Église et de l'État, devenant successivement conseiller du duc, évêque de Chalon-sur-Saône en 1431, évêque d'Autun en 1436, cardinal en 1449[1] ; Philippote Rolin épousa en 1427, avec une dot de 4 000 livres, Guillaume d'Oiselet, gouverneur de Beaune ; Louis Rolin, seigneur de Prusilly, chevalier, fit une carrière militaire et fut tué lors de la bataille de Grandson le 2 mars 1476 ; Louise Rolin épousa Jean, seigneur de Châteauvillain. Nous pouvons donc constater que, après Nicolas Rolin, nous avons affaire aux membres d'une famille noble dont les garçons vivaient noblement, fréquentaient les armes et exerçaient de hautes

1. Sur Nicolas Rolin, voir A. Périer, *Un chancelier au XVe siècle, passim* ; J. Bartier *Légistes et gens de finances, passim* ; H. Kamp, *Memoria und Selbstdarstellung, passim* ; R. Berger, *Nicolas Rolin, passim.*

fonctions administratives, ou faisaient de hautes carrières ecclésiastiques, et dont les filles épousaient des représentants de lignages anciens.

Tout comme Rolin, le chancelier Guillaume Hugonet fit une carrière remarquée qui lui permit de se réputer noble dès 1467 et d'amasser une belle fortune. À la fin de sa vie, il possédait plusieurs maisons à Mâcon, les seigneuries de Lys et de Viré dans le Mâconnais, la seigneurie de Saillant au comté de Charolais, une grande résidence à Dijon, le château et la seigneurie d'Époisses au duché de Bourgogne, la vicomté d'Ypres, le château, la ville et la seigneurie de Middelbourg au comté de Flandre, l'Ammanie d'Ardenbourg, une maison à Malines, une autre à Bruxelles et une autre à Bruges [1].

A un échelon plus modeste que celui du chancelier se trouvaient des personnages qui jouaient un rôle cependant important dans l'entourage du duc. Tel fut le cas, par exemple des membres de la famille Gros. A l'origine nous trouvons Jean Ier Gros qui fit une remarquable ascension sociale. Clerc d'un notaire dijonnais en 1407, il était déjà coadjuteur du tabellion de Dijon en 1412. En 1423, il eut l'insigne honneur de dresser l'acte relatif au contrat de mariage du duc de Bedford et d'Anne de Bourgogne. L'année suivante, il fit une incursion dans le monde des finances et de la fiscalité en étant désigné comme clerc des élus sur le fait des aides, puis comme commissaire chargé d'effectuer le dénombrement des « feux » de Dijon. En 1428, il devint greffier de la Chambre du conseil de Dijon et occupa cette charge pendant quatorze ans avec le titre de secrétaire du duc. En 1435 il fut greffier des Grands Jours de Beaune et sept ans plus tard, en 1441, il devint auditeur de la Chambre des comptes de Dijon, puis maître aux honneurs en 1444, enfin maître des comptes en 1446. Il mourut en 1457 et fut enterré à Saint-Étienne de Dijon. Son fils aîné, Jean II Gros, commença sa carrière comme clerc de Thomas Bouesseau, secrétaire et audiencier du duc Philippe le Bon ; il est mentionné à ce poste en 1436. Quatre ans plus tard, il devint secrétaire du duc et, lorsque Thomas Bouesseau mourut, en 1446, Jean II Gros le remplaça en tant qu'audiencier. C'est lui qui, en 1462, rapporta au duc Philippe les sceaux que Nicolas Rolin avait conservés jusqu'à sa mort. Jean II Gros exerça l'office d'audiencier jusqu'en 1467, puis il entra, en qualité de maître, à la Chambre des comptes de Dijon. Il mourut en février 1471. Son frère Jean III Gros serait né vers 1434. Très jeune il entra au service du duc de Bourgogne. En 1450, il portait déjà le titre de secrétaire ; il servit ensuite d'audiencier à Charles le Téméraire lorsque celui-ci n'était encore que comte de

1. W. PARAVICINI, « Zur Biographie von Guillaume Hugonet, Kanzler Herzogs Karls des Kühnen », p. 443-481.

Charolais, puis, en 1467, lorsque Charles devint duc, Jean III fut retenu comme secrétaire ducal et notamment comme secrétaire signant aux finances ; à ce titre il appartint à la commission chargée des réformes administratives en 1473. Durant tout le principat du Téméraire, il fut gouverneur général des finances. Le service et la confiance du prince l'enrichirent considérablement. Charles le Téméraire lui accorda des revenus importants qui lui permirent d'acquérir de nombreuses seigneuries. En 1472 il épousa la nièce du chancelier Guillaume Hugonet[1].

Les procédés d'enrichissement des membres de la cour de Bourgogne étaient variés. Outre les gages, pensions et revenus divers liés au service ducal, ceux qui côtoyaient le prince avaient de nombreuses occasions de se faire octroyer par des clients, en échange d'une intervention ponctuelle ou d'une protection durable, des cadeaux et des pots-de-vin dans le cadre d'usages assez courants mais qui pouvaient aussi parfois prendre la forme d'un véritable « racket[2] ». Par ces divers moyens, un personnage comme Guy de Brimeu, seigneur de Humbercourt, qui avait hérité d'un patrimoine de moyenne importance, se bâtit une confortable fortune et pouvait prêter au duc 3 000 livres en 1469, acheter pour 10 000 livres le comté de Megen et deux seigneuries brabançonnes en 1473, année au cours de laquelle il consentit encore un prêt de 6 000 livres à un particulier. En 1474 il acheta une seigneurie du comté de Looz pour 11 000 livres et déposa en main d'Église au total 24 000 livres en monnaie pour le mariage de ses trois filles, dont l'aînée se maria en 1488 en apportant 16 000 livres de dot à son mari[3].

Le duc lui-même pouvait utiliser son influence et son autorité pour favoriser tel de ses familiers, l'aider dans son ascension sociale et accroître sa fortune. Un des moyens privilégiés était d'organiser ou d'encourager un mariage avantageux pour l'un d'eux et de gratifier les nouveaux époux de généreux dons « pour l'accroissement de leur mariage ». Par ailleurs, selon un procédé fort utilisé sous le principat de Charles le Téméraire, la célébration du mariage était l'occasion d'une fête à laquelle étaient conviés des clients et protégés potentiels — villes, établissements religieux et même grandes institutions de l'État — dont les représentants étaient invités non seulement à assister aux réjouissances, mais surtout à faire de riches présents de mariage. En retour, ceux que l'on engageait à se montrer généreux envers les nouveaux époux se voyaient promettre de jouir à l'avenir de la bienveillance du

1. J. BARTIER, *Légistes et gens de finances*, p. 363-381.

2. A. DERVILLE, « Pots-de-vin, cadeaux, racket, patronage. Essai sur les mécanismes de décision dans l'État bourguignon », p. 341-364.

3. W. PARAVICINI, *Guy de Brimeu*, p. 398 et suiv.

prince et de ses officiers. C'est ainsi que le mariage, déjà cité, de Jean III Gros avec la nièce du chancelier Hugonet donna lieu à l'envoi de telles invitations aux villes de Lille, Abbeville, Arras, Saint-Omer, Dijon, Bruges, Gand et Ypres, à l'abbaye de Flines, au chapitre de Saint-Pierre de Lille et aux gens de la Chambre des comptes de Lille[1].

Parfois, l'âpreté des agents de l'administration princière les poussait à commettre des malversations. Ceux qui maniaient les deniers du prince pouvaient ainsi spéculer sur le cours des monnaies, prélever des droits fictifs sur les gages des officiers ducaux, voire faire racheter, en sous-main et à bas prix, des reconnaissances de dettes détenues par les créanciers du duc[2]. Ce dernier type de fraude était d'autant plus aisé à réaliser que les gages des officiers et serviteurs et les sommes dues aux fournisseurs du duc étaient souvent payés avec retard. C'est ainsi que Martin Cornille, receveur général de toutes les finances de 1444 à 1447, fut accusé en 1448 de s'être rendu coupable de diverses malversations dans l'exercice de ses fonctions. Cependant cette accusation, si elle provoqua une brève éclipse dans sa carrière, ne l'empêcha pas de revenir rapidement en grâce. Homme de « bas état » dont le chroniqueur Jacques du Clercq décrit les débuts en disant : « il était de petit lieu et avait été en ses jeunes jours paramentier, c'est-à-dire couturier de robes et pauvre compagnon », il avait fait au service du duc, en une vingtaine d'années, une carrière foudroyante, d'abord comme simple clerc, puis comme receveur domanial, trésorier du Boulonnais, receveur général de toutes les finances, et enfin commissaire aux finances. Il avait amassé une fortune considérable et marié ses deux filles à des représentants de la noblesse picarde. Son rapide retour en grâce et sa réintégration dans l'administration financière montraient que le duc pouvait difficilement se passer d'hommes rompus aux techniques financières et monétaires. Certes, les moyens qu'ils employaient étaient souvent contestables mais ils savaient toujours satisfaire les besoins financiers de leur maître, y compris en puisant dans leur propre fortune[3].

DANS LA CHAMBRE DU DUC

Ceux des membres de l'entourage du duc qui jouissaient le plus de sa familiarité avaient accès à sa chambre. Ils participaient à ses distractions. Un témoignage éloquent sur la nature parfois grivoise de ces

1. W. PARAVICINI, « Invitation au mariage, pratique sociale, abus de pouvoir, intérêt de l'État à la cour des ducs de Bourgogne au XVe siècle », p. 687-711.
2. J. BARTIER, *Légistes et gens de finances*, p. 147.
3. H. KRUSE, « Les malversations commises par le receveur général Martin Cornille », p. 283-312.

divertissements est contenu dans le recueil des *Cent nouvelles nouvelles* où sont réunis des récits gaillards, fort inspirés des *Facéties* du Pogge, du *Décaméron* de Boccace — qu'on désignait comme les *Cent nouvelles* — et parfois aussi, semble-t-il, de faits réels advenus dans les pays bourguignons ou à l'étranger. Ces « nouvelles nouvelles », qui datent des années 1456-1461, sont présentées comme ayant été d'abord racontées dans la chambre du duc, alors que Philippe le Bon était entouré de certains de ses familiers — constituant un petit groupe exclusivement masculin —, avant d'être mises par écrit et réunies en un volume qui figurait, en 1467, dans l'inventaire de la bibliothèque ducale.

Même si cette œuvre est due à un auteur unique et s'inscrit, comme le *Décaméron*, dans la « fiction des loisirs de veillées [1] », elle se rattache à un usage avéré dans l'entourage du prince et met en scène un groupe de conteurs bien réels se succédant pour narrer des histoires souvent peu édifiantes. Ces narrateurs sont, outre le duc Philippe en personne, quelques grands seigneurs comme Louis de Luxembourg, comte de Saint-Pol, Rodolphe de Hochberg, marquis de Rothelin, Jacques de Luxembourg, seigneur de Fiennes, Jean V, seigneur de Créquy, Philippe Pot, seigneur de La Roche, Philippe de Croy, seigneur de Quiévrain, Jean, seigneur de Lannoy, Guy de Roye, seigneur de Thalemas, Waleran, seigneur de Wavrin, Jean d'Enghien, seigneur de Kestergat et amman de Bruxelles, des conseillers comme Hervé de Mériadec et Chrétien de Digoines, des officiers de l'hôtel comme Michaut de Chaugy, Jacques de Fouquesoles, Philippe Vignier, tous « gentilshommes de la chambre » du duc, Antoine de La Sale, premier maître d'hôtel, Philippe de Loan, écuyer d'écurie, Alardin, écuyer échanson, Philippe de Saint-Yon, écuyer panetier, Jean Martin, seigneur de Bretonnières, premier sommelier, Caron, clerc de la chapelle, et des gens de l'hôtel du dauphin Louis, alors présent à la cour, comme son valet de chambre Jean de Montespedon, seigneur de Beauvoir, ou Jean d'Estuer, seigneur de La Barde [2].

La dixième de ces « nouvelles nouvelles », contée par Philippe Pot, seigneur de La Roche, illustre les relations qui existaient entre un prince et certains de ses proches [3]. Le récit met en scène un grand seigneur du royaume d'Angleterre « entre les mieux nés, riche, puissant et conquérant » qui mettait toute sa confiance en l'un de ses serviteurs, « jeune et gracieux gentilhomme de son hôtel ». Ce dernier « qu'on pouvait bien appeler mignon » avait toutes les qualités attendues d'un homme de cour car il était loyal, diligent, subtil et prudent et le grand seigneur

1. M. JEAY, « Le travail du récit à la cour de Bourgogne », p. 71-86.
2. *Les Cent Nouvelles nouvelles*, éd. par P. CHAMPION, p. XIII-L.
3. Pour ce qui suit, voir *Les Cent Nouvelles nouvelles*, éd. par F. P. SWEETSER, p. 79-84.

anglais, héros de l'histoire, en avait fait son confident et « ne lui cachait rien de ses amours » ; mieux, ce jeune gentilhomme, décidément fort serviable, pour plaire à son maître, jouait les entremetteurs et « était celui qui lui procurait la plupart des bonnes aventures qu'en amour il avait ».

Ce jeu dura tant que le seigneur resta célibataire, mais vint un jour où il se maria « à une très belle, bonne et riche dame », à la satisfaction de tous les siens. Le jeune gentilhomme qui jouait les rabatteurs s'en réjouissait plus que les autres, sentant que ce mariage « était le bien et honneur de son maître et l'éloignerait de plusieurs menues folies dont il se donnait trop d'espoir ». Il s'en ouvrit à son seigneur en disant que, puisque ce dernier avait épousé une bonne et belle dame, lui-même n'aurait plus à quêter çà et là comme il avait coutume de faire. L'autre lui répondit qu'il se trompait : certes il était marié, mais il ne s'était pas retiré « du gracieux service d'Amour » ; il lui donna aussitôt les noms de quelques belles à aller solliciter de sa part. Le mignon se récria : son maître ayant épousé « la plus belle, la plus sage, la plus loyale et toute bonne », la quête des aventures devait s'arrêter là. Pour sa part, il refusait dorénavant de se faire le porte-parole de son seigneur auprès des femmes :

> « — Ah ! Monseigneur, je ne me sais trop émerveiller de votre fait. Il faut dire que vous prenez plaisir à abuser des femmes, ce qui, par ma foi, n'est pas bien fait. Car vous savez mieux que nul autre que toutes celles que vous avez nommées ne sont pas à comparer en beauté ou autrement à madame, à qui vous feriez mortel déplaisir si elle savait votre volonté désordonnée. Et, qui plus est, vous ne pouvez ignorer qu'en ce faisant vous damnez votre âme [...]. J'aimerais mieux mourir qu'à cause de moi naquît noise ou débat entre vous et madame, et pour vous la mort éternelle. Je vous prie d'être content de moi, s'il vous plaît, car je n'en ferai rien de plus. »

Devant cette défense passionnée du lien sacré du mariage et de la dignité de l'épouse, le seigneur ne voulut pas heurter davantage son serviteur et rompit là la discussion. Il laissa passer quelques jours puis lui demanda incidemment quel était son plat préféré. Il lui répondit sans se méfier qu'il n'aimait rien tant que le pâté d'anguilles. A cela son maître lui répondit : « Par saint Jean, c'est un bon plat, vous n'avez pas mal choisi. » Aussitôt après, il fit venir ses maîtres d'hôtel et leur ordonna que désormais ne fût servi à son mignon d'autre plat que du pâté d'anguilles. Le premier jour de ce régime lui plut beaucoup et il se régala tout son soûl des « beaux et gros pâtés d'anguilles » qu'on lui servit, mais après cinq ou six jours il en « était déjà tout ennuyé ». Il interrogea les maîtres d'hôtel qui lui répondirent qu'on servait en salle d'autres plats, mais que pour lui ordre était de ne servir que ces pâtés. Il était trop sage et trop prudent homme de Cour pour se plaindre pour un tel détail et le jeu continua : « Il passa encore plusieurs jours, toujours mangeant de ces ennuyeux pâtés. » Au bout d'un mois, n'y tenant plus, il interpella les maîtres d'hôtel qui lui répondirent qu'ils exécutaient un ordre de leur maître.

« Notre mignon plein de pâté » demanda donc au seigneur quelle était la raison de ce régime ; le dialogue suivant s'engagea alors :

> « — Ne m'as-tu pas dit que le plat que tu aimes le plus au monde est le pâté d'anguilles ?
>
> — Par saint Jean oui, monseigneur, dit le mignon.
>
> — De quoi te plains-tu donc, dit monseigneur, je te fais servir ce que tu aimes.
>
> — Que j'aime ? dit le mignon. Il y a la manière. J'aime bien, vraiment, le pâté d'anguilles une fois ou deux ou trois, ou de temps en temps et c'est mon plat préféré, mais, par Notre Dame, je ne dirais pas que je voudrais n'avoir que cela sans manger autre chose. Il n'est pas homme qui n'en serait dégoûté : mon estomac maintenant se soulève quand il le sent. Pour Dieu, monseigneur, commandez qu'on me serve autre chose pour retrouver mon appétit, autrement je suis un homme défait !
>
> — Ah, dit le seigneur, et crois-tu que je ne sois pas lassé, moi aussi, et ne veuille me passer du corps de ma femme. Tu peux penser, par ma foi, que j'en suis aussi saoulé que tu en es de tes pâtés, et que moi aussi, je changerais volontiers pour une autre qui, pourtant, n'aurait pas plus ma préférence que ne l'auraient les mets que tu prendrais pour te changer de tes pâtés. Bref, tu ne mangeras rien d'autre tant que tu n'auras pas repris le service dont tu étais coutumier et que tu ne m'auras pas fait avoir des unes et des autres pour que j'aie du nouveau, comme toi tu veux changer de nourriture. »

Le mignon comprit la « subtile comparaison » faite par son maître et, pour être délivré de ses pâtés, il s'attela de nouveau au métier d'entremetteur qui avait été le sien.

Cette nouvelle éclaire une certaine conception de la fidélité conjugale que Philippe le Bon, le duc aux vingt-six bâtards, devait sans doute partager : certes, à l'occasion de son mariage avec Isabelle de Portugal, il avait adopté pour devise : « *Autre n'aurai, tant que je vive.* » Mais à côté de l'idéal matrimonial et courtois, le goût du prince pour les plaisirs sensuels et les expériences nouvelles abaissait la noble duchesse au rang d'un beau pâté d'anguilles.

Naturellement, tous les divertissements du prince ne revêtaient pas ce caractère outrancier ; dans sa chambre la musique et la poésie avaient leur place et l'on pouvait y entendre chanter de douces chansons d'amour, tels ces vers attribués à Alain Chartier que Gilles Binchois, chapelain de Philippe le Bon, mit en musique :

En regardant votre très doux maintien
Et vos beaux yeux que tant voir vouloie
Entré je suis en l'amoureuse voie
Mais c'est si fort que mon cœur n'est plus mien.

Les traditionnels dons d'étrennes que le duc distribuait généreusement aux siens au premier jour du mois de janvier donnaient également lieu à des divertissements chantés, comme cette œuvre de Guillaume Dufay :

Bon jour, bon mois, bonne année, bonne étrenne,
Gloire à Celui qui tout tient en domaine.
Richesse, honneur, santé, joie sans fin,
Bonne fame[1]*, belles dames, bon vin,*
Pour maintenir la créature saine.

Au temps de Charles le Téméraire, le rôle d'un groupe de nobles personnages désignés comme les « écuyers de la chambre », intégré à l'hôtel du prince, était non seulement d'assurer une escorte permanente au duc, mais aussi de le distraire aux heures de détente et de repos, par la lecture, la musique et le chant.

> « Le duc a pour sa chambre seize écuyers qui sont gens de grandes maisons, et ils servent à accompagner le prince où qu'il aille, à pied ou à cheval, et à avoir regard sur sa personne et sur ses habillements. Ils couchent près de sa chambre, par une manière de sûreté de sa personne. Et quand le duc a tout le jour travaillé en ses affaires et donné audience à chacun, il se retire en sa chambre et ces écuyers vont avec lui pour lui tenir compagnie. Les uns chantent, les autres lisent des romans ou des nouvelletés, les autres parlent d'amour et d'armes, et font passer le temps au prince en gracieuses nouvelles. Ces écuyers peuvent entrer à toute heure en la chambre du prince si le conseil ne s'y tient pas[2]. »

1. C'est-à-dire bonne renommée.
2. Olivier de LA MARCHE, *Mémoires*, IV, p. 16.

L'HÔTEL

Nous avons pu remarquer, dans les lignes qui précèdent, qu'au sein de la Cour, l'hôtel ducal jouait un rôle essentiel. Primitivement, cet organisme était constitué de l'ensemble des services chargés de subvenir à tous les besoins matériels du duc et des siens. Depuis la seconde moitié du XIVe siècle, l'hôtel des ducs de Bourgogne était organisé sur le modèle royal français ; il comptait six offices — échansonnerie, écurie, paneterie, cuisine, fruiterie et fourrière — dont les fonctions étaient à l'origine essentiellement domestiques. Cette structure resta à la base de l'organisation de l'hôtel, mais l'ensemble prit de l'ampleur et devint plus complexe ; dans les années 1430, par exemple, l'hôtel ducal était constitué des conseillers-chambellans, des « chambellans pour accompagner et servir monseigneur », des maîtres d'hôtel, de la paneterie, de l'échansonnerie, des écuyers tranchants, des valets servants, de la cuisine, de la fruiterie, de l'écurie, de la fourrière, des valets de chambre, des clercs d'office, des huissiers d'armes, des sergents d'armes, huissiers de salle et portiers, des valets de lévriers, du roi des ribauds, des rois d'armes et hérauts, des trompettes et ménétriers, des fauconniers, des fous, des archers[1].

Parallèlement à la complexification de ses structures fonctionnelles, l'hôtel vit son rôle évoluer : il ne fut plus seulement un organisme purement domestique et « utilitaire », mais devint aussi, par l'importance numérique de ses membres et l'origine sociale de certains d'entre eux, l'un des éléments du prestige de la cour de Bourgogne. Le caractère imposant de la Cour était d'autant plus marqué que, à l'époque des ducs Valois, le duc, la duchesse et leurs enfants adultes disposaient, chacun, d'un hôtel.

Pour connaître l'organisation, les effectifs et l'évolution des hôtels princiers, nous disposons de sources diverses ; en premier lieu, des « ordonnances de l'hôtel » étaient rédigées, qui n'étaient pas, comme on pourrait le croire, des textes destinés à fixer le protocole aulique, mais des documents financiers établis dans un but prévisionnel, comportant une nomenclature des offices et du personnel de l'hôtel ; en second lieu, une comptabilité journalière était tenue par le « maître de la chambre aux deniers », sous forme de rôles de parchemin ou « escroes » (écrous) sur lesquels étaient portés les gages quotidiens des officiers de l'hôtel — c'était les « escroes des gages » — et les dépenses journalières — on parlait alors des « escroes de la dépense ».

1. W. PARAVICINI, « Die Hofordnungen Herzog Philipps des Guten von Burgund », p. 193-194 et 260.

Les officiers et serviteurs qui gravitaient autour du prince au sein de l'hôtel constituaient un personnel important. En mars 1415, par exemple, Jean sans Peur édicta une ordonnance pour régler l'organisation des hôtels de son fils Philippe, comte de Charolais, et de sa belle-fille Michelle de France. L'effectif de l'hôtel du comte de Charolais s'élevait à 174 personnes, à quoi s'ajoutaient les 62 personnes, dont une dame et six demoiselles d'honneur, de l'hôtel de Michelle de France, soit au total 236 officiers et serviteurs [1].

Par la suite, ces chiffres ne cessèrent de croître. Le seul hôtel du duc Philippe, selon l'ordonnance de décembre 1426, se composait comme suit : dix conseillers-chambellans — à la tête desquels se trouvait le premier chambellan —, vingt-quatre chambellans, cinq maîtres d'hôtel ; quatorze écuyers-panetiers, assistés, pour leur office de paneterie, de deux sommeliers, deux aides de paneterie, un « oublieur » (fabricant d'oublies), un porte-chape, un lavandier ; quatorze écuyers échansons, avec quatre sommeliers, deux gardes-huches, deux aides servants, deux « barilliers » (chargés du transport et de la manutention des barils de vin), un porteur et un portier pour l'échansonnerie ; treize écuyers tranchants avec six valets servants ; quatre écuyers de cuisine avec quatre « queux », deux « hasteurs », un « aide de rost », deux « potagiers », deux aides de potages, deux souffleurs, deux enfants de cuisine, deux bûchiers, un valet de garde-manger, un portier de cuisine, deux porteurs, deux « galopins », deux sauciers, deux valets de saucerie et deux valets de chaudière ; quatre fruitiers étaient assistés d'un sommelier, d'un valet de fruiterie et d'un valet tenant les torches ; l'écurie comptait quatorze écuyers d'écurie, quatre palefreniers, quatorze chevaucheurs, deux aides d'écurie, deux maréchaux avec un valet de forge, un armurier, un valet de pied, deux valets de destriers, quatre valets de chevaux, cinq valets de sommiers, un valet d'écurie, trois charretiers ; les fourriers étaient au nombre de quatre avec quatre auxiliaires ; quatorze personnages portaient le titre de « valet de chambre », parmi lesquels se trouvaient deux « premiers valets de chambre », le garde des joyaux, le tailleur de robes, le fourreur, le garde de la tapisserie, le cordonnier et le peintre du duc, ce dernier n'étant autre que le célèbre Hugues de Boulogne. Le confesseur du duc, le dominicain Laurent Pignon, portait, selon un usage remontant au temps de Jean sans Peur, le titre d'évêque de Bethléem ; avec lui un aumônier, un sous-aumônier, un chapelain des maîtres d'hôtel et deux clercs de chapelle assuraient le service religieux et avaient en charge les dons charitables faits au nom du duc. Un gouverneur de la dépense, un contrôleur, quatre clercs

1. W. PARAVICINI, « Die Hofordnungen Herzog Philipps des Guten von Burgund », p. 148-158.

d'office veillaient à la gestion des deniers de l'hôtel. Les secrétaires étaient au nombre de sept, dont l'audiencier de la chancellerie Thomas Bouesseau. Huit huissiers d'armes, deux sergents d'armes, deux huissiers de salle assuraient l'ordre ; le « roi des ribauds », pour sa part, surveillait la pratique des jeux et de la prostitution à la cour. Un collège de hérauts accompagnait également le duc ; il comptait le roi d'armes de Flandre, le roi d'armes d'Artois et le héraut Bourgogne. Par ailleurs le prince disposait de quatre trompettes de guerre et sept ménétriers, de trois fauconniers, deux « autouriers », cinq valets de faucons, trois valets de rivière et deux fous de cour. Enfin, la garde de la personne du prince était assurée par douze, puis vingt-quatre archers placés sous l'autorité d'un capitaine.

Au total, l'ordonnance de 1426 mentionnait environ 300 officiers et serviteurs, dont 98 nobles, mais en comptant tous les gens de l'hôtel du duc, c'est-à-dire non seulement les détenteurs d'office mais aussi leurs valets, aides et auxiliaires, l'effectif s'élevait à près de 660 personnes, sans compter les pages dont l'ordonnance prévoyait que le duc en fixerait le nombre « à son plaisir[1] ». Naturellement, les ordonnances de l'hôtel ne nous fournissent que des effectifs théoriques car chaque officier ou serviteur ne servait réellement le duc qu'à son tour pendant une partie de l'année, trois ou six mois selon les cas ; ainsi, l'ordonnance de l'hôtel du duc Charles le Téméraire de 1469 mentionne un effectif de cent un conseillers-chambellans mais vingt-quatre seulement d'entre eux servaient le prince en même temps[2]. Cependant, dans les grandes occasions, lorsque tous les membres de l'hôtel étaient rassemblés, l'ensemble était particulièrement imposant : en juin 1467, lors des funérailles de Philippe le Bon, à Bruges, les gens de l'hôtel du duc défunt et ceux de l'hôtel de son successeur formaient un total de 1 200 personnes[3].

Pour le duc, l'hôtel jouait un rôle politique. Lorsqu'il y intégrait un personnage, il l'unissait à lui par un lien personnel particulièrement fort. C'était donc pour lui une manière de renforcer sa clientèle et une raison d'accroître rapidement les effectifs des gens de son hôtel : ainsi, pour les seuls officiers nobles, l'effectif passa de quatre-vingt-dix-huit en 1426 à cent dix-huit en 1431-1432 et à cent-vingt-huit en 1433[4]. Du reste cette pratique ne concernait pas seulement les nobles, mais, d'une manière générale, tous ceux que le duc voulait s'attacher à un titre ou à un autre. Les non-nobles, marchands, fournisseurs, artisans

1. *Ibid.*, p. 258-301.
2. R. VAUGHAN, *Valois Burgundy*, p. 97.
3. R. VAUGHAN, *Charles the Bold*, p. 1.
4. W. PARAVICINI, « Die Hofordnungen Herzog Philipps des Guten von Burgund », p. 186.

liés à la Maison de Bourgogne, pouvaient se voir accorder le titre de « valet de chambre », voire, exceptionnellement, celui de « maître d'hôtel » comme ce fut le cas pour le banquier lucquois Dino Rapondi sous Philippe le Hardi, sans que ce fait implique un quelconque service domestique. De même, pour les membres de la noblesse, l'intégration à l'hôtel avec un titre d'officier — écuyer d'écurie ou chambellan, par exemple — ne signifiait pas obligatoirement non plus l'exercice véritable d'un service auprès du prince ; il s'agissait bien souvent, pour les uns comme pour les autres, d'une intégration à titre honorifique qui permettait au bénéficiaire de jouir et de la familiarité du prince et d'un système de rémunération avec gages, pensions et libéralités variées — étrennes du premier janvier, dons de mariage, récompenses pour « bons et agréables services », indemnisations diverses, etc. Le duc pouvait retenir par ce moyen des hommes auxquels ne l'unissait aucun lien de type féodal : ainsi Jean sans Peur retint-il Enguerrand de Bournonville, représentant de la noblesse du comté de Boulogne et chef de guerre efficace, comme son écuyer d'écurie puis son chambellan. Il agit de façon identique avec le capitaine italien Castellain Vasc qui lui resta, d'ailleurs, fidèlement attaché[1].

Le recrutement des officiers de l'hôtel fut aussi, pour le duc, au fur et à mesure des acquisitions territoriales, un moyen d'intégrer à la noblesse de cour déjà groupée autour de lui des membres de l'élite nobiliaire des principautés les plus récemment réunies à l'ensemble territorial bourguignon[2]. Un bon exemple de ce rôle particulier joué par l'hôtel concerne l'intégration de la noblesse de Brabant et de Limbourg après l'acquisition de ces deux duchés par Philippe le Bon en 1430. Dans l'ordonnance de l'hôtel du 27 février 1433, le duc prescrivit explicitement que des Brabançons fussent joints aux membres de son hôtel. Ainsi, après les articles concernant les douze conseillers-chambellans originaires de Flandre, Picardie, Artois et Bourgogne, peut-on lire, dans cette ordonnance, les phrases suivantes :

> « Item, et afin que devers mondit seigneur et en son service il puisse y avoir des gens de tous ses pays et en particulier de ses pays de Brabant et de Limbourg, mondit seigneur veut et ordonne que les conseillers et chambellans des dits pays de Brabant et de Limbourg ci-après déclarés servent et soient comptés par les écrous en la manière accoutumée au nombre de personnes et de chevaux ci-

1. B. SCHNERB, *Enguerrand de Bournonville et les siens, passim* ; « Un capitaine italien au service de Jean sans Peur », *passim.*

2. W. PARAVICINI, « Expansion et intégration. La noblesse des Pays-Bas à la cour de Philippe le Bon », p. 298-314.

> après déclaré, toutes et chaque fois qu'ils seront devers mondit seigneur et non autrement : le comte de Nassau à 10 chevaux, le damoiseau de Gaesbeek à 8 chevaux, le damoiseau de Wezemael à 6 chevaux, le seigneur de Bancignies à 6 chevaux [...], le seigneur de Rotselaar à 6 chevaux, Henri de Rotselaar à 4 chevaux, Jean de Boutershem à 4 chevaux, messire Claix de Saint-Géry à 4 chevaux [...] [1]. »

De la même façon, dans la même ordonnance, le duc adjoignit au personnel déjà en place quatre chambellans, quatre écuyers panetiers, quatre échansons, quatre écuyers tranchants et quatre écuyers d'écurie « de ses dits pays de Brabant et de Limbourg ». Au total, en comptant les conseillers-chambellans, il avait intégré à son hôtel vingt-huit nobles brabançons, représentant plus de 21 % du total des officiers nobles [2].

L'intégration précoce à l'hôtel du prince pouvait aussi, pour un jeune noble, conditionner toute une carrière. Le cas d'Olivier de La Marche est de ce point de vue exemplaire. Né vers 1425, il était issu d'une famille qui avait fourni des serviteurs à la Maison de Bourgogne : son père Philippe de La Marche fut capitaine du château de Joux et gruyer de Bourgogne, son oncle Antoine de La Marche, seigneur de Châteaurenaud, fut chambellan de Jean sans Peur et bailli de Chalon. Après la mort de son père survenue en 1437, il fut recueilli et nourri par un protecteur, Guillaume de Luyrieux, seigneur de La Cueille, qui le présenta au duc Philippe le Bon. Ce dernier le retint en son hôtel comme page. Après avoir ainsi fait son apprentissage de jeune gentilhomme à la Cour, Olivier s'éleva dans la hiérarchie de l'hôtel ducal et devint écuyer-panetier. En 1448, il fut attaché au service de Charles, comte de Charolais, et lorsque ce dernier devint duc, en 1467, il fit d'Olivier son maître d'hôtel et le capitaine de sa garde [3]. Observateur attentif et organisateur de la Cour et du protocole aulique, Olivier de La Marche fut aussi un bon témoin du processus de militarisation que l'hôtel ducal connut sous le principat de Charles le Téméraire.

L'hôtel avait toujours revêtu, en temps de guerre, un certain caractère militaire. Les chevaliers et écuyers de l'hôtel constituaient le noyau et l'encadrement des armées ducales ; par ailleurs, depuis Philippe le Hardi, une formation armée, les archers du duc, avait été intégrée de façon permanente aux services domestiques entourant la personne du prince. Cependant, sous Charles le Téméraire, l'hôtel devint une véritable armée et quatre offices — la paneterie, l'échansonnerie, l'office

1. W. PARAVICINI, « Die Hofordnungen Herzog Philipps des Guten von Burgund », p. 196-197.
2. *Ibid.*, p. 186.
3. Olivier de LA MARCHE, *Mémoires*, I, p. I-CI.

des écuyers tranchants et l'écurie — y furent organisés militairement : ainsi pour la paneterie, le premier écuyer-panetier tenait sous ses ordres et sous sa « cornette » (son enseigne), cinquante écuyers-panetiers formant une escadre subdivisée en cinq chambres placées chacune sous la conduite d'un « chef de chambre ». L'échansonnerie, l'office des écuyers tranchants, l'écurie étaient organisés comme la paneterie. L'ensemble constituait donc une force de deux cents hommes d'armes qui s'ajoutaient aux soixante-deux archers de corps du duc, placés sous les ordres de deux chevaliers qui étaient tous deux « capitaines des archers », et à la garde ducale dont Olivier de La Marche fut le capitaine[1].

LA TOISON D'OR

L'entourage et l'hôtel des ducs de Bourgogne étaient fortement marqués par les structures aristocratiques de l'État bourguignon. La noblesse y tenait une place prépondérante et, à partir du principat de Philippe le Bon, l'élite de cette noblesse fut réunie au sein de l'ordre de la Toison d'or. Ce fut en janvier 1430, au milieu des festivités qui marquaient son mariage avec Isabelle de Portugal, à Bruges, que le duc Philippe fonda cet ordre de chevalerie dont Enguerrand de Monstrelet décrivit la genèse :

> « Item, en cette année, le duc Philippe de Bourgogne mit sus en l'honneur de Dieu et de monseigneur saint André dont, en armes, il portait l'emblème[2], un ordre et fraternité de vingt-quatre chevaliers sans reproche, gentilshommes de quatre côtés. Et il donna à chacun d'entre eux un collier moult gentiment ouvré à sa devise, c'est à savoir du fusil[3]. Et à chacun de ces colliers pendait sur le devant, de la même manière que les dames ou demoiselles portent images, fermaux et autres joyaux, une toison d'or en souvenir de la toison que jadis Jason conquit anciennement en l'île de Colchos, comme on le trouve par écrit en l'Histoire de Troie. De laquelle il n'est trouvé en nulle histoire que jamais un prince chrétien avant lui eût relevée ni mise sus. Et l'ordre dessus dit, à l'image de ce que dit est, fut nommé par ledit duc l'ordre de la Toison d'or. Et furent, par lui et par certains de son conseil, élus et nommés pour porter ledit ordre vingt-quatre chevaliers dont les noms s'ensuivent : premièrement y était ledit duc, comme chef et fondateur, et après y était Guillaume de Vienne, seigneur de Saint-Georges, messire

1. Olivier de LA MARCHE, *Mémoires*, IV, p. 20-73.
2. C'est-à-dire la croix de saint André.
3. Ce « fusil » ou briquet, emblème de Philippe le Bon, avait à peu près la forme de la lettre B.

Regnier Pot, seigneur de la Roche, le seigneur de Roubaix, le seigneur de Montagu, messire Roland d'Uutkerke, messire Antoine de Vergy, comte de Dammartin, messire David de Brimeu, seigneur de Ligny, messire Hugues de Lannoy, seigneur de Santes, messire Jean, seigneur de Comines, messire Antoine de Toulongeon, maréchal de Bourgogne, messire Pierre de Luxembourg, comte de Conversano, messire Jean de La Trémoille, seigneur de Jonvelle, messire Jean de Luxembourg, seigneur de Beaurevoir, messire Ghillebert de Lannoy, seigneur de Willerval, messire Jean de Villiers, seigneur de L'Isle-Adam, messire Antoine, seigneur de Croy et de Renty, messire Florimond de Brimeu, seigneur de Maizicourt, messire Robert, seigneur de Masmines, messire Jacques de Brimeu, le seigneur de Molembaix, messire Pierre de Bauffremont, seigneur de Charny, messire Philippe, seigneur de Ternant, messire Jean, seigneur de Créquy, messire Jean de Croy, seigneur de Tours-sur-Marne [...] [1]. »

La fondation de l'ordre était d'abord un acte religieux. Monstrelet l'affirmait dans le passage cité plus haut et Georges Chastelain le confirma dans sa chronique : selon lui, en effet, le duc Philippe avait voulu se montrer « vrai humble serviteur de Dieu », et « défenseur de la sainte foi » en créant son ordre de chevalerie. C'est pourquoi cet ordre était conçu comme une confrérie : Monstrelet parle de « fraternité » tandis que Chastelain, pour sa part, désigne cette compagnie comme une « fraternité et religion en chevalerie ». Tout comme une confrérie de dévotion dont les membres se réunissaient une fois l'an pour la fête de leur saint patron, les chevaliers de la Toison d'or, unis dans une dévotion commune, tenaient un chapitre annuel, fixé primitivement au 30 novembre, jour de la fête de saint André — date cependant abandonnée après 1445. Par ailleurs l'ordre, tout comme une confrérie, avait pour siège un sanctuaire, en l'occurrence la Sainte-Chapelle du palais ducal de Dijon [2]. Enfin, l'intention religieuse se retrouvait dans l'effectif originel des chevaliers, vingt-quatre, qui était un chiffre sacré.

L'idéal chevaleresque était indissociable de la foi chrétienne. La référence à des « chevaliers sans reproche », vaillants et bien nés, renvoyait à une vision classique, pour ne pas dire convenue, de l'élite nobiliaire. Selon Chastelain, le duc de Bourgogne, qui manifesta son « haut courage » et sa « gloire » par son geste fondateur, ne pouvait choisir un meilleur emblème que la Toison d'or pour exprimer son intention.

1. Enguerrand de MONSTRELET, *Chronique*, IV, p. 373-374.

2. J. RICHARD, « La Toison d'or dans les deux Bourgognes », p. 1-6 ; *L'ordre de la Toison d'or*, p. 17-20.

« Et de fait, par longtemps [le duc] songea à cette très excellente et très glorieuse image et enseigne de la Toison, laquelle à cause de Jason on peut surnommer d'or et quand elle serait appliquée à Gédéon, parce que l'or doit être porté par les chevaliers, elle se peut ainsi nommer aussi Toison d'or comme l'autre[1]. »

Le chroniqueur insiste ici sur un double patronage, celui de Jason et celui de Gédéon, alors que Monstrelet, dont l'œuvre est antérieure à celle de Chastelain, n'évoque que Jason. C'est qu'à l'origine ce dernier personnage était l'unique référence pour la Toison d'or. L'histoire légendaire de la conquête de la Toison d'or par Jason et les Argonautes était bien connue à la cour de Bourgogne et dès les années 1390, par exemple, Philippe le Hardi avait commandé à son peintre Melchior Broederlam une suite de peintures murales représentant l'histoire de la conquête de la Toison d'or pour son château artésien de Hesdin, et au maître tapissier Pierre de Beaumetz une tapisserie sur le même sujet[2]. Les aventures de Jason y étaient connues par le canal d'une œuvre littéraire à laquelle Monstrelet faisait allusion dans le texte cité plus haut : l'*Histoire de la destruction de Troie.* Cette œuvre, élaborée à partir de l'*Iliade* mais enrichie de toute une série de récits empruntés à la mythologie grecque, était très en vogue dans les cours princières d'Occident. Primitivement, l'*Historia destructionis Troiae* avait été rédigée en latin, au milieu du XIIIe siècle, par Guido delle Colonne, un auteur sicilien qui avait travaillé, entre autres, pour Frédéric II de Hohenstaufen. Son œuvre, traduite en français, figurait déjà parmi les livres de la bibliothèque de Philippe le Hardi et Jean sans Peur. Dans cette version, un peu différente de la légende grecque, Jason et ses compagnons abordaient en Colchide, pays où vivait un bélier d'une taille fabuleuse et qui était entièrement en or. Jason voulait s'en emparer, mais le bélier d'or était protégé par des dragons et des serpents monstrueux. Alors, il obtint l'aide de la fille du roi de Colchide, Médée, une magicienne qui, amoureuse de Jason, lui enseigna les sortilèges qui devaient lui permettre de triompher des monstres qui gardaient le bélier. Jason utilisa ces moyens, atteignit le bélier et le tua. Ne pouvant se charger d'une dépouille aussi lourde, il dépeça l'animal et n'emporta que sa toison à laquelle pendait la tête et les pattes. Il quitta ensuite la Colchide en abandonnant Médée à qui il avait promis le mariage.

Les exploits légendaires de Jason et des Argonautes fascinaient ceux qui en lisaient le récit et le duc Philippe le Bon, en fondant son ordre de chevalerie, n'avait pas dans l'esprit une autre référence littéraire

1. Georges CHASTELLAIN, *Œuvres*, II, p. 5-8.
2. *L'ordre de la Toison d'or*, p. 226-228.

Cependant le personnage de Jason, s'il était incontestablement courageux, était loin d'incarner toutes les vertus du chevalier chrétien. Païen, il utilisait les services d'une magicienne et employait des sortilèges peu compatibles avec l'idéal chevaleresque. En outre sa déloyauté envers Médée interdisait de le considérer comme un « chevalier sans reproche ». Aussi, sans abandonner Jason et les Argonautes, dont les aventures étaient à l'origine du mythe fondateur, il fallut trouver un autre patron, plus conforme à l'idéal chrétien.

Ce fut au premier chancelier de l'ordre de la Toison d'or, Jean Germain, que revint, semble-t-il, le mérite d'avoir adjoint la figure de Gédéon à celle de Jason. L'histoire de ce personnage est racontée dans l'Ancien Testament au livre des Juges (VI, 36). Gédéon était un pauvre paysan à qui Dieu enjoignit de prendre la tête du peuple juif pour vaincre les Madianites. L'homme se prit à hésiter et pour être sûr que Dieu le destinait bien à accomplir cette mission, il demanda un signe. Un soir il étendit sur le sol la toison d'un mouton et demanda à Dieu de faire tomber, pendant la nuit, la rosée autour de la toison en mouillant la terre mais en laissant la toison sèche. Le lendemain il constata que la toison était sèche alors qu'autour le sol était humide. Le soir il recommença, demandant cette fois à Dieu, comme une confirmation, de faire tomber la rosée sur la toison mais pas sur le sol. Le lendemain, constatant qu'il en avait été comme il l'avait demandé, il comprit qu'il triompherait de Madian. Gédéon, figure biblique, serviteur de Dieu et chef de guerre victorieux, était un personnage emblématique tout à fait acceptable pour devenir un patron de l'ordre de la Toison d'or. Son patronage s'ajouta assez rapidement à celui de Jason et, dès la fin de 1431, il fut mentionné par un poète de la Cour, Michaut Taillevent, qui, dans son *Songe de la Toison d'or*, ne trouvait Jason ni très sûr ni très saint :

Jason conquit, ce racontent plusieurs,
La Toison d'or par Médée, sa mie
Dedans Colcos, mais pour être plus seurs[1]
Tant à Jason on ne s'arrête mie
Qu'à Gedeon[2] *qui par œuvre saintie*[3]
Arrosé eut son veaurre[4] *doucement*
De rosée qui des saints cieux descend,
Dont fut depuis dignement célébré.

1. Plus sûrs.
2. On ne s'arrête pas tant sur Jason que sur Gédéon.
3. Sainte.
4. Toison de laine.

Louange à Dieu trestout premièrement
Et aux bons, gloire et haute renommée[1].

En créant son ordre de chevalerie en 1430, Philippe le Bon entendait affirmer qu'il agissait « souverainement », pour reprendre un terme utilisé à ce propos par Georges Chastelain. Cette fondation était un acte autonome et, d'une certaine façon, dans un contexte particulièrement lourd, une affirmation d'indépendance politique adressée tant au roi d'Angleterre qu'au roi de France. Chastelain, écrivant dans les années 1450-1460, y consacra de longs développements pour montrer que l'un des buts du duc de Bourgogne était « d'évader des Anglais et de leur ordre ». Il affirmait en effet que le duc de Bedford avait offert à Philippe de devenir chevalier de l'ordre de la Jarretière. Mais accepter de devenir membre de cet ordre fondé par le roi Édouard III le 23 avril 1348 aurait signifié, pour le duc, être lié personnellement au roi d'Angleterre et lui être soumis en sa qualité de chef d'ordre. C'est en partie pour cela que Philippe le Bon aurait fondé la Toison d'or, afin d'être lui-même chef d'ordre et en droit de refuser l'insigne d'un autre ordre que le sien. Bien que l'explication de Chastelain soit orientée, il est incontestable que la Jarretière semble avoir été une référence pour le duc de Bourgogne lorsqu'il créa son propre ordre ; en effet bien des caractères de l'ordre royal anglais se retrouvaient dans la Toison d'or : la Jarretière, à ses débuts, comptait vingt-quatre chevaliers, dévoués à saint Georges dont la fête, le 23 avril, coïncidait avec celle de l'ordre. Le siège de la Jarretière était du reste la chapelle Saint-Georges du château royal de Windsor, c'est dire que même le caractère de « fraternité » ou de confrérie qui était celui de l'ordre de la Toison d'or était déjà un trait observable dans l'organisation de l'ordre de la Jarretière[2].

Si elle était peut-être un acte d'indépendance à l'égard du roi d'Angleterre et de son régent de France, la fondation de la Toison d'or était aussi un geste par lequel le duc de Bourgogne voulait se poser en prince souverain face au roi de France, qui, en 1430, était son adversaire. Chastelain, du reste, insista dans sa chronique sur le caractère exceptionnel de cette création : nombre de souverains de la Chrétienté n'avaient pas agi de cette façon, ce qui plaçait le duc de Bourgogne dans une situation particulière et renforçait sa dignité, notamment au sein de la Maison de France[3].

Même si le chroniqueur ignore ou feint d'ignorer la création de l'ordre de l'Étoile par le roi Jean le Bon en 1351, sa volonté affirmée

1. R. DESCHAUX, *Un poète bourguignon du XVe siècle*, p. 59-86.
2. *L'ordre de la Toison d'or*, p. 67-70.
3. Georges CHASTELLAIN, *Œuvres*, II, p. 5-8.

est celle de manifester, en ce domaine au moins, la souveraineté du duc de Bourgogne. Son acte est digne d'un roi et on n'aurait garde d'oublier que les histoires de Jason et de Gédéon étaient lues dans « toutes les cours royales ». Mais par ailleurs, la fondation de l'ordre de la Toison d'or était certainement, dans l'esprit de Philippe le Bon, liée à l'idéal de croisade et à l'attrait qu'exerçaient sur le duc les voyages lointains et les expéditions « transmarines ». Il ne faut pas omettre le fait que l'ordre fut créé, le 10 janvier 1430, à l'occasion des festivités du mariage de Philippe avec Isabelle de Portugal. Or, il n'est pas inintéressant de souligner que ce mariage unissait la Maison de Bourgogne à la Maison de Bragance dont les membres les plus illustres, Jean Ier, Henri le Navigateur, Alphonse V, étaient des promoteurs de l'expansion chrétienne, notamment en Afrique. Par ailleurs, il convient de noter que toutes les références littéraires qui avaient donné naissance au mythe de la Toison, l'histoire de Jason et des Argonautes, l'*Histoire de la destruction de Troie*, suscitaient un engouement puissant pour la Méditerranée orientale, le Levant. Enfin Gédéon, chef de guerre du peuple élu, vainqueur des Madianites, ennemis de Dieu, pouvait être un bon modèle pour les chefs d'une croisade contre l'Islam. Il n'est donc pas impossible que, dans l'esprit de Philippe le Bon, l'ordre de la Toison d'or, lors de sa création, ait été appelé à constituer le noyau d'une élite nobiliaire destinée elle-même à devenir le fer de lance d'une croisade dont la Maison de Bourgogne se devait de prendre la tête. Le texte des statuts de l'ordre élaboré en novembre 1431, lors du premier chapitre tenu à Lille, prévoyait en tout cas une participation obligatoire des chevaliers de l'ordre en cas de croisade :

> « Si nous ou nos successeurs souverains faisons une entreprise d'armes pour la défense de la sainte foi chrétienne ou pour défendre, maintenir ou rétablir les dignité, état et liberté de notre sainte mère l'Église et du saint siège apostolique de Rome, en ce cas des chevaliers du dit ordre, ceux qui seront physiquement aptes seront tenus de nous servir en personne, et les autres devront se faire remplacer, moyennant paiement de gages raisonnables, s'ils n'ont occupation raisonnable et empêchement évident, auquel cas ils pourront s'en excuser[1]. »

Cependant, plus directement et plus concrètement, l'ordre jouait aussi un rôle important dans les structures internes de l'État bourguignon. Par la création d'un ordre de chevalerie dont il était le chef et le souverain, Philippe le Bon visait peut-être avant tout à resserrer les liens

1. *L'ordre de la Toison d'or*, p. 71.

qui l'unissaient aux représentants de l'aristocratie nobiliaire qu'il y faisait entrer[1]. Le duc rassembla autour de lui un groupe de vingt-quatre chevaliers dont le nombre fut porté à trente et un dès 1431. Il s'agissait, pour reprendre les termes utilisés par Enguerrand de Monstrelet, de « gentilshommes de quatre côtés » — nous parlerions aujourd'hui de quatre « quartiers de noblesse » —, c'est-à-dire dont les parents et les grands-parents étaient nobles. Les noms des chevaliers de la première promotion reflètent clairement l'encadrement aristocratique du gouvernement bourguignon et le recrutement géographique de ces vingt-quatre premiers chevaliers de la Toison d'or montre que seuls furent « élus » en 1430 des membres des plus grands lignages des principautés bourguignonnes — à une exception près, cependant. Huit chevaliers étaient des seigneurs du duché et du comté de Bourgogne : Guillaume de Vienne, Regnier Pot, Jean de Neufchâtel, Antoine de Vergy, Antoine de Toulongeon, Jean de La Trémoille, Pierre de Bauffremont, Philippe de Ternant ; sept chevaliers étaient du comté de Flandre : Baudouin, Hugues et Ghillebert de Lannoy, Roland d'Uutkerke, Jean de Comines, Robert de Masmines ; huit chevaliers étaient seigneurs de Picardie et d'Artois, Pierre et Jean de Luxembourg, David, Florimond et Jacques de Brimeu, Antoine et Jean de Croy, Jean de Créquy. Enfin, seul Jean de Villiers, seigneur de L'Isle-Adam, originaire d'Ile-de-France, était étranger aux principautés bourguignonnes, mais ce personnage de renom, conseiller et chambellan de Philippe le Bon, qui avait été maréchal de France, était l'un des plus actifs chefs de guerre au service de la Maison de Bourgogne et s'était illustré tant dans les guerres de France que dans les guerres de Hollande et Zélande.

Tout indique donc qu'à l'origine Philippe le Bon voulut créer un ordre de chevalerie spécifiquement bourguignon. A soi seul, le recrutement des premiers chevaliers est un indice de cette volonté du prince : il s'agissait, pour ce dernier, d'instituer un lien spécial, politique, confraternel et personnel, avec ceux qui jouaient alors le plus grand rôle dans les institutions politiques et militaires de ses principautés. Par la suite, cette vocation à réunir en son sein l'élite de la noblesse de l'État bourguignon sous l'autorité exclusive du duc resta celle de l'ordre de la Toison d'or. Dès 1431 un représentant de la noblesse du Hainaut, Simon de Lalaing, seigneur de Montignies, fut « élu ». En 1432, un chevalier bourguignon du duché, Andry de Toulongeon, et un chevalier flamand, Jean de Melun, seigneur d'Antoing, reçurent à leur tour le collier. En 1433, trois Bourguignons, Jean de Vergy, seigneur de Vignory, Guy de Pontailler, fils du maréchal de Philippe le Hardi,

1. R. VAUGHAN, *Philip the Good*, p. 160-163.

Thibaud VIII de Neufchâtel et trois seigneurs de Picardie et d'Artois, Jacques, seigneur de Crèvecœur, Jean de Luxembourg, bâtard de Saint-Pol, et Baudot, seigneur de Noyelle, furent également admis dans l'ordre. Par ailleurs, en cette même année, Philippe le Bon fit donner le collier à son fils Charles, comte de Charolais, qui, né le 10 novembre, devint chevalier de la Toison d'or à l'âge de vingt jours. En effet, les princes de la famille ducale eurent leur place dans l'ordre : outre son fils le comte de Charolais, Philippe le Bon y fit recevoir son neveu Jean Ier, duc de Clèves, lors du chapitre tenu à Mons en 1451, son cousin Jean de Bourgogne, comte d'Étampes, son fils illégitime Antoine, bâtard de Bourgogne, et son neveu Adolphe de Clèves, seigneur de Ravenstein, tous trois lors du chapitre de La Haye de 1456[1].

Une constante dans les promotions entre 1430 et 1473, date du dernier chapitre de l'ordre tenu par un duc Valois, fut de privilégier l'élection de chevaliers originaires des principautés septentrionales ; sur les 246 chevaliers de la Toison d'or appartenant à l'ensemble territorial bourguignon élus durant la période, 183, soit 74,4 %, étaient des « pays de par-deçà », contre 63 chevaliers originaires des deux Bourgognes (25,6 %). Dans le total des chevaliers des « pays de par-deçà », 141 étaient des Flamands, Artésiens et Picards (77 %) ; 19 étaient Hollandais ou Zélandais, 11 étaient Hainuyers, 6 étaient Boulonnais, 4 étaient Brabançons. Certaines familles furent particulièrement bien représentées au sein de l'ordre : les Luxembourg, les Croy, les Brimeu, les Lannoy, les Lalaing, les Vergy, les Toulongeon[2]. L'ordre était un bon reflet du groupe aristocratique qui constituait l'encadrement de l'État bourguignon.

Cependant, très tôt, les nécessités politiques conduisirent Philippe le Bon à offrir le collier à des princes et seigneurs étrangers aux principautés bourguignonnes afin de renforcer des alliances diplomatiques. Ainsi, lors du premier chapitre de l'ordre tenu à Lille en 1431, Frédéric III, comte de Meurs, grand seigneur rhénan, beau-frère du duc de Clèves, figura dans la promotion de nouveaux chevaliers. En 1440, comme nous l'avons vu, lors du chapitre tenu à Saint-Omer, le duc de Bourgogne fit présenter le collier de son ordre à Jean V, duc de Bretagne, à Jean II, duc d'Alençon, à Mathieu de Foix, comte de Comminges, et à Charles, duc d'Orléans — ce chapitre de 1440 fut du reste le seul au cours duquel il n'y eut aucune promotion de chevaliers originaires des principautés bourguignonnes. Au chapitre suivant tenu à Gand en 1445, Alphonse V, roi d'Aragon, fut coopté à son tour. Plus

1. *Les chevaliers de l'ordre de la Toison d'or*, p. 106-107, 116-121.
2. *L'ordre de la Toison d'or*, p. 75-79.

tard, en 1468, lors du chapitre de Bruges, le roi d'Angleterre Édouard IV fut élu ; il est vrai qu'il était le beau-frère du duc Charles le Téméraire et qu'il gratifia ce dernier, en retour, de l'ordre de la Jarretière[1].

Outre les chevaliers, l'ordre comptait quatre officiers : un chancelier, un trésorier, un greffier et un roi d'armes. Le chancelier, qui était choisi parmi les clercs, conservait un sceau qui n'était utilisé que pour sceller les actes émanant de l'ordre. Il assistait aux chapitres et célébrait la messe de la Saint-André. Le premier titulaire de la fonction, nommé en 1430, fut Jean Germain, qui devint évêque de Nevers quelque temps plus tard, avant d'être transféré à Chalon en 1436. A sa mort, en 1461, il fut remplacé par Guillaume Fillastre ; ce théologien qui avait étudié à l'université de Louvain avait fait une belle carrière épiscopale, devenant successivement évêque de Verdun en 1437, de Toul en 1448, de Tournai en 1461. Il était en outre chef du conseil ducal. Après sa mort, en 1473, Charles le Téméraire nomma, pour le remplacer, Ferry de Clugny. Cet ecclésiastique originaire de Bourgogne, qui était juriste de formation, avait commencé sa carrière comme auditeur des « causes d'appeaulx » en 1463, avait figuré comme maître des requêtes au sein du Grand Conseil en 1467, avant de devenir chef du conseil, fonction cumulée, comme cela semblait presque l'usage, avec celle d'évêque de Tournai[2]. La gestion des deniers de l'ordre était confiée à un trésorier qui était choisi parmi les gens de finances ayant assumé la fonction de receveur général : entre 1430 et 1477 ce rôle fut dévolu d'abord à Guy Guilbaut, puis à Pierre Bladelin. Le greffier, responsable de la conservation des archives de l'ordre, était choisi parmi les secrétaires ducaux : le premier fut Jean Hibert qui fut remplacé en 1461 par Martin Steenberg. Enfin, le roi d'armes, dont le nom d'office était Toison d'or, avait en charge le cérémonial et les usages héraldiques au sein de l'ordre. Il s'affirma en outre, dès 1430, comme celui qui occupait le sommet de la hiérarchie des officiers d'armes des principautés bourguignonnes. Le premier titulaire de l'office fut Jean Le Fèvre, seigneur de Saint-Rémy ; il resta en charge jusqu'en 1468 et fut, à sa demande, remplacé par Gilles Gobet, qui, sous le nom d'office de Fusil, l'avait assisté en tant que poursuivant d'armes[3].

Sans être à proprement parler un « rouage du gouvernement », l'ordre s'intégra cependant aux structures de l'État bourguignon. Les chapitres étaient en principe l'occasion pour les chevaliers, par le moyen de la « correction fraternelle », traditionnelle dans ce type de fraternité,

1. *Les chevaliers de l'ordre de la Toison d'or*, p. 67, 88-96 et 135.
2. J. BARTIER, *Légistes et gens de finances*, p. 67 n. 4, 68 n. 5, 125.
3. *L'ordre de la Toison d'or*, p. 80-81.

d'user d'une certaine liberté de langage puisque des admonestations pouvaient même être adressées au duc — sans transgresser certaines limites, car ni Philippe le Bon ni Charles le Téméraire n'entendaient voir contester leur autorité par les représentants de l'aristocratie nobiliaire. En outre, les statuts de l'ordre faisaient obligation au prince de consulter les chevaliers de l'ordre avant d'entreprendre « aucunes guerres ou autres hautes besognes pesantes », or, si nombre de chevaliers de la Toison d'or étaient des proches du duc et siégeaient au conseil ducal, cette prescription ne fut pas formellement respectée et, devant les plaintes des membres de l'ordre, Charles le Téméraire, en 1473, leur donna officiellement accès à tous ses conseils [1]. Par ailleurs, toutes les manifestations de l'existence de l'ordre furent délibérement entourées d'un faste propre, non seulement à accroître le prestige de la Toison d'or, mais aussi à exalter la richesse et la puissance du duc de Bourgogne [2].

1. *Ibid.*, p. 68.
2. *Ibid.*, p. 80-83 et F. DE GRUBEN, « Les chapitres de la Toison d'or vus par les chroniqueurs à l'époque bourguignonne », p. 127-137 et « Fêtes et cérémonies de la Toison d'or », p. 153-165.

19

LA CROISADE

LES VOYAGEURS BOURGUIGNONS EN ORIENT

Depuis Philippe le Hardi et Jean sans Peur, l'idéal de croisade avait toujours été présent à la cour de Bourgogne. Malgré la défaite de Nicopolis et les pertes humaines et financières considérables qu'elle avait provoquées, l'entreprise avait conservé toute sa dimension religieuse et tout son prestige militaire. Certes, après le malheureux « voyage de Hongrie » du comte de Nevers, la menace turque s'était quelque peu affaiblie. La défaite subie par Bajazet devant Tamerlan à Ankara en 1402 et la période de troubles qui avait secoué l'Empire ottoman dans les années suivantes avaient donné un répit aux chrétiens d'Orient et d'Europe centrale mais, dès 1420, la situation dans les Balkans, en Morée [1] et aux confins de la Hongrie s'était suffisamment aggravée pour pousser Martin V à appeler à la croisade [2].

Philippe le Bon manifesta, dès le début de son principat, son intérêt pour la croisade. Il allait vite en faire figure de champion, à l'instar de son père et de son grand-père. Il ne s'agissait pas, comme on l'a peut-être trop souvent écrit et affirmé, d'un rêve ou mieux d'un fantasme chevaleresque, mais d'une conviction fondée d'une part sur une dévotion aux Lieux saints [3] et d'autre part sur une prise de conscience précoce de la réalité de la menace turque.

En 1420, la conclusion du traité de Troyes pouvant faire espérer un retour rapide à la paix, le duc de Bourgogne suggéra l'envoi en Orient d'un membre de son entourage, Ghillebert de Lannoy, pour y étudier les possibilités de débarquement en Égypte et en Syrie. Ghillebert était un personnage qui avait déjà voyagé. En 1403-1404, il avait fait un

1. La Grèce actuelle.
2. J. RICHARD, « La Bourgogne des Valois, l'idée de croisade et la défense de l'Europe », p. 22.
3. J. PAVIOT, « La dévotion vis-à-vis de la Terre sainte au XVe siècle », p. 401-411.

pèlerinage à Jérusalem et à Sainte-Catherine du Mont Sinaï en compagnie de Jean de Werchin, sénéchal de Hainaut, et avait profité du voyage pour visiter l'Égypte, la Syrie, la Turquie, Chypre, Rhodes et Constantinople. En 1407, il était allé en Espagne où il avait participé à une expédition des Castillans contre le royaume maure de Grenade. Trois ans plus tard, il avait pris part à une seconde expédition castillane contre les Maures et en 1413 il avait fait le voyage de Prusse. A cette occasion, lui qui n'était jusqu'alors que simple écuyer avait reçu la chevalerie des mains d'un chevalier de l'ordre teutonique [1].

Au printemps 1421, Ghillebert se mit donc en route, chargé d'une mission diplomatique auprès de l'ordre teutonique et de l'empereur de Constantinople et d'une mission de renseignements chez les Turcs ottomans et les Mamelouks. Il se rendit d'abord en Prusse, passa de là en Pologne, puis en Russie et, à travers la Podolie, la Valachie et la Moldavie, il entra au pays des Mongols, traversant le Dniestr et le Dniepr avant de parvenir, par la Crimée et la mer Noire, à Constantinople. La situation politique ne lui permit pas de traverser la Turquie ; quoi qu'il en soit, de Constantinople il put gagner Rhodes, puis la Crète et de là Alexandrie. Il visita Rosette, Le Caire, puis se dirigea vers la Terre sainte par le Sinaï et, sous couvert d'un pèlerinage, visita toute la région. A son retour auprès du duc de Bourgogne, il rédigea des « rapports sur les voyages de plusieurs villes, ports et rivières tant en Égypte comme en Syrie » qui furent présentés au roi d'Angleterre Henri V et au duc Philippe le Bon, les commanditaires officiels de sa mission [2]. Ces rapports ne constituaient pas un récit de voyage mais un exposé de la situation et de l'état matériel des ports et des villes destiné à évaluer les possibilités de débarquement et de déploiement d'une armée dans le cadre de la croisade ; ainsi dans ce rapport concernant les deux ports d'Alexandrie :

> « Il est à savoir qu'à Alexandrie il y a deux ports, c'est à savoir le vieux et le nouveau. Et à l'arrivée, le vieux port est à main droite du nouveau, et ces deux ports viennent jusqu'aux murs de la ville. Et il y a comme une langue de terre entre ces deux ports.
>
> « Item, dans le vieux port n'ose entrer nul navire chrétien et nul chrétien n'ose s'en approcher soit en venant de l'intérieur de la ville soit venant de dehors depuis [...] l'an 1422 [*sic* pour 1365], année où le roi Pierre de Chypre prit la ville par ce lieu-là, et c'est pourquoi on peut imaginer que c'est le lieu le plus avantageux [pour une attaque].
>
> « Item, j'ai su par information, bien que je n'y sois pas allé, que

1. Ghillebert de LANNOY, *Œuvres*, *passim*.
2. J. PAVIOT, « Angleterre et Bourgogne : deux voies pour la croisade aux XIVe et XVe siècles ? », p. 32.

le fond du vieux port est plat et n'y peuvent entrer gros navires que de deux cents bottes, galées plates, fustes et petits navires ; et il est bien large environ d'un mille et est plat et dangereux, sauf en un chenal qui est à l'arrivée à main droite, au plus près des terres. Et cette entrée est au vent d'ouest-sud-ouest [...].

« Item, ledit vieux port est de forme barlongue et a environ sept milles de tour, comme on peut en juger facilement à l'œil, et on y est dedans à l'abri de tous vents, sauf d'un fort vent d'ouest-sud-ouest. Et ce port vient jusqu'aux murs de la ville, là où se trouve une très grosse tour neuve où le soudan se loge lorsqu'il vient à Alexandrie [...].

« Item, ledit vieux port n'est pas fermé par des chaînes ou autre chose[1]. »

La seule entreprise militaire qui suivit cette mission de renseignements fut, en 1425-1426, l'expédition menée par Guy, bâtard de Bourgogne, demi-frère de Philippe le Bon, pour combattre les Musulmans qui avaient attaqué le royaume de Chypre. Plusieurs représentants de la cour de Bourgogne prirent part à cette croisade, notamment Jean, seigneur de Roubaix, et les frères Guillaume et Simon de Lalaing[2]. Ces croisés bourguignons ne purent efficacement venir en aide au roi de Chypre Janus de Lusignan qui fut battu et capturé à Kherokoita par les Mamelouks du sultan Barsbay, le 7 juillet 1426 ; cependant, cette sévère défaite chrétienne suscita d'étranges échos en Occident. En témoigne une extravagante missive apocryphe du « soudan de Babylone » en forme de lettre de défi adressée aux rois et aux princes chrétiens. Ce texte provocateur, rédigé par quelque clerc de chancellerie non dénué d'humour, circula en 1428 notamment en pays bourguignons.

« Baldadoc, fils d'Aire, connétable de Jéricho, prévôt de Paradis terrestre, neveu des Dieux, roi des rois, prince des princes, Soudan de Babylone, de Perse, de Jérusalem, de Chaldée, de Barbarie, prince d'Afrique et d'Ircanie, seigneur de Siche, des Anites, des Païens et des Maritains, maître Anthipotel, avoué d'Amazone, gardien des Iles, doyen des abbayes, commandeur des temples, froisseur des heaumes, fendeur des écus, perceur de hauberts, rompeur de harnois de plates, lanceur de glaives, effondreur de destriers, transperceur de presses, destructeur de châteaux, fleur de chevalerie, sanglier de hardiesse, aigle de largesse, terreur des ennemis, espérance des amis, recouvreur des déconfis, convertisseur des Juifs,

1. Ghillebert de LANNOY, *Œuvres*, p. 101-102.
2. J. PAVIOT, « Les ducs de Bourgogne et les Lusignan de Chypre au XVe siècle », p. 241-242.

tueur des Chrétiens, gardien des Sarrasins, étendard de Mahomet, seigneur de tout le monde. Aux rois d'Allemagne, de France et d'Angleterre, et à tous rois, ducs et comtes et généralement à tous ceux auxquels notre débonnaireté est à advenir, salut en notre grâce. Comme ainsi soit qu'il est bien loisible à qui le veut d'abandonner erreur pour sagesse, je vous mande que vous ne laissiez nullement ni tardiez à venir par devers moi, et à relever vos fiefs et terres de ma seigneurie, en reniant votre Dieu et la foi chrétienne, délaissant vos erreurs dans lesquelles vous et vos devanciers avez été enveloppés trop longuement ; ou autrement mon indignation et la puissance de ma forte épée tournera sur vous assez brièvement. Dont j'aurai vos têtes en rançon, sans rien épargner. Ces lettres furent données la vigile des Ambassadiens, l'an dixième de notre couronnement, la seconde année après notre noble victoire et destruction du malheureux pays de Chypre[1]. »

En cette même année 1428, Ghillebert de Lannoy fut impliqué dans un projet de croisade contre les Hussites de Bohême que la situation politique et militaire en France fit avorter[2]. Quatre ans plus tard, en 1432, Philippe le Bon envoya un nouveau voyageur, son écuyer tranchant Bertrandon de La Broquière, en Orient. Ce dernier, tout comme Ghillebert de Lannoy en 1421, devait, sous couvert d'un pèlerinage, établir un rapport en vue d'une croisade en Terre sainte.

Bertrandon de La Broquière, parti en février 1432, visita la Palestine, la Syrie et l'Asie Mineure, passa par Constantinople où il rencontra l'empereur Jean VIII Paléologue, avant de regagner la Bourgogne en passant par la Serbie, la Hongrie, l'Autriche, la Bavière et la Suisse. Il était de retour auprès du duc dans le courant de l'année 1433. Il rapporta à la cour de Bourgogne une moisson d'informations à partir desquelles il rédigea tardivement, vers 1455, son *Voyage d'Outre-Mer* accompagné d'un *Avis sur la conquête de la Grèce et de la Terre sainte*. Ses récits accentuèrent l'intérêt du duc de Bourgogne et des siens pour l'Orient. Durant son périple, il avait en particulier rencontré, en la ville de Péra, un personnage nommé Pierre de Naples qui avait voyagé jusqu'en Éthiopie. Le Napolitain, sans trop le convaincre, l'avait alors entretenu du « Prêtre Jean », figure légendaire dont les Occidentaux entendaient parler depuis la deuxième moitié du XIIe siècle. Ce roi-prêtre chrétien vivait dans un royaume fabuleux, confondu tout à la fois avec l'Inde et avec l'Éthiopie, dont les habitants avaient été prétendument christianisés jadis par l'apôtre saint Thomas. Ces « Chrétiens

1. Enguerrand de MONSTRELET, *Chroniques*, IV, p. 283-284.
2. Y. LACAZE, « Philippe le Bon et le problème hussite », p. 69-98.

de saint Thomas », qui formaient une population innombrable — d'après Pierre de Naples l'armée du Prêtre Jean comptait quatre millions d'hommes — pourraient constituer un appui précieux en cas de croisade. Quoi qu'il en soit, le récit de Pierre de Naples, rapporté par Bertrandon de La Broquière, entretint l'intérêt du duc de Bourgogne pour l'Orient et ses mystères. A la fin des années 1430, un autre voyageur, le chevalier castillan Pero Tafur, eut également l'occasion de s'entretenir avec Philippe le Bon et de lui parler du Levant et de la Chrétienté orientale[1]. L'intérêt pour ces questions était vif alors en Europe occidentale où, à l'issue du concile de Ferrare-Florence, fut proclamée, le 6 juillet 1439, l'union des Églises grecque et latine, assortie d'un appel à la croisade lancé par le pape Eugène IV. Or, par ailleurs, dans le même temps, Philippe le Bon inaugurait sa politique d'intervention militaire en Méditerranée orientale.

LES PREMIÈRES EXPÉDITIONS NAVALES

En 1429-1430, déjà, le duc de Bourgogne avait envoyé à Rhodes, pour aider les chevaliers hospitaliers, un grand navire de guerre du type « caraque » construit tout spécialement pour cette expédition. Ensuite, dans les années 1438-1441, il fit construire plusieurs navires, notamment des caravelles, par des équipes de charpentiers portugais qui travaillèrent sur des chantiers de Flandre et de Brabant. En 1441, le duc put envoyer, sous la direction du chevalier bourguignon Geoffroy de Thoisy, une flotte, qui comptait peut-être sept navires, au secours de Rhodes menacée par les Turcs[2].

Cette première intervention bourguignonne en Méditerranée, même si elle n'eut guère de résultat, fut suivie d'une expédition plus importante deux ans plus tard. En effet, en 1442 et 1443, le duc Philippe reçut des émissaires grecs et notamment Théodore Karistynos, ambassadeur de l'empereur Jean VIII Paléologue. Ceux-ci demandaient une intervention contre les Turcs et ils décidèrent le pape Eugène IV à lancer un appel à la croisade le 1er juillet 1443. Profitant des victoires remportées sur les Turcs par le voïvode de Valachie Jean Hunyadi, un projet visant à chasser les Turcs des Balkans avait été mis sur pied. Outre le pape et le duc de Bourgogne, les républiques de Venise et de Raguse participèrent à l'affrètement d'une flotte de guerre. Le rôle de cette flotte était de contrôler les détroits pour empêcher les Turcs de

1. J. PAVIOT, « Le grand duc de Ponant et le Prêtre Jean », p. 949-975.
2. J. PAVIOT, *La politique navale des ducs de Bourgogne*, p. 105-113.

faire passer des renforts à leurs troupes d'Europe centrale au moment où celles-ci feraient l'objet d'une attaque terrestre menée par Ladislas III, roi de Hongrie, et par Jean Hunyadi.

La flotte bourguignonne, placée sous le commandement de Waleran de Wavrin, ne parvint pas à empêcher le franchissement du Bosphore par les Turcs. Ceux-ci rencontrèrent les Hongrois à Varna, le 10 novembre 1444, et leur infligèrent une sévère défaite dans laquelle le roi Ladislas fut tué. Les navires bourguignons de Waleran de Wavrin, auxquels s'était jointe la petite flotte de Geoffroy de Thoisy, passèrent alors en mer Noire et se livrèrent quelque temps à la piraterie non seulement contre les Turcs, mais aussi contre les Byzantins de Trébizonde et contre les Génois[1], avant de reprendre la direction de l'ouest à l'automne de 1445. Au début de l'année suivante, Waleran de Wavrin était de retour auprès du duc de Bourgogne. Sa participation aux opérations militaires en Méditerranée orientale et en mer Noire n'avait guère été fructueuse et l'auteur du *Livre des faits de Jacques de Lalaing* jugea l'action des croisés bourguignons sévèrement :

> « De leur armée et de ce qu'ils firent, je ne veux faire ni tenir long conte, mais comme j'entendis pour lors, ils ne profitèrent guère à la Chrétienté ; et aussi ne fut faite chose qui fût à leur profit, dont à présent je veux cesser d'en parler[2]. »

Après les opérations navales de 1444-1445, le duc Philippe fit de nouveau mettre en chantier un certain nombre de navires mais, dans l'immédiat, il n'y eut pas de nouvelle expédition[3]. Cependant, en 1448, le pape Nicolas V, à la demande de Jean Hunyadi, lança un nouvel appel à la croisade et cet appel suscita des réactions importantes à la cour de Bourgogne. Lors du chapitre de l'ordre de la Toison d'or tenu à Mons en mai 1451, l'évêque de Chalon Jean Germain, chancelier de l'ordre, prononça un sermon dans lequel il exhortait les chevaliers à agir[4].

Jean Germain avait, dans un passé récent, manifesté un grand intérêt pour la croisade, recueillant des informations auprès de Bertrandon de La Broquière, qui lui avait remis en particulier une traduction du Coran. Il rédigea notamment une œuvre d'apologétique intitulée *Le débat du Chrétien et du Sarrasin*, ainsi qu'une *Mappemonde spirituelle*

1. J. PAVIOT, « "Croisade" bourguignonne et intérêts génois en mer Noire au milieu du XVe siècle », p. 135-162.
2. J. PAVIOT, *La politique navale des ducs de Bourgogne*, p. 123.
3. *Ibid.*, p. 123-126.
4. Olivier de LA MARCHE, *Mémoires*, II, p. 370-371.

qui portait un programme de reconquête des lieux autrefois chrétiens et désormais aux mains des Musulmans ; par ailleurs, sa fonction de chancelier de la Toison d'or le désignait pour prononcer son exhortation. Mais, comme le laisse supposer la présence au chapitre de Mons du duc, de son chancelier Nicolas Rolin et du chef de son conseil l'évêque Jean Chevrot, son sermon était l'expression d'une volonté politique qui était née et s'était développée au sommet de l'État bourguignon [1]. Du reste, à la suite du chapitre de Mons, le duc envoya des ambassadeurs auprès du pape Nicolas V, du roi de France Charles VII, du roi d'Angleterre Henri VI, de l'empereur Frédéric III et de Jean Hunyadi, alors régent de Hongrie, en vue d'organiser la croisade. Jean Germain en personne mena l'ambassade à la cour de France et prononça devant le roi Charles un discours pour l'exhorter à entreprendre le « voyage d'Outre-Mer ». Par ailleurs, lors du chapitre de Mons, il fut encore décidé qu'une grande fête serait organisée au cours de laquelle le duc Philippe et les nobles de ses principautés feraient vœu de partir en croisade.

LE VŒU DU FAISAN

Mais les événements retardèrent la fête : la guerre que le duc de Bourgogne dut mener contre Gand en 1452-1453 fit passer le projet de croisade au second plan. Or c'est alors que, le 29 mai 1453, le sultan ottoman Méhémet II prit Constantinople. La nouvelle de la chute de la ville et de la mort de l'empereur Constantin XI Dragasès produisirent un choc en Occident et singulièrement à la cour de Bourgogne qui entretenait des relations suivies avec les Grecs. L'événement assignait un but aux croisés : l'objectif, pour l'heure, n'était pas l'Égypte, Chypre ou la Terre sainte, mais la libération de Constantinople et, plus directement, la défense de l'Europe centrale.

Ayant maté la rébellion gantoise à l'été 1453, Philippe le Bon put envisager de reprendre son projet de croisade. La fête prévue en 1451 fut organisée et se tint à Lille, dans l'hôtel de la Salle, le 17 février 1454. Au milieu d'une fête d'une richesse et d'une exubérance qui étonnèrent les contemporains et dont les grands thèmes étaient puisés aux sources de l'imaginaire chevaleresque, le duc de Bourgogne prononça, sur un faisan qu'on avait apporté devant lui, un vœu dont le texte fut consigné par écrit :

1. *L'ordre de la Toison d'or*, p. 72 ; J. PAVIOT, « Les circonstances historiques du vœu du Faisan », p. 63-83.

« Je voue à Dieu, mon créateur, tout premièrement, et à la très glorieuse Vierge sa mère, et après aux dames et au faisan, que si le plaisir du très chrétien et très victorieux prince monseigneur le roi est d'entreprendre et d'exposer son corps pour la défense de la foi chrétienne et résister à la damnable entreprise du Grand Turc des infidèles, et si, alors, je n'ai loyale excuse de mon corps, je le servirai en ma personne de ma puissance audit saint voyage, le mieux que Dieu me donnera sa grâce. Et si les affaires de mondit seigneur le roi étaient telles qu'il n'y pût aller en sa personne, et que son plaisir est d'y commettre un prince de son sang ou autre seigneur chef de son armée, j'obéirai à son dit commis et servirai audit saint voyage au mieux que je pourrai et comme si lui-même y était en sa personne. Et si, pour ses grandes affaires, il n'était disposé à y aller ou à y envoyer [un autre à sa place], et que des princes chrétiens entreprennent ledit saint voyage, je les accompagnerai et m'emploierai avec eux à la défense de la foi chrétienne et le plus avant que je pourrai, pourvu que ce soit du bon plaisir et congé de mondit seigneur et que les pays que Dieu m'a commis à gouverner soient en paix et sûreté, à quoi je travaillerai et me mettrai en tel devoir de ma part que Dieu et le monde connaîtront qu'à moi n'aura tenu ni tiendra. Et si, durant ledit saint voyage, je peux, par quelque voie ou manière que ce soit, savoir ou apprendre que le Grand Turc ait volonté d'avoir affaire à moi, corps à corps, pour soutenir ladite foi chrétienne je le combattrai à l'aide de Dieu tout-puissant et de sa douce mère, que j'appelle toujours à mon aide. Fait à Lille, le 17e jour de février l'an de grâce de Notre Seigneur 1454[1]. »

Après le duc, tant le jour de la fête que dans les jours et semaines suivants, plusieurs dizaines de représentants de la noblesse de la cour de Bourgogne prononcèrent eux aussi le vœu de croisade et, parmi eux, Charles, comte de Charolais, Antoine, bâtard de Bourgogne, Jean de Bourgogne, comte d'Étampes, Jean, duc de Clèves, et son frère Adolphe, seigneur de Ravenstein, Jean de Coïmbre, Louis de Luxembourg, comte de Saint-Pol, Jean de Luxembourg, bâtard de Saint-Pol, Antoine, seigneur de Croy, Pierre de Bauffremont, Hugues, Ghillebert et Jean de Lannoy, Jean, seigneur de Créquy, Simon de Lalaing[2].

Le banquet du Faisan avait été délibérément conçu comme une manifestation exceptionnelle afin de donner au vœu de croisade du duc et de sa noblesse un retentissement puissant non seulement dans les pays du duc mais aussi dans les pays voisins. Mais une fois la fête passée,

1. Mathieu d'ESCOUCHY, *Chronique*, II, p. 160.
2. *L'ordre de la Toison d'or*, p. 73.

le duc de Bourgogne devait mettre en place les conditions politiques, diplomatiques et militaires nécessaires à la réalisation de son projet. Le mariage de Charles, comte de Charolais, avec Isabelle de Bourbon, destiné à disposer favorablement Charles VII et la cour de France à l'égard de la Bourgogne, fut célébré en octobre 1454, mais les fiançailles avaient été célébrées au mois de mars précédent, c'est-à-dire juste après le banquet du Faisan, fête à laquelle Isabelle de Bourbon avait assisté assise à la droite de Philippe le Bon [1]. Par ailleurs, dès le 23 mars, le duc, invité par l'empereur Frédéric III à assister à la diète qui devait se tenir à Ratisbonne au mois de mai, se mit en route. Les discussions devaient porter tout autant sur les grandes questions de la politique impériale qui intéressaient Philippe le Bon, notamment la succession de Luxembourg, que sur la croisade. Mais, malgré un grand déploiement de faste, le duc n'obtint rien de Frédéric III et la question essentielle qui avait motivé son déplacement, l'organisation d'une croisade contre les Turcs, ne fut pas réglée.

La situation se dégradait pourtant rapidement en Méditerranée orientale et en mer Noire. Après avoir pris Constantinople, le sultan Méhémet II avait repris sa progression en Europe balkanique. En 1455, il envahit la Morée dont il entreprit la conquête qu'il acheva en 1459. En 1461, il prit Trébizonde et mena une campagne en Valachie dès l'année suivante. En 1463, il conquit la Bosnie, menaçant dès lors directement la côte dalmate et l'Adriatique. Dans l'intervalle, le duc de Bourgogne n'était pas resté inactif. Sur le plan diplomatique, après la diète de Ratisbonne, il s'était fait représenter aux diètes de Francfort et de Wiener-Neustadt par un chevalier de la Toison d'or, Simon de Lalaing, et par l'évêque de Toul, Guillaume Fillastre — futur chancelier de l'ordre. Ce dernier mena également une ambassade en Hongrie en 1456 auprès de Ladislas le Posthume afin de le convaincre de se joindre à la croisade. Là, il apprit la bonne nouvelle de la défaite que les Turcs venaient de subir à Belgrade et, à son retour, il en informa la cour de Bourgogne [2].

Parallèlement à ces manœuvres diplomatiques, dans les années 1454-1456, le duc fit des préparatifs militaires. L'administration ducale se soucia de lever de l'argent et des troupes et d'armer des navires ; des documents prévisionnels furent établis comme cet « Avis à correction pour le fait du voyage que mon très redouté seigneur a intention de bref faire au plaisir de Notre Seigneur à l'encontre du Turc » qui prévoyait notamment le transport de 12 000 combattants sur 12 caraques, 12

1. A. LAFORTUNE-MARTEL, *Fête noble en Bourgogne au XVe siècle*, p. 104.
2. *L'ordre de la Toison d'or*, p. 73-74.

grosses nefs et 12 caravelles[1]. Une propagande appropriée tendait à alimenter la peur et la haine des Turcs.

LA DERNIÈRE CROISADE

Après Martin V, Eugène IV et Nicolas V, ce fut au tour du pape Pie II de lancer un appel à la croisade générale. Élu pape en 1458, ce personnage, qui s'appelait Æneas Sylvius Piccolomini, avait été choisi par le conclave dans un contexte marqué par la menace turque. Or, ayant été secrétaire impérial de Frédéric III de Habsbourg, Pie II était un bon connaisseur des affaires d'Allemagne et d'Europe centrale et faisait figure d'homme de la situation. Dès 1459, il réunit un congrès à Mantoue, où il chercha à fédérer les princes chrétiens dans une vaste entreprise destinée à arrêter l'avance turque. Mais, mis à part ceux d'entre eux qui étaient directement menacés par les Ottomans, les rois et princes de la Chrétienté se montrèrent réticents. Le roi de France, en particulier, au sortir de sa guerre contre l'Angleterre, ne manifestait aucune ardeur pour la croisade. Quant au roi Henri VI, malgré son désir de le faire, il n'avait pas pu envoyer d'ambassadeur à Mantoue en raison de la guerre civile qui avait éclaté dans son royaume. Seul, le duc de Bourgogne, représenté à Mantoue par l'évêque de Toul, Guillaume Fillastre, semblait réellement animé d'une volonté d'agir, mais son seul soutien n'était pas suffisant pour l'organisation d'une croisade générale et le congrès de Mantoue fut un échec.

La chute de Trébizonde, en 1462, et la conquête de la Bosnie par les Turcs en 1463, ranimèrent les efforts de Pie II. Après la mort de Charles VII, en 1461, il s'était adressé au nouveau roi de France Louis XI mais n'avait reçu de lui que de vaines promesses. Aussi décida-t-il de se placer lui-même à la tête de la croisade. En juin 1463, Philippe le Bon envoya auprès du pape une ambassade composée de Guillaume Fillastre, qui à cette date était tout à la fois évêque de Tournai, chef du conseil et chancelier de l'ordre de la Toison d'or, Simon de Lalaing, Jean, bâtard de Wavrin et Geoffroy de Thoisy. Ceux-ci conclurent avec Pie II et le doge de Venise, le 19 octobre, un accord prévoyant une participation bourguignonne à la croisade[2].

A la fin de décembre 1463, le duc Philippe le Bon annonça officiellement son intention de s'embarquer pour l'Orient au mois de mai suivant. Il rassembla autour de lui les seigneurs qui avaient fait vœu de

1. J. PAVIOT, *La politique navale des ducs de Bourgogne*, p. 127.
2. *Ibid.*

croisade lors du banquet du Faisan neuf années plus tôt et exigea d'eux qu'ils réitèrent leur engagement solennel. L'opposition de certains était pourtant forte et de vives critiques furent émises contre Guillaume Fillastre que l'on accusait d'être l'irresponsable promoteur de ce nouveau projet de croisade. Le duc Philippe dut donc manifester clairement que l'évêque de Tournai était simplement l'instrument de la volonté de son maître et faire acte d'autorité pour faire taire les critiques des opposants. Parallèlement, une campagne de propagande fut lancée pour réchauffer l'ardeur des Bourguignons. C'est ainsi que Jean Molinet composa, en janvier 1464, une *Complainte de Grèce* et qu'un poète anonyme de la cour donna une *Epître faite en la contemplation du saint voyage de Turquie*[1] :

Heureuse Maison de Bourgogne
Donne à tes yeux larmes de joie,
Essours ton cœur[2]*, mets-le en besogne,*
Et à ce faire ne resogne[3]*.*
Ton duc se met en sainte voie ;
Fais donc telle chère qu'on la voie,
Et montre ton joyeux maintien :
Chacun s'esjoit[4] *en son bien.*

En janvier 1464, le duc de Bourgogne réunit les États généraux de ses « pays de par-deçà » pour organiser le gouvernement de ses principautés en son absence. Pendant ce temps, deux de ses conseillers, Simon de Lalaing et Pierre Bladelin, réunissaient des navires tandis que Geoffroy de Thoisy, bon connaisseur de la Méditerranée orientale, présentait au duc un « Avis pour recouvrer Constantinople »[5]. Cependant, Philippe le Bon ne mit pas son projet à exécution.

Depuis qu'il avait officiellement fait part de son intention, le duc, qui sentait une forte opposition à son projet au sein même de sa noblesse, faisait en outre l'objet de pressions de la part du roi de France Louis XI. Ce dernier ne désirait pas voir le duc s'éloigner de ses pays. En effet, au mois d'août 1463, le roi, remportant un succès diplomatique incontestable, était parvenu, conformément aux clauses du traité d'Arras, à racheter les « villes de la Somme » ; ce rachat, négocié avec

1. J. DEVAUX, « Le *Saint Voyage de Turquie* : croisade et propagande à la cour de Philippe le Bon (1463-1464) », p. 53-70.
2. Élève ton cœur.
3. Et ne crains pas de le faire.
4. Se réjouit.
5. J. PAVIOT, *La politique navale des ducs de Bourgogne*, p. 128.

l'appui de conseillers bourguignons gagnés à la cause française, notamment le puissant clan des Croy, avait provoqué l'indignation de Charles, comte de Charolais qui en comprenait tout le danger. Or, Charles, violemment hostile à la politique française en Picardie, devait, selon les dispositions prévues par Philippe le Bon, assumer en son absence le gouvernement des pays bourguignons. L'enjeu était donc important pour Louis XI qui fit remontrer au duc de Bourgogne par ses ambassadeurs qu'il avait besoin de lui en raison d'une possible guerre avec l'Angleterre :

> « [...] Item, vous, monseigneur, êtes homme du roi et, par le serment et hommage que vous lui avez fait, vous ne le pouvez pas abandonner mais le devez servir contre ses ennemis et êtes, à cela, tenu et astreint bien autrement que n'étiez au roi son père, auquel vous n'aviez jamais fait hommage et duquel vous étiez exempt[1]. »

Le roi le mit aussi en garde contre les appétits et les manœuvres des Vénitiens et pour finir le rappela à ses devoirs de prince de France :

> « Et même s'il fallait aller plus loin et reconquérir l'empire de Constantinople, vous êtes plus tenu au roi et à ses pays et sujets que vous ne l'êtes à l'empereur de Grèce et autres seigneurs du Levant, et ce ne serait pas grand honneur à vous de les vouloir rétablir tout en laissant détruire le roi et le royaume par les Anglais qui y ont fait plus de maux par le passé que n'ont fait les Turcs aux pays qu'ils ont reconquis [...][2]. »

Les arguments du roi parvinrent à convaincre Philippe le Bon, sinon à renoncer à son projet de départ, du moins à le repousser d'un an ; mais, pour ne pas être infidèle à son serment et à la promesse qu'il avait faite à Pie II, il décida d'envoyer au pape une flotte de guerre à la tête de laquelle il plaça deux de ses fils bâtards, Antoine et Baudouin. Partis de L'Écluse le 21 mai, les Bourguignons apprirent, en arrivant à Marseille trois mois plus tard, que le pape était mort le 15 août précédent et que le projet de croisade dont il était l'âme était abandonné. Le voyage des croisés bourguignons avait seulement donné lieu à une intervention contre les Berbères marinides qui assiégeaient la place portugaise de Ceuta. Ce fut le seul fait d'armes de la campagne, mais il était significatif : Ceuta, ville portuaire située en face de Gibraltar, conquise par les Portugais en 1415, était la « clé du détroit » et un

1. M.-R. THIELEMANS, *Bourgogne et Angleterre*, p. 466.
2. *Ibid.*, p. 467.

important lieu de transit du commerce colonial — notamment de l'or africain exporté vers l'Europe. C'était une possession de la famille royale de Portugal, alliée de la Maison de Bourgogne et l'esprit de la croisade y soufflait : dès 1415, des nobles bourguignons y avaient combattu contre les Maures et en 1452 le pape Nicolas V, par la bulle *Cum terris*, avait accordé l'indulgence plénière à ceux qui participeraient à la défense de la place.

Ainsi s'acheva la dernière croisade organisée par la cour de Bourgogne. Le bâtard Antoine et ses compagnons attendirent la décision du duc à Marseille où ils subirent les effets d'une épidémie de peste. Finalement, en janvier 1465, selon le *Livre des trahisons de France*, le comte de Charolais demanda à son demi-frère que « tôt et incontinent il vienne par devers lui et ramène ce que Dieu lui avait laissé de ses gens ». Antoine renvoya alors ses navires en Flandre puis s'en revint par terre. A cette date, le comte de Charolais commençait à affirmer son autorité à la tête de l'État bourguignon ; la « gravité des grandes affaires de la Maison de Bourgogne » et en particulier la guerre contre le roi de France firent passer au second plan les projets de croisade.

Si l'on en croit un passage de l'*Histoire de la Toison d'or* de Guillaume Fillastre, Philippe le Bon, jusqu'à l'heure de sa mort, regretta de n'avoir pu accomplir son vœu. Le témoignage de celui qui fut le chancelier de la Toison d'or met en outre l'accent sur le fait que les projets ducaux, pour politiques qu'ils fussent, n'en étaient pas moins aussi, et peut-être avant tout, une manifestation de la piété du prince.

> « Ainsi ne tint à lui qu'il ne menât à bien son entreprise, et jusqu'à l'heure de sa mort il n'en fut hors de propos, mais c'était son seul regret que son magnanime courage n'ait été en ce cas apaisé ni assouvi [...]. Et qu'il pleurât à la fois ses péchés et se reconnût pécheur, Dieu me soit témoin ; que par grand regret, il me dit autrefois ces mots, ou en substance, qu'il craignait que, pour ce qu'il était pécheur, Dieu ne prenait point son service en gré. Et il disait cela pour ce qu'il voyait qu'il ne pouvait accomplir son vœu touchant le service de la foi comme il le désirait. Et ainsi je sais certainement — et Dieu m'en est et soit témoin — qu'à cette occasion je lui ai vu les larmes aux yeux[1]. »

Les projets de croisade bourguignons avaient mobilisé beaucoup d'argent et beaucoup d'énergie ; certes, ils n'avaient jamais débouché sur

1. J. DEVAUX, « Le *Saint Voyage de Turquie* : croisade et propagande à la cour de Philippe le Bon (1463-1464) », p. 69.

une réalisation de grande portée, mais, suscités par la menace turque, ils avaient permis l'établissement de véritables contacts entre la cour de Bourgogne et l'Orient. A la fin des années 1460, les nouvelles orientations de la politique de l'État bourguignon leur firent perdre leur caractère prioritaire, cependant, l'idéal de croisade subsista. En 1468, dédiant à Charles le Téméraire sa traduction des *Faits d'Alexandre le Grand* de Quinte-Curce, l'humaniste portugais Vasque de Lucène tentait encore d'orienter l'esprit du duc vers l'Orient.

> « Puisque Alexandre conquit tout l'Orient sans grand nombre de gens d'armes, sans géants, sans enchantements, sans miracles et sans sommes d'argent trop excessives, comme il apparaît assez par ce livre, il n'est donc pas impossible qu'un autre prince le puisse reconquérir. En outre, s'il n'a point semblé difficile à Alexandre de conquérir tout l'Orient pour saouler le vain appétit de sa gloire, il m'est avis que moins difficile devrait sembler à un bon prince chrétien de le conquérir pour le réduire à la foi de Jésus Christ, car, bien que le travail et la peine d'Alexandre et du chrétien fussent égaux et le profit et la gloire mondaine de tous deux en ce cas presque pareils, toutefois Alexandre y gagna ou accrut sa damnation et le chrétien y acquerrait sa gloire perpétuelle. Alexandre tua des millions de gens pour régner en Orient sans les ôter de nulle erreur, et le bon chrétien y régnerait ôtant les présents et à venir des erreurs et de la mort perpétuelle[1]. »

1. G. DOUTREPONT, *La littérature française à la cour des ducs de Bourgogne*, p. 183.

20

FÊTES ET CÉRÉMONIES

La cour de Bourgogne fut, au temps de Philippe le Bon et de Charles le Téméraire, l'une des plus brillantes d'Europe. Les fêtes et les cérémonies marquant les grands événements politiques — conférences, traités, vœu de croisade — et familiaux — baptêmes, mariages, funérailles — étaient l'occasion de déployer un luxe et un faste éblouissants destinés, dans le langage visuel du temps, à exprimer la richesse et la puissance du prince. Cette pure entreprise de théâtralisation du pouvoir avait pour but d'impressionner les assistants, d'intimider les adversaires, de rassurer les partisans. Il ne s'agissait pas d'un goût naïf pour l'ostentation mais d'un véritable instrument de propagande politique. Le décor, l'identité et les costumes des participants, le déroulement des cérémonies avaient une signification forte qui n'échappait pas aux spectateurs.

MARIAGES

Philippe le Hardi déjà, nous nous en sommes rendu compte, avait utilisé le luxe et l'ostentation dans les fêtes et cérémonies auliques à des fins politiques. Ses fils surent suivre son exemple et entourer leur vie de Cour d'un faste remarquable. Ainsi, lorsqu'en juillet 1409 Antoine de Bourgogne, duc de Brabant, épousa Élisabeth de Görlitz, le mariage fut l'occasion d'une fête conforme aux usages de la Maison de Bourgogne. Cette cérémonie devait avoir lieu à Bruxelles le 16 juillet 1409[1] ; elle fut précédée de trois jours de réjouissances auxquelles prirent part, outre les fiancés, Jean et Philippe, les deux fils qu'Antoine de Brabant avait eus de sa première épouse Jeanne de Luxembourg ; le

1. Pour ce qui suit, voir A. CHEVALIER, « Le Brabant à l'aube du XVe siècle », p. 175-186.

duc de Bourgogne Jean sans Peur et Philippe de Bourgogne, comte de Nevers, les deux frères d'Antoine ; Charles de France, comte de Ponthieu, le plus jeune fils du roi Charles VI — futur Charles VII ; Jean de Bourbon, comte de Clermont, fils aîné du duc Louis II de Bourbon ; Guillaume II, comte de Namur, cousin d'Antoine ; Pierre de Luxembourg, seigneur d'Enghien, cousin germain de la première femme du duc de Brabant ; enfin plusieurs princesses de la famille : notamment Marguerite de Bourgogne, comtesse de Hainaut, et Marie de Bourgogne, duchesse de Clèves. Une foule de nobles, chevaliers, écuyers, dames et demoiselles assistèrent aussi aux festivités, de même que les membres de l'hôtel du duc de Brabant qui avaient tous reçu une livrée de drap vermeil et blanc.

Le mariage lui-même se déroula en l'église Saint-Jacques du Coudenberg. La mariée, vêtue d'une robe blanche, était escortée par le duc de Bourgogne et le comte de Clermont ; elle portait une couronne d'or que Jean sans Peur avait empruntée pour la circonstance à l'abbaye de Saint-Denis. Après la cérémonie religieuse, un banquet eut lieu en une grande salle de bois qui avait été construite spécialement devant le château du Coudenberg ; par-dehors cette salle était ornée de drap blanc et vermeil ; par-dedans elle était couverte de tapisseries et son plafond était tendu de draps de soie et d'or. Sur le toit flottaient haut huit bannières aux armes des deux époux. A l'entrée avait été érigée une fontaine représentant une sirène dorée dont un sein laissait couler du vin du Rhin et l'autre du vin de Beaune ; une belle image qui symbolisait l'union d'Antoine de Bourgogne avec Élisabeth de Görlitz.

L'après-midi et le lendemain des joutes eurent lieu devant l'Hôtel de Ville de Bruxelles. Le duc de Brabant et le comte de Clermont y prirent part avec honneur. L'ensemble des festivités fut accompagné de pièces musicales exécutées par des musiciens qui étaient soit gagés par le duc, soit « prêtés » pour l'occasion par des seigneurs amis : le roi de France, le duc de Bourgogne, le comte de Nevers, le comte de Clermont, l'évêque de Liège notamment. Des festivités, sans doute moins exubérantes, eurent lieu jusqu'au 21 juillet, jour où se tint une partie de chasse à laquelle participèrent le duc de Bourgogne, le comte de Charolais et le comte de Ponthieu.

Ainsi le mariage du duc de Brabant, dont les fêtes s'étirèrent sur près de neuf jours, fut l'occasion de manifester publiquement la cohésion et la force de la Maison de Bourgogne. Jean sans Peur, qui y figura en tant que frère aîné attentionné et en tant aussi que promoteur de l'union matrimoniale d'Antoine et d'Élisabeth, voulut que fût montré clairement le lien qui unissait les princes bourguignons à la lignée royale de France : la présence de l'un des fils de Charles VI et du fils aîné du duc de Bourbon, l'emprunt d'une couronne à Saint-Denis furent autant de signes politiques éloquents.

Le cérémonial et les fêtes de mariage de la cour de Bourgogne se compliquèrent et se développèrent tout au long du XVe siècle. Cinquante-neuf ans après les noces d'Antoine de Brabant et d'Élisabeth de Görlitz, le mariage de Charles le Téméraire et de Marguerite d'York, sœur du roi d'Angleterre Édouard IV, à l'été 1468, donna lieu à des solennités qui durèrent du 25 juin au 11 juillet et qui sont connues, notamment, grâce à la relation détaillée qu'en fit Olivier de La Marche sous le titre *Traité des noces de monseigneur le duc de Bourgogne et de Brabant*[1]. Le premier jour fut celui de l'arrivée de la sœur du roi Édouard à L'Écluse ; la flotte qui l'escortait comptait quatorze navires dont quatre grandes caravelles. Marguerite était accompagnée d'une suite brillante dans laquelle figuraient Anthony Woodvill, comte de Scales, et John Woodvill, les deux beaux-frères d'Édouard IV. L'accueil était assuré par plusieurs membres de la cour de Bourgogne, notamment Pierre de Bauffremont, comte de Charny, et Simon de Lalaing, et par les « états » et les corps de métiers de la ville. Le lendemain, dimanche 26 juin, la duchesse Isabelle de Portugal, mère du duc Charles, « avec grand nombre de dames et demoiselles » vint à L'Écluse pour visiter Marguerite d'York. Le lundi 27, le duc en personne vint de Bruges rendre une visite privée à sa fiancée. Le jeudi 30, il revint avec une suite plus nombreuse que le lundi précédent et ce jour-là il y eut un souper et l'on dansa jusqu'à la nuit. Le lendemain, le duc prit congé des dames et rentra à Bruges. Le samedi 2 juillet, Marguerite d'York et sa suite se rendirent en bateau à Damme. La princesse y fut reçue solennellement et le lendemain, dimanche 3 juillet, le duc Charles vint lui-même à Damme où il arriva tôt dans la matinée et le mariage y fut célébré par l'évêque de Salisbury « qui sait le français et l'anglais ». En ce jour même, dans la matinée, la nouvelle duchesse de Bourgogne fit solennellement son entrée à Bruges. Dans l'après-midi, lors d'une première journée de joutes, Antoine, bâtard de Bourgogne, se mesura à vingt-quatre chevaliers. Le soir fut donné un grand banquet. Puis, pendant les huit jours qui suivirent, eurent lieu les joutes du « Pas de l'Arbre d'Or » et des banquets quotidiens.

C'est à cette occasion que fut présenté aux participants un « mystère » en douze tableaux, groupés quatre par quatre, au cours de trois banquets successifs, et qui retraçait les douze travaux d'Hercule[2]. Ce spectacle, riche de signification allégorique, fut joué dans la grande salle

1. Olivier de LA MARCHE, *Mémoires*, IV, p. 95-144.
2. Pour ce qui suit, voir M. CHEYNS-CONDÉ, « L'adaptation des "travaux d'Hercule" pour les fêtes du mariage de Marguerite d'York et de Charles le Hardi », p. 71-85.

de banquet, longue de plus de 45 mètres et large de plus de 22 mètres. Le lieu avait été tendu pour l'occasion de tapisseries racontant l'histoire de Gédéon, l'une des figures emblématiques de l'ordre de la Toison d'or, et pourvu d'une vaste estrade munie d'un rideau comme une scène de théâtre.

L'auteur de cette « histoire » d'Hercule fut probablement Olivier de La Marche lui-même qui semble s'être inspiré du *Recueil des Troyennes Histoires* que Raoul Lefèvre avait compilé pour le duc Philippe le Bon. Les quatre premiers tableaux furent présentés le 4 juillet 1468, les quatre suivants le 7 juillet, les quatre derniers le 10. Lors des représentations, chacun des douze épisodes de l'histoire d'Hercule faisait l'objet d'un commentaire écrit sur un « rolet » de parchemin accroché au rideau. Ces commentaires étaient d'inspiration chrétienne et chevaleresque. Ils encourageaient les princes à travailler au bien de leur peuple, à combattre les mauvais usages et à être « prompts en justice » pour gagner l'amour de leurs sujets, les chevaliers à toujours combattre pour l'honneur des dames, les chrétiens à lutter par les armes de la vertu contre les tentations du monde, à fuir la discorde et les vices, à reconnaître la toute-puissance de Dieu qui est seul maître de la vie de l'homme.

Pour cette occasion, la figure d'Hercule n'avait pas été choisie au hasard car une légende qui s'était greffée sur le récit mythologique de sa vie voulait que, durant ses aventures terrestres, le héros fût passé par la Bourgogne, eût épousé une dame de haute naissance nommée Alise et engendré avec elle la race des rois de Bourgogne. Par ailleurs Hercule qui se voyait imposer douze épreuves pour le bien d'autrui pouvait être assimilé à un chevalier digne de recevoir des récompenses terrestres mais aussi la vie éternelle. Ainsi, le spectacle théâtral présenté lors des noces du duc Charles et de la duchesse Marguerite délivrait un message tout à la fois moral, chevaleresque, politique et dynastique.

LES BANQUETS À ENTREMETS

Le cycle de spectacles « herculéens » présenté à Bruges en 1468 est à relier au genre des « entremets ». Ce terme désigne dans le langage du temps un élément important du rituel des banquets princiers et nobles. Il s'agissait d'un divertissement intervenant au cours du repas, sous forme d'un élément de décoration fixe ou mobile supportant un tableau vivant ou statique, voire un petit spectacle, avec des figurants et une action dramatique sommaire[1]. Nous avons déjà cité plus haut la sirène

1. A. LAFORTUNE-MARTEL, *Fête noble en Bourgogne au XVe siècle*, p. 25-54.

dorée du banquet de mariage d'Antoine de Brabant et d'Élisabeth de Görlitz qui s'apparente aux entremets fixes ; mais dans d'autres cas, les entremets étaient apportés au cours du repas, soit qu'on les posât sur les tables, soit qu'on les fît circuler entre elles. Ainsi, au cours d'un banquet organisé en 1430 à l'occasion du mariage de Philippe le Bon et d'Isabelle de Portugal, au troisième service apparurent des « hommes sauvages à cheval sur des porcelets rôtis » soutenant des armoiries ; puis, plus tard, fut apporté dans la salle un grand pâté contenant un bélier vivant, à la toison teinte en bleu et aux cornes peintes en or, et Hanse, le géant du duc, déguisé en homme sauvage. Cinq ans plus tard, en 1435, lors d'un banquet organisé pour marquer la réconciliation du roi René et du duc de Bourgogne, six grands plats furent posés sur les deux grandes tables de la salle, chaque plat étant orné d'un arbre « fait en manière d'une aubépine chargée de fleurs d'or et d'argent » ; sur chaque arbre flottaient cinq bannières aux armes du roi de France, du roi René, du duc de Bourgogne, du duc de Bourbon et du comte de Richemont — ces deux derniers étant les beaux-frères de Philippe le Bon. Ailleurs se trouvait un autre entremet formé d'un paon vivant entouré de dix lions dorés tenant chacun une bannière armoriée aux armes des pays du duc de Bourgogne. Lors du mariage de Charles d'Orléans et de Marie de Clèves à Saint-Omer en 1440, un entremet représentait une nymphe conduisant d'une main un porc-épic, allusion à l'ordre de chevalerie de la Maison d'Orléans, et de l'autre un cygne blanc portant au cou le collier de l'ordre de la Toison d'or — le cygne était l'emblème de la Maison de Clèves dont les princes affirmaient descendre du légendaire « Chevalier au Cygne ».

Nous le constatons, l'inspiration de ceux qui concevaient les « entremets » était souvent puisée dans l'imaginaire chevaleresque et nourrie de références héraldiques et emblématiques. Ce fait explique que ces spectacles, organisés dans le cadre de fêtes très politiques, aient toujours allié à un caractère insolite propre à divertir les convives, une signification symbolique forte. Ainsi en fut-il également en 1466, à Gand, lors d'un banquet donné par le duc Philippe le Bon et son fils en l'honneur du comte Palatin :

> « L'un desdits entremets portait sur l'histoire de saint Georges qui préserva la pucelle d'être dévorée par le serpent, en forme, ouvrage et étoffes tels et si riches qu'il appartient à ladite histoire et que le jeu le requérait, selon le plaisir de mondit seigneur. Et auprès de cet entremet était un lion tenant une bannière aux armes de monseigneur le duc, et au-dessous de cette bannière étaient fichées deux autres bannières aux armes de monseigneur le comte

de Charolais. Et l'autre desdits entremets représentait saint Michel et le dragon sortant d'un rocher, de la forme, ouvrage et étoffes tels que dessus. Et assez près de lui était aussi un lion tenant une bannière et au-dessous deux autres bannières, toutes armoriées aux armes de mondit seigneur le comte Palatin. Et pour le service du dit banquet il y avait jusqu'au nombre de 26 tartes faites en forme d'aigles dont les becs et les pieds étaient dorés et argentés et aussi plusieurs autres menus ouvrages[1]. »

Le plus célèbre banquet à entremets organisé à la cour de Bourgogne fut, sans nul doute, le « banquet du Faisan » de 1454[2]. Les spectacles offerts aux participants y étaient conçus non seulement pour évoquer de grandes références chevaleresques mais aussi pour mettre l'accent sur la nécessité de la croisade. La salle elle-même avait été richement décorée et tendue d'une suite de tapisseries représentant la « vie d'Hercule », ce qui renvoyait, nous le savons, non seulement à un modèle de chevalerie, mais à l'ancêtre légendaire des rois de Bourgogne. Trois tables, l'une de moyenne dimension, une deuxième de grande dimension et une troisième petite avaient été dressées. Elles étaient recouvertes de nappes de satin et étaient suffisamment vastes pour que les convives pussent y manger, que les serviteurs pussent y poser les plats et qu'on pût aussi y déposer les entremets. A l'une des extrémités de la salle, une grande estrade avait été disposée où fut représenté le « mystère de Jason ».

La table « moyenne » était la table d'honneur où le duc siégeait sous un dais. A sa droite s'assirent Isabelle de Bourbon, sa future belle-fille, puis le duc Jean Ier, duc de Clèves, Béatrice de Coïmbre, dame de Ravenstein, la duchesse Isabelle de Portugal, Marie de Bourgogne, dame de Charny, fille bâtarde du duc et épouse de Pierre de Bauffremont. A gauche de Philippe le Bon étaient placés Isabelle de Bourgogne, duchesse de Clèves, fille du comte d'Étampes et épouse du duc de Clèves, Louis de Luxembourg, comte de Saint-Pol, Jeanne de La Viesville, dame de Beveren, épouse du bâtard de Bourgogne, Jacques, seigneur de Pons, un noble poitevin, Guigone de Salins, épouse du chancelier Rolin. A la grande table siégeaient, avec un grand nombre de dames, demoiselles et chevaliers, le comte de Charolais, le comte d'Étampes, Adolphe de Clèves, seigneur de Ravenstein, Jean de Coïmbre, Thibaud de Luxembourg, seigneur de Fiennes, frère du comte de Saint-Pol, Antoine, bâtard de Bourgogne, Wolfart van

1. *Ibid.*, p. 49-52.
2. Pour ce qui suit, voir *ibid.*, p. 81-134 et D. QUÉRUEL, « Olivier de La Marche et "l'espace de l'artifice" », p. 55-70.

Borselen, comte de Buchan, héritier de l'un des plus puissants lignages de Hollande et Zélande, Jacques, comte de Hornes. La dernière table était réservée aux « écuyers et demoiselles » dont les chroniqueurs du banquet ne relevèrent pas les noms. L'assistance admise à assister au banquet était elle-même choisie et Olivier de La Marche le souligne : « toute la salle était pleine de nobles gens, et il y en avait peu d'autres ».

Devant ce public aristocratique, les entremets présentés formèrent un ensemble complexe dont la signification était étroitement liée à l'objet de la fête et du banquet. Sur la table du duc se trouvaient quatre entremets fixes : le premier prenait la forme d'une église marquée d'une croix et dont la cloche sonnait ; il était assez grand pour contenir quatre personnes qui chantaient et jouaient de l'orgue ; cette « église croisée » était une claire allusion au but de l'expédition militaire que le duc de Bourgogne projetait alors ; plus étrange était le deuxième entremet représentant un « enfant qui pisse », ancêtre bourguignon du Manneken-Pis bruxellois, aux pieds duquel se trouvait la « nef » de métal précieux qui servait habituellement à recueillir les offrandes faites par le duc lors de la messe ; la présence de cet objet a laissé penser que l'entremet lui-même symbolisait la générosité du duc à l'égard de l'Église et — pourquoi pas ? — le financement de la croisade. Un troisième entremet représentait une « caraque » munie de tous ses apparaux et montée par tout un équipage d'automates, allusion évidente au « voyage d'Outre-Mer » et aux flottes bourguignonnes de Méditerranée. Le quatrième entremet de la table du duc présentait une figure de saint André, debout au milieu d'un pré clos d'une barrière de pierres précieuses, et tenant sa croix d'où jaillissait l'eau d'une fontaine. L'apôtre était une figure qui renvoyait à la fois à des références chrétiennes, politiques et militaires tout à fait adaptées à la croisade : en effet, il était le légendaire évangélisateur du peuple burgonde, le patron de la Bourgogne, et sa croix avait été l'un des emblèmes du parti bourguignon avant d'être reconnue officiellement, en 1435, comme le signe distinctif des gens de guerre des armées ducales. Par ailleurs, le pré clos et la fontaine étaient peut-être une allusion aux principautés de la Maison de Bourgogne et à leur prospérité.

Dans toute la salle, d'autres entremets avaient été disposés — les descriptions de la fête en énumèrent douze pour la grande et la petite tables. Certains étaient des illustrations de proverbes — « tirer à la pie est métier commun », « il a battu les buissons, un autre a pris les oisillons », « battre le chien devant le lion » — fournissant peut-être des thèmes de purs divertissements à moins qu'ils n'aient été choisis en relation avec l'entreprise projetée par le duc de Bourgogne. D'autres entremets renvoyaient à l'exotisme des voyages lointains et aux visions légendaires de l'Orient véhiculées par les récits de certains voyageurs : tigres et serpents se battant dans un désert, homme sauvage chevauchant un chameau, montagne couverte de glace, forêt remplie d'animaux fantastiques. Certains autres étaient plus directement liés à la croisade en Orient : tel celui qui figurait une femme, représentant l'Église grecque, gardée par un lion, animal emblématique et héraldique de la Maison de Bourgogne, ou cet autre montrant le château de Lusignan et la fée Mélusine, allusion directe aux rois de Chypre, champions du combat contre l'Islam et alliés des ducs de Bourgogne.

L'excentricité et l'insolite marquaient aussi la volonté de divertir les participants au banquet. Sur la grande table à laquelle siégeait le comte de Charolais, était disposé un « pâté » renfermant vingt-huit musiciens qui exécutaient des airs de musique profane et dialoguaient avec les chanteurs et musiciens qui, depuis l'entremet de « l'église croisée » disposée sur la table d'honneur, leur répondaient par des morceaux de musique sacrée.

Le spectacle offert aux assistants ne se résumait pas aux seuls entremets fixes : le « mystère de Jason » fut représenté sur l'estrade prévue à cet effet. Tout comme l'histoire d'Hercule du mariage de Charles le Téméraire et de Marguerite d'York de 1468, cette histoire se présentait comme une suite de tableaux vivants célébrant les exploits du conquérant de la Toison d'or. Les combats victorieux livrés par le héros étaient l'allégorie de combats à la fois temporels — lutte contre les ennemis de la foi — et spirituels — lutte de la vertu contre les vices. Le spectacle était une représentation de la guerre sainte dans laquelle le duc de Bourgogne allait se lancer. Des entremets mobiles évoquaient un bestiaire fabuleux qui renvoyait, comme certains entremets fixes, aux légendes colportées par certains voyageurs revenus d'Orient : cerf blanc chantant circulant entre les tables, dragon « jetant feu et flammes » volant d'un bout à l'autre de la salle, mais étaient aussi des allusions aux ambitions politiques du prince : le cerf était symbole de la royauté et, sous Charles VI et Charles VII, l'un des emblèmes personnels du roi de France.

Le moment le plus fort du banquet fut la succession de trois entremets mobiles. Le premier fit intervenir le personnage de Sainte-Église — joué par Olivier de La Marche en personne[1]. Monté dans une tour, figurant la foi chrétienne, juché sur un éléphant, symbole des grandes adversités qui lui étaient advenues, accompagné d'un géant costumé en Turc, le personnage allégorique de Sainte-Église récita devant le duc

1. Olivier de LA MARCHE, *Mémoires*, II, p. 362-366 ; D. QUÉRUEL, « Olivier de La Marche ou "l'espace de l'artifice" », *passim*.

une complainte, la *Lamentation de notre sainte mère l'Église de Constantinople,* pour l'exhorter à la venger et à servir Dieu. Le duc entra alors lui-même dans le jeu et de spectateur devint acteur de l'entremet, dans lequel il jouait son propre rôle. Ce fut en effet aussitôt l'enchaînement sur le vœu du Faisan proprement dit : immédiatement après la fin de la complainte de Sainte-Église, le roi d'armes Toison d'or arriva, précédé d'un cortège d'officiers d'armes, de deux chevaliers de l'ordre, eux-mêmes grands voyageurs et pèlerins, Simon de Lalaing et Jean, seigneur de Créquy, donnant la main à Yolande de Bourgogne, l'une des filles bâtardes du duc, et à Isabelle de Neufchâtel. Le roi d'armes, qui tenait en ses mains un faisan vivant portant un collier d'or enrichi de perles et de pierres précieuses, arrivé devant le duc lui dit :

> « Très haut et très puissant prince et mon très redouté seigneur, voyez les dames qui très humblement se recommandent à vous, et pour ce que c'est la coutume et a été anciennement qu'aux grandes fêtes et nobles assemblées on présente aux princes, aux seigneurs et aux nobles hommes le paon ou quelque autre oiseau noble pour faire vœux utiles et valables, elles m'ont ici envoyé avec ces demoiselles pour vous présenter ce noble faisan, vous priant que vous les veuillez avoir en souvenance [1]. »

Toison d'or, en invitant le duc à prononcer son vœu, faisait allusion à une « coutume » et évoquait en réalité un univers surtout littéraire, bien connu des assistants, où un vœu prononcé devant un animal au cours d'un banquet préludait à une grande entreprise chevaleresque. C'est en particulier le cas dans un roman intitulé les *Vœux du Paon* écrit à la fin du XIIIe siècle par Jacques de Longuyon et mettant en scène des épisodes imaginaires de la vie d'Alexandre le Grand [2]. De même un poème anonyme des *Vœux du Héron,* datant du début des années 1340, racontait comment, en 1338, Édouard III, imité par les nobles de sa cour, avait solennellement promis, devant un héron symbolisant l'indolence et la lâcheté dont ils voulaient se départir, de prendre les armes pour faire triompher ses droits sur la couronne de France [3].

C'est donc au cœur d'une mise en scène qui évoquait puissamment les œuvres de fiction chevaleresque que le duc de Bourgogne fit lire le texte de son vœu et que les chevaliers de son entourage qui le désiraient prononcèrent le leur, devant Dieu, la Vierge, les dames et le faisan, animal dont, selon la légende, le pays d'origine était la Colchide, théâtre

1. Olivier de LA MARCHE, *Mémoires,* II, p. 367.
2. G. DOUTREPONT, *La littérature française à la cour des ducs de Bourgogne,* p. 106-117.
3. J. L. GRIGSBY, « Vows of the Heron », p. 263-278.

de la conquête de la Toison d'or. Ensuite, un dernier entremet en forme de « mystère » intervint : Grâce-Dieu, une figure féminine allégorique, en costume religieux, vint devant le duc, accompagnée de porteurs de torches et de musiciens pour lui présenter douze demoiselles, escortées par douze chevaliers, représentant les trois vertus théologales — Foi, Espérance, Charité —, les quatre vertus cardinales — Courage, Justice, Prudence, Tempérance — et cinq vertus chevaleresques — Vérité, Largesse, Diligence, Raison, Vaillance. Ces vertus étaient indispensables à la réussite de la croisade.

LES ENTRÈES PRINCIÈRES

A plusieurs reprises, déjà, nous avons pu entrevoir l'importance politique des entrées princières dans les villes. Ce type de manifestation publique constituait une des pièces importantes de la propagande ducale[1]. Sur le plan institutionnel, la première entrée solennelle, ou « Joyeuse Entrée », était l'occasion d'une inauguration et d'un engagement contractuel réciproque du prince et de ses sujets, par l'échange de serments prêtés en des lieux hautement symboliques. Sur le plan psychologique, toute entrée était l'occasion, pour le prince, d'une exhibition de puissance et de richesse, et, pour les sujets, d'une manifestation de loyalisme et d'attachement à la maison princière. Ainsi lorsque Philippe le Bon entra à Arras le 24 février 1455 :

> « Ledit duc entra dans ladite ville d'Arras par la porte Saint-Michel, où il y avait des jeux de mystères et de personnages présentés sur des estrades. Là aussi plusieurs grandes compagnies de pucelles vinrent à sa rencontre, toutes vêtues de blanc et portant chacune une torche allumée. Et d'aussi loin qu'elles virent le duc, elles crièrent : "Noël !". Et il y avait là beaucoup de belles filles. Et après être entré dans la ville, il trouva tout le long de la Tuilerie et jusqu'au Petit-Marché, sur des estrades richement parées, des scènes de la vie de Gédéon représentées par des personnages vivants, qui ne parlaient point, mais mimaient les gestes du mystère. C'était la plus belle chose qu'on ait vu depuis longtemps et très bien faite au naturel. Et on disait que cela avait coûté plus de mille couronnes d'or. En bref, si Dieu était descendu du ciel, je ne sais si on eût ni

1. A. LAFORTUNE-MARTEL, *Fête noble en Bourgogne au XVe siècle*, p. 75-79 ; J. D. HURLBUT, *Ceremonial Entries in Burgundy, passim* ; N. MOSSELMANS, « Les villes face au prince : l'importance réelle de la cérémonie d'entrée solennelle sous le règne de Philippe le Bon », p. 533-548 ; J.-M. CAUCHIES, « La signification politique des entrées princières dans les Pays-Bas », p. 19-35 ; W. BLOCKMANS, « Le dialogue imaginaire entre princes et sujets : les joyeuses entrées en Brabant en 1494 et en 1496 », p. 37-53.

pût faire autant d'honneur qu'on en fit audit duc. Et véritablement aussi il était très aimé en tous ses pays et tant que plus on ne pourrait ; et aussi pour sa vaillance, il était redouté de tous ses voisins et ennemis[1]. »

Dans les Pays-Bas bourguignons, les entrées princières furent aussi, après certaines révoltes urbaines, une cérémonie de réconciliation entre le duc de Bourgogne et le corps urbain : ainsi l'entrée de Philippe le Bon à Bruges en 1440, après la révolte de 1436-1438, et celle de ce même prince à Gand en 1458, après la guerre de 1452-1453.

Imitées du modèle des entrées royales qui, dans le royaume de France, connaissaient un développement et une ampleur considérables[2], les entrées des ducs de Bourgogne donnèrent lieu à un cérémonial de plus en plus élaboré qui fit même l'objet de descriptions précises destinées à en fixer le protocole.

Comme lors des entrées royales françaises, les entrées solennelles des ducs de Bourgogne donnaient lieu, depuis les années 1380-1390, à la présentation, sur l'itinéraire suivi par le prince dans la ville, d' « histoires » et de « mystères » ; ces tableaux vivants ordonnés sur des estrades étaient organisés par les différents corps de la ville — métiers, guildes, confréries théâtrales, chambres de rhétorique — et symbolisaient donc la communauté urbaine recevant le prince. Dans ces « histoires », tout comme pour les entrées royales, les thèmes retenus furent d'abord exclusivement religieux. Puis, à partir du milieu du XVe siècle, des thèmes profanes apparurent, puisés en particulier dans l'Antiquité. Cependant, quel que soit le registre concerné, les thèmes étaient fréquemment en relation avec le contexte précis dans lequel s'inscrivait l'événement. Ainsi, en mai 1455, lorsque Philippe le Bon, qui préparait son départ pour la croisade, vint à Mons, le corps de ville décida que le long de son itinéraire seraient présentés des « mystères » en relation avec la défense de la foi et le « saint voyage » : une allégorie représentant la Foi Catholique attaquée par l'Hérésie et défendue par l'Ami de la Foi ; la conquête de Constantinople par Baudouin, comte de Flandre et de Hainaut, en 1204 ; le couronnement impérial de ce même comte Baudouin à Constantinople ; le Paradis avec l'Assomption de la Vierge et plusieurs saints combattants ou nobles comme saint Georges, saint Maurice, saint Victor, saint Eustache et saint Adrien[3].

De même l'iconographie des tableaux vivants présentés lors de l'entrée de Philippe le Bon à Gand en 1458 avait été soigneusement choi-

1. Jacques DU CLERCQ, *Mémoires*, p. 90.
2. B. GUENÉE et F. LEHOUX, *Les entrées royales françaises, passim.*
3. R. VAUGHAN, *Philip the Good*, p. 335-336.

sie ; certains thèmes, comme celui du Fils Prodigue, celui du Bon Pasteur, celui de la rencontre de David et d'Abigaïl[1], célébraient le pardon accordé par le duc à la ville qui s'était révoltée contre lui six ans auparavant ; d'autres thèmes étaient propres à flatter le prince, qui avait vaincu militairement les Gantois, en le comparant aux grands chefs de guerre de l'Antiquité — Alexandre, César, Pompée —, voire à Mars, dieu de la guerre, en personne. Un tableau représentant Salomon et la reine de Saba célébrait l'esprit de justice du prince, enfin, le thème de l'Agneau Mystique pouvait évoquer l'ordre de chevalerie qu'il avait fondé en 1430[2]. Dix ans plus tard, le 3 juillet 1468, lorsque Marguerite d'York entra pour la première fois à Bruges en tant que duchesse de Bourgogne et comtesse de Flandre, après avoir épousé Charles le Téméraire, tous les thèmes choisis pour les « histoires » présentées le long de l'itinéraire du cortège évoquaient le mariage, ainsi que le rapporte Olivier de La Marche dans son *Traité des noces de monseigneur le duc de Bourgogne et de Brabant* : Adam et Ève, le mariage d'Alexandre le Grand avec Cléopâtre, fille de Ptolémée, le Cantique des cantiques, les noces de Cana, le mariage de Moïse et de Tabis, fille du roi d'Égypte, Esther et Assuérus, la prière de Tobie[3].

La signification politique de telles manifestations était puissante. Le cortège d'entrée dans la ville, avec ses différentes articulations — gens d'Église, représentants des différents corps constituant la communauté urbaine, membres des hôtels princiers et seigneuriaux, grands seigneurs et parents du prince —, reflétait une image ordonnée et hiérarchisée du corps politique et de son unité « rêvée ». Le programme iconographique qui ponctuait le cheminement de ce cortège dans les rues et sur les places était choisi et élaboré avec soin. En 1455, à Arras, le « mystère » de Gédéon était une référence directe à l'ordre de la Toison d'or ; la même année à Mons, les tableaux vivants relatifs à la conquête de Constantinople par Baudouin de Flandre renvoyaient à un glorieux prédécesseur du duc de Bourgogne ; en 1458, à Gand, le programme iconographique était tout entier fait pour célébrer la force, la justice et la magnanimité du prince. En 1468, à Bruges il accumulait les images liées au mariage, et singulièrement au mariage royal, Marguerite d'York étant comparée à Cléopâtre, à Esther, à la fille du pharaon, Charles le Téméraire étant mis en parallèle avec Alexandre, Assuérus, Moïse. Derrière les « mystères », se devinaient aisément les ambitions politiques du duc de Bourgogne.

1. Abigaïl, en venant trouver David en son camp alors qu'il allait attaquer Nabal et les siens qui l'avaient offensé, l'apaise et le détourne « d'en venir au sang et de se faire justice de sa propre main », I Samuel 25.
2. E. DHAENENS, « De Blijde Inkomst van Filips de Goede in 1458 », p. 53-89.
3. Olivier de LA MARCHE, *Mémoires*, IV, p. 98-103.

JOUTES, TOURNOIS ET PAS D'ARMES

Jeu de force et d'adresse la joute, affrontement courtois de deux combattants, était une variante du tournoi qui, lui, n'était pas un combat singulier mais opposait deux troupes armées. Ces deux exercices martiaux étaient le divertissement noble par excellence, se déroulaient en public et étaient prisés de tous : les chevaliers expérimentés y montraient leur habileté et leur puissance physique, les jeunes écuyers y manifestaient leur ardeur et se faisaient remarquer pour « gagner du prix » devant leurs seigneurs, devant leurs aînés et « devant les dames [1] ». Particulièrement en honneur à la cour de France depuis le règne de Charles VI, lui-même grand jouteur dans sa jeunesse, la joute ou le « fait d'armes » joua un rôle considérable dans la vie de la cour de Bourgogne. Depuis le principat de Philippe le Hardi, il n'était pas une grande fête qui ne fût l'occasion d'organiser des joutes.

Certains jouteurs s'adonnaient à de véritables entreprises d'armes, en dehors de toute occasion particulière, par goût du jeu sportif et à titre de promotion personnelle. L'un des exemples les plus remarquables fut celui de Jean II le Meingre, dit Boucicaut, qui, en 1390, organisa des joutes à Saint-Inglevert, en un lieu situé exactement à la frontière séparant le Boulonnais, tenu par les Français, du Calaisis, tenu par les Anglais. En compagnie de deux autres chevaliers français, il profita des trêves conclues avec l'Angleterre pour proposer à tous les chevaliers étrangers qui le voudraient de se mesurer à lui ou à ses compagnons et resta plusieurs mois sur place pour relever le défi de tous ceux qui se présentaient. Ces « joutes de Saint-Inglevert » firent alors grand bruit. La légende voulut même que Charles VI, qui avait encouragé et financé l'entreprise, fût venu incognito de Paris pour assister à quelques faits d'armes. Véritable substitut de la guerre, en un temps de suspension des hostilités, cette initiative de Boucicaut plut particulièrement aux nobles anglais qui vinrent en grand nombre de Calais pour se mesurer aux trois chevaliers français ; parmi eux figuraient même des personnages de très haut rang comme John Holand, duc d'Exeter, frère du roi Richard II, et Henri, comte de Derby, fils du duc de Lancastre et futur roi Henri IV. Après avoir honorablement tenu la lice, Boucicaut revint auprès du roi de France qui le récompensa richement et l'année suivante le fit maréchal de France [2].

Ce type de fait d'armes fut directement à l'origine des « pas d'armes ». Comme son nom l'indique, en effet, ce type d'entreprise

1. Sur la question de la présence et du rôle des dames dans les fêtes, voir E. BOUSMAR, « La place des hommes et des femmes dans les fêtes de cour bourguignonnes », p. 123-143.

2. *Le livre des fais du bon messire Jehan le Maingre dit Bouciquaut*, p. 66-74.

consiste, pour un jouteur, à se placer sur un lieu de passage (un « pas »), pont, route ou carrefour, et à défier tous ceux qui voudraient le franchir. En 1390, Saint-Inglevert, localité frontière située sur la route allant de Calais à Boulogne, était symboliquement le passage que les Anglais devaient emprunter pour entrer dans le royaume de France. Par ailleurs, ce scénario de défense d'un passage renvoyait non seulement à une situation tactique courante en temps de guerre mais aussi à un stéréotype des romans de chevalerie : les chevaliers arthuriens comme Lancelot, Perceval ou Gauvain sont souvent contraints de combattre pour forcer un passage, un pont ou un gué. Le mélange de la réalité guerrière et de la fiction littéraire donna directement naissance aux pas d'armes.

Les pas d'armes tels qu'ils apparurent dans les années 1430-1440 à la cour de Bourgogne et dans d'autres cours princières — cour royale de Castille et cour d'Anjou notamment – nécessitaient une organisation complexe. A l'origine, il fallait l'initiative d'un noble « entrepreneur ». Contrairement à René d'Anjou qui organisa plusieurs pas d'armes, notamment le Pas de Saumur en 1446 et le Pas de la Bergère de Tarascon en 1449[1], le duc de Bourgogne ne fut jamais directement à l'origine d'une telle entreprise : tous les pas d'armes organisés à la cour de Bourgogne le furent à l'initiative de nobles de l'entourage du prince, jouissant naturellement du soutien moral et financier de leur maître : le « Pas de l'Arbre de Charlemagne » qui se tint en 1443 à Marsannay-la-Côte, près de Dijon, fut organisé par Pierre de Bauffremont, seigneur de Charny, le « Pas de la Belle Pèlerine » qui eut lieu à Saint-Omer en 1449 était dû à l'initiative de Jean de Luxembourg, bâtard de Saint-Pol et seigneur de Haubourdin, le « Pas de la Fontaine des Pleurs » fut tenu à Chalon-sur-Saône, en 1449-1450, par Jacques de Lalaing, le « Pas du Chevalier au Cygne », qui fut organisé à Lille en 1454 au début des festivités qui s'achevèrent par le vœu du Faisan, était le fait d'Adolphe de Clèves, seigneur de Ravenstein, le « Pas du Perron Fée » tenu à Bruges en 1463 fut entrepris par Philippe de Lalaing, le « Pas de l'Arbre d'Or », qui se déroula également à Bruges en 1468 à l'occasion du mariage de Charles le Téméraire et de Marguerite d'York, fut organisé par Antoine, bâtard de Bourgogne, le « Pas de la Dame Sauvage » eut lieu encore à Bruges en 1470 à l'initiative de Claude de Vaudrey, seigneur de L'Aigle[2].

L'endroit où devait se tenir le pas était choisi avec soin et recevait un riche décor mis en relation avec le thème retenu pour l'entreprise.

1. C. de MÉRINDOL, « Les joutes de Nancy, le Pas de Saumur et le Pas de Tarascon », p. 187-202.
2. A. LINDNER, « L'influence du roman chevaleresque français sur le pas d'armes », p. 67-78.

Les pas d'armes bourguignons eurent lieu souvent dans un cadre urbain — ainsi le « Pas de l'Arbre d'Or » de 1468 eut lieu sur la place du marché de Bruges[1] –, mais parfois le chevalier qui en avait l'initiative choisissait un site plus conforme à la fiction et à la théâtralité inséparables de l'entreprise : ainsi en 1449, Jacques de Lalaing plaça le « Pas de la Fontaine des Pleurs » non pas à Chalon-sur-Saône même, mais dans l'île de Saint-Laurent-lès-Chalon, c'est-à-dire au débouché d'un pont et à la frontière entre le royaume et l'Empire[2]. L'une des particularités du pas d'armes, en effet, était que, contrairement à la simple joute, il donnait lieu à une déclaration solennelle rendue publique par l'« entrepreneur » qui plaçait le jeu et ses règles précises dans un univers de fiction dont les sources d'inspiration étaient offertes par la littérature chevaleresque. Ainsi la défense du passage contre tous ceux qui voulaient relever le défi s'inscrivait, comme nous l'avons dit, dans un contexte largement tributaire de l'imaginaire chevaleresque. Les noms mêmes des pas d'armes laissaient deviner d'emblée l'emprunt fait à la littérature : l' « Arbre de Charlemagne » de Pierre de Bauffremont évoquait la *Chanson de Roland* et la défense du « pas » de Ronceveaux par quelques preux chevaliers contre une armée de Sarrasins. En 1449, Jean, bâtard de Saint-Pol, choisit le nom de « Pas de la Belle Pèlerine » en empruntant l'appellation désignant un personnage d'un roman arthurien intitulé *Alixandre l'Orphelin*. La même année, Jacques de Lalaing s'inspira aussi d'un roman, *Ponthus et la belle Sidoine*, pour organiser le « Pas de la Fontaine des Pleurs ». En 1454, Adolphe de Clèves, seigneur de Ravenstein, se référa à une autre œuvre, *Le Chevalier au Cygne*, pour le pas qu'il organisa à Lille. En 1468, le bâtard de Bourgogne s'inspira du *Roman de Florimont* pour son « Pas de l'Arbre d'Or ». Le caractère théâtral des pas d'armes s'affirmait dans le fait que l'entrepreneur ne se présentait pas à ses adversaires sous son identité véritable mais portant le nom et les armes du héros de fiction qui l'avait inspiré : c'est ainsi que le bâtard de Saint-Pol joua le rôle de Lancelot à Saint-Omer en 1449, que Jacques de Lalaing tint celui de Ponthus à Chalon la même année et que le bâtard de Bourgogne incarna Florimont à Bruges en 1468.

En 1454, Adolphe de Clèves développa largement le thème du Chevalier au Cygne, ancêtre légendaire de son lignage : plusieurs jours avant le pas d'armes qu'il avait décidé d'entreprendre, il donna un banquet où, sur une table, un entremet représentait, devant un château, une nef qu'un cygne d'argent tirait au bout d'une chaîne d'or et dans

1. Olivier de LA MARCHE, *Mémoires*, IV, p. 115.
2. A. LINDNER, « L'influence du roman chevaleresque français sur le pas d'armes », p. 70-71.

laquelle était embarqué un chevalier en armes revêtu d'une cotte d'armes portant le blason de Clèves. Olivier de La Marche qui assista au banquet se fit, si on l'en croit, expliquer la signification de cet entremet :

> « Et me fut dit que cela signifiait et montrait comment jadis miraculeusement un cygne amena dans une nef, par la rivière du Rhin, un chevalier au château de Clèves, lequel fut moult vertueux et vaillant, et l'épousa une princesse du pays qui, pour lors, était veuve et en eut lignée dont lesdits ducs de Clèves jusqu'à ce jour sont issus. »

Le jour du « Pas du Chevalier au Cygne », Adolphe de Clèves apparut dans la lice en tenant le rôle du héros emblématique de sa lignée. Il était accompagné d'un poursuivant d'armes portant une cotte d'armes ornée d'un cygne ; derrière eux s'avançait un « entremet » qu'Olivier de La Marche décrit :

> « Un grand cygne merveilleusement et subtilement fait, ayant une couronne d'or autour du cou à quoi pendait un écu aux pleines armes de Clèves, et à cette couronne pendait une chaîne d'or qui d'un bout tenait à la tresse de l'écu du chevalier, et ce cygne était encadré par deux sagittaires très bien faits qui tenaient arcs et flèches en leurs mains et faisaient semblant de tirer sur ceux qui voulaient approcher le cygne[1]. »

La fiction et les règles du pas étaient publiées et le décor était planté afin d'évoquer l'univers des romans de chevalerie dans lequel les participants étaient invités à entrer et à jouer. Le « Pas de l'Arbre d'Or » tenu à Bruges en 1468 en est un bon exemple.

> « Touchant le fait des joutes qui furent aux noces de monseigneur le duc, dont la fête s'entretint par l'espace de neuf jours, elles furent entreprises par monseigneur le bâtard de Bourgogne sous ombre du commandement d'une dame qui se nomme "la dame de l'île celée"[2], laquelle pour certaines causes avait requis audit chevalier trois choses, c'est à savoir qu'il se voulût trouver, pour l'amour d'elle, en une joute où cent une lances fussent rompues sur lui ou qu'il les rompît sur autres ; après qu'il se trouvât en un fait d'armes où cent un coups d'épée fussent par lui donnés où frappés sur lui ;

1. Olivier de LA MARCHE, *Mémoires*, II, p. 345-346.
2. Cette « dame de l'île celée » est dans le *Roman de Florimont* une fée qui offre son amour au héros qui l'a délivrée de la captivité dans laquelle la tenait un dragon.

troisièmement qu'un arbre d'or qu'elle lui donnerait, qui était en son trésor, fût par ses faits encore plus enrichi et plus noblement décoré qu'il n'était. Et elle lui donna ledit arbre d'or et avec un poursuivant nommé Arbre d'Or, et pour assister aux dits faits d'armes elle lui donna aussi un géant qu'elle tenait prisonnier, qui se nommait le Géant de la Forêt Douteuse[1], et qui était conduit tout lié par un nain qui appartenait à la dame et qui devait aussi assister aux faits d'armes pour les lui raconter. »

Le décor fut planté sur la place du marché de Bruges : il comprenait les lices, un arbre d'or où furent pendus les écus des participants au pas et où était attaché le géant ; un perron où siégeait, sur une chaire, le nain de la « dame de l'île celée », deux estrades, l'une pour les juges de lice commis par le duc de Bourgogne et l'autre pour les officiers d'armes. Chaque fois qu'un chevalier entrait ou sortait du champ clos, le nain, depuis le perron, sonnait du cor.

Lors de ces joutes, qui se tinrent entre le 3 et le 11 juillet 1468, le bâtard de Bourgogne, en tant qu'entrepreneur, devait affronter dans la lice tous ceux qui voudraient le combattre. Il fit assaut d'élégance et de richesse en poussant le luxe jusqu'à changer la « houssure » de ses chevaux après chaque adversaire. C'est ainsi qu'il se mesura, le dimanche 3, à Adolphe de Clèves, seigneur de Ravenstein, Louis de Chalon, seigneur de Château-Guyon, frère de Guillaume de Chalon, prince d'Orange, et Charles de Visen, valet de chambre du duc, le lundi 4, à Jacques de Luxembourg, seigneur de Fiennes, neveu du comte de Saint-Pol, le mardi 5, à Jean II de Chalon, seigneur d'Arguel, fils du prince d'Orange, au chevalier flamand Antoine de Halluin, chambellan du duc, et à Jean de Luxembourg, fils aîné du comte de Saint-Pol, le mercredi 6, à Jean de Chassa, seigneur de Monnet, chambellan du duc, qui jouta « vêtu comme un Turc », à Jacques de Luxembourg, seigneur de Richebourg, frère cadet du comte de Saint-Pol, à Philippe de Poitiers, seigneur de la Frette, chambellan du duc, à Claude de Vaudrey, seigneur de l'Aigle, le jeudi 7, à Jean, comte de Salm, grand seigneur lorrain, alors chambellan du duc de Bourgogne, à Baudouin, bâtard de Bourgogne, son demi-frère, à Philippe de Croy, seigneur de Renty, fils d'Antoine, seigneur de Croy. A partir du vendredi 8, le bâtard de Bourgogne ne jouta plus, d'abord parce que le premier adversaire de la journée était Anthony Woodvill, comte de Scales, dont il était « frère d'armes », ensuite parce que, tandis que ce dernier se mesurait à Adolphe de Clèves, seigneur de Ravenstein, qui remplaçait le bâtard, celui-ci reçut au genou un coup de pied de cheval qui le mit hors de combat pour le restant du pas d'armes. Donc, en ce vendredi, après le

1. Douteuse : c'est-à-dire qui inspire la crainte.

seigneur de Ravenstein, Charles de Visen remplaça le bâtard de Bourgogne et jouta contre Antoine de Luxembourg, comte de Roucy, fils du comte de Saint-Pol, deuxième jouteur de la journée, puis Jean de Rochefay, écuyer d'écurie du duc. Le lendemain, samedi 9 juillet, ce fut Philippe de Poitiers qui prit la place de l'entrepreneur du pas et qui affronta le chevalier hainuyer Jean de Ligne, Jacques de Harchies, chambellan du duc, Philippe de Crèvecœur, seigneur d'Esquerdes, fils de Jacques, seigneur de Crèvecœur, John Woodvill, frère cadet du comte de Scales, Charles, seigneur de Ternant. Le dimanche 10, Philippe de Poitiers se mesura à Pierre de Bourbon, seigneur de Carency et à Louis le Jeune, seigneur de Contay, conseiller et chambellan du duc. Celui-ci le blessa et prit sa place dans la lice comme représentant du bâtard. Il jouta donc ensuite en ce jour contre Borso, marquis de Ferrare, pour lors chambellan du duc de Bourgogne, puis contre Claude de Vaudrey qui participait pour la seconde fois au pas. Le lendemain lundi 11 juillet, dernier jour du pas, le duc de Bourgogne en personne vint dans la lice et affronta le seigneur de Ravenstein. Le prix de la joute fut décerné, après délibération des juges, des officiers d'armes, du nain et du géant, à Jean de Chalon, seigneur d'Arguel, « pour avoir rompu le plus de lances à la dite joute ». La journée se termina par un « tournoi » au cours duquel les chevaliers qui avaient jouté pour l'Arbre d'Or affrontèrent une équipe menée par Charles de Chalon, comte de Joigny. Le soir, lors du banquet qui clôturait la fête, les dames offrirent le prix de ce tournoi à John Woodvill [1].

Les joutes, les tournois et les pas d'armes, à la cour de Bourgogne comme ailleurs, étaient l'occasion d'affirmer l'attachement du prince et de sa noblesse aux valeurs chevaleresques. Le mélange de la réalité d'une situation militaire — la défense d'un passage ou d'une frontière — et de la fiction romanesque permettait aux participants de s'identifier à des héros sans reproche et de jouer un rôle dans une représentation qui unissait l'exercice martial et la théâtralité. Cependant, après avoir fait la part du jeu dans ce type de fête, une erreur consisterait à y voir une manifestation de la prétendue « décadence » de la noblesse, de son attachement à des valeurs imaginaires et à une sorte de « grande illusion ». Le spectacle, en effet, était loin d'être exempt de tout message politique. L'élite de la noblesse bourguignonne, qui constituait l'une des plus solides structures d'encadrement de l'État, n'était pas constituée de rêveurs décadents ; réalistes, prompts à s'adapter aux changements politiques, militaires et sociaux, les représentants de l'aristocratie nobiliaire ne constituaient pas

1. Olivier de LA MARCHE, *Mémoires*, IV, p. 111-144.

une caste, mais s'ouvraient au contraire aux nouveaux arrivés, promus par le service du prince et par l'anoblissement.

Dans les joutes et les pas d'armes, cette aristocratie nobiliaire faisait montre de sa force, de sa vigueur, de sa richesse. La participation active du prince démontrait l'homogénéité du monde nobiliaire, unifié par une fonction, une culture, un idéal communs. Le duc lui-même, en apportant son soutien à ce type d'entreprise et en y prenant même une part active, manifestait l'éclat et le rayonnement de sa Cour. La présence, parmi les jouteurs, de grands seigneurs allemands, italiens, anglais faisait même de ces manifestations chevaleresques une occasion de renforcer, au-dehors, le prestige de la Maison de Bourgogne.

21
LA CULTURE DE COUR

Le rayonnement culturel de la cour de Bourgogne fut à la fois le fruit de l'intérêt que les ducs et leurs proches portèrent, à titre personnel, aux différentes formes d'expression artistique, et aussi le produit d'une politique de prestige propre à rehausser l'éclat de la vie de cour. Dans cette perspective, l'hôtel ducal fut un cadre privilégié, mais pas exclusif, pour le développement d'une culture de cour.

LA MUSIQUE

Parmi les activités artistiques qui occupaient une place non négligeable au sein de l'hôtel, la musique mérite une mention particulière. Les ducs eux-mêmes connaissaient cet art : Jean sans Peur, dès sa jeunesse, jouait de la flûte et du rebec, Philippe le Bon avait appris à jouer de la harpe et Charles le Téméraire, d'après un célèbre passage des *Mémoires* d'Olivier de La Marche, chantait mal mais composait d'assez jolies pièces :

> « Il aimait la musique, bien qu'il eût mauvaise voix, mais toutefois il avait l'art et fit le chant de plusieurs chansons bien faites et bien notées [1]. »

Il n'était pas une occasion, profane ou sacrée, en temps de guerre ou en temps de paix, qui ne donnât lieu à l'intervention de musiciens [2]. Nous avons vu la place que ces derniers tenaient dans les hôtels princiers et la répartition fonctionnelle de leurs activités : en 1426, Philippe

1. Olivier de LA MARCHE, *Mémoires*, I, p. 122.
2. J. MARIX, *Histoire de la musique et des musiciens de la cour de Bourgogne*, *passim* ; R. HOYOUX, « L'organisation musicale à la cour des ducs de Bourgogne », p. 57-72.

le Bon disposait de quatre trompettes de guerre et sept « menestriers » dont deux trompettes de ménétriers [1]. En 1474, Charles le Téméraire avait douze trompettes de guerre menés par un « chef des trompettes » et dix « ménestrels » conduits par le « roi des ménestrels » ; six d'entre eux étaient des « hauts ménestrels » et quatre autres étaient des « joueurs de bas instruments [2] ».

Les musiciens se distinguaient en effet d'après les instruments dont ils jouaient : les « hauts instruments » étaient ceux dont la sonorité était la plus forte — tambour, nacaires (petites timbales), sacqueboute (trombone), chalemie (hautbois), bombarde, muse (cornemuse), trompette, cor et clairon —, les « bas instruments » avaient une sonorité douce — flûte, harpe, luth, vièle. Les premiers avaient leur place dans les moments les plus brillants de la vie de cour comme la guerre, les entrées princières, les joutes, les pas d'armes, les banquets, tandis que les seconds étaient utilisés pour la musique d'agrément, en intérieur ou dans un espace clos comme un jardin [3].

Un exemple du rôle joué par certains des musiciens de l'hôtel, en l'occurrence les trompettes de guerre, a été décrit pour le principat de Charles le Téméraire, en un temps où les usages et le protocole de la cour étaient fixés de manière de plus en plus détaillée :

> « Et le matin que le prince doit partir, [les douze trompettes de guerre] doivent tous ensemble venir jouer une sonnerie devant les fenêtres du prince pour le réveiller à l'heure qui leur est fixée, et puis quatre d'entre eux partent et vont sonner le boute-selle par les quatre parties de la ville ou du camp et au retour ils doivent jouer une sonnerie convenue pour rentrer au logis du prince et ils doivent se rassembler là et puis déjeuner aux dépens du prince [4]. »

Le duc de Bourgogne disposait aussi d'une chapelle dont les membres constituaient un ensemble vocal et instrumental pour les offices et la messe. L'effectif de cette chapelle ducale ne cessa de croître : à la mort de Louis de Male, Philippe le Hardi retint à son service les neuf chapelains de son défunt beau-père. A la fin de son principat, sa chapelle comptait une vingtaine de personnes. Au temps de Charles le Téméraire l'effectif avait doublé et comptait des organistes, ce qui était une nouveauté :

1. W. PARAVICINI, « Die Hofordnungen Herzog Philipps des Guten von Burgund », p. 283.
2. Olivier de LA MARCHE, *Mémoires*, IV, p. 70-71.
3. J. BRAN-RICCI, « Les instruments de la musique savante vers la fin du XVe siècle », p. 201-211.
4. Olivier de LA MARCHE, *Mémoires*, IV, p. 70.

« En sa chapelle [le duc] a quarante hommes, comprenant un évêque, son confesseur et trois autres Jacobins, prêtres et confesseurs, autres chapelains et autres officiers, organistes et sommeliers, et ces chapelains, chantres et officiers sont gouvernés par le premier chapelain. Et tous les jours, où qu'ils soient, chantent les heures du jour et la grand messe solennelle. Et le prince est présent au service et à toutes heures quand ceux de sa chapelle sont auprès de lui, et principalement à la messe et aux vêpres[1]. »

Depuis le principat de Philippe le Hardi, aux chapelains et chantres de la chapelle s'étaient agrégés des « enfants de chœur » confiés au gouvernement d'un pédagogue qui avait en charge de leur enseigner le latin et le chant. En 1469, Charles le Téméraire précisa que pour les offices liturgiques, qui devaient suivre les usages de l'église Notre-Dame de Paris, les choristes devaient être au moins quatorze, dont six « hautes voix » (sopranos). Le rôle de ce chœur consistait à embellir non seulement les sept heures du jour et la messe quotidienne, où le *Kyrie*, le *Gloria*, le *Sanctus* et l'*Agnus Dei* étaient chantés, mais aussi les grandes fêtes de l'année liturgique et certaines solennités plus politiques ; les chapitres de l'ordre de la Toison d'or, par exemple, étaient marqués par la célébration de quatre messes votives : messe de saint André, des Morts, de Notre-Dame et du Saint-Esprit. L'ordre, du reste, possédant avec la Sainte-Chapelle de Dijon un siège officiel, y avait aussi un chœur constitué des vingt-quatre chapelains et de quatre enfants de chœur. En ce lieu le duc Philippe le Bon avait fondé une messe quotidienne chantée selon un programme hebdomadaire : le dimanche une messe de la sainte Trinité, le lundi un Requiem, le mardi une messe des Anges, le mercredi une messe de saint André, le jeudi une messe du Saint-Esprit, le vendredi une messe de la sainte Croix, le samedi une messe de Notre-Dame. Une fondation similaire fut faite par Philippe le Bon en la collégiale Saint-Pierre de Lille[2].

La chapelle ducale, au temps de Philippe le Bon et Charles le Téméraire, compta dans ses rangs des compositeurs de renom qui laissèrent des pièces sacrées ou profanes écrites spécialement pour le duc et sa cour. Citons Robert Morton, d'origine anglaise, qui fut chapelain du duc de Bourgogne entre 1457 et 1476, date de sa mort. Il composa une fugue sur le thème d'une fameuse chanson intitulée *L'homme armé*, dont le sujet mi-guerrier mi-galant était susceptible de plaire au duc Philippe le Bon. Ce thème fut repris par Antoine Busnoys, chapelain ducal de 1467 à 1482, qui composa une « messe de l'homme armé ».

1. *Ibid.*, IV, p. 2.
2. *L'ordre de la Toison d'or*, p. 184-185.

Gilles Binchois, originaire du Hainaut, mort en 1460, fut l'un des meilleurs compositeurs attachés au service des ducs de Bourgogne ; mentionné en 1419 comme organiste de la collégiale Sainte-Waudru de Mons, sa ville natale, il semble avoir fréquenté la cour du duc de Bedford à Paris et être entré, vers 1424, au service de William de La Pole, comte de Suffolk. Quoi qu'il en soit, au début des années 1430 il fréquentait déjà la cour de Bourgogne et était chapelain du duc Philippe le Bon en 1436 ; traité largement par le duc, il accumula les prébendes à Bruges, Mons, Cassel et Soignies. Auteur de nombreuses œuvres pour la chapelle ducale, il fut aussi responsable de la composition de certaines pièces musicales pour le banquet du Faisan [1].

Par ailleurs, certains compositeurs célèbres, sans avoir appartenu à l'hôtel des ducs de Bourgogne, composèrent des œuvres qui furent exécutées à l'occasion de quelques fêtes de la Cour. Ainsi Guillaume Dufay († 1474), chanoine du chapitre cathédral de Cambrai, de Sainte-Waudru de Mons et de la collégiale Saint-Donatien de Bruges, compositeur attaché successivement au service des Malatesta, des Este, de la Maison de Savoie et de la cour pontificale, fut un autre grand maître en relation avec les musiciens de la cour de Bourgogne et notamment avec Robert Morton et Gilles Binchois ; deux de ses œuvres, « *Je n'ai vu oncques la pareille* » et les « *Lamentations de sainte Église* » furent composées pour le banquet du Faisan [2]. Johannes Ockeghem († 1497), pour sa part, Flamand d'origine qui, après avoir été au service de Charles Ier de Bourbon, beau-frère de Philippe le Bon, devint chapelain du roi de France, fut, lui aussi, en relation avec les musiciens de la cour de Bourgogne et composa, en 1460, une *Déploration sur la mort de Gilles Binchois* [3].

Mort, tu as navré de ton dard
Le père de joyeuseté,
En déployant ton étendard
Sur Binchois, patron de bonté.
En sa jeunesse fut soudard
D'honorable mondanité,
Puis a élu la meilleure part,
Servant Dieu en humilité.
Son corps est plaint et lamenté

1. *Ibid.* ; J. MARIX, *Histoire de la musique et des musiciens de la cour de Bourgogne*, p. 176-189 ; N. SEVESTRE, « Gilles Binchois », *D.L.F.*, p. 538.
2. J. MARIX, *Histoire de la musique et des musiciens de la cour de Bourgogne*, p. 151-152 ; *L'ordre de la Toison d'or*, p. 184-185 ; N. SEVESTRE, « Guillaume Dufay », *D.L.F.*, p. 617.
3. N. SEVESTRE, « Jean Ockeghem », *D.L.F.*, p. 827-828.

Qui gît sous lame.
Hélas ! plaise vous en pitié
Prier pour l'âme[1].

LA PEINTURE

Tout comme le service des musiciens, la présence de peintres à la cour de Bourgogne ne constitue pas, en soi, un phénomène exceptionnel. Certes, les ducs Valois étaient dépositaires d'une tradition de mécénat politique courant dans les milieux princiers de France, mais les peintres qui les servaient n'étaient pas, loin de là, des artistes au sens où nous l'entendons aujourd'hui. Maîtres artisans ou chefs d'entreprise, ils pouvaient être sollicités aussi bien pour réaliser un somptueux retable destiné à être offert à un sanctuaire que pour peindre des drapeaux, exécuter les travaux de décoration d'une salle de banquet, réaliser l'appareil héraldique de cérémonies funèbres, peindre les décors, les lances et les équipements d'un tournoi, d'une fête. Des personnages comme Jean de Beaumetz et Melchior Broederlam, peintres de Philippe le Hardi, Jean Le Voleur, peintre de Jean sans Peur, ou Hugues de Boulogne, peintre de Philippe le Bon, se sont ainsi livrés, eux et leurs compagnons et ouvriers, sur l'ordre de leur maître, à des travaux de peinture de natures très diverses. Il n'empêche, évidemment, que certains peintres ont reçu de prestigieuses commandes princières et ont été, en leur temps déjà, considérés comme des maîtres.

Melchior Broederlam, que nous avons déjà rencontré, fut l'un de ceux-là. Flamand né vers 1350 et mort vers 1410, il vécut et travailla d'abord à Ypres. Entre 1381 et 1384 il fut le peintre du comte Louis de Male et, après la mort de ce dernier, fut retenu au service de Philippe le Hardi qui fit de lui son « peintre et valet de chambre ». Pour ce prince il exécuta, entre 1386 et 1392, des œuvres importantes destinées à la décoration du château de Hesdin en Artois, notamment des peintures murales représentant l'histoire de Jason. Entre 1393 et 1399, il travailla aussi avec Jacques de Baerze, pour la décoration de la Chartreuse de Champmol, réalisant en particulier des retables en bois sculpté et peint. Après lui, un autre Flamand, Jan van Eyck, eut une activité étroitement liée à la vie de la cour de Bourgogne. Né à Gand vers 1400, il était le frère de Hubert van Eyck († 1426), peintre qui travailla pour l'élite de la société gantoise et pour l'échevinage de sa ville. Jan travailla avec son frère avant d'entrer au service des princes : en 1422

1. J. MARIX, *Histoire de la musique et des musiciens de la cour de Bourgogne*, p. 176, n. 1.

il était peintre de Jean de Bavière puis, après la mort de ce prince, en 1425, il fut retenu au service de Philippe le Bon dont il resta le peintre et valet de chambre jusqu'à sa mort survenue en 1441. On ne connaît pas d'œuvre de Jan van Eyck qu'il soit possible de relier à une commande ducale, en revanche, on connaît de lui certains travaux réalisés pour de grands personnages de la cour : la *Vierge au chancelier Rolin*[1] que ce dernier lui commanda vers 1435 pour la cathédrale d'Autun, et le portrait de Baudouin de Lannoy, gouverneur de Lille et chevalier de la Toison d'or, peint vers 1430[2]. A côté de van Eyck, d'autres peintres ont été intégrés à l'hôtel de Philippe le Bon : ainsi Hugues de Boulogne, mort en 1451, fut chargé de tous les travaux de peinture liés aux fêtes et chapitres de la Toison d'or ; son successeur Pierre Coustain, devenu « peintre et valet de chambre du duc » en janvier 1454, conserva sa charge jusqu'à la mort de Philippe le Bon et fut retenu par Charles le Téméraire. Comme Hugues, Pierre Coustain eut surtout à jouer le rôle de « peintre-décorateur », tant au château de Hesdin, où il avait la garde du parc de divertissement du prince, que dans les grandes fêtes de la cour : le banquet du Faisan en 1454, les funérailles de Philippe le Bon en 1467, le mariage de Charles le Téméraire et de Marguerite d'York et le chapitre de la Toison d'or de Bruges en 1468, l'entrée de Marie de Bourgogne dans cette même ville en 1477[3].

Les peintres de l'hôtel ducal n'étaient naturellement pas les seuls à travailler pour les princes et la cour de Bourgogne. Lorsqu'il le fallait, le duc faisait appel à des maîtres et artisans qui n'étaient pas à son service. Il les employait au même titre que ses autres fournisseurs, au gré des besoins. Ce fut le cas de Colart de Laon qui, par exemple, peignit les bannières et étendards du comte de Nevers lors de la préparation du « voyage de Hongrie » de 1396. De même, lors de la préparation du banquet du Faisan de Lille, pour faire face aux importants travaux de décoration nécessités par la fête, aux côtés des peintres du duc vinrent travailler des artisans recrutés non seulement à Lille même, mais aussi à Amiens, à Arras, à Audenarde, à Bruges, à Douai et à Tournai. Parmi eux, Jean Hennecart, dont les travaux réalisés pour le banquet de 1454 furent les premiers effectués pour le duc, et qui sut profiter de l'occasion pour se faire apprécier au point d'être retenu comme « peintre et valet de chambre de monseigneur » en 1457[4]. Par ailleurs, le duc et ses proches passèrent parfois commande à des maîtres

1. Paris, musée du Louvre.
2. Gemäldegalerie de Berlin.
3. F. JOUBERT, « Les peintres du vœu du Faisan », p. 187-200.
4. *Ibid.*,

de renom sans que ces derniers aient été intégrés à l'hôtel. Le meilleur exemple est évidemment celui de Rogier van der Weyden. Il est vrai cependant que ce dernier, né vers 1400 à Tournai, apprenti dans l'atelier du maître tournaisien Robert Campin († 1444) de 1427 à 1432, devint, à partir de 1435, peintre de la ville de Bruxelles, charge qu'il conserva jusqu'à sa mort survenue en 1464. La capitale du duché de Brabant était l'une des villes où le duc Philippe le Bon résida le plus souvent et c'est probablement pourquoi Rogier van der Weyden fut fréquemment sollicité par le duc et ses proches ; c'est ainsi qu'il peignit les portraits de membres de la famille ducale : le duc Philippe le Bon, la duchesse Isabelle de Portugal, Charles, comte de Charolais, Antoine, bâtard de Bourgogne, et reçut d'importantes commandes de hauts personnages de la cour : Philippe de Croy, seigneur de Sempy, pour qui il peignit un diptyque où le commanditaire figurait en prière face à une Vierge à l'Enfant[1], Jean III Gros, dont il fit le portrait[2], Nicolas Rolin, pour qui il réalisa le célèbre *Retable du Jugement dernier* pour la chapelle de l'Hôtel-Dieu de Beaune, fondé par le chancelier en 1443[3], Jean Chevrot, évêque de Tournai, et chef du conseil ducal, qui lui commanda le *Retable des Sept Sacrements*[4], Ferry de Clugny, conseiller du duc, pour qui il réalisa une *Annonciation*[5] et Pierre Bladelin, autre conseiller du duc, qui lui passa commande d'un *Retable de la Nativité*[6]. Rogier van der Weyden ne fut d'ailleurs pas le seul peintre demeurant dans l'une des villes de résidence à être sollicité par des gens de la cour de Bourgogne et c'est ainsi qu'à Bruges, vers 1475, Dierick Bouts peignit à la demande d'Hippolyte de Berthoz, maître de la Chambre des comptes de Lille, le *Retable du Martyre de saint Hippolyte*[7].

D'autres peintres reçurent des commandes de grandes institutions : c'est ainsi que le Lillois Jean Pillot, actif entre 1461 et 1482, fut sollicité, en 1464, par les gens des comptes de Lille désireux d'acquérir deux retables pour les locaux de la Chambre des comptes, l'un représentant « *La mort ajournant un chacun pour venir rendre compte des biens que Dieu lui a donnés* » et l'autre « *Notre Seigneur tenant son Jugement accompagné des Douze Apôtres et un chacun ressuscitant pour rendre compte devant le grand tribunal*[8] », un programme iconographique adapté au lieu qu'il devait décorer, comme on peut en juger, et qui se

1. Musée des Beaux-Arts de Bruxelles.
2. Art Institute of Chicago.
3. Musée des Hospices de Beaune.
4. Musée des Beaux-Arts d'Anvers.
5. Metropolitan Museum de New York.
6. Gemäldegalerie de Berlin.
7. Musée Groeningue de Bruges.
8. *Histoire de Lille*, p. 459-460.

rattachait au genre des « retables de justice » réalisés notamment pour les grandes salles où se rendait la justice échevinale dans les villes des Pays-Bas : pensons à la *Justice de Trajan*, que Rogier van der Weyden peignit pour les échevins de Bruxelles, et à la *Justice de l'empereur Othon*, que Dierick Bouts réalisa sur commande des échevins de Louvain[1].

Certains peintres furent employés pour enluminer les manuscrits commandés ou achetés par le prince. A l'époque de Philippe le Hardi et de Jean sans Peur, le duc, résidant souvent à Paris, passa de nombreuses commandes à des peintres de la capitale. C'est ainsi qu'un somptueux exemplaire du *Livre des merveilles du monde* fut enluminé pour le duc Jean dans l'atelier d'un peintre parisien anonyme désigné conventionnellement comme « le Maître des Heures du maréchal Boucicaut » pour avoir réalisé les peintures du livre d'heures de ce personnage — qui, était d'ailleurs un proche de Jean sans Peur avec lequel il avait participé à la croisade de Nicopolis. De même, la miniature de frontispice de deux luxueux manuscrits de la *Justification* de maître Jean Petit fut réalisée par un autre anonyme connu comme le « Maître de Bedford », car ayant travaillé pour le régent de France après 1422. On connaît aussi un « Maître de Guillebert de Metz » qui peignait les manuscrits que ce Guillebert, qui s'intitulait « libraire de monseigneur le duc Jean de Bourgogne », écrivait ou copiait pour Jean sans Peur ; ce peintre anonyme réalisa notamment pour le duc les miniatures d'un livre d'heures. Après la mort de Jean sans Peur, les peintres qui travaillèrent pour la bibliothèque ducale furent surtout des hommes des « pays de par-deçà », tels Dreux Jean, parisien d'origine, valet de chambre du duc, qui travailla notamment à Bruxelles et à Bruges dans les années 1450-1460, Loyset Liédet, qui résidait à Hesdin, Simon Marmion de Valenciennes, Jean le Tavernier d'Audenarde, Guillaume Vrelant de Bruges, qui travaillèrent pour Philippe le Bon et Charles le Téméraire.

Les commandes de beaux manuscrits à peintures par les ducs de Bourgogne ne correspondaient pas seulement à une recherche de la qualité esthétique, mais pouvaient aussi répondre à des préoccupations politiques et idéologiques. C'est le cas pour trois ouvrages luxueux réalisés pour Philippe le Bon : le recueil des *Privilèges de Gand et du Pays de Waes*, la *Chronique de Jérusalem* et *Girart de Roussillon*. Le premier, illustré par un maître anonyme peu après l'écrasement de la révolte gantoise de 1453, célébrait à sa manière la victoire de la politique centralisatrice de Philippe le Bon sur le particularisme urbain, avec une superbe peinture représentant la soumission des Gantois devant le duc

1. J. RIVIÈRE, « Les tableaux de justice dans les Pays-Bas », p. 127-140.

et ses troupes au lendemain de la bataille de Gavre. Le deuxième manuscrit, celui de la *Chronique de Jérusalem*, était riche de miniatures représentant des événements liés à la croisade dont Philippe le Bon se faisait le promoteur[1]. Le troisième manuscrit, enfin, racontait l'histoire légendaire de Girart de Roussillon ; ce dernier, ancêtre mythique des ducs de Bourgogne, dont le père, selon la légende, avait été tué par Charles le Chauve, vainquit ce souverain dans douze batailles ; ses aventures devaient préfigurer la lutte des princes de la Maison de Bourgogne contre le roi de France et constituaient une allégorie des relations de Philippe le Bon avec Charles VII. La miniature de frontispice, d'une grande richesse, représentait l'auteur, Jean Wauquelin, offrant son livre à Philippe le Bon, tout de noir vêtu, trônant sous un dais, ayant, à sa gauche, le comte de Charolais son fils et les chevaliers de la Toison d'or et, à sa droite, ses principaux conseillers juristes, son chancelier Nicolas Rolin, et le chef de son conseil, l'évêque Jean Chevrot, c'est-à-dire les piliers du gouvernement bourguignon. De cette scène se dégageait une impression de puissance et de souveraineté qui renvoyait sans doute à l'attitude que le duc de Bourgogne voulait adopter dans ses actes politiques solennels[2]. En contemplant cette image, on ne peut s'empêcher de penser à une description qu'Olivier de La Marche fit de Philippe le Bon lors d'une assemblée tenue à Florange en Luxembourg en 1443.

> « Le duc fut en cette journée assis sur son banc paré de tapis, de coussins et de dais, et fut environné de sa noblesse, accompagné et entouré des gens de son conseil, qui étaient derrière la perche du banc, tous debout et prêts à conseiller le duc si besoin en était, et ceux qui étaient les plus proches de sa personne furent le chancelier et le premier chambellan ; et ces deux-là étaient au plus près du prince, l'un à droite et l'autre à gauche[3]. »

Ici l'image et le texte se rejoignent pour évoquer de façon saisissante la mise en scène du pouvoir.

LES LIVRES ET LA LITTÉRATURE

Dès le principat de Philippe le Hardi, une bibliothèque ducale importante se constitua. Le premier duc Valois, frère de Charles V, roi lettré et

1. *Die Kunst der burgundischen Niederlande*, p. 105-106.
2. Cette image se trouve en couverture du présent ouvrage
3. Olivier de LA MARCHE, *Mémoires*, II, p. 24.

bibliophile, et lui-même, amateur de beaux livres, était le dépositaire d'une tradition familiale. Du reste, une partie des premiers livres qui constituèrent le fonds originel de sa « librairie » étaient des héritages : ainsi le « Psautier de saint Louis » qui avait appartenu à Blanche de Navarre, femme du roi Philippe VI. D'autres volumes avaient constitué la bibliothèque des ducs de Bourgogne capétiens, d'autres celle de Louis de Male avant de venir en sa possession respectivement en 1363 et en 1384. Par la suite, les successeurs de Philippe le Hardi enrichirent leur « librairie » d'ouvrages de tous genres. L'inventaire de la bibliothèque ducale dressé en 1404, après le décès de Philippe le Hardi, énumérait 70 volumes ; à la mort de Marguerite de Male, l'année suivante, un nouvel inventaire fut établi qui en mentionnait 135. L'ensemble passa dans la bibliothèque de Jean sans Peur et après le trépas de ce dernier l'inventaire de ses livres dénombrait 248 volumes. En 1467, à la mort de Philippe le Bon, la bibliothèque ducale en comptait 876 [1]. La conservation de ce riche ensemble était à la charge d'un officier de l'hôtel, « garde des livres », qui n'était autre que le garde des joyaux, ainsi, sous Philippe le Bon, Jacques de Brégilles [2]. Les procédés d'acquisition étaient divers ; outre les héritages que nous avons déjà signalés, les dons étaient nombreux : ainsi vers 1402-1403 Philippe le Hardi reçut-il un luxueux livre d'heures de son frère Jean, duc de Berry ; les achats étaient aussi fréquents et lorsque l'ouvrage était un beau manuscrit à peintures, le prix pouvait en être très élevé comme ce *Roman de Lancelot du Lac, du Saint-Graal et du roi Arthur* que Jean sans Peur acheta 400 francs d'or à Giacomo Rapondi, frère de Dino ; certains livres, enfin, venaient entre les mains du duc par « annexion », ainsi cette *Bible historiale* décorée des armes de Hainaut et de Bavière que Philippe le Bon s'appropria probablement en s'emparant des dépouilles de sa cousine Jacqueline de Bavière. Enfin, n'oublions pas que les ducs et leurs proches passaient commande à des maîtres copistes et traducteurs qui réalisaient spécialement pour eux des manuscrits luxueusement calligraphiés et enluminés. Philippe le Bon recourut ainsi aux services de Jean Wauquelin, Picard d'origine, mais établi à Mons à partir de 1441, de David Aubert, issu d'une famille d'agents de l'administration princière, actif à partir des années 1450, surtout à Bruges, de Jean Miélot, né à Gueschart, entre Abbeville et Hesdin, entré au service de Philippe le Bon comme copiste et traducteur en 1448-1449 et qui devint chanoine du chapitre collégial de Saint-Pierre de Lille en 1455 [3].

L'un des fonds de la culture savante médiévale était constitué d'ou-

1. G. DOUTREPONT, *La littérature française à la cour des ducs de Bourgogne*, p. XLII-XLIV.
2. J. PAVIOT, « Jacques de Brégilles, garde-joyaux des ducs de Bourgogne », p. 313-320.
3. S. LEFEVRE, « David Aubert », « Jean Miélot », « Jean Wauquelin », *D.L.F.*, p. 372-373, 819-820 et 860-861.

vrages antiques, grecs ou latins. Ils figuraient dans la bibliothèque des ducs de Bourgogne essentiellement sous forme de traductions. C'était le cas des grands ouvrages d'Aristote, l'*Éthique*, la *Politique* et l'*Économique*, qui avaient été traduits pour Charles V par son conseiller Nicole Oresme, de l'œuvre de Tite-Live, traduite pour le roi Jean le Bon par Pierre Bersuire, des *Facta et dicta memorabilia* de Valère Maxime, dont la traduction, commencée par Simon de Hesdin à l'instigation de Charles V, fut achevée par Nicolas de Gonesse pour Jean, duc de Berry, du *De Senectute* de Cicéron, traduit par Laurent de Premierfait pour Louis II, duc de Bourbon, du *De re militari* de Végèce dont les ducs ont possédé les traductions par Jean de Vignay et par Jean de Meung. Cependant, on trouvait également, parmi les livres appartenant aux ducs, des œuvres en latin, notamment celles de Cicéron, de Sénèque, d'Ovide, de Juvénal et de Salluste.

L'Antiquité était également présente dans la bibliothèque ducale sous la forme de romans inspirés par les récits des Anciens. Outre l'*Histoire de la destruction de Troie* de Guido delle Colonne dans sa traduction française et le *Recueil des histoires de Troie* compilé par Raoul Lefèvre, chapelain de Philippe le Bon, que nous avons déjà rencontré, et qui inspira diverses versions des aventures de Jason, l'histoire d'Alexandre fut abondamment utilisée pour nourrir des œuvres romanesques. Ainsi le *Roman d'Alexandre*, récit fabuleux de la vie du conquérant, dont la version originelle, due à un auteur alexandrin du IIe siècle de notre ère, fut traduite, remaniée et enrichie par plusieurs auteurs, et notamment par Alexandre de Bernay, avant de faire l'objet d'une nouvelle version écrite par Jean Wauquelin pour Jean de Bourgogne, comte d'Étampes, cousin de Philippe le Bon. Œuvre à succès, ce *Roman d'Alexandre* avait été suivi de plusieurs continuations parmi lesquels les *Vœux du Paon* de Jacques de Longuyon, qui, comme nous le savons, inspira le Vœu du Faisan de 1454.

Dans cette production nourrie de culture grecque, une place particulière doit être faite aux traductions données par Vasque de Lucène. Ce lettré portugais, né vers 1435 dans le diocèse de Coïmbre, protégé de la duchesse Isabelle de Portugal, traduisit en 1468 pour le duc Charles le Téméraire les *Faits d'Alexandre* de Quinte-Curce et, deux ans plus tard, le *Traité des faits et hautes prouesses de Cyrus* en utilisant une traduction de la *Cyropédie* de Xénophon que le Pogge avait donnée en 1445. Ses œuvres révèlent l'esprit d'un véritable humaniste.

L'histoire romaine avait inspiré, au début du XIIIe siècle, deux compilations, l'une intitulée *Livre des histoires* aussi désignée comme *Histoire ancienne jusqu'à César*, et l'autre *Faits des Romains*, libres adaptations, en français, des œuvres de Salluste, Suétone, Lucain et César. La bibliothèque des ducs de Bourgogne en possédait plusieurs exemplaires. Et nous savons par Olivier de La Marche que Charles le Téméraire consacrait une heure chaque soir à la lecture des *Faits des Romains*. Par ailleurs, l'intérêt des ducs pour l'histoire romaine se traduisit aussi par une production qui leur était spécialement destinée et c'est ainsi que Jean Mansel, receveur de Hesdin, termina en 1453 ses *Histoires romaines* qu'il avait compilées pour Philippe le Bon et où il racontait l'histoire de Rome jusqu'à Constantin le Grand. Dix ans plus tard, vers 1463-1465, Jean Miélot traduisit du latin le *Romuléon* de Benvenuto da Imola, œuvre retraçant aussi l'histoire romaine de ses origines légendaires jusqu'à Constantin [1].

Les romans de chevalerie occupaient, naturellement, une place de choix dans la bibliothèque ducale et nous savons quelle influence cette littérature a eue sur la vie de cour, les fêtes et les cérémonies. La « matière de Bretagne » y était bien représentée : le *Livre des histoires du Saint-Graal*, le *Livre du roi Arthur et de Lancelot du Lac*, les aventures de *Merlin*, de *Tristan*, de *Guiron le Courtois*, de *Palamède* et de *Galaad* figurent en plusieurs exemplaires dans les différents inventaires des livres des ducs, de même que les œuvres de Chrétien de Troyes, le *Roman de Lancelot*, le *Chevalier au Lion*, le *Chevalier à la Charrette*, *Cligès*. Certains poèmes épiques comme ceux des cycles de *Guillaume d'Orange* et de *Renaud de Montauban* ou comme la première version de *Girart de Roussillon* étaient également appréciés par les ducs. L'histoire du *Chevalier au Cygne* évoquait non seulement l'univers chevaleresque mais le lien unissant la Maison de Bourgogne et la Maison de Clèves ; quant à l'histoire de *Godefroi de Bouillon*, elle renvoyait à la croisade, thème cher à Philippe le Bon qui, en tant que « duc de Lothier », c'est-à-dire de Basse-Lorraine, se posait en successeur et héritier du conquérant de Jérusalem [2].

A côté des classiques du genre, les ducs de Bourgogne commanditèrent ou acquirent des œuvres nouvelles qui vinrent enrichir le fonds des romans de chevalerie. Nous avons déjà évoqué la nouvelle version que Jean Wauquelin donna, en 1447, de *Girart de Roussillon*, et dans laquelle le héros était présenté comme un personnage emblématique de la Maison de Bourgogne et annonciateur de ses vastes ambitions territoriales :

1. G. DOUTREPONT, *La littérature française à la cour des ducs de Bourgogne*, p. 120-186 ; P. JODOGNE, « L'attribution erronée du *Romuléon* à Roberto della Porta », p. 87-97.
2. G. DOUTREPONT, *La littérature française à la cour des ducs de Bourgogne*, p. 1-106.

« En son vivant [ce Girart] fut seigneur de toute la seigneurie de Bourgogne, et non pas seulement de toute Bourgogne, mais d'Auvergne, de Gascogne, d'Avignon, de Limousin, d'Auxerre, de Tonnerre, de Nevers et de la plus grande partie de toute la province d'Espagne et d'Allemagne ; car sa seigneurie s'étendait depuis la rivière du Rhin jusqu'à la cité de Bayonne qui est en Espagne, sans les autres duchés et comtés comme Flandre et autres dont nous parlerons ci-après, desquels duchés et seigneuries est à présent d'aucune partie seigneur, par la grâce de Dieu et par droit de paternité [monseigneur le duc de Bourgogne] [1]. »

D'autres œuvres comme l'*Histoire de Charles Martel*, les *Conquêtes et chroniques de Charlemagne* et *Perceforest* furent composées, sans doute par le copiste et « escrivain » David Aubert, pour le duc de Bourgogne, la première en 1448, la deuxième en 1458, la troisième en 1459-1460. Vers 1450 un auteur anonyme dédia à Philippe le Bon le roman *Gillion de Trazegnies*, dans lequel étaient racontés les exploits d'un légendaire chevalier du Hainaut, tandis que le duc faisait entrer dans sa bibliothèque les trois livres du cycle de Jean d'Avesnes : le *Livre de Jean d'Avesnes*, la *Fille du comte de Ponthieu* et *Saladin* [2]. Tous ces romans et d'autres ne pouvaient que plaire au duc de Bourgogne car non seulement les aventures chevaleresques y abondaient, mais encore certains thèmes y étaient particulièrement chers à son cœur : la lutte contre les Sarrasins et l'esprit de croisade, l'exaltation de la noblesse des principautés du Nord, notamment de Hainaut et de Picardie, dont *Gillion de Trazegnies* et *Jean d'Avesnes* étaient des représentants glorieux.

La part la plus importante de la bibliothèque ducale consistait en livres religieux et ouvrages de dévotion. Les bibles, psautiers, missels, Évangéliaires, bréviaires, graduels et livres d'heures, y figuraient en plusieurs exemplaires, de même que la *Vie des Saints et des Pères*, la *Légende dorée* de Jacques de Voragine et une foule d'ouvrages de piété et d'ouvrages liturgiques destinés à la chapelle ducale. Les grandes œuvres patristiques étaient également présentes en plusieurs exemplaires, notamment la *Cité de Dieu* de saint Augustin en latin et dans la traduction que Raoul de Presles fit pour Charles V. Le *De consolatione philosophiae* de Boèce, autre grand pilier de la culture cléricale, figurait parmi les livres de la bibliothèque ducale, soit en latin, soit dans la traduction rimée qu'en donna Renaud de Louhans ou la traduction en prose de Jean de Meung [3].

1. *Ibid.*, p. 27.
2. D. QUÉRUEL, *Le livre de Jehan d'Avennes.*
3. G. DOUTREPONT, *La littérature française à la cour des ducs de Bourgogne*, p. 187-236.

Outre le fonds constitué par ce que l'on pourrait considérer comme les classiques de la littérature religieuse, la bibliothèque ducale contenait des ouvrages de morale ou de dévotion plus récents, ainsi la *Vie de Jésus-Christ* de Ludolphe de Saxe, « translatée de latin en clair français » par Jean Aubert, auditeur de la Chambre des comptes de Lille et père de David, l'un des copistes et écrivains attitrés de Philippe le Bon. Citons aussi, au chapitre des livres de piété, l'importante production de Jean Miélot qui traduisit pour le duc plusieurs œuvres pieuses comme le *Miroir de l'humaine salvation* de Ludolphe de Saxe, en 1448, le *Miroir de l'âme pécheresse* de Denis le Chartreux, en 1451, des traités sur le *Pater Noster* et sur l'*Ave Maria*, en 1457 et 1458, un *Traité de la science de bien mourir* peut-être œuvre de Mathieu de Cracovie. Le duc lui commanda aussi des vies de saints, notamment, en 1449, une *Vie de saint Josse*, pour lequel Philippe le Bon avait une particulière dévotion — Josse fut du reste le prénom de l'un de ses fils mort en bas âge en 1432. Il compila également un recueil de *Miracles de Notre-Dame*[1].

A côté des livres religieux et des ouvrages de dévotion, les œuvres liées à l'histoire et aux projets de croisade forment une part assez importante, ce qui n'est évidemment pas surprenant étant donné la place que le « saint voyage » a tenu dans la politique ducale. Eustache Deschamps offrit au duc sa *Dolente et piteuse complainte de l'Église moult désolée d'aujourd'hui* en 1393, soit trois ans avant Nicopolis, et après la défaite Philippe le Hardi reçut de Philippe de Mézières son *Épître lamentable et consolatoire* qui lui était adressée. Jean sans Peur fit compiler, en un luxueux recueil intitulé le *Livre des merveilles du monde*, les plus célèbres récits de voyages dont ceux de Marco Polo, d'Odorico de Pordenone, de Jean de Mandeville et de Ricoldo de Monte-Croce. La *Conquête de Constantinople* de Geoffroy de Villehardouin figurait également en bonne place dans la bibliothèque des ducs ; par ailleurs, Philippe le Bon fit l'acquisition de nombre d'ouvrages spécialement composés pour lui, notamment les rapports et récits de ses envoyés en Orient, Ghillebert de Lannoy et Bertrandon de La Broquière, et les œuvres d'apologétique de son conseiller, l'évêque Jean Germain. Jean Miélot, pour sa part, présenta au duc, en 1455, l'*Avis directif pour faire le voyage d'outre-mer*, traduction d'une œuvre écrite en 1332 par le dominicain Guillaume Adam, et, en 1456, une *Description de la Terre sainte*, traduction de l'ouvrage d'un autre dominicain, Burcard de Saxe, datant de la fin du XIIIe siècle[2].

Dans un autre genre, des traités didactiques figuraient aussi dans la

1. S. LEFEVRE, « Jean Miélot », *D.L.F.*, p. 819-820.
2. G. DOUTREPONT, *La littérature française à la cour des ducs de Bourgogne*, p. 260-261.

bibliothèque des ducs de Bourgogne ; ainsi en était-il des traités de chasse, tels celui de Gaston Phoebus, comte de Foix, dédié à Philippe le Hardi, des traités d'économie rurale comme le *Livre des profits champêtres*, traduction de l'ouvrage de Pierre de Crescens, des ouvrages de médecine ou d'astrologie ; l'art militaire et la science des armes y avaient aussi leur place : nous savons que le *De re militari* de Végèce était un classique qui avait fait l'objet de diverses traductions dont Philippe le Bon et Charles le Téméraire possédaient plusieurs exemplaires, mais par ailleurs des œuvres plus récentes venaient enrichir ce fonds, tels les *Enseignements ou ordonnances pour un seigneur qui a guerre et grands gouvernements à faire* de Théodore Paléologue, marquis de Montferrat, dans une traduction de Jean de Vignay, le *Livre de messire Geoffroy de Charny*, le *Livre de chevalerie* de Christine de Pizan ou le *Livre du seigneur de l'Isle-Adam pour gaige de bataille* composé par un conseiller de Philippe le Bon, chevalier de la Toison d'or. Certains grands traités politiques figuraient également dans la « librairie » ducale, ainsi le *Songe du Vergier*, composé par Évrart de Trémaugon pour Charles V, l'*Arbre des batailles* d'Honoré Bouvet († v. 1405), traité du droit de guerre rédigé vers 1386-1389, et le *De regimine principum* écrit par Gilles de Rome pour Philippe le Bel vers 1280 et qui, sous le titre de *Livre du gouvernement des princes*, fut spécialement traduit en français par Jean Wauquelin pour Philippe le Bon. Dans cette catégorie il est possible de placer aussi les œuvres du dominicain Laurent Pignon, confesseur du duc, qui traduisit pour lui un traité sur l'origine du pouvoir de Durand de Saint-Pourçain et composa un *Traité de la cause de la diversité des États*[1]. D'autres œuvres politiques comme l'*Enseignement de vraie noblesse*, traduction réalisée en 1449 par Jean Miélot des *Orationes de vera nobilitate* de Buonaccorso da Pistoia, et l'*Instruction d'un jeune prince* de Ghillebert de Lannoy entrèrent aussi dans la bibliothèque ducale. Il faut citer ici également les traités de morale, telles les traductions françaises du *De casibus virorum illustrium* et du *De claris et nobilibus mulieribus* de Boccace ou le *Jeu des échecs moralisé* de Jacques de Cessoles, traduit par Jean de Vignay[2].

Tous les auteurs qui, comme Jean Mansel, Jean Wauquelin, Jean Miélot et David Aubert, travaillèrent à copier, traduire ou compiler des œuvres pour les ducs de Bourgogne le firent en célébrant la puissance et la gloire de leur maître. Vasque de Lucène, par exemple, dans le Prologue de sa traduction des *Faits d'Alexandre* de Quinte-Curce, laissait entendre qu'il avait conçu originellement son travail comme un

1. A. J. VANDERJAGT, *Laurens Pignon, OP : confessor of Philip the Good, passim.*
2. G. DOUTREPONT, *La littérature française à la cour des ducs de Bourgogne*, p. 265-328.

« Miroir des princes », mais qu'ayant tant tardé à l'achever, il le présenta, en 1468, à un duc puissant, glorieux, conquérant, aussi heureux en guerre et plus vertueux que le héros dont il avait raconté les exploits :

> « Il y a grand temps que volonté me prit d'assembler et de translater de latin en français les faits d'Alexandre afin, en votre jeune âge, de vous donner l'exemple et l'instruction de la vaillance. Mais pendant le temps que j'ai hésité à traduire les gestes, tandis que je les translate et pendant que vous êtes occupé dans les guerres de France, de Liège, en la destruction de Dinant et, de nouveau, dernièrement, tandis que vous renversiez la puissance des Liégeois par terrible bataille, démolissiez les murs de leurs cités, villes, châteaux et, finalement, tandis que vous leur donniez lois nouvelles, sept ans sont passés ou environ, durant lesquels vos vertus et œuvres chevaleresques par le monde ont été si avant manifestées qu'il est assez notoire que cette doctrine vous est superflue. Car ainsi, comme en toutes autres vertus de paix et de guerre, vous, mon très redouté seigneur, n'êtes guère surpassé par Alexandre, mais au contraire en dévotion, continence, chasteté et tempérance c'est vous qui l'avez évidemment surpassé[1]. »

Mais par ailleurs, une littérature plus directement destinée à la célébration de la gloire de la Maison de Bourgogne se développa à la cour ducale. A partir des années 1430, une certaine production littéraire accompagna le développement de l'ordre de la Toison d'or. L'une des premières œuvres fut le *Songe de la Toison d'or* composé dès 1431 par le poète et valet de chambre du duc Michaut Taillevent, mais l'œuvre majeure en ce domaine fut le traité sur la *Toison d'or* dû à Guillaume Fillastre, chancelier de l'ordre, œuvre didactique et sorte de « Miroir des chevaliers » destinée au duc Charles le Téméraire et aux membres de l'ordre afin de leur fixer une impeccable conduite morale et leur faire prendre conscience qu'ils avaient en charge le bien de la chose publique[2].

La production d'œuvres historiques revêtit aussi à la cour de Bourgogne une signification particulière. La bibliothèque ducale contenait des chroniques et d'autres livres d'histoire. Dans l'inventaire de 1404 sont énumérées notamment des *Chroniques de France* et des *Chroniques de Flandre*. Les chroniques de Jean Froissart figurèrent également parmi les collections ducales dès le principat de Philippe le Hardi. Or, le duc lui-même était l'un des acteurs des événements rapportés par le

1. *Ibid.*, p. 182-183.
2. R. DESCHAUX, *Un poète bourguignon du XVe siècle*, p. 59-86 ; *L'ordre de la Toison d'or*, p. 110-114 et 118-127.

chroniqueur, et Froissart, sans être le « chroniqueur bourguignon » que l'on a parfois voulu faire de lui, fut cependant l'un des premiers à rapporter les hauts faits des ducs Valois. De même Christine de Pizan, qui écrivit le *Livre des faits et bonnes mœurs du sage roi Charles V* à la demande de Philippe le Hardi, et offrit l'œuvre achevée en 1406 à Jean sans Peur, y célébra le premier duc de Bourgogne Valois comme l'un des « piliers de France ». Cependant ce n'est qu'avec Jean sans Peur et la guerre civile des Armagnacs et des Bourguignons qu'une véritable historiographie bourguignonne, porteuse d'un clair message idéologique, se développa dans l'entourage des ducs. Une œuvre comme la *Geste des ducs de Bourgogne*, écrite dans le contexte de la guerre civile et donc violemment hostile à la Maison d'Orléans, en fut sans doute l'un des plus anciens exemples.

Philippe le Bon, comme ses prédécesseurs, collectionna lui aussi les chroniques et, en 1447, il reçut même en don de l'auteur un exemplaire de la chronique d'Enguerrand de Monstrelet. Ce chroniqueur picard, sans attaches directes avec la cour de Bourgogne, mais proche de la Maison de Luxembourg-Saint-Pol, se montra un admirateur des ducs Jean sans Peur et Philippe le Bon ; cependant, son travail n'avait pas été élaboré à la suite d'une commande princière. La mise sur pied d'une véritable histoire officielle était encore à venir et fut le résultat des initiatives successives de Philippe le Bon.

Le duc commença par commanditer des chroniques à caractère régional. La première en date à entrer dans la bibliothèque ducale fut la *Chronique des ducs de Brabant* d'Émond de Dynter. Ce personnage, issu d'une famille de la noblesse brabançonne, se trouvait, dès 1406, au service d'Antoine de Bourgogne, duc de Brabant, dont il devint secrétaire et conseiller. Très proche du pouvoir ducal, il passa au service de Philippe le Bon en 1430 lorsque ce dernier acquit le duché de Brabant. Un an avant sa mort, en 1447, il présenta sa chronique brabançonne qu'il avait rédigée en latin et que Philippe le Bon fit aussitôt traduire en français par Jean Wauquelin. Ce même Jean Wauquelin achevait alors ses *Chroniques de Hainaut* reposant sur une traduction des *Annales* de Jacques de Guise. Mais le duc de Bourgogne eut bientôt le désir de disposer d'une chronique officielle comparable aux *Grandes Chroniques de France*. En 1455, au moment même où il s'apprêtait à se lancer dans l'aventure de la croisade, il nomma Georges Chastelain son historiographe.

Chastelain, né en 1415, descendant par son père, Jan Chastelain, d'une famille de riches gens de métiers gantois et par sa mère, Marie de Masmines, d'un lignage de la noblesse flamande, se trouvait à la jonction de deux mondes, celui de l'élite des métiers urbains, et celui des serviteurs de l'État bourguignon — l'un de ses parents, Robert de Masmines, fut chevalier de la Toison d'or en 1430. Après avoir reçu une éducation poussée, puisqu'il fit des études à l'université de Louvain, il parvint à s'agréger à la noblesse dont il adopta la mentalité et les préjugés. Il fit ses premières armes au service du duc de Bourgogne avant de fréquenter la cour de France, entre 1441 et 1445, dans l'entourage de Pierre de Brézé, l'un des proches conseillers de Charles VII. Revenu en Flandre en 1445, et s'étant fait connaître par ses œuvres littéraires et poétiques, il fut retenu au service de Philippe le Bon qui l'intégra à son hôtel, d'abord en tant qu'écuyer-panetier puis comme écuyer tranchant. A partir de 1455, il commença à rédiger sa *Chronique* qui fut, au sens plein du terme, une chronique officielle. Resté au service de Charles le Téméraire après la mort de Philippe le Bon, il fut comblé d'honneurs, fait chevalier et « indiciaire » en 1473. A sa mort, deux ans plus tard, son disciple Jean Molinet († 1507) prit sa succession au service du Téméraire puis de Maximilien et de Marie de Bourgogne[1].

Parallèlement à cette historiographie officielle, certains serviteurs des ducs de Bourgogne rédigèrent, à titre privé, des chroniques dont la teneur était conforme à la vision « bourguignonne » de l'histoire : ainsi Jean Le Fèvre, seigneur de Saint-Rémy, dit Toison d'or († 1468), qui écrivit tardivement sa chronique, vers 1462, mais y réserva une place de choix aux récits concernant les débuts de l'ordre de la Toison dont il avait été le premier roi d'armes ; enfin Olivier de La Marche qui commença la rédaction de ses *Mémoires* vers 1470 « pour se garder d'oisiveté ». Cependant, les connexions entre ces auteurs et les indiciaires bourguignons étaient avérées. Tant Jean Le Fèvre qu'Olivier de La Marche affirmèrent qu'ils rassemblaient des informations dont Georges Chastelain pourrait tirer parti. Jean Le Fèvre dit ainsi qu'il avait envoyé ses écrits au « noble orateur, Georges Chastelain, pour aucunement, à son bon plaisir et selon sa discrétion, les employer dans les nobles histoires et chroniques par lui faites[2] » ; quant à Olivier de La Marche, il écrivit dans le Prologue de ses *Mémoires* que son but était de :

> « Mettre par mémoire ce que j'ai vu et retenu au temps passé de ma vie, tendant afin que, s'il y a chose que ledit Georges [Chastelain] ou autres, en leurs hautes œuvres, se puissent aider ou servir, ils le prennent et le retirent, s'ils me survivent, hors des ronces et des épines de mes rudes et vains labeurs[3]. »

1. G. SMALL, *George Chastelain and the shaping of Valois Burgundy*, *passim*.
2. Jean LE FEVRE DE SAINT-RÉMY, *Chroniques*, I, p. 2.
3. Olivier de LA MARCHE, *Mémoires*, I, p. 185.

Le duc de Bourgogne n'était pas le seul personnage de sa Cour sur lequel s'exerçait un puissant attrait pour la littérature et les beaux livres. Plusieurs seigneurs de son entourage furent des bibliophiles avertis, partageant ses goûts. Antoine, bâtard de Bourgogne, fils illégitime de Philippe le Bon, rassembla ainsi une belle bibliothèque en son château de La Roche en Ardenne. Selon David Aubert, qui eut sa clientèle, le bâtard « était moult enclin aux belles histoires » ; il possédait du reste un luxueux volume contenant le roman de *Gillion de Trazegnies*, mais, comme son père et son demi-frère, il appréciait les histoires antiques et était propriétaire d'une *Histoire de la destruction de Troie* de Guido delle Colonne, d'un beau *Valère Maxime*, d'un *Romuléon* et des *Faits d'Alexandre* de Quinte-Curce traduits par Vasque de Lucène ; amateur de récits historiques, il détenait également un somptueux exemplaire des *Chroniques* de Froissart en quatre tomes, mais il avait aussi une *Bible moralisée*, un riche exemplaire de l'œuvre de Boèce, les *Nobles Hommes et Femmes* de Boccace, le *Livre des profits champêtres* de Pierre de Crescens, etc.[1].

Jean V, seigneur de Créquy, conseiller et chambellan du duc, chevalier de la Toison d'or de la première promotion, « vaillant en armes et grand voyageur » selon Olivier de La Marche, était lui aussi un amateur de beaux livres ; commanditaire et protecteur de David Aubert, il fut le défenseur de Martin le Franc lorsque ce dernier fut très critiqué à la cour de Bourgogne pour son *Champion des dames* ; ce seigneur de Créquy possédait dans sa bibliothèque, à côté de « classiques » comme l'*Histoire de la destruction de Troie*, ou d'œuvres historiques composées pour le duc comme les *Chroniques de Hainaut* de Jean Wauquelin, des œuvres inspirées de l'Antiquité comme le *Livre des hauts faits et vaillances de l'empereur Octavien* ou des romans chevaleresques comme *Mélusine*, *Ciperis de Vignevaux*, *Blancandin et l'Orgueilleuse d'amour* dont il avait souvent lui-même commandé la traduction, la mise en prose ou la compilation[2].

Jean, bâtard de Wavrin, seigneur du Forestel († v. 1475), est un autre bibliophile de la cour de Bourgogne qui mérite une mention particulière. Auteur d'une chronique connue sous le titre de *Recueil des chroniques et anciennes histoires de la Grande Bretagne à présent nommée Angleterre*, qu'il rédigea entre 1445 et 1469, il fut aussi un collectionneur de livres. Sa bibliothèque renfermait nombre de romans d'aventures comme l'*Histoire d'Olivier de Castille* ou *Apollonius de Tyr*, mais beaucoup de ces œuvres mettaient en scène des représentants de cette

1. G. DOUTREPONT, *La littérature française à la cour des ducs de Bourgogne*, *passim*.
2. *Ibid.*

noblesse de Picardie, de Flandre et du Hainaut à laquelle le bâtard de Wavrin était étroitement apparenté : ainsi possédait-il *Gillion de Trazegnies*, la *Chronique du bon chevalier messire Gilles de Chin*, le *Roman du Comte d'Artois*, le *Châtelain de Coucy et la Dame du Fayel*, le *Livre de Jean d'Avesnes*, l'*Histoire des sires de Gavre*. Ce dernier roman contait du reste les exploits de Louis de Gavre, né de la fille d'un seigneur de Wavrin. Le bâtard avait commandé beaucoup de ses livres, entre 1450 et 1470, à un atelier de copie et d'enluminure sans doute lillois ; leurs illustrations étaient d'un style tellement spécifique qu'on désigne aujourd'hui communément le peintre qui en est l'auteur comme le « maître de Wavrin [1] ».

Louis de Bruges, seigneur de Gruuthuse, noble flamand, chevalier de la Toison d'or en 1461, qui fut l'un des conseillers de Philippe le Bon et de Charles le Téméraire avait, tout comme ses maîtres, le goût des beaux livres et fut l'un des clients et protecteurs de Colard Mansion, libraire de Bruges, fournisseur des ducs et l'un des premiers imprimeurs flamands ; il réunit l'une des plus riches bibliothèques de son temps, où figuraient des romans comme *Lancelot du Lac* et *Gillion de Trazegnies*, des œuvres historiques comme les *Chroniques* de Jean Froissart et les *Chroniques de Hainaut*, des traités de morale et des ouvrages didactiques comme la *Somme le Roi* de frère Laurent, le *Miroir historial* de Vincent de Beauvais, le *Livre de chasse* de Gaston Phoebus et un superbe exemplaire du *Livre des tournois* de René d'Anjou, des ouvrages religieux comme cette traduction flamande du *De consolatione philosophiae* de Boèce, la traduction donnée par Jean Miélot du *Miroir de l'humaine salvation*, et la *Cité de Dieu* dans la traduction de Raoul de Presles, des œuvres d'auteurs latins tels Valère Maxime et Tite-Live ; enfin, ce chevalier de l'ordre de la Toison d'or possédait le *Recueil des histoires troyennes* et l'*Histoire de Jason* de Raoul Lefèvre, l'*Histoire de la Toison d'or* de Guillaume Fillastre et quelques récits de voyages comme le *Livre des Merveilles* et l'œuvre de Jean de Mandeville, etc. [2].

D'autres grands personnages de la Cour comme Jean de Bourgogne, comte d'Étampes, Antoine, seigneur de Croy, son frère Jean de Croy et son neveu Philippe, seigneur de Sempy, Rodolphe de Hochberg, marquis de Rothelin, Hugues de Lannoy, seigneur de Santes, Guy de Brimeu, seigneur de Humbercourt, se constituèrent aussi de belles bibliothèques [3]. Les conseillers légistes du duc et certains hommes de finances comme Nicolas Rolin, Guillaume Hugonet, Jean Chevrot,

1. *Ibid.* ; A. NABER, « Jean de Wavrin, un bibliophile du XVe siècle », p. 281-293.
2. *Les chevaliers de l'ordre de la Toison d'or*, p. 132 ; M. MARTENS (dir.), *Lodewijk van Gruuthuse*, *passim* ; M.-P. LAFFITTE, « Les manuscrits de Louis de Bruges, chevalier de la Toison d'or », p. 242-255.
3. G. DOUTREPONT, *La littérature française à la cour des ducs de Bourgogne*, p. 499.

Jean Jouard, Ferry de Clugny, Guy Guilbaut, eurent également la passion des beaux livres : Nicolas Rolin possédait par exemple une traduction française des œuvres de Boccace, Ferry de Clugny un superbe missel enluminé, Guy Guilbaut un riche exemplaire de la *Cité de Dieu* qui fit envie à Jean Chevrot[1]. Par ailleurs les princesses et les dames comme Isabelle de Portugal, Isabelle de Bourbon, deuxième femme de Charles le Téméraire, Louise de La Tour, épouse de Jean, seigneur de Créquy, Jeanne de La Viesville, femme d'Antoine, bâtard de Bourgogne, manifestèrent également un vif intérêt pour les livres et la littérature.

La cour de Bourgogne fut un foyer de culture et un centre d'activité littéraire. Certes, les livres étaient souvent des objets de luxe, richement reliés, ornés et illustrés et possédés surtout pour leur valeur intrinsèque ; cependant, autour des ducs de Bourgogne, de véritables bibliophiles et amateurs de beaux textes se sont affirmés, tandis qu'une littérature de cour se développait. Les liens culturels avec les cours princières de France se laissent facilement observer à travers les inventaires de bibliothèques. Sur le plan de la culture historique, la place tenue par les *Grandes chroniques de France* est révélatrice de l'influence française ; sur le terrain de la littérature politique, l'héritage culturel du temps de Charles V se ressent par l'importance des grandes traductions dues à Nicole Oresme et à Raoul de Presles. Cependant, progressivement, une littérature propre à la cour de Bourgogne apparut et se développa, surtout à partir du principat de Philippe le Bon. Des traducteurs et copistes travaillèrent pour la clientèle de la cour de Bourgogne et leurs traductions concernèrent des œuvres choisies pour le lectorat bourguignon. Sans parler des œuvres inspirées par la Toison d'or, le duc, pour sa part, encouragea une production orientée vers l'histoire antique, l'histoire des principautés bourguignonnes, l'histoire orientale, les voyages, la croisade. Dans l'entourage du prince, où l'on prisait le genre des romans de chevalerie, on suscita la composition d'œuvres mettant en scène les aventures imaginaires de représentants de la noblesse de Picardie, d'Artois, du Hainaut, de Flandre. Enfin, Enguerrand de Monstrelet, Jean Le Fèvre, seigneur de Saint-Rémy, Georges Chastelain, Jacques du Clercq, Olivier de La Marche, Jean Molinet, pour n'en citer que quelques-uns, ont fait vivre et évoluer une histoire bourguignonne dont la naissance et l'affirmation ont illustré le processus de formation de l'État bourguignon.

1. J. BARTIER, *Légistes et gens de finances*, p. 276-277 et 324, n. 4.

LA TAPISSERIE

Les ducs de Bourgogne et leur Cour évoluèrent dans un espace géographique au sein duquel s'épanouirent quelques très grands centres de la tapisserie de « haute lice » et de « basse lice[1] » : Paris, Arras, dont la production était déjà réputée au début du XIVe siècle, puis, dans le courant du XVe siècle, Lille, Tournai, Bruxelles. Ainsi les pays bourguignons furent-ils le cadre de la rencontre fructueuse d'une production de luxe en pleine expansion et des commandes d'une clientèle riche et puissante.

La tapisserie formait le décor quotidien des hôtels princiers et des résidences des grands. Elle jouait un rôle de protection et d'isolation thermique, permettait de cloisonner des salles trop vastes et servait aussi, bien sûr, de prestigieux élément de décoration, soit pour les appartements privés, soit pour les salles d'apparat. Les riches commanditaires pouvaient en posséder une quantité appréciable. A elle seule, par exemple, une représentante de la noblesse de Cour, Marguerite de Bécourt, veuve de Hugues de Lannoy, légua par testament, en 1460, six « chambres » complètes, c'est-à-dire six ensembles de tapisseries avec courtines, ciels, « banquiers » (couvertures de bancs) et housses de coussins assorties. Une de ces « chambres » comptait douze « draps » (pièces de tapisserie), une autre onze, deux en totalisaient six chacune et deux autres quatre chacune, soit au total quarante-trois tentures[2]. Ces chiffres, déjà impressionnants, ne peuvent être comparés à ceux des collections des ducs de Bourgogne : en 1404, Philippe le Hardi possédait environ soixante-quinze tentures, à quoi s'ajoutaient les vingt-six pièces appartenant à Marguerite de Male. Les achats et acquisitions se poursuivant, Philippe le Bon posséda jusqu'à une centaine, non de pièces, mais de suites et de « chambres ». En 1430, il fallut quinze chariots pour transporter à Bruges toutes les tapisseries qui devaient être tendues pour décorer les lieux où allaient se dérouler les fêtes du mariage du duc avec Isabelle de Portugal. Pour veiller sur cet ensemble le « garde de la tapisserie » était assisté de dix-sept personnes. En 1440, le duc fit construire spécialement à Arras une grande salle voûtée pour servir de dépôt pour ses tapisseries[3]. En 1461, lorsque, après le sacre de Louis XI, Philippe le Bon accompagna le roi à Paris, l'hôtel d'Artois n'avait pas assez de murs pour recevoir toutes les tentures de la collection ducale :

1. Ces termes désignent deux techniques employées concurremment et qui ne se distinguent que par le type de métier utilisé pour le tissage.
2. B. DE LANNOY, *Hugues de Lannoy, le bon seigneur de Santes*, p. 281-295.
3. M. CRICK-KUNTZIGER, « La tapisserie bruxelloise au XVe siècle », p. 87-102 ; M. CHEYNS-CONDÉ, « La tapisserie à la cour de Bourgogne », p. 73-78.

« Ledit duc de Bourgogne étant à Paris fit tendre en sa salle de son hôtel d'Artois et dans les chambres les plus nobles tapisseries que ceux de Paris eussent jamais vues, spécialement celle de l'histoire de Gédéon que ledit duc avait fait faire toute d'or et de soie pour l'amour de l'ordre de la Toison qu'il portait [...]. Ledit duc fit aussi tendre l'histoire d'Alexandre et plusieurs autres faites d'or et d'argent et de soie. Pour la multitude qu'il en avait, il les faisait tendre les unes sur les autres [1]. »

L'aspect fonctionnel des tapisseries se doublait d'un caractère luxueux et prestigieux [2]. Les ducs de Bourgogne les utilisaient non seulement pour enrichir le décor quotidien de leur résidence mais aussi pour faire des cadeaux : ainsi dans les années 1390, Philippe le Hardi, durant les négociations de paix franco-anglaises, offrit une *Histoire du roi Clovis* et une *Histoire de Notre-Dame* au duc de Lancastre et au duc de Gloucester, une *Crucifixion*, un *Calvaire* et une *Mort de la Vierge* au roi Richard II. En 1397, il expédia aussi de riches tapisseries représentant l'*Histoire d'Alexandre* au sultan Bajazet pour le disposer favorablement après le désastre de Nicopolis. En 1423, Philippe le Bon offrit à Martin V une suite de six pièces représentant la *Vie de la Vierge*.

Les sujets figurés sur les tentures des collections ducales étaient divers. Ils étaient souvent d'inspiration religieuse : la *Nativité*, la *Passion*, l'*Ascension*, l'*Histoire de la Vierge*, le *Couronnement de la Vierge*, l'*Assomption*, le *Credo*, les *Prophètes*, les *Apôtres*, *Moïse*, les *Rois Mages*, *David et Goliath*, les *Vertus et les Vices*, des allégories de l'Église et diverses vies de saints, saint Georges, saint Antoine, sainte Marguerite et sainte Anne notamment. Certaines œuvres littéraires inspirèrent aussi quelques suites de tapisseries : Philippe le Hardi commanda par exemple trois tentures de l'*Histoire du Roman de la Rose*, en 1386, en 1387 et en 1393. Les thèmes tirés des romans de chevalerie étaient à l'honneur et certaines tentures représentaient *Renaud de Montauban*, le *Chevalier au Cygne*, *Perceval le Gallois*, les *Neuf Preux* — soit, ensemble ou séparément, Hector, Alexandre, César, Josué, David, Judas Macchabée, Arthur, Charlemagne et Godefroi de Bouillon — et les *Neuf Preuses* — Sinope, Hippolyte, Sémiramis, Lampedo, Tomyris, Penthésilée, Teuta, Deïpyle et Argea. Les héros de l'Antiquité ne manquaient pas comme *Alexandre*, *Hannibal*, *César*. Mais par ailleurs les ducs détenaient des tapisseries à sujets plus politiques comme les *Douze pairs de France*, et la *Bataille de Roosebeke*, appartenant à Philippe le Hardi, et la suite de

1. Jacques DU CLERCQ, *Mémoires*, p. 185.
2. Pour ce qui suit, voir R. VAUGHAN, *Philip the Bold*, p. 50, 72 et 191, *John the Fearless*, p. 234 et *Philip the Good*, p. 151-153 ; G. DOUTREPONT, *La littérature française à la cour des ducs de Bourgogne*, p. 117 et 329 ; M. CHEYNS-CONDÉ, « La tapisserie à la cour de Bourgogne », p. 73-89.

la *Bataille d'Othée* commandée par Jean sans Peur après sa victoire de 1408 sur les Liégeois. Par ailleurs, les aventures de personnages emblématiques comme *Hercule*, *Jason* et *Gédéon* fournirent, comme nous l'avons vu, le sujet de plusieurs suites de tapisseries liées notamment aux décors des grandes fêtes organisées sous Philippe le Bon et Charles le Téméraire. Des sujets moins liés aux goûts littéraires et aux ambitions politiques de la Maison de Bourgogne apparaissaient aussi, tels les scènes de chasse, les scènes pastorales, les décors aux mille-fleurs ou « de verdure » et les ornements emblématiques et héraldiques.

Les fournisseurs des ducs, le fait n'est pas surprenant, étaient installés dans les grands centres producteurs. Il s'agissait de « marchands tapissiers » qui étaient de riches négociants, eux-mêmes éventuellement maîtres artisans, et jouaient le rôle d'intermédiaires entre le prince et les liciers ; ceux-ci étaient des maîtres et chefs d'ateliers dirigeant une main-d'œuvre de compagnons, d'ouvriers, d'apprentis. C'est ainsi qu'il ne faut pas s'étonner de voir un même personnage être en mesure de livrer chaque année une ou deux suites de tapisseries à la cour ducale : il n'en était pas le producteur, mais pouvait faire travailler plusieurs ateliers voire puiser dans des stocks.

Tant qu'ils fréquentèrent assidûment la cour de France, les ducs de Bourgogne s'adressèrent à des marchands et producteurs parisiens. Philippe le Hardi passa des commandes à Nicolas Bataille qui lui fournit notamment une *Histoire de Bertrand du Guesclin* et une *Histoire de Godefroi de Bouillon* ; il s'adressa aussi à Jacques Dourdin, Arrageois d'origine mais installé à Paris, où il s'était associé à Nicolas Bataille, et qui lui livra plus de dix-sept pièces entre 1386 et 1397. Pierre de Beaumetz fut un autre de ses fournisseurs parisiens qui réalisa pour lui des tentures de l'*Histoire de Jason* destinées au château de Hesdin. Mais par ailleurs des marchands d'Arras eurent également sa clientèle, notamment Jean Cosset, que les registres de la comptabilité ducale mentionnent à vingt-cinq reprises comme fournisseur de tapisseries entre 1385 et 1404. Le duc lui passa notamment commande en 1386 d'une suite de six tentures représentant l'*Apocalypse* qu'il voulait plus belle que la célèbre *Apocalypse* d'Angers, que son frère aîné Louis Ier, duc d'Anjou, avait acquise de Nicolas Bataille en 1379. Jean Cosset, pour faire réaliser cette œuvre, s'adressa au maître haut-licier Robert Poisson, celui-là même qui avait travaillé à la réalisation des tentures du duc d'Anjou. Ce fut à Arras également que Philippe commanda au marchand Michel Bernard la gigantesque tenture de la *Bataille de Roosebeke* — 200 m^2 d'un seul tenant — qui fut achevée en 1387, soit cinq années après avoir été commandée. Et ce fut d'ailleurs encore à Arras que Jean sans

Peur commanda en 1408 au licier Rifflard Flaymal les six tentures représentant sa *Victoire d'Othée* sur les Liégeois, œuvre livrée en 1411.

A partir de Philippe le Bon, les commandes ducales allèrent essentiellement à des maîtres arrageois, bruxellois, lillois et tournaisiens. On a conservé la trace précise de quelques commandes datant du principat de ce duc : jusqu'en 1445, le marchand arrageois Jean Walois lui livra diverses tentures représentant des scènes de chasse, des sujets religieux ou des motifs héraldiques. En 1449, le duc fit réaliser une somptueuse suite de tapisseries de *Gédéon et la Toison d'or* ; le peintre arrageois Baudouin de Bailleul en avait fait les cartons, et les marchands tapissiers tournaisiens Robert Dary et Jean de Lortye avaient livré l'ensemble en 1453 moyennant le versement de 8 960 écus[1]. Il sollicita un autre Tournaisien, le marchand tapissier Pasquier Grenier, pour la fabrication d'une suite représentant l'*Histoire d'Alexandre*, en 1459, puis six tentures de la *Passion* et une « chambre de verdure » avec des personnages de paysans et de bûcherons en 1461 ; ce même Pasquier Grenier, qui bénéficiait de nombreuses commandes ducales, livra ensuite six tapisseries représentant l'*Histoire d'Assuérus et d'Esther* et une suite consacrée à l'histoire du *Chevalier au Cygne* en 1462, une chambre de tapisseries ornée d'orangers et une autre ornée de bûcherons en 1466. En 1472, ce fut encore Pasquier Grenier qui vendit à la ville de Bruges une suite de onze pièces représentant l'*Histoire de Troie* qui fut offerte au duc Charles le Téméraire.

En 1467 une suite de l'*Histoire d'Hannibal* composée de six pièces fut payée à un marchand tapissier de Bruxelles, Jean Rave ; l'année précédente, un autre Bruxellois, Jean de Haze, avait été payé pour avoir livré « huit pièces de tapisseries de verdure » ayant chacune en son milieu, ouvrées en or, les armoiries du duc, accompagnées de ses emblèmes, le « fusil » et deux « E » attachés par un lacet. De cette suite de huit pièces, une seule tenture subsiste aujourd'hui ; conservée au Musée de Berne, elle fait partie des épaves du riche butin fait par les Confédérés suisses dans le camp de Charles le Téméraire après la bataille de Grandson le 2 mars 1476[2]. Cette pièce de tapisserie de 3,06 m sur 6,87 m, d'une incomparable finesse de réalisation, présente un décor aux mille-fleurs dont la précision et le réalisme sont dignes de l'herbier d'un savant botaniste : on y peut identifier trente-cinq sortes de végétaux ; elle est ornée en son centre des armes du duc Philippe le Bon — identiques à celles que son fils adopta lorsqu'il devint duc ; le blason, entouré par le collier de l'ordre de la Toison d'or, est

1. R. VAUGHAN, *Philip the Good*, p. 152.
2. M. CRICK-KUNTZIGER, « La tapisserie bruxelloise au XVe siècle », p. 87-102.

timbré d'un heaume sommé d'une fleur de lys et orné d'exubérants lambrequins. L'association d'un décor végétal avec des motifs héraldiques et emblématiques n'était pas exceptionnelle, mais on ne peut s'empêcher de penser que ces riches armoiries, réunissant les blasons de Bourgogne, de Flandre, de Limbourg et de Brabant au milieu d'un superbe champ de fleurs, symbolisaient sans doute le bon gouvernement du prince et la *Pax Burgundica*[1].

1. *Die Kunst der burgundischen Niederlande*, p. 121-139.

22

L'ÉTAT BOURGUIGNON FACE AU PARTICULARISME URBAIN

LE POUVOIR DUCAL ET LE CONTRÔLE DES VILLES

Lieux de pouvoir — et de « contre-pouvoir » —, centres d'accumulation des richesses, les villes — et singulièrement les grandes villes — constituèrent un enjeu de taille pour les ducs de Bourgogne ; cependant, les tendances particularistes des communautés urbaines et les exigences politiques et financières d'un État en pleine formation étaient inconciliables. Si, d'une manière générale, les villes des deux Bourgognes ne furent pas des pôles de résistance à la politique centralisatrice des ducs[1], il n'en alla pas de même des villes des Pays-Bas. Il est vrai que dans les « pays de par-deçà » le fait urbain ne revêtait pas le même caractère que dans les « pays de Bourgogne » : dans les principautés du Nord, dans le dernier quart du XVe siècle, 34 % de la population vivaient en ville (36 % dans le comté de Flandre et jusqu'à 45 % dans le comté de Hollande) ; Gand comptait 45 000 habitants, Bruges près de 40 000, Amiens, Bruxelles, Anvers et Liège plus de 20 000, Dordrecht, Douai, Leiden, Lille, Malines, Bois-le-Duc, Louvain, Haarlem, Delft en avaient entre 10 et 20 000 ; en Bourgogne, au contraire, la société était rurale dans son immense majorité et Dijon, qui était la plus grande ville du duché, comptait environ 13 000 habitants en 1474[2]. Par ailleurs, dans les Pays-Bas, le système urbain était ancien et bien organisé et les villes avaient une longue tradition d'autonomie et de lutte pour la défense de leurs intérêts économiques et politiques. Avant l'avènement de la Maison de Bourgogne dans ces régions, le pouvoir princier était régulièrement sorti perdant de l'affrontement

1. A. LEGUAI, « Les ducs Valois et les villes du duché de Bourgogne », p. 21-33.
2. W. PREVENIER et W. BLOCKMANS, *Les Pays-Bas bourguignons*, p. 30, 43-45, et 391-392 ; F. HUMBERT, *Les finances municipales de Dijon*, p. 20-23.

avec les villes et celles-ci avaient empiété sur des terrains — la diplomatie, la monnaie, la justice, la guerre — que des princes centralisateurs ne pouvaient admettre de partager avec elles. C'est pourquoi les relations entre les ducs de Bourgogne et les villes de leurs « pays de par-deçà » furent souvent conflictuelles et que la construction de l'État bourguignon ne pouvait passer que par la soumission des communautés urbaines à l'autorité princière[1].

L'avènement de la Maison de Bourgogne en Flandre avait eu lieu dans un contexte d'affrontement violent entre le pouvoir princier et les villes, à la tête desquelles Gand faisait figure de bastion du particularisme urbain. Philippe le Hardi, par la paix de Tournai de décembre 1385, était parvenu à établir de bonnes relations avec les Gantois dont il garantit les privilèges et respecta l'autonomie administrative. Cependant, le pouvoir princier chercha à imposer son contrôle sur les villes et à intégrer les institutions communales aux structures de l'État. L'enjeu était à la fois politique et financier. L'un des moyens d'établissement de ce contrôle était de gagner au prince la sympathie des populations. La propagande, les entreprises de séduction individuelle ou collective, les grandes cérémonies et les démonstrations de puissance étaient les instruments efficaces de cette politique[2]. Ce n'est pas un hasard si les manifestations les plus spectaculaires de la théâtralisation du pouvoir eurent pour cadre les grandes villes des principautés bourguignonnes — et singulièrement des « pays de par-deçà » — : ainsi les chapitres de l'ordre de la Toison d'or se déroulèrent à Lille en 1431, à Bruges en 1432, à Dijon en 1433, à Saint-Omer en 1440, à Gand en 1445, à Mons en 1451, à La Haye en 1456, de nouveau à Saint-Omer en 1461, une nouvelle fois à Bruges en 1468, enfin à Valenciennes en 1473. Par ailleurs, certaines circonstances permettaient aux corps urbains de manifester leur attachement au prince et à sa Maison, par exemple par des processions propitiatoires ou des actions de grâces publiques marquant des événements particuliers. L'épisode rapporté par le chroniqueur arrageois Jacques du Clercq est, de ce point de vue, fort révélateur.

> « Audit an [1462], en la ville de Bruxelles en Brabant, environ la Chandeleur, prit au duc de Bourgogne une grande maladie, et si grande que tous les maîtres en médecine l'abandonnèrent et pensèrent qu'il allait mourir. Ledit duc étant ainsi malade manda son fils Charles, comte de Charolais, qui était au Quesnoy avec sa femme, lequel vint prestement. Et lorsqu'il fut venu, aussitôt qu'il vit son

1. W. BLOCKMANS, « La répression de révoltes urbaines comme méthode de centralisation », p. 5-9.
2. W. PREVENIER et W. BLOCKMANS, *Les Pays-Bas bourguignons*, p. 215 et suiv.

dit père ainsi agressé de maladie, il manda sur-le-champ toutes les villes fermées des pays de son père leur disant comment son dit père était gravement malade et comment les médecins craignaient sa mort, par quoi il requérait à tous les sujets de son dit père et à toutes gens d'Église de vouloir bien faire partout processions générales, prières et oraisons, en priant Dieu que par sa grâce il voulût donner guérison à monseigneur son père. Et dès que ses lettres étaient apportées aux lieux où elles étaient envoyées, tout le clergé et le peuple, de grande et bonne volonté, faisaient prières et processions pour ledit duc. Et sans doute, ledit duc de Bourgogne était si aimé de son peuple que c'était merveille de voir comme chacun faisait diligence de prier pour lui [...] [1]. »

Mais ces manifestations d'unanimité n'étaient pas tout. Les ducs de Bourgogne exploitèrent aussi les tensions au sein des élites et surent, par exemple, utiliser telle ou telle faction politique pour asseoir leur pouvoir. Ce fut particulièrement le cas en Hollande et Zélande où, durant la guerre de 1425-1428 contre Jacqueline de Bavière, Philippe le Bon s'était appuyé sur les « Cabillauds », qui dominaient l'essentiel des villes des deux comtés, comme Rotterdam, Schiedam, La Haye, Delft, Leiden, Haarlem et Amsterdam, tandis que son adversaire avait le soutien des « Hameçons », qui représentaient surtout la noblesse. Par la suite, ils continuèrent de jouer sur cet antagonisme.

Diverses méthodes furent employées pour renforcer le contrôle étatique sur les institutions et la vie urbaines. En Flandre, l'un des moyens de contrôle les plus efficaces était l'intervention directe dans la désignation des administrations municipales — appelées « Lois ». Ces Lois, soumises au principe de renouvellement annuel, étaient constituées suivant un mode de désignation qui tenait de l'élection et de la cooptation, mais se faisait en présence d'une commission spéciale — comptant en principe quatre membres — chargée de veiller au « renouvellement des Lois des bonnes villes de Flandre ». Un bon exemple du fonctionnement de ce procédé est fourni par la ville de Lille : la Loi, renouvelée tous les ans à la Toussaint, y comptait quarante-sept membres jusqu'en 1467 — et quarante-quatre après cette date —, répartis en neuf collèges ou institutions. Le plus important de ces collèges était formé du « mayeur » et des douze échevins ; ceux-ci étaient nommés par le prince et avaient, après leur nomination, la charge de désigner à leur tour les membres de six des huit organes formant le reste de l'administration municipale — deux collèges étant en outre désignés par l'assemblée des bourgeois. Pendant la période bourguignonne, le « mayeur » et les

1. Jacques DU CLERCQ, *Mémoires*, p. 194.

échevins furent désignés en présence de commissaires ducaux parmi lesquels se trouvaient des représentants de l'aristocratie nobiliaire possessionnés dans la châtellenie de Lille, des agents de l'administration locale issus de la petite et de la moyenne noblesses et des gens de la Chambre des comptes de Lille ; c'est dire que les commissaires chargés de surveiller l'installation du nouvel échevinage étaient d'excellents connaisseurs de la situation locale et entretenaient des rapports étroits avec la société lilloise [1].

Ainsi, les ducs de Bourgogne veillèrent à promouvoir aux échevinages des villes de Flandre des représentants des élites urbaines politiquement et économiquement intéressés à l'entretien de bonnes relations avec le pouvoir princier. Une telle entreprise visait consciemment à transformer les membres des administrations communales en agents dociles de l'État, sans pour autant faire disparaître des institutions urbaines qui étaient garantes du maintien de l'ordre et contrôlaient les structures économiques et sociales de la ville. Cependant, lorsque des velléités de résistance ou des désordres venaient faire obstacle à ce processus politique, la répression armée pouvait, ponctuellement, servir l'entreprise de centralisation en permettant une intervention beaucoup plus autoritaire dans la vie urbaine [2]. Le cas de la ville hollandaise de Leiden en est un bon exemple [3]. Ce centre urbain connut, durant la période bourguignonne, une forte expansion due au développement de l'activité textile et de la fonction commerciale : la population, qui était forte de 5 à 6 000 habitants lorsque Philippe le Bon devint comte de Hollande, en 1433, dépassa les 14 000 à la fin du XVe siècle. A Leiden, comme ailleurs, la communauté urbaine était déchirée par l'antagonisme des « Cabillauds » et des « Hameçons », le pouvoir ducal soutenant la faction des premiers contre les seconds. Des troubles éclatèrent dans la ville dès 1434, à la suite de l'application d'une interdiction du port d'armes impliquant en corollaire une restriction du recours à la *faida*, c'est-à-dire à la vengeance privée ; les responsables étaient les membres d'une famille du parti des « Hameçons » qui s'estimaient lésés puisque, désormais, à la vengeance était substitué un recours à la justice princière soupçonnée de favoriser le parti adverse. Ces premiers troubles furent réprimés par le *stadhouder* Hugues de Lannoy et ne donnèrent pas lieu à des mesures de rétorsion puisque le conseil de ville avait soutenu les agents du pouvoir princier. Cependant, dans cette première crise, le duc de Bourgogne, en désarmant ses sujets et en leur imposant le recours à

1. D. CLAUZEL, « Le renouvellement de l'échevinage à la fin du Moyen Age », p. 365-385.
2. W. BLOCKMANS, « La répression de révoltes urbaines comme méthode de centralisation », p. 5-9.
3. Pour ce qui suit, voir H. BRAND, « Urban elites and central government », p. 49-60.

ses propres cours de justice, avait inauguré le processus de prise de contrôle du corps urbain.

La deuxième crise fut plus grave. Elle fut en grande partie provoquée par la politique du *stadhouder* Guillaume de Lalaing qui renversa l'équilibre ancien en soutenant la faction des « Hameçons » contre celle des « Cabillauds » et en promouvant ses protégés à de lucratives fonctions administratives et financières non seulement à Leiden, mais aussi dans des villes comme Amsterdam et Haarlem. Des émeutes éclatèrent dans cette dernière ville en 1444. La situation fut telle que la duchesse Isabelle de Portugal vint sur place pour rétablir l'ordre, mais lorsqu'elle voulut quitter la ville, son autorité fut spectaculairement bafouée par les « Cabillauds », qui allèrent jusqu'à fouiller ses bagages où ils la soupçonnaient d'avoir dissimulé Guillaume de Lalaing. Dans le courant de l'année 1445, des troubles éclatèrent à Leiden, du fait des « Hameçons » qui avaient conquis l'échevinage. Des violences eurent lieu malgré l'intervention de Gossuin de Wilde, président du Conseil de Hollande. Ce désordre fut considéré comme un défi à la justice princière et donc au prince lui-même. Aussi, le duc envoya sur place des troupes conduites par Arnold d'Egmond. La répression, menée par le Conseil de Hollande, s'abattit sur les fauteurs de troubles, dont plusieurs furent condamnés à mort, d'autres bannis, d'autres enfin frappés de lourdes amendes et astreints à des pèlerinages expiatoires. Cependant, dès 1449, Philippe le Bon accorda un pardon général et rappela les bannis. Cette mesure de clémence faisait également partie de l'arsenal de moyens utilisés par le duc pour faire reconnaître aux villes la supériorité de la justice ducale.

Les troubles de 1444-1445 avaient mis fin à la carrière de Guillaume de Lalaing comme *stadhouder* de Hollande et, en corollaire, avaient fait perdre aux « Hameçons » les avantages qu'ils avaient acquis grâce à lui dans le comté. A Leiden, en particulier, leur parti avait été durement touché par la répression. Mais le pardon accordé en 1449 leur permit de reprendre pied dans la ville et de tenter de gagner le duc à leur cause. Les « Cabillauds », qui avaient reconquis le pouvoir municipal, craignaient une entente entre leurs adversaires et Philippe le Bon. Ce dernier, avec un certain cynisme, joua de l'antagonisme entre les deux partis pour obtenir des avantages politiques et financiers : les échevins cabillauds, en effet, lui versèrent une forte somme pour avoir la garantie de son appui et lui offrirent de modifier les institutions urbaines de manière à lui en assurer le contrôle : désormais, un collège électoral de quarante membres (le « Conseil des Quarante » — « *Veertigraad* ») choisirait chaque année seize candidats parmi lesquels le duc désignerait les huit échevins. Ainsi, le pouvoir princier profita des circonstances pour affermir son contrôle sur Leiden avec l'aide d'une élite de la faction des « Cabillauds » dont le « Conseil des Quarante » était une émanation ; et en outre il accrut ses avantages financiers en n'acceptant de renouveler les privilèges du « Conseil des Quarante » en 1452 et en 1464 que contre le paiement par la ville de fortes sommes d'argent.

Il est intéressant de noter qu'une politique identique à celle qui s'appliqua à Leiden, mais avec des résultats très différents, fut menée à l'égard d'une autre ville hollandaise, Dordrecht, qui, en 1454, connut des troubles et des émeutes[1]. Au mois de novembre 1455, le duc Philippe le Bon, qui s'apprêtait à intervenir militairement dans l'évêché d'Utrecht en faveur de son fils bâtard David, vint à Dordrecht accompagné d'une forte armée. Il frappa la population d'une amende de 15 000 livres et imposa une réforme du mode de désignation des membres du gouvernement urbain : jusqu'alors, la ville était gouvernée par un écoutète, deux bourgmestres, neuf échevins, cinq conseillers, un « conseil des Huit ». L'écoutète était nommé par le duc, de même que les échevins et les membres du conseil ; de la même façon l'un des deux bourgmestres, appelé le « bourgmestre de monseigneur », était choisi par le prince, tandis que l'autre, désigné comme le « bourgmestre du commun », était nommé par les guildes des métiers qui désignaient aussi les Huit — Dordrecht était la seule ville de Hollande où les guildes étaient représentées dans le gouvernement urbain. A partir de 1456, après les troubles, le duc de Bourgogne institua, tout comme à Leiden, un « Conseil des Quarante » composé de notables possédant un patrimoine d'au moins 300 nobles. Chaque année, ce conseil devait faire parvenir au Conseil de Hollande une liste de candidats parmi lesquels le *stadhouder* choisirait les échevins et les conseillers. De la même façon, les guildes devaient fournir une liste de vingt-quatre candidats pour la nomination des Huit, ces derniers ayant en charge l'élection du « bourgmestre du commun ». Par ce système, à Dordrecht comme à Leiden, le duc offrit le contrôle de la ville à une élite et plaça étroitement la procédure de choix des gouvernants sous le contrôle de son gouverneur et de son Conseil de Hollande. Cependant, ce nouveau régime, contrairement à ce qui arriva à Leiden, fut favorable aux « Hameçons » qui prirent en main le Conseil des Quarante. Aussi, les « Cabillauds » saisirent-ils la première occasion d'en obtenir l'abolition : en 1462, Charles, comte de Charolais, vint en Hollande pour obtenir des villes le paiement d'une aide de 40 500 livres par an pendant dix ans. Il entra en négociation avec les « Cabillauds » et parvint ensuite à convaincre le duc son père d'abolir le système mis en place en 1456 et

1. Pour ce qui suit, voir M. J. VAN GENT, « The dukes of Burgundy and Dordrecht », p. 61-74.

de revenir à celui qui existait auparavant. Grâce à cette mesure, les « Cabillauds » reprirent le pouvoir mais, en contrepartie, ils durent accepter que la ville payât 4 500 livres pendant dix années, soit 1/9 de la totalité de l'aide et la plus forte contribution de toutes les villes hollandaises. Dans cette affaire le pouvoir ducal n'avait guère perdu de ses prérogatives et s'était en revanche assuré un gain financier appréciable.

L'une des manifestations du renforcement du pouvoir princier sur les villes fut, en effet, l'alourdissement des exigences financières imposées par le prince aux communautés urbaines. Le cas de Lille est intéressant car il montre les différents moyens que le duc utilisa pour ponctionner les finances communales. En premier lieu, existait un système de prélèvement ordinaire : l'une des principales sources de revenus de la ville était constituée par les taxes indirectes, les « assises » sur les marchandises vendues dans la ville ; en moyenne, en effet, elles fournissaient 18 506 livres, soit les deux-tiers de l'ensemble des recettes communales [1] ; mais ces impôts n'étaient levés par la ville que moyennant une autorisation accordée par le prince et celui-ci ne donnait son agrément que contre un prélèvement de 25 % sur le produit total des assises. Par ailleurs, il existait aussi un système extraordinaire qui prenait la forme d'emprunts forcés que la ville devait consentir au prince — souvent sans espoir de remboursement ; il fallait aussi faire des cadeaux et payer les aides — elles représentèrent 22 362 livres en 1421 et 25 460 livres en 1426. Au total, la part des prélèvements de l'État pesa lourdement sur les finances lilloises. Une étude d'ensemble de ces finances a montré les variations de la part des ponctions opérées par les ducs de Bourgogne : la période d'installation du pouvoir bourguignon fut marquée par de fortes exigences qui, entre 1380 et 1399, représentèrent en moyenne 38 % des dépenses de la ville ; ce temps fut d'ailleurs marqué par des mouvements de mécontentement et des protestations du Magistrat. La tendance fut ensuite à la modération et, entre 1400 et 1468, les prélèvements ducaux n'absorbèrent plus que 23 % des charges communales ; mais à partir des années 1470 et jusqu'après la mort de Charles le Téméraire, les exigences du prince s'accrurent de nouveau : annuellement, en moyenne, Lille lui versa 20 473 livres par an, soit 40 % de ses dépenses [2].

L'alourdissement du prélèvement ducal suivait de peu une importante réforme des institutions municipales imposée par le duc en 1467 : jusqu'alors les finances communales étaient gérées par un collège de

1. D. CLAUZEL, *Finances et politique à Lille pendant la période bourguignonne*, p. 175-179.
2. *Ibid.*, p. 193-197.

quatre membres appelés les « quatre comtes de la Hanse » choisis par les échevins au sein de la bourgeoisie patricienne ; ce collège fut supprimé et les caisses de la ville furent désormais à la garde d'un « argentier » librement nommé et révoqué par le duc. Dès lors les finances lilloises, placées sous le contrôle de la Chambre des comptes de Lille, furent entièrement dans la main du duc[1].

Lille fut une ville dont le comportement à l'égard du pouvoir princier fut marqué par une assez remarquable soumission : la bonne santé financière de la commune reposait sur la levée des assises, or la condition *sine qua non* de cette levée était l'autorisation du duc. Pour l'obtenir il fallait donc aux gouvernants lillois se montrer de bons sujets, notamment en répondant toujours favorablement aux demandes de subsides formulées par le prince ou ses représentants. Par ailleurs, le prélèvement d'un quart du produit des assises était un indice du degré de sujétion de la ville : cette proportion du quart se retrouvait non seulement à Lille mais aussi en Flandre gallicante, à Douai, Orchies, Seclin, Comines et, en Artois, à Arras, Hesdin, Lens, Aire et Béthune ; dans certaines villes comme Bapaume et Saint-Omer, la ponction atteignait même un tiers. Dans les grandes villes de Flandre flamingante, à l'origine moins soumises à l'autorité princière, le prélèvement était moins important, mais ne cessa de s'accroître : Bruges, par exemple, au temps de Philippe le Hardi, ne payait qu'environ un vingtième du produit total des assises[2] mais, à partir de 1407, cette part s'éleva à un septième[3].

Un autre terrain d'intervention fut celui de la justice. Les villes de commune des Pays-Bas bourguignons jouissaient depuis longtemps en ce domaine d'une large autonomie et, même si les tribunaux échevinaux rendaient la justice au nom du prince, les conflits de compétences qui les opposaient aux juridictions princières étaient fréquents. L'attitude du pouvoir ducal à l'égard de cette autonomie judiciaire varia en fonction de la situation politique dans laquelle le prince se trouvait. Un cas remarquable fut celui de Bruxelles[4]. Cette ville défendait jalousement les privilèges judiciaires de ses bourgeois contre les justices seigneuriales, urbaines et même princières et tenait peu compte de l'autorité de l'amman, officier de justice ducal. Philippe le Bon, en 1430, lors de sa « Joyeuse Entrée », avait, comme nous le savons, prêté serment de respecter les privilèges et les franchises de ses sujets brabançons. Aussi son offensive contre les prétentions juridictionnelles de la capitale du duché

1. D. CLAUZEL, « Le roi, le prince et la ville », p. 75-90
2. A. VAN NIEUWENHUYSEN, *Les finances du duc de Bourgogne Philippe le Hardi*, p. 273-276.
3. D. NICHOLAS, *Medieval Flanders*, p. 329.
4. Pour ce qui suit, voir A. SMOLAR-MEYNART, « Bruxelles face au pouvoir ducal », p. 373-384.

de Brabant ne se déclencha-t-elle que progressivement. Cependant, d'emblée, ses interventions furent rendues possibles dans la mesure où la connaissance des conflits de compétences opposant les Bruxellois à d'autres détenteurs du droit de justice relevait de son Conseil de Brabant.

Dans les années 1430, le duc de Bourgogne évita de heurter les échevins de Bruxelles de front, mais lorsque son pouvoir fut plus fermement établi, notamment après la soumission de Bruges qui s'était révoltée contre lui en 1437-1438, il saisit la première occasion qui lui fut donnée d'intervenir. Pour manifester son autorité, il profita d'une affaire survenue en 1445 au cours de laquelle la justice de Bruxelles avait outrepassé ses droits et empiété sur la compétence territoriale d'un de ses justiciers, le grand forestier, en intervenant dans la vaste forêt de Soignes située au sud de Bruxelles. Le duc n'intervint pas en personne mais fit régler la question par le chancelier Rolin, le Grand Conseil et le chancelier de Brabant. Au nom du duc, une vigoureuse admonestation fut adressée au Magistrat de Bruxelles dont l'attitude passée fut sévèrement critiquée :

> « [...] Combien que nous ne voudrions point fouler en quelque manière du monde nos villes [...] mais les voudrions aider et conforter dans leurs droits et privilèges [toutefois] sommes émerveillé de l'autorité et puissance par vous autrefois entreprises contre nos officiers et autres nos sujets[1]. »

Cette affaire donna lieu à une longue et minutieuse enquête sur le droit de justice de la ville et sur l'étendue de ses compétences, et à l'élaboration d'une série d'ordonnances réformant le fonctionnement de la justice. Puis, une grande ordonnance, donnée à Saint-Omer le 21 mai 1461, imposa désormais de strictes limites à l'exercice de la justice échevinale de Bruxelles : le duc y précisa les conditions d'application du privilège de bourgeoisie, interdit aux magistrats urbains de prononcer des sentences de bannissement hors de la présence de l'amman, prohiba toute intervention de la justice urbaine hors des limites de la franchise de la ville, notamment en forêt de Soignes pour laquelle il confirma la compétence exclusive de son grand forestier ; enfin le texte rappelait solennellement d'une part que la ville ne pouvait ignorer l'autorité de l'amman et d'autre part que le Conseil de Brabant était la seule juridiction compétente pour régler les litiges entre la justice de Bruxelles et les autres justices, seigneuriales, urbaines ou princières.

1. *Ibid.*, p. 377.

Parallèlement à ces actions autoritaires exploitant les conflits de compétences et utilisant le canal de la législation, le duc de Bourgogne fit sentir son autorité judiciaire dans les villes en intervenant dans des domaines particuliers. En matière de justice criminelle ce fut, par exemple, le cas de la répression du « très fort, vilain et détestable crime et péché de sodomie ». Une étude récente a montré qu'à Bruges, durant la période bourguignonne (1385-1515), 90 exécutions de sodomites avaient eu lieu (dont 58 entre 1385 et 1475), ce qui représentait 15 % de toutes les peines corporelles appliquées durant la même période — soit un taux remarquablement fort. En règle générale, les condamnés étaient issus des couches inférieures de la société mais les représentants des élites n'étaient pas à l'abri de l'action judiciaire : le cas, déjà cité, de Jean d'Uutkerke, exécuté en 1441, est là pour le prouver ; le fait qu'un tel personnage ait été puni pour ce motif contribua certainement à renforcer l'idée — par ailleurs largement admise — de l' « énormité » du crime. L'éradication de ce péché « détestable » car contre nature, et que certains juristes assimilaient à un crime de lèse-majesté, était un devoir pour les détenteurs du pouvoir. Dans le cas particulier de Bruges, les sentences étaient généralement prononcées par les échevins, qui rendaient la justice au nom du prince, et exécutées par le bailli comtal, mais dans certaines affaires une procédure extraordinaire fit intervenir les plus hautes institutions de l'État bourguignon — le Grand Conseil, dans le cas de Jean d'Uutkerke, et parfois le chancelier en personne —, ce qui montrait bien l'implication du pouvoir princier dans cette entreprise. Celle-ci fut sans doute un moyen pour les ducs de Bourgogne de manifester clairement leur rôle de défenseurs et de garants de l'ordre naturel voulu par Dieu ; une telle manifestation était d'autant plus nécessaire au sein d'une des plus grandes et des plus riches villes du comté de Flandre qu'elle-même s'était rendue coupable d'un autre péché contre nature : la rébellion contre son seigneur naturel [1].

LE TEMPS DES RÉVOLTES

Après la paix de Tournai de 1385, Philippe le Hardi n'eut pas à faire face à de grandes révoltes comparables à celle que Louis de Male avait dû affronter à la fin de son principat. Quelques insurrections des gens de métiers, notamment des tisserands, furent facilement réprimées à Bruges en 1387 et 1390, de même que des troubles survenus à Gand

1. M. BOONE, « State power and illicit sexuality : the persecution of sodomy in late medieval Bruges », p. 135-153.

en 1392[1]. D'une manière générale, le premier duc de Bourgogne Valois s'efforça de ne pas provoquer de heurt direct avec les principales villes de son comté de Flandre. Sa bonne volonté fut mise à rude épreuve à l'occasion de certaines affaires comme celle qui l'opposa à Gand en 1400-1402. L'affaire éclata en 1400 lorsque le souverain bailli de Flandre, Jacques de Lichtervelde, fit exécuter un bourgeois de Gand au mépris des privilèges judiciaires de la ville ; un bourgeois, en effet, ne pouvait être jugé que par le tribunal échevinal. Les échevins gantois, en réponse, avaient banni du comté le souverain bailli pour cinquante ans. Cette sentence avait provoqué une crise entre le duc de Bourgogne et la ville de Gand qui avait reçu le soutien des trois autres Membres de Flandre. Au bout de deux ans de négociations, les Gantois annulèrent leur sentence de bannissement mais Jacques de Lichtervelde dut démissionner et fut en outre astreint à effectuer un pèlerinage expiatoire à Jérusalem ; le prince avait réussi à sauvegarder certaines apparences, mais sa défaite n'en restait pas moins patente[2].

Jean sans Peur s'efforça, pour sa part, de conserver de bons rapports avec les villes de Flandre. Dès son « Joyeux Avènement » il montra sa bonne volonté en acceptant, à la demande des Quatre Membres, d'installer le Conseil de Flandre d'abord à Audenarde, puis à Gand et en faisant résider et élever le comte de Charolais dans cette dernière ville. Le caractère périlleux de la politique qu'il menait à Paris rendait indispensable une attitude conciliante à l'égard des Flamands dont le soutien politique, militaire et financier lui était indispensable ; quoi qu'il en soit son attitude à leur égard n'était pas exempte de menace : la dureté de la répression qui frappa Liège après la bataille d'Othée en 1408 avait certainement, dans l'esprit du duc de Bourgogne, une valeur exemplaire. Cependant, en 1411, à la suite de la mobilisation des milices communales de Flandre et de leur participation à une intervention militaire contre les Armagnacs en Picardie, le gouvernement ducal dut faire face à un mouvement quasi insurrectionnel, notamment à Bruges, et dut satisfaire les revendications qui lui furent alors présentées. Ce mouvement fut de courte durée et le duc de Bourgogne n'avait ni la volonté ni la possibilité d'entrer dans la voie de la répression.

Les circonstances changèrent sous le principat de Philippe le Bon qui fut marqué, dans les Pays-Bas bourguignons, par de grandes révoltes en raison du développement de la politique centralisatrice de l'État. Cependant, la rébellion contre le pouvoir princier n'était pas seulement due à une volonté de défense de l'autonomie urbaine. Des causes mul-

1. D. NICHOLAS, *Medieval Flanders*, p. 318.

2. M. BOONE, « Particularisme gantois, centralisme bourguignon et diplomatie française », p. 49-113 ; W. BLOCKMANS, « La répression de révoltes urbaines comme méthode de centralisation », p. 7.

tiples se combinèrent dans la genèse de la révolte. Nous avons vu, par exemple, que les troubles dans les villes hollandaises, durant les années 1440, furent provoqués en partie par l'antagonisme entre les « Cabillauds » et les « Hameçons ». Certes les premiers étaient soutenus par le pouvoir bourguignon, mais l'hostilité entre les deux clans ne datait pas de l'accession de Philippe le Bon aux comtés de Hollande et Zélande. Parallèlement à ces conflits purement politiques, dans les grandes villes certaines difficultés économiques générèrent des tensions sociales.

En Flandre et en Brabant, le XVe siècle fut une période de déclin de la grande draperie. Une ville brabançonne comme Louvain, qui produisait annuellement 756 000 aunes de draps vers 1350, n'en produisait plus que 26 600 en 1476, et certains vieux centres de production drapière ressentirent très durement les conséquences de cette situation ; le cas d'Ypres est de ce point de vue remarquable puisque la ville, qui comptait 1 500 métiers à tisser en 1311, n'en comptait plus que 100 en 1502 et que, dans le même temps, sa population, qui était forte de 20 à 30 000 habitants au début du XIVe siècle, tomba à moins de 10 000 au début du XVIe siècle [1]. Dans un tel contexte, les antagonismes sociaux s'exacerbèrent, notamment dans les secteurs en déclin. Au monde des artisans et des ouvriers s'opposait une bourgeoisie patricienne formée d'hommes qui dominaient les activités économiques : grands marchands faisant le commerce du vin ou du drap, courtiers ou maîtres-entrepreneurs de métiers mettant en œuvre des matières premières de grande valeur comme les drapiers, fourreurs, tanneurs, brasseurs, etc. Le monde des artisans était lui-même diversifié. Les corps de métiers organisés étaient puissants et bien structurés avec leur hiérarchie d'apprentis, de compagnons et de maîtres ; ils regroupaient une part non négligeable de l'activité urbaine : ainsi à Liège existaient trente-deux métiers et à Gand cinquante-quatre parmi lesquels ceux de la laine — tisserands de laines, tondeurs de draps, teinturiers —, du cuir — tanneurs, cordonniers —, du métal — orfèvres, armuriers, potiers d'étain —, de l'alimentation — bouchers, poissonniers, boulangers, brasseurs —, du bâtiment — charpentiers, maçons, couvreurs de tuiles ou de chaume —, etc. Mais cette organisation, pour ample qu'elle fût, était loin de regrouper tous les travailleurs car ceux qui n'avaient aucune qualification professionnelle n'étaient pas admis dans leurs structures et ces laissés-pour-compte du monde du travail pouvaient trouver dans une attitude de révolte un exutoire à leur situation économique et sociale dévaluée. Le monde des métiers lui-même n'était pas exempt de tensions internes : au cours du XVe siècle, en effet, un processus de

1. W. PREVENIER et W. BLOCKMANS, *Les Pays-Bas bourguignons*, p. 45 et 79.

fermeture des métiers s'affirma, surtout dans les secteurs d'activité en stagnation ou en déclin. Ce phénomène, qui n'était pas propre aux Pays-Bas bourguignons, répondait à la volonté d'assurer aux membres du métier et aux leurs une exclusivité professionnelle ; il se traduisait par une hausse des droits d'entrée dans l'organisation et par une tendance à réserver l'accès à la maîtrise aux fils de maîtres ; c'est ainsi, par exemple, que dans le métier des brasseurs gantois, sur 280 nouveaux maîtres admis entre 1420 et 1449, 213 étaient des fils de maîtres ; ce phénomène s'accentua dans les trois décennies suivantes et, entre 1450 et 1479, sur 264 nouveaux maîtres, 249 étaient fils de maîtres. Un tel processus pouvait accroître les sentiments de frustration sociale et conduire à des attitudes plus ou moins marquées de révolte [1].

Les élites de marchands polarisaient la haine des catégories les plus touchées par les difficultés de la période — tisserands et foulons en particulier ; or ces élites étaient politiquement alliées au pouvoir ducal, aussi était-il logique que le mouvement se tournât aussi contre le prince et ses représentants. La rébellion contre le pouvoir central fut d'autant plus virulente que non seulement le duc, par sa politique centralisatrice, mettait en péril l'autonomie urbaine, mais qu'en outre, à diverses reprises, sa politique monétaire, visant à instaurer un régime de stabilité et de forte monnaie, favorisa les propriétaires, rentiers et créanciers et porta préjudice aux salariés, aux locataires et aux débiteurs ; ce fut notamment le cas à partir des années 1433-1434. Ce fait renforça l'impression d'une collusion du prince et des élites urbaines. Cependant, ce qui sauva le duc de Bourgogne, et lui évita de faire face à une révolte générale, fut que la vive concurrence commerciale qui existait depuis longtemps entre les différents centres urbains détermina un antagonisme violent opposant entre elles certaines grandes villes comme Bruges, Ypres et Gand et leur interdit d'envisager la moindre alliance contre le pouvoir central.

Pour résumer, la Flandre, durant le principat de Philippe le Bon, souffrait d'un triple mal : de violentes luttes sociales déchiraient les communautés urbaines, la concurrence économique entre les villes entretenait d'anciennes rivalités toujours susceptibles de dégénérer en conflit, enfin la politique centralisatrice du duc de Bourgogne impliquait gravement le pouvoir princier dans les conflits locaux et le désignait comme cible en cas de révolte. Tous ces éléments se combinèrent dans la période de troubles que traversa le pays.

Dans les années 1420-1430, des villes comme Gand, Ypres et Grammont connurent des mouvements de révolte provoqués par les

1. *Ibid.*, p. 156-167.

artisans de la draperie, notamment les foulons et les tisserands[1]. A Grammont, en avril 1430, de façon très significative, la révolte des gens des « métiers et de la communauté » fut dirigée à la fois contre la bourgeoisie patricienne de la ville et contre le bailli comtal. A Gand en 1432, les tisserands insurgés s'attaquèrent à des conseillers urbains, mais évitèrent habilement de malmener les officiers du duc, et notamment les gens du Conseil de Flandre qui siégeaient dans la ville ; aussi obtinrent-ils assez aisément leur pardon, grâce à l'intercession de quelques hauts personnages, parmi lesquels Jean, seigneur de Roubaix. Mais les événements les plus graves survinrent en 1436. Cette année-là, le duc Philippe le Bon, en guerre contre les Anglais, avait projeté d'assiéger Calais. Cette opération avait le soutien des villes drapantes qui y voyaient l'occasion d'une suppression de l'Étape de la laine anglaise, dont la mise en place avait déterminé une hausse du prix de cette matière première essentielle pour la fabrication du drap. Le duc put donc compter sur le soutien financier et militaire des villes de Flandre. L'échec et la levée du siège, au mois de juillet 1436, furent suivis par une débandade de l'armée réunie par le duc de Bourgogne. Les milices communales rentrèrent dans leurs villes d'origine et profitèrent du désarroi du gouvernement ducal et du désordre né de la menace de contre-offensive anglaise pour rester sous les armes et tenter d'imposer à leur prince la satisfaction d'un certain nombre de revendications. A Ypres, les autorités urbaines parvinrent à convaincre les gens des milices de rendre leurs armes ; à Gand, la milice fut également désarmée, mais au début de septembre une émeute éclata et le duc en personne, alors présent dans la ville, fut retenu par les insurgés et ne recouvra sa liberté de mouvement qu'après s'être formellement engagé à satisfaire une liste de demandes qu'ils lui présentèrent. Pendant ce temps, des événements d'une portée bien plus grande se préparaient à Bruges.

Les milices brugeoises rentrant du siège de Calais refusèrent de se démobiliser et demeurèrent à l'extérieur de la ville. Le 12 août, la duchesse Isabelle de Portugal, qui était alors sur place, leur demanda de se rendre à Oostburg pour y résister au débarquement des troupes du duc de Gloucester. Deux jours plus tard, une partie des troupes de Bruges se présenta devant L'Écluse, demandant à Roland d'Uutkerke, alors capitaine de la place, de leur en ouvrir les portes. Celui-ci refusa. Or cette affaire était loin de n'être qu'un incident sans portée : depuis longtemps Bruges avait établi un contrôle contraignant sur L'Écluse, dont elle redoutait la concurrence commerciale, et souhaitait encore l'alourdir. Le conflit s'envenima donc et les insurgés brugeois réclamè-

1. Pour ce qui suit, voir R. VAUGHAN, *Philip the Good*, p. 85-92.

rent le châtiment de Roland d'Uutkerke. Le 26 août suivant, la situation se dégrada ; la milice entra dans la ville, exigeant l'arrêt de toute activité professionnelle et occupant la place du marché. La violence se déchaîna contre l'écoutète, qui fut assassiné, et la duchesse Isabelle, qui tentait de soustraire l'épouse de Roland d'Uutkerke aux représailles des insurgés, fut gravement insultée. Le 3 septembre, le jour même où Philippe le Bon était séquestré par les Gantois, les révoltés brugeois emprisonnèrent tous ceux qui, dans les trente années précédentes, avaient assumé une charge de bourgmestre, de trésorier ou de clerc de la ville. Le mouvement laissait clairement apparaître sa nature de lutte sociale : les gens de métiers qui formaient la majeure partie de la milice s'attaquaient aux représentants de l'élite qui, pendant une génération, avait dominé la vie politique avec l'aide du pouvoir princier.

L'automne fut marqué par un apaisement. Les marchands étrangers, qui avaient tout intérêt à ce que la paix fût restaurée, jouèrent le rôle d'intercesseurs entre les révoltés brugeois et le duc de Bourgogne. Ce dernier vint passer les fêtes de Noël à Bruges. Mais au mois d'avril suivant, l'un des bourgmestres, Maurice van Varsenare, fut assassiné car il était soupçonné par « ceux du commun » de comploter leur perte avec l'aide du prince. Après ce meurtre beaucoup de marchands et de riches bourgeois quittèrent la ville. Au mois de mai, Philippe le Bon résolut alors de se livrer à une démonstration de force pour mettre un terme au mouvement. Il rassembla des troupes à Lille, en vue d'un voyage en Hollande, et saisit l'occasion pour marcher sur Bruges. Le 22 mai, il fit son entrée dans la ville accompagné de Roland d'Uutkerke, de Colard de La Clite, souverain bailli de Flandre, de Jean de Villiers, seigneur de L'Isle-Adam, et d'environ 3 000 combattants picards. Mais cette forte escorte se heurta aux Brugeois en armes et la cérémonie dégénéra en émeute ; le duc lui-même ne dut son salut qu'à une fuite rapide, tandis que certains des membres de sa suite, notamment le seigneur de L'Isle-Adam, perdaient la vie dans l'aventure.

Bien que la violence semble s'être déchaînée de façon inopinée, le duc de Bourgogne proclama qu'il avait été attiré dans un traquenard et diffusa cette version fallacieuse des faits dans une lettre que de Lille, le 23 mai, il adressa à tous les « archevêques, évêques, ducs, comtes, chevaliers, écuyers et bonnes villes » et qu'il fit même porter par des chevaucheurs à Cologne, Liège, Maastricht, Aix-la-Chapelle, Francfort, Luxembourg et Bâle[1].

Les événements du 22 mai 1437 provoquèrent une crise qui secoua la Flandre. Le duc ne pouvait rétablir son autorité que par les armes.

1. *Ibid.*, p. 90-91 et 186.

Il résolut d'organiser le blocus de Bruges en faisant barrer le Zwin et en transférant tous les privilèges commerciaux de la ville à L'Écluse. Au mois de juillet, les Brugeois vinrent assiéger L'Écluse mais le duc les contraignit rapidement à lever le siège. Les Gantois eux-mêmes entrèrent dans le conflit en s'attaquant à Bruges, leur rivale commerciale. La guerre civile régna en Flandre durant toute la fin de 1437 et ce ne fut qu'au mois de février 1438 qu'un accord fut passé, à Arras, entre le duc de Bourgogne et Bruges. Dans ce traité de paix, certaines clauses visaient à effacer de façon spectaculaire l'outrage fait au prince, en imposant aux Brugeois un lourd et symbolique rituel de soumission et d'amende honorable. Il était prévu que, à la première visite du duc dans la ville, les représentants des autorités urbaines viendraient à sa rencontre en procession, tête nue et pieds nus, et s'agenouilleraient devant lui pour demander son pardon. La porte de la Bouverie, qui avait été fermée derrière le duc lors de l'émeute du 22 mai, devrait être démolie, ainsi que le pont-levis et les barrières, et à sa place, aux frais de la ville, une chapelle expiatoire serait érigée où une messe quotidienne serait célébrée pour le repos de l'âme de ceux que les Brugeois avaient tués dans cette affaire. En outre, chaque 22 mai, à perpétuité, le Magistrat serait tenu d'assister à une messe anniversaire en l'église Saint-Donatien, en présence de vingt-quatre hommes portant chacun une torche pesant six livres de cire.

D'autres clauses prévoyaient des pénalités moins symboliques : la ville était condamnée à une amende de 200 000 ridders[1] ; L'Écluse serait à l'avenir affranchie de tous les droits que Bruges exerçait jusqu'alors sur elle ; la compétence juridictionnelle des échevins brugeois sur le territoire du Franc de Bruges leur serait ôtée et serait transférée au Conseil de Flandre ; enfin quarante personnes, parmi les individus les plus compromis dans l'émeute, devraient être livrées pour être châtiées. A la suite de cette dernière mesure, dix exécutions capitales eurent lieu le 30 avril 1438 et les têtes des condamnés allèrent orner les portes de la ville. Mais deux ans et demi plus tard, en décembre 1440, le duc fit une brillante entrée à Bruges qui marqua sa réconciliation avec les Brugeois.

Cette fête célébrait aussi une victoire remportée par le pouvoir ducal sur le particularisme urbain : la répression, qui avait permis de réduire considérablement l'influence de Bruges sur le Franc de Bruges et sur L'Écluse et l'avait en outre grevée d'une lourde dette à l'égard du prince, avait joué son rôle d'instrument de la politique de centralisa-

1. Le « ridder » (appelé aussi « cavalier ») est une pièce d'or émise pour la première fois en 1433 pour l'ensemble des Pays-Bas bourguignons. Son poids est de 3,59 grammes.

tion[1]. Par la suite, le duc de Bourgogne ayant restauré son autorité put assouplir son attitude à l'égard des Brugeois : il leur restitua une partie de leur pouvoir de contrôle sur L'Écluse et les autorisa à lever des taxes pour s'acquitter de l'amende dont il les avait frappés[2].

PHILIPPE LE BON ET LES GANTOIS

Moins de sept années après avoir célébré solennellement la défaite de Bruges, Philippe le Bon s'engagea dans une entreprise politique qui le conduisit à affronter Gand. Cette ville était, avec ses 45 000 habitants, de loin la plus puissante et la plus peuplée des villes de Flandre. Entre 1379 et 1385, elle avait lutté contre Louis de Male, n'avait déposé les armes qu'après avoir obtenu un règlement négocié du conflit et préservé ses privilèges et son autonomie.

Les bourgeois de Gand jouissaient de privilèges importants notamment de privilèges judiciaires qui leur permettaient d'échapper à la compétence de la justice princière en les faisant ressortir exclusivement à la justice échevinale. Ces privilèges de bourgeoisie s'appliquaient aussi à des non-résidents, les bourgeois forains, nombreux dans toute la châtellenie de Gand et dont l'existence renforçait la puissance territoriale de la commune.

Sur le plan politique, depuis la paix de Tournai de décembre 1385, Gand avait joui d'une autonomie dont les autres villes flamandes n'avaient pas bénéficié. La Loi de Gand était constituée de vingt-six échevins répartis en deux collèges ; ils représentaient les « trois Membres » constituant la communauté urbaine : les bourgeois, qui formaient le premier Membre, avaient six échevins — trois dans chaque collège —, les tisserands avaient dix échevins — cinq dans chaque collège —, les cinquante-trois « menus métiers » avaient dix échevins — cinq dans chaque collège. Par ailleurs, chaque métier avait à sa tête un doyen et les deux chefs-doyens (en flamand *hoofdekens*) — celui des tisserands et celui d'un autre des cinquante-trois métiers gantois — constituaient un collège dont le poids politique était considérable. Enfin, à côté de cette organisation, il existait une assemblée générale, la Collace (en flamand « *Collatie* ») ou Grand Conseil, composée de dix représentants des bourgeois, vingt-trois représentants des tisserands et un représentant de chacun des cinquante-trois autres métiers. L'ensemble de ces institutions était dominé par les marchands et les maîtres des métiers les plus riches et les plus puissants.

1. W. BLOCKMANS, « La répression de révoltes urbaines comme méthode de centralisation », p. 8.
2. D. NICHOLAS, *Medieval Flanders*, p. 329.

Le mode de renouvellement annuel de la Loi, contrairement à ce qui s'observait ailleurs, n'était pas favorable au prince : la moitié des huit électeurs qui devaient désigner les nouveaux échevins étaient eux-mêmes choisis par les échevins sortants. Certes l'autre moitié était désignée par le prince, mais en cas de partage des voix lors d'un vote l'un des électeurs ducaux devait se retirer. Par ailleurs, comme dans les autres villes de Flandre, l'élection devait se dérouler en présence d'une commission princière formée « pour renouveler la Loi de Gand », mais dans la pratique il fut toujours difficile au duc de Bourgogne d'influencer le choix des électeurs.

En tout état de cause, ni Philippe le Hardi après 1385, ni Jean sans Peur après lui, ne tentèrent d'engager une épreuve de force avec Gand. Philippe le Bon, pour sa part, s'efforça dans un premier temps de se concilier les élites gantoises en employant une politique de séduction qui lui avait réussi ailleurs. Lui qui, quand il n'était encore que comte de Charolais, avait beaucoup résidé à Gand, avait continué de faire jouer à la ville le rôle de lieu de formation pour les jeunes princes de la Maison de Bourgogne ; c'est ainsi que dans les années 1425-1429, le « damoiseau de Clèves » (le futur duc Jean Ier, neveu de Philippe le Bon) logeait à la « Cour de le Walle » où une chambre avait été aménagée pour lui servir d'école[1]. Le duc de Bourgogne lança aussi de grands chantiers qui n'étaient pas seulement des opérations de prestige car « l'adjudication des ouvrages à accomplir était aussi le moyen d'élargir la clientèle ducale et de lier certains milieux corporatifs participant à la politique urbaine [...] au duc et à ses desseins politiques[2] ». Ce type de calcul n'était d'ailleurs pas propre à la situation gantoise et on le retrouvait aussi dans le cas d'autres villes de résidence comme Valenciennes, Mons, Lille ou Bruxelles.

Dans les années 1440, après la soumission de Bruges, l'entreprise de séduction menée par le duc prit un tour nouveau. Philippe fit de Gand l'un des lieux privilégiés des grandes manifestations du pouvoir bourguignon en organisant dans la ville, en novembre-décembre 1445, le septième chapitre de l'ordre de la Toison d'or. Sa volonté d'honorer les élites gantoises n'était pas sans arrière-pensée car il avait alors en tête un projet de réforme fiscale : il s'agissait d'introduire en Flandre un impôt sur le sel, comparable à la gabelle du sel qui existait dans le reste du royaume de France, et notamment dans le duché de Bourgogne. Pour faire admettre cette réforme, il lui fallait l'accord des Quatre Membres et il voulait en premier lieu obtenir l'assentiment de Gand, qui était le plus puissant et le plus influent des quatre.

1. M. BOONE et Th. DE HEMPTINNE, « Espace urbain et ambitions princières », p. 279-304.
2. *Ibid.*, p. 292.

L'étape déterminante dans l'affaire de l'impôt sur le sel eut lieu en 1447. Le duc invita d'abord à Bruges les doyens des métiers gantois qu'il traita avec faste et générosité, puis il se rendit à Gand et là assista en personne à une réunion de la Collace au cours de laquelle son souverain bailli de Flandre, Colart de La Clite, seigneur de Renescure, lut en son nom un discours en langue flamande. Ce discours offre un remarquable exemple des arguments de la propagande princière à l'égard des villes et, plus largement, une superbe justification de la politique entreprise pour le bien commun par le duc depuis 1419[1].

Le texte commençait par un rappel des bonnes et anciennes relations que le duc entretenait avec la ville de Gand et plaçait immédiatement le propos sur un registre affectif et profondément marqué par la personnalisation du pouvoir.

> « Mes bonnes gens et fidèles amis, vous savez tous que, depuis ma plus tendre enfance, j'ai été élevé et éduqué ici dans cette bonne ville ; pour cette raison, j'ai, et je conserve, pour cette ville et pour vous tous plus de faveur, d'amour et d'amitié que pour mes autres villes. Pour cette ville j'ai aussi fait preuve de bienveillance, car il n'y a rien qui ne me fut demandé et requis par elle que je n'aie toujours accordé volontiers, aimablement et de bon cœur. Et c'est pourquoi j'ai aussi une confiance particulière et spéciale en cette dite ville et en vous tous pour que vous m'assistiez dans mes besoins. »

Philippe brossait ensuite un tableau très sombre de la situation dans laquelle il avait trouvé l'État bourguignon lors de son avènement : le manque de ressources était dramatique alors que le nouveau duc avait le devoir de soutenir une juste guerre pour tirer vengeance des assassins de son père. Or, les guerres de France n'étaient pas tout : Philippe avait dû, dans le même temps, intervenir en Hollande et en Zélande contre les Anglais — il ne fit aucune allusion à Jacqueline de Bavière — et défendre le comté de Namur contre les Liégeois. Devant les Gantois il souligna que ces interventions militaires avaient pour but essentiel d'assurer la protection de la Flandre. Ces guerres défensives étaient également des guerres justes. Le duc avait « Dieu et le droit » pour lui.

Champion de la croisade et de la défense de la Terre sainte, Philippe le Bon ne pouvait manquer de souligner aussi son action en faveur des Lieux saints et de la Chrétienté orientale : en dépensant sans compter pour les défendre contre les ennemis de la foi, il travaillait à son salut

1. Pour ce qui suit, voir W. PREVENIER et W. BLOCKMANS, *Les Pays-Bas bourguignons*, p. 216 et R. VAUGHAN, *Philip the Good*, p. 307-310.

et à celui de ses sujets et, subsidiairement, au maintien de bonnes relations entre ses pays et l'Orient.

> « Et en tout cela je n'inclus pas les lourdes dépenses que j'ai soutenues et que je soutiens encore chaque jour au service de Dieu pour conforter la foi chrétienne et la chapelle du Saint-Sépulcre de Notre Seigneur à Jérusalem et d'autres saints lieux dans ces régions contre les infidèles et les païens. Pour cela j'ai dépensé de grandes sommes d'argent et je le fais encore volontairement pour la satisfaction et l'honneur de Dieu et pour mon salut et le salut de mes sujets. Vous pouvez bien le savoir par ceux qui sont allés en ces pays et, de même, j'espère que mes sujets sont bien reçus par les chrétiens qui vivent là-bas [...]. »

La volonté de paix du duc, manifestée de façon éclatante par le traité d'Arras, s'était heurtée aux visées agressives de ses adversaires. Les Anglais et les « Écorcheurs » avaient menacé ses pays et, pire encore, ses droits sur le duché de Luxembourg lui étaient contestés. Il avait donc dû s'engager dans de nouvelles guerres — qui étaient encore des guerres justes — et demander à ses pays un nouvel effort financier.

Après cet exposé de grande politique, le duc en venait au cœur de son propos, mais avant de le soumettre à l'auditoire, il voulut en montrer la nécessité en appelant à la solidarité des villes et des campagnes qui subissaient un désarroi financier dont il n'était pas responsable. Puis, arrivé à ce point de son discours, le duc pouvait en venir à la présentation prudente du projet de nouvelle imposition sur le sel qui faisait l'objet de sa démarche et d'en détailler le taux. Il s'agissait « de lever une taxe spéciale pour un certain temps en Flandre et dans tous [ses] pays et seigneuries, sur chaque mesure de sel, que ce soit sur chaque *hoed*[1] ou sur chaque sac ou autre, selon les villes et selon les mesures du lieu ».

Le duc plaida pour le caractère « indolore » de cette taxe indirecte qui serait plus lourde pour les gros consommateurs que pour les petits et dont l'institution serait une mesure de justice sociale, d'autant que gens d'Église et nobles n'en seraient pas exonérés. La promesse finale, qui devait emporter l'adhésion des Flamands, était que durant les douze années pendant lesquelles la taxe sur le sel aurait cours, les sujets du duc seraient quittes de toutes les aides et subventions qu'on avait coutume de lever dans le pays.

Malgré tous les arguments déployés par le duc, Gand rejeta sa proposition qui n'obtint pas non plus l'assentiment des autres Membres de

1. Unité de mesure.

Flandre. Philippe le Bon ressentit l'échec de sa politique comme un affront personnel et décida, dès lors, d'imposer par la force sa volonté aux Gantois.

LA GUERRE DE GAND

Depuis longtemps des conseillers du duc, et au premier chef le chancelier Nicolas Rolin, désiraient s'attaquer à la puissante autonomie gantoise[1]. En août 1435, déjà, le Conseil de Flandre avait présenté à Philippe un rapport détaillant les atteintes à sa seigneurie commises par les Gantois depuis 1385. Cependant, dans les années 1430-1440, le duc avait tenu à ménager Gand ; son attitude changea après le rejet de son projet de réforme fiscale et il encouragea alors une politique antigantoise.

Le meilleur moyen d'action pour prendre le contrôle de la ville était d'intervenir dans la procédure de désignation du gouvernement urbain. Dès le mois d'août 1447, le duc s'efforça d'empêcher l'élection d'un opposant, Daniel Sersanders, comme chef-doyen, mais sa manœuvre échoua. Deux ans plus tard, en août 1449, il tenta de peser de nouveau sur les élections gantoises mais sans plus de succès que la première fois : trois personnages qu'il regardait comme des adversaires, Lievin Sneevoet, Daniel Sersanders et Lievin de Pottere furent élus contre ses candidats. Les autorités ducales ripostèrent en affirmant que l'élection était entachée de nullité. Gand en appela aux trois autres Membres de Flandre. Le bailli de Gand et les autres officiers comtaux se retirèrent de la ville, ce qui était une mesure menaçante. En janvier 1450 Philippe le Bon convoqua, à Malines, les États de Flandre, qui comptaient des éléments mieux disposés à son égard que les seuls Membres, et fit exposer en flamand devant eux les griefs qu'il nourrissait à l'égard des Gantois. En mars, à la suite d'une nouvelle réunion des États à Gand, la ville accepta d'organiser de nouvelles élections mais, pendant ce temps, le duc et ses conseillers lançaient une nouvelle offensive contre l'autonomie gantoise.

Durant les négociations de 1450 avec la ville, le duc dévoila des projets qui ne pouvaient qu'alarmer les Gantois puisqu'ils remettaient en cause leurs privilèges judiciaires par la suppression du statut de bourgeois forain, par l'extension de l'autorité du bailli de Gand et par une réduction des pouvoirs politiques des métiers. Au mois d'août, il

1. Pour ce qui suit, voir R. VAUGHAN, *Philip the Good*, p. 310-333 et D. NICHOLAS, *Medieval Flanders*, p. 329-332 ; M. BOONE, « Diplomatie et violence d'État », p. 1-54.

ordonna à ses officiers et justiciers de ne prendre référence, pour l'étendue des privilèges de Gand, que d'un texte de 1297, sans tenir compte des concessions postérieures à cette date. Désormais, il voulut en particulier que les bourgeois forains ressortissent, non à la juridiction échevinale, mais aux cours de justice princière.

A l'été 1451, le légiste Pieter Boudins, secrétaire du duc de Bourgogne et agent actif du pouvoir ducal dans la ville, organisa un complot pour assurer le contrôle du gouvernement gantois à son maître mais échoua. Le duc, après avoir exigé la démission de Lievin Sneevoet, Daniel Sersanders et Lievin de Pottere et essuyé un refus, convoqua les échevins gantois à Termonde ; ceux-ci protestèrent solennellement contre ce qu'ils considéraient comme une violation des privilèges de la ville, mais se présentèrent devant le duc. Ils lui affirmèrent avoir eu une attitude rétive « par peur du commun peuple de Gand » et obtinrent son pardon en échange de l'exil des trois chefs de l'opposition au pouvoir princier. Il sembla alors que le duc de Bourgogne sortait vainqueur de l'épreuve de force. Mais au sein de la population gantoise le mécontentement grandissait contre les échevins qui avaient si mal défendu l'autonomie de la ville.

En octobre des troubles eurent lieu. Le duc rappela de nouveau son bailli et le conflit s'envenima. Le 11 novembre, plusieurs partisans du prince, dont certains placés sous sa sauvegarde, furent exécutés comme complices du complot fomenté par Pieter Boudins. Quelques jours plus tard une assemblée insurrectionnelle se tint sur la place du marché, au cours de laquelle un « juge et justicier » (en flamand *rechter en justicier*) fut élu pour se substituer au bailli comtal. Les autorités urbaines, cependant, tentaient de trouver un moyen d'éviter l'affrontement. Le 20 novembre une entrevue eut lieu entre le duc et des représentants gantois accompagnés de médiateurs, notamment des gens d'Église, et, pour apaiser les esprits, Philippe le Bon autorisa Lievin Sneevoet, Daniel Sersanders et Lievin de Pottere à revenir provisoirement à Gand. Mais ces mesures furent insuffisantes pour désamorcer le conflit.

Les gens de métiers et le commun peuple se réunissaient sans cesse en armes sur la place du marché. Ils destituèrent le justicier, jugé trop proche des échevins, et le remplacèrent par un des leurs. Ils nommèrent aussi une commission pour enquêter sur les agissements des membres de l'échevinage. Finalement, au début de décembre, les institutions régulières de Gand furent abolies, y compris la Collace, et le gouvernement de la ville fut confié à trois capitaines (en flamand *hoofdmannen*) élus. Plusieurs partisans du duc furent condamnés à mort et décapités sur la place du marché, deux cents combattants furent envoyés occuper Biervliet tandis que des lettres étaient expédiées à Bruges, à Liège et au roi de France Charles VII pour demander de l'aide contre le duc de Bourgogne. Nombre de notables gantois préférèrent quitter la ville plutôt que d'attendre sur place la suite des événements. Pendant ce temps les révoltés s'attaquaient à ceux qui avaient tenu la Loi depuis quinze ans, les accusant de concussions et de délits variés. Le souvenir de Jakob et Philippe van Artevelde et le rêve d'organiser une cité-État après avoir secoué le joug de l'État princier revenaient hanter les esprits de certains insurgés. Ces derniers, comme signe de reconnaissance, avaient pris le chaperon blanc.

Malgré les tentatives de médiation des trois autres Membres de Flandre et de Jean de Bourgogne, comte d'Étampes, la situation se dégrada. Philippe le Bon décida de faire le blocus de Gand, reprenant une méthode qui avait fait ses preuves non seulement contre les Brugeois en 1437, mais déjà contre les Gantois durant les troubles des années 1380. Devant cette menace, Gand tenta de susciter une révolte générale des villes flamandes en appelant à son aide Termonde, Alost, Ninove, Audenarde, Courtrai, Bruges et même Tournai, cité pourtant extérieure au comté de Flandre. Cet appel fut vain. Seule Ninove lia son sort à celui de Gand. Les villes du comté étaient fermement contrôlées par le duc. Et ce dernier, le 31 mars 1452, de Bruxelles où il résidait, publia un manifeste dans lequel il rejetait toute la responsabilité des troubles sur « ceux de Gand » et qui sonnait comme une véritable déclaration de guerre : le duc y affirmait que les deux chefs-doyens de Gand, celui des tisserands et celui des autres métiers, s'étaient arrogé le droit de nommer vingt échevins sur vingt-six, violant les privilèges du collège électoral. Il affirmait que le statut de bourgeois forains, c'est-à-dire de bourgeois non-résidents, était contraire aux privilèges de la ville ; il accusait du reste ces bourgeois forains d'opprimer les non-bourgeois en s'appuyant sur la justice échevinale de Gand. Les échevins s'étaient permis de prononcer des sentences de bannissement sans en référer au bailli comtal, ce qui était une violation des droits du prince.

Après avoir dénoncé les agissements illégaux dont la ville s'était rendue coupable du temps du régime échevinal, le duc brossait un tableau de la situation insurrectionnelle qui régnait à Gand depuis décembre 1451. Les Gantois avaient nommé trois capitaines qui s'étaient institués eux-mêmes gouverneurs de la ville, qui administraient la justice, ordonnaient et publiaient des édits, levaient des amendes et étaient obéis dans toute la ville comme des princes et des seigneurs. Ils faisaient régner la terreur dans la ville et avaient illégalement fait construire des fortifications dans le plat pays et le long des routes ; ils avaient établi des capitaines et des officiers dans les villages et avaient même fait arrêter le bailli comtal du pays de Waes alors qu'il était en train de rendre la justice, l'avaient fait conduire à Gand et là, l'avaient fait décapiter. En conclusion, après avoir énuméré tous les abus et tous les crimes des révoltés gantois, Philippe le Bon annonçait son intention de les remettre en obéissance par la force[1].

Au mois d'avril, alors qu'une ambassade gantoise et des députés des trois autres Membres de Flandre se rendaient auprès du duc à Bruxelles, la milice de Gand occupa le château comtal de Gavre, situé sur l'Escaut entre Audenarde et Gand, ainsi que Helchin et le pont d'Espierre, situés en amont, entre Audenarde et Tournai. Puis les Gantois vinrent assiéger Audenarde, où le duc de Bourgogne avait placé une garnison, sous le commandement de Simon de Lalaing, pour assurer le blocus de Gand du côté de Tournai. Ils tentèrent aussi de saisir Alost et Grammont, mais sans succès.

Le siège d'Audenarde, commencé le 14 avril, dura dix jours. Dès le 27 avril 1452, de Grammont, Philippe le Bon pouvait écrire aux habitants de Malines une lettre d'information qui était aussi une mise en garde :

> « Chers et bien-aimés. Comme nous savons que vous voulez avoir de nos nouvelles et être assurés de notre état et du cours de nos affaires, nous vous faisons savoir qu'à l'heure où nous vous écrivons, nous sommes, quant à notre personne, en excellente santé et bonne prospérité. Et de fait, vendredi dernier, 21 avril, ceux qui tenaient le pont d'Espierre sur l'Escaut pour la ville de Gand, nos ennemis, rebelles et désobéissants, ont été défaits par notre cousin le comte d'Étampes et ceux de nos gens étant en sa compagnie, et le passage sur ladite rivière d'Escaut fut dégagé et ouvert, et Helchin, qu'ils tenaient aussi, fut recouvré. Le lundi suivant, 24 avril, mondit cousin et ses gens ont fait lever le siège d'Audenarde sur l'autre rive de l'Escaut et ont défait les assiégeants, et mon cousin et ses gens sont entrés dans la ville. Quant aux Gantois qui s'étaient logés sur cette rive de l'Escaut, dès qu'ils ont entendu nouvelles de la défaite de leurs gens sur l'autre rive, ils ont abandonné leur camp en y laissant leurs bagages et leur artillerie et ont fui vers Gand. Dès que nous avons reçu ces nouvelles, en notre ville de Grammont, nous nous sommes lancés à leur poursuite avec tous les gens qui étaient en notre compagnie. Et durant cette poursuite qui dura jusqu'à notre ville de Gand, un grand nombre de ceux qui fuyaient furent rattrapés et tués. Nous vous faisons savoir ces choses, mes bons amis, pour votre information et pour qu'à l'avenir vous n'ayez aucune relation avec ceux de Gand, nos ennemis, rebelles et déso-

1. R. VAUGHAN, *Philip the Good*, p. 313-317.

béissants, tant en fait de commerce qu'en autre chose. Chers et bien aimés, Notre Seigneur vous ait en sa garde[1]. »

L'armée ducale était entrée en campagne. Au mois de mai, elle tenait fermement Termonde, Alost et Audenarde d'où des raids furent lancés contre les places tenues par les Gantois et contre Gand elle-même. Au mois de juin, Philippe le Bon entra au pays de Waes, accompagné du comte de Charolais et de Corneille, bâtard de Bourgogne. Le 16 juin, une bataille eut lieu devant Rupelmonde où les troupes gantoises furent mises en déroute, subissant de lourdes pertes. Mais, du côté du duc, le bâtard Corneille fut tué d'un coup de pique.

Face aux progrès des opérations militaires menées par les troupes ducales, les Gantois cherchèrent des alliés ; ils tentèrent d'entraîner Bruges dans le mouvement mais les autorités urbaines de cette ville, qui craignaient que l'esprit de révolte ne contaminât le « commun peuple », refusèrent toute idée d'alliance avec les rebelles et soutinrent fermement le parti du duc. Les Gantois s'adressèrent également très tôt au roi de France. La menace d'une immixtion de Charles VII dans les affaires flamandes inquiéta vite Philippe le Bon. Dès juillet 1451, il avait écrit au roi pour se plaindre des démarches faites auprès de lui par les Gantois. En janvier 1452, ses ambassadeurs demandèrent à Charles de ne pas aider ou encourager la ville rebelle et, au mois d'avril suivant, Philippe informa le roi de ses premiers succès. Un mois plus tard, ce fut au tour des Gantois de s'adresser au roi leur « très excellent et puissant prince, leur très cher sire et souverain seigneur » par une lettre énumérant les effets du mauvais gouvernement du duc de Bourgogne, justifiant la nomination d'un justicier et de capitaines de la ville et lui demandant d'intervenir pour remédier à la situation.

En juin 1452 une ambassade française fut envoyée auprès du duc Philippe pour l'engager à faire la paix avec Gand. Malgré l'aigreur que leur démarche provoqua chez lui, le duc dut accepter une trêve de six semaines. Les négociations qui suivirent et durèrent pendant l'été débouchèrent sur la rédaction d'un projet de traité qui fut publié à Lille le 4 septembre. Les clauses en étaient très dures pour les Gantois, prévoyaient une cérémonie de soumission et d'amende honorable, la restriction des privilèges et des droits de la ville et le paiement d'une amende de 250 000 écus d'or. Ces termes furent repoussés par les révoltés et la guerre reprit.

Philippe le Bon avait concentré autour de Gand des forces importantes et, durant l'automne et l'hiver, une guerre d'une rare cruauté fut

1. *Ibid.*, p. 320.

menée contre la ville, notamment sous la direction du maréchal de Bourgogne, Thibaud de Neufchâtel : tous les villages de la campagne gantoise furent brûlés et tous les prisonniers étaient pendus. Tous les biens gantois que les autorités ducales pouvaient trouver étaient confisqués et la ville fut tenue dans un blocus rigoureux. En réponse, les troupes rebelles firent des incursions en Hainaut et dans les régions de Flandre tenues par les troupes ducales. Parallèlement, des tentatives de médiation eurent encore lieu. Les marchands étrangers de Bruges, dont les affaires subissaient les effets néfastes de la guerre, essayèrent de ramener la paix, de même que le roi de France qui voyait dans des interventions de ce genre un moyen de s'ingérer dans les affaires de l'État bourguignon et d'affaiblir la situation politique de Philippe le Bon. Le duc lui-même, en mai 1453, proposa une nouvelle fois la paix aux Gantois, mais les conditions humiliantes qu'il exigeait furent repoussées comme celles de la sentence de Lille du mois de septembre 1452.

Au retour de l'été, le duc de Bourgogne se remit en campagne avec une forte armée dans l'intention d'en finir avec la rébellion gantoise. Les premiers objectifs étaient les forteresses que les Gantois tenaient dans les vallées de la Lys (Poeke), de l'Escaut (Gavre) et de la Dendre (Schendelbeke). Le 27 juin, Schendelbeke fut prise après un siège rapide et la garnison en fut exterminée. Le 5 juillet, il en alla de même pour Poeke, place forte sous les murs de laquelle un chevalier de la Toison d'or, le fameux « tournoyeur » Jacques de Lalaing, fut tué d'un coup de canon. Certains auteurs ont cru bon d'ironiser sur la fin de ce chevalier accompli et ont vu là le signe du triomphe de l'artillerie sur l'esprit chevaleresque. Ils n'ont pas remarqué que Jacques de Lalaing n'a pas eu la mort d'un homme à l'esprit anachronique qui ne comprenait rien à l'artillerie, mais bien celle d'un chef de guerre de son temps, comme le comte de Salisbury devant Orléans en 1428 ou l'amiral de France Prigent de Coëtivy devant Cherbourg en 1450.

Après la prise de Poeke, l'armée ducale se dirigea vers Courtrai. Là, elle dut marquer une pause car le duc de Bourgogne était à court d'argent. La guerre avait vidé ses caisses et son chancelier et ses gens de finances durent recourir aux expédients pour trouver les sommes nécessaires au paiement des troupes. Finalement, le 16 juillet, Philippe le Bon put se remettre en route pour assiéger Gavre, la dernière forteresse à prendre avant d'attaquer directement Gand. Le siège commença le 18 juillet et, dès le 23, une forte armée sortit de Gand pour secourir les défenseurs de Gavre et affronter l'armée du duc de Bourgogne. La bataille qui suivit s'acheva sur une complète déroute des Gantois. L'auteur du *Livre des trahisons de France* donne une description courte mais crue du combat dont l'issue heureuse pour le duc de Bourgogne aurait été, d'après lui, provoquée par des mercenaires anglais au service des Gantois.

> « Dans la ville de Gand étaient plusieurs Anglais auxquels ceux de Gand s'étaient alliés dès le commencement de la guerre [...]. Ces Anglais de Gand vinrent un jour de trêve à Termonde auprès de certains Anglais de leur connaissance qui étaient alors aux gages du duc Philippe en la compagnie de messire Antoine, bâtard de Bourgogne. Et ceux-ci firent un marché avec les Anglais de Gand en leur demandant de convaincre les Gantois de sortir en rase campagne pour venir faire lever le siège de Gavre, ce qui fut fait sans faute ; car [...] au mois de juillet, ils sortirent de ladite ville de Gand en grande puissance, selon leur coutume et se mirent sur les champs avec bien 40 000 hommes [*sic*] munis d'armes d'hast, selon l'usage du pays, principalement de piques, car ils en avaient tant que leur armée ressemblait à un bois ; et ils étaient très impatients de combattre, car lesdits Anglais leur avaient donné à entendre qu'ils déconfieraient le duc Philippe et son armée. Mais quand ils voulurent aborder l'avant-garde, ils furent prestement défaits par le trait des archers, et plusieurs se jetèrent dans l'Escaut et s'y noyèrent, et tant s'y jetaient que les vivants passaient sur les morts. Certains se regroupèrent en un clos du côté de l'Escaut et y tinrent là un certain temps ; les hommes d'armes ne pouvaient pénétrer leur formation défensive à cause de leurs piques, qu'ils avaient en grande quantité, mais les archers les en délogèrent de vive force. Beaucoup furent tués sur place par les traits, et ceux qui purent fuir la mort par épée ou par lance se jetaient dans la rivière d'Escaut et s'y noyaient. Là, on en vit plusieurs qui se sauvèrent en nageant bien[1]. »

La confusion qui régna après le combat fit échapper Gand à l'irruption des troupes ducales dans ses murs. Cependant, le désastre de Gavre avait été tel que les rebelles ne purent envisager de prolonger la résistance et furent contraints de négocier. La révolte gantoise s'acheva par un traité qui imposa aux vaincus des conditions semblables à celles qu'ils avaient rejetées en septembre 1452 et en mai 1453. Les clauses en furent lues à haute voix aux Gantois par le chancelier Rolin lors d'une cérémonie où les représentants des différents corps de la ville vinrent s'humilier, en un geste d'amende honorable, et demander pardon pour leur rébellion contre leur seigneur. Le duc, monté sur le cheval de guerre qu'il chevauchait à la bataille de Gavre et qui avait été blessé d'un coup de pique par un combattant gantois, reçut leur sou-

1. *Le livre des trahisons de France*, p. 225-226.

mission et fit confisquer les bannières des métiers après leur avoir fait connaître les conditions de l'octroi de son pardon.

Selon les termes dictés par le duc de Bourgogne et lus par son chancelier, les Gantois étaient astreints au paiement d'une amende de 350 000 ridders (plus de 1,2 tonne d'or) ; les deux portes par lesquelles la milice communale était sortie le jeudi 13 avril 1452 pour aller assiéger Audenarde devraient être fermées tous les jeudis à perpétuité et la porte qu'elle avait empruntée pour aller affronter le duc à Rupelmonde serait définitivement murée. Par ailleurs, les deux chefs-doyens seraient, à l'avenir, exclus de la procédure de renouvellement annuel de la Loi, l'autorité du bailli comtal sur l'adminsitration de la ville serait accrue, les privilèges des bourgeois forains seraient restreints et la compétence juridictionnelle des échevins sur le plat pays serait sévèrement limitée au profit du Conseil de Flandre. Le traité imposé par le vainqueur posait aussi les conditions du retour à la tête du gouvernement urbain de la bourgeoisie patricienne qui soutenait la politique ducale.

LES DIFFICILES DÉBUTS DE CHARLES LE TÉMÉRAIRE

Le duc de Bourgogne avait réussi à soumettre la plus puissante et la plus turbulente ville de Flandre et à imposer spectaculairement son autorité. La propagande ducale célébra ce succès et Jean Molinet, dans sa *Recollection des merveilleuses advenues*, put chanter la gloire de son maître en termes hyperboliques :

J'ai vu Gand invaincue
Subjuguer à mes yeux
Des princes sous la nue
Le plus victorieux,
Et d'épée mortoire[1]
Vaincre les habitants,
Dont cas de telle gloire
Ne fut, passé mille ans[2].

Mais le prix avait été élevé car la guerre avait coûté cher et avait causé des ravages tant en Flandre qu'en Hainaut. En outre, la rancœur des vaincus, dont les privilèges avaient été largement entamés, n'était pas éteinte. Charles le Téméraire en fit d'ailleurs l'expérience le 28 juin

1. Meurtrière.
2. M. SANTUCCI, « Gand et les Gantois vus par Molinet », p. 43-69.

1467, lorsque, treize jours après la mort de son père, il fit sa « Joyeuse Entrée » à Gand[1]. Au début, l'inauguration de Charles le Téméraire en tant que nouveau comte de Flandre se passa comme prévu : après la cérémonie en l'église Saint-Jean, le duc fut accueilli par les échevins et la population. Mais bientôt, des incidents éclatèrent. A la fin d'une procession en l'honneur de Saint-Liévin, dont on célébrait, ce jour-là, la fête de la translation, une tente, qui avait été érigée au Marché aux Grains pour les receveurs d'une taxe appelée la « cueillote », fut détruite. L'événement fut suivi d'un rassemblement d'hommes en armes sur la place du Marché du Vendredi réclamant à grands cris l'abolition de cette taxe. Le duc de Bourgogne s'adressa à la foule pour rétablir le calme, mais son intervention aggrava les choses car il alla jusqu'à frapper l'un des agitateurs. Il se trouva alors devant une véritable révolte et les revendications qui lui furent présentées sur un ton violent montraient clairement que, quatorze ans après la bataille de Gavre, les gens des métiers et le « commun peuple » de Gand rêvaient d'une revanche : les insurgés demandaient en effet que des sanctions fussent prises contre les échevins coupables de malversations, la restitution des bannières des métiers, confisquées après Gavre, la restauration de la compétence juridictionnelle des tribunaux gantois sur le plat pays et la réouverture des portes fermées. Le duc Charles parvint à quitter la ville le 1er juillet, en emmenant avec lui sa fille Marie, qui résidait à *Ten Walle*. Mais il ne put sortir de la mauvaise situation dans laquelle il se trouvait sans avoir fait plusieurs concessions : en effet, il satisfit les principales revendications des émeutiers concernant la cueillote, les bannières et les portes, accorda son pardon pour les actes de révolte qui avaient été commis contre lui et démit le bailli comtal de ses fonctions. Mais dès l'année suivante, lorsque son autorité fut mieux assurée et qu'en particulier il eut brutalement réprimé le soulèvement des Liégeois contre leur prince-évêque, il put remettre Gand en obéissance.

En janvier 1469, les Gantois durent de nouveau faire leur soumission au duc de Bourgogne en renonçant à tous leurs privilèges, non seulement ceux qu'ils avaient reconquis en juin et juillet 1467, mais même ceux qui ne leur avaient jamais été contestés comme l'élection annuelle de la Loi. Le 15 janvier, à Bruxelles, eut lieu une nouvelle et impressionnante cérémonie d'humiliation pour les Gantois dans la grande salle du palais du Coudenberg. Les murs étaient tendus de tapisseries représentant Alexandre, Hannibal et les Preux. Le duc de Bourgogne siégeait sur un trône surmonté d'un dais de drap d'or. Près de lui se tenait son demi-frère et premier chambellan Antoine, bâtard de

1. Pour ce qui suit, voir R. VAUGHAN, *Charles the Bold*, p. 6-9.

Bourgogne. De part et d'autre du duc, sur des bancs richement décorés, se trouvaient par ordre hiérarchique Louis de Bourbon, évêque de Liège, le futur duc Philippe de Savoie, frère de la reine de France Charlotte de Savoie, Adolphe de Clèves, seigneur de Ravenstein, les chevaliers de la Toison d'or et les autres nobles, chevaliers et écuyers. Étaient également présents les ambassadeurs de France, d'Angleterre, de Hongrie, de Bohême, de Naples, d'Aragon, de Sicile, de Chypre, de Norvège, de Pologne, de Danemark, de Russie, de Livonie, de Prusse, d'Autriche et de Milan. La cérémonie allait avoir un retentissement international.

Quand tous furent installés, deux conseillers du duc, Olivier de La Marche et Pierre Bladelin, se rendirent à l'extérieur du palais où depuis plus d'une heure et demie, dans la neige, les représentants des Gantois attendaient qu'on vînt les chercher pour comparaître devant leur prince. Parmi eux figuraient les échevins et les doyens des métiers, chacun de ces derniers avec la bannière de sa guilde. Ils furent introduits dans la grande salle et chacun d'eux dut s'agenouiller trois fois devant le duc en criant « Merci ! », puis les bannières des métiers furent toutes déposées au pied du bâtard de Bourgogne. Ensuite, le Grand Privilège de Gand fut lu intégralement et à voix haute, après quoi le chancelier Pierre de Goux demanda au duc sa volonté ; celui-ci répondit aussitôt qu'il voulait que le privilège de Gand fût annulé. Alors, solennellement, son premier secrétaire et audiencier Jean Gros lacéra le parchemin avec un couteau.

Quand cela fut fait, Charles le Téméraire s'adressa aux Gantois. Il parla des récentes guerres de Flandre, se plaignant de toutes les offenses et de tous les méfaits qu'ils avaient commis et de l'attitude qu'ils avaient eue à l'égard du duc Philippe, son père. Il expliqua aussi comment il les avait toujours soutenus, en parlant toujours en leur faveur. Il se plaignit du fait que, lorsqu'il avait voulu avoir sa très noble fille auprès de lui à Bruxelles, ceux de Gand n'avaient pas voulu la laisser quitter la ville, ce qui était une manière de trahir sa confiance. Bien plus, lorsqu'il avait voulu prendre possession de son pays de Flandre et jurer d'en maintenir et respecter les privilèges, ils l'avaient offensé plus encore. Finalement il prit acte de leur soumission et déclara :

> « Par le moyen de cette obéissance, si vous tenez votre promesse d'être notre bon peuple et nos bons enfants comme vous devez l'être, vous obtiendrez notre grâce et nous vous serons bon prince et seigneur [1]. »

1. *Ibid.*, p. 8-9.

Une fois de plus, et cette fois de manière particulièrement écrasante, les mesures prises après une révolte servirent aux progrès de la politique de centralisation : Gand, où la cueillote fut rétablie dès le mois d'avril, avait perdu tous ses privilèges et désormais la désignation annuelle des échevins fut de la compétence d'une commission ducale sans que l'ancien collège électoral pût intervenir. La ville demeura sous le contrôle du prince jusqu'à la mort de Charles le Téméraire en 1477.

Gand en 1467 n'avait pas été la seule ville à connaître des troubles au moment de l'installation du nouveau duc de Bourgogne. Il semble que Saint-Omer ait également été le théâtre d'un mouvement de mécontentement car la ville fut condamnée cette année-là à une amende de 20 000 livres. Par ailleurs, d'autres perturbations, d'origine à la fois économique, sociale et politique eurent lieu à Malines. Le duc y avait fait son entrée le 3 juillet 1467 sans que la cérémonie fût le moins du monde troublée. Mais peu de temps après, une émeute éclata en raison de la saisie sur la Dyle de bateaux qui transportaient du grain à destination de Bruxelles et dont les propriétaires n'avaient pas respecté le privilège d'Étape de Malines. La violence, d'abord dirigée contre les transporteurs dont les bateaux furent coulés, se tourna ensuite vers le duc dont la justice tardait à trancher le litige opposant Bruxelles à Malines au sujet de cette Étape. La résidence de l'écoutète fut mise à sac, puis les émeutiers s'attaquèrent au groupe dominant en saccageant aussi deux demeures appartenant à de riches bourgeois de la ville. Une assemblée de « gens du commun » en armes se réunit sur la place du Marché, déclara que le Magistrat de la ville était déposé et désigna de nouveaux échevins. Après la fuite de l'écoutète une situation insurrectionnelle s'installa, les révoltés ayant pris le contrôle de la ville et de ses portes. Mais la rébellion de Malines fut matée encore plus vite que celle de Gand. Et dès le 28 août 1467, le duc de Bourgogne revint dans la ville pour y imposer une sentence sévère : une procédure de désignation du Magistrat par des commissaires ducaux fut instituée ; l'écoutète reçut des attributions étendues et notamment le contrôle des règlements édictés par la Loi ; les sentences de la justice échevinale pourraient désormais faire l'objet d'un appel devant le Grand Conseil ; les Malinois furent condamnés à payer une amende de 30 000 florins du Rhin — ce qui représentait 10 % des revenus de la ville — et 160 meneurs furent bannis [1].

Après les révoltes des années 1436-1467, Bruges, Gand, Malines perdirent une grande partie de leurs privilèges et virent leur influence sur le plat pays qui les entourait diminuer notablement. Dans tous les cas,

1. *Ibid.*, p. 10-11.

la désignation des échevins devint une prérogative du prince tandis que les juridictions urbaines voyaient leurs compétences fortement restreintes au profit des cours de justice princière. Il faut constater la similitude des traitements appliqués aux villes rebelles pendant cette période. Il n'est pas douteux que la répression spectaculaire des révoltes urbaines fut pour les ducs Philippe le Bon et Charles le Téméraire un moyen d'accroître leur autorité et de renforcer la centralisation de l'État bourguignon. Cependant, les méthodes employées en Flandre ou à Malines, pour rudes qu'elles fussent, ne pouvaient être comparées avec le traitement brutal appliqué aux villes de la principauté de Liège.

DINANT ET LIÈGE

En 1456, après avoir contraint le prince-évêque Jean de Heinsberg à démissionner, Philippe le Bon avait favorisé l'accession de son neveu Louis de Bourbon à l'évêché de Liège. Mais d'emblée, l'avènement de ce jeune prince de dix-huit ans, protégé du duc de Bourgogne, avait provoqué une tension dans la principauté[1]. En particulier, les villes, qui avaient souffert de l'intervention de Jean sans Peur en 1408 et de la terrible Sentence de Lille consécutive à la bataille d'Othée, étaient, depuis longtemps, hostiles à l'influence bourguignonne. Les relations entre Louis de Bourbon et ses sujets s'annonçaient d'autant plus difficiles que le nouvel Élu allait rapidement manifester des tendances autoritaires, malgré les conseils de modération que le duc de Bourgogne lui prodigua. Aussi, dès 1457, les Liégeois entrèrent en révolte. Louis de Bourbon fut forcé de fuir Liège, ses partisans furent pourchassés et leurs maisons dans la ville incendiées. Dès ce moment, le parti hostile au prince-évêque chercha contre lui l'appui du roi de France. Charles VII d'abord, puis Louis XI à partir de 1461, entretinrent des relations étroites avec Liège et cette menace de subversion par un parti francophile conduisit la puissance bourguignonne à intervenir de nouveau dans la principauté.

Le premier mouvement du duc fut de tenter d'apaiser le conflit entre son neveu et ses sujets. Durant l'hiver 1461-1462 il proposa son arbitrage, sans grand succès, et dès l'année suivante des ambassadeurs du roi de France, puis un légat pontifical, prirent le relais de son action pacificatrice. Mais, malgré ces manœuvres diplomatiques, les tensions persistèrent et, en juillet 1463, Rasse de La Rivière, seigneur de Heers,

1. Pour ce qui suit, voir R. VAUGHAN, *Philip the Good*, p. 391-397 ; P. HARSIN, « Liège entre France et Bourgogne au XVe siècle », p. 193-256 ; C. BRUSTEN, « Les campagnes liégeoises de Charles le Téméraire », p. 81-99.

un représentant de la petite noblesse locale et l'un des opposants les plus déterminés à Louis de Bourbon, fut élu bourgmestre de Liège. Il mena dès lors une politique ouvertement hostile au prince-évêque, avec l'aide des éléments populaires de la ville. Il imposa bientôt à Liège un gouvernement insurrectionnel, en intimidant les élites ecclésiastiques et bourgeoises. Au début de 1465, les institutions judiciaires dépendant du prince furent remplacées par des juridictions tenues par les insurgés. A ce moment, Charles, comte de Charolais, qui commençait à prendre en main le gouvernement de l'État bourguignon, intervint auprès des Liégeois pour les dissuader d'aller plus loin dans la voie de la révolte. Mais sa démarche fut vaine et le 25 mars 1465 les rebelles procédèrent à l'élection d'un « mambour » pour gouverner la principauté à la place de Louis de Bourbon. Leur choix se porta sur Marc de Bade, frère de Charles, margrave de Bade. Ce personnage, qui avait peut-être l'ambition de mettre la main sur la principauté épiscopale de Liège, accepta, malgré les tentatives faites par le duc de Bourgogne pour le détourner de ce projet.

Au printemps de 1465, en France, la « guerre du Bien public » allait éclater. Le gouvernement bourguignon préparant une intervention militaire aux côtés des ligueurs ne pouvait envisager, en même temps, de rétablir la situation à Liège par la force, aussi fut-il décidé de temporiser de ce côté-là. Mais le roi de France, en difficulté en France, voulut tirer parti de la situation et négocia avec les révoltés liégeois un traité d'alliance dirigé contre le duc de Bourgogne. Le 17 juin, un accord fut passé entre les ambassadeurs de Louis XI et les Liégeois. Ceux-ci promettaient de faire la guerre au duc de Bourgogne, au comte de Charolais et à Jean II, duc de Bourbon, l'un des chefs de file de la Ligue du Bien public. En échange, le roi Louis s'engageait à aider Liège contre tous ses ennemis, à envoyer dans la ville 200 lances à ses frais, à pourvoir les habitants d'artillerie et de munitions et à envoyer un bon maître d'artillerie. Les deux parties prenaient l'engagement de ne pas conclure de paix séparée avec leurs adversaires. Le roi, en outre, promettait de s'employer à obtenir du pape une confirmation de l'élection de Marc de Bade comme mambour. Enfin, un plan de guerre fut élaboré : le roi devait attaquer le Hainaut tandis que les Liégeois envahiraient le Brabant, sans cependant s'éloigner de leur cité de plus de trente lieues.

L'offensive contre le duc de Bourgogne fut lancée à la fin du mois de juin par Dinant, deuxième ville en importance de la principauté de Liège. Sa milice attaqua Bouvignes, la ville rivale, située dans le comté de Namur. A la fin du mois d'août, les troupes de Liège se mirent en campagne à leur tour, lançant une attaque contre le duché de Limbourg, tandis que des lettres de défi en bonne et due forme était adressées au duc de Bourgogne et au comte de Charolais au nom de l'« administrateur » de Liège, Marc de Bade. Sur le moment, le comte de Charolais, engagé dans la guerre du Bien public, ne put réagir pour protéger les provinces attaquées.

L'invasion des terres du duc donna lieu à des actes d'une grande cruauté et la perspective probable des représailles bourguignonnes décida Marc de Bade à rompre avec un mouvement dont il pressentait l'échec. Aussi, au mois de septembre, abandonna-t-il Liège et rentra-t-il en Allemagne. Ayant perdu l'appui de leur mambour, les Liégeois perdirent bientôt celui du roi de France qui, à l'issue de la guerre qui l'opposait aux princes ligueurs, fut contraint de conclure avec eux le traité de Conflans et se trouva de ce fait dans l'impossibilité d'intervenir en faveur de ses alliés. La nouvelle de la défection de Louis XI parvint à Liège au mois d'octobre et fut suivie d'une ouverture diplomatique des Liégeois en direction du duc de Bourgogne. Mais cette tentative pour négocier un traité de paix se heurta à l'intransigeance des Bourguignons qui posaient comme condition préalable le retour de Louis de Bourbon dans sa principauté et la désignation du duc de Bourgogne comme « avoué » de Liège.

Dès le mois d'octobre, après le règlement de la guerre du Bien public, Charles, comte de Charolais avait rassemblé une armée pour marcher contre Dinant et Liège. Le 20 octobre, ses troupes battirent les Liégeois à Montenaeken. Mais le 28 novembre un assaut nocturne contre Dinant échoua. L'armée du comte de Charolais stationna alors dans la principauté tandis qu'une médiation du comte de Meurs et du comte de Hornes permettait l'ouverture de longues négociations en vue d'un règlement du conflit. Le 22 décembre, un traité fut scellé à Saint-Trond. Les clauses en étaient sévères pour les villes de la principauté et les représentants de Dinant n'avaient même pas été admis à négocier. Quoi qu'il en soit, après la conclusion de ce traité, le comte de Charolais licencia ses troupes. L'agitation était pourtant encore grande à Dinant et à Liège, où Rasse de La Rivière et ses partisans tenaient encore le pouvoir. Louis de Bourbon était toujours dans l'impossibilité de gouverner sa principauté, bien que, par une bulle du 23 décembre 1465, le pape Paul II eût reconnu ses droits. Aussi, à l'été 1466, le comte de Charolais se lança dans une deuxième intervention militaire au pays de Liège.

L'objectif des armées bourguignonnes fut une nouvelle fois Dinant. On raconte que les habitants de la ville s'étaient rendus odieux au comte de Charolais, car ils le surnommaient « Charlotel » (le « tout petit Charles »), avaient pendu son effigie l'année précédente en vue des défenseurs de Bouvignes et l'accusaient d'être un bâtard né des amours coupables d'Isabelle de Portugal et de Jean de Heinsberg. Mais le traitement particulier qui était préparé pour la ville ne s'expliquait probablement pas par cela : pour les gouvernants bourguignons, Dinant, qui avait été exclue du traité de Saint-Trond, devait être neutralisée en raison du rôle moteur qu'elle avait joué dans la révolte contre Louis de Bourbon. Par ailleurs, la rivalité ancienne qui l'opposait à Bouvignes et qui était préjudiciable aux intérêts du comté de Namur la désignait aussi comme une cible. La propagande bourguignonne appelait au châtiment des Dinantais et, dans une moralité intitulée la *Justice de Dinant*, composée sans doute après le traité de Saint-Trond, un auteur anonyme affirmait que les malheurs qui allaient frapper la ville n'étaient dûs qu'à ses seules fautes :

Cinq choses sont, ou de cinq choses l'une,
Qui tient Dinant en sa male fortune
Dont nullement ne se peut excuser.
C'est mal conseil, ou perverse commune,
Ou autres gens de région aucune
Qu'en ce malheur ne le font qu'embraser,
Ou son avoir qui le fait abuser,
Ou il est tant imbu que reposer
Il ne se peut de sur la mer nager,
Dont chacun dit : « Dinant semble enrager ! »[1].

En août 1466, le comte de Charolais vint assiéger la ville. L'intention des assiégeants était de châtier les Dinantais de façon spectaculaire et radicale. La destruction de la place était sans doute déjà programmée et l'on chantait peut-être dans les rangs bourguignons une chanson sinistre qui annonçait aux assiégés le sort qui les attendait :

Si t'as nom Dinant,
T'auras nom le Nu[2].

Pendant une semaine les défenseurs subirent un intense bombardement et, ne recevant aucun secours de Liège, furent bientôt contraints de capituler. Les gens de guerre bourguignons entrèrent dans la ville le 25 août, la mirent à sac et l'incendièrent. La ville de Thuin, qui avait osé prêter assistance aux Dinantais, fut frappée d'une lourde amende et ses murailles furent rasées. Jamais, jusqu'alors, une révolte urbaine

1. C. THIRY, « Les poèmes de langue française relatifs aux sacs de Dinant et de Liège », p. 101-103 et 124.
2. *Ibid.*, p. 103.

n'avait été réprimée avec une telle férocité, mais le comte de Charolais avait sans nul doute la volonté de faire un exemple.

Après la destruction de Dinant, Charles dirigea ses troupes vers Liège, mais de nouvelles négociations s'engagèrent et un deuxième traité fut scellé à Oleye, le 10 septembre 1466, qui mit un terme à la campagne. Le duc de Bourgogne était reconnu, à titre héréditaire, avoué de Liège et les vaincus devaient payer une forte indemnité de guerre et fournir des otages. Cependant, une fois encore, et malgré l'exemple de Dinant, l'agitation ne se calma pas. Louis de Bourbon, replié à Huy, ne put entrer dans sa cité épiscopale, toujours tenue par Rasse, seigneur de Heers, et ses partisans. L'annonce de la mort de Philippe le Bon, en juin 1467, fut accueillie à Liège avec des démonstrations de joie [1]. Au mois de juillet suivant, entre autres provocations, des troupes liégeoises firent des incursions en Brabant et le mois suivant, de violentes attaques eurent lieu contre le duché de Limbourg. Dans la nuit du 16 au 17 septembre, le seigneur de Heers réussit à prendre Huy par surprise, tandis que Louis de Bourbon réussit à se sauver de justesse.

Dès le mois de juillet, Charles le Téméraire avait fait des préparatifs pour une troisième intervention militaire au pays de Liège. Il avait trois justes raisons de le faire : depuis le traité de septembre 1466, le duc de Bourgogne exerçait, à titre héréditaire, l'avouerie de Liège ; par ailleurs, par un acte du 29 juillet 1467, Louis de Bourbon avait chargé Charles d'arbitrer tous les différends intervenant entre les Liégeois et leur prince-évêque ; enfin, les rebelles avaient attaqué ses propres seigneuries. Aussi, malgré les tentatives de médiation de la duchesse Isabelle de Portugal, du roi de France, de Louis de Luxembourg, comte de Saint-Pol, et d'une légation pontificale, le duc de Bourgogne entra en campagne contre les Liégeois au mois d'octobre. Le 22, les Bourguignons tentèrent en vain de reprendre Huy, puis marchèrent vers Saint-Trond pour en faire le siège. Le 28 octobre, à Brustem, ils rencontrèrent les troupes liégeoises venues à leur rencontre et les défirent. Le 2 novembre Saint-Trond capitula, imitée par Tongres le 6. Le 9, Charles le Téméraire campa à Othée, lieu plein encore du souvenir de la victoire que son grand-père avait remportée sur les Liégeois en 1408. Pendant ce temps, une sédition éclata à Liège, contraignant Rasse de La Rivière, seigneur de Heers et ses partisans à s'enfuir. Les négociations ouvertes alors débouchèrent sur un nouveau traité scellé à Liège le 18 novembre 1467.

La paix de Liège, qui reprenait nombre de clauses des traités précé-

1. Pour ce qui suit, voir R. VAUGHAN, *Charles the Bold*, p. 11-40.

dents, visait à affaiblir de façon radicale la puissance de la principauté de Liège et à y établir de manière incontestable la suprématie du duc de Bourgogne[1]. Ce programme fut développé selon quatre axes essentiels. En premier lieu, il s'agissait de supprimer toute influence de Liège dans les Pays-Bas bourguignons ; pour cela, les sujets du duc de Bourgogne ne furent plus soumis, comme ils l'étaient par le passé, à la compétence des tribunaux liégeois appelés l'« Anneau du Palais » et la « Paix Notre-Dame » ; de même, la primauté de Liège sur les villes et franchises de droit liégeois de Brabant, Limbourg, Luxembourg et Hainaut fut abolie ; enfin, la bourgeoisie foraine de Liège et d'autres villes de sa principauté fut supprimée là où elle créait des conflits de juridiction avec la justice ducale, notamment au Luxembourg.

Un deuxième axe de la politique de Charles le Téméraire fut la mise au pas de Liège et l'anéantissement de son rôle de centre politique de la principauté ; dans ce but, toutes les institutions urbaines et toutes les chartes de franchises furent abolies, les murs et les portes furent abattues, la population fut désarmée, le « Perron », colonne de bronze érigée sur la place du Marché et symbole des libertés liégeoises, fut démonté et transporté à Bruges, l'autorité de la ville sur le pays fut supprimée ; les justices locales ne devaient plus, désormais, ressortir aux tribunaux de la cité.

Un troisième axe était la dislocation du pouvoir au sein de la principauté : abolissant les anciens tribunaux liégeois, le duc de Bourgogne suscita la création d'un conseil dont le modèle était calqué sur celui des juridictions bourguignonnes — Conseil de Flandre, Conseil de Dijon, Conseil de Hollande, etc. — mais, tandis que cette institution nouvelle devait siéger à Liège, cette ville fut déclarée indigne de conserver le siège épiscopal ; celui-ci fut donc transféré à Maastricht, coseigneurie partagée par l'évêque de Liège et le duc de Bourgogne (en tant que duc de Brabant), où siégerait désormais l'officialité ; en outre deux sièges secondaires de juridictions spirituelles devaient être organisés, l'un à Louvain et l'autre à Namur, donc en terre bourguignonne.

Le quatrième et dernier axe était une affirmation des droits du duc en tant qu'avoué, c'est-à-dire, en l'occurrence, protecteur temporel, de la principauté. Dans le traité de novembre 1467, Charles le Téméraire s'était fait reconnaître le titre de « gardien et avoué, souverain, héréditaire, général et particulier des églises et des cités, villes et pays de Liège et de Looz ». L'exercice de cette avouerie héréditaire et « souveraine », devait donner lieu au paiement d'une rente annuelle de 2 000 florins

1. Pour ce qui suit, voir P. GORISSEN, « La politique liégeoise de Charles le Téméraire », p. 129-145 et J.-M. CAUCHIES, « Duc de Bourgogne et tribunaux liégeois », p. 135-143.

du Rhin. En outre, par la suite, chaque année au mois de mai, à Louvain, les échevins des villes liégeoises, après leur nomination par le prince-évêque, furent tenus de prêter serment d'allégeance au duc de Bourgogne, en tant qu'avoué, au cours d'une cérémonie fastueuse manifestant de façon éclatante leur soumission à l'État bourguignon.

Outre l'application de ces clauses qui visaient à saper et anéantir la puissance liégeoise, y compris au détriment des droits du prince-évêque Louis de Bourbon, Charles le Téméraire mit le gouvernement et l'administration sous tutelle en plaçant les finances liégeoises sous le contrôle de la Chambre des comptes de Bruxelles et en nommant Guy de Brimeu, seigneur de Humbercourt, qui avait déjà été institué gouverneur après le traité d'Oleye de septembre 1466, lieutenant général de l'avoué souverain. Désormais la principauté serait gouvernée conjointement par le prince-évêque et ce lieutenant général.

Ce traitement rigoureux accentua la rancœur d'une partie de la population liégeoise contre le pouvoir bourguignon, y compris parmi les éléments modérés. Mais la fuite et le bannissement des principaux chefs de la révolte des années 1457-1467 empêchaient l'opposition de se réorganiser. Cependant, au printemps 1468, l'arrivée du légat pontifical Onofrio de Sainte-Croix à Liège y fit naître l'espoir d'une modification du traité. En août 1468, Charles le Téméraire qui, après la violation du traité de Conflans par Louis XI, se préparait à une nouvelle guerre contre ce dernier, conféra à Bruxelles avec le légat Onofrio, Louis de Bourbon, et le frère de celui-ci, Charles de Bourbon, archevêque de Lyon. Le duc de Bourgogne, qui voulait la paix à Liège au moment où les hostilités menaçaient du côté de la France, manifesta son intention d'assouplir sa position, mais c'est alors qu'une nouvelle révolte éclata dans la principauté ecclésiastique.

Au début du mois d'août, en effet, le seigneur de Humbercourt s'étant absenté de Liège, les exilés et les bannis, misant sur une guerre entre le roi de France et le duc de Bourgogne, en profitèrent pour tenter un retour en force, sous la conduite de représentants de la petite noblesse locale, dont Gossuin de Streel, Jean de Wilde et Vincent de Buren. Après avoir attaqué diverses places, comme Bouillon, Franchimont et Montfort, ils reprirent Liège le 9 septembre 1468, entrant au cri de « Vive le roi de France et Liège ». Les partisans du prince-évêque et du parti bourguignon furent massacrés ou chassés et les rebelles établirent de nouveau leur pouvoir dans la cité.

Malgré les tentatives faites par le légat pour apaiser le conflit, il semblait clair qu'un nouvel affrontement entre le duc de Bourgogne et les Liégeois était imminent. Et, tandis que Charles le Téméraire, le 17 septembre, faisait du seigneur de Humbercourt son lieutenant et capitaine général en Brabant, Limbourg, Luxembourg et Hainaut afin d'y préparer les opérations contre Liège, les Liégeois réarmaient leur ville et tentaient d'en relever, avec des moyens de fortune, les fortifications démantelées par les Bourguignons l'année précédente.

Au début du mois d'octobre, le seigneur de Humbercourt, en compagnie de Louis de Bourbon, entra dans la principauté ecclésiastique avec des troupes et avança jusqu'à Tongres. Mais dans la nuit du 9 au 10 octobre, les chefs liégeois Gossuin de Streel et Jean de Wilde firent irruption dans la ville par surprise et capturèrent le lieutenant général ainsi que le prince-évêque qu'ils ramenèrent triomphalement à Liège. Ce succès inattendu des rebelles précipita le cours des événements. En effet, pendant ce temps, le duc Charles le Téméraire, entouré du gros de ses forces, se trouvait sur la frontière de Somme, face aux armées du roi de France. Mais le 1er octobre, une trêve franco-bourguignonne avait été conclue à Ham-en-Vermandois et, le 6 octobre, un conseiller du roi, le cardinal Jean Balue, s'était rendu auprès du duc de Bourgogne à Péronne pour lui proposer, de la part du roi, la conclusion d'un traité d'alliance. A la suite de cette démarche, le roi Louis XI en personne vint à Péronne où il arriva le 9, le jour même des événements de Tongres.

Les négociations entre France et Bourgogne étaient engagées lorsque Charles le Téméraire reçut de sinistres nouvelles en provenance de la principauté de Liège. La rumeur disait que Louis de Bourbon et le seigneur de Humbercourt avaient été tués. L'information était fausse, mais à ce moment la situation du prince-évêque et du lieutenant général, qui retrouvèrent la liberté un peu plus tard, était périlleuse. Il semble que le duc de Bourgogne ait alors violemment soupçonné le roi de France d'avoir encouragé les Liégeois dans leur mouvement de révolte. En réalité, depuis le début de la crise liégeoise, sauf lors de la conclusion du traité du 17 juin 1465, la politique du roi de France avait été plutôt prudente. Certes les Liégeois avaient toujours espéré une aide militaire du roi et avaient toujours tenté de faire coïncider leurs propres offensives contre la puissance bourguignonne avec les phases actives du conflit opposant le roi au duc, cependant, ils n'avaient jamais obtenu de leur allié une intervention militaire significative ; Louis XI semblait surtout vouloir jouer dans l'affaire un rôle d'arbitre afin de réduire l'influence du duc de Bourgogne dans la principauté, même s'il n'avait pas été avare de promesses à l'égard des révoltés [1].

Tenant Louis XI à Péronne, Charles le Téméraire conclut avec lui un traité politiquement avantageux et lui demanda de l'accompagner

1. P. HARSIN, « Liège entre France et Bourgogne au XVe siècle », p. 219-243.

dans l'expédition punitive. Il ne s'agissait pas d'humilier le roi, mais bien d'éviter une attaque française pendant que les troupes bourguignonnes marcheraient sur Liège. Louis XI accepta de participer à l'opération, malgré l'avis défavorable de ses conseillers. Contrairement à ce qui a été souvent affirmé, le roi ne faisait pas preuve d'un cynisme effroyable, car il n'était pas responsable des événements. En outre, tout comme le duc Charles, Louis ne pouvait faire abstraction de l'appartenance du prince-évêque de Liège à la Maison de Bourbon. Les Bourbon, en effet, étaient liés à la fois à la Maison de France et à la Maison de Bourgogne. Les trois frères du prince-évêque de Liège, Jean II, duc de Bourbon, Charles de Bourbon, archevêque de Lyon, et Pierre de Bourbon, seigneur de Beaujeu, tous fils d'Agnès de Bourgogne, sœur de Philippe le Bon, exerçaient une influence considérable dans la politique du royaume ; par ailleurs, l'une de leurs sœurs, Isabelle de Bourbon, morte en 1465, avait été la seconde épouse de Charles le Téméraire et était la mère de Marie de Bourgogne, l'unique héritière du duc ; enfin, une autre de leurs sœurs, Jeanne de Bourbon, avait épousé, en 1467, Jean de Chalon, seigneur d'Arguel, fils de Guillaume de Chalon, prince d'Orange, l'un des plus puissants seigneurs comtois [1]. Dans les calculs politiques du moment, l'intérêt de cette puissante Maison de Bourbon passait avant celui des Liégeois.

Dès le 14 octobre 1468 Louis XI et Charles le Téméraire se mirent en marche vers Liège. Les chefs de leur armée étaient français, savoyards et bourguignons : Louis de Luxembourg, comte de Saint-Pol et connétable de France, Jean II, duc de Bourbon, et ses frères Charles, archevêque de Lyon, et Louis, évêque de Liège, qui avait pu recouvrer sa liberté après sa mésaventure de Tongres, Philippe de Savoie, comte de Bresse, et ses frères Jacques de Savoie, comte de Romont, et Jean Louis, évêque de Genève, Thibaud de Neufchâtel, maréchal de Bourgogne, Antoine, bâtard de Bourgogne, et Adolphe de Clèves, seigneur de Ravenstein. A l'approche de cette force, les Liégeois cherchèrent l'apaisement et Jean de Wilde libéra le seigneur de Humbercourt sur parole en lui faisant promettre de travailler à obtenir la paix du duc de Bourgogne. Mais les tentatives faites par le lieutenant général furent vaines et la campagne commença.

Le premier combat eut lieu à Lantin, le 22 octobre, où les Liégeois furent battus. Le 26 octobre l'avant-garde de l'armée bourguignonne vint camper dans les faubourgs de Liège. Malgré une résistance acharnée, la ville fut prise d'assaut le 30 octobre et un épouvantable massacre suivit, au cours duquel près de 5 000 personnes périrent, soit probable-

1. J.-M. CAUCHIES, *Louis XI et Charles le Hardi*, p. 26-33.

ment plus de 20 % de la population. Après ce fait d'armes, Charles le Téméraire autorisa ses troupes à se livrer au pillage pendant plusieurs jours en attribuant à chaque corps de son armée l'un des quartiers de la ville. Cependant, le seigneur de Humbercourt intervint personnellement, avec plus ou moins de succès, pour tenter de protéger les églises et établissements religieux liégeois de la mise à sac, puis le duc de Bourgogne lui-même ordonna la restitution de tous les biens qui avaient été pris aux églises [1].

Après le pillage, Charles le Téméraire ordonna l'incendie et la destruction de la ville, mais exclut de cette mesure les églises et les maisons qui leur appartenaient. Le travail fut mené, pendant plusieurs semaines, sous la direction de Frédéric de Wittem, drossart de Limbourg, assisté d'une équipe d'hommes de ce duché qui avait particulièrement souffert des attaques liégeoises. Les incendies et destructions systématiques concernèrent près des deux tiers de la ville. Les rebelles survivants furent pourchassés, traqués et massacrés partout où on put les trouver.

Après ce traitement, Liège fut placée sous haute surveillance ; le prince-évêque concéda en fief au duc un quartier séparé du reste de la ville par un bras de la Meuse, l'Ile-de-la-Cité qu'on appela par la suite « le Brabant » ou « l'Ile-le-Duc » et où fut placée une garnison bourguignonne. Les biens des rebelles furent confisqués dans toute la principauté et distribués à des partisans du duc de Bourgogne ; c'est ainsi que toutes les seigneuries de Rasse de La Rivière, seigneur de Heers, furent données au seigneur de Humbercourt. D'énormes amendes, jusqu'à un montant total de 750 000 livres, furent levées.

De 1468 à 1477, Liège fut placée sous le gouvernement conjoint de Louis de Bourbon et du seigneur de Humbercourt [2]. Ce dernier, avec l'aide d'une équipe de juristes et de gens de finances rompus au fonctionnement de l'administration ducale, appliqua à la principauté un régime administratif et judiciaire calqué sur le modèle bourguignon. Il créa en particulier, en octobre 1473, une « Chambre du conseil » qu'il installa à Maastricht (« *Raitcamer van Tricht* »). Cette institution, fixée dans une ville qui était une coseigneurie du prince-évêque et du duc de Bourgogne, avait pour compétence de traiter toutes les affaires concernant le gouvernement du lieutenant général bourguignon. Le seigneur de Humbercourt y institua deux présidents. L'un, maître Georges Duret, était un clerc et un juriste ; né à Hesdin, chanoine de la collégiale Saint-Donatien de Bruges, il fut « solliciteur » du comte de Charolais au Parlement de Paris, puis procureur général dans les

1. W. PARAVICINI, « Guy de Brimeu, seigneur d'Humbercourt », p. 152.
2. Pour ce qui suit, voir P. GORISSEN, « La politique liégeoise de Charles le Téméraire », p. 129-145 et J. BARTIER « Les agents de Charles le Téméraire dans la principauté de Liège », p. 157-164.

châtellenies de Roye, Péronne et Montdidier, avant de devenir l'homme de confiance d'Humbercourt ; il remplit diverses missions de conseiller dans la principauté de Liège avant de coprésider la Chambre du conseil de Maastricht. L'autre président, Renaud de Rouveroit, avait la particularité d'être, non pas un Bourguignon, un Flamand ou un Picard comme les autres membres de l'équipe du lieutenant général, mais un Liégeois : homme influent dans la principauté, opposé à l'origine à Louis de Bourbon et au parti bourguignon, il devint, à partir de 1465, un modéré, partisan de la conciliation ; rejeté par ses anciens amis, il se mit au service du duc de Bourgogne et siégea même, après octobre 1468, dans la commission chargée des confiscations, dont Georges Duret fut également membre.

Le lieutenant général fixa aussi dans chaque ville de la principauté (Liège, Huy, Thuin, Franchimont, Bouillon, Hasselt, Saint-Trond et Tongres) une cour où siégeait un substitut de la lieutenance assisté de conseillers. Ces cours étaient hiérarchiquement placées sous l'autorité de la Chambre du conseil de Maastricht, et cette même Chambre fut finalement placée dans le ressort du Parlement de Malines que Charles le Téméraire avait créé en décembre 1473. Ainsi, l'administration de l'avouerie de Liège fut totalement intégrée à l'édifice institutionnel de l'État bourguignon.

23
APOGÉE ET CHUTE DE L'ÉTAT BOURGUIGNON

BOURGOGNE, FRANCE ET ANGLETERRE

Charles VII mourut en 1461. Ce souverain qui avait dû, dès son avènement, lutter contre l'alliance du roi d'Angleterre et du duc de Bourgogne, avait continué à manifester, même après le traité d'Arras, son hostilité à la puissance bourguignonne ; moins de dix années après le traité de 1435 et avant même d'avoir libéré son royaume de la présence anglaise, il avait commencé à intervenir dans la sphère d'influence du duc de Bourgogne : en 1444-1445, il avait mené des expéditions militaires en Lorraine et en Haute-Alsace, en 1452-1453 il avait voulu arbitrer le conflit entre Philippe le Bon et les Gantois, en 1456-1457 il avait commencé à entretenir des relations diplomatiques avec les Liégeois hostiles à leur prince-évêque Louis de Bourbon et en 1457 il s'était immiscé dans la question luxembourgeoise. Peu de temps avant sa mort, le roi Charles sembla même s'orienter vers un affrontement armé avec le duc. Sa disparition interrompit le processus de guerre. Il put alors sembler aux gouvernants bourguignons que le temps des tensions avec la France était fini[1].

En effet, le successeur de Charles VII, Louis XI, parut à son avènement mieux disposé que lui à l'égard de la Maison de Bourgogne. En conflit avec son père, il s'était réfugié à la cour de Philippe le Bon et y avait vécu en exil de 1456 jusqu'à la mort de Charles VII ; il était l'obligé du duc de Bourgogne et ce dernier pouvait espérer jouer dans l'avenir un rôle politique de premier plan dans le gouvernement royal. Aussi, lorsque Louis XI se rendit à Reims pour y recevoir son sacre et fit ensuite son entrée dans la capitale du royaume, ce voyage donna

1. Pour ce qui suit, voir essentiellement R. VAUGHAN, *Charles the Bold*, *passim* ; P.-R. GAUSSIN, *Louis XI*, *passim* ; J.-M. CAUCHIES, *Louis XI et Charles le Hardi*, *passim*.

l'occasion au duc de Bourgogne qui l'accompagnait de faire une marche triomphale jusqu'à Paris et de s'y faire acclamer et admirer par une foule pourtant réputée pour être difficilement impressionnable.

Louis XI ne manifesta pas d'emblée sa volonté de reprendre la politique antibourguignonne qu'avait menée son père depuis 1435. Il offrit à certains personnages de la cour de Bourgogne des places de choix dans le gouvernement royal, faisant par exemple de Charles, comte de Charolais, son lieutenant général au duché de Normandie. Mais dès les années 1462-1463, le roi entreprit, comme Charles VII l'avait fait avant lui, de saper la puissance que la Maison de Bourgogne avait acquise dans le royaume de France. L'enjeu essentiel de la partie qui se jouait entre le roi et le pouvoir ducal fut dès lors la possession de la Picardie. Or, en vertu du traité d'Arras de 1435, il était loisible au roi de France de rentrer en possession des « villes de la Somme » et du comté de Ponthieu qui n'avaient été qu'engagés au duc de Bourgogne ; cependant, pour atteindre ce but, il lui fallait d'une part convaincre Philippe le Bon de consentir à la cession et d'autre part réunir 400 000 écus d'or. Il parvint à ses fins au mois d'octobre 1463. Le duc de Bourgogne avait voulu montrer sa bonne volonté à l'égard du roi en lui restituant le mort-gage picard. Mais sa décision ouvrit une nouvelle crise à la tête de l'État bourguignon. Le roi, en effet, dans son entreprise, avait fait un large usage des relations dont il disposait à la cour de Bourgogne. Olivier de La Marche, en retraçant les événements, insista sur la manière dont Louis XI s'était efforcé de semer la discorde au sein de l'entourage de Philippe le Bon en jouant notamment de l'antagonisme entre le comte de Charolais et la famille de Croy.

> « Le roi de France donna à monseigneur de Charolais 36 000 francs de pension [1] ; pendant un temps le comte en fut bien payé. mais le roi, qui fut très subtil en ses affaires, agissait de telle manière que, quand il voulait se servir du comte, il le traitait bien et tenait mines contraires à ceux de Croy ; et quand il voulait se servir des Croy, il traitait mal le comte de Charolais. Et il advint ainsi que le roi rompit la pension de monseigneur de Charolais et rappela ceux de Croy dont il se voulait servir et aider cette fois ; et ils convinrent tant ensemble que le roi se conclut de racheter la rivière de Somme, alors qu'il avait promis de ne la point racheter tant que le duc vivrait. Le dit rachat montait à 400 000 écus [...]. Et deux choses déplurent au comte : l'une que le roi lui avait ôté sa pension, et l'autre qu'il avait racheté les terres engagées de la rivière de Somme pour 400 000 écus qui furent mis en la main de

1. En tant que lieutenant général du duché de Normandie.

Jacques de Brégilles, alors garde des joyaux de mondit seigneur le duc[1]. »

Le comte de Charolais, qui considérait que la conséquence de l'opération était dangereuse pour la sécurité des « pays de par-deçà », manifesta violemment son opposition à cette cession. Dans les années suivantes, il engagea l'État bourguignon dans une politique ouvertement hostile au roi de France. Or dans le royaume, l'avènement de Louis XI avait été marqué par une vague d'épurations qui avait touché nombre d'anciens conseillers de Charles VII ; la déception et le mécontentement engendraient les complots. Bientôt, la révolte ouverte éclata. Charles, comte de Charolais, décidé à reconquérir la Picardie, se joignit à la ligue du « Bien public » qu'animaient François II, duc de Bretagne, Jean, bâtard d'Orléans, comte de Dunois, Jean II, duc d'Alençon, Jean V, comte d'Armagnac, Jean II, duc de Bourbon, Jacques d'Armagnac, duc de Nemours, Jean, duc de Calabre, fils de René d'Anjou, Louis de Luxembourg, comte de Saint-Pol. Le chef en titre du mouvement était Charles de France, duc de Berry, frère cadet de Louis XI.

La guerre du Bien public éclata à l'été de 1465. Après la bataille indécise de Montlhéry livrée le 16 juillet, Louis XI gagna Paris sous les murs de laquelle les armées des princes ligueurs vinrent camper. Le roi comprit qu'il fallait traiter et conclut, au mois d'octobre, avec ses adversaires les traités de Saint-Maur et de Conflans. A la faveur de ces événements, le comte de Charolais obtint la restitution des villes de la Somme et du comté de Ponthieu, but essentiel de son adhésion à la ligue. Parallèlement, il intervint aussi pour que le roi nomme le comte de Saint-Pol connétable de France.

Cette première crise des années 1463-1465 donnait le ton des futurs rapports entre le royaume de France et l'État bourguignon. Dans ces rapports, la frontière de Picardie allait être un enjeu essentiel, mais l'antagonisme entre Louis XI et Charles le Téméraire allait aussi trouver sa traduction en d'autres lieux et notamment sur le terrain des relations diplomatiques avec l'Angleterre.

Depuis le milieu du XVe siècle, le royaume d'Angleterre était le théâtre d'une guerre civile opposant les partisans d'Henri VI de Lancastre à ceux de la Maison d'York[2]. Cette guerre des « Deux Roses », comme on a coutume de l'appeler, eut pour première conséquence de mettre progressivement un terme aux expéditions militaires anglaises en France. Par ailleurs elle conduisit chacune des deux factions

1. Olivier de LA MARCHE, *Mémoires*, III, p. 1-2.
2. Pour ce qui suit, voir C. ROSS, *Edward IV*, *passim* et C. CARPENTER, *The Wars of the Roses*, Cambridge, 1997.

en lutte à rechercher l'appui des princes français. Henri VI de Lancastre, fils de Catherine de France, sœur de Charles VII, et mari de Marguerite d'Anjou, fille du roi René et nièce de la reine de France Marie d'Anjou, pouvait espérer le soutien du roi de France. Son adversaire Édouard, duc d'York, avait donc intérêt à se rapprocher de la cour de Bourgogne.

En mars 1461, ce duc d'York, après sa victoire de Mortimer's Cross, se proclama roi d'Angleterre sous le nom d'Édouard IV ; dans les années qui suivirent, il parvint à triompher totalement de son compétiteur Henri VI qu'il captura et emprisonna en 1466. Après la capture du roi, l'âme du parti des Lancastre fut la reine Marguerite d'Anjou qui trouva aide et secours auprès de Louis XI. Parallèlement, la Maison d'York et la Maison de Bourgogne se rapprochèrent et, à l'été 1468, le mariage de Charles le Téméraire avec Marguerite d'York, sœur d'Édouard IV, concrétisa la renaissance d'une alliance anglo-bourguignonne. Dans les années qui suivirent, l'avantage revint aux Lancastre, Louis XI étant parvenu à gagner à leur cause Richard Neville, comte de Warwick. Ce personnage louvoyant, jusqu'alors partisan d'Édouard IV, après avoir tenté en vain de renverser son ancien maître, s'exila en France. Là, sous les auspices du roi de France, il fit officiellement alliance avec Marguerite d'Anjou et avec son fils Édouard, prince de Galles. Ce dernier épousa Anne Neville, fille du comte Richard.

Après son spectaculaire ralliement au parti de Lancastre, le comte de Warwick entreprit de restaurer Henri VI sur son trône. Aidé par le roi de France, il débarqua en Angleterre avec des troupes au mois de septembre 1470. Devant cette invasion à laquelle il ne parvint pas à s'opposer efficacement, Édouard IV, accompagné par quelques fidèles, fut à son tour contraint de s'exiler. Au début d'octobre, il parvint, par voie de mer, à gagner Alkmaar au comté de Hollande. Là, il se trouvait en terre amie et fut reçut, au nom de son beau-frère le duc de Bourgogne, par Louis de Bruges, seigneur de Gruthuuse, gouverneur de Hollande. Ce dernier avait été plusieurs fois envoyé en Angleterre en tant qu'ambassadeur et connaissait bien Édouard IV. Il le traita du mieux qu'il put et plus tard, en 1472, après la restauration des York, fut récompensé par Édouard qui le fit comte de Winchester[1].

Naturellement, les relations anglo-bourguignonnes se détériorèrent lorsque Henri VI retrouva son trône. Le parti de Lancastre avait été aidé par le roi de France dans son entreprise de reconquête. Celle-ci ayant réussi, Louis XI entendait que France et Angleterre fassent désormais cause commune contre l'État bourguignon. Le roi, en effet, depuis

1. *Les chevaliers de l'ordre de la Toison d'or*, p. 132-133.

la guerre du Bien public, n'avait guère eu l'occasion de reconquérir le terrain perdu. En 1466 et 1467, il n'avait pas voulu profiter des embarras causés aux Bourguignons par les guerres de Liège, et en 1468 il avait failli perdre beaucoup à Péronne en misant sur l'efficacité de la diplomatie directe. Nous avons vu que l'entrevue du roi de France et du duc de Bourgogne en octobre 1468 avait débouché sur un traité qui permit ensuite à Charles le Téméraire de déclarer rompus les derniers liens juridiques unissant l'État bourguignon au royaume de France. En 1470, après la restauration des Lancastre, les circonstances paraissaient bien plus favorables à la réalisation des projets du roi de France.

A l'hiver 1470-1471, après nombre d'incidents, notamment en mer du Nord et dans la Manche, la guerre qui couvait depuis longtemps entre les Français et les Bourguignons éclata. Au début du mois de décembre 1470, Louis XI publia un manifeste dans lequel il dressait la liste de tous les griefs qu'il nourrissait à l'égard du duc de Bourgogne et où apparaissait clairement la crainte qu'il pouvait avoir d'une reconstitution de l'alliance anglo-bourguignonne à la faveur du rapprochement de Charles le Téméraire avec le parti d'York. Il y déclarait notamment :

> « [...] Il nous a été remontré comment ledit duc de Bourgogne, en démontrant sa volonté de demeurer perpétuellement notre ennemi et celui de la Couronne, a pris l'ordre de la Jarretière de notre ennemi anglais Édouard de la Marche [1] et porte son emblème qui est la croix rouge et, avec lui, a fait et contracté diverses alliances indues et à lui non permises, et a contraint nos sujets, ses vassaux, à lui faire serment et promesse de le servir envers et contre tous, sans vouloir qu'en cela notre personne soit aucunement exceptée. Et qui plus est, ledit duc de Bourgogne a écrit à ceux de Calais certaines lettres par lesquelles il déclare de façon évidente le mauvais, damnable et détestable vouloir qu'il a depuis longtemps eu et qu'il a encore à présent contre nous et contre la Couronne de France et les grandes et singulières amour et affection qu'il nourrit envers les Anglais [...] [2]. »

La guerre qui suivit tourna au désavantage des Bourguignons ; ceux-ci perdirent plusieurs villes dont deux places essentielles du dispositif picard : Saint-Quentin le 6 janvier 1471, et Amiens le 2 février suivant. Dans ces opérations militaires peu spectaculaires, Louis de

1. Édouard avant de se proclamer roi d'Angleterre était duc d'York et comte de la Marche. Cette désignation était volontairement dépréciative.

2. U. PLANCHER, *Histoire générale et particulière*, IV, preuve 226.

Luxembourg, comte de Saint-Pol et connétable de France, joua un rôle décisif par son ralliement au parti du roi de France. Des trêves de trois mois furent conclues entre Français et Bourguignons au mois d'avril 1471 qui furent prolongées jusqu'au mois de mai 1472.

Mais dans l'intervalle, le duc de Bourgogne obtint un succès marqué du côté de l'Angleterre : au mois de mars 1471, Édouard IV, recevant aide matérielle et financière de son beau-frère de Bourgogne, partit de Zélande avec une petite flotte de guerre pour reconquérir l'Angleterre. Vainqueur, le 14 avril, dans le combat de Barnet, où le comte de Warwick fut tué, il remporta une nouvelle victoire à Tewkesbury le 10 mai ; lors de cette dernière bataille le prince de Galles, fils d'Henri VI, perdit la vie. Après ses succès Édouard reprit le trône et la couronne, fit périr Henri VI et emprisonner Marguerite d'Anjou, restaurant définitivement son pouvoir. Pour Louis XI, le triomphe de la Maison d'York faisait planer de nouveau la menace anglo-bourguignonne sur le royaume.

L'année 1472 vit se constituer un vaste réseau d'alliances dirigées contre la France. Le duc de Bourgogne et le roi d'Angleterre n'étaient pas les seuls, en effet, à avoir intérêt à affaiblir Louis XI. Les appétits territoriaux de la Maison de France et de la Maison d'Anjou inquiétaient aussi la Maison d'Aragon, le duc de Bretagne, le duché de Milan et même le duché de Savoie, pourtant gouverné par la duchesse Yolande, veuve du duc Amédée IX et sœur de Louis XI.

Au printemps 1472, à l'expiration des trêves franco-bourguignonnes, les opérations militaires reprirent, affectant non seulement la Picardie mais aussi la Normandie. Pour la première fois le duc Charles se mettait en campagne avec une armée renforcée par ses compagnies d'ordonnance :

> « Et l'armée était très puissante et plus belle qu'il ne l'avait jamais eue, car il avait douze cents lances d'ordonnance, qui avaient trois archers pour un homme d'armes, et le tout bien en point et bien monté, car il y avait en chaque compagnie dix hommes d'armes avantageux, sans le lieutenant et ceux qui portaient les enseignes ; les nobles de ses pays étaient très bien en point car ils étaient bien payés et conduits par notables chevaliers et écuyers et ses pays étaient fort riches en ce temps[1]. »

Le duc de Bourgogne ravagea le Vermandois, fit une démonstration vaine devant Amiens, une autre sous les murs de Beauvais, poussa jusqu'au Pays-de-Caux et jusqu'à Rouen, puis rebroussa chemin sans obte-

1. Philippe de COMMYNES, *Mémoires*, I, p. 226.

nir de grands résultats, ni surtout la bataille rangée qu'il espérait. Ce fut à l'occasion de cette campagne aussi violente que vaine que Philippe de Commynes, qui avait jusqu'alors servi le duc de Bourgogne, passa au service du roi de France. Commynes ne fait pas mention de ce passage dans le camp royal dans ses *Mémoires*. Gardons-nous, cependant, de banaliser cet acte qui, comme d'autres ralliements, fut bien jugé en son temps comme une trahison.

Comme les périodes de guerre précédentes, celle-ci s'acheva par des négociations. Le 3 novembre 1472, de nouvelles trêves furent conclues à Compiègne pour cinq mois et furent prolongées trois fois jusqu'au 1er mai 1475. Dans l'intervalle, le centre de gravité de l'action politique du duc de Bourgogne s'était déplacé vers l'Est.

L'ÉTAT BOURGUIGNON ET L'EMPIRE

L'ensemble territorial bourguignon s'était constitué en partie en terre d'Empire. La possession du comté de Bourgogne, des duchés de Brabant, de Limbourg et de Luxembourg, des comtés de Namur, de Hainaut, de Hollande et de Zélande faisait d'un prince comme Philippe le Bon un personnage que l'empereur ne pouvait négliger.

Le développement de l'État bourguignon dans l'Empire n'était d'ailleurs pas allé sans y susciter des inquiétudes. Sigismond de Luxembourg, roi des Romains, puis empereur en 1433, avait vu avec une hostilité croissante le duc de Bourgogne réunir sous sa main entre 1428 et 1430 les comtés de Hainaut, Hollande-Zélande et le duché de Brabant, puis intervenir militairement en 1431 dans la guerre de succession de Lorraine opposant René d'Anjou et Antoine, comte de Vaudémont. Il avait alors élevé une vigoureuse protestation contre l'accession de Philippe le Bon au duché de Brabant en octobre 1430, puis, en avril 1434, avait rendu, dans la question de Lorraine, un jugement solennel défavorable au comte de Vaudémont soutenu par le duc de Bourgogne. En cette même année 1434, à cause de l'affaire du Brabant, Sigismond était même allé jusqu'à déclarer la guerre à Philippe le Bon, espérant que le roi Charles VII l'aiderait à abattre un ennemi commun. Mais l'empereur fut déçu, car non seulement il ne parvint pas à décider les princes d'Empire à le suivre, mais dès septembre 1435 le roi de France et le duc de Bourgogne apposaient leurs sceaux au traité d'Arras. La mort de l'empereur en décembre 1437 mit un terme à cette politique violemment hostile à la puissance bourguignonne.

Cependant, par la suite, la diplomatie bourguignonne n'obtint du côté de l'Empire que de maigres résultats. Certes, Philippe le Bon disposait, dans l'espace germanique, d'un réseau d'alliances non négligeable dont les familles de Clèves et de Bavière étaient les principaux relais, mais le roi des Romains Frédéric III de Habsbourg (empereur en 1452), sans se lancer dans de grandes entreprises antibourguignonnes, ne donna jamais satisfaction aux revendications de Philippe le Bon. Même si, dans les années 1445-1448, les relations entre le roi des Romains et le duc de Bourgogne se firent plus constructives que par le passé, Frédéric III n'agit jamais en faveur de la puissance bourguignonne : dans la question de Luxembourg il continua de soutenir les prétentions du duc de Saxe, et lorsqu'il fut question d'ériger tout ou partie des possessions bourguignonnes situées en terre d'Empire en royaume, le projet n'eut pas de suite.

Ce projet prit place en 1447, au moment où Philippe le Bon entra en négociation avec Frédéric III dans le but d'officialiser son accession aux diverses principautés d'Empire qu'il avait réunies sous sa main depuis les années 1420 et pour lesquelles il n'avait jamais prêté hommage. Dans ce contexte, on en vint à envisager la création d'un royaume soit au titre de la Frise, soit au titre du Brabant. Le duc de Bourgogne, croyant déceler une faiblesse chez ses interlocuteurs et voulant pousser son avantage, alla plus loin en proposant l'érection de l'ensemble des principautés qu'il tenait dans l'Empire en royaume. Présentant la proposition de son maître au chancelier impérial en octobre 1447, le secrétaire ducal Adrian van der Ee évoqua le souvenir du royaume de Lothaire pour asseoir les prétentions bourguignonnes. Le duc Philippe, en effet, en réunissant le duché de Brabant à l'ensemble de ses possessions territoriales, avait hérité, avec cette principauté, d'ambitions politiques nouvelles : les ducs de Brabant, qui tenaient leur duché « en franc alleu » et « par la grâce de Dieu », se posaient en successeurs des ducs de Basse-Lorraine. Leur titulature comprenait d'ailleurs les mentions : « par la grâce de Dieu, duc de Lothier et de Brabant », le premier terme étant une francisation de « *dux Lotharingiae* ». Dans un raccourci audacieux, en 1447, le duc de Bourgogne et ses conseillers avaient identifié la Basse-Lorraine et la Lotharingie.

Les pourparlers échouèrent car les revendications du duc Philippe, qui voulait un grand royaume « lotharingien » exempt de tout lien de sujétion l'unissant à l'Empire, ne pouvaient être admises par Frédéric III. Ce dernier proposa donc la constitution d'un royaume de Brabant tenu en fief de l'empereur. Ce fut au tour de Philippe le Bon de rejeter une construction politique qui ne le satisfaisait pas. Il tenta alors d'obtenir une investiture perpétuelle pour ses principautés d'Empire. Là encore les négociations échouèrent.

Plus tard, en 1454, Philippe le Bon effectua un grand voyage qui le mena à Ratisbonne où se tenait la diète d'Empire. Malgré un grand déploiement de faste, le duc n'obtint rien comme nous l'avons vu[1].

Lorsqu'il devint duc, Charles le Téméraire se lança, comme ses prédécesseurs, dans une politique entreprenante d'intervention et d'expansion territoriale en terre d'Empire. Les possessions des Habsbourg en Haute-Alsace et dans la Forêt-Noire constituèrent son premier objectif[2]. Il s'agissait d'une région stratégiquement située de part et d'autre du Rhin. Sur la rive droite, elle comprenait le Brisgau et les villes de Brisach, Rheinfelden, Säckingen, Laufenburg et Waldshut. Sur la rive gauche, elle s'étendait des confins méridionaux de l'évêché de Strasbourg, au nord, jusqu'à la confluence de l'Aar et du Rhin, au sud ; elle comprenait le landgraviat de Haute-Alsace et le comté de Ferrette allant, d'ouest en est, des contreforts des Vosges jusqu'au Rhin et comprenant notamment les villes de Ferrette, de Belfort, de Rougemont, de Thann, d'Altkirch et de Dannemarie. Cette région, acquise par la Maison d'Autriche en 1347, constituait ce que les Habsbourg appelaient leurs « pays antérieurs » (*Vorlande*).

Ce n'était pas la première fois que les ducs de Bourgogne s'intéressaient à cette région. En effet, à la suite du mariage de Léopold IV d'Autriche et de Catherine de Bourgogne, cette dernière avait tenu la Haute-Alsace à partir de 1411. Cependant, malgré l'aide de son frère Jean sans Peur, puis de son neveu Philippe le Bon, elle n'avait pas pu y imposer durablement son autorité et, devant les oppositions locales, avait dû se retirer à la cour de Dijon où elle était morte en 1426[3].

Après des négociations préalables, le 9 mai 1469, en vertu d'un traité scellé à Saint-Omer, Sigismond de Habsbourg, duc d'Autriche, prince dont la situation financière était plus que préoccupante, céda au duc Charles le Téméraire, moyennant 50 000 florins du Rhin, ses droits sur ses seigneuries de la haute vallée du Rhin. Cette cession ne revêtait cependant pas la forme d'une vente mais d'un mort-gage : le duc d'Autriche conservait un droit de rachat moyennant le remboursement des 50 000 florins versés par le duc de Bourgogne.

Désireux de prendre en main dans les meilleures conditions les territoires cédés, Charles le Téméraire, dès le mois de décembre 1469, avait donné mission à l'un de ses conseillers originaire de Haute-Alsace, Pierre de Hagenbach, de visiter le pays et de faire un rapport sur l'état

1. Sur ce voyage, voir en dernier lieu W. PARAVICINI, « Philippe le Bon en Allemagne (1454) », p. 967-1018.

2. Pour ce qui suit, voir G. BISCHOFF, « Institutions judiciaires et centralisation en Haute-Alsace pendant la domination bourguignonne (1469-1474) », p. 37-48 ; H. BRAUER-GRAMM, *Der Landvogt Peter von Hagenbach, passim* ; C. NERLINGER, *Pierre de Hagenbach et la domination bourguignonne en Alsace (1469-1474), passim.*

3. L. STOUFF, *Catherine de Bourgogne, passim.*

des lieux. Après ces premières investigations, deux autres enquêtes, l'une en 1471 et l'autre en 1472, furent menées. Les rapports faits au duc de Bourgogne montraient que la situation administrative et financière des pays cédés par le duc d'Autriche était loin d'être satisfaisante.

La haute vallée du Rhin était une zone économiquement active mais politiquement instable car elle se situait à la frontière de diverses entités politiques souvent affrontées : au nord le duché de Lorraine, à l'ouest le comté de Bourgogne et le comté de Montbéliard, au sud les territoires des Confédérés suisses et de leurs alliés, Bâle et Soleure notamment. La région était en outre riche en imbrications de mouvances diverses et en enclaves, avec en particulier la ville impériale de Mulhouse qui, depuis 1354, faisait partie de la « Décapole » unissant dix villes rhénanes dont Strasbourg et Colmar.

Une des causes principales de l'instabilité de la région était le vieil antagonisme opposant la Maison de Habsbourg et les Confédérés suisses. La Haute-Alsace était un terrain d'affrontement essentiel car les Confédérés, et notamment les Bernois, étaient intéressés au contrôle de ce secteur qui assurait leurs débouchés sur les grands itinéraires commerciaux des vallées du Rhin et du Main. Défenseurs des intérêts des villes de Bâle et de Mulhouse, leurs alliées, ils trouvaient de nombreux prétextes d'interventions politiques et militaires. Le pays avait été très éprouvé par des conflits successifs dont le dernier en date, la « guerre des six deniers », avait éclaté en 1466. A l'origine une querelle futile avait dégénéré et conduit à une guerre opposant Mulhouse à la noblesse locale. La ville appela les Confédérés à son aide. Les Bernois intervinrent et se heurtèrent au duc Sigismond. En 1468, ils attaquèrent la Haute-Alsace, puis allèrent assiéger Waldshut. Le 25 mai, par traité, Sigismond obtint leur retrait qu'il devait acheter pour 50 000 florins, dont 10 000 pour la seule levée du siège de Waldshut. L'année suivante, Sigismond trouva la somme requise en engageant toutes ses possessions haut-rhénanes au duc de Bourgogne.

Pour faire disparaître les séquelles de la guerre, rétablir l'ordre dans un pays troublé et restaurer partout les droits du prince que les Habsbourg avaient totalement hypothéqués, Charles le Téméraire utilisa une fonction qui restait à sa collation, celle de « grand bailli ». Cet office n'était pas une création bourguignonne et existait déjà à l'époque de la domination autrichienne. Mais il prit, entre 1469 et 1474, un relief particulier du fait de la forte personnalité de celui qui l'exerça : Pierre de Hagenbach.

Institué grand bailli de Haute-Alsace par le duc de Bourgogne le 20 septembre 1469, ce personnage était un chevalier issu de la noblesse du comté de Ferrette. Sa famille était implantée depuis longtemps à

Thann et avait fourni plusieurs agents d'administration et de justice aux Habsbourg. Mais Pierre lui-même fit une grande partie de sa carrière au service de la Maison de Bourgogne. En effet, sa mère, Catherine, dame de Belmont, était une Comtoise, possessionnée dans le Comté de Bourgogne où Pierre de Hagenbach avait fait des séjours dans sa jeunesse.

On n'a aucun détail sur la manière dont Pierre entra effectivement au service du duc de Bourgogne. Quoi qu'il en soit dans les années 1450, âgé sans doute d'une trentaine d'années, il était écuyer d'écurie du duc Philippe le Bon, puis fut investi de hautes fonctions militaires : en 1458, il était lieutenant du maître de l'artillerie ducale et, dans cette charge, il prit une part active aux guerres du pays de Liège en 1466-1467. Maître d'hôtel de Philippe le Bon en 1462, il fut retenu dans cette fonction par Charles le Téméraire en 1467, devint conseiller ducal et gouverneur de la forteresse de Bouillon. Faisant de plus figure de spécialiste des affaires allemandes, Hagenbach fut chargé de plusieurs missions diplomatiques auprès des princes allemands et de l'empereur Frédéric III de Habsbourg.

En 1469, lorsque le duc de Bourgogne voulut prendre possession de la Haute-Alsace, Pierre de Hagenbach apparut donc comme l'homme de la situation : chef de guerre efficace, il était suffisamment énergique pour reprendre en main l'administration du pays ; il connaissait les usages et coutumes de la région et les affaires politiques allemandes ; bilingue, il pouvait mener au mieux les négociations nécessaires à la restauration des droits de son maître ; enfin, fait essentiel, son enracinement local devait lui permettre de se ménager des appuis, en particulier dans la noblesse alsacienne.

Après l'acquisition de l'Alsace, le duc Charles le Téméraire accrut ses possessions territoriales du duché de Gueldre. La vie de cette principauté était troublée par les querelles opposant le duc Arnold d'Egmond, époux de Catherine de Clèves, nièce de Philippe le Bon, et son fils Adolphe. Ce dernier, dans les années 1450, avait trouvé en Philippe le Bon un allié contre son père. En 1461, le duc de Bourgogne lui avait donné le collier de l'ordre de la Toison d'or lors du chapitre tenu à Saint-Omer et, deux ans plus tard, en décembre 1463, lui avait fait épouser Catherine de Bourbon, sœur d'Isabelle, femme de Charles, comte de Charolais. En janvier 1465, Adolphe avait attiré son père dans un traquenard et l'avait fait emprisonner. Il s'était ensuite proclamé duc de Gueldre. Cet attentat provoqua une guerre civile. Face à Adolphe se dressa son frère Guillaume d'Egmond qui reçut l'appui de Jean Ier, duc de Clèves, beau-frère du duc Arnold. La diplomatie bourguignonne tenta d'imposer une solution négociée, mais sans succès.

En mai 1468, Charles le Téméraire, devenu duc, profita du chapitre de la Toison d'or tenu à Bruges pour s'efforcer de régler le conflit. En tant que chef de l'ordre, il pouvait ordonner au duc de Clèves et à Adolphe d'Egmond, tous deux chevaliers de la Toison d'or, de cesser de s'affronter et d'accepter son arbitrage, conformément aux statuts qu'ils devaient respecter[1]. Il enjoignit aussi à Adolphe de libérer son père. Le conflit n'en continua pas moins. En 1470, devant la mauvaise volonté d'Adolphe, Charles le fit emprisonner. Le duc Arnold décida alors de déshériter son fils au profit du duc de Bourgogne. Celui-ci, après la mort d'Arnold survenue le 23 février 1473, envahit le duché de Gueldre. La conquête fut rapide : parti de Maastricht le 9 juin 1473, et attaquant du sud vers le nord, Charles le Téméraire prit Venlo le 21 juin et alla assiéger Nimègue, capitale de la Gueldre. Le 17 juillet, la ville capitula après trois semaines de siège. Au début d'août les Bourguignons achevèrent la conquête en prenant Zutphen.

L'acquisition des possessions haut-rhénanes des Habsbourg et la conquête du duché de Gueldre furent un prélude au déclenchement d'une grande entreprise diplomatique visant à concrétiser les ambitions bourguignonnes dans l'Empire. Du 29 septembre au 25 novembre 1473, dans un déploiement de faste qui frappa les contemporains, Charles le Téméraire rencontra, à Trèves, l'empereur Frédéric III de Habsbourg. Cette brillante entrevue aurait dû être l'apogée de la politique impériale du duc de Bourgogne. Il espérait y négocier le titre de roi des Romains, ou au moins un vicariat d'Empire et l'érection de ses principautés en royauté territoriale. Il se savait soutenu par certains princes électeurs, notamment le roi de Bohême Georges Podiebrad et l'archevêque de Mayence. Mais Frédéric III ne pouvait lui donner satisfaction : d'une part sa politique personnelle visait à réserver la dignité impériale aux Habsbourg, d'autre part les progrès de la Maison de Bourgogne dans l'Empire inquiétaient nombre de princes allemands et de villes impériales, notamment dans l'espace rhénan. Charles, qui proposait le mariage de Marie de Bourgogne, son unique héritière, et de Maximilien, fils de l'empereur, n'atteignit pas ses objectifs. Il n'obtint que l'investiture impériale pour le duché de Gueldre, après quoi Frédéric III quitta Trèves précipitamment. Devant cette rupture brutale des négociations, Charles le Téméraire, qui avait fait préparer la cérémonie de son couronnement dans la cathédrale, ne put que prendre acte de son échec.

1. *Les chevaliers de l'ordre de la Toison d'or*, p. 125-126.

UN ÉDIFICE ÉBRANLÉ

Ayant connu un revers diplomatique, le duc de Bourgogne ne renonça pas, pourtant, à s'imposer dans l'Empire. Son activité politique fut alors intense. De la période qui suivit la malheureuse entrevue de Trèves datent les grandes mesures de réforme centralisatrice du principat : ordonnance militaire donnée en l'abbaye Saint-Maximin de Trèves au mois d'octobre 1473, création du Parlement et de la Chambre des comptes de Malines par les ordonnances de Thionville en décembre suivant.

Parallèlement, le duc de Bourgogne voulut manifester spectaculairement l'existence concrète d'un État bourguignon qui, à travers des principautés sujettes, soumises ou alliées, s'étendait de la Frise jusqu'au Mâconnais. Il décida d'aller de ses « pays de par-deçà » — les Pays-Bas — en ses « pays de par-delà » — les deux Bourgognes — où il ne s'était pas encore rendu depuis qu'il était devenu duc. Le voyage lui donna aussi l'occasion de passer par la Haute-Alsace que Pierre de Hagenbach était en train de remettre vigoureusement en ordre et en obéissance. Le passage du duc de Bourgogne et de ses troupes provoqua une vague d'inquiétude dans toute la région.

Dans ce contexte, Charles le Téméraire décida de faire également transférer solennellement le corps de son père Philippe le Bon et celui de sa mère Isabelle de Portugal de la collégiale Saint-Donatien de Bruges et de la Chartreuse de Gosnay, où ils avaient été respectivement enterrés, en l'église des Chartreux de Dijon où reposaient déjà Philippe le Hardi, Jean sans Peur, Marguerite de Bavière et d'autres membres de la famille ducale. Cette translation fut minutieusement organisée par Charles le Téméraire qui voulut en faire une manifestation de puissance dynastique. Le cortège funèbre de ses parents, accompagné d'une suite imposante, partant de Flandre, gagna la Bourgogne par la Lorraine et fut reçu à Dijon le 10 février 1474.

> « Et pour montrer et donner à entendre les cérémonies et les pompes qui furent tenues à cet enterrement, et en particulier à l'entrée à Dijon, monseigneur voulut que l'on fît honneur à la nation de Bourgogne ; et premièrement marchait le seigneur d'Irlains, qui portait le pennon armorié des armes du duc, et puis venaient les deux frères de Toulongeon qui menaient le cheval, couvert des pleines armes du duc, et puis venait le seigneur de Ray, qui portait l'épée du duc ; et après venaient, côte à côte, le seigneur de Givry, issu de Vienne, portant l'écu aux armes du duc, et messire Guillaume de Vergy qui portait le heaume et le timbre du duc ; et puis venait messire Charles de Chalon, neveu du prince d'Orange,

qui portait la bannière ; et après venait le roi d'armes de la Toison d'or, vêtu de sa cotte d'armes, et portant la cotte d'armes du duc déployée entre ses mains. Et puis venait le duc Charles, dans son vêtement de deuil, et le suivaient les grands de son sang, ordonnés à faire le deuil avec lui, et puis si grand nombre de chevaliers, écuyers et nobles hommes, que c'était belle chose de les voir[1]. »

Durant son séjour en Bourgogne, le duc Charles évoqua de nouveau ses ambitions royales. Mêlant dans une référence à un passé imaginaire le royaume burgonde de Gondebaud, le royaume de Provence de Boson et le royaume de Bourgogne des Rodolphiens, il rappela devant les États du duché réunis à Dijon au mois de janvier 1474 : « L'ancien royaume de Bourgogne que ceux de France ont longtemps usurpé et d'icelui fait un duché, ce que tous les sujets doivent bien avoir à regret[2]. »

Mais pour l'heure, le duc cherchait à s'imposer dans l'Empire. Pour y parvenir il était résolu à employer la force. Il vint donc au secours de son allié Robert de Bavière, archevêque de Cologne, aux prises avec une révolte de ses sujets, soutenus par Hermann, landgrave de Hesse. Charles le Téméraire décida de faire le siège de la ville de Neuss, âme de la révolte. La réussite de l'entreprise aurait permis à la puissance bourguignonne de renforcer ses positions dans la vallée du Rhin : en amont, le duc tenait la Haute-Alsace et le Brisgau ; en aval le duché de Gueldre et le comté de Hollande étaient entre ses mains, et il pouvait compter aussi sur ses alliés les ducs de Clèves et de Juliers-Berg. Mais l'opération fut un nouvel échec : pendant dix mois et demi, du 29 juillet 1474 au 13 juin 1475, les Bourguignons assiégèrent la place en vain. L'intervention armée de Charles le Téméraire provoqua l'entrée en guerre de l'empereur Frédéric III contre lui. La déclaration de guerre fut précédée de grandes manœuvres diplomatiques. Dès le mois de décembre 1474, un traité d'alliance fut conclu à Andernach, qui unissait Louis XI et Frédéric contre le duc de Bourgogne. Puis les hostilités furent ouvertes. Au printemps suivant, l'armée impériale fit une tentative pour dégager Neuss. Après un choc de faible importance, Charles négocia son départ et se replia sur le Luxembourg. Sa longue et coûteuse intervention rhénane ne lui avait rien rapporté.

Dans le même temps, l'État bourguignon connaissait plusieurs crises graves. La première prit naissance en Alsace. Le changement de régime politique qui, dans les *Vorlande*, avait suivi l'acquisition de ces pays par

1. Olivier de LA MARCHE, *Mémoires*, III, p. 59-60.
2. Sur la question, voir Y. LACAZE, « Le rôle des traditions dans la genèse d'un sentiment national », p. 303-385.

le duc de Bourgogne, s'était traduit par une puissante volonté de retour à l'ordre et de réorganisation. Or, l'énergique politique de Pierre de Hagenbach, d'une grande efficacité, se heurta à des résistances farouches : l'introduction de « nouveautés » dans le domaine fiscal mécontenta les élites urbaines ; le rachat des multiples engagères jadis consenties par les Habsbourg et une forte centralisation administrative et judiciaire déplurent aux anciens seigneurs engagistes ; enfin, en dernier ressort, les visées expansionnistes du duc de Bourgogne en direction de Mulhouse et Bâle, menaçant directement les intérêts des Confédérés et de leurs alliés de la vallée du Rhin, conduisirent à la confrontation armée.

Au printemps 1474, une puissante coalition réunissant la « Basse Union » des villes de la vallée du Rhin, notamment Strasbourg, Bâle, Sélestat et Colmar, et la « Haute Union » des Confédérés suisses et de leurs alliés, se constitua sous la forme d'une « Ligue de Constance » ouvertement dirigée contre le duc de Bourgogne. Sigismond de Habsbourg, désireux de dénoncer le traité de Saint-Omer et de recouvrer ses « pays antérieurs », y adhéra.

Le 22 avril, la Ligue déclara la guerre à Charles le Téméraire. En même temps, la Haute-Alsace se révolta contre la domination bourguignonne et se plaça de nouveau sous l'autorité du duc d'Autriche. Pierre de Hagenbach, capturé par les révoltés, fut exécuté après un procès sommaire le 9 mai suivant. Sur le point d'assiéger Neuss, le duc de Bourgogne ne put guère tenter, dans l'immédiat, de reconquérir le terrain perdu. La situation devenait pourtant préoccupante. Les Bernois, non contents d'avoir soutenu la révolte alsacienne, firent des incursions jusque dans le comté de Bourgogne. A l'automne 1474, ils assiégèrent la forteresse d'Héricourt et le 14 novembre ils mirent en déroute une armée bourguignonne qui tentait de faire lever le siège. Au printemps suivant, ils lancèrent d'autres attaques contre la Bourgogne, incendiant Pontarlier et se vantant de venir jusqu'à Salins pour brûler la ville et les salines.

Mais le duc Charles avait alors d'autres préoccupations que les incursions des Bernois au comté de Bourgogne. Au mois de juillet 1474, alors qu'allait commencer le siège de Neuss, une ambassade bourguignonne avait été reçue en Angleterre par le roi Édouard IV pour négocier avec lui la conclusion d'une alliance offensive contre la France. Le 25 juillet, un traité avait été scellé à Londres par lequel Anglais et Bourguignons s'engageaient à entreprendre une action militaire conjointe afin de permettre au roi d'Angleterre de reconquérir la couronne de France. En échange de l'aide bourguignonne, Édouard promettait d'amples cessions territoriales comprenant notamment le comté d'Eu, la ville de Tournai, le comté de Champagne. Ce traité de Londres était un prélude à la reprise des hostilités contre la France.

Or, au mois de mai 1475, alors que Charles le Téméraire était toujours devant Neuss, les trêves franco-bourguignonnes expirèrent et la guerre reprit en Picardie. Les troupes de Louis XI remportèrent des succès, emportant et incendiant Montdidier, Roye et Corbie, entrant en Artois et menaçant Arras. Dans le sud, la Bourgogne fut aussi attaquée et Antoine de Luxembourg, maréchal de Bourgogne, fut battu et capturé lors du combat de Montreuillon le 20 juin. Dans cette situation de crise, le 6 juillet suivant, le roi d'Angleterre Édouard IV débarqua à Calais avec une armée forte de 20 000 hommes[1]. Mais à cette date, Charles le Téméraire, qui reconstituait ses propres troupes après l'épuisant siège de Neuss, était dans l'impossibilité d'apporter à son beau-frère d'Angleterre une aide militaire quelconque, malgré les clauses du traité de Londres de juillet 1474. Édouard IV ne tarda pas à comprendre quelle était la situation. Réaliste, tandis que son armée campait au milieu de la Picardie face à un puissant dispositif militaire déployé par les Français, il entama des négociations avec Louis XI.

Une entrevue eut lieu entre les deux rois à Picquigny et, le 29 août 1475, un traité fut conclu aux termes duquel, moyennant paiement par le roi de France de 75 000 écus et la promesse du versement annuel d'un tribut de 50 000 écus, le roi d'Angleterre se retira et rembarqua ses troupes à Calais, acceptant neuf années de trêve. Avant de repartir, il eut, avec son beau-frère de Bourgogne, une entrevue orageuse que Commynes a rapportée :

> « Le duc de Bourgogne, apprenant ces nouvelles, vint de Luxembourg où il était, en très grande hâte, auprès du roi d'Angleterre ; et il n'avait que seize chevaux quand il y arriva. Le roi d'Angleterre fut fort ébahi de cette venue si soudaine et lui demanda ce qui l'amenait ; et il vit bien qu'il était courroucé. Le dit duc répondit qu'il venait lui parler. Le dit roi lui demanda s'il voulait le faire à part ou en public. Alors, ledit duc lui demanda s'il avait fait la paix. Le roi d'Angleterre lui répondit qu'il avait conclu une trêve pour neuf ans en laquelle étaient compris le duc de Bourgogne et le duc de Bretagne et il lui demandait de s'y accorder. Le dit duc se courrouça et parla en anglais (car il connaissait cette langue) et allégua plusieurs beaux faits des rois d'Angleterre qui étaient passés en France et des peines qu'ils y avaient prises pour y acquérir honneur, et il blâma fort cette trêve, disant qu'il n'avait point cherché à faire passer les Anglais [en France] pour le besoin qu'il en eût mais pour

1. C. ROSS, *Edward IV*, p. 205-238.

recouvrer ce qui leur appartenait ; et afin qu'ils connussent qu'il n'avait nul besoin de leur venue, il ne conclurait pas de trêve avec notre roi avant que le roi d'Angleterre eût été depuis trois mois de l'autre côté de la mer. Et après ces paroles, il part et s'en va là d'où il venait[1]. »

La priorité que Charles le Téméraire avait donnée à ses entreprises politiques dans l'Empire avait conduit à l'échec de sa tentative de reconstitution d'une alliance anglo-bourguignonne. Dès le mois de septembre suivant, désireux d'avoir les mains libres à l'Est, il conclut à son tour une trêve de neuf ans avec le roi Louis XI par le traité de Soleuvre. Les clauses de ce traité régirent les relations franco-bourguignonnes jusqu'à la mort du Téméraire.

Dans cet accord entre le roi de France et le duc de Bourgogne, il y eut deux grands perdants. Le premier fut Louis de Luxembourg, comte de Saint-Pol et connétable de France. Après avoir joué un malheureux jeu de bascule entre France et Bourgogne, il s'attira l'hostilité du roi et du duc. Craignant la colère du roi, il se plaça sous la protection de Charles le Téméraire mais ce dernier ne lui fut pas miséricordieux et le livra à Louis XI. Après un procès retentissant au cours duquel, si l'on en croit Commynes, « le roi pressait fort la Cour », Louis de Luxembourg fut condamné à mort et décapité à Paris le 19 décembre 1475[2].

L'autre perdant fut René II d'Anjou, duc de Lorraine et de Bar. Depuis le début du XVe siècle, les ducs de Bourgogne s'étaient intéressés aux duchés de Lorraine et de Bar qui faisaient une jonction entre le sud du Luxembourg et le nord du comté de Bourgogne. Leur importance stratégique pour les liaisons internes de l'État bourguignon était considérable et n'avait fait que croître à mesure que les ducs de Bourgogne s'étaient désengagés de la politique française pour s'intéresser aux terres d'Empire. Au début du XVe siècle, le duc de Lorraine Charles II était prudemment resté en bons termes avec les Bourguignons. Mais après sa mort, survenue en 1431, l'accession d'un prince de la Maison d'Anjou, René, beau-frère du roi Charles VII, aux deux duchés, avait créé une brusque tension suivie d'une intervention militaire bourguignonne. Par la suite, les ducs de Lorraine de la Maison d'Anjou s'étaient alliés aux ducs de Bourgogne et leurs possessions avaient été intégrées dans la sphère d'influence bourguignonne. Mais en 1475, le duc René II, petit-fils par sa mère de René Ier d'Anjou et, par son père,

1. Philippe de COMMYNES, *Mémoires*, II, p. 53-54.
2. W. PARAVICINI, « Peur, pratiques, intelligences. Formes de l'opposition aristocratique à Louis XI d'après les interrogatoires du connétable de Saint-Pol », p. 183-196.

d'Antoine, comte de Vaudémont, adversaire de René à Bulgnéville, rompit avec la prudente politique de ses prédécesseurs. Poussé par la cour de France, intéressé à la cause de la Ligue de Constance, il adressa ses lettres de défi à Charles le Téméraire le 9 mai 1475. Mais, en une période de crise, le duc Charles ne pouvait tolérer que l'axe Nord-Sud qui reliait les Pays-Bas bourguignons aux deux Bourgognes fût coupé[1].

Le traité de Soleuvre laissait au duc de Bourgogne une complète liberté d'action contre le duc de Lorraine. Louis XI, désireux d'éviter la guerre ouverte avec les Bourguignons, avait abandonné son allié. Aussi, dès l'automne 1475, Charles le Téméraire entra en campagne. Son demi-frère, le bâtard Antoine de Bourgogne, partant de Franche-Comté, envahit la Lorraine et le Barrois par le sud, tandis que le duc lui-même, partant du duché de Luxembourg, entra par le nord. Cette première guerre de Lorraine fut facile. Elle s'acheva par le siège et la prise de Nancy, ville où le duc de Bourgogne fit son entrée le 30 novembre, jour de la Saint-André. René II prenait le chemin de l'exil tandis que son vainqueur se proclamait duc de Lorraine et recevait les serments de fidélité d'un bon nombre de Lorrains prudemment ralliés.

LES « GUERRES DE BOURGOGNE »

Charles le Téméraire, alors que s'annonçait l'hiver 1475-1476, avait porté l'ensemble territorial bourguignon à sa plus grande extension. Cet assemblage composite de principautés formait, pour la première fois depuis qu'avait commencé à se bâtir la puissance bourguignonne, un bloc d'un seul tenant de la mer du Nord jusqu'au Mâconnais. Mais au moment de cet apogée territorial l'État bourguignon était menacé par l'agressivité de la Ligue de Constance et l'expansionnisme des Confédérés, et notamment des Bernois. Ceux-ci, depuis 1474, s'étaient attaqués aux intérêts bourguignons tant en Alsace qu'en Franche-Comté. Ils menaçaient aussi les possessions de Yolande de France, duchesse de Savoie, et de Jacques de Savoie, comte de Romont, alliés précieux du duc de Bourgogne[2].

Après avoir réglé le sort de René II et de la Lorraine, Charles le Téméraire fut conduit à intervenir contre les Suisses. L'enjeu n'était pas secondaire. Les Bernois et leurs alliés représentaient non seulement

1. J. RICHARD, « La Lorraine et les liaisons internes de l'État bourguignon », p. 113-122.
2. Sur les guerres de Bourgogne, voir en particulier *Grandson — 1476. Essai d'approche pluridisciplinaire d'une action militaire du XVe siècle*, Lausanne, 1976 ; *Die Murtenschlacht. Colloque international du 5e centenaire de la bataille de Morat*, Fribourg et Berne, 1976.

un péril pour la Savoie mais aussi une menace pour les liaisons entre la Bourgogne et l'Italie. Or, le duc Charles attachait une grande importance à ses relations avec la Péninsule italienne. Sur le plan politique il était, depuis la conclusion du traité de Moncalieri le 30 janvier 1475, l'allié du duc de Milan Galeazzo Maria Sforza, et il entretenait des rapports suivis avec d'autres puissances italiennes, notamment la République de Venise et le royaume de Naples. En outre, depuis 1472, il recrutait à grands frais en Italie des mercenaires qu'il intégrait en nombre croissant à ses armées. Il était donc essentiel de maintenir ouvertes les routes des Alpes qu'empruntaient aussi marchands et ambassadeurs.

A l'hiver 1475-1476, Charles le Téméraire rassembla une armée en Franche-Comté dans l'intention d'intervenir au pays de Vaud où les possessions de certains de ses fidèles et vassaux avaient été attaquées et occupées par les Confédérés. La guerre qu'il entreprenait n'était pas une guerre de conquête mais une action conçue pour soutenir des alliés en difficulté. A la fin du mois de février 1476, les Bourguignons franchirent le col de Jougne et prirent la direction de Neuchâtel. Sur les bords du lac, ils firent le siège de Grandson, ville forte appartenant à la famille de Chalon, où Berne avait placé une garnison. Après un siège rapide, la ville et le château furent pris le 28 février. Les prisonniers bernois furent exécutés en réponse aux exactions qu'ils avaient commises dans le pays.

Après la prise de Grandson, Charles reprit sa marche vers Neuchâtel, mais le 2 mars ses troupes se heurtèrent à l'armée des Confédérés qui marchait à sa rencontre. Après le premier choc et dans une certaine confusion, l'armée du Téméraire se disloqua et fut mise en fuite. La défaite inattendue de Grandson ne fut pas une bataille sanglante mais elle coûta cher au duc de Bourgogne dont le camp, les bagages et l'artillerie tombèrent aux mains de l'ennemi. Olivier de La Marche put écrire : « Le duc était bien triste et bien mélancolieux d'avoir perdu cette journée où ses riches bagages furent pillés et son armée rompue. »

Cet échec fut ressenti partout comme un événement insolite. La réputation de chef de guerre du duc de Bourgogne, grâce aux efforts de sa propagande, était grande, et son armée jouissait d'un prestige incontestable. Les ambassadeurs étrangers, et notamment italiens, qui fréquentaient la cour de Bourgogne firent sur la bataille de Grandson des rapports mesurés. Cependant les alliés de Charles le Téméraire, et singulièrement ceux qui étaient les plus directement concernés par les événements récents, la duchesse de Savoie, le comte de Romont, le duc de Milan, s'inquiétèrent de cette défaite.

Le duc de Bourgogne se devait, politiquement, de reprendre l'opération si mal commencée : il fallait rétablir son prestige entamé et chasser les Confédérés des possessions savoyardes qu'ils avaient envahies. Après avoir été « bien mélancolieux » il reconstitua son armée aux portes de Lausanne entre mars et mai 1476. Tirant rapidement la leçon de la défaite de Grandson, il réorganisa ses troupes, renforçant l'infanterie pour tenter de s'adapter à la tactique des « piquenaires » suisses.

Au début de juin, Charles quitta son camp de Lausanne et prit la direction de Berne. Sur sa route, il mit le siège devant la ville de Morat défendue par une garnison suisse. C'est là que le 22 juin, les Confédérés surprirent son armée et l'anéantirent. A la différence du combat de Grandson, la bataille de Morat fut sanglante et ses conséquences politiques et diplomatiques furent catastrophiques. L'alliance scellée à Moncalieri avec le duc de Milan ne résista pas à la seconde défaite bourguignonne. Dès le début du mois d'août 1476, Galeazzo Maria Sforza reprit la politique profrançaise qu'avait toujours menée son père Francesco, rêvant même d'un dépeçage de la Savoie avec l'aide du roi Louis.

De son côté la duchesse Yolande, pour le compte de laquelle le Téméraire s'était lancé dans la guerre, devait tenter de sauver ce qui pouvait encore l'être, alors que les Bernois, les Fribourgeois et le duc de Milan menaçaient ses possessions. Le duc de Bourgogne la soupçonna, après la bataille de Morat, de préparer un renversement d'alliance au profit du roi de France dont elle était la sœur. Le 27 juin, il commit une faute politique en la faisant enlever et en l'assignant à résidence en Bourgogne. Cette action brutale, menée par Olivier de La Marche, précipita la rupture de l'alliance burgondo-savoyarde. Au mois d'octobre suivant, la duchesse de Savoie, libérée par des troupes royales, se rendit auprès de son frère Louis XI en se déclarant désormais « bonne Française ».

Le roi de France, respectant toujours les clauses du traité de Soleuvre, n'intervint pas directement dans les guerres de Bourgogne. Toutefois, il suivait les événements de près, multipliant les contacts diplomatiques avec les adversaires du duc de Bourgogne. Cependant, contrairement à ce qui a été longtemps affirmé et l'est encore parfois, il ne fut pas le principal artisan de l'échec final de son ennemi et l'influence française auprès des Confédérés, de la Basse Union, des Savoyards, des Milanais ne doit pas être surestimée. Le duc de Bourgogne par sa politique d'intervention dans l'espace impérial y provoqua l'inquiétude et s'y suscita de violentes oppositions. Ses adversaires, bientôt coalisés contre lui, parvinrent finalement à l'abattre.

LA LORRAINE ET LA MORT

L'un des principaux dangers qui pesaient sur l'État bourguignon après la bataille de Morat n'était pas, comme on l'a dit parfois, le refus des sujets du duc de lui accorder de nouveaux subsides pour la guerre[1], mais le risque d'une dislocation territoriale[2]. La menace la plus aiguë vint du duché de Lorraine. Le duc René II, après sa défaite de l'automne 1475, s'était rallié à la Ligue de Constance et avait combattu les Bourguignons aux côtés des Confédérés et de leurs alliés, notamment lors de la bataille de Morat. Au mois d'août 1476, son duché de Lorraine se souleva contre la domination bourguignonne. René II put revenir de son exil et rentrer triomphalement chez lui. Les garnisons placées dans le pays par Charles le Téméraire furent chassées les unes après les autres. Seule celle qui tenait Nancy résista jusqu'au 10 octobre.

Le duc de Bourgogne qui, après la défaite de Morat, s'était replié sur la Franche-Comté, y reconstituait une armée. Au mois de septembre, jugeant que le plus urgent pour lui était de maintenir coûte que coûte ouvertes les routes unissant « pays de par-deçà » et « pays de par-delà », il partit à la reconquête du duché de Lorraine. Comme la précédente, la seconde attaque bourguignonne partit à la fois du comté de Bourgogne et du duché de Luxembourg. René II ne parvint pas à s'opposer à ses adversaires et le 19 octobre 1476, laissant une garnison à Nancy qu'il venait de reprendre, il quitta une nouvelle fois son duché pour tenter de trouver, chez ses alliés alsaciens et suisses, les moyens financiers et militaires de chasser les Bourguignons. Trois jours plus tard, le 22 octobre, Charles le Téméraire venait mettre une seconde fois le siège devant Nancy.

Commencée en automne, l'opération se poursuivit durant un hiver qui fut particulièrement rigoureux. Au milieu d'un pays hostile, subissant les rigueurs de la saison, mal ravitaillés et irrégulièrement payés, les gens de guerre bourguignons commencèrent à déserter en grand nombre. A la fin de décembre ou au début de janvier, l'armée du Téméraire qui avait été forte d'environ 8 000 hommes au début du siège avait perdu près des trois quarts de ses effectifs. Pourtant, le duc de Bourgogne ne se découragea pas : les Nancéens dans leur ville étroitement investie souffraient de la faim et leur capacité de résistance n'était pas infinie. Par ailleurs, il apparaissait clairement que le maintien de l'emprise bourguignonne sur la Lorraine était vital pour l'ensemble territorial tenu par le duc. Cependant, le siège, en se prolongeant,

1. R. VAUGHAN, *Charles the Bold*, p. 409-415.

2. Sur la dernière entreprise de Charles le Téméraire, voir notamment *Cinq-centième anniversaire de la bataille de Nancy (1477). Actes du colloque de Nancy des 22-24 septembre 1977*, Nancy, 1979.

donna au duc René II le temps de préparer la riposte. Financé par le roi de France et par des bailleurs de fonds bâlois et strasbourgeois, aidé militairement par les Confédérés suisses chez qui il put recruter des mercenaires, il parvint à mettre sur pied une armée de 12 000 hommes dont une partie fut réunie aux portes de Bâle dans la deuxième quinzaine du mois de décembre.

Lorsque la campagne commença, le rapport des forces était tellement favorable aux adversaires de Charles le Téméraire qu'Olivier de La Marche, se remémorant les faits, écrivit plus tard textuellement :

« Et estoit le duc mal parti. »

Le 5 janvier 1477, le choc entre l'armée de René II et celle du duc de Bourgogne eut lieu un peu au sud de Nancy. Pris de flanc, les Bourguignons furent mis une nouvelle fois en déroute. C'est dans la « chasse » qui suivit l'engagement que le duc Charles le Téméraire fut rattrapé et tué sans probablement avoir été reconnu. Deux jours plus tard le corps du dernier duc de Bourgogne de la Maison de Valois fut retrouvé et identifié sur le champ de bataille. Olivier de La Marche, lui-même prisonnier des Lorrains, rapporta en quelques mots son état d'esprit lorsqu'il fut informé :

> « Et vous pouvez bien entendre que quand nous fûmes avertis de la mort de notre maître, nous fûmes bien déconfortés ; car nous avions perdu en ce jour honneur, fortune et espérance de ressources[1]. »

Au désarroi des Bourguignons répondit l'allégresse de leurs adversaires, tel ce poète français qui rima quelques vers ironiques à la manière d'une pastourelle :

Or est le parc orgueilleux destendu ;
Le fier lion ne l'a pas bien gardé.
Il a très mal son latin entendu,
Et à son cas simplement regardé.
Il a trouvé avoir un peu tardé
Au déloger du pays de Lorraine,
Car à la fin il y est demeuré,
Et les moutons, la toison et la laine[2].

1. Olivier de LA MARCHE, *Mémoires*, III, p. 238-242.
2. A. LE ROUX DE LINCY, *Chants historiques*, p. 383.

ÉPILOGUE

La mort du duc de Bourgogne provoqua l'effondrement de l'édifice politique qu'il avait érigé et qui, jusqu'au dernier moment, était pourtant resté solidement dans sa main. Dans les semaines qui suivirent la disparition de son adversaire, Louis XI, rompant l'accord de Soleuvre, fit envahir par ses troupes les deux Bourgognes, la Picardie, le Boulonnais, l'Artois et une partie du Hainaut. Le gouvernement bourguignon était alors incarné par Marie de Bourgogne, fille unique et héritière du Téméraire, et par Marguerite d'York, troisième femme du duc défunt.

Les arguments juridiques que les deux princesses opposèrent à la conquête militaire entreprise par le roi de France étaient peu de chose devant la volonté de Louis XI de régler rapidement la question bourguignonne. Le roi avait proclamé le rattachement du duché au domaine de la Couronne en s'appuyant sur le statut des apanages : il affirmait que puisque la lignée masculine des ducs de Bourgogne de la Maison de Valois s'était éteinte en la personne de Charles le Téméraire, ce rattachement était fondé en droit. Mais par ailleurs, il incluait dans la même mesure les comté de Charolais, de Mâcon et d'Auxerre. La duchesse Marie ne put que protester et, dans une lettre écrite le 23 janvier 1477 aux conseillers et aux gens des comptes de Dijon, elle fit un historique des acquisitions territoriales de ses prédécesseurs depuis 1363 :

> « Vous êtes bien informés que le duché de Bourgogne ne fut jamais du domaine de la Couronne de France, mais était en ligne d'autre nom et d'autres armes, quand, par la mort du jeune duc Philippe[1], il vint et échut au roi Jean, en tant que cousin germain du côté et ligne dont ledit duché procédait, duché qui fut après par lui donné à monseigneur Philippe, son fils, pour lui et toute sa postérité quelconque, et n'est aucunement de la nature des apanages de France. De même le comté de Charolais fut acquis par monseigneur le duc Philippe du comte d'Armagnac. Et les comtés de Mâcon et d'Auxerre ont été transportés par le traité d'Arras à feu monseigneur mon aïeul, pour lui, ses hoirs mâles et femelles descendant de lui[2]. »

L'exposé était correct, les arguments étaient inattaquables, mais dans l'immédiat Marie de Bourgogne et Marguerite d'York ne purent s'op-

1. Philippe de Rouvres.
2. U. PLANCHER, *Histoire générale et particulière*, IV, preuve 269.

poser efficacement aux menées de Louis XI, d'autant qu'elles devaient faire face à une rébellion des « pays de par-deçà » : les États généraux, réunis à Gand en janvier et février 1477, contraignirent Marie de Bourgogne à leur octroyer un « Grand Privilège » limitant les prérogatives du prince et rétablissant partout les droits et coutumes abolis ; ils exigèrent aussi la suppression des institutions centrales de Malines, Parlement et Chambre des comptes, symboles de l'autoritarisme du prince. Au mois d'avril suivant, les Gantois en révolte exécutèrent deux des plus proches collaborateurs du duc Charles, son chancelier Guillaume Hugonet, et Guy de Brimeu, seigneur de Humbercourt.

Marguerite d'York et Marie de Bourgogne ne virent le salut de ce qui restait de l'héritage bourguignon que dans une alliance avec la Maison de Habsbourg que Charles le Téméraire avait plusieurs fois proposée à Frédéric III. Au mois d'août 1477 Marie épousa l'archiduc d'Autriche Maximilien, fils de l'empereur. Maximilien de Habsbourg dut faire face aux entreprises françaises visant à liquider la question bourguignonne. En ce domaine les objectifs de Louis XI ne furent pas totalement atteints. Les traités d'Arras (1482) et de Senlis (1493) ne consacrèrent qu'un démembrement partiel de l'ensemble territorial bourguignon : si Louis XI puis Charles VIII parvinrent à conserver le duché de Bourgogne et la Picardie, les Habsbourg, héritiers des droits de la Maison de Bourgogne, conservèrent la Franche-Comté et l'ensemble des Pays-Bas. Cette nouvelle donne géopolitique eut de lourdes conséquences pour l'histoire de l'Europe occidentale. Se désolant des partages qui précédèrent et suivirent la mort de Marie de Bourgogne en 1482, Jean Molinet, comparant l'héritage de la duchesse à un vêtement partagé, rima avec esprit :

La duchesse d'Autriche
A l'archiduc laissa
Une robe fort riche,
Quand elle trépassa.
Cette robe fourrée
Fut, par gens agrippants,
Dès son temps déchirée,
Par pièces et par pans.
Bourgogne, notre mère
La tint en son entier :
Mais France, sa commère,
En prit plus d'un quartier [...][1].

1. Cité par P. CHAMPION, *Histoire poétique du XVe siècle*, II, p. 357.

En janvier 1477, dans sa lettre aux conseillers et gens de la Chambre des comptes de Dijon aux prises avec l'invasion française, Marie de Bourgogne les exhortait à « retenir toujours en leur courage la foi de Bourgogne ». Cette exhortation montre que le sentiment d'appartenance à une entité historique bourguignonne était apparue au XVe siècle dans un contexte d'affrontement entre le roi de France et le duc de Bourgogne. L'origine idéologique de ce sentiment est à rechercher dans la volonté des ducs de trouver des références historiques propres à conforter des ambitions politiques que contrariait l'exercice de la souveraineté royale française. L'impact de telles références ne dépassait probablement pas le cercle étroit des penseurs politiques qui entouraient le duc. Parmi les sujets du prince, le sentiment bourguignon apparut sans doute de façon confuse, tardive et inégale. Il se manifesta d'abord dans l'attachement à une Maison princière qui sut utiliser habilement l'arme de la propagande. Par la suite, l'affrontement armé opposant les « Bourguignons » et les « Français » suscita dans les pays du duc une incontestable haine de l'ennemi. Or on sait que ces deux éléments — dévouement au prince et rejet de l'ennemi étranger — sont essentiels dans la genèse du sentiment national.

Après la mort de Charles le Téméraire le sentiment de loyauté envers la Maison de Bourgogne fut exalté par les Habsbourg, héritiers des ambitions politiques des ducs Valois. Le temps de crise et de désarroi qui suivit la disparition du Téméraire fut propice au développement de ce sentiment nourri par la nostalgie d'une période glorieuse et exprimé par une littérature mêlant politique et histoire légendaire. Dans la vision que cette littérature donna du destin de la Maison de Bourgogne, les jugements portés sur l'action des différents ducs furent nuancés. Charles le Téméraire fut parfois présenté comme un prince dont la personnalité expliquait en partie les échecs. Ainsi dans cette généalogie anonyme des rois et princes de Bourgogne datant du règne de Maximilien et de son fils l'archiduc Philippe le Beau :

> « De Philippe le Hardi descendit Jean, duc et comte de Bourgogne, comte de Flandre et moult puissant prince.
>
> « Dudit Jean descendit feu de très noble mémoire monseigneur le duc Philippe, duc de Bourgogne, de Brabant, de Limbourg, de Luxembourg, comte de Bourgogne, d'Artois, de Hainaut, très illustre prince par moult de nobles titres.
>
> « De ce Philippe demeura un seul fils nommé Charles, successeur en moult de nobles seigneuries, pour un temps homme de très grande vertu et le plus grand de tous ses prédécesseurs s'il eût voulu user de sa fortune avec tempérance et s'il eût voulu user de conseil [1]. »

1. Koninklijke Bibliotheek (La Haye), Ms. 128 E 17, f° 4.

Certes, l'échec final du Téméraire ne fut pas toujours jugé si sévèrement dans le camp bourguignon et le fidèle Olivier de La Marche, à titre d'enseignement, écrivait à l'adresse de Philippe le Beau, en lui racontant l'histoire de son grand-père maternel :

> « Or, monseigneur, n'est-il pas bon de noter, goûter et remordre en votre entendement comment ce grand, puissant et courageux prince chut et trébucha en si grand inconvénient et perdition, perdant tout à la fois sa vie et une si grande seigneurie, et ne gardant que l'âme et l'honneur [...]. Et vous devez reconnaître que Dieu en fit à Son plaisir et à Sa volonté et que les autres princes et vous êtes plus sujets et en la vue et au regard de Son œil que ne sont les autres simples et petites créatures mortelles [...] [1]. »

Quoi qu'il en soit, dans la mémoire des Bourguignons, l'âge d'or, comme le chanta Jean Molinet, fut le temps de Philippe le Bon :

> *Qu'est devenu le temps du bon berger,*
> *Le très bon duc Philippe de Bourgogne*
> *Qui ne laissait, pour le conte abréger,*
> *Les mauvais loups en nos champs herbager,*
> *Mais les chassait plus loin qu'en Catalogne*[2] ?

1. Olivier de LA MARCHE, *Mémoires*, I, p. 143.
2. Cité par P. CHAMPION, *Histoire poétique du XVe siècle*, II, p. 348.

CONCLUSION

L'histoire des ducs de Bourgogne de la Maison de Valois nous offre une remarquable illustration de ce que fut le phénomène des États princiers à la fin du Moyen Age. Elle nous montre comment, à côté de l'État royal tel qu'il s'édifia en France ou en Angleterre, un autre type de construction politique émergea et se développa souvent très rapidement. Dans son processus d'élaboration, les éléments moteurs furent la volonté de puissance, l'idée dynastique, la recherche de l'efficacité dans la gestion et l'administration. La coopération des élites sociales et, singulièrement, le soutien apporté aux princes par l'aristocratie nobiliaire et par tout un groupe de juristes, de gens de finances et autres « officiers » et « serviteurs », apparaissent aussi comme essentiels.

L'assise territoriale, facteur de richesse et de prestige, fut un autre pilier de cette construction. La titulature de Charles le Téméraire en 1473, longue énumération de duchés, de comtés, de seigneuries, renferme à elle seule une charge de puissance qui impose le respect :

> « Charles, par la grâce de Dieu duc de Bourgogne, de Lothier, de Brabant, de Limbourg, de Luxembourg et de Gueldre, comte de Flandre, d'Artois, de Bourgogne palatin, de Hainaut, de Hollande, de Zélande, de Namur et de Zutphen, marquis du Saint-Empire, seigneur de Frise, de Salins et de Malines. »

Nous l'avons vu et nous l'avons dit, le « sentiment national » ne vint que tardivement. Au temps du Téméraire encore, l'expression « nation de Bourgogne » ne désignait que la noblesse des deux Bourgognes, même si, depuis le début du XVe siècle, le terme « Bourguignons » renvoyait non plus seulement aux habitants du duché et de la Franche-Comté mais aussi aux partisans et aux fidèles de la cause ducale, quelle que fût leur origine géographique. La loyauté et la fidélité dues au prince et la défense d'intérêts communs formaient le ciment unissant les diverses composantes de la société politique constituée autour des ducs. Le sentiment d'appartenance à une entité bourguignonne semble ne s'être manifesté qu'à la fin de l'histoire de la dynastie, dans la tourmente qui suivit la mort du dernier duc Valois. Encore ce sentiment ne s'anima pas chez tous et ne se manifesta pas partout avec la même intensité. Le développement de l'État bourguignon s'était trop largement fait au détriment des divers particularismes, régionaux et urbains, pour que ceux-ci, au moment où cet État fut ébranlé, ne retrouvassent pas une vigueur nouvelle.

L'État bourguignon prit d'abord la forme d'un édifice institutionnel dont la cour, la justice, l'administration, les finances, l'armée furent les différents éléments. La combinaison des structures héritées, des imitations et des innovations déboucha sur la formation d'un ensemble original que le pragmatisme des ducs et de leurs conseillers permit d'adapter à un ensemble territorial extraordinairement composite. Un « modèle » bourguignon apparut, là encore avec des accommodements et des nuances, caractérisé par la création de certaines institutions (évoquons ici la dualité Chambre du conseil/Chambre des comptes), par la mise en place d'une bureaucratie relativement efficace et volontiers paperassière, par l'exercice d'une justice souvent « raide et vigoureuse ». Certes, des pratiques, que nous assimilons aujourd'hui à la corruption active ou passive, étaient monnaie courante au sein de l'administration bourguignonne, mais elles n'en constituaient pas une spécificité : les hasards de la conservation des archives comptables et judiciaires font que le phénomène est mieux connu dans le cadre des institutions bourguignonnes qu'ailleurs ; il serait naïf de croire qu'il n'existait que là.

Il est impossible de ne pas parler de propagande lorsqu'on étudie l'État. Tout comme les rois de France et les rois d'Angleterre, les ducs de Bourgogne ont su faire passer au sein des populations qu'ils gouvernaient un message propre à exalter leur Maison, leur action, leur cour. Certes, la littérature politique ne touchait sans doute qu'un cercle restreint d'individus instruits. Les allusions aux royaumes de Gondebaud, de Lothaire, de Boson et de Rodolphe, ou la célébration des hauts faits de Jason, d'Alexandre le Grand, de Girart de Roussillon, de Renaud de Montauban ne pouvaient, sous leur seule forme écrite, faire vibrer le grand nombre. Il fallait de nécessaires relais pour diffuser les thèmes de la propagande ducale. C'est là que le spectacle de l'État (ou faut-il dire « l'État spectacle » ?) jouait un rôle dont les ducs de Bourgogne et leurs conseillers ont su tirer parti. Les cérémonies et les fêtes n'étaient pas seulement un moyen de satisfaire un goût pour le faste ; elles étaient aussi et surtout des manifestations de puissance et des moments significatifs de l'affirmation d'un dessein politique. Le luxe et l'ostentation, la parade, les exhibitions de force et d'honneur faisaient passer parmi les assistants un faisceau de messages, visuels, sonores, affectifs, porteurs d'une certaine vision de l'État. Les entrées princières, les mariages, les funérailles, les joutes et les pas d'armes, les banquets, les chapitres de la Toison d'or, tenaient leur place dans cette grande entreprise de persuasion, à côté des poèmes et chansons à thème politique, visant à l'exaltation du prince et de sa cause. Sans doute faudrait-il parler aussi des manifestations spectaculaires de dévotion, des fondations pieuses, des actes charitables qui, pour être d'abord des actes religieux, n'en étaient pas moins aussi une manière de propagande politique.

Les ducs de Bourgogne ont en effet voulu se montrer des princes en Chrétienté. Promoteurs et acteurs de la croisade, ils n'utilisèrent pas seulement ce vieil idéal cher au Saint-Siège et à la noblesse européenne à de seules fins de propagande. Considérer ce phénomène sous cet aspect unique serait dangereusement réducteur. La croisade fut aussi pour eux, sur le plan religieux, l'expression d'une piété particulière et, sur le plan politique, le produit d'une conscience aiguë des réalités du péril turc. Soulignons qu'il n'y avait rien là d'anachronique.

Finalement, en un siècle, des structures étatiques, un mécénat princier, une culture de cour, une société politique, une construction territoriale, se sont mis en place qui ont fait toute l'originalité de l'État bourguignon. Cet État s'est d'abord construit avec le royaume de France avant de tenter de s'affirmer contre lui. Mais résumer son histoire à la seule lutte pour la souveraineté face aux rois de France serait ne voir qu'une face de la réalité. Très tôt, les relations avec l'Empire ont aussi conditionné l'histoire de cet État, jusqu'à son effondrement final. Certes, les relations des ducs de Bourgogne avec la France ont évolué et sont devenues ambiguës en raison de l'origine historique de l'ensemble territorial bourguignon : tenant un des grands fiefs du royaume, parés du titre et de la dignité de « doyen des pairs de France », portant les fleurs de lys dans leurs armes, les ducs ont longtemps eu l'ambition de jouer un rôle majeur au sein du gouvernement royal. Philippe le Hardi avait réalisé ce projet politique, Jean sans Peur avait déclenché une guerre civile pour atteindre ce but, Philippe le Bon n'avait jamais vraiment renoncé à cette conception traditionnelle des relations du roi et des princes, bien qu'en son temps la fin de la guerre anglaise et le renforcement de l'État royal l'aient rendue pratiquement obsolète. Charles le Téméraire, pour sa part, avait pris la mesure de cette réalité. Ses interventions en France visèrent surtout à garantir la possession de la frontière de Picardie. Lorsqu'on fait le bilan de son action, on constate clairement que l'essentiel de ses interventions se fit en terre d'Empire où son père avait, avant lui, réalisé ses plus importants gains territoriaux. Se détournant de la scène française il tenta de se saisir de la dignité de roi des Romains tout en jetant les bases d'une union des Maisons de Bourgogne et de Habsbourg qui ne fut réalisée qu'après sa mort.

Philippe de Commynes a jugé sévèrement le duc Charles, son ancien maître. Il mit au compte d'une ambition démesurée son échec final, écrivant la phrase célèbre : « La moitié de l'Europe ne l'eût su contenter. » En réalité, Charles le Téméraire ne se lança pas dans une aventure irréalisable, mais la puissance bourguignonne que ses prédécesseurs et lui avaient construite suscitait l'inquiétude. La progression de cette puissance, ponctuée d'actes de violence — la violence étatique —, fit naître la peur. Cette peur que les ducs avaient souvent utilisée comme une arme politique finit, dans un paradoxe historique remarquable, par coaliser contre l'État bourguignon les forces qui devaient l'abattre.

BIBLIOGRAPHIE

Nous nous sommes efforcé dans cette bibliographie, qui est loin d'être exhaustive, de sélectionner les ouvrages essentiels en choisissant, si possible, les livres les plus récents et ceux qui étaient écrits ou traduits en langue française. Le lecteur y trouvera les références complètes de tous les ouvrages et articles cités en notes.

ABRÉVIATIONS

AB : *Annales de Bourgogne.*

BCRH : *Bulletin de la Commission royale d'Histoire.*

BCRPLB : *Bulletin de la Commission royale pour la publication des anciennes lois et ordonnances de Belgique.*

BEC : *Bibliothèque de l'École des Chartes.*

BICEEB : *Bulletin d'Information du Centre européen d'Études bourguignonnes.*

CRAIBL : *Comptes rendus des séances de l'Académie des Inscriptions et Belles-Lettres.*

DLF : *Dictionnaire des lettres françaises. Le Moyen Age,* sous la dir. de G. Hasenohr et M. Zink, Paris, 1992.

IGC : *Les institutions du gouvernement central des Pays-Bas habsbourgeois (1482-1795),* Bruxelles, 1995, 2 vol.

MA : *Le Moyen Age.*

MASAD : *Mémoires de l'Académie des Sciences, Arts et Belles-Lettres de Dijon.*

MSBGH : *Mémoires de la Société bourguignonne de Géographie et d'Histoire.*

MSHDB : *Mémoires de la Société pour l'Histoire du Droit et des Institutions des anciens pays bourguignons, comtois et romands.*

PCEEB : *Publications du Centre européen d'Études burgondo-médianes,* puis *Publications du Centre européen d'Études bourguignonnes.*

RBPH : *Revue belge de Philologie et d'Histoire.*
RH : *Revue historique.*
RHD : *Revue d'Histoire du Droit.*
RMB : *Rencontres médiévales en Bourgogne (XIVe-XVe siècles).*
RN : *Revue du Nord.*

SOURCES IMPRIMÉES

CAGNY (Perceval de), *Chroniques*, éd. H. Moranvillé, Paris, 1902.
Les Cent Nouvelles nouvelles, éd. P. Champion, Paris, 1928, 3 vol.
Les Cent Nouvelles nouvelles, éd. F.P.Sweetser, Genève, 1996.
CHAMPEAUX (E.) éd., *Les Ordonnances des ducs de Bourgogne sur l'administration de la justice du duché*, Dijon et Paris, 1907.
—, *Ordonnances franc-comtoises sur l'administration de la justice (1343-1477)*, Dijon et Paris, 1912.
CHASTELLAIN (Georges), *Œuvres*, éd. J. Kervyn de Lettenhove, Bruxelles, 1863-1866, 8 vol.
—, *Chronique : les fragments du Livre IV révélés par l'Additional manuscript 54156 de la British Library*, éd. J.-C. Delclos, Genève, 1991.
Chronique anonyme du règne de Charles VI (Chronique des Cordeliers), dans Enguerrand de MONSTRELET, *Chronique*, éd. L. Douët-d'Arcq, Paris, 1862, t. VI, p. 191-327.
Chronique du bon duc Loys de Bourbon, éd. A.-M. Chazaud, Paris, 1876.
CLERCQ (Jacques du), *Mémoires*, éd. J. Buchon, Paris, 1861.
Comptes généraux de l'État bourguignon entre 1416 et 1420, publ. sous la dir. de M. Mollat (*Recueil des Historiens de la France. Documents financiers*, t. V), Paris, 1966-1976, 6 vol.
COMMYNES (Philippe de), *Mémoires*, éd. J. Calmette et G. Durville, Paris, 1924-1925, 3 vol.
COSNEAU (E.) éd., *Les Grands Traités de la Guerre de Cent Ans*, Paris, 1889.
ESCOUCHY (Matthieu d'), *Chronique*, éd. G. du Fresne de Beaucourt, Paris, 1863-1864, 3 vol.
FROISSART (Jean), *Chroniques*, éd. S. Luce et *al.*, Paris, Société de l'Histoire de France, 1869-1975, 15 vol. parus.
—, *Œuvres*, éd. J. Kervyn de Lettenhove, Bruxelles, 1867-1877, 25 vol.
GILLIODTS-VAN SEVEREN (L.), *Inventaire des archives de la ville de Bruges*, Bruges, 1871-1882, 8 vol.
Inventaire des archives de la Belgique. Inventaire des archives des Chambres des Comptes, sous la dir. de L.P. Gachard et *al.*, Bruxelles, 1837-1931, 6 vol.
Journal d'un Bourgeois de Paris 1405-1449, éd. A. Tuetey, Paris, 1881.
LA MARCHE (Olivier de), *Mémoires*, éd. H. Beaune et J. d'Arbaumont, Paris, 1883-1888, 4 vol.
LANNOY (Ghillebert de), *Œuvres*, éd. C. Potvin, Louvain, 1878.

LE FÈVRE DE SAINT-RÉMY (Jean), *Chronique*, éd. F. Morand, Paris, 1876-1881, 2 vol.

Le Livre des fais du bon messire Jehan le Maingre, dit Bouciquaut, mareschal de France et gouverneur de Jennes, éd. D. Lalande, Paris et Genève, 1975.

Le Livre des trahisons de France, éd. J. Kervyn de Lettenhove, *Chroniques relatives à l'histoire de la Belgique sous la domination des ducs de Bourgogne*, II, *Textes français*, p. 1-258, Bruxelles, 1873.

LE ROUX DE LINCY (A.), *Chants historiques et populaires du temps de Charles VII et de Louis XI*, Paris, 1857.

MOLINET (Jean), *Chroniques*, éd. G. Doutrepont et O. Jodogne, Bruxelles, 1935-1937, 3 vol.

MONSTRELET (Enguerrand de), *Chronique*, éd. L. Douët-d'Arcq, Paris, 1857-1862, 6 vol.

Ordonnances de Philippe le Hardi, de Marguerite de Male et de Jean sans Peur, 1381-1419, I, *(1381-1393)*, et II, *(1394-1405)*, éd. P. Bonenfant, J. Bartier et A. Van Nieuwenhuysen, Bruxelles, 1965 et 1974.

Ordonnances des roys de France de la troisième race, éd. D. F. Secousse et *al.*, Paris, 1723-1849, 22 vol.

PARAVICINI, (W.) éd., « Die Hofordnungen Philipps des Guten von Burgund », *Francia*, t. 10, 1982, p. 131-166 ; t. 11, 1983, p. 257-301 ; t. 13, 1985, p. 191-211 ; t. 15, 1987, p. 183-231 ; t. 18/1, 1991, p. 111-123.

—, *Der Briefwechsel Karls des Kühnen (1433-1477)*, Francfort-sur-le-Main, 1995, 2 vol.

PETITJEAN (M.), M.-L. MARCHAND, J. METMAN (éd.), *Le Coutumier bourguignon glosé*, Paris, 1982.

PIZAN (Christine de), *Le Livre des faits et bonnes mœurs du roi Charles V le Sage*, texte trad. par E. Hicks et Th. Moreau, Paris, 1997.

—, *Œuvres poétiques*, éd. M. Roy, Paris, 1886-1896.

QUÉRUEL (D.) éd., *L'Istoire de tres vaillans princez monseigneur Jehan d'Avennes*, Lille, 1997.

LE RELIGIEUX DE SAINT-DENIS, *Chronique*, éd. L. Bellaguet, Paris, 1839-1842, 6 vol.

Splendeurs de la cour de Bourgogne. Récits et chroniques, dir. D. Régnier-Bohler, Paris, 1995.

Testaments enregistrés au Parlement de Paris sous le règne de Charles VI, éd. A. Tuetey (*Collection de documents inédits sur l'Histoire de France. Mélanges historiques. Choix de documents*, t. III), Paris 1880, p. 241-704.

OUVRAGES ET TRAVAUX

AERTS (E.). « Chambre des comptes de Flandre », *IGC*, II, p. 606-619.

AERTS (E.) et H. DE SCHEPPER, « Argentier », *IGC*, II, p. 558-563.

—, « Trésor secret (Épargne ou Heymelicken Tresoir) », *IGC*, II, p. 564-574.

A la Cour de Bourgogne. Le duc, son entourage, son train, dir. J.-M. Cauchies, Turnhout, 1998.

« *A l'heure encore de mon escrire* ». *Aspects de la littérature de Bourgogne sous Philippe le Bon et Charles le Téméraire*, dir. C. Thiry, Louvain-la-Neuve, 1997.

ALLMAND (C.), *Henry V*, Berkeley et Los Angeles, 1992.

ARMSTRONG (C. A. J.), « La politique matrimoniale des ducs de Bourgogne de la Maison de Valois », *AB*, t. 40, 1968, p. 5-58 et 89-139.

—, « La double monarchie France-Angleterre et la Maison de Bourgogne (1420-1435) », *England, France and Burgundy in the Fifteenth Century*, Londres, 1983, p. 343-374.

ATIYA (A. S.), *The Crusade of Nicopolis*, Londres, 1934.

—, *The Crusade in the later Middle Ages*, Londres, 1938.

AUTRAND (F.), *Naissance d'un grand corps de l'État. Les gens du Parlement de Paris. 1345-1454*, Paris, 1981.

—, *Charles VI*, Paris,1986.

—, *Charles V*, Paris, 1994.

Le Banquet du Faisan. 1454 : l'Occident face au défi de l'Empire ottoman, dir. M.-Th. Caron et D. Clauzel, Arras, 1997.

BARTIER (J.), *Légistes et gens de finances au XVe siècle. Les conseillers des ducs de Bourgogne Philippe le Bon et Charles le Téméraire*, Bruxelles, 1955.

—, « Une crise de l'État bourguignon : la réformation de 1457 », *Hommage au Professeur Paul Bonenfant (1899-1965)*, Bruxelles, 1965, p. 501-511.

—, « Les agents de Charles le Téméraire dans la principauté de Liège », *Liège et Bourgogne*, p. 157-164.

—, *Charles le Téméraire*, Bruxelles, 1972 (2e éd.).

BAUTIER (R.-H.) et J. SORNAY, *Les Sources de l'Histoire économique et sociale du Moyen Age*, II, *Les États de la Maison de Bourgogne. Archives des principautés territoriales. Les principautés du Nord*, Paris, 1984.

BEAUCOURT (G. du Fresne de), *Histoire de Charles VII*, Paris, 1881-1891, 6 vol.

BEAUNE (C.), « Mourir noblement à la fin du Moyen Age », *La Mort au Moyen Age (Actes du colloque de Strasbourg, 1975)*, Strasbourg, 1977, p. 125-142.

BERGER (R.), *Nicolas Rolin, Kanzler der Zeitenwende im Burgundisch-Französich Konflikt 1422-1461*, Freiburg, 1971.

BERTRAND (A.), « Un seigneur bourguignon en Europe de l'Est : Guillebert de Lannoy (1386-1462) », *MA*, t. 95, 1989, p. 293-309.

BILLIOUD (J.), *Les États de Bourgogne aux XIVe et XVe siècles*, Dijon, 1922.

BISCHOFF (G.), « Institutions judiciaires et centralisation en Haute-Alsace pendant la domination bourguignonne (1469-1474) », *PCEEB*, n° 30, 1990, p. 37-48.

BLOCKMANS (W.), « La répression des révoltes urbaines comme méthode de centralisation dans les Pays-Bas bourguignons », *PCEEB*, n° 28, 1988, p. 5-9.

—, « Le dialogue imaginaire entre princes et sujets : les Joyeuses Entrées en Brabant en 1494 et en 1496 », *PCEEB*, n° 34, 1994, p. 37-53.

—, « "Crisme de leze magesté", les idées politiques de Charles le Téméraire », *Les Pays-Bas bourguignons*, p. 71-81.

BOFFA (S.), « Le différend entre Sweder d'Abcoude et la ville de Bruxelles : la chute du château de Gaesbeek (mars-avril 1388) », *Les Pays-Bas bourguignons*, p. 83-104.

BONENFANT (A.-M. et P.), « Le projet d'érection des États bourguignons en royaume en 1447 », *MA*, 45, 1935, p. 10-23.

BONENFANT (P.) « Bruxelles et la Maison de Bourgogne », *Bruxelles au XV*e *siècle*, p. 21-32.

—, *Du meurtre de Montereau au traité de Troyes*, Bruxelles, 1958.

—, « Projets d'érection des Pays-Bas en royaume du XVe au XVIIIe siècle. Aperçu sur l'évolution de ce concept politique », *Revue de l'Université de Bruxelles*, 41, 1935/36, p. 151-169.

—, *Philippe le Bon. Sa politique, son action*, Bruxelles, 1996.

BONENFANT (P.) et J. STENGERS, « Le rôle de Charles le Téméraire dans le gouvernement de l'État bourguignon en 1465-1467 », *AB*, 25, 1953, p. 7-29 et 118-133.

BOONE (M.), « Particularisme gantois, centralisme bourguignon et diplomatie française. Documents inédits autour d'un conflit entre Philippe le Hardi, duc de Bourgogne, et Gand en 1401 », *BCRH*, 152, 1986, p. 49-113.

—, « Diplomatie et violence d'État : la sentence rendue par les ambassadeurs et conseillers du roi de France, Charles VII, concernant le conflit entre Philippe le Bon, duc de Bourgogne, et Gand en 1452 », *BCRH*, 156, 1990, p. 1-54.

—, *Gent en de Bourgondische hertogen ca. 1384-ca. 1453. Een sociaal-politieke studie van een staatsvormingsproces*, Bruxelles, 1990.

—, *Geld en Macht. De Gentse stadfinanciën en de Bourgondische staatsvorming (1384-1453)*, Gand, 1990.

—, « Une famille au service de l'État bourguignon naissant. Roland et Jean d'Uutkerke, nobles flamands dans l'entourage de Philippe le Bon », *RN*, 77, 1995, p. 233-255.

—, « Chancelier de Flandre et de Bourgogne », *IGC*, I, p. 209-225.

—, « Les juristes et la construction de l'État bourguignon aux Pays-Bas. État de la question, pistes de recherches », *Les Pays-Bas bourguignons*, p. 105-120.

—, « State power and illicit sexuality : the persecution of sodomy in late medieval Bruges », *Journal of Medieval History*, 22/2, 1996, p. 135-153.

BOONE (M.) et Th de HEMPTINNE, « Espace urbain et ambitions princières : les présences matérielles de l'autorité princière dans le Gand médiéval (XIIe siècle-1540) », *Zeremoniell und Raum. 4. Symposium der Residenzen-Kommission der Akademie der Wissenschaften in Göttingen*, dir. W. Paravicini, Sigmaringen, 1997, p. 279-304.

BOSSUAT (A.), *Perrinet Gressart et François de Surienne agents de l'Angleterre*, Paris, 1936.
BOUAULT (J.). « Les bailliages du duché de Bourgogne aux XIVe et XVe siècles », *AB*, 2, 1930, p. 7-22.
BOUSMAR (E.), « La place des hommes et des femmes dans les fêtes de cour bourguignonnes (Philippe le Bon-Charles le Hardi) », *PCEEB*, n° 34, 1994, p. 123-143.
—, « La noblesse, une affaire d'homme ? L'apport du féminisme à un examen des représentations de la noblesse dans les milieux bourguignons », *PCEEB*, n° 37, 1997, p. 147-155.
BRAND (H.), « Urban elites and central government ; co-operation or antagonism ? The case of Leiden at the end of the Middle Ages », *PCEEB*, n° 33, 1993, p. 49-60.
BRAN-RICCI (J.), « Les instruments de la musique savante vers la fin du XVe siècle », *Le banquet du Faisan*, p. 201-211.
BRAUER-GRAMM (H.), *Der Landvogt Peter von Hagenbach. Die burgundische Herrschaft am Oberrhein, 1469-1474*, Göttingen, 1957.
BRION (M), *Charles le Téméraire*, Paris, 1977
BRUSTEN (Ch.), *L'armée bourguignonne de 1465 à 1468*, Bruxelles, 1953.
—, « Les campagnes liégeoises de Charles le Téméraire », *Liège et Bourgogne*, p. 81-99.
—, « Les compagnies d'ordonnance dans l'armée bourguignonne », *Grandson — 1476*, Lausanne, 1976, p. 112-169.
—, « La fin des compagnies d'ordonnance de Charles le Téméraire », *Cinqcentième anniversaire de la bataille de Nancy (1477)*, Nancy, 1979, p. 363-375.
Bruxelles au XVe siècle, Bruxelles, 1953.
CALMETTE (J.), *Les Grands Ducs de Bourgogne*, Paris, Albin Michel, 1987 (2e éd.).
CARON (M.-Th.), *La Noblesse dans le duché de Bourgogne, 1315/1477*, Lille, 1987.
—, « Une fête dans la ville en 1402 : le mariage d'Antoine, comte de Rethel à Arras », *Villes et sociétés urbaines au Moyen Age*, Paris, 1994, p. 173-183.
CARTELLIERI (O.), *La Cour des ducs de Bourgogne*, Paris, Payot, 1946.
CAUCHIES (J.-M.), *La Législation princière pour le comté de Hainaut. Ducs de Bourgogne et premiers Habsbourg (1427-1506)*, Bruxelles, 1982.
—, « Les sources du droit dans les Pays-Bas bourguignons », *PCEEB*, n° 28, 1988, p. 35-48.
—, « Genèse et vie d'une loi : l'ordonnance de mai 1429 pour l'administration du Hainaut », *BCRPLB*, 32, 1985-1986 (1989), p. 3-47.
—, « La législation dans les Pays-Bas bourguignons : état de la question et perspectives de recherches », *RHD*, 61, 1993, p. 375-386.
—, « La signification politique des entrées princières dans les Pays-Bas : Maximilien d'Autriche et Philippe le Beau », *PCEEB*, 34, 1994, p. 19-35.
—, « Baudouin de Bourgogne (v. 1446-1508), bâtard, militaire et diplomate. Une carrière exemplaire ? », *RN*, t. 77, 1995, p. 257-281.

—, « Le droit et les institutions dans les anciens Pays-Bas sous Philippe le Bon. Essai de synthèse », *Cahiers de Clio*, n° 123, 1995, p. 33-68.

—, « Ducs de Bourgogne et tribunaux liégeois : contribution à l'étude de la technique législative (1465-1470) », *Les Pays-Bas bourguignons*, p. 135-143.

—, *Louis XI et Charles le Hardi. De Péronne à Nancy (1468-1477) : le conflit*, Bruxelles, 1996.

—, « Le duc, la politique et les Pays-Bas dans les États bourguignons en 1454 », *Le banquet du Faisan*, p. 29-40.

CAZAUX (Y.), *Marie de Bourgogne*, Paris, 1967.

CAZELLES (R.), *Société, politique, noblesse et couronne sous Jean le Bon et Charles V*, Paris et Genève, 1982.

CHAMPION (P.), *Guillaume de Flavy, capitaine de Compiègne*, Paris, 1906.

—, *Histoire poétique du XVe siècle*, Paris, 1923, 2 vol.

—, *Vie de Charles d'Orléans (1394-1465)*, Paris, 1969 (2e éd.).

CHAMPION (P.) et P. de THOISY, *Bourgogne-France-Angleterre au traité de Troyes*, Paris, 1943.

CHEREST (A.), *L'Archiprêtre, épisodes de la Guerre de Cent Ans au XIVe siècle*, Paris, 1879.

CHEVALIER (A.), « Le Brabant à l'aube du XVe siècle : fêtes et solennités à la cour des ducs de la branche cadette des Bourgogne-Valois (1406-1430). Le mariage d'Antoine de Bourgogne et d'Élisabeth de Görlitz », *PCEEB*, n° 34, 1994, p. 175-186.

Les Chevaliers de l'ordre de la Toison d'or au XVe siècle, dir. R. de Smedt, Francfort-sur-le Main, 1994.

CHEYNS-CONDÉ (M.), « La tapisserie à la cour de Bourgogne. Contribution d'un art mineur à la grandeur d'une dynastie », *PCEEB*, n° 25, 1985, p. 73-89.

—, « Expression de la piété des duchesses de Bourgogne au XVe siècle dans la vie quotidienne et dans l'art. Essai de synthèse », *PCEEB*, n° 29, 1989, p. 47-68.

—, « L'adaptation des "travaux d'Hercule" pour les fêtes du mariage de Marguerite d'York et de Charles le Hardi à Bruges en 1468 », *PCEEB*, n° 34, 1994, p. 71-85.

Cinq-centième anniversaire de la bataille de Nancy (1477). Actes du colloque de Nancy des 22-24 septembre 1977, Nancy, 1979.

CLAUZEL (D.), *Finances et politique à Lille pendant la période bourguignonne*, Dunkerque, 1982.

—, « Le roi le prince et la ville : l'enjeu des réformes financières à Lille à la fin du Moyen Age », *PCEEB*, n° 33, 1993, p. 75-90.

—, « Le renouvellement de l'échevinage à la fin du Moyen Age : l'exemple de Lille (1380-1500) », *RN*, t. 77, 1995, p. 365-385.

—, « Lille, 1454 », *Le Banquet du Faisan*, p. 41-52.

COCKSHAW (P.), *Le Personnel de la chancellerie de Bourgogne-Flandre sous les ducs de Bourgogne de la Maison de Valois (1384-1477)*, Courtrai-Heule, 1982.

COLIN (P.), *Les Ducs de Bourgogne*, Bruxelles, 1942.

COMMEAUX (Ch.), *La Vie quotidienne en Bourgogne au temps des ducs Valois (1364-1477)*, Paris, 1979.

CONTAMINE (Ph.), *Guerre, État et Société à la fin du Moyen Age. Études sur les armées des rois de France, 1337-1494*, Paris et La Haye, 1972.

—, « Les compagnies d'aventure en France pendant la guerre de Cent Ans », *La France aux* XIVe *et* XVe *siècles. Hommes, mentalités, guerre et paix*, Variorum Reprints, Londres, 1981, VII.

—, « La Bourgogne au XVe siècle », *Des pouvoirs en France, 1300-1500*, Paris, 1992, p. 61-74.

—, « Charles le Téméraire fossoyeur et/ou fondateur de l'État bourguignon », *Des pouvoirs en France, 1300-1500*, Paris, 1992, p. 87-98.

—, « La Consolation de la desconfiture de Hongrie de Philippe de Mézières (1396) », *Nicopolis, 1396-1996*, p. 35-47.

COPPENS (E.) et E. AERTS, « Recette générale des finances (Trésor royal) », *IGC*, II, p. 524-545.

CRYCK-KUNTZIGER (M.), « La tapisserie bruxelloise au XVe siècle », *Bruxelles au* XVe *siècle*, p. 85-102.

DAUCHY (S.), « Le Parlement de Paris, juge contraignant ou arbitre conciliant ? », *PCEEB*, n° 33, 1993, p. 143-152.

DAVID (H.), *Philippe le Hardi. Le train somptuaire d'un grand Valois*, Dijon, 1947.

—, *Claus Sluter*, Paris, 1951.

DE BORCHGRAVE (C.), « Diplomates et diplomatie sous le duc de Bourgogne Jean sans Peur », *PCEEB*, n° 32, 1992, p. 31-47.

DEBRY (J.), *Chastel-sur-Mezelle. Sauvegarde de la forteresse des sires de Neufchastel*, Nomexy, 1975.

—, « A la lumière des archives, redécouverte de l'hôtel des seigneurs de Neufchâtel à Dijon », *BICEEB*, n° 25, février 1997, p. 8-9 et n° 26, juin 1997, p. 6-8.

DE GRUBEN (F.), « Les chapitres de la Toison d'or vus par les chroniqueurs à l'époque bourguignonne », *PCEEB*, n° 31, 1991, p. 127-137.

—, « Fêtes et cérémonies de la Toison d'or : le chapitre de 1468 à Bruges », *PCEEB*, n° 34, 1994, p. 153-165.

DELUZ (C.), *Le Livre de Jehan de Mandeville. Une « géographie » au* XIVe *siècle*, Louvain-la-Neuve, 1988.

DERVILLE (A.), « Pots-de-vin, cadeaux, racket, patronage. Essai sur les mécanismes de décision dans l'État bourguignon », *RN*, t. 56, 1974, p. 341-364.

DESCHAUX (R.), *Un poète bourguignon du* XVe *siècle. Michault Taillevent*, Genève, 1975.

DESPORTES (P.), « Monnaie et souveraineté. Les monnaies à Amiens durant la période de domination bourguignonne (1435-1475) », *Commerce, Finances et Sociétés (*XIe-XVIe *siècles)*, dir. Ph. Contamine et *al.*, Paris, 1993, p. 201-216.

DEVAUX (J.), *Jean Molinet, indiciaire bourguignon*, Paris, 1996.
—, « Le Saint Voyage de Turquie : croisade et propagande à la cour de Philippe le Bon (1463-1464) », *« A l'heure encore de mon escrire »*, p. 53-70.
DE WIN (P.), « Frank II van Borselen », *Les Chevaliers de l'ordre de la Toison d'or au XVe siècle*, p. 97-99.
DE WINTER (P.), *La Bibliothèque de Philippe le Hardi duc de Bourgogne (1363-1404)*, Paris, 1985.
DHAENENS (E.), « De Blijde Inkomst van Filips de Goede in 1458 en de plastische kunsten te Gent », *Academiae Analecta*, t. 48, 1987/2, p. 53-89.
DICKINSON (J. G.), *The Congress of Arras, 1435*, Oxford, 1955.
DOUTREPONT (G.), *La Littérature française à la cour des ducs de Bourgogne*, Genève, 1970 (réimpr. de l'éd. Paris 1909).
DUBOIS (H.), *Les Foires de Chalon et le commerce dans la vallée de la Saône à la fin du Moyen Age (v. 1280-v. 1430)*, Paris, 1976.
—, « Naissance de la fiscalité dans un État princier au Moyen Age : l'exemple de la Bourgogne », *Genèse de l'Etat moderne. Prélèvement et redistribution. Actes du colloque de Fontevraud (1984)*, dir. J.-P. Genet et M. Le Mené, Paris, 1987, p. 91-100.
DUMAS-DUBOURG (F.), *Le Monnayage des ducs de Bourgogne*, Louvain-la-Neuve, 1988.
DUMAY (G.), « Guy de Pontailler, sire de Talmay, gouverneur et maréchal de Bourgogne (1364-1392) », *MSBGH*, t. 23, 1907, p. 1-222.
DUMOLYN (J.), *De Brugse Opstand van 1436-1438*, Courtrai-Heule, 1997.
DUMONT (G.-H.), *Marie de Bourgogne*, Paris, 1982
FAUSSEMAGNE (J.), *L'Apanage ducal de Bourgogne dans ses rapports avec la Monarchie française (1363-1477)*, Lyon, 1937.
FAVIER (J.), *Le Temps des principautés*, Paris, 1984.
—, *Paris au XVe siècle, 1380-1500*, Paris, 1997 (2e éd.).
FOURQUIN (G.), *Les Soulèvements populaires au Moyen Age*, Paris, 1972.
GARNIER (J.), *L'Artillerie des ducs de Bourgogne d'après les documents conservés aux archives de la Côte-d'Or*, Paris, 1895.
GAUSSIN (P.-R.), *Louis XI, un roi entre deux mondes*, Paris, 1988 (2e éd.).
GAUVARD (C.). *« De grace especial ». Crime, État et Société en France à la fin du Moyen Age*, Paris, 1991, 2 vol.
GORISSEN (P.), « La politique liégeoise de Charles le Téméraire », *Liège et Bourgogne*, p. 129-145.
Grandson — 1476. Essai d'approche pluridisciplinaire d'une action militaire du XVe siècle, Lausanne, 1976.
GRAS (P.), *Palais des ducs et palais des États de Bourgogne*, Dijon, 1956.
GRIGSBY (J.L.), « Vows of the Heron », *Speculum*, t. 20, 1945, p. 263-278.
GUENÉE (B.), *L'Occident aux XIVe et XVe siècles. Les États*, Paris, 1991 (4e éd.).
—, *Un meurtre, une société. L'assassinat du duc d'Orléans 23 novembre 1407*, Paris, 1992.
GUENÉE (B.) et F. LEHOUX, *Les Entrées royales de 1328 à 1515*, Paris, 1968.

HARSIN (P.), « Liège entre France et Bourgogne au XVe siècle », *Liège et Bourgogne*, p. 193-256.
HEINRICHS-SCHREIBER (U.), « La sculpture de la Sainte-Chapelle de Vincennes et sa place dans l'art parisien à l'époque de Claus Sluter », *Actes des journées internationales Claus Sluter*, Dijon, 1992, p. 97-114.
HÉLIOT (P.), « Nouvelles observations sur La Trémoille, Jean sans Peur et le Boulonnais », *RN*, t. 24, 1938, p. 182-186.
HÉLIOT (P.) et A. BENOIT, « Georges de La Trémoille et la mainmise des ducs de Bourgogne sur le Boulonnais », *RN*, t. 24, 1938, p. 29-45.
HENNEMAN (J. B.), *Olivier de Clisson and Political Society under Charles V and Charles VI*, Philadelphie, 1996.
HIRSCHAUER (C.), *Les États d'Artois de leur origine à l'occupation française, 1340-1640*, Paris, 1923, 2 vol.
Histoire de la population française, dir. J. Dupaquier, t. I, Paris, 1991 (2e éd.).
Histoire de Lille, tome I, *Des origines à l'avènement de Charles Quint*, dir. G. Fourquin, Lille, 1970.
Histoire des provinces françaises du Nord, dir. A. Lottin, II, *Des principautés à l'empire de Charles Quint (900-1519)*, Dunkerque, 1989.
HOMMEL (L.), *Marie de Bourgogne ou le grand héritage*, Bruxelles, 1945.
—, *Marguerite d'York ou la duchesse Junon*, Paris, 1959.
HOUSLEY (N.), *The Later Crusades, 1274-1580 : from Lyons to Alcazar*, Oxford, 1992.
HOYOUX (R.), « L'organisation musicale à la cour des ducs de Bourgogne », *PCEEB*, n° 25, 1985, p. 57-72.
HUIZINGA (J.), « L'État bourguignon, ses rapports avec la France et les origines d'une nationalité néerlandaise », *MA*, t. 40, 1930, p. 171-193 et t. 41, 1931, p. 11-35 et 83-96.
—, *L'Automne du Moyen Age*, Paris, 1980 (nlle éd.).
HUMBERT (F.), *Les Finances municipales de Dijon du milieu du XIVe siècle à 1477*, Paris, 1961.
HURLBUT (J.D.), *Ceremonial entries in Burgundy : Philip the Good and Charles the Bold*, Thèse inédite, Indiana University, 1990.
HUSSON (E.), « Les métiers du bâtiment à Dijon sous le "mécénat" de Philippe le Hardi », *Les Métiers au Moyen Age. Aspects économiques et sociaux*, dir. P. Lambrechts et J.-P. Sosson, Louvain-la-Neuve, 1994, p. 129-142.
JEAN (M.), « Aux marges du royaume : la Chambre des comptes de Lille », *La France des principautés. Les Chambres des comptes, XIVe-XVe siècles*, dir. Ph. Contamine et O. Mattéoni, Paris, 1996, p. 27-41.
JEAY (M.), « Le travail du récit à la cour de Bourgogne : les Évangiles des quenouilles, les Cent Nouvelles nouvelles et Saintré », *« A l'heure encore de mon escrire »*, p. 71-86.
JODOGNE (P.), « L'attribution erronée du *Romuléon* à Roberto della Porta », *« A l'heure encore de mon escrire »*, p. 87-97.
JONGKEES (A.G.), *Burgundica et Varia*, Hilversum, 1990.

JOUBERT (F.), *La Tapisserie*, Turnhout, 1993.

—, « Les peintres du vœu du Faisan », *Le Banquet du Faisan*, p. 187-200.

KAMP (H.), *Memoria und Selbstdarstellung. Die Stiftungen des burgundischen Kanzlers Rolin*, Sigmaringen, 1993.

KAUCH (P.), « Le Trésor de l'Épargne, création de Philippe le Bon », *RBPH*, t. 9, 1932, p. 703-719.

M. KINTZINGER, « Sigismond, roi de Hongrie et la croisade », *Nicopolis, 1396-1996*, p. 23-33.

KREPS (J.), « Bruxelles, résidence de Philippe le Bon », *Bruxelles au XVe siècle*, p. 155-163.

KRUSE (H.), « Les malversations commises par le receveur général Martin Cornille à la cour de Philippe le Bon d'après l'enquête de 1449 », *RN*, t. 77, 1995, p. 283-312.

—, *Hof, Amt und Gagen. Die täglichen Gagenlisten des burgundischen Hofes (1430-1467) und der erste Hofstaat Karls des Kühnen (1456)*, Bonn, 1996.

KRYNEN (J.), *Idéal du prince et pouvoir royal en France à la fin du Moyen Age (1380-1440)*, Paris, 1981.

Die Kunst der burgundischen Niederlande. Eine Einführung, dir. B. Franke et B. Welzel, Berlin, 1997.

LACAZE (Y.) « Philippe le Bon et le problème hussite : un projet de croisade bourguignon en 1428-1429 », *RH*, t. 241, 1969, p. 69-98.

—, « Le rôle des traditions dans la genèse d'un sentiment national au XVe siècle, la Bourgogne de Philippe le Bon », *BEC*, t. 129, 1971, p. 303-385.

LA CHAUVELAYS (J. de), « Mémoire sur la composition des armées de Charles le Téméraire dans les deux Bourgognes », *MASAD*, V, 1878-1879, p. 138-369.

—, « Les armées des trois premiers ducs de Bourgogne de la maison de Valois », *MASAD*, VI, 1880, p. 19-335.

LAFFITTE (M.-P.), « Les manuscrits de Louis de Bruges, chevalier de la Toison d'or », *Le Banquet du Faisan*, p. 243-255.

LAFORTUNE-MARTEL (A.), *Fête noble en Bourgogne au XVe siècle. Le Banquet du Faisan (1454) : aspects politiques, sociaux et culturels*, Montréal-Paris, 1984.

LANNOY (B. de), *Hugues de Lannoy, le bon seigneur de Santes*, Bruxelles, 1957.

LAURENT (H.) et F. QUICKE, *Les Origines de l'État bourguignon. L'accession de la Maison de Bourgogne aux duchés de Brabant et de Limbourg (1383-1407)*, Bruxelles, 1939, vol. 1 (seul paru).

LE CAM (A.), *Charles le Téméraire*, Ozoir-la-Ferrière, 1992.

LECAT (J.-Ph.), *Quand flamboyait la Toison d'or*, Paris, 1982.

—, *Le Siècle de la Toison d'or*, Paris, 1986.

—, « La Chartreuse de Champmol dans la vie politique de Philippe le Hardi », *Actes des journées internationales Claus Sluter*, Dijon, 1992, p. 9-11.

LEFEVRE (S.), « David Aubert », *DLF*, p. 372-373.
—, « Jean Miélot », *DLF*, p. 819-820.
—, « Jean Wauquelin », *DLF*, p. 860-861.
LEGUAI (A.), « Les ducs Valois et les villes du duché de Bourgogne », *PCEEB*, n° 33, 1993, p. 21-33.
Liège et Bourgogne. Actes du colloque de Liège (octobre 1968), Paris, 1972.
LINDNER (A.), « L'influence du roman chevaleresque français sur le pas d'armes », *PCEEB*, n° 31, 1991, p. 67-78.
L'Ordre de la Toison d'or de Philippe le Bon à Philippe le Beau (1430-1505). Idéal ou reflet d'une société ?, dir. P. Cockshaw, (catalogue d'exposition), Bruxelles, 1996.
LOT (F.) et R. FAWTIER (dir.), *Histoire des institutions françaises au Moyen Age*, I, *Institutions seigneuriales*, II, *Institutions royales*, Paris, 1957-1958.
MAGEE (J.), « Le temps de la croisade bourguignonne : l'expédition de Nicopolis », *Nicopolis*, 1396-1996, p. 49-58.
MANTRAN (R.), *Histoire de la Turquie*, Paris, 1968.
MARIX (J.), *Histoire de la musique et des musiciens de la cour de Bourgogne sous le règne de Philippe le Bon*, Strasbourg, 1939.
MARTENS (M.), *Lodewijk van Gruuthuse. Mecenas en europees diplomaat ca. 1427-1492* (catalogue d'exposition), Bruges, 1992.
MÉRINDOL (C. de), « Les joutes de Nancy, le Pas de Saumur et le Pas de Tarascon », *PCEEB*, n° 34, 1994, p. 187-202.
MIROT (L.), *Études lucquoises*, Nogent-le-Rotrou, 1930.
—, « Instructions pour la défense du duché de Bourgogne contre les Grandes Compagnies », *AB*, t. 14, 1942, p. 308-311.
MOLLAT (M.) et Ph. WOLFF, *Ongles bleus, Jacques et Ciompi*, Paris, 1970.
MONGET (C.), *La Chartreuse de Dijon d'après les archives de Bourgogne*, Montreuil-sur-Mer et Tournai, 1898-1905.
MOSSELMANS (N.), « Les villes face au prince : l'importance réelle des entrées solennelles sous Philippe le Bon », *Villes et campagnes au Moyen Age. Mélanges Georges Despy*, dir. J.-M. Duvosquel et A. Dierkens, Liège, 1991, p. 533-548.
MÜLLER (H.), *Kreuzzugspläne und Kreuzzugspolitik des Herzogs Philipp des Guten von Burgund*, Göttingen, 1993.
MUND (S.), « Les relations d'Antoine de Bourgogne, duc de Brabant, avec l'Empire », *PCEEB*, n° 36, 1996, p. 21-32.
—, « Antoine de Bourgogne, un prince de transition entre le Moyen Age et les Temps modernes », *Ancien pays et assemblées d'États*, sept. 1997/5, p. 26-59.
Die Murtenschlacht. La Bataille de Morat. Actes du colloque de Morat (1976), Fribourg et Berne, 1976.
NABER (A.), « Jean de Wavrin, un bibliophile du XVe siècle », *RN*, t. 69, 1987, p. 281-293.
NERLINGER (C.), *Pierre de Hagenbach et la domination bourguignonne en Alsace (1469-1474)*, Nancy, 1890.

NICHOLAS (D.), *Medieval Flanders*, Londres et New York, 1992.
Nicopolis, 1396-1996. Actes du colloque de Dijon (octobre 1996), dir. J. Paviot et M. Chauney-Bouillot, Dijon, 1997,
NORDBERG (M.), *Les ducs et la royauté. Études sur la rivalité des ducs d'Orléans et de Bourgogne, 1392-1407*, Uppsala, 1964.
PARAVICINI (W), « Guy de Brimeu, seigneur d'Humbercourt, lieutenant de Charles le Téméraire au pays de Liège », *Liège et Bourgogne*, p. 147-156.
—, « Zur Biographie von Guillaume Hugonet, Kanzler Herzog Karls des Kühnen », *Festschrift für Hermann Heimpel*, II, Göttingen, 1972, p. 443-481.
—, *Guy de Brimeu. Der burgundische Staat und seine adlige Führungsschicht unter Karl dem Kühnen*, Bonn, 1975.
—, *Karl der Kühne. Das Ende des Hauses Burgund*, Zurich et Francfort, 1976.
—, « Expansion et intégration. La noblesse des Pays-Bas à la cour de Philippe le Bon », *Bijdragen en medelingen betreffende de geschiedenis der Nederlande*, 2, 1980, p. 298-314.
—, « Peur, pratiques, intelligences. Formes de l'opposition aristocratique à Louis XI d'après les interrogatoires du connétable de Saint-Pol », *La France de la fin du XVe siècle, renouveau et apogée. Actes du colloque de Tours (octobre 1983)*, dir. B. Chevalier et Ph. Contamine, Paris, 1985, p. 183-196.
—, « Structure et fonctionnement de la cour bourguignonne au XVe siècle », *PCEEB*, n° 28, 1988, p. 67-74.
—, « Die Residenzen der Herzöge von Burgund 1363-1477 », *Fürstliche Residenzen im spätmittelalterlichen Europa*, dir. H. Patze et W. Paravicini, Sigmaringen, 1991, p. 207-263.
—, « The court of the dukes of Burgundy. A model for Europe ? », *Princes, Patronage and the Nobility. The Court at the Beginning of the Modern Age c. 1450-1650*, dir. R. G. Asch et A. M. Birke, Oxford, 1991, p. 69-102.
—, *Die Preussenreisen des europäischen Adels*, Sigmaringen, 1989 et 1995, 2 vol. parus.
—, « Invitation au mariage. Pratique sociale, abus de pouvoir, intérêt de l'État à la cour des ducs de Bourgogne au XVe siècle », *CRAIBL (1995)*, Paris, 1996, p. 687-711.
—, « Philippe le Bon en Allemagne (1454) », *RBPH*, t. 75, 1997, p. 967-1018.
PAVIOT (J.), « Tournai dans l'histoire bourguignonne », *Les Grandes Heures de Tournai (12e-15e siècles)*, Louvain-la-Neuve et Tournai, 1993, p. 59-80.
—, « Les ducs de Bourgogne et les Lusignan de Chypre au XVe siècle », *Les Lusignan et l'Outre-Mer. Actes du colloque de Poitiers-Lusignan (octobre 1993)*, p. 241-250.
—, *La Politique navale des ducs de Bourgogne 1384-1482*, Lille, 1995.
—, *Portugal et Bourgogne au XVe siècle*, Lisbonne, 1995.
—, « Jacques de Brégilles, garde-joyaux des ducs de Bourgogne Philippe le Bon et Charles le Téméraire », *RN*, t. 77, 1995, p. 313-320.

—, « Angleterre et Bourgogne : deux voies pour la croisade aux XIVe et XVe siècles », *PCEEB*, n° 35, 1995, p. 27-35.

—, « La dévotion vis-à-vis de la Terre sainte au XVe siècle. L'exemple de Philippe le Bon (1396-1467) », *Autour de la première croisade. Actes du colloque de Clermont-Ferrand (juin 1995)*, dir. M. Balard, Paris, 1996, p. 401-411.

—, « Le grand duc de Ponant et le Prêtre Jean. Les ducs de Bourgogne et les Chrétiens orientaux à la fin du Moyen Age », *Oriente e Occidente tra Medioevo ed Età moderna. Studi in onore di Geo Pistarino*, dir. L. Baletto, Gênes, 1997, p. 949-975.

—, « "Croisade" bourguignonne et intérêts génois en mer Noire au milieu du XVe siècle », *Studi di Storia medioevale e di diplomatica*, t. 12-13, p. 135-162.

—, « Les circonstances historiques du vœu du Faisan », *Le Banquet du Faisan*, p. 63-70.

Les Pays-Bas bourguignons. Histoire et institutions. Mélanges André Uyttebrouck, dir. J.-M. Duvosquel, J. Nazet et A. Vanrie, Bruxelles, 1996.

PÉRIER (A.), *Un chancelier au XVe siècle. Nicolas Rolin*, Paris, 1904.

PETIT (E.), *Itinéraires de Philippe le Hardi et Jean sans Peur, ducs de Bourgogne (1363-1419)*, Paris, 1888.

—, *Histoire des ducs de Bourgogne de la race capétienne*, Paris, 1885-1905, 9 vol.

PETIT-DUTAILLIS (C.). *Documents nouveaux sur les mœurs populaires et le droit de vengeance dans les Pays-Bas au XVe siècle. Lettres de rémission de Philippe le Bon*, Genève, 1975 (réimpr. de l'éd. Paris, 1908).

PLAGNIEUX (P.), « La tour "Jean sans Peur", une épave de la résidence parisienne des ducs de Bourgogne », *Histoire de l'Art*, n° 1/2, 1988, p. 11-20.

PLANCHER (U.), *Histoire générale et particulière de Bourgogne*, Paris, 1974 (réimpr. de l'éd. Dijon 1739-1781), 4 vol.

POCQUET DU HAUT-JUSSÉ (B.-A.), « Les chefs des finances ducales de Bourgogne », *MSHDB*, t. 4, 1937, p. 5-77.

—, « Le retour de Nicopolis et la rançon de Jean sans Peur », *AB*, t. 9, 1937, p. 296-302.

—, « Les dons du roi aux ducs de Bourgogne Philippe le Hardi et Jean sans Peur (1363-1419) », « Les dons des aides », *AB*, t. 10 (1938), p. 261-289, « Les dons ordinaires », *MSHDB*, t. 6, 1939, p. 113-144, « Les dons extraordinaires », *MSHDB*, t. 7, 1940-1941, p. 95-129.

PREVENIER (W.), *De leden en de staten van Vlaanderen (1384-1405)*, Bruxelles, 1961.

PREVENIER (W.) et W. BLOCKMANS, *Les Pays-Bas bourguignons*, Paris, 1983.

PRIDAT (H.F.), *Nicolas Rolin, chancelier de Bourgogne*, Dijon, 1996.

QUÉRUEL (D.), « Olivier de La Marche et "l'espace de l'artifice" », *PCEEB*, n° 34, 1994, p. 55-70.

RAPP (F.), « Universités et principautés : les États bourguignons », *PCEEB*, n° 28, 1988, p. 115-131.

RAUZIER (J.), *Finances et gestion d'une principauté au XIVe siècle. Le duché de Bourgogne (1364-1384)*, Paris, 1996.

RIANDEY (P.), *L'Organisation financière de la Bourgogne sous Philippe le Hardi*, Dijon, 1908.

RICHARD (J.), « Le gouverneur de Bourgogne au temps des ducs Valois », *MSHDB*, t. 19, 1957, p. 101-112.

—, « Les institutions ducales dans le duché de Bourgogne », F. Lot et R. Fawtier (dir.), *Histoire des institutions françaises au Moyen Age*, I, *Institutions seigneuriales*, Paris, 1957, p. 209-247.

—, « Les états de service d'un noble bourguignon au temps de Philippe le Bon », *AB*, t. 29, 1957, p. 113-124.

—, « Les États de Bourgogne », *Recueils de la Société Jean Bodin*, t. 24, 1966, p. 299-324.

—, « La Lorraine et les liaisons internes de l'État bourguignon », *Le Pays lorrain*, 1977, p. 113-122.

—, « La chancellerie des ducs de Bourgogne de la fin du XIIe au début du XVe siècle », *Landesherrliche Kanzleien im Spätmittelalter. Referate zum VI. internationalen Kongress für Diplomatik, München 1983*, I, Munich, 1984, p. 381-413.

—, *Les Ducs de Bourgogne et la formation du duché du XIe au XIVe siècle*, Genève, 1986 (réimpr. de l'éd. Paris 1954).

—, « La Bourgogne des Valois, l'idée de croisade et la défense de l'Europe », *Le Banquet du Faisan*, p. 15-27.

RIVIÈRE (J.) « Les tableaux de justice dans les Pays-Bas », *PCEEB*, n° 30, 1990, p. 127-140.

ROSS (C.), *Edward IV*, Londres, 1974.

La Sainte-Chapelle de Dijon (catalogue d'exposition), Dijon, 1962.

SANTUCCI (M.) « Gand et les Gantois vus par Molinet, chroniqueur et poète », *RMB*, n° 1, 1991, p. 43-69.

SCHELLE (K.), *Charles le Téméraire*, Paris, 1979.

SCHNEIDER (F.), *Der europäische Friedenskongress von Arras, 1435, und die Friedenspolitik Papst Eugens IV und des Basler Konzils*, Griess, 1919.

SCHNERB (B.), *Les Armagnacs et les Bourguignons. La maudite guerre*, Paris, 1988.

—, *Aspects de l'organisation militaire dans les principautés bourguignonnes (v. 1315-v. 1420)*, Thèse inédite, Université de Paris IV,1988.

—, « Un capitaine italien au service de Jean sans Peur : Castellain Vasc », *AB*, t. 64, 1992, p. 5-38.

—, « La préparation des opérations militaires au début du XVe siècle : l'exemple d'un document prévisionnel bourguignon », *Guerre et société en France, en Angleterre et en Bourgogne, XIVe-XVe siècle*, dir. P. Contamine et *al.*, Lille, 1991, p. 189-196.

—, *Bulgnéville. L'État bourguignon prend pied en Lorraine*, Paris, 1993.

—, « Un projet d'expédition contre Calais (1406) », *Les Champs relationnels en Europe du Nord-Ouest des origines à la fin du Premier Empire*, Calais, 1994, p. 179-192.

—, *Enguerrand de Bournonville et les siens. Un lignage noble du Boulonnais aux* XIVe *et* XVe *siècles*, Paris, 1997.

—, *Le Maréchal de Bourgogne et les maréchaux des principautés en France et dans les régions voisines des origines à la fin du Moyen Age* (à paraître).

—, « Troylo da Rossano et les Italiens au service de Charles le Téméraire » (à paraître).

SEVESTRE (N.), « Gilles Binchois », *DLF*, p. 538.

—, « Guillaume Dufay », *DLF*, p. 617.

—, « Jean Ockeghem », *DLF*, p. 827-828.

SEYNAVE (P.), « Le palais du Coudenberg », *Bruxelles au* XVe *siècle*, p. 237-243.

SMALL (G.), *George Chastelain and the Shaping of Valois Burgundy. Political and Historical Culture at Court in the Fifteenth Century*, Woodbridge, 1997.

SMOLAR-MEYNART (A.). « Bruxelles face au pouvoir ducal : la portée des conflits de juridiction et d'autorité sous Philippe le Bon », *Les Pays-Bas bourguignons*, p. 373-384.

SOISSON (J.-P.), *Charles le Téméraire*, Paris, 1997.

SOLDI-RONDININI (G.), « Condottieri italiens au service de Charles le Hardi pendant les guerres de Suisse », *PCEEB*, n° 20, 1980, p. 55-62.

SOMMÉ (M.), « L'armée bourguignonne au siège de Calais de 1436 », *Guerre et société en France, en Angleterre et en Bourgogne,* XIVe-XVe *siècle*, dir. Ph. Contamine et *al.*, Lille, 1991, p. 197-219.

—, *Isabelle de Portugal, duchesse de Bourgogne. Une femme au pouvoir au* XVe *siècle*, Lille, 1998.

—, « Les Portugais dans l'entourage de la duchesse de Bourgogne Isabelle de Portugal (1430-1471) », *RN*, t. 77, 1995, p. 321-342.

SOSSON (J.-P.), « Structures associatives et réalités économiques dans l'artisanat d'art et du bâtiment aux Pays Bas (XIVe-XVe siècles) », *Artistes, artisans et production artistique au Moyen Age*, dir. X. Barral I Altet, I, Paris, 1986, p. 111-121.

—, « L'Impact économique du "mécénat" ducal : quelques réflexions à propos des anciens Pays-Bas bourguignons », *Actes des journées internationales Claus Sluter*, Dijon, 1992, p. 305-309.

SPITZBARTH (A.-B.), *Les Relations diplomatiques franco-bourguignonnes de 1445 à 1461. L'application du traité d'Arras*, Mémoire de maîtrise inédit, Université de Paris IV, 1997.

SPUFFORD (P.), *Monetary Problems and Policies in the Burgundian Netherlands, 1433-1496*, Leiden, 1970.

STOUFF (L.), *La Description de plusieurs forteresses et seigneuries de Charles le Téméraire en Alsace et dans la haute vallée du Rhin par Maître Mongin Contault, Maître des Comptes à Dijon (1473)*, Paris, 1902.

—, *Les Possessions bourguignonnes dans la vallée du Rhin sous Charles le Téméraire d'après l'information de Poinsot et de Pillet, 1471*, Paris, 1904.

—, *Catherine de Bourgogne et la féodalité de l'Alsace autrichienne ou un essai des ducs de Bourgogne pour constituer une seigneurie bourguignonne en Alsace (1411-1426)*, Paris, 1913.

THIELEMANS (M.-R.), *Bourgogne et Angleterre. Relations économiques entre les Pays-Bas Bourguignons et l'Angleterre, 1435-1467*, Bruxelles, 1966.
THIRY (C.), « Les poèmes de langue française relatifs aux sacs de Dinant et de Liège, 1466-1468 », *Liège et Bourgogne*, p. 101-127.
THOMPSON (G. L.), *Paris and its People under English Rule. The Anglo Burgundian Regime 1420-1436*, Oxford, 1991.
Valenciennes aux XIVe et XVe siècles, dir. L. Nys et A. Salamagne, Valenciennes, 1996.
VAN DEN NESTE (E.), *Tournois, joutes, pas d'armes dans les villes de Flandre à la fin du Moyen Age (1300-1486)*, Paris,1996.
VANDERJAGT (A. J.), *Laurens Pignon, OP : confessor of Philip the Good*, Groningue, 1981.
VANDER LINDEN (H.), *Itinéraires de Charles, duc de Bourgogne, Marguerite d'York et Marie de Bourgogne (1467-1477)*, Bruxelles, 1936.
VANDER LINDEN (H.), *Itinéraires de Philippe le Bon, duc de Bourgogne (1419-1467) et de Charles, comte de Charolais (1433-1467)*, Bruxelles, 1940.
VAN GENT (M. J.), « The dukes of Burgundy and Dordrecht : a financial account of their relationship from 1425 to 1482 », *PCEEB*, n° 33, 1993, p. 61-74.
VAN HOUTTE (J. A.), *Bruges. Essai d'histoire urbaine*, Bruxelles, 1967.
VAN NIEUWENHUYSEN (A.), *Les Finances du duc de Bourgogne Philippe le Hardi (1384-1404). Économie et politique*, Bruxelles, 1984.
VAN PETEGHEM (P.), « La justice et la police aux anciens Pays-Bas : des jumeaux siamois ? », *PCEEB*, n° 30, 1990, p. 5-16.
VAN ROMPAEY (J.), *Het grafelijk baljuwsambt in Vlaanderen tijdens de Boergondische periode*, Bruxelles, 1967.
—, *De Grote Raad van de hertogen van Boergondië en het Parlement van Mechelen*, Bruxelles, 1973.
VAUGHAN (R.), *Philip the Bold. The Formation of the Burgundian State*, Londres, 1962.
—, *John the Fearless. The Growth of Burgundian Power*, Londres, 1966.
—, *Philip the Good. The Apogee of Burgundy*, Londres, 1970.
—, *Charles the Bold. The Last Valois Duke of Burgundy*, Londres, 1972.
—, *Valois Burgundy*, Londres, 1975.
WEIGHTMAN (C.), *Margaret of York. Duchess of Burgundy 1446-1503*, New York-Stroud, 1993.
WELLENS (R.), *Les États généraux des Pays-Bas des origines à la fin du règne de Philippe le Beau (1464-1506)*, Heule, 1974.
WIJFELS (A.), « Grand Conseil des Pays-Bas à Malines », *IGC*, I, p. 448-462.
WITTEK (P.), *The Rise of the Ottoman Empire*, Londres, 1938.
WOLFFE (B.), *Henry VI*, Londres, 1981.

INDEX

TABLE

collection tempus
Perrin

DÉJÀ PARU

200. *Un monde de ressources rares* – Le Cercle des économistes et Érik Orsenna.
201. *L'histoire de l'univers et le sens de la création* – Claude Tresmontant.
202. *Ils étaient sept hommes en guerre* – Marc Ferro.
203. *Précis de l'art de la guerre* – Antoine-Henri Jomini.
204. *Comprendre les États-unis d'aujourd'hui* – André Kaspi.
205. *Tsahal* – Pierre Razoux.
206. *Pop philosophie* – Mehdi Belahj Kacem, Philippe Nassif.
207. *Le roman de Vienne* – Jean des Cars.
208. *Hélie de Saint Marc* – Laurent Beccaria.
209. *La dénazification* (dir. Marie-Bénédicte Vincent).
210. *La vie mondaine sous le nazisme* – Fabrice d'Almeida.
211. *Comment naissent les révolutions.*
212. *Comprendre la Chine d'aujourd'hui* – Jean-Luc Domenach.
213. *Le second Empire* – Pierre Miquel.
214. *Les papes en Avignon* – Dominique Paladilhe.
215. *Jean Jaurès* – Jean-Pierre Rioux.
216. *La Rome des Flaviens* – Catherine Salles.
217. *6 juin 44* – Jean-Pierre Azéma, Philippe Burrin, Robert O. Paxton.
218. *Eugénie, la dernière impératrice* – Jean des Cars.
219. *L'homme Robespierre* – Max Gallo.
220. *Les Barbaresques* – Jacques Heers.
221. *L'élection présidentielle en France, 1958-2007* – Michel Winock.
222. *Histoire de la Légion étrangère* – Georges Blond.
223. *1 000 ans de jeux Olympiques* – Moses I. Finley, H. W. Pleket.
224. *Quand les Alliés bombardaient la France* – Eddy Florentin.
225. *La crise des années 30 est devant nous* – François Lenglet.
226. *Le royaume wisigoth d'Occitanie* – Joël Schmidt.
227. *L'épuration sauvage* – Philippe Bourdrel.
228. *La révolution de la Croix* – Alain Decaux.
229. *Frédéric de Hohenstaufen* – Jacques Benoist-Méchin.
230. *Savants sous l'Occupation* – Nicolas Chevassus-au-Louis.
231. *Moralement correct* – Jean Sévillia.
232. *Claude Lévi-Strauss, le passeur de sens* – Marcel Hénaff.
233. *Le voyage d'automne* – François Dufay.
234. *Erbo, pilote de chasse* – August von Kageneck.
235. *L'éducation des filles en France au XIXe siècle* – Françoise Mayeur.

236. *Histoire des pays de l'Est* – Henry Bogdan.
237. *Les Capétiens* – François Menant, Hervé Martin, Bernard Merdrignac, Monique Chauvin.
238. *Le roi, l'empereur et le tsar* – Catrine Clay.
239. *Neanderthal* – Marylène Patou-Mathis.
240. *Judas, de l'Évangile à l'Holocauste* – Pierre-Emmanuel Dauzat.
241. *Le roman vrai de la crise financière* – Olivier Pastré, Jean-Marc Sylvestre.
242. *Comment l'Algérie devint française* – Georges Fleury.
243. *Le Moyen Âge, une imposture* – Jacques Heers.
244. *L'île aux cannibales* – Nicolas Werth.
245. *Policiers français sous l'Occupation* – Jean-Marc Berlière.
246. *Histoire secrète de l'Inquisition* – Peter Godman.
247. *La guerre des capitalismes aura lieu* – Le Cercle des économistes (dir. Jean-Hervé Lorenzi).
248. *Les guerres bâtardes* – Arnaud de La Grange, Jean-Marc Balencie.
249. *De la croix de fer à la potence* – August von Kageneck.
250. *Nous voulions tuer Hitler* – Philipp Freiherr von Boeselager.
251. *Le soleil noir de la puissance, 1796-1807* – Dominique de Villepin.
252. *L'aventure des Normands, VIIIe- XIIIe siècle* – François Neveux.
253. *La spectaculaire histoire des rois des Belges* – Patrick Roegiers.
254. *L'islam expliqué par* – Malek Chebel.
255. *Pour en finir avec Dieu* – Richard Dawkins.
256. *La troisième révolution américaine* – Jacques Mistral.
257. *Les dernières heures du libéralisme* – Christian Chavagneux.
258. *La Chine m'inquiète* – Jean-Luc Domenach.
259. *La religion cathare* – Michel Roquebert.
260. *Histoire de la France,* tome I, *1900-1930* – Serge Berstein, Pierre Milza.
261. *Histoire de la France,* tome II, *1930-1958* – Serge Berstein, Pierre Milza.
262. *Histoire de la France,* tome III, *1958 à nos jours* – Serge Berstein, Pierre Milza.
263. *Les Grecs et nous* – Marcel Detienne.
264. *Deleuze* – Alberto Gualandi.
265. *Le réenchantement du monde* – Michel Maffesoli.
266. *Spinoza* – André Scala.
267. *Les Français au quotidien, 1939-1949* – Eric Alary, Bénédicte Vergez-Chaignon, Gilles Gauvin.
268. *Teilhard de Chardin* – Jacques Arnould.
269. *Jeanne d'Arc* – Colette Beaune.
270. *Crises, chaos et fins de monde.*
271. *Auguste* – Pierre Cosme.

À PARAÎTRE

Histoire de l'Irlande – Pierre Joannon.
Les inconnus de Versailles – Jacques Levron.
Ils ont vécu sous le nazisme – Laurence Rees.
La nuit au Moyen Age – Jean Verdon.

Cet ouvrage a été imprimé en France par

CPI
BUSSIÈRE

à Saint-Amand-Montrond (Cher)
en juin 2013
pour le compte des Editions Perrin
76, rue Bonaparte 75006 Paris

N° d'édition : 2022 – N° d'impression : 2003372
Dépôt légal : mai 2005
Suite du premier tirage : juin 2013
K02360/07